한국 수륙재와 공연문화

한국 수륙재와
공연문화

한국공연문화학회

　수륙재(水陸齋)는 물[水]과 뭍[陸]을 헤매는 무주고혼과 아귀를 법식으로써 널리 베풀어 천도하는 불교의식입니다. 6세기 경에 양나라의 무제(武帝)가 공덕을 쌓기 위해 처음 설행한 것으로 달리 '수륙도량(水陸道場)', '비재회(悲齋會)', '시아귀식(施餓鬼食)'이라고도 합니다. 우리나라에서는 970년(광종 21)에 화성의 갈양사(葛陽寺: 경기도 화성 용주사의 전신)에서 수륙도량으로써 수륙재를 처음 설행했습니다. 1093년(선종 10)에는 태사국사(太史局事) 최사겸(崔士謙)이 수륙재의 절차를 기록한 『수륙의문(水陸儀文)』을 송나라에서 들여와 개성의 보제사(普濟寺)에 수륙당(水陸堂)을 새로이 건립하고 그 의문을 좇아 수륙재를 성대하게 설행했습니다. 그리고 일연의 제자 혼구(混丘)는 고려불교의 독자적인 의식을 덧붙여 『신편수륙의문(新編水陸儀文)』을 찬술하기도 했습니다.

　그런데 조선시대에는 사전(祀典)에 등재되지 않은 의식을 음사(淫祀)로 규정하여 금단했습니다. 특히 18세기 이후에는 억불정책이 더욱 강화되면서, 수륙재가 점차 용왕재나 천도재 또는 방생법회로 전락했습니다. 하지만 그러한 과정을 거치면서도 수륙재는, 영혼 천도는 물론 수명 장수, 질병 치유, 해운 안전, 후손 발복 등 인간의 삶에서 기본적으로 요구되는 바람과 가치를 수용했습니다. 이러한 수륙재를 두고, 문화재청 입장에서 '수륙재의 범패와 작법은 불교예술의 진수를 보여줄 뿐만 아니라, 그 의미는 우리 사회가 안고 있는 문제를 해소하고 치유하는 데 기여할 것'이라고 진단했습니다. 그리고 2013년에 '삼화사(三和寺)의 국행수륙재', '진관사(津寬寺)의 국행수륙대재', '백운사(白雲寺)의 아랫녘수륙재'를 중요무형문화재로 지정했습니다. 오늘날, 한두 명의 범패승을 제외하고는 그 전수의 흔적을 뚜렷이 찾기 힘든 상황에서 이룬 쾌거가 아닐 수 없습니다.

하지만 중요무형문화재의 단순한 지정을 넘어 수륙재를 온전히 보전, 계승하기 위해서는 재정립해야 할 것들이 한두 가지가 아닙니다. 현장에서는 범패승이 행하는 소리, 무용, 의식의 절차를 다시 점검해야 합니다. 의식 절차가 이치에 맞는지, 소리의 원형을 무리 없이 소화하고 있는지, 영산재의 그것을 무의식적으로 모방하고 있는 것은 아닌지, 추가적으로 복원해야 할 소리와 무용은 무엇인지 등을 직시하여 현행 수륙재의 의식 절차를 보완해야 합니다. 학계에서는 수륙재를 『중례문』·『결수문』·『지반문』·『자기문』 등으로 세분하여 저본에 따른 차이점과 특징은 물론 의식 절차와 구성 및 실기적 요소 등에 대한 세밀한 분석을 통해 수륙재의 고형을 복원해야 합니다. 더불어 우리의 민속신앙과 습합하여 변화, 정착된 수륙재의 형태도 확인해야 합니다. 나아가 현대인의 감각과 문화 정서를 충족시킬 수 있는 변용 차원에서 수륙재의 공연예술 분야를 창출할 필요도 있습니다.

한국공연문화학회는 이러한 전제를 공유하고자, 2014년 10월에 추계 학술대회 주제로 <한국 수륙재와 공연문화>를 설정하고 한국불교역사문화기념관에서 학술대회를 개최했습니다. 학술대회는 제1분과 '수륙재의 의미과 가치', 2분과 '수륙재의 공연문화적 성격', 3분과 '무형문화재 지정 수륙재의 개별 위상 및 특징'으로 진행했습니다. 각 분과마다 원로와 신진학자가 함께 열띤 토론을 벌였습니다. 그리고 엄정한 심사를 거쳐 2015년 2월에『공연문화연구』제30집에 학술대회 발표 논문 중 6편을 기획논문(주제: 한국 수륙재와 공연문화)으로 게재했습니다. 수륙재의 정체성을 더욱 구체적으로 밝혀냄과 동시에 공연문화로서 의미를 다각적으로 추론했다는 데 그 의미를 부여할 수 있는 논문들입니다. 그리고 수륙재의 공연문화적 성격을 논증한 기존의 여러 논문들 중 14편을 엄선하여 한국공연문화학회 학술총서로 발간하게 되었습니다.

이번 학술총서『한국 수륙재와 공연문화』는 우리 학회에서 기획해낸『영산재의 공연문화적 성격』(2006년)에 이어 그간 한국공연문화학회가 이끌어왔던 우리나라 공연문화학의 학문적 연장이자 발전이라는 데 의미가 있습니다.『한국 수륙재와 공연문화』는 전체 3부로 구성했습니다. 제1부는 '수륙재의 역사적 복원과 공연문화적 가치'로 수륙재의 수용으로부터 변천 및 정착 과정을 좇는 동시에 무형유산적 성격을 추출한 논의라고 할 수 있습니다. 제2부는 '수륙재의 예술적 실행과 불교공연적 성격'으로 수륙재의 의식 절차에 수반하는 소리, 무용, 의식 등의 불교공연적 속성을 밝힌 논의라고 할 수 있다. 제3부는 '수륙재의 현대적 계승과 공연콘텐츠적 활용'으로 수륙재의 현대적 계승과 선양을 목적으로 수륙재의 활성화 또는 발전 방안을 제시한 논의라고 할 수 있습니다. 전체적으로 '소통'과 '통합'이라는 차원에서 수륙재의 역사적, 정신적 가치를 조명한 것은 물론 대중에게 접근하는 길을 모색한 담론이라고 할 수 있습니다.

한국공연문화학회는 17년의 짧은 역사를 갖고 있음에도 불구하고, 공연문화학 연구 분야에서 가장 주목받는 학술단체로 성장했습니다. 무엇보다 '고전희극과 전통연희의 종합적 고찰', '전통음악과 무용의 재조명', '공연예술과 축제의 대중화 방안', '융·복합 시대 공연문화 연구와 공연매체 창작의 방향성 제시' 등 순수인문학과 응용인문학을 아우르는 복합적 연구를 수행함으로써 우리나라의 공연문화학을 실질적으로 주도했습니다. 『한국 별신제와 공연문화』(2014년) 후속 학술총서를 통해서도, 이 방면 연구의 길찾기에 그 일익을 담당하게 되었다고 할 수 있습니다. 나아가 수륙재의 고유한 화합성과 치유성을 되새기는 동시에 우리 사회의 종교적 편견을 뛰어 넘어, 성탄절을 맞아서는 예수의 탄생을 기꺼이 축하하고, 석가탄신일을 맞아서는 부처의 탄생을 기꺼이 축하하고, 수륙재 행사를 맞아서는 모든 사람들이 서로의 상처를 기꺼이 위로하는 날이 오기를 바랍니다.

마지막으로, 『한국 수륙재와 공연문화』의 발간을 위해 노고를 아끼지 않은 분들께 감사의 인사를 올립니다. 원명스님(조계사 주지)을 비롯하여 삼화사, 진관사, 백운사 보존회 스님들께 감사드립니다. 우선 논문을 발표하고 게재를 허락한 집필자 분들의 노고를 치하합니다. 토론자 분들께도 감사의 인사를 올립니다. 그리고 이번 학술총서를 기획한 최명환 총무이사님을 비롯한 임원진, 심사위원들에게 고마운 마음을 전합니다. 처음부터 이 주제를 챙겨준 박진태 편집위원장님께도 감사의 인사를 올립니다. 아울러 논문들을 꼼꼼하게 챙겨준 안상경 편집이사님에게 거듭 감사드립니다. 학회지 발간 지원에 이어 이번 학술총서도 흔쾌히 간행해준 글누림출판사 최종숙 대표님 이하 편집부 여러분들께도 감사의 인사를 올립니다. 우리 학회 회원 여러분들 고맙습니다.

2015년 7월 20일
한국공연문화학회 회장 이창식

『한국 수륙재와 공연문화』 발간 의의

　수륙대재는 '수륙무차평등법회(水陸無遮平等法會)'라고도 합니다. 삼화사가 소장하고 있는 『천지명양수륙재의찬요(1547년)』에는 수륙대재를 "처지로 따지면 나와 남의 차별이 있겠지만, 마음은 미워하고 친근히 여기는 차이가 끊어지니, 원수든 친한 이든 모두 평등하고 범부와 성인이 원만하게 융화하는 수륙무차법회"라고 설하고 있습니다. 곧 수륙대재는 모든 대립적인 생명을 화해시키는 법회인 것입니다. 구체적으로 설명하자면, 수륙대재는 모든 중생에게 평등하게 자비를 베풀어 막힘이 없는 소통의 길을 열고, 우주공간의 성현과 범부중생을 모두 의식도량에 초청하여 보리심을 일으켜 평등하게 됨을 발원하고 기원하게 되며, 소통의 길을 열어나가는 데 장애가 되는 모든 요소를 제거하는 의례인 것입니다.

　삼화사의 국행수륙대재는 대립과 갈등의 세계에서 수많은 중생들의 욕망을 발원으로 승화하여 설행자의 신·구·의 삼업이 삼밀가지라는 붓다의 가르침의 실천과 회향이라는 프리즘을 통해 모든 시간, 공간과 생명을 모아 화해와 소통하게 하여 청정한 세계로 나아가게 하는 열린 법석입니다. 각박한 세상을 살아가는 대중들에게 붓다의 자비와 그들의 원하는 바를 공양해주고, 그들의 원을 풀어서 붓다의 가르침으로 이끌어 새로운 세계로 나아가게 하는 수륙재의 설행의 가치는 우리에게 무한한 감동과 감화를 안겨줍니다. 더욱이 삼화사 국행수륙대재는 중요무형문화재로 종교적 의례, 무용, 음악, 미술, 공예기술, 의식 등 오랜 역사 속에 전승되어 온 예술성과 정신이 담긴 전통문화의 결정체이기도 합니다.

삼화사의 국행수륙대재는 수륙재가 갖고 있는 불교적인 가치를 넘어서 시간과 공간을 초월하여 현대를 살아가는 우리들에게도 수많은 감동과 메시지를 던져주고 있습니다. 그것은 특정한 형상으로 표현되는 유형을 넘어선 무형의 역동적 자산이라고 할 수 있습니다. 과거 문화유산의 가치를 발견하고 보존하는 일은 현대의 우리들에게 매우 중요한 일입니다. 미래에도 이러한 유산의 가치가 전승되고 확장될 수 있도록 저희 삼화사의 구성원뿐만 아니라 관계 기관의 이해와 협조가 따라야 할 것입니다. 그런데 한국공연문화학회(회장 이창식)에서는 학술대회—2014년 10월 직접 참관하였음—를 열고 이를 집약하여, 2015년도 학술총서로 『한국 수륙재와 공연문화』를 발간함으로써 사부대중까지 소통하는 길을 열어주었습니다. 한국공연문화학회의 이러한 노력이야말로 수륙재가 한국이라는 지리적 테두리를 뛰어넘어 인류의 보편적인 위대한 문화유산으로서의 가치를 획득할 수 있는 지름길이라고 생각하여 발간을 경하드립니다.

마지막으로, 국행수륙대재가 설행되었던 억불시대 민중들의 아픔을 함께했던 조선시대, 질곡과 아픔의 근대, 역동의 현대, 희망의 미래 등 시간을 화합하는 동시에 그 시간의 제약을 뛰어넘어 영원히 계승될 수 있기를 바랍니다. 그리고 한편, 한국의 무형문화재 관련 정책은 철저한 원형보존주의에 입각해 전통의 보존에만 힘이 실려 있고, 이를 널리 알리고 활용하는 창조적인 발전은 더디고 어려워만 보입니다. 삼화사 국행수륙대재도 무형문화재로서 소중한 원형성도 보존되어야 하지만, 이를 계승하고 발전하는 입장에서도 생명력을 불어넣고, 다양한 쓰임으로 확산되어야 할 것입니다. 이러한 일련의 작업에 있어 그 학문적 뒷받침을 한국공연문화학회가 맡아주시기를 바랍니다. 올해부터 본격적으로 본의되는 생전예수재에도 더욱 학술적 밑받침해 주시기 바랍니다. 고맙습니다.

2015. 7. 20.

조계사주지 원명(삼화사수륙대재보존회장) 합장

『한국 수륙재와 공연문화』 발간 가치

우리 백운사는 경남 창원시 마산합포구 삼학산 자리에 위치하고 있는 태고종 사찰입니다. 이곳 영남 지방은 신라시대부터 불교가 번창했던 곳입니다. 특히 9세기에 진감선사가 중국에서 새로운 범패를 가져와 하동 쌍계사에서 가르친 이후 불교의식에 사용하는 범패와 작법이 매우 성행했습니다. 우리 백운사에서 전승되고 있는 아랫녘수륙재는 경남 일대에서 전승되고 있는 이러한 범패의 맥을 잇고 있으며, 의례와 음악적 측면에서도 경남 지방의 지역성을 내포하고 있습니다. 그리고 전승의 가치를 인정받아 2013년에 중요무형문화재 제127호로 지정되었습니다. 자칫 사장될 수 있었던 소중한 문화유산을 영원히 계승할 수 있게 되었다는 데 큰 의미가 있습니다.

아랫녘수륙재는 강과 바다, 땅 위에 떠도는 죽은 영혼들을 마땅히 이들이 가야할 곳으로 인도하기 위해서 벌이는 불교의식입니다. 그래서 백운사에서는 수륙재를 아랫녘 수륙무차평등대재(水陸無差平等大齋)라고도 일컫고 있습니다. 남녀노소나 빈부귀천을 막론하고 모두가 평등하게 법공양을 나누는 재의식이라는 점을 강조하고자 한 까닭입니다. 그렇기에 아랫녘수륙재는 여느 지역의 수륙재와 달리, 재차(齋次)가 사부대중에게 친근감을 보여 주고 있습니다. 세련된 불교의례로의 성격을 보여 주기보다는 대중들에게 수륙재의 설행 과정을 다양하게 보여주고 그 목적을 달성하는 데 초점을 맞추고 있기 때문입니다. 또한 연행의 항목이 다양하여 복합적인 공연의 국면이 드러날 뿐만 아니라 향연 자체가 경남 지방의 민속문화와 짙게 연관되어 수행의례보다 공양의례가 돋보이고 있습니다.

구체적으로 말씀드리자면, 들보례, 외대령(外對靈), 쇄수(灑水), 삼신이운(三身移運, 掛佛移運), 송주(誦呪) 후 신중대례(神衆大禮) 각청(各請), 각단권공(各壇勸供), 축원(祝願), 영반(靈飯), 용상방(龍象榜), 관욕(灌浴), 건회소(建會疏), 대례왕공(大禮王供, 靈山作法), 사자공양(使者供養), 오로청(五路請), 상단청(上壇請, 召請上位), 중단청(中壇請, 召請中位), 상주권공(常住勸供), 축원(祝願, 上祝을 친다), 법사이운(法師移運) 및 거양(擧揚), 화청(和請, 回心曲), 조전점안(造錢點眼) 및 이운(移運), 마귀단권공(馬鬼壇勸供), 소청하위(召請下位) 시식(施食), 배송(拜送), 삼회향(三回向), 날보례의 순서로 이루어집니다. 이렇게 아랫녘수륙재는 이미 잘 알려진 영산재를 비롯하여 상주권공재(49재), 시왕각배재, 생전예수재, 그리고 수륙재 등 전문 범패승에 의해 전승되는 불교의식 전반을 모두 포함하고 있습니다.

수륙재는 죽음의례를 통해 해원과 화합의 상징성을 내포하고 있습니다. 설행 주체의 목적을 살려 부처님의 가르침과 배려의 실천을 표현합니다. 화해와 회향의 청정도량은 공연적 승화로써 구원의 욕망을 씻고 종교의례의 행위구현을 드러냅니다. 수륙재의 문화원형을 잘 유지하면서 사부대중, 불교권을 넘어서서 대중들에게 접근하는 길을 모색할 시기가 되었습니다. 불교적 범주를 초월하여 문화콘텐츠로 개발함으로써 문화재적 가치와 공연예술적 가치도 동시에 살리는 논의가 필요합니다.

그런데 때마침, 한국공연문화학회가 2015년도 학술총서로 『한국 수륙재와 공연문화』를 발간한다는 소식을 접했습니다. 실로 반가운 일이 아닐 수 없습니다. 이 학술총서를 통해 수륙재의 역사성과 예술성이 조명될 것으로 기대합니다. 또한 수륙재가 관련 학계는 물론 일반인들에게까지도 선양되어 길이 기억되기를 기대합니다. 감사합니다.

2015. 7. 29.

백운사 석봉(아랫녘수륙재보존회장) 합장

『한국 수륙재와 공연문화』 발간 축하

　수륙재는 물과 뭍, 이승과 저승의 모든 중생을 자비로써 구제하려는 불교의 정신과 인간을 포함한 모든 생명에 대한 경외와 존중이라는 범인류적인 가치가 담긴 불교의례입니다. 또 수륙재는 종교를 넘어 음악, 무용, 연극, 문학 등의 한국문화의 원형질이 고스란히 보존된 종합예술로서 축제의 장이기도 합니다.

　진관사는 국행수륙재도량으로서 600여 년의 역사를 지니고 있습니다. 『조선왕조실록』과 권근의 「수륙사조성기」의 기록에 의하면, 진관사 국행수륙재는 조선 태조가 왕실번영과 국가화합을 위해 부처님의 힘을 빌리고자 1397년 진관사에 수륙사(水陸社)를 지으면서 시작되었습니다. 현재 진관사 국행수륙재는 여러 스님들과 학자들의 노력으로 복원되어 찬연한 한국전통문화의 맥을 이어오고 있습니다. 진관사 국행수륙재가 국가중요무형문화재 126호로 지정된 것은 높은 역사적 가치와 더불어 진관사 국행수륙재의 설행구조와 특징이 한국을 대표할 만한 전통문화로 인정된 결과라고 생각합니다.

　하지만 많은 이들이 수륙재의 소중한 의미와 가치에 대해서 잘 알지 못하고 있음은 안타까운 일이라 하겠습니다. 이러한 상황에서 한국공연문화학회에서 『한국 수륙재와 공연문화』라는 단행본을 간행하는 것은 매우 의미 있는 일이라 생각합니다. 이번 단행본의 간행은 수륙재를 설행하는 불교계의 입장에서 뿐만 아니라, 한국문화를 아끼고 사랑하는 모든 이들의 입장에서도 축하할 일입니다. 모쪼록 이 책의 간행으로 대중들에게 수륙재가 널리 알려지고, 나아가 수륙재가 우리 문화유산으로서 가치를 넘어 인류 무형유산의 걸작으로 자리 잡는 계기가 되길 기대합니다.

의미 있는 작업에 수고를 아끼지 않은 한국공연문화학회의 여러 임원진과 회원분들께 감사드리며, 앞으로도 불교문화 발전을 위한 연구에 더욱 매진해주실 것을 부탁드립니다.

2015. 07. 30.

대한불교 조계종 진관사 주지 계호(진관사 수륙재 보존회장) 합장.

제3부 수륙재의 현대적 계승과 공연콘텐츠적 활용

제1부

수륙재의 역사적 복원과 공연문화적 가치

고려시대 수륙재 연구*

고
상
현

1. 머리말

수륙재는 우주공간에 널리 떠돌고 있는 有主, 無主 혹은 有住, 無住 孤魂을 극락왕생 하도록 천도한다는 데 목적을 둔 불교의례로 알려져 있다. 천도의 목적 외에도 천지명양수륙재의 또는 법계성범수륙승회 등의 명칭에서 볼 수 있듯이, 天地, 冥陽, 水陸, 聖凡 등이 모두 어우러져 正覺을 이루고자 베풀어지는 의식이다. 『천지명양수륙재의찬요』에서는 "처지로 따지면 나와 남의 차별이 있겠지만, 마음은 미워하고 친근히 여기는 차이가 끊어지니, 원수든 친한 이든 모두 평등하고 범부와 성인이 원만하게 융화하는 수륙무차법회"라 정의하고 있다.1) 다시 말하면 수륙재는 모든 중생에게 평등하게 막힘이 없는 소통의 길을 여는 의례

---

* 본고는 『선문화연구』 제10집(서울:한국불교선리연구원, 2011)에 게재된 것을 일부 수정을 하였다. 하지만 게재 이후 수륙재의 중요무형문화재 지정, 연구논문의 증가 등의 변화가 있었으나 반영하지 않았음을 밝힌다.
1) 임종욱 역주, 『천지명양수륙재의찬요』(강원:동해시, 2007), 28면. "境有自他之殊 心絶寃親之異 乃号曰 寃親平等凡聖圓融 水陸無遮法會耳".

로, 천지와 명양의 성범을 모두 의식도량에 초청하여 자비를 베풀어 보리심을 일으켜 평등하게 됨을 발원하고 기원하며, 소통의 길을 열어나가는 데 장애가 되는 모든 요소를 제거하는 의례이다. 수륙재는 또한 자신을 정화하고 주변 환경을 정화하는 것으로써, 대 우주관에 의한 구성요소가 서로 소통하고 융합하게 하여 죽은 자만이 아니라 살아있는 자에게도 큰 공덕이 되어 큰일을 하는 인연을 맺게 해준다.[2] 오늘날의 인간과 자연만물이 어우러진 생태 문화적인 삶의 추구를 넘어선 경지를 이루고자 베풀어지는 대동의 의례라 할 수 있다.

최근 들어 지자체와 사찰에서 화합과 소통, 융합의 기재이자 축제적인 성격을 지닌 수륙재를 지역의 특색 있는 축제 문화콘텐츠로 개발·활성화하려는 시도를 하고 있다. 대표적으로 강원도 동해 삼화사와 서울 진관사, 전남 영광 법성포, 인천수륙재(2004년 인천시 무형문화재 제15호로 지정) 등을 들 수 있다. 이러한 측면에서 수륙재를 복원하려는 움직임[3]으로 인해 그에 대한 연구도 활기를 띠고 있다. 하지만 수륙재의 전모를 밝히거나 전형을 복원하려는 움직임은 그다지 활발하다고 볼 수만은 없다.

그동안 이루어진 수륙재 연구 성과와 경향을 살펴보면 다음과 같이 나누어 볼 수 있다.

첫째는 불교의례나 불교사적 연구로 윤무병을 필두로 홍윤식, 연제영 등의 연구를 들 수 있다.[4] 둘째는 수륙재 의식집의 연구[5], 셋째는 미술

---

2) 홍윤식, 「수륙재의 구성과 의미」, 『삼화사와 국행수륙대재』(강원:삼화사국행수륙대재 보존회·동해시, 2009).
3) 이 가운데 진관사는 1982년 이래 꾸준히 설행·복원하려는 노력을 기울여왔다. 또한 삼화사에서는 2005년부터 설행하였으며 2009년과 2010년 10월에는 근래 들어 설행되지 않았던 2박3일 과정을 재현하기도 하였다.

사적인 관점에서 감로도 등 불교미술과 연계한 연구6)와 넷째는 음악이
나 무용적 관점의 연구7)를 들 수 있다.

4) 윤무병, 「국행수륙재에 대하여」, 『백성욱박사송수기념 불교학론문집』(서울:동국대학교,
   1959).
   문화재관리국 문화재연구소, 『불교의식』(서울:문화재관리국, 1989).
   김희준, 「朝鮮前期 水陸齋의 設行」, 『湖西史學』 제30집(충남:호서사학회, 2001).
   미등, 「삼화사 수륙재의 설단과 장엄」, 『삼화사와 국행수륙대재』(강원:삼화사국행수륙
   대재보존회·동해시, 2009).
   양지윤, 『조선후기 수륙재 연구』(서울:동국대 대학원 석사논문, 2003).
   심효섭, 「朝鮮前期 水陸齋의 設行과 儀禮」, 『東國史學』 제40집(서울:동국사학회, 2004).
   연제영, 「수륙재 설행 형태 고찰」, 『제2회 법성포단오제 학술대회 법성포수륙대재』(전
   남:법성포단오보존회, 2008).
   전경욱, 「수륙재의 기원과 역사적 전개양상」, 『제2회 법성포단오제 학술대회 법성포
   수륙대재』(전남:법성포단오보존회, 2008).
   홍윤식, 위의 글(2009).
5) 남희숙, 『조선후기 불서간행 연구』(서울:서울대 대학원 박사논문, 2004)
   _____, 「16-8세기 불교;의식집의 간행과 불교대중화」, 『한국문화』 제34집(서울:서울대
   규장각한국학연구원, 2004).
   임종욱 역주, 앞의 책(강원:동해시, 2007).
   김형우, 「수륙재 의식집의 간행과 유포」, 『삼화사와 국행수륙대재』(강원:삼화사국행수
             륙대재보존회·동해시, 2009).
6) 윤은희, 『감로왕도 도상의 형성 문제와 16, 17세기 감로왕도 연구 : 수륙재 의궤집과
   관련하여』(서울:동국대 대학원 석사논문, 2004).
   탁현규, 「18세기 삼장탱 도상과 양식 연구」, 『미술사학보』 제23호(서울:미술사학연구
   회, 2004).
   이용윤, 「朝鮮後期 三藏菩薩圖와 水陸齋儀式集」, 『美術資料』 제72·73호(서울:국립중앙
   박물관, 2005).
   연제영, 「영원사 甘露幀畵의 考察 : 所依經典과 儀禮文을 중심으로」, 『博物館誌』 제12호
   (강원:江原大學校中央博物館, 2006).
   _____, 「儀禮的 관점에서 甘露幀畵와 水陸畵의 內容 비교」, 『불교학연구』 제16호(서울:
   불교학연구회, 2007).
   김승희, 「감로탱화에 보이는 수륙재의 도상화 양상」, 『삼화사와 국행수륙대재』(강원:
   삼화사국행수륙대재보존회·동해시, 2009).
7) 김재수, 「삼화사 국행수륙재의 범패와 작법」, 『삼화사와 국행수륙대재』(강원:삼화사국
   행수륙대재보존회·동해시, 2009).
   김응기, 「수륙재 의식 구성과 불교무용 :釋門儀範, 儀禮要集 上壇·中壇·下壇 儀式構成
   中心으로」, 『禪武學術論集』 제13권(서울:국제선무학회, 2003).
   오성미, 『水陸齋 硏究 : 作法과 梵唄를 중심으로』(충북:청주대 대학원 석사논문, 1992)

이외에도 민속학적인 관점에서 분석한 것8)이나 서지학적인 관점9), 시가문학적 관점10)은 물론 최근 들어 문화콘텐츠와 관련한 연구11)도 이루어지는 등 수륙재에 대한 연구가 세분화되는 추세이다.

이러한 연구에도 불구하고 수륙재의 전체적인 의례구조에 대한 면밀한 검토는 아직까지 제대로 밝혀지지 않았다. 또한 이들 연구의 대부분은 비교적 사료가 풍부하게 남아 있는 조선시대를 중심으로 하였으며, 고려시대에 대한 연구는 하나의 주제로 연구, 조명되지 못했다. 고려시대 수륙재의 연구가 이루어지지 않은 이유는 첫째, 기본적으로 고려사의 사료가 빈약하다는 점 때문이며, 둘째, 이로 말미암아 조선시대 자료와 견주었을 때 전체적인 모습을 그려보기 어렵다는 점 때문이다. 그러므로 고려시대에 수륙재에 대한 기록과 그 설행의 유형을 살펴보는 것이 쉽지만은 않다.12) 그럼에도 고려시대 수륙재를 살펴보려는 까닭은 수륙재의 선행연구들이 비교적 사료나 회화, 유물 등이 풍부한 조선시대에 편중됨으로써 축소되거나 간과되었던 고려시대 수륙재를 재조명이 반드시 필요하기 때문이다.

---

8) 연제영, 「甘露幀畵의 意味 考察 :追薦 對象을 中心으로」, 『역사민속학』 제19호(서울:민속원, 2004).

9) 송일기·한지희, 「불교의례서「중례문」의 편찬고」, 『서지학연구』 제43집(서울:서지학회, 2009).
김순미, 「『天地冥陽水陸齋儀梵音刪補集』板本考」, 『東洋漢文學研究』 제17집(부산:東洋漢文學會, 2003).

10) 김순미, 『조선조 불교의례의 시가 연구 - 범음산보집을 중심으로』(부산:경성대 대학원 박사논문, 2005).

11) 고상현, 「종교 페스티발의 문화콘텐츠화 방안 연구(1) - 수륙재를 중심으로」, 『영상문화콘텐츠연구』2집(서울:동국대영상문화콘텐츠연구원, 2009).

12) 김형우는 수륙재는 기록을 통해서도 살필 수 있듯이 그 연원이 오래된 불교의례임에도 조선시대 이전의 개최 사실이 매우 빈약할 뿐만 아니라 기록이 소략하여 어떠한 형태로 설행되었는지 알 길이 없다고 밝히고 있다. 김형우, 『高麗時代 國家的 佛敎行事에 대한 硏究』(서울:동국대 대학원 박사논문, 1992), 158면.

따라서 본고에서는 『고려사』를 비롯하여 수륙재 관련 의례집과 고려시대 승려와 유학자들의 개인문집 등에 전하는 사료를 바탕으로 첫째, 수륙재 설행의 기본이 되는 수륙의례집의 간행과 유포를 살펴보고, 둘째, 이러한 수륙재가 설행된 형태와 목적을, 셋째로 수륙재와 관련한 도량이나 당우의 건립 형태에 대해 살펴보고자 한다.

2. 수륙재 의례집의 간행

고려시대 수륙재와 관련한 의례집은 어떤 것들이 있었을까? 의례집에 대해 살펴보기에 앞서 이러한 의례집을 간행하는 것 자체의 의미를 먼저 알아보자. 수륙재 의례집을 간행한다는 것은 다양하게 설행되었던 수륙재를 정립 또는 정례화하거나 수륙재 자체의 확산을 목적으로 한다고 볼 수 있다. 그런 의미에서 의례집의 간행과 유포는 그 의례가 갖는 사회적 위상을 가늠하기에 충분하다고 할 것이다.

중국에서는 수륙재 의례문이나 의례집은 일반적으로 송나라 승려 志磐이 1269년에 찬술한 『佛祖統紀』, 「水陸齋」조에 따르고 있다. 즉, 양무제가 꿈에 신승이 나타나 수륙대재를 베풀어 고통을 받는 육도사생을 구제하라는 권유로 직접 수륙의문을 만들어 505년 금산사에서 설행했다는 것이다. 하지만 이러한 인식은 후대에 만들어진 것으로 역사적 사실로 볼 수 없다. 왜냐하면 양무제 연기설에 의하면 양무제가 꿈을 꾸고 대장경을 열람한 것은 502년의 일이지만, 『염구경』이 중국에 전래된 것은 8세기이므로 남송의 宗鑑이 1237년에 편찬한 『釋門正統』, 「利生志」

에 전하듯 양무제가 법운전에서 경전을 열람하던 중 『염구경』을 읽는 것은 불가능하기 때문이다. 또한 이보다 앞선 遵式(964~1032)의 『施食正名』이나 준식에게서 사사받은 仁岳(992~1064)의 『施食須知』에는 양무제가 수륙의문을 만들어 수륙재를 설행하여 중국에서 수륙재가 시작되었다는 인식이 나타나지 않고 있다.[13]

우리나라의 경우 11세기 고려 선종조 이전의 수륙재 의례집에 대한 기록은 전해지지 않고 있다. 수륙재 의례집에 대한 첫 번째 기사는 『고려사』 선종 7년조에 최사겸이 송에서 수륙의문을 구해왔다는 기록에서 찾을 수 있다.

> 임진년 보제사 수륙당에 불이 났다. 이보다 앞서 왕의 사랑을 받는 섭
> 호부랑중 지태사국사 최사겸이 송나라에 가서 水陸儀文을 구해 와 왕에
> 게 수륙당을 짓도록 청하였는데, 공사를 마치기도 전에 화재가 났다.[14]

위의 기사는 두 가지 점에서 주목할 수 있다. 첫째로는 수륙재 의례집과 관련하여 지태사국사 최사겸이 송에 가서 수륙의문을 구해온 일이며, 두 번째로는 수륙재와 관련한 당우를 건립하였다는 것이다. 후자와 관련해서는 4장에서 다시 다루기로 하겠다.

전자와 관련해서 살펴보면, 이 기사는 1월 임진일 즉 17일의 기사로, "이보다 앞서"라는 구절에서도 알 수 있듯이, 1089년 또는 그 이전에

---

13) 강호선, 「송원대 수륙재의 성립과 변천」, 『역사학보』 제206집(서울:역사학회, 2010), 146-149면.
14) 『고려사』 권10, 세가10, 선종7; 『고려사절요』 권6, 선종사효대왕, 경오7. "壬辰 普濟寺 水陸堂火 先是 嬖人 攝戶部郞中知太史局事崔士謙 入宋求得水陸儀文 請王作此堂 功未畢而火".

수륙의문을 구해왔으며, 그의 요청에 의해 수륙당을 건립하기 시작하였음을 알 수 있다. 최사겸은 『고려사』에 문종 32년(1078)에는 태사국의 종8품의 日官인 설호정으로, 그리고 12년 뒤인 선종 7년(1090)에는 지태사국사로 기록되어 있다.15) 고려는 1022년 거란과 국교를 다시 맺으면서 송과 공적인 교류는 50여 년간 단절되었다. 이후 문종의 친송책으로 1071년 시랑 김제 등 110인의 사행을 송에 보내면서 재개되었는데 고려에서 송에 파견한 사신은 문종대 7회, 선종대 6회이다. 『고려사』에 최사겸이 등장하는 기간으로 보면 문종 32년(1078)∼35년(1081)까지 매년 1차례씩 4회와 선종 원년과 2년(1085) 2회로 총 6회에 이른다. 이 중 가장 근접한 것은 선종 2년에 송 철종의 등극을 축하하는 賀登極을 목적으로 갔던 사신으로 최사겸이 동행하였을 가능성이 있지 않을까 한다.

당시 고려에서는 송과 교류를 통해 선진문물을 유입하고자 하였으며, 그 가운데 서적구입이 두드러진다.16) 예를 들어 선종 2년(1085) 4월에 대각국사 義天(1055∼1101)이 입송하여 모후의 간청으로 이듬해 6월 귀국하면서 불교전적 3천여 권을 가지고 왔다. 귀국 후 송·요·일본에서 수집한 4천여 권의 책을 목록으로 『新編諸宗教藏總錄』(이하 『교장총록』)을 만들었다. 이 가운데 권2에 송나라 인악이 저술한 『시식수지』가 포함되어 있음은 주목된다.17) 『시식수지』는 시아귀와 관련한 내용을 담은

---

15) 최사겸은 日者 즉 국가의 길흉을 점치는 日官으로 역서를 찬술하였으며, 선종9년(1092)에는 景陵의 虛缺한 곳을 보수하도록 아뢰어 시행하였으나 오히려 지덕을 눌렀다는 명목으로 죄를 추궁당하게 되고 결국에는 전남 완도의 선산도로 유배되었다. 하지만 수륙의문을 구해온 입송의 경위에 대해서는 아직 밝혀진 바가 없다. 『高麗史』 권10, 세가10, 선종9; 이기운, 「조선의 하늘을 살폈던 서운관에 대하여」, 제2회 고천문워크숍논문집 『하늘이 열린 날, 天文을 얘기하다』(대전:한국천문연구원, 2008), 84-94면.
16) 김상기, 「宋代에 있어서 高麗本의 流通에 對하여」, 『아세아연구』 제8권2호(서울:고려대학교아세아문제연구소, 1965), 271-279면.

것이다. 악도에 떨어진 아귀를 위해 베푸는 시아귀회는 당대를 거치면서 수륙재와 혼용됨으로써 중국에서는 시아귀회를 시식회, 수륙회라고도 하였다. 인악은 『시식수지』에서 당시 설행되던 시식이 『열반경』의 「梵行品」, 『南海寄歸傳』의 「受齋戒軌則章」, 『염구경』을 기반으로 하고 있으며, 재가자 출가자 모두 부처의 제도에 따라 항상 법식의 은혜를 베풀기를 권하는 것을 주요 내용으로 하고 있다.[18] 이런 점에서 보자면 『시식수지』도 수륙재의 일종으로 분류할 수도 있다. 하지만 우리나라에서는 의천의 『교장총록』 외에는 언급된 사례가 없는 것으로 보아 목록으로만 그친 게 아닌가 한다.

의천과 최사겸이 비슷한 시기에 입송하고 귀국하였다. 하지만 의천은 『교장총록』에 『시식수지』를 목록에 넣었으나 수륙재 의례집에 주목하지 않은 듯 하다. 또한 『시식수지』의 우리나라에서의 활용예를 찾아보기도 어렵다. 왜냐하면 의천은 1097년 국청사의 완공과 함께 주지로 부임하여 천태종을 개창하였으나 모후의 죽음으로 정치적 입지가 축소되었다가 그의 입적으로 천태종이 급격히 쇠락하였기 때문이다.[19]

이에 반해 최사겸은 수륙의문을 구해왔다. 게다가 황제에게 수륙당의 건립을 청하기까지 하였다. 그런데 그가 왜 수륙의문을 구해왔는지는 추론할 수밖에 없다. 그 이유를 유추해 보면, 고려에서 수륙재가 설행되고 있었음에도 당시 행해지는 수륙재가 정형화되어 있지 않아 정례화된 의례집에 대한 필요성이 요구되지 않았나 한다. 하지만 이 점에 대해서

---

17) 『한국불교전서』 4권(서울:동국대출판부, 2002), 691면.
18) 牧田諦亮, 『中國近代佛敎寺硏究』(京都:平樂寺書店, 1953), 177-178면;강호선, 앞의 논문 (2010), 148면 재인용.
19) 박상국, 「의천의 교장」, 『보조사상』 11집(서울:보조사상연구원, 1998), 92-94면.

는 이보다 앞서 광종이 귀법사에서 직접 설행하고 혜거국사의 하산소로 서 갈양사에서 설행된 예(971)를 보더라도 설득력이 떨어진다. 반면에 다양한 의례가 설행되었음에도 포괄적이고 통합적인 의례, 즉 통합성 의례의 필요성과 가능성을 엿볼 수 있지 않을까 한다. 이는 불교의례로 인한 폐해를 간언하는 최승로의 주장에서도 유추할 수 있을 것이다.

다른 한편으로는 입송 당시의 중국에는 황실뿐만 아니라 민간에서도 수륙재가 성행하던 시기였으므로 중국에 갔던 최사겸이 이를 보거나 듣고 수륙재와 관련한 의례집을 구해왔을 것으로 사료된다.[20] 하지만 무엇보다도 수륙의문의 입수와 수륙당 건립의 청을 올리고 이를 선종이 받아들인 까닭은 선종의 정치적 고려도 한몫 하였을 것이다. 당시 정치적 상황은 순종이 즉위한 지 3개월 만에 승하하였는데, 이를 두고 현종의 넷째 아들이자 문종의 동생인 평양공 왕기파와 인주 이씨 세력 간에는 분열과 갈등을 겪고 있었다. 이때 왕위에 오른 선종은 왕위 계승과 동시에 민심수습과 사원세력의 흡수 등을 시급한 정책으로 삼았다. 선종은 재위 11년간 불정도량, 능엄도량, 금강명경도량을 비롯한 19종의 각종 불교의례를 38회에 걸쳐 설행하였는데, 이는 왕권의 강화와 호국적 성격을 반영한 것이었다.[21] 보제사에 수륙당을 건립하려는 것도 이러한 정책기조가 그대로 이어지고 있기 때문으로 보인다. 이는 그의 동생이기도 한 의천이 흥왕사에 교장도감을 설립한 것도 맥을 같이 하고 있다. 어쨌든 최사겸이 구해온 수륙의문이 고려시대의 수륙재를 정형화

---

20) 홍기용은 그 이후 이 『수륙의문』을 기초로 한층 체계화된 의문이 만들어졌을 것으로 보고 있다. 「중국 원·명대 수륙법회도에 관한 고찰」, 『미술사학연구』 제218호(서울: 한국미술사학회, 1998), 45-48면.
21) 박용진, 「고려중기 의천의 불교의례와 그 인식」, 『한국중세사연구』 제22호(서울:한국중세사학회, 2007), 151-152면.

하는 데 일조를 하였으며, 이미 설행되던 수륙재에 또 하나의 참고용 의례집으로 쓰였으며, 통합용 의례로 행해지지 않았나 한다.

그렇다면 최사겸이 구해왔다는 수륙의문이 어떤 형식과 내용이었는지를 살펴보아야 할 것이다. 왜냐하면 이것의 성격이 밝혀지면 고려시대에 설행된 수륙재의 단면을 추정할 수 있기 때문이다. 이를 위해 수륙의문이 수륙재와 관련한 의례집을 통칭하는 것인지, 아니면 『수륙의문』이라는 단일 의례집인지 또는 수륙의문이란 용어를 사용한 의례집을 지칭하는 것인지부터 규명되어야 한다. 수륙의문으로 기록된 기사들을 살펴보면 그 실마리를 찾을 수 있다.

먼저 중국의 예를 살펴보면, 『불조통기』에 양무제가 수륙의문을 지었다는 기록이 나온다. 이후에는 11세기경인 송대에 수륙의문이 활발하게 조성되었다. 송나라 신종 희녕년간(1068~1077)에 東川楊鍔이 『水陸儀』3권을 찬술한 것으로 알려져 있다. 이것은 북송시대에 편찬된 흔히 북수륙이라 하는 『천지명양수륙의문』을 말한다. 양악은 사천사람으로 그 지역에 구전되어 오던 수륙재를 기반으로 정리하여 찬술했다.22) 이 수륙의문은 금나라 때 자기가 오류를 바로잡고 刪削하여 의문 3권을 찬집하였다고 한다. 하지만 두 본의 내용에서 차이를 보이고 있다.23) 또한 宗頤(1009~1092)이 諸家의 의문을 모아 새로 『수륙의문』4권을 완성하였다. 이들은 정확한 찬술 연대를 알 수 없다.24) 하지만 제가의 의문을 모아 새로 완성한 만큼 여러 사람이 지은 수륙의문이 있었음을 확인할 수

---

22) 송일기·한지희, 앞의 논문, 121면.
23) 고상현, 「수륙의례집 해제 및 목록」, 『수륙재현황조사보고서』(서울:대한불교조계종 총무원 문화부, 2010), 104면.
24) 강호선, 앞의 논문, 146-148면.

있다.

다음으로 고려시대의 수륙재 의례집에 대한 기사를 통해 그 성격을 살펴보도록 하겠다. 중국의 예에서는 최사겸의 입송 이전에 쓰여진 수륙의문을 중심으로 간략하게 살펴보았다. 반면에 우리나라에서는 아직까지 선례가 발견되지 않았기 때문에 오히려 후대의 기록을 통해서 살펴보도록 하겠다.

우리나라에서는 최사겸의 수륙의문 입수 이후 수륙재 의례집에 관한 기록은 찾을 수 없다가 150여 년이 지나서, 이제현이 쓴 混丘(1251~1322)의 비명에 나타난다. 비명에는 일연의 제자 혼구가 수륙의문을 새로 엮어 『신편수륙의문』 2권을 펴내었다고 한다.

> 스님은 침착하고 중후하여 말이 적으며 학문은 보지 않은 것이 없었으며, 시와 문에 매우 뛰어났다. 『語錄』 2권, 『歌頌雜著』 2권, 『新編水陸儀文』 2권, 『重編指頌事苑』 30권의 저서가 있어서 총림에서 유행하고 있다.[25]

이 기록을 통해서 알 수 있는 것은 수륙의문이 전해지고 있었다는 사실과 그것을 새로 엮어 『신편수륙의문』을 저술하였다는 점이다. 하지만 여기서 말한 수륙의문이 최사겸이 송나라에서 구해온 것과 유사한 것을 엮은 것인지, 아니면 여타 수륙재 의례집을 엮어서 신편이라 이름을 붙인 것인지에 대해서는 자세히 알 수 없다. 다만 현재로서는 수륙의문이라는 의례집이 있었다는 사실만을 확인할 수 있을 뿐이다.

---

25) 이제현, 「有元高麗國曹溪宗慈氏山瑩源寺寶鑑國師碑銘 幷序」, 『동문선』권118, 碑銘. "師沈厚寡言 學無不窺 爲詩文富瞻 有語錄兩卷歌頌雜著二卷 新編水陸儀文二卷 重編指頌事苑三十卷 行叢林間".

다음으로 수륙의문이 여러 의례집을 통칭하거나 이칭의 의례집을 줄여서 표현한 예를 살펴보겠다. 첫째, 혼구의 『신편수륙의문』 기사보다 20여 년이 지난 뒤인 1342년 이제현이 쓴 발문의 기록으로, 1563년 쌍봉사에서 간행된 영남대 고문헌실 소장 『天地溟陽水陸齋儀纂要』(이하 『찬요』)의 발문을 통해서이다.

> 이 水陸儀文을 만든 까닭은 예전에도 여러 본이 있어 세상에 유행하였으나, 혹은 잃어버리거나 혹은 상한 것이 많았다. 지금 죽암공이 꿈에 감응하여 경론의 본질을 살피고 다르고 같음[異同]을 나누어 바로잡아 무릇 1권 54편으로 완성하였다. …(중략)… 지정2년(1342) 3월 일 … 이제현발26)

이 내용은 고려후기인 충혜왕 3년(1342)에 죽암 유사가 편찬한 『찬요』 1권에 익재 이제현(1287~1367)이 쓴 발문이다. 『찬요』의 발문에 수륙의문으로 명기하고 있음을 알 수 있다. 여기서의 수륙의문이란 수륙재를 지내는 데 사용하는 의례문이 아니라 『천지명양수륙재의찬요』를 지칭함을 알 수 있다. 그럼에도 여러 본이 있다고 하였으므로 수륙재 의례집 일반을 통칭하여 사용하였음을 알 수 있다.

위의 내용에서 주목되는 부분은 여러 본들이 있었지만 잃어버리거나 상한 것이 많아 이들을 살피고 나누었다고 한 것이다. 이에 따르면 이전에도 수륙재 의례집은 다양하였음을 확인할 수 있다. 여기에서 1권 54편으로 완성하였다는 대목에서는 현존하는 판본 중 54편으로 전하는

---

26) 『天地溟陽水陸齋儀纂要』, "此水陸儀文所以作也 舊有數本行於世 或失於煩 或傷於簡 今竹菴獻公感於夢寐 質之經論考匪異同定爲一卷凡五十有四篇 … 至正二年三月日 … 臣李齊賢跋"

죽암이 편찬한 『천지명양수륙재의』 등 같은 편수의 다른 의례집의 내용과 비교 검토가 필요할 것이다. 이를 통해 죽암이 이 의례집의 명칭을 달리하면서 같은 편수로 엮은 이유 등도 밝혀질 수 있을 것이다.

둘째, 송광사 성보박물관에서 소장하고 있는 중종 26년(1531) 순천 송광사에서 개간된 『天地冥陽水陸雜文』의 서문과 발문을 통해서이다.

> 文의 쓰임은 매우 커서 기원과 제사에는 반드시 서책을 갖추어 고해야 한다. 이로써 成禮를 보지 못하는 일이 없어야 한다. 수륙의문은 蕭武가 법운전에서 친히 저술한 것이다. … 수륙의문은 설당총통선사가이미 간행하여 세상에 유행시켰으나, 지금 召請祭文을 구하였는데 바르고 믿을만하여 다시 간행하고자 한다. … 대덕 계묘(1303) 평강 곤산천엄 무외 유대 근서

> 수륙의문은 광본과 약본이 하나가 아니니, 자기라고도 하고, 지반이라고도 하고, 중례라고도 하고, 결수라고도 한다.[27]

이 발문은 弘治 9년, 즉 연산군 2년(1496)에 쓰여진 것이다. 여기에서도 알 수 있듯이, 수륙재와 관련된 의례집을 통칭하여 '수륙의문'이라하며, 그 예로 소무가 편찬한 '수륙의문'은 『수륙잡문』을, 설당총통선사가 간행한 '수륙의문'은 『천지명양수륙의문』을 가리킨다고 밝히고 있다. 또한 이어서 수륙의문은 광본과 약본이 있는데, 자기나 지반, 중례, 결수 등 여러 가지로 일컬어졌음도 알 수 있다.

---

[27] 『天地冥陽水陸雜文』, "文之爲用大矣哉 故凡禱祠之際 必具冊書以告之 不然未見其成禮也 水陸儀文 蕭武於法雲殿親自著述 … 水陸儀文 雪堂捴統禪師旣已版行于世 今得召請諸文 文義兼優 諒非苟作 復欲刊之 … 大德癸卯住平江崐山鷹嚴無外惟大謹序".
"水陸儀文 廣略非一焉 曰仔夔 曰志槃 曰中禮 曰結手".

셋째, 권근은 『양촌집』의 '수륙의문발'에 "『수륙의문』 21본을 간행하고는 無遮平等大會를 세 곳에 베풀게 하고, 각각 『연화경』 1본, 『儀文』 7본씩을 비치하되, 영구히 그곳에 보관해 두고서 거행하게 하였다."고 하고 있다. 즉, 조선 태조가 새로운 왕조를 건국한 후 무참하게 죽인 고려 왕씨들의 천도를 위해 『수륙의문』 21본을 간행하고 비치하도록 하였을 뿐만 아니라 무차평등대회를 베풀도록 하였다는 것이다[28]. 이 내용은 건문 3년(1401, 태종 1년)에 간행된 『불설염구경천지명양수륙의문』에 권근이 쓴 발문에도 "수륙의문" 또는 "의문"으로 표현하고 있다.[29]

넷째, 태종 1년(건문 3년, 1401) 조선초기의 판본을 가정 12년(1533) 송광사에서 복각한 원각사 소장본 『천지명양수륙의문』에는 『천지명양수륙의문』을 수륙의문이라고 하고 있다. 내용을 보면, "명을 내리신 가운데 여러 산중에 수륙도량을 두고 매년 봄과 겨울에 수륙회를 설행하라 하셨고, 또 명하시어 양대중이 지어 중간한 '수륙의문'을 간인하여 수륙재를 거행하라 하셨습니다. 이는 자비로운 利生의 마음으로 '수륙의문'을 변함없이 전하고자 하심입니다."라고 하고 있다.[30]

다섯째로 범어사에 소장된 조선 중종조에 간행된 해인사 간본 『天地冥陽水陸齋儀纂要』를 통해 찾을 수 있다. 이 의례집은 고려시대 승려인 竹庵 猷公이 수륙재의 기원과 의식절차 등을 모아 편집한 것으로, '設會因由篇'으로부터 '普伸回向篇'에 이르기까지 총 54편으로 구성되어 있다. 여기에 실려 있는 金守溫(1410~1481)의 발문에 따르면, 당시 貞懿公

---

28) 권근, 『양촌집』권22, 수륙의문발, 跋語類 「水陸儀文跋 奉敎撰」, "又印水陸儀文三七本 命設無遮平等大會于三所 各置蓮經一本 儀文七本永藏其地".
29) 『불설염구경천지명양수륙의문』 발문.
30) 『천지명양수륙의문』 "命於中外諸山多置水陸道場 每歲春冬大設其會 又命重刊揚大中所撰水陸儀文印施擧行 且傳求久慈濟利生之心廣大 … 建文三年秋八月丙子 … 權近奉敎跋".

主가 良孝公의 喪을 마치고 그의 명복을 빌기 위해『수륙의문』과『結手文』과『小彌陀懺』과『妙法蓮華經』을 간행하였다고 한다. 여기서 언급한『수륙의문』은 전하지 않는 것으로 보이지만, 조선조에 들어서도『수륙의문』은 계속 발행되었음을 알 수 있다. 또한 조선 숙종 1년(1675)에 간행된 화장사판본인『수륙의문촬요』가 경남 고성 옥천사에 전하고 있어, 고려시대『수륙의문』의 내용을 짐작할 수 있다.

고려시대 수륙의례집의 간행을 파악할 수 있는 또 다른 방법으로는 고려시대에 만들어진 본은 아직 발견되지 않았지만, 조선시대에 중간된 내용 중 고려말에 활동한 죽암유사가 엮은 수륙재 의례집을 통해서이다. 죽암은 고려후기 승려로 이색과 친분이 있었던 것으로 보이며 그의 문집『목은시고』35권의 '금주음' 등에 따르면, 판조계사를 역임하며 왕실의 내원과 억정사에서 머물렀고, 연복사의 주지를 역임하였다고 한다.31) 현존하는 수륙재 의례집 가운데 죽암 유공이 편찬하여 대광사(1514), 안동 광흥사(1538), 용인 서봉사(1581) 등에서 펴낸『수륙무차평등재의촬요』나 해인사(1641), 순천 송광사(1642), 함흥 개심사(1658) 등에서 펴낸『천지명양수륙재의찬요』, 간행처(1496)를 알 수 없는『천지명양수륙잡문』, 황해도 불봉암(1586), 신흥사(1661) 등에서 펴낸『천지명양수륙재의』등이 전하고 있다.32)

이상에서 살펴보았듯이, 무차수륙회의 정형은 고려 선종 때 최사겸이 송에서 수륙의문을 구입하고 수륙당을 건립한 때라고 볼 수도 있다. 하지만 그 이전에 이미 수륙도량이나 광종대에 이미 정적을 제거한 죄업을 녹이고 정치적인 원한을 무마하기 위해 수륙무차회를 설행한 적이

---

31) 송일기·한지희, 앞의 논문, 128면.
32) 고상현, 앞의 책, 89-105면.

있다. 그러므로 최사겸이 송나라에서 구해 온 수륙의문은 일종의 참고서가 되었을 가능성이 농후하다.

따라서 고려시대 의례집과 관련한 기사를 통해 수륙의문은 특정 의례집을 지칭하거나 수륙재 관련 의례집의 통칭으로도 사용되었음을 알수 있다. 따라서 최사겸이 중국에서 들여온 수륙의문이 『수륙의문』이라는 명칭의 의례집인지, 또는 『천지명양수륙의문』의 약칭인지, 또는 제3의 다른 본인지 등에 대해서는 앞으로 발견되는 사료에 따라 그 성격이 규정될 수 있을 것이다.

이러한 수륙의례집을 바탕으로 행해지는 수륙재는 다양한 목적과 유행으로 설행된다. 일반적으로 불교관련 재의의 설행 내용은 재의의 목적이나 시간과 장소도 중요하게 작용하였을 것이다. 하지만 무엇보다도 설행 주체들의 노력과 공양물에 따라 전개되어 왔던 것으로 보여진다. 수륙재의 설행에 있어서도 마찬가지임을 알 수 있다.[33] 따라서 다음에서는 고려시대 수륙재의 설행 형태와 목적이 어떠하였는지를 살펴보고자 한다.

3. 수륙재의 설행 형태와 목적

1) 수륙재의 설행 형태

수륙재의 설행 형태와 목적을 살펴보기에 앞서 고려시대 기사들을

---

33) 계파성능, 『仔夔文節次條列』. "凡觀設齋 或七晝夜 或五晝夜 或二晝 即排日者 物力之多小 見機所辦爲宜" 『한국불교전서』 제11권(서울:동국대출판부, 1992), 254면 1단.

보면, 수륙회, 수륙재회, 수륙재, 수륙도량 등의 여러 명칭이 보이고 있다. 회와 재와의 성격이 다른 것은 아닌지 하는 의문을 가져볼 수 있다. 이에 대한 의문은 고려시대에 설행된 불교행사나 의례들에 대해 살펴보면 풀릴 수 있다. 고려시대에 행해진 불교행사나 의례는 주로 법회, 재, 도량 등으로 불렸다.

道場은 bodhi-maṇḍa, 즉 보리도량으로, 부처님께서 깨달음을 이루신 곳을 의미하였다. 또한 불교를 교설하거나 불도를 수행하는 장소를 이르는 말이나 불사가 설행되는 자리를 일시적으로 修法行道의 장소로 만든다는 의미로도 사용되었다. 法會 또는 會는 dharma-saṃgīti로, 齋會, 불사라고도 하며, 대체로 불보살을 받들며 그 가르침인 경전을 강독하거나 교설하기 위한 사람들의 모임이라는 성격과 불보살을 칭송하는 불사의 완성을 경축하는 모임의 성격을 띤다. 齋는 Uposadha로 '삼가다', '부정을 피한다'는 의미로 일정한 날을 정하여 계율을 지키는 것을 뜻하며, 불보살에 공양을 올리는 佛事나 佛供 법회를 일컫기도 하였다. 또한 죽은 이를 위해 천도하는 행사도 재라고 하였다. 이렇게 대략적으로 분류할 수 있다. 하지만 법회와 재, 그리고 도량과 법석은 서로 혼용되어 성격을 명확히 구분하기는 쉽지 않다. 수륙회나 수륙재회, 수륙재, 수륙도량 등도 마찬가지이다.[34] 따라서 본고에서도 회와 재 등 각기 다른 명칭을 사용하는데 사료에 나온 명칭을 중심으로 서술하되 개념상의 구분은 하지 않았다.

고려시대에 어떻게 수륙재가 설행되었는지에 대해서는 아직까지 자

---

34) 김형우, 『고려시대 국가적 불교행사에 대한 연구』(서울:동국대 박사학위논문, 1992), 27-28면; 안지원, 『고려의 국가 불교의례와 문화 : 연등·팔관회와 제석도량을 중심으로』(서울:서울대학교출판부, 2005), 7-8면.

세히 밝혀지지 않았다. 그 단서는 『고려사』에 무차수륙회로 명기된 최초의 기사인 성종 2년(982)에 최승로(927~989)가 상소문과 함께 올린 「시무28조」에서 찾을 수 있다. 최승로가 올린 「시무28조」에 수륙재의 설행 형태에 대해 다음과 같이 언급하고 있다.

제가 듣건대 전하께서는 功德齋를 베풀고 혹은 몸소 茶를 갈기도 하시며 혹은 친히 밀(麥)도 찧으신다 하는데 저의 우매한 생각에는 전하의 몸을 근로하시는 것은 깊이 애석한 일입니다. 이 폐단은 광종 때부터 시작되었습니다. 그는 참소를 믿고 무죄한 사람들을 많이 죽이고 불교의 인과응보설에 미혹되어 자기의 죄업을 없애고자 인민의 고혈을 짜내서 불교 행사를 많이 거행하였으며 혹은 비로자나참회법을 베풀거나 혹은 구정에서 승려들에게 음식을 주기도 하였으며 혹은 귀법사에서 無遮水陸會도 베풀었습니다. 매양 부처에게 齋를 올리는 날에는 반드시 걸식승들에게 밥을 먹였으며, 또는 內道場의 떡과 실과를 가져다가 거지에게 주었으며, 혹은 혈구산과 마이산 등에 새로 못을 파서 어량을 설치하고 물고기를 방생하는 장소로 만들었으며, 1년에 네 차례씩 사신을 파견하여 그곳의 사원들로 하여금 불경을 개강하게 하고, 또한 살생을 금지하며 궁중에서 쓰는 육류를 도살부에게 도살시키지 않고 시장에서 사다가 쓰게 하였습니다. 그래서 심지어 대소 신민들로 하여금 모두 다 懺悔를 시켰으므로 미곡과 땔나무와 숯, 건초, 두류(豆)를 메며 지고 가서 서울과 지방의 길가에서 나누어 주게 한 것이 부지기수였습니다. 그러나 벌써 참소를 믿고 사람을 초개 같이 보고 죽인 그 시체가 쌓이고 쌓여 산과 같았고 항상 백성들의 고혈이 마르도록 짜내어 불공과 재를 베풀었습니다.[35]

---

35) 『고려사』권93, 열전 제6, 최승로전 "竊聞聖上 爲設功德齋 或親碾茶 或親磨麥 臣愚深惜 聖體之勤勞也 此弊始於光宗 崇信讒邪 多殺無辜 惑於浮屠果報之說 欲除罪業 浚民膏血 多 作佛事 或設毗盧遮那懺悔法 或齋僧於毬庭 或設無遮水陸會於歸法寺 每値佛齋日 必供乞食

이 기사는 광종 14년(963) 7월에 창건된 귀법사에서 무차수륙회가 설행되었다는 내용을 담고 있다. 또한 이 상소문에 따르면, 광종(925~975)대에 무차수륙회를 비롯한 비로자나참회법, 飯僧 등의 불사가 빈번히 설행되었음을 알 수 있다. 또한 도량의 구체적인 모습이라든가 설행 형태에 대해서도 비교적 상세하게 기술되어 있다.

『고려사』의 광종 19년(968)의 기사도 최승로가 올린 상소문에서 말하고 있는 수륙재와 유사하게 기술되어 있다.

> 왕이 참소하는 말을 듣고 많은 사람을 죽였으므로 내심으로 가책을 받게 되었다. 이리하여 자기 죄악을 덜기 위해 齋會를 널리 베푸니 많은 무뢰배들이 가짜로 출가하여 배부르게 먹을 것을 생각하고 모여 들었다. 이따금 떡, 쌀, 콩, 땔나무와 숯 등을 가지고 서울과 지방의 길거리에서 일반에게 나누어 주는 것도 수없이 많았다. 또 放生所를 많이 설치하여 놓고 부근 사원에서 불경을 강연하였다. 동물의 도살을 금지하고 왕궁에서 쓰는 고기도 시장에서 사들였다.[36)

위의 두 기사를 살펴보면, 최승로가 상소문에 언급하였던 무차수륙회와 '광종 무진 19년'에 베풀어진 齋會가 동일한 것임을 알 수 있다. 그러므로 이 기사를 통해 최승로가 언급한 무차수륙회는 광종 19년(968)에 설행되었음을 알 수 있다.[37)

僧 或以內道場餠果 出施丐者 或以新池 穴口與摩利山等處魚梁 爲放生所 一歲四遣使 就其界寺院 開演佛經 又禁殺生 御廚肉膳 不使宰夫屠殺 市買以獻 至令大小臣民 悉皆懺悔 擔負米穀柴炭蒭豆 施與中外道路者 不可勝紀 然以旣信讒愬 視人如草莽 誅殺者堆積如山 常竭百姓膏血 以供齋設".

36) 『고려사』권2, 세가2, 광종 무진 19년 "王信讒多殺內自懷疑 欲消罪惡廣設齋會 無賴輩詐爲出家 以求飽飫匂者坌至 或以餠餌米豆柴炭施與京外道路不可勝數 列置放生所 就傍近寺院演佛經 禁屠殺肉膳亦買市廛以進".

이들 두 기사를 종합해 보면, 무차수륙회의 설행 형태와 목적을 알수 있다. 먼저 그 형태를 보면, 첫째로는 재가 베풀어질 때 재의 본래적의미와 부합되게 승려에게 공양을 올리는 飯僧이 이루어졌으며, 둘째로는 일반 백성들에게도 음식이나 곡식, 땔나무와 숯 등을 나누어주었는데, 이는 재회가 열리는 장소뿐만 아니라 서울과 지방 등에 고루 나누어 주었음을 알 수 있다. 셋째로는 왕궁에서의 도살 즉 살생을 금지시켰으며, 넷째로는 살생을 넘어 생명을 살리는 방생을 위한 방생소를 설치하고 있으며, 다섯째로는 방생소가 설치된 인근의 사찰에 1년에 네차례씩 불경을 강연하도록 하였다.

다음으로 광종이 개최한 무차수륙회의 설행 목적은 일차적으로는 광종 자신이 무고한 많은 이들을 살해한 과보(죄업)를 소멸시키고자 하였음을 알 수 있다. 하지만 그 이면에는 불교의례인 수륙회나 각종 재를통해 백성들의 어려움을 살핌으로써 그들의 마음을 달래고 민심을 통합하고자 한 목적도 있었음을 짐작할 수 있다.

2) 수륙재의 설행 목적

수륙재의 설행 목적에 관한 기사는 설행 내용이나 형태 등에 대한 기사보다는 『고려사』나 개인문집류 등 여러 자료들에서 비교적 다양하게전하고 있다. 결론적으로 그 내용들을 종합해서 설행 목적을 정리해 보면, 첫째는 낙성고불식이며, 둘째는 佛德證得, 셋째는 治病, 넷째는 액을없애는 解厄, 다섯째는 追善, 여섯째는 공신들을 위한 공신재이며, 일곱째는 滅罪, 마지막으로는 구휼과 민심통합 등을 들 수 있다. 이들을 차

---

37) 연제영, 앞의 논문(2004), 341-342면.

례대로 살펴보기로 하겠다.

첫 번째 기사는 광종 22년(971)에 갈양사에서 惠居 國師가 수륙도량을 개설하여 낙성고불식을 한 예이다.

개보 3년(광종 21, 970) 경오년 봄에 국사가 이르기를, "수주부(현 경기도 수원)의 葛陽寺는 산이 밝고 물이 고와 국가 만대의 복된 터전입니다. 원컨대 구획해서 복을 비는 곳으로 삼으소서."라고 하였다. 왕이 허락하고 내탕금을 내려 빨리 그 일이 이루어지도록 하였다. 국사가 명을 받아 문인인 전 광명사 주지 普昭에게 이를 감독하도록 하여 불상과 탑과 전각과 누각을 지으니 장대하고 아름다웠다. 이듬해 신미년(광종 22, 971) 가을에 준공하였다. 이로 인해 水陸道場을 개설하여 왕이 태자에게 가서 낙성하게 하였다.[38]

혜거 국사는 고려조에서 최초로 국사와 왕사를 지낸 인물이다. 갈양사에서 수륙도량을 개설한 까닭은 혜거국사가 72세의 나이로 이곳을 下山所로 삼았기 때문이다.[39] 또한 국사의 하산소였으므로 내탕금을 하사하여 불사를 도왔고 태자를 직접 보내 낙성식을 한 곳인 만큼 수륙재에 국가적 차원에서의 지원이 있었음을 알 수 있다.

여기에서 "수륙도량을 개설"하였다는 의미는 두 가지로 해석될 수 있다. 첫째는 앞에서 도량, 재, 법회 등의 설명에서 언급하였듯이, 고려

---

38) "開寶三年庚午春 國師奏曰 水州府葛陽寺山明水麗 爲國家萬代福址 願以劃爲祝釐之所 上可之 賜帑金 亟亟厥事 國師承命 使門人前住廣明寺住持普昭監之 修緝象塔殿樓 輪焉奐焉 明年辛未秋 竣功 因設水陸道場 上命太子往而落之" 한국역사연구회 편, 「갈양사혜거국사비」,『역주나말여초금석문』(상)(서울:혜안, 1996). 343-344면; 한국금석문종합영상정보시스템.

39) 허흥식, 「葛陽寺 惠居國師碑」,『高麗佛教史研究』(서울:일조각, 1990), 588-589면.

시대에 설행된 각종 의례 중 하나로서 수륙도량을 개설했음을 의미하고 둘째는 혜거 국사의 하산소로서 갈양사를 수륙재 설행을 위한 사찰로 갖추었음을 의미한다고도 해석될 수 있다. 후자는 수륙재 도량의 건립에서 다루기로 하겠다. 전자의 경우에는 국사가 하산하기 1년 전에 수륙도량을 마련하여 낙성식을 거행하였음을 말하고 있다.

> 임신년(광종 23, 972) 봄에 국사가 누차 물러나기를 청하여 인장을 바치고 表를 올리기에 이르니 왕이 영을 내려 허락하였다. 3월 15일에 왕이 演福寺에 행차하여 절에 있는 모든 승려에게 齋를 베풀고 겸하여 전별 의식을 베풀고는 문무반을 이끌고 작별하였다. 다음 날 길을 떠나니 중서사인 리진교에게 명하여 남으로 화산 갈양사로 돌아가는 데 따라가도록 하였다. 왕이 조 500석과 면포 60필, 뇌원다[40] 100각 및 그릇 등을 내리고 또 田結 500석을 하사하여 복을 비는 재산을 넉넉하게 하였으며 또 '興福佑世'의 휘호를 내렸다.[41]

혜거 국사가 수륙도량을 개설한 이듬해인 972년 봄에 국사의 자리에서 물러나기를 여러 차례 청하여 왕의 허락을 받고는 3월 15일 연복사에서 전별 의식을 베풀고 갈양사로 내려왔다. 이때 왕은 조 500석과 면

---

40) 일부에서 뇌원다를 유원다라 하는데, 이는 『불교조선총보』에 비문 전문이 실린 이후 그대로 인용되고 있다. 하지만 『고려사』의 기록에 비추어볼 때 뇌원다의 오기가 아닌가 한다. 따라서 필자는 『고려사』의 예를 따라 뇌원다라 하였다. 뇌원다는 고려시대 차의 일종으로, 왕실의 애용품으로 공을 세운 신하에게 하사하는 하사품이나 외국에 공물로 보내는 예물, 또는 부의품 등으로 사용되었다. 류건집, 『한국차문화사』(상)(서울:이른아침, 2007), 136-141면.

41) "壬申春 國師屢乞退養 至於納印上表 王優詔許之 以三月十五日 上駕幸演福寺 設劅院僧齋 兼乎寅餞之儀 率文式斑辭別 明日啓程 命中書舍人李鎭喬 陪行南歸花山葛陽寺 王賜租五百石·綿布六十匹·月留原茶一百角 幷器皿等 又賜田結五百碩 以贍祝釐之資 又賜興福佑世之徽號", 한국역사연구회 편(1996), 앞의 책, 344면.

포 60필, 뇌원다 100각 및 그릇은 물론 전결 500석을 하사하여 복을 비는 祝釐의 밑천으로 삼도록 넉넉하게 하였다고 하고 있다. 이로 보아 갈양사의 수륙도량은 낙성식만을 위한 수륙도량이 아니라 계속해서 국가와 왕실의 안녕을 기원하는 사찰로서 기능을 하였다고 할 수 있다. 따라서 수륙도량도 1회성이 아닌 지속적으로 이루어졌을 것으로 사료된다.[42)]

둘째, 佛德證得을 목적으로 설행된 것으로, 13세기에 활동한 천책(1206~?)의 『湖山錄』 중 「水陸齋疏 王侍郎讚行」에서 확인할 수 있다.

법계의 성품을 말하고 법계의 자비를 일으키는 것은 오직 일심일 뿐이로다. 중생의 고통을 없애주고 중생과 즐거움을 더불어 하는구나. 모든 부처님이 아니라면 누가 대보리심을 발하게 하여 모두 구경열반의 언덕에 오르게 하겠는가!

간절히 아난이 제도할 법을 청하자 석가세존께서 수륙의 방편을 여셨다. 양 무제가 처음 이 의식을 시행한 것은 대개 신승이 홀연히 꿈속에서 열어준 것이다. 당나라의 도영 법사가 이 제도를 계승한 것은 신이한 사람이 좌중에 나타나 보여주었기 때문이다. …(중략)… 모두 측은하여 차마 하지 못하는 마음으로 인하여 두루 평등한 無遮法會를 여니, 또한 행하기 어려움을 행하게 하고 버리기 어려움을 버리게 합니다. 비록 머리와 눈, 골수와 뇌가 부서지더라도 아직 제도되지 못한 것은 제도되도록 하고 안온하지 못한 것은 안온하게 하니, 어찌 어류와 패류, 날짐승, 들짐승을 가리겠는가. 그러므로 모두 몰록 각자의 믿음의 쌀알에 의지하면 나라의 곳간에 있는 여분의 재산을 번거롭게 하지 않는다.

---

42) 김희준, 『조선전기 수륙재의 설행』(충북:한국교원대 교육대학원 석사논문, 2001), 10-11면.

처음에는 백련도량에서 열어 시행하고 다음에는 만연정사에서 경영
하였으며 삼이라는 숫자를 갖추고자 덕화를 받아서 닦아 다시 조계산
에서 설행하였는데, 한결같이 의식의 범절은 모두 불전을 따랐도다. 간
절히 원하옵니다. 무릇 펄펄 끓는 고통스런 지옥과 그리고 절뚝거리고
물어뜯는 축생, 혹 어두운 곳이나 유습한 곳의 귀신들, 혹은 귀하거나
천한 인간계와 천상계 내지는 네 발과 많은 발, 유형과 무형에 이르기
까지 모두 寂滅의 근원을 알도록 하여 영원한 부처님의 덕을 證得하게
하소서.[43]

이것은 천태종 중흥조 요세의 가르침을 이은 천책이 왕시랑의 재를
찬한 것이다. 천책은 백련사의 4대 사주로서 23세인 1228년 백련사로
출가하여 천태지의를 연모하며 그의 교설을 실천하였던 스님이다. 스님
이 언제 이 疎를 지었는지는 확실하지 않다. 하지만 그가 문사들과 교
류가 가장 활발했던 1250년대 말부터 1260년대까지의 약 10여 년 사이
에 쓴 것이 아닌가 한다.[44] 이 글에서 세 곳에서 설행된 수륙재는 다른
수륙재들과는 달리 천도나 치병, 업장소멸 등의 목적이 아닌 정각인 寂
滅의 근원을 佛德으로 證得하기 위함임을 밝히고 있다. 지옥중생, 방생
인 축생, 유형·무형의 모든 것의 불덕 증득을 언급하고 있음도 수륙무
차평등재회의 본래 의미를 잘 말해주고 있다. 또 하나 주목되는 점은

---

43) "稱法界性 起法階慈 惟一心耳 拔衆生苦 與衆生樂 非諸佛何 苟發廣大菩提心 咸登究竟涅槃
岸 切以阿難請津梁之法 釋尊開水陸之科 梁虎帝始啓此義 盖神僧敎通於夢裏 唐英師繼行斯
制 由異人現告於座中 … 因禪剃憺不忍之心 庶立平等無遮之會 且難行能行難捨能捨 雖項目
髓腦之敢辭 若未度令度 未安令安 何鱗介羽毛之斯擇 所以頓約私田之信粒 不煩公廩之餘財
始則啓行於白蓮道場 次則卜營於万淵精舍 三者備矣 熏修更設於曹溪 一以貫之 儀範皆遵於
竺典 伏願 凡臛 " 虎 " 之苦獄 及跛 " 醬 " 之傍生 或鬼神幽陰 或人天貴賤 乃至四足多足有形
無形 皆知寂滅之源 咸證眞常之悳", 리영자, 『천책스님의 호산록』(서울:해조음, 2009)에
실린 원문과 번역문을 참고로 하였다.
44) 허흥식, 『진정국사와 호산록』(서울:민족사, 1995), 30-31면.

'각자의 믿음의 쌀알에 의지하면 나라의 곳간에 있는 여분의 재산을 번거롭게 하지 않는다'는 대목이다. 이는 이전에 설행되었던 수륙재가 국가의 재정으로 설행하였을 가능성을 말해주고 있다. 이로 인한 폐해를 지적하면서 각자가 믿음으로 재비를 마련하여 수륙재를 설행한다고 한 것으로 해석된다. 또한 수륙재 설행이 한 사찰에서 그친 것이 아니라 백련사, 만연정사, 조계사 세 사찰에서 이어서 설행했다는 기록도 주목된다.

셋째, 병을 치유하는 治病을 위한 목적으로 설행된 수륙재이다. 충목왕 4년(1348) 11월 초하루에 공주가 왕의 병을 치유코자 전 찬성사 이군해를 천마산에 보내 수륙회를 베풀었다.

> 11월 초하루 계사일, 공주가 왕의 병으로 인해 전 찬성사 이군해를 천마산에 보내어 수륙회를 베풀고 기도하였다.[45]

충목왕(1337~1348)은 12년이라는 짧은 생애를 살았는데, 1344년 충혜왕이 죽자 8세의 어린 나이에 즉위하여 5년간 재위(1344~1348)하였다. 어린 나이에 즉위하여 혼인도 하지 않고 죽었기 때문에 후사는 없었다. 혈육으로는 충혜왕의 비이자 어머니인 정순숙의공주, 즉 덕녕공주만이 있었다. 따라서 위에서 말하는 공주는 모후인 덕녕공주를 말한다. 이 해 10월에 왕이 편치 않아 건성사 등 사원이나 사사집으로 거처를 자주 옮겼으며, 11월에 충목왕을 위해 모후 덕녕공주가 수륙재를 베풀었으나, 다음달 12월 정묘일에 결국 김영돈의 집에서 죽었다. 이군해

---

45) 『고려사』권37, 세가37 충목왕4 "十一月癸巳朔 公主以王疾 遣前贊成事李君侅 設水陸會於天磨山禱之".

(1297~1364)는 李嵒으로, 충목왕 3년(1347)에 찬성사에서 정방제조로 임명되었다. 천마산은 경기도 개풍군에 있으며, 관음사(인근에 관음굴이 위치), 개성사, 운홍사, 대홍사 등의 고찰이 있는 곳이다. 조선 태조 4년(1395)에 고려 왕씨를 위해 수륙재를 설행하던 3곳 중의 하나인 관음굴이 부근에 위치해 있다. 이는 덕녕공주가 천마산에서 베푼 수륙회가 정확히 어딘지는 알 수 없으나, 관음사나 관음굴과 연관이 있지 않을까 한다.

넷째, 액을 없애고자 설행하는 解厄水陸齋이다. 목은 이색(1328~1396)의 『목은고』에는 좌시중이 태후를 위해 액운을 풀고 안녕과 보호를 위해 해액수륙재를 베풀었다고 기록하고 있다.

> 은혜와 의리 다 풍부한 이 몇이나 될고
> 남양의 택상이 뭇 신하 중에 으뜸이로세.
> 액운 풀고 안녕 보호에 천기가 오묘하니
> 수륙재의 향연이 온 누리에 두루 펴지리.
> 自注에, "좌시중46)이 태후를 위해 解厄水陸齋를 베풀었다."
> 하였다.47)

해액수륙재란 재난이나 재앙을 없애기 위해 베풀어지는 수륙재라는 의미다. 여기서 말하는 태후는 본관이 남양으로 충숙왕의 비인 明德太后(1298~1380)로 볼 수 있다. 명덕태후의 성은 홍씨로 충혜왕과 공민왕

---

46) 고려시대에 도첨의사사와 도첨의부에 둔 종일품 벼슬로 공민왕 12년(1363)에 첨의좌시중으로 바뀌었다가, 다시 문하시중으로 바뀌었다.
47) 이색, 『목은고』권20, 詩, 有感 "恩義兼豊有幾人 南陽宅相冠群臣 保安解厄玄機妙 水陸香煙 遍刹塵 自注 左侍中設太后解厄水陸齋".

을 낳았으며 아버지는 부원군 奎(?~1316, 충숙왕 3)이다. 『고려사』에 보면 충숙왕과 가장 먼저 혼인을 하였지만, 원의 복국장공주나 조국장공주 등이 들어오면서 홍씨의 종실인 정안공 집으로 나가서 지내야 하는 신세였다. 또한 아들인 공민왕 10년(1361)에 홍건적이 침입하여 남녘으로 함께 피난을 가기도 하였다. 하지만 공민왕이 신돈을 신임하여 가까이 하면서 신돈일파의 이간질로 인해 관계가 악화되었다.[48] 여기서 말하는 좌시중은 명덕태후의 남매인 홍융의 둘째아들 홍언박(1309~1363)을 말한다. 이로 볼 때 태후가 개인적이든 국가적이든 간에 어려운 상황을 겪게 되었다. 홍언박의 생애 중 좌시중으로서 수륙재를 베풀 수 있었던 시기는 홍건적 침입으로 왕과 태후가 남녘으로 피난 갔던 시점이 가장 개연성이 높아 보인다. 따라서 태후의 조카이자 좌시중이었던 홍언박이 베푼 해액수륙재란 태후 개인을 위한 안위이자 곧 국가와 왕실의 안녕을 기원하는 것으로 보인다.

다섯째, 추선을 위한 수륙재로서, 고려시대 기록 중 가장 많이 등장하는 유형이다.

먼저, 元天錫(1330~?)의 『운곡행록』에는 효성스런 조카가 죽은 어머니를 위해 수륙재를 베풀었다는 기록이 있다.[49]

> 2월 초2일 비 내리는 가운데 여러 가지를 읊다
> 효성스런 조카 수륙재를 베푸니

---

48) 『고려사』권89, 열전2 후비2.
49) 『운곡행록』은 운곡이 20세(충정왕 3년, 1351)부터 65세(조선 태조 3년, 1394)까지 44년간 쓴 것으로 737제 1,144편의 시가 수록되어 있다. 이 중 불교관계 시가 186수가 실려 있다. 도현철, 「원천석의 안회적 군자관과 유불도 삼교일리론」, 『운곡원천석연구논총』(강원:원주문화원, 2001), 197면.

좋은 때에 어머니 위해 저승에서의 복을 빛나게 하네.
훌륭한 법회에 참석하여 함께 경의를 돌리려 했지만
진흙과 물길에 나약한 말 타는 것이 견디기 어렵네.50)

다음으로는 난산으로 죽은 공민왕의 비인 승의공주를 위해 나옹 화
상이 주관한 국행수륙재를 들 수 있다. 이 기록은 나옹 화상(1320~1376)
의 『나옹화상어록』 상당법어에 실려 있다. 공민왕의 비인 노국대공주
[寶塔實里公主]인 승의공주(1329~1364)51)가 난산으로 죽자(공민왕 13년,
1364) 그를 위해 국가에서 주관한 수륙재인 國行水陸齋를 열었으며, 당
시 왕사였던 나옹 화상이 직접 주관하였다.52) 『나옹화상어록』에는 이와
관련하여 상당법어로 세 가지가 기록되어 있다. 첫째는 육도중생에게
설하는 것이며(國行水陸齋起始六道普說), 둘째는 회향이며(迴向), 셋째는 빈
당에서 영가에게 소참법문을 하는 것(殯堂對靈小參)이다.

나옹 화상이 주관한 국행수륙재는 승의공주가 사망한 것이 공민왕
13년(1364) 2월경이므로 바로 그 해에 수륙재가 베풀어졌을 것이다.53)
이 수륙재에서는 나옹 화상이 육도중생을 위해, 그리고 회향시와 대령
소참시에도 빈당 등 세 차례 걸쳐 법어를 하고 있다.

이어서 승의공주 사후 10여 년이 지난 갑인년(공민왕 23년, 1374) 납월

---

50) 원천석, 『운곡행록』권5, 詩, 二月初二日雨中雜詠, 국립문화재연구소, 『문헌으로 본 고
려시대 민속』(대전:국립문화재연구소, 2005), 403면. "二月初二日雨中雜詠 孝婦邢長水
陸儀 令辰爲母賁冥禧 欲參勝會同歸敬 泥水難堪弱馬騎".
51) 元나라의 황족인 魏王의 딸로서, 1349년(충정왕 1) 원나라에서 공민왕과 결혼하여 承
懿公主로 책봉되었다.
52) 고려말 나옹혜근(1320~1376)은 『나옹화상어록』에서 많은 부분을 대령소참, 수륙재
등 의례(영가법어)에 할애하고 있다. 김효탄, 『고려말 나옹의 선사상연구』(서울:민족
사, 1999), 164-169면.
53) 『나옹화상어록』(『한국불교전서』 6권, 서울:동국대출판부, 2002), 717-719면.

16일에는 경효대왕(공민왕)[54] 영가를 위한 수륙법회가 개설되었는데, 이 법회에서 나옹 화상은 소참법문(甲寅臘月十六日敬孝大王水陸法會)과 육도중생을 제도하기 위한 법문을 하였다(六道普說).[55] 이처럼 공민왕과 그 비를 비롯한 영가들을 위한 수륙재가 10여 년의 시차를 두고 행해지고 있음을 볼 수 있다.

여섯째, 공신제로서의 무차대회를 들 수 있다. 공신제로서의 무차대회는 수륙재라는 명칭은 사용하지 않았지만 그 성격으로 보아 유사한 것으로 볼 수 있다.[56] 고려 태조 23년(940)에 설행한 내용에 "신흥사를 중수하고 공신당을 설치하여 삼한공신을 동쪽과 서쪽 벽에 그리고 1주야 동안 무차대회를 열었는데, 이것이 매년 상례로 되었다.[57]"고 기록하고 있다. 즉, 12월 공신을 위한 시제는 新興寺에 공신당을 설치하여 삼한공신의 화상을 그리고 無遮大會를 1주야인 24시간 동안 여는 것을 매년 10월 상례로 하였다는 내용이다.

이 이후 무차대회에 대해 직접적으로 언급한 기사는 220여 년이 지난 의종 19년(1165) "庚申에 玄化寺에 出御하였다가 辛酉에 還宮하여 무차대회를 설행하였다."는 기록만 보이고 있다.[58] 하지만 원종 3년(1262)

---

54) 경효대왕은 공민왕의 시호로 정식명칭은 恭愍仁文義武勇智明烈敬孝大王이다.

55) 나옹, 앞의 책, 723-724면.

56) 이능화는 이보다 훨씬 앞선 신라 진흥왕대에 설해진 수륙전사자를 위한 추천명복의 팔관회를 베푼 것을 후대의 수륙재라고 하여, 그 시원을 신라대로 거슬러 올라가는 것으로 보고 있다. 『三國史記』권4, 新羅本紀 眞興王33年조에 "겨울 10월 20일 전쟁에서 죽은 사졸을 위해 외사에서 팔관연회를 7일 동안 베풀었다.(冬十月二十日 爲戰死士卒 設八關筵會於外寺七日罷)"에 대해 이능화는 수륙재로 보고 있다. "新羅八關會 初爲戰死士卒而設也, ...(中略)... 所以爲水陸戰死士卒 追薦冥福 以祈超脫災厄難關 陞遷安樂刹土也 後世之設水陸齋會者 卽古八關會之遺意也" 이능화, 『朝鮮佛敎通史』 하권(新文館, 1918), 291면.

57) 『고려사』권2, 세가2 태조23 "是歲 重修新興寺 置功臣堂 畵三韓功臣於東西壁 設無遮大會 一晝夜 歲以爲常".

에 이와 관련된 기사가 다시 등장하고 있다.

> 겨울 10월 기미일. 彌勒寺와 功臣堂을 다시 세웠다. 처음에 태조 이
> 래의 공신들의 초상을 모두 벽에 그려 놓고 매년 10월에는 절에서 재
> 를 올려 그들의 명복을 빌었다. 그런데 지난 시기에 遷都로 인하여 이
> 행사가 오랫동안 폐지되었던 것인데 이때에 와서 왕의 명령으로 공신
> 당을 다시 세우고 재를 올리게 하였다. 임진년 遷都功臣인 崔怡, 무오
> 년 衛社功臣들인 추밀원사 김인준, 상장군 박희실, 이인환, 김승준, 박
> 송비, 추밀원사 유경 장군 김대재, 김용재, 김석재, 차송우, 상장군 임
> 연, 장군 이공주, 대장군 김홍취 등의 초상화를 모두 공신당의 벽에 그
> 렸다.[59]

이 기사를 통해 태조대 공신당에서 지낸 무차대회가 매년 10월에 명
복을 빌고자 베풀어졌음을 알 수 있다. 또한 몽골의 침입으로 장기간의
항전을 위해 고종 19년(1232)에 도읍을 개경에서 강화도로 천도한 이후
에 다시 설행되는 원종 3년(1262)까지 30여 년간 폐지되었던 사실도 알
수 있다.

이렇게 본다면 강화도 천도 이후 30여 년간을 제외하고는 매년 무차
대회가 설행되었음을 알 수 있다. 앞의 최승로 기사에서 알 수 있듯이,
수륙재는 무차수륙회로도 불렀다. 따라서 무차대회 또한 수륙재의 한
형태로 볼 수 있지 않을까 한다.[60] 이렇게 본다면 고려시대에 수륙재가

---

58) 『고려사』권18, 세가18 의종2 "庚申出御玄化寺 辛酉還宮設無遮大會".
59) 『고려사』권25, 세가25 원종3 10월 "冬十月己未重營彌勒寺及功臣堂. 初自太祖以來功臣皆
  圖形壁上 每歲十月爲張佛寺以資冥福 頃因遷都久廢 至是王命重營設齋以王辰年遷都功臣崔
  怡 戊午年衛社功臣樞密院使金仁俊 上將軍朴希實 李仁桓 金承俊 朴松庇 樞密院使柳璥將軍
  金大材 金用材 金碩材 車松祐 上將軍林衍 將軍李公柱 大將軍金洪就等並圖形壁上".
60) 물론 무차대회는 인도에서, 수륙재는 중국에서 기원한 것으로 알려져 있다. 그러므로

가장 먼저 설행된 것은 신흥사에서 삼한공신을 위해 개설된 무차대회로 볼 수도 있다. 즉, 무차대회는 삼국이 통일을 이루는 과정에서 발발한 전쟁에서 새 왕조인 고려건국을 위해 신명을 바친 공신을 위한 의식이 자 불교적 의식을 통해 백성들을 위무하고 분열되어 있던 민심을 정신 적·정치적 통합을 이루기 위한 기재로서 설행되었을 것으로 보여진다.

일곱째와 여덟째는 멸죄 및 구휼과 민심통합을 위한 목적으로, 앞에 서 살펴본 광종의 무차수륙회를 들 수 있다.

이상에서 살펴보았듯이 고려시대의 수륙재는 국행이나 왕실에서 뿐만 아니라 민간에 이르기까지 널리 설행되었음을 알 수 있다.

따라서 기록상으로 나타난 고려시대에 설행된 수륙재를 정리해 보면, 추선을 목적으로 한 수륙재가 5번(명복기원 포함)으로 가장 많았으며, 이 외에도 낙성식이나 병을 치유하고자 하는 치병, 액을 없애고자 하는 해 액, 자신의 죄업을 참회하는 멸죄 등 개인적인 차원이나 구휼과 민심통 합 등의 정치적인 목적은 물론이고 불교의 근본 가르침인 불덕을 이루 고자 개설하는 등 다양한 목적으로 설행되었음을 알 수 있다.

4. 수륙재 도량의 건립

수륙재의 도량이나 당우와 관련해서는 두 가지 기사가 등장한다. 앞

수륙재가 후대에 발생한 것이기에 초기의 형태가 무차대회와 어떤 상관성을 갖는지 에 대해서는 앞으로 연구가 더 진행되어야 한다. 하지만 중국에서 이 두 가지가 설 행되면서 명칭이 결합되어 하나로 통합되었음을 알 수 있다. 예를 들면 『수륙무차평 등재의촬요』라는 의식집이 그것이다.

에서 언급하였듯이 첫째는 광종 22년(971) 갈양사에 수륙도량을 개설한 것과 둘째는 선종 6년(1089)부터 건립하기 시작한 보제사 수륙당이 그것이다.

먼저 갈양사에서 "수륙도량을 개설"[61]하였다는 내용이다. 앞에서 밝혔듯이 이것은 두 가지로 해석될 수 있다. 첫째는 낙성식을 수륙재로 베풀었음을 의미하는 것으로, 이는 앞에서 살펴본 바와 같다. 둘째는 혜거 국사의 하산소로서 갈양사를 수륙재 설행을 위한 사찰로 갖추었음을 의미한다고도 유추해 볼 수 있다. 왜냐하면 갈양사는 이미 혜거 국사가 하산소로 정하기 전부터 사찰로서 면모를 갖추고 있었지만, 이곳이 국가 만대의 복된 터[福地]이므로 복을 비는 곳으로 획정하고 새롭게 불상과 탑과 전각과 누각을 지었기 때문이다.

고려시대는 종파별로 소속사원을 갖게 되며 그들 사원의 구조가 차이를 가지게 된다. 김봉열·박종진에 따르면, 화엄종 사찰은 單塔式 가람을, 유가종의 미륵신앙계는 交軸型 가람을, 정토계 사찰은 並列軸型을, 조계종은 無塔 가람제를 선호했다고 한다. 이러한 종파적 구조는 종파별로 고유의 신앙형태와 사상에 기반을 둔 것이었다. 하지만 이러한 구분은 자료의 빈곤으로 구체적인 실증이 어려울 뿐만 아니라 실제로도 복합적인 형태를 띠고 있다.[62]

혜거 국사의 하산소로서 갈양사는 국가적인 지원으로 중창하는 만큼, 종파적 사상에 입각하여 건립되지 않았을까 추정할 수 있다. 갈양사의 종파를 파악할 수 있는 것은 선종의 모든 승려들이 승과를 치르는 선종

---

61) 앞의 각주 39) 참고
62) 김봉열·박종진, 「고려 가람의 구성형식에 관한 기초적 연구」, 『대한건축학회 논문집』 제5권 제6호(서울:대한건축학회, 1989), 29면.

계통의 사찰인 광명사의 주지를 지냈던 보욱에게 감독하도록 한 점과 국사가 이곳 하산소에서 "知見을 없애 참선하니 曹溪宗風이 크게 떨치었다."고 한 점을 들 수 있다. 이와 같이 명확하게 선종을 표방하고 있었기 때문에 선종계통의 조계종 사찰가람 형식으로 지어진 것이 아닐까 한다. 고려말 선승이었던 나옹 화상도 수륙재에서 상당법어 등 선종식 의례를 포함했던 것으로 보인다. 그럼에도 불구하고 수륙도량이 선종과의 친연성 혹은 관련성에 대한 명확한 자료가 없기에 단정하기는 쉽지 않다. 게다가 선종계통의 조계종 사찰이 앞에서 말했듯이 무탑 가람제를 선호했다고 하지만, 이곳에는 "불상과 탑과 전각과 누각을 건립"하고 있음을 밝히고 있어 그 정형이 무엇인지를 쉽게 단정지을 수는 없다.

또한 최근 연구에 따르면 수륙재가 혼구 등 천태종 계통의 승려들에 의해 설행된 것과 관련하여 천태종과의 연관성을 언급하고 있다.[63] 하지만 의천에 의해 개창된 천태종은 혜거 국사의 갈양사 중창보다 훨씬 늦은 시기이므로 선종에 바탕을 둔 화엄업이나 유가업과의 복합적인 구조 등도 고려해 볼 수 있지 않을까 한다.

갈양사에서 수륙도량이 고려시대 불교의 제종파 중 선종계열의 성격을 띠고 중창되었지만, 수륙재 설행을 염두에 두고 재조성 되었다고 보여진다. 이것은 조선초 진관사의 수륙사 건립보다 앞선 예이자 이전부터 수륙재가 고려에서 활발하게 설행되었음을 확인할 수 있다.

이러한 유추를 가능하게 하는 또 다른 요소는 수륙도량을 개설한 이듬해에 혜거 국사가 하산할 때 왕이 조, 면필, 뇌원다, 기혈, 전결 등을 하사하였으며, '興福佑世'의 휘호를 내리기도 하여 이곳을 애초에 수륙

---

63) 홍기용, 앞의 논문, 47-48면; 심효섭, 앞의 논문, 222-223면.

도량으로 건립하고 지속적인 복을 빌도록 하였을 가능성을 높여주고 있기 때문이다. 이는 중국의 수륙도량 건립 시기와 이것이 고려에 미친 영향을 파악하는 등 다각적인 측면에서 앞으로 면밀한 연구가 요청된다.

둘째, 최사겸이 송에서 수륙의문을 구해와 수륙당을 짓기를 청하여 보제사에서 공사를 하였으나 마치기도 전에 불이 났다.[64] 이 기사가 선종 7년(1090) 1월 임진일(17일)의 것으로 보아 이미 그 전해인 1089년부터 수륙당을 건립해 온 것이라 할 수 있다. 보제사는 개성에 있던 사찰로 광통보제사, 충숙왕 때 연복사로도 불렸다. 고려조에 오백나한재, 기우제 등 다양한 의례가 행해졌던 사찰이다.[65] 앞의 기록보다 34년 뒤인 1123년에 고려를 방문하여 보고 들은 것을 기록한 서긍의 『고려도경』, 「사우」조에는 보제사의 가람배치에 대해 "왕부의 남쪽 태안문 안에서 곧장 북쪽으로 100여보 지점에 있다. 절의 편액은 官道에 중문의 남향으로 걸려 있고, 방은 '神通之門'이다. 正殿은 극히 웅장하여 왕의 거처를 능가하는데, 그 방은 '羅漢寶殿'이다. 가운데에는 금선, 문수, 보현의 세 상을 모셔놓고 옆으로 나한오백구가 벌려 있다. … 양쪽 월랑에도 그 상이 그려져 있다. 정전 서쪽에는 5층탑이 있는데 높이가 2백 척이 넘는다. 뒤는 법당이고 곁은 승방인데 1백 명을 수용할 만하다. 맞은편에는 거대한 종이 있다. …"[66]라고 하고 있다. 이것으로 보아 보제사는

---

64) 앞의 각주 14) 참고

65) 권상로, 『한국사찰사전』(서울:이화문화출판사, 1994).

66) 『선화봉사고려도경』권17, 사우조 "廣通普濟寺 在王府之南 泰安門內 直北百餘步 寺額揭於官道南向中門 榜曰神通之門 正殿極雄壯 過於王居 榜曰羅漢寶殿 中置金仙 文殊 普賢三像 旁列羅漢五百軀 … 又圖其像於兩廡焉 殿之西 爲浮屠五級 高逾二百尺 後爲法堂 旁爲僧居 可容百人 相對有巨鐘 …".

東殿西塔식으로 배치되었음을 알 수 있다. 이는 앞에서 언급한 전형적인 고려 종파별 사찰의 전형과는 거리가 있다.

중국 송대에는 고려보다 앞서 수륙당을 건립한 예가 있다. 曾鞏(1019~1083)의 「金山寺水陸堂記」에 의하면, 1048년 금산사를 중건하면서 이듬해 금산사 승려 瑞新이 수륙당이 들어설 터를 정하고 낙성하였다고 한다. 금산사는 강소성 진상에 있는 절로 양무제가 수륙재를 처음 설행했다고 전해지는 사찰이다.[67] 당시 고려는 송과의 교류에서 육로가 아닌 해로를 통해 강남으로 사신들이 드나들었기 때문에 이러한 사정들을 들었으리라 추정할 수 있다.

보제사의 수륙당 건립은 우리나라에서 수륙재와 관련한 건조물에 대한 첫 번째 기사임을 감안해 볼 때, 이보다 앞서 건립된 송대 금산사 등의 예를 따라 최사겸이 입송하여 이 사실을 전해 듣고 건립을 청했을 가능성도 있다. 중국에서는 양 무제 이후 수륙재가 시작된 이래 송대에 유행하여 많은 수륙화가 그려졌으며, 수륙(대)전이 건립되어 오늘날에도 현전하고 있음에서도 알 수 있다.[68]

보제사에서 건립하려던 수륙당이 어떤 모습이었으며, 또한 수륙당만의 건립을 의미하는지는 명확하게 알 수 없다. 또한 화재로 건립이 중단되었는지 이후에 계속 건립이 되었는지에 대한 이후 기사도 없어 다양한 가능성을 추론할 뿐이다. 이후에는 고려조에서 수륙재와 관련하여 당우를 건립했다는 기록이 아직 발견되지 않는 것으로 보아 이러한 당

---

67) 강호선은 이 수륙당이 처음 만들어진 것으로 보아도 될 듯하다고 하고 있다. 「宋·元代 水陸齋의 성립과 변천」, 『역사학보』 제206집(서울:역사학회, 2010), 158-159면; 道昱, 「水陸法會淵源考」, 『普門學報』 第37期(臺灣:普門學報社, 2007).

68) 홍기용, 「中國 元·明代 水陸法會圖에 관한 考察」, 『미술사학연구』 제219호(서울:한국미술사학회, 1998), 48-55면.

우는 없었다고도 볼 수 있다. 또한 수륙재와 관련한 당우의 건립이 수
륙도량의 개설로 이어졌다는 기록은 현재까지 밝혀지지 않고 있다.

수륙재 도량과 관련된 실마리는 조선시대의 기록에서도 찾을 수 있
다. 현재까지 밝혀진 수륙도량으로서의 구체적인 모습이 언급된 기록은
권근의 『양촌집』에 실린 「진관사수륙사조성기」이다. 여기에 따르면, 태
조 6년(1397) 1월부터 9월까지 9개월에 걸쳐 진관사에 59칸이나 되는
水陸社를 건립하였다.

　… 佛說에 따르면 사람은 죽어도 없어지지 아니하고 그가 지은 선악
에 따라 윤회하여 태어나는데, 부처가 능히 자비로 고통을 없애고 기쁨
을 주며 허덕이는 고난에서 구제하여 줄 수 있으므로, 산 사람이 만일
부처를 섬기고 승려를 대접하는 일을 하여 복리로 인도하면, 죽은 귀신
이 주림에서 배부르게 되고 괴로움에서 즐겁게 되어 成佛하여 영구히
윤회의 응보를 면하게 되고, 산 사람도 잘 되게 된다고 한다. 이러므로
효자와 자손과 우매한 지아비나 지어미에 이르기까지 모두 휩쓸려 다
투어 부처에게 돌아가되, 혹시라도 미치지 못할까 걱정하여 온 세상이
물밀듯이 높이고 숭상하는데, 水陸無遮平等會가 더욱 그 법 중에 가장
좋은 것이다.
　홍무 정축년(1397, 태조 6년) 정월 을묘일에 주상께서 내신 李得芬과
사문신 祖禪 등에게 명하기를,
　"… 옛 절에다가 水陸道場을 세우고 해마다 齋會를 개설하여 祖宗들
의 명복을 빌고 또한 중생들에게도 복되게 하고 싶으니, 너희들이 가서
합당한 곳을 살펴보라."
　하였다. 사흘 지난 정축일에 이득분 등이 書雲觀 신 尙忠 陽建 및 사
문 志祥 등과 함께 삼각산에서 도봉산까지 둘러보고 복명하기를 '모든
절이 진관사만큼 좋은 데가 없습니다.' 하니, 이에 上이 도량을 이 절에

설치하도록 명하였다. 그리고 대선사 德惠와 지상 등에게 명하여 승려들을 불러 모아 일을 시작하도록 하였는데, 내신 김사행이 더욱 힘써 그달 경진일에 역사를 시작하였다. 2월 신묘일에 상께서 친히 임하여 보시고 3단의 위치를 정하였으며, 3월 무오일에 또한 거둥하여 보셨는데, 가을 9월에 공사가 끝났다. 3단이 모두 3칸 집인데, 중·하 두 단은 좌우에 또한 욕실이 각각 3칸씩 있고 하단은 좌우에 따로 조종들의 영실을 각각 여덟 칸씩 설치했으며, 대문·행랑·부엌·곳간 등 갖추어지지 않은 것이 없어 모두 59칸이라, 사치스럽지도 않고 누추하지도 않아 제도에 맞았다.[69]

여기서 알 수 있는 것은 조선 태조는 옛 절에다가 수륙도량을 세우고자 하여 적합한 곳을 물색토록 하여 수륙도량을 건립하고자 하였다는 점이다. 그래서 천문·災祥·曆日·推擇 등을 맡아보던 서운관과 지상 스님 등이 한양 인근을 둘러보고 수륙무차평등회를 베풀 수륙도량으로 가장 적합한 곳으로 진관사를 선택하게 되었다. 이리하여 진관사에 조성된 수륙사는 상중하 3단으로 나누어져 조성되었으며 모두 59칸이나 되는 대규모 도량이 건축되었다. 진관사 수륙사의 특징은 권근이 언급한 것처럼, 첫째는 중하단 두 단의 좌우에 욕실 3칸씩 설치하였고, 둘째

---

69) 권근,『양촌집』권12, 記類, 津寬寺水陸社造成記 "… 佛氏之說 以爲人死不滅 隨其所作善惡輪轉受生 而佛能以慈悲拔苦與喜 濟其淪溺 生者若爲事佛飯僧 以導其利 則死者之神 飢可得飽 苦可得樂 以至成佛 永免輪轉之報 而生者亦蒙饒益 於是孝子慈孫 以至愚夫愚婦 莫不靡然爭歸於佛 猶恐不逮 擧世滔滔 是崇是尙 水陸無遮平等之會 尤其法之最勝者也 洪武丁丑正月乙卯 上命內臣李得芬沙門臣祖禪等若曰 … 欲於古利 爲建水陸道場 歲設以追祖宗冥福 且利群生 爾往相之 越三日丁丑 得芬等 與書雲觀臣尙忠陽建沙門志祥等 相自三角山 至道峯山 復命曰 諸利不若津寬寺之勝 於是上令置道場於是寺 爰命大禪師德惠志祥等 召集僧徒 以事營作 內臣金師幸尤致力焉 以其月庚辰 始興其役 二月辛卯 上親臨觀 定其三壇位次 三月戊午 又幸觀之 至秋九月 功乃告訖 三壇爲屋皆三間 中下二壇左右 又各有浴室三間 下壇左右別置祖宗靈室各八間 門廊廚庫 莫不備設 凡五十有九間 不侈不陋 以中厥度 …".

는 하단의 좌우에 조종의 영실을 각각 여덟 칸씩 설치하였다는 점이다. 수륙도량을 건립하는 조성기에서 전각의 명칭은 언급하지 않고 조종 영실, 욕실, 부엌 등만을 언급하고 있다. 이는 전각은 당연한 것으로 여겼기에 생략한 것으로 사료된다. 하지만 수륙도량의 전체적인 구성을 파악할 수 있는 거의 유일한 사료임에도 이를 적시하지 않아 그 근거가 제공되지 않은 아쉬움이 있다. 그럼에도 수륙재와 관련한 당우나 전각, 수륙사라는 수륙도량의 개설이 이루어졌다는 데 그 의의가 매우 크다고 할 수 있다. 또한 진관사의 수륙사를 영국사로 이전하는 등의 기록(『조선왕조실록』 세종31년 4월21일 경오조 등)으로 보아, 이 외에도 수륙사가 건립되었음을 알 수 있다.

또 다른 사료를 살펴보겠다. 첫째로는 조선후기 건륭 4년(영조 15, 1739)에 씌어진 <무위사사적>에서 찾을 수 있다. 사적에 따르면, 신라 헌강왕 원년(875)에 도선 국사(827~898)가 2창을 할 때 대웅보전, 보광전, 미타전, 나한전, 수륙전, 대장전 등을 건립한 것으로 되어 있다.[70] 이 사료가 신빙성이 있는 것이라면 이미 신라시대에도 수륙전이 있었다고 할 수 있으며, 수륙재도 이루어졌을 것으로 볼 수 있다. 하지만 이 사적기가 조선후기에 쓰였음에도 그 이전의 사료에서 찾아보기 힘든 신라시대 때의 수륙전을 언급하고 있어 신빙성에 대해서는 좀 더 면밀한 검토가 필요하다. 그럼에도 수륙재는 당시에도 널리 알려져 있었으며,

---

70) 梵海覺岸 後書撰, 『無爲寺事蹟』, 「全羅左道康津月出山無爲寺事蹟」, 1739(乾隆四年己未年九月初五日) "無爲寺者在康津縣北四十里 … 寺有殿宇極其宏傑 隋煬帝大業十三年 新羅眞平王三十九年丁丑 元曉國師初創曰 觀音寺 其廣張額數曰 大光明殿 弥陀殿 毘盧殿 東禪堂 西僧堂 東上室 西上室 東別室 西別室 瞻星閣 西門 鍾閣 天王門 解脫門 食堂 唐僖宗乾符二年 新羅憲康王元年乙未 道詵國師二刱曰葛屋寺 大雄寶殿 寶光殿 彌陀殿 羅漢殿 水陸殿 大藏殿 東方丈 西方丈 東禪堂 西僧堂 正門 沙門 寺蹟碑一塔 …".

그로 인해 수륙전이 있었던 것으로 기록한 것으로 해석할 수 있을 것이다.

둘째로는 전남 해남에 위치한 대흥사에 전하는 순조 23년(1823)에 간행된 『大芚寺誌』의 기록을 통해서 볼 수 있다. 여기에는 "그 북원에 대웅보전은 「죽미기」[71]에 이르기를 승려 희식이 중수하였고, 나한전은 승려 석해가 중수하였고 … (중략) … 수륙전은 승려 응현이 중수하였다."라고 하고 있다. 이 기록에 따르면, 「죽미기」를 인용하여 사찰의 북원에 대웅보전을 비롯하여 승려 응현이 중수한 수륙전이 있었음을 알 수 있다.[72]

이상의 기록들을 참고해 볼 때 우리나라에도 수륙재와 관련된 당우나 전각들이 존재했음을 알 수 있다. 하지만 현존하는 실례가 없어 실체를 확인할 수는 없다. 더구나 이 전각들이 어떤 기능을 하였으며, 어떤 존상이나 화불(일반적으로 불화라고 함), 벽화 등이 모셔지고 그려져 있었는지는 짐작할 만한 직접적인 사료는 아직 밝혀지지 않았다. 하지만 이 기록을 통해 유추해 볼 수 있는 것은 그 이전에도 이러한 실례가 있었을 가능성이 농후하다는 점이다.

---

71) 中官海眼(1567~?)이 1636년에 찬술한 사적기.
72) 수룡색성, 초의의순 편집, 『대둔사지』(전남:대둔사지간행위원회·강진문헌연구회, 1997), 29면 "其在北院者曰 大雄寶殿竹迷記云僧希式重修 羅漢殿僧釋每重修 十王殿僧公敏重修 八相殿僧靈原重修 七星殿僧湛正重修 祖師殿竹迷記不載 圓通殿連于祖師殿 水陸殿僧應玄重修 … 皆在溪水之北也".

5. 맺는 말

고려시대의 수륙재에 대한 연구는 사료의 부족으로 인해 거의 이루어지지 못한 실정이다. 이에 필자는 시론적인 성격으로 고려시대의 수륙재에 대한 단편 記事를 통해 수륙의례집의 간행과 유포, 수륙재의 설행 형태와 목적, 수륙재와 관련한 도량 건립 등에 대해 살펴보고자 하였다. 본고를 정리하면서 고려시대의 수륙재와 관련하여 고려불교사에서 수륙재의 의의와 앞의 내용들을 정리하면서 마무리하고자 한다.

고려시대에 수륙재와 관련된 기사는 『고려사』를 비롯하여 개인문집이나 비문 등에 10여 차례 정도 등장한다. 그런 만큼 고려불교사에서 차지하는 위상을 논의하기가 쉽지만은 않다. 하지만 고려불교 의례들의 다수가 왕실과 귀족을 중심으로 이루어졌듯이, 수륙재도 이와 유사한 흐름을 가지고 있다. 앞에서 살펴보았듯이, 수륙재는 국행으로 왕실에서부터 사찰, 개인에 이르기까지 설행주체도 다양했으며, 참석 범위도 광종조의 기사에서 보여지듯이 일반 백성에까지 그 영향이 미쳤음을 알 수 있다. 이는 일반 백성들에게 생필품을 나눠주는 복지적인 측면도 엿볼 수 있다. 또한 그것을 담당했던 승려들도 혜거 국사나 나옹 화상과 같은 선종계통과 혼구나 진정 국사와 같은 천태종 계통 등 종파를 불문하고 행해졌음을 볼 수 있다. 또한 무차대회와 하나로 통합되어 무차수륙회로 불리기도 하는 등 통합적 의례화되어 갔다는 점 등에서 그 위상을 찾을 수 있을 것이다. 통합적인 의례화는 이후 조선시대에 억불정책으로 각종 불교의례가 축소되었음에도 불구하고 오히려 법적으로 공식적인 불교의례로 자리잡게 되었다는 점에서 그 의의는 더욱 크다고 할 수 있다.

다음으로 본문의 내용을 정리하면 다음과 같다. 먼저, 수륙의례집의 간행과 관련한 직접적인 기사는 『고려사』의 선종 7년에 최사겸이 송나라에서 구해 온 수륙의문과 『동문선』에 이제현이 쓴 혼구의 碑銘에 스님이 편찬한 『신편수륙의문』 2권, 조선시대에 간행하여 현존하는 수륙의례집인 『천지명양수륙재의찬요』, 『천지명양수륙잡문』 등 고려 죽암공이 편찬하거나 또는 고려시대에 쓰여진 발문 등 몇 편에 불과하다. 하지만 이들의 기록을 통해 볼 때 고려시대에도 여러 의례집이 수차례 간행되었다는 사실을 확인할 수 있었다. 또한 그것은 조선시대에도 이어지고 있음을 쌍봉사에서 간행된 영남대 소장본 『천지명양수륙재의찬요』의 이제현의 발문을 통해서도 엿볼 수 있었다.

다음으로 수륙재의 설행 목적을 살펴보았다. 첫째는 낙성고불식이며, 둘째는 佛德證得, 셋째는 治病, 넷째는 액을 없애는 解厄, 다섯째는 현전 기록상 가장 많은 횟수를 차지하고 있는 追善, 여섯째는 공신들을 위한 공신재이며, 일곱째는 滅罪, 마지막으로는 구휼과 민심통합 등을 들 수 있다.

이처럼 다양한 목적으로 수륙재가 설행되었음을 확인할 수 있었다. 수륙재와 관련한 당우는 선종 6년(1089) 보제사에서 수륙당을 건립한 것을 시발로 하고 있다. 이는 송의 선진문물 도입의 일환으로 이루어졌을 것으로 추론된다. 이후 조선 초기의 기록이긴 하나 권근의 『양촌집』에 실린 「진관사수륙사조성기」나 조선후기에 간행된 『無爲寺事蹟』, 『大芚寺誌』에 수륙사, 수륙전 등에 대한 기록이 있는 것으로 보아 여러 형태로 수륙재 관련 전각이나 도량이 건립되었을 것으로 추론할 수 있다.

『불설염구경천지명양수륙의문』

쌍봉사 간행 『천지명양수륙재의찬요』

『고려사』

『고려사절요』

『신증동국여지승람』 권12

이색, 『목은고』

원천석, 『운곡행록』

『동문선』 권118.

수룡색성, 초의의순 편집, 『대둔사지』, 대둔사지간행위원회, 강진문헌연구회, 1997, 1-675 면.

나옹혜근, 『나옹화상어록』(『한국불교전서』 6권, 동국대출판부, 2002, 1-902면).

『한국불교전서』11권, 동국대출판부, 1992, 1-871면.

김순미, 『조선조 불교의례의 시가 연구 – 범음산보집을 중심으로』, 경성대 대학원 박사논 문, 2005, 1-204면.

김형우, 『高麗時代 國家的 佛敎行事에 대한 硏究』, 동국대 대학원 박사논문, 1992, 1-313 면.

김효탄, 『고려말 나옹의 선사상연구』, 민족사, 1999, 1-287면.

남희숙, 『조선후기 불서간행 연구』, 서울대 대학원 박사논문, 2004, 1-201면.

대한불교조계종 총무원 문화부 편, 『수륙재현황조사보고서』, 대한불교조계종 총무원 문화 부, 2010, 1-108면.

리영자, 『천책스님의 호산록』, 해조음, 2009, 1-498면.

임종욱 역주, 『천지명양수륙재의찬요』, 동해시, 2007, 1-304면.

허흥식, 『진정국사와 호산록』, 민족사, 1995, 1-472면.

_____, 『高麗佛敎史硏究』, 일조각, 1990, 1-934면.

강호선, 「송원대 수륙재의 성립과 변천」, 『역사학보』 제206집, 역사학회, 2010, 139-177 면.

고상현, 「종교 페스티발의 문화콘텐츠화 방안 연구(1) – 수륙재를 중심으로」, 『영상문화콘 텐츠연구』 2집, 동국대문화콘텐츠연구원, 2009, 95-128면.

김봉열·박종진, 「고려 가람의 구성형식에 관한 기초적 연구」, 『대한건축학회 논문집』 제 5권 제6호, 대한건축학회, 1989, 27-35면.

김순미, 「『天地冥陽水陸齋儀梵音刪補集』板本考」, 『東洋漢文學硏究』 제17집, 東洋漢文學 會, 2003, 27-67면.

김승희, 「감로탱화에 보이는 수륙재의 도상화 양상」, 『삼화사와 국행수륙대재』, 삼화사국 행수륙대재보존회·동해시, 2009, 115-155면.

김형우, 「수륙재 의식집의 간행과 유포」, 『삼화사와 국행수륙대재』, 삼화사국행수륙대재 보존회·동해시, 2009, 61-90면.

김희준, 「朝鮮前期 水陸齋의 設行」, 『湖西史學』 제30집, 호서사학회, 2001, 27-75면.

_____, 『조선전기 수륙재의 설행』, 한국교원대 교육대학원 석사논문, 2001, 1-110면.

남희숙, 「16-8세기 불교;의식집의 간행과 불교대중화」, 『한국문화』 제34집, 서울대 규장 각한국학연구원, 2004, 97-165면.

미등, 「삼화사 수륙재의 설단과 장엄」, 『삼화사와 국행수륙대재』, 삼화사국행수륙대재보 존회·동해시, 2009, 193-216면.

박용진, 「고려중기 의천의 불교의례와 그 인식」, 『한국중세사연구』 제22호, 한국중세사학 회, 2007, 147-176면.

송일기·한지희, 「불교의례서「중례문」의 편찬고」, 『서지학연구』 제43집, 서지학회, 2009, 115-149면.

심효섭, 「朝鮮前期 水陸齋의 設行과 儀禮」, 『東國史學』 제40집, 동국사학회, 2004, 219-246면.

연제영, 「영원사 甘露幀畫의 考察 :所依經典과 儀禮文을 중심으로」, 『博物館誌』 제12호, 江原大學校中央博物館, 2006, 17-34면.

_____, 「儀禮的 관점에서 甘露幀畫와 水陸畫의 內容 비교」, 『불교학연구』 제16호, 불교 학연구회, 2007, 265-297면.

_____, 「수륙재 설행 형태 고찰」, 『제2회 법성포단오제 학술대회 법성포수륙대재』, 법성 포단오보존회, 2008, 25-35면.

_____, 「甘露幀畵의 意味 考察 :追薦 對象을 中心으로」, 『역사민속학』 제19호, 한국역사민속학회·민속원, 2004, 337-372면.

윤무병, 「국행수륙재에 대하여」, 『백성욱박사송수기념 불교학론문집』, 동국대학교, 1959, 629-645면.

윤은희, 『감로왕도 도상의 형성 문제와 16, 17세기 감로왕도 연구 : 수륙재 의궤집과 관련하여』, 동국대 대학원 석사논문, 2004, 1-132면.

이용윤, 「朝鮮後期 三藏菩薩圖와 水陸齋儀式集」, 『美術資料』 제72·73호, 국립중앙박물관, 2005, 187-232면.

전경욱, 「수륙재의 기원과 역사적 전개양상」, 『제2회 법성포단오제 학술대회 법성포수륙대재』, 법성포단오보존회, 2008, 1-24면.

탁현규, 「18세기 삼장탱 도상과 양식 연구」, 『미술사학보』 제23호, 미술사학연구회, 2004, 155-189면.

홍기용, 「中國 元·明代 水陸法會圖에 관한 考察」, 『미술사학연구』 제219호, 한국미술사학회, 41-85면.

홍윤식, 「수륙재의 구성과 의미」, 『삼화사와 국행수륙대재』, 삼화사국행수륙대재보존회·동해시, 2009, 13-25면.

조선전기 수륙회도 연구*

박
정
원

Ⅰ. 머리말

불교가 국교로서 존중받았던 고려와는 달리 유교가 사회의 지배이념이었던 조선에 순응하기 위하여 불교는 조상 및 부모에 대한 효孝를 중요시 하였으며, 사찰에서는 조상의 천도 등을 위한 여러 가지 제례를 설행하였다. 수륙회도水陸會圖는 이러한 제례를 위하여 제작된 불화들 중 하나이다. 수륙회도는 물과 육지에서 헤매는 외로운 영혼을 위로하기 위해 불법을 강설하고 음식을 베푸는 의식인 수륙재水陸齋와 관련된 불화로 현재 감로도甘露圖, 감로왕도甘露王圖 및 감로회도甘露會圖 등의 이름으로 불리고 있다. 수륙재 관련 불화는 중국 및 일본에서도 제작된 예가 있으나 조선의 수륙회도와 같은 불화는 현재 보고된 바가 없는 특이한 사례이다.[1]

* 이 글은 본인의 논문 朴正原, 「朝鮮前期 水陸會圖 硏究」, 『美術史學硏究』 270호(韓國美術史學會, 2011. 6), pp.35~65를 가필·수정한 것이다.
1) 중국 및 일본의 수륙재 관련 불화에 대해서는 홍기윤, 「中國 元·明代 水陸法會圖에 관

지금까지 조선시대 수륙회도에 관해서는 많은 선행 연구가 있었으나 임진왜란 이전에 제작된 작품사례를 다룬 논고는 극소수이다.[2] 어찌되 었든 조선시대 수륙회도는 『불설구발염구아귀다라니경佛說救拔焰口餓鬼陀 羅尼經』 등의 수륙재 관련 경전들, 그리고 『수륙무차평등재의찬요水陸無 遮平等齋義纂要』 등과 같은 수륙재 의궤들과 관련이 있음이 밝혀졌다. 그

한 考察」, 『美術史學硏究』 219(韓國美術史學會, 1998), pp.41-85 ; 장총 저, 김진무 역, 『地藏』 (동국대학교출판부, 2009), pp.150-184 참조 ; 大阪市立美術館 編, 『道敎の美術 TAOISM ART』(大阪市立美術館, 2009), p.368 참조.

2) 조선시대 水陸會圖에 대해서는 많은 분야에서 연구가 진행되었다. 이러한 선행연구 중 미술사관련으로는 姜友邦, 「興國寺 甘露幀의 圖像과 樣式」, 『美術史學誌』 1(韓國考古美術 硏究所, 1993), pp.197-206. ; _____, 「甘露幀의 儀式變遷과 圖像解釋」, 『甘露幀』(藝耕, 1995), pp.341-376. ; 金承熙, 「朝鮮後期 甘露圖의 圖像硏究」(홍익대학교 대학원 미술사학 과 석사학위논문, 1990). ; _____, 「朝鮮時代 甘露圖의 圖像硏究」, 『美術史學硏究』 196 (韓國美術史學會, 1992), pp.5-37. ; _____, 「甘露圖의 圖像과 信仰儀禮」, 『甘露幀』(藝耕, 1995), pp.379-411. ; _____, 「甘露幀畵에 나타난 人間像의 分類」, 『朝鮮時代 風俗畵』(國立 中央博物館, 2002). ; _____, 「어디서 무엇이 되어 다시 만나랴」, 『朝鮮時代 甘露幀 - 甘露』(通度寺聖寶博物館, 2005), pp.193-212. ; _____, 「조선시대 감로도(甘露圖)에 대한 몇 가지 단상(斷想)-제명(題名)과 관련하여」, 『경계를 넘어서-한·중 회화 국제학술 심 포지엄 논문집』(국립중앙박물관, 2008), pp.324-366. ; _____, 「19세기 감로도의 인물 상에 보이는 새로운 양상」, 『韓國文化』 49(서울대학교 규장각한국학연구원, 2010), pp.99-121. ; 李慶禾, 「朝鮮時代 甘露幀畵에 나타난 風俗場面 考察」(홍익대학교 대학원 미술사학과 석사학위논문, 1996). ; _____, 「朝鮮時代 甘露幀畵 下壇畵 風俗場面 考察」, 『美術史學硏究』 220(韓國美術史學會, 1998.) ; 윤은희, 「甘露王圖 圖像의 形成 문제와 16· 17세기 甘露王圖 硏究 -水陸齋 儀軌集과 관련하여-」(동국대학교 대학원 미술사학과 석 사학위논문, 2003). ; 구미래, 「儀禮場面을 통해 본 감로탱의 비유와 상징」, 『朝鮮時代 甘露幀 - 甘露』(通度寺聖寶博物館, 2005). ; 윤보영, 「朝鮮時代 甘露王圖 硏究 -19·20세기 를 중심으로-」(동국대학교 대학원 미술사학과 석사학위논문, 2005). ; 朴隱美(朴正原), 「朝 鮮時代 甘露王圖 硏究」(동국대학교 대학원 미술사학과 석사학위논문, 2009). ; 홍선표, 「조 선시대 감로회도의 연희 이미지」, 『韓國文化』 49(서울대학교 규장각한국학연구원, 2010), pp.73-97. 등이 있다.

조선전기 16세기 水陸會圖에 대한 연구는 박은경, 「일본 소재 조선 16세기 수륙회 불 화, 甘露幀」, 『朝鮮時代 甘露幀 - 甘露』(通度寺聖寶博物館, 2005), pp.255-300. ; _____, 「16세기 수륙회 불화, 감로도」, 『조선 전기 불화 연구』(SIGONART, 2008), pp.318-384. ; _____, 「조선 16세기 감로도의 위난 이미지를 통해 본 사회상」, 『韓國文化』 49(서울대 학교 규장각한국학연구원, 2010), pp.25-49.

리고 작품의 하부 환난장면의 모티프들의 연원은 『수륙도장신귀도상水
陸道場神鬼圖像』과 같은 중국 명대 수륙판화와 관음 및 지옥 관련 경변상
등에 있거나 제작당시의 사회상을 반영하고 있음도 밝혀졌다. 또한 선
행연구에서는 조선전기 수륙회도가 당시 빈발했던 자연재해로 인한 천
도의식의 필요성에 따라 성행했던 수륙재를 위하여 제작되었다고 보고
있다.

본고에서는 먼저 선행연구를 바탕으로 하여 수륙회도의 명칭과 제작
배경과 기능 및 역할에 대해서 생각해 보겠다. 그리고 화면구성과 표현
기법과 특징, 나아가 조선후기로의 이행에 대하여 간단히 살펴보겠다.

II. 명칭과 제작배경에 대한 고찰

1. 명칭에 대한 재고

불화의 명칭은 화폭에 표현되어 있는 내용을 설명하고 대표할 수 있
는 명칭을 우선하여 정하고 있음을 알 수 있다. 예를 들어 <석가설법
도>는 화면에 석가여래를 중심으로 협시보살 및 사천왕, 그리고 기타
보살과 나한, 제자들을 배치하여 석가여래가 설법하는 모습을 그린 그
림이다. 또한 약사여래와 그 협시, 그리고 십이신장과 기타 보살들을 표
현한 그림은 약사여래가 설법하는 모습을 그렸다하여 <약사불회도藥師
佛會圖> 및 <약사설법도>, 석가설법도와 비슷한 구성에 아미타여래가
주존인 경우는 <아미타불회도阿彌陀佛會圖> 및 <아미타설법도>라 한
다. 즉, 현재 모든 불화들의 명칭은 모두 화폭에 표현되어 있는 주존 및

주요 내용에 따라 결정되는 것이 일반적이다.

그렇다면 본 고의 주제인 수륙회도의 내용과 구성요소들은 과연 무엇인지 조선전기 작품들 중 하나인 일본 죠덴지朝田寺 소장본(도 1)을 통하여 간단히 알아보겠다.

이 작품은 화면 중앙의 번을 휘날리며 성대하게 차려진 시식대를 중심으로 수륙재가 설행되고 있는 의식 장소에 강림하고 있는 칠여래와 인로왕보살 및 여러 불·보살들을 화면상부에 표현하고 있다. 그리고 시식대의 주변에는 아귀와 현실 세계에서 의식을 진행하고 있는 승려들과 상주들이 배치되어 있다. 또한 그와 함께 의식 장소에 소청되어 자리한 왕후장상 및 나한들과 현실 세계에서 이루어지는 시련의식을 표현하였다. 시식대의 아래에는 설행되는 의식을 통하여 구원받아 극락세계로 가길 원하는 여러 가지 환난으로 죽은 사람들과 함께 의식 장소에 몰려들어 놀이판을 벌이고 있는 놀이패의 모습까지도 표현하고 있다.

〈도 1〉 일본 朝田寺 소장 〈수륙회도〉, 1591년, 마본채색, 240.0×208.0cm

〈도 2〉 일본 朝田寺 소장 〈수륙회도〉 - 시련의식

〈도 3〉 일본 朝田寺 소장 〈수륙회도〉 - 시식대

〈도 5〉 시식대 - 서울 진관사 수륙재(2010년 10월 23일)

〈도 4〉 시련의식 - 서울 진관사
수륙재(2010년 10월 23일)

〈도 6〉 경국사 〈수륙회도〉, 1887년, 견본채색, 166.8×174.8cm.

이 작품에서 보이는 시련의식(도 2)및 번을 휘날리며 성대하게 차려진 시식대(도 3), 그리고 의식승려 등의 모습은 현재 설행되는 수륙재의 모습(도 4, 5)과 크게 다르지 않아 작품에 표현되어 있는 모습은 실제 설행되는 수륙재 의식의 모습을 옮겼음을 알 수 있다. 즉, 이 작품은 실제로 이루어지고 있는 수륙재의 모습과 함께 그 장소에 불리어 강림하고 있는 불・보살과 소청된 왕후장상 및 나한, 아귀, 그리고 이 의식을 통하여 구원하고자 하는 대상까지 모두 화폭에 담고 있는 것이다. 이와 같이 수륙재에 등장하는 여러 대상들을 한 화면 속에 모두 담고자 하는 경향은 조선전기 작품들뿐만 아니라 조선후기에 제작된 작품들에서도 동일하게 나타나며, 특히 19・20세기 서울・경기 지역의 작품들에서는 더 구체적으로 묘사된다(도 6). 즉, 현존 수륙회도는 실제 설행되는 수륙재의 재현이며 그 의례의 충실한 시각화인 것이다.

한편 이러한 유형의 불화는 "감로도甘露圖", "감로왕도甘露王圖" 또는 화기畵記에 의거하여 "감로탱甘露幀"3), "감로왕탱甘露王幀"4) 등으로 불리어 왔다. 이러한 명칭들은 특히 의식을 통하여 얻고자 하는 '감로甘露'와 그 감로를 내려주는 '감로왕여래甘露王如來'의 역할을 중시하여 붙여진 것으로 짐작된다.5) 그러나 이 명칭들에는 적지 않은 문제점이 있다.

우선, '감로탱甘露幀'과 '감로왕탱甘露王幀'이 작품의 화기에 나타나는 시기문제이다. 현존하는 가장 이른 시기의 작품들인 조선전기 16세기

---

3) 동국대학교 박물관 소장 龜龍寺 本(1727)에서 처음 등장. "擁正五年丁未五月初四日甘露幀 畢功安于雉岳山龜龍寺…".

4) 경기도 안성 靑龍寺 本(1692)에서 처음 등장. "…瑞雲山靑龍寺甘露幀康熙三十一年…".

5) 수륙재 관련 전적들 중『天地冥陽水陸齋儀纂要(1562)』등의 일부 의궤에서 여래의 명호를 수지했을 때 얻는 공덕에 대하여 감로왕여래가 목구멍을 열어 감로를 얻게 한다고 적고 있다.

작품들의 화기를 살펴보면 한국 개인 소장본(1580)에서는 '하단탱下壇幀'6), 일본 약센지藥仙寺 소장본(1581)에서는 '성탱불成幀佛'이라 하고7) 17세기 작품들 중 가장 이른 작품인 국립중앙박물관 소장 보석사寶石寺본(1649)에도 '성화상成畫像'이라 적혀 있을 뿐이다.8) 반면 '감로탱'은 동국대학교 박물관 소장 구룡사龜龍寺본(1727)의 화기에서 처음 등장하고 '감로왕탱'은 경기도 안성 청룡사靑龍寺본(1692)에서 처음 등장하고 있다. 이를 통하여 이 작품들은 성립 초기 단계에서는 그저 하단불화 또는 불화의 한 도상으로만 인식되었으며 '감로탱'이나 '감로왕탱'이라 불린 것은 조선후기부터 임을 알 수 있다. 더욱이 조선후기에 제작된 작품들의 화기를 살펴보면 이 명칭들이 모든 작품에 기재된 것은 아니어서 널리 쓰이지 않았음을 알 수 있다.9) 나아가 불화의 화기에 나타난 "탱幀"은 불화나 그림을 의미하는 것이 아니라 "걸려 있는 그림"이라는 형상를 의미하는 용어로, 이를 명칭으로 사용하는 것은 적절하지 않다고 생각된다.10)

다음으로는 '감로甘露'와 '감로왕여래甘露王如來'가 작품의 내용을 대표할 수 있는가의 대표성에 대한 문제점이다. 먼저 '감로'는 수륙재, 즉 화폭에 표현되어 있는 의식을 통해서 얻고자 하는 대상물에 지나지 않는다. 그리고 현재 사용되고 있는 다른 불화의 명칭들을 살펴보면 이와 같이 물질명사를 명칭으로써 사용하고 있는 예를 찾아볼 수 없어 '감

---

6) 한국 개인 소장본(1580) 화기 "萬曆八年庚辰五月有日下壇幀己昇…".
7) 일본 약센지藥仙寺 소장본(1581) 화기 "萬曆十七年二月日敬成幀佛…".
8) 국립중앙박물관 소장 寶石寺본(1649) 화기 "…順治六年己○○成畫象○○宝石寺"
9) 박은경, 「16세기 수륙회 불화, 감로도」, 『조선 전기 불화 연구』(SIGONART, 2008), pp. 377-378 (표 3-19) 참조
10) 鄭于澤, 「佛敎美術 서술의 用語 문제」, 『美術史學』 17(한국미술사교육학회, 2003), pp. 114-121.

로'를 명칭으로 하기에는 다소 무리가 있다.

또한 '감로왕여래'의 경우 감로왕여래는 수륙재 관련 의궤나 경전 등에서 소청되는 여래들 중에 포함되지 않는 경우도 있다. 그리고 작품들에 표현된 여래들을 살펴보면 수륙재 관련 경전이나 의궤에서 확인할 수 있는 각 여래의 특정 수인들을 표현하고 있지 않아 어느 여래가 감로왕여래인지 확인하기 어렵다.[11] 그에 더하여 작품들 중에는 칠여래七如來의 좌우에 관세음보살과 대세지보살을 협시로 표현하여 중앙의 여래가 감로왕여래가 아닌 아미타여래로 인식될 수도 있는 불·보살의 배치를 보여주는 작품들도 적지 않다. 따라서 '감로왕여래'는 분명 의식을 통하여 얻고자 하는 대상물인 '감로'를 내려주는 중요한 여래이기는 하지만 작품 속에서 그 여래를 특정 지을 수 없다는 문제점을 지니고 있다.

즉, '감로도'와 '감로왕도'의 '감로'나 '감로왕여래'는 각각 의식을 통하여 얻고자 하는 대상물만을, 그리고 그 대상물을 내려주는 역할을 하지만 작품 속에서는 특정할 수 없는 여래만을 지칭하고 있는 것 이어서 본고에서 다루고 있는 작품들의 화면에 담겨 있는 내용들을 대표하기에는 적절하지 않다고 생각한다.

한편 "감로회도甘露會圖"는 직지사直指寺본(1724)의 화기에 처음 등장한다.[12] 이는 본고에서 다루고 있는 작품들이 '감로'를 베풀어 망자가 극락세계에 가기를 기원하는 수륙재를 비롯한 불교의 영가천도 의식용

---

11) 김승희, 「어디서 무엇이 되어 다시 만나랴」, 『朝鮮時代 甘露幀 - 甘露』(通度寺聖寶博物館, 2005), p.40. ; 박은경, 앞의 책(2008), p.367. ; 朴隱美(朴正原), 「朝鮮時代 甘露王圖 硏究」(동국대학교 대학원 미술사학과 석사학위논문, 2009), p.13.
12) 한국 개인 소장 直指寺 本(1724) 화기에서 처음 등장. "擁正二年甲辰七月日謹摸甘露會奉安…".

그림으로, 중국의 경우 원대부터 '감로재甘露齋'로도 불렸고, 조선시대 사대부 사회에서도 '감로회甘露會'라고 지칭한 기록이 있다는 내용에 기반을 두고 있다. 따라서 실제 설행되는 의식과 관련된 명칭인 "감로회도"가 앞에서 살펴본 바와 같이 의식을 통해 얻는 대상물을 명칭으로 하고 있는 "감로도" 및 그 대상물을 내려주는 여래만을 명칭으로 하고 있는 "감로왕도"보다는 이 작품에 보다 더 적절한 명칭이라 할 수 있다.

그러나 '감로재'나 '감로회'는 실제로는 수륙재·수륙회와 같은 의궤·의식집을 사용한 제례로서 수륙재·수륙회의 별칭에 지나지 않는다. 따라서 만약 별칭인 '감로재·감로회'가 이 작품들의 명칭이 될 수 있다면 중국 명·청대 및 일본에서 수륙재와 함께 사용되었던 '시아귀회施餓鬼會·염구회焰口會' 등도 이 작품의 명칭으로 사용하는 것이 가능하다는 문제점을 지니고 있다.[13]

위에서 살펴본 바와 같이 기존의 명칭들은 적지 않은 문제점들을 지니고 있다. 그렇다면 이를 대신할 수 있는, 본 작품들에 가장 적절한 명칭은 무엇인가에 대해서 생각해 보자.

앞에서 살펴본 석가설법도나 약사불회도[약사설법도]와 같이 기존의 다른 불화들의 명칭은 모두 화폭에 표현되어 있는 주존과 주요 내용에 따라 결정되고 있다. 그리고 본고에서 다루고 있는 작품들은 실제로 설행되는 수륙재·수륙회의 모습과 함께 그 의식 장소에 강림하고 있는 불·보살과 소청된 왕후장상 및 의식을 통하여 구원하고자 하는 대상까지 모두 표현하여 수륙재를 충실히 재현·시각화하고 있다.

따라서 본고에서 다루는 불화들의 명칭은 기존의 다른 불화들의 명

---

13) 中村 元·笠原 一男·金岡 秀友 編 『アジア仏教史·中國編 2-民衆の仏教-宋から現代まで』(佼成出版社, 1976), pp.91-96, 135-137.

칭이 그러하듯이 화면에 담고 있는 내용을 설명하고 대표할 수 있는, 즉 화폭에 실제 설행되고 있는 의식의 명칭인 수륙재水陸齋·수륙회水陸會에 주목하여 "수륙회도水陸會圖"라 부르는 것이 더 적절하리라 생각하며, 이를 본 작품의 명칭으로서 제안하고 사용하고자 한다.

2. 제작배경과 기능 및 역할

앞에서 살펴본 바와 같이 수륙회도는 그 화면에 실제로 설행되는 수륙회·수륙재의 모습을 충실히 시각화하여 재현하고 있다. 이러한 수륙회도는 현재 선행연구를 통하여 당시 빈발하던 자연재해로 인한 천도의식의 필요성과 이 때문에 성행한 수륙재에 사용하기 위하여 제작된 것으로 밝혀진바 있다.14) 그러나 수륙재의 모습을 충실히 시각화하고 재현한 수륙회도에는 이 외에 또 다른 제작배경도 있었을 것으로 여겨진다.15) 따라서 이 장에서는 수륙재를 설행하는데 필요한 비용과 시간이라는 부분과 함께 당시 사찰의 경제적 상황을 통하여 수륙회도의 제작배경과 그 기능 및 역할에 대해서 생각해보고자 한다.

수륙재를 설행할 때 필요한 비용에 대한 확실한 기록은 찾기 어렵다. 그러나 『조선왕조실록朝鮮王朝實錄』에서는 나라의 행사나 대부大夫·사서인士庶人 등 죽은 사람의 넋을 위로하고 명복을 비는 추천追薦에 수륙재를 지내게 하되 법석法席은 금하고 재에 참여하는 인원 및 재에 올리

---

14) 박은경, 앞의 책(2008), pp.370-375. ; 연제영, 「甘露幀畵의 造成背景과 遷度對象의 變化」(고려대학교 대학원 민속학전공 석사학위논문, 2003) 등.

15) 水陸會圖가 제작되기 시작한 16세기 중·후반은 불화들이 다수 제작되어 전각 안에 봉안되던 시기였다. 그리고 현재 대부분의 水陸會圖가 사찰의 전각 안에 하단불화로써 봉안되어 있으므로 조선전기에도 역시 제작된 후 전각 안에 상설 봉안되어 있었을 것이라는 전제하에서 생각해보고자 한다.

는 물품의 수를 제한하고 있는 기록이 보인다.16) 또한 원래 법석에는 ≪법화法華≫·≪화엄華嚴≫·≪삼매참三昧懺≫·≪능엄楞嚴≫·≪미타彌陀≫·≪원각圓覺≫·≪참경懺經≫ 등을 읽었는데 수륙재가 이루어지는 칠 일간 이를 읽게 하면 승려 백여 명이 필요하여 그 폐해가 여전할 것이라 하여 이를 금하고 수륙재만 설행하게 하였다는 기록이 있다.17) 이 두 가지 기록을 통하여 나라의 행사나 죽은 이의 천도를 위하여 수륙재를 지내게는 하였으나 그 겉모습에 치중하던 폐해를 없애기 위하여 재에 참여하는 인원 수와 재에 올리는 물품을 품관에 따라 제한하고 법석을 금하였음을 알 수 있다.18)

그런데 세종 15년, 1433년의 기록을 보면 좌의정이었던 유정현이 임종할 때 부처에게 공양하고 재를 올리는 비용으로 5천섬이 들었다는 내용이 있다.19) 또한 신하들이 서민들은 말할 것도 없이 사대부까지도 이러한 법령을 지키지 않고 재를 지내는데 재물을 낭비하는 것이 전과 같으니 수륙재를 폐지할 것을, 그리고 금하고 있는 법석이 행해졌으니 법석을 행한 승려를 잡아와 국문할 것을 요구하는 내용도 보인다.20) 이와 같은 기록들을 통하여 국가에서는 조선초기 상례喪禮로서 죽은 이의 천도를 위하여 설행되었던 수륙재에 사용되는 비용을 줄이기 위하여 법령을 통하여 규제 하고자 하였으나 실제로는 잘 지켜지지 않았으며, 여전히 수륙재를 설행하는 것에는 큰 비용과 시간이 필요하였음을 알 수 있다.

---

16) 『朝鮮王朝實錄』 世宗 9卷 2年 9月 丁亥.
17) 『朝鮮王朝實錄』 世宗 9卷 2年 9月 己丑.
18) 『朝鮮王朝實錄』 文宗 4卷 卽位年 10月 庚寅 의 기록을 통하여 이와 같은 내용이 『六典』의 '正典'이 아니라 일종의 조례집인 '謄錄'에 실렸던 것으로 보인다.
19) 『朝鮮王朝實錄』 世宗 61卷 15年 7月 丙寅.
20) 『朝鮮王朝實錄』 世宗 28卷 7年 6月 辛酉 ; 『朝鮮王朝實錄』 文宗 7卷 1年 5月 庚子.

또한 수륙재 설행에 많은 비용이 필요함은 중국의 기록을 통해서도 알 수 있다.[21] 예를 들어 명明의 관리인 갈인량葛寅亮이 쓴『금릉범찰지金陵梵刹志』에는 수륙법회에서의 독경료에 대하여 화엄경華嚴經 1부 錢 一万文, 반야경般若經 1부 錢 一万文, 내외부진언매부內外部眞言每部 錢 二千文, 열반경涅槃經 1부 錢 二千文, 양무참梁武懺 錢 一千文, 연경蓮經[법화경法華經] 1부 錢 一千文, 공작경孔雀經 1부 錢 一千文, 대보적경매부大寶積經每部 錢 一万文, 수참水懺 1부 錢 五百文, 능엄주楞嚴呪 1회 錢 五百文라고 적고 있다.[22] 그리고 명의 승려 주굉袾宏이 명대까지 고승들의 이야기를 모은 『치문숭행록緇門崇行錄』의 「불작재회不作齋會」 부분을 보면 송宋의 승려 승민僧旻이 대재大齋를 설행하지 않은 이유 중의 하나가 재를 지내는 데는 세력 있는 왕궁이나 관부, 혹은 부호에게 의지해야하기 때문이라 하였다고 적고 있어 재를 설행하는데 많은 경비가 들었을 것으로 짐작할 수 있다.[23]

이와 같이 많은 비용과 시간이 요구되는 수륙재는 왕실에서는 점차 기신재忌晨齋와 함께 혁파되는 단계를 밟게 되지만 반면에 사대부들 사이에서는 여전히 설행되었음이 실록을 비롯한 기록들에서 보인다.[24] 이는 수륙재를 통한 천도의식의 전통이 조선초기『육전六典』으로 이어졌고『경국대전經國大典』이 성립된 후에도 사대부나 민간에는 여전히 남

21) 中村 元・笠原 一男・金岡 秀友 編 앞의 책, pp.135-139. 중국 淸末 7일 밤낮으로 열리는 本堂에서의 수륙법회를 승려 8명이 진행하고 공물이 있는 경우 200兩이 기본적인 가격이었다. 이는 청대 궁정화원의 월급이 11兩이었던 것과 비교하면 엄청난 금액이었음을 알 수 있다. 또한 李宝華(1867-1906)의『官場現形記』를 보면 중국 湖北省 武昌에서 49일간 수륙재를 연 사람은 첫날에만 500兩을 절에 희사하였다고 하였다.
22) 葛寅亮,『金陵梵刹志』上(南京出版社, 2011), p.67.
23) 朱宏,『緇門崇行錄』(佛光出版社, 民國69[1980]), pp.1-2
24)『朝鮮王朝實錄』中宗 22卷 10年 閏4月 丁丑 ;『朝鮮王朝實錄』明宗 17卷 9年 9月 癸卯.

아 있었기 때문으로 생각된다.25) 그러나 앞에서 살펴본 바와 같이 설행하는데 많은 비용과 시간이 필요한 수륙재는 일반 민중이 단독으로 설행하기는 어려웠을 것이다. 따라서 수륙재를 설행할 수 없는 민중들에게 있어 실제로 설행되는 수륙재를 그대로 시각화하여 재현하고 있는 수륙회도가 대신하는 역할을 할 수 있었을 것으로 여겨진다.

한편 수륙재와 같은 재와 의식은 사찰 경제에 있어서도 큰 부분을 차지하고 있었다.26) 조선건국 직후 사찰들은 고려시대와는 달리 경제적으로 여러 가지 제한을 받았으나 왕실 비빈들의 숭불에 의한 경제적 지원은 계속되었다. 그러나 연산군에 이르러 양종兩宗의 승과가 폐지되고, 왕실이나 조정과의 연고 유무를 가리지 않고 전국 사찰의 토전 전부가 몰수되어 사원경제의 완전 수탈이 이루어졌다.27) 이후 중종대는 연산군대에 이루어진 정책의 반대작용으로 사원전의 몰수가 완화되면서 전지田地의 일부가 환속되었다. 그러나 이는 수륙사水陸寺와 능침사陵寢寺의 제사비용을 충당하거나 사찰을 유지하기 위해서 국가에서 지급하였던 제위전祭位田[수륙위전水陸位田]과 위전位田, 그리고 왕명으로 전지나 노비를 받은 왕패사찰王牌寺刹의 전지에 한정된 것 이었다. 그리고 사찰 소유의 노비 또한 왕패사찰이라 하더라도 능침사만 제외하고는 모두 그 소유를 관으로 옮기게 하였다.28) 명종대에는 문정왕후에 의하여 전국

---

25) 천도의식으로서 수륙재를 설행하는 것에 대한 내용은 이후에 성립된 조선의 기본 법전인 『經國大典』에서는 보이지 않아 『경국대전』에서는 『육전』에서의 다른 예법들과 마찬가지로 "朱子家禮文公家禮"를 따르게 한 것으로 생각된다.

26) 조선전기 사찰의 경제상황에 대해서는 다음을 참고 李載昌, 『韓國佛敎寺院經濟硏究』(불교시대사, 1993), pp.185-193. ; 河宗睦, 「조선 초기의 사원경제 - 국가 및 왕실관련 사원을 중심으로」, 『대구사학』 60(대구사학회, 2000), pp.37-142. ; 김갑주, 『조선시대 사원경제사 연구』(景仁文化社, 2007), pp.9-34, 99-102.

27) 『朝鮮王朝實錄』燕山 60卷 11年 12月 乙丑

거의 대부분의 사찰이 내원당으로 지정되어 전답을 받게 되었지만[29] 문정왕후 사후 1566년, 능침사를 제외한 내원당의 전답은 모두 내수사로 귀속되어 사찰의 경제적 상황은 다시 이전으로 돌아가게 되었다.[30] 위와 같이 조정에서 이루어진 정책들의 변화가 사찰의 경제 상황에 즉각적인 영향을 주지는 않았을 것이지만 결과적으로 사찰의 경제 상황은 위축될 수밖에 없었을 것이다.

그런데 중종대의 기록 중에 "육조 당상이 모인 자리에 한 노한老漢이 와서 예관禮官에게 고하기를, '수륙재에 관계되는 모든 것을 종전대로 다시 하게 하여 주십시오.' 하였습니다. 외모를 보아서는 중도 아니고 속인도 아니며, 머리카락이 눈썹에까지 드리우고 이상한 복색을 한 사람이었는데, 그 신분을 알아보니 중이었습니다. 이로써 보면, 이 중이 폐주[연산군] 때에는 몸을 숨기고, 머리를 기르며 어렵게 살아왔는데 오늘날 수륙재로 생활하고자 꾀하는 자였습니다."라는 내용이 보인다.[31] 이를 통해 경제적으로 위축된 사찰에 있어 수륙재와 같은 재나 의식이 사찰 경제의 큰 부분을 차지하고 있었음을 짐작할 수 있다.[32]

앞에서 살펴본 바와 같이 수륙재는 설행하는데 상당한 비용과 시간이 필요하므로 일반 민중들이 단독으로 설행하기는 어려웠을 것이다. 따라서 민중들은 실제로 설행되는 수륙재를 충실히 재현·시각화하여

---

28) 『朝鮮王朝實錄』 明宗 33卷 21年 7月 癸卯.
29) 『朝鮮王朝實錄』 明宗13卷 7年 正月 庚戌 ; 『朝鮮王朝實錄』 明宗 18卷 10年 正月 甲子 ; 『朝鮮王朝實錄』 明宗 31卷 20年 3月 壬子 등.
30) 『朝鮮王朝實錄』 明宗 33卷 21年 7月 癸卯.
31) 『朝鮮王朝實錄』 中宗 1卷 1年 10月 甲戌
32) 중국 明·淸代의 사찰들도 수륙재 등과 같은 의례가 사찰경제 수입의 큰 부분을 차지하고 있었으며, 각 의례에 대한 기본적인 가격까지도 있었음을 확인할 수 있다. 中村 元·笠原 一男·金岡 秀友 編, 앞의 책, pp.135-140.

사찰 내에 상설 봉안되어 있는 수륙회도를 통해 그 앞에서 설행되는 간단한 천도의식도 실제로 행해지는 수륙재와 같은 효과를 가질 것이라고 기대할 수 있었을 것으로 여겨진다.[33] 또한 한편으로 억불정책으로 인하여 경제적으로 위축되어 있던 사찰은 수륙재를 현실화한 이 불화를 사용하여 민중들이 보다 쉽게 재를 설행하도록 함으로서 적지 않은 수입을 얻을 수 있었을 것이다.[34]

즉, 수륙재를 충실히 재현·시각화하여 봉안된 수륙회도는 수륙재를 실제 설행할 수 없는 민중들에게 있어서는 수륙재를 대신하는 역할을 하고 사찰에 있어서는 재나 의례를 설행하도록 하는 역할을 했던 것으로 생각된다.

Ⅲ. 朝鮮前期 水陸會圖의 현황

1. 조선전기 수륙회도의 현황

현존하는 조선시대 수륙회도는 현재 약 70여 점으로 그중 조선전기

---

33) 野村 伸一, 「朝鮮時代の佛畵にみる女性生活像」(2004. 03. 04), p.6에서 水陸會圖에 水陸齋의 모든 모습이 담겨 있음을 언급하면서 "……たとえ小規模な靈魂遷度の祭儀をおこなったとしても、甘露幀を掛けて、その前で儀礼をおこなえば、水陸會などに匹敵する盛大なものとなるのである。(…설령 작은 규모의 영가천도 제례라 하더라도 감로도를 걸고 그 앞에서 행하면 수륙회에 필적하는 성대한 것이 되는 것이다…)"라고 서술하고 있다.

34) 이와 비슷한 예로서 十王圖를 들 수 있다. 사찰에서 시왕도를 통하여 재물을 모으고 재를 지냈다는 기록이 『조선왕조실록』에서 확인되며, 이를 통하여 사찰에서 시왕도를 통하여 민중을 교화하고 돈을 걷어 재를 올리고 있었던 것으로 여겨진다. 김정희, 『조선시대 지장시왕도 연구』(一志社, 1996), pp.151-152 참조. ; 『朝鮮王朝實錄』 世宗 38卷 22年 正月 戊辰 및 『朝鮮王朝實錄』 中宗34卷 13年 7月 甲寅.

인 16세기에 제작된 작품은 한국 개인 소장 수륙회도와 국립중앙박물관 소장본 및 일본의 각 사찰에 소장되어 있는 4점을 포함하여 모두 6점이다.35)

〈표 1〉 현존 조선전기 수륙회도 현황

	작품명	시기	재질	크기 (㎝, 세로×가로)	화사
1	한국 개인 소장 〈수륙회도(도 7)〉	1580년	마본	131.5×111.0	祖文
2	일본 약센지藥仙寺 소장 〈수륙회도(도 8)〉	1589년	마본	169.3×157.1	僅浩, 日崇, 崔于致, 海瓊, 智寬, 崔于技
3	일본 사이교지西敎寺 소장 〈수륙회도(도 9)〉	1590년	마본	140.5×127.6	惠薰
4	일본 죠덴지朝田寺 소장 〈수륙회도(도 1)〉	1591년	마본	240.0×208.0	祖文, 師程
5	일본 고묘지光明寺 소장 〈수륙회도(도 10)〉	16세기	마본	129.5×114.4	화기 유실
6	국립중앙박물관 소장 〈수륙회도〉	16세기	마본	239.2×245.2	화기 유실

---

35) 현존하는 조선전기 水陸會圖에 대해서는 다음을 참고.
　　박은경, 앞의 책(2008), pp.318-384. ; _____, 「조선 16세기 감로도의 위난 이미지를 통해 본 사회상」, 『韓國文化』 49(서울대학교 규장각한국학연구원, 2010), pp.26-49. ; 朴隱美(朴正原), 앞의 논문(2009), pp.76-79.

〈도 7〉 한국 개인 소장 〈수륙회도〉, 1580년, 마본채색, 131.5×111.0cm.(좌)
〈도 8〉 일본 藥仙寺 소장 〈수륙회도〉, 1589년, 마본채색, 169.3×157.1cm.(우)

〈도 9〉 일본 西敎寺 소장 〈수륙회도〉, 1590년, 마본채색, 140.5×127.6cm.(좌)
〈도 10 일본 光明寺 소장 〈수륙회도〉, 16세기, 마본채색, 129.5×114.4cm.(우)

현존하는 조선전기 수륙회도는 모두 삼베에 제작되었으며, 화기들에 의하면 시주자들도 모두 관직에 오른 적이 없는 일반인이거나 승려들이어서 이 작품들이 모두 민간에 의하여 제작되었음을 알 수 있다.36) 또한 표 1의 화사에서 확인할 수 있듯이 한국 개인 소장본과 죠덴지 소장본은 조문祖文이라는 동일한 화사에 의해서 제작되었다. 그리고 화기가남아 있지 않은 고묘지光明寺 소장본도 한국 개인 소장본 및 죠덴지 소장본과 유사한 화면구성 및 도상을 보여주고 있어 이 역시 조문에 의해서 제작되었거나 그와 관련이 있는 화사에 의하여 제작된 것으로 여겨진다. 이와 같이 동일한 화사에 의하여 복수의 작품, 그것도 같은 주제의 작품이 제작된 것은 현전하는 조선전기 불화들 중 유일한 예로 매우중요하다.37)

기존의 조선전기 수륙회도들에 대해서는 선행연구에서 이미 다루어진 바 있으므로, 본고에서는 최근 새로이 알려진 국립중앙박물관 소장 <수륙회도(도 11)>38)에 대해서 간단히 살펴보겠다.

이 작품은 본래 일본 교토시京都市 류간지龍岸寺에 소장되어 있었으나 2010년 11월 국립중앙박물관으로 기증되었다.39) 삼베에 채색한 본 작

---

36) 조선전기 수륙회도에 대한 현황에 대해서는 박은경, 「일본 소재 조선 16세기 수륙회불화, 甘露幀」, 『朝鮮時代 甘露幀 - 甘露』(通度寺聖寶博物館, 2005), pp.255-300. ; _____, 「16세기 수륙회 불화, 감로도」, 『조선 전기 불화 연구』(SIGONART, 2008), pp.318-384. ; _____, 「조선 16세기 감로도의 위난 이미지를 통해 본 사회상」, 『韓國文化』 49(서울대학교 규장각한국학연구원, 2010), pp.25-49. ; 朴隱美(朴正原), 『朝鮮時代 甘露王圖 硏究』(동국대학교 대학원 미술사학과 석사학위논문, 2009), pp.76-79. 참조

37) 세 작품에 대해서는 박은경, 앞의 책(2008), pp.333-349. ; _____, 앞의 논문(2010), pp.30-32. ; 朴隱美(朴正原), 앞의 논문(2009), pp.76-79 참조

38) 본인이 2010년 2월 작품을 조사할 당시 축 부분의 손상이 심하여 걸 수 없는 상황이었으므로 펼쳐놓은 상태에서 찍은 부분 사진을 이용하여 구성하여 이지러짐이 있는 점 양해를 부탁드린다.

39) 2010년 5월 본인의 학회 발표 당시 일본 京都市 龍岸寺에 소장되어 있었으나 이 후 국립중앙박물관에 기증되었다.(2010년 11월 2일 국립중앙박물관 발표)

품의 크기는 세로 239.2cm, 가로 245.2cm로 현전하는 조선전기 수륙회
도들 중에서 가장 큰 크기이다. 바탕은 좁게는 29.5cm, 넓게는 37.0cm
의 삼베 7폭을 가로로 연결하였다. 제일 위 축 부분과 화면의 가운데
부분, 그리고 화면 상·하부 일부의 손상과 함께 부분적으로 채색이 박
락된 부분들이 있으나 전체적인 채색이나 화면구성을 살펴보는 것에는
문제가 없으며, 손상 부위는 국립중앙박물관에 기증 된 후 수리되었다.
이 작품은 화면구성 및 도상에서 다른 현존하는 조선전기 수륙회도들에
서 보이지 않는 특징적인 모습을 찾아볼 수 있어 주목된다.

〈도 11〉 국립중앙박물관 소장 〈수륙회도〉, 16세기, 마본채색, 239.2×245.2cm.

화면구성을 살펴보면 중앙의 시식대를 중심으로 화면 상부에는 칠여래와 비천형의 인로왕보살 및 주악천인이 배치되어 있다. 구름으로 둘러싸인 칠여래는 원형 두광을 갖추고 있다. 가장 왼쪽의 여래는 연봉형의 지물을 한손에 들고, 중앙의 여래는 오른손을 아래로 뻗은 수인을 하고 있는 반면 다른 여래들은 모두 동일한 수인을 하고 있다. 이러한 여래의 수인 및 지물의 형태는 약센지 소장본과 유사하다. 하지만 칠여래 좌측에 위치한 번을 든 비천형의 인로왕보살(도 12)과 우측의 주악천인의 모습은 조선전기 다른 작품들에서는 보이지 않는 특징적인 모습이다.

〈도 12〉 국립중앙박물관 소장 〈수륙회도〉 - 인로왕보살

<도 13> 국립중앙박물관 소장 <수륙회도> - 양진상교

　시식대 아래에는 비교적 크게 묘사된 아귀 1위와 작은 아귀 2위, 그
리고 상주들과 승려가 배치되어 있다. 화면 중앙의 1위의 아귀는 약센
지 소장본과 같이 해골 모양의 장식이 달린 머리띠를 하고 있으며 입에
서 불을 뿜고 있는 모습으로, 한 손엔 발우를 들고 한 손은 마치 감로를
뿌리는 듯 들고 있다. 시식대의 향좌측에는 선인, 관인, 제왕 등이 구름
으로 구분되어 4열로 배치되어 있으며, 그 위에는 일산 및 당번들을 들
고 있는 관인이, 그리고 향우측에는 의식을 진행하고 있는 승려들과 소
청된 나한이 표현되어 있다.

　화면 하부에는 말에서 떨어져 죽거나, 호랑이에 물려 죽는 등의 여러
가지 환난장면들을 배치하였다. 이 작품의 화면 하부 환난 장면들 중에
는 조선전기 다른 작품들과는 다른 독특한 도상들이 몇 가지 보인다.
예를 들어 뱀에 물려 죽는 장면은 다른 작품들과는 달리 사람이 거의
뱀의 입 속에 들어가 있는 모습이다. 이 밖에도 형벌 받아 죽음을 표현
한 목에 칼을 쓰고 있는 사람의 모습이나 아이 낳다 아이와 어머니가
함께 죽음을 의미하는 집 안에 누워있는 산모와 아이의 모습, 그리고

말을 탄 두 병사가 서로 활을 겨누고 한 사람은 말에 깔려 있는 모습으로 표현되어 있는 전쟁으로 죽음을 표현한 장면(도 13)은 다른 조선전기 수륙회도에서는 확인할 수 없는 도상이다. 또한 약센지 및 죠덴지 소장본에서만 보이는 그림자 형태의 영혼의 모습도 보인다.

주조색은 주, 녹청, 황으로 구름이나 의복·천의 등에 백색 안료로 채색한 후 그 위에 주를 덧칠한 이중채색을 폭 넓게 사용하고 있다. 화면 중앙 시식대의 제기 등과 지화紙華에 금박을 사용하였으며, 시식대 위 일부 제기의 경우 밑선과 함께 백선으로 그은 윤곽선만이 남아 있어 채색의 유무에 대해서는 조금 더 확인이 필요하다.

국립중앙박물관 소장본은 현재 화기가 남아 있지 않아 그 제작시기를 명확히 알 수 없으나 일본에서 표구했을 때 기록한 것으로 보이는 묵서의 검토 및 작품의 양식분석을 통하여 제작시기를 추정할 수 있다.[40]

우선 작품 표구 상부의 묵서를 살펴보면 윗줄에는 일본의 상천황上天皇이나 황태후皇太后에게 주어지는 존칭인 원호院号가, 그리고 아래에는 장군將軍들의 사후에 붙어지는 법명과 유사한 계명戒名이 적혀 있다(도 14).[41] 이 중 이들과 비슷한 시기의 인물인 메이쇼천황明正天皇과 도쿠가와 쓰나요시德川 綱吉의 원호 및 계명이 없어 이를 통하여 표구시기의 추정이

40) 본고에서 다루고자 하는 표구 상부의 묵서 이외에 좌우와 하부에도 칸을 나누어 표구 할 때 結緣을 한 이들의 이름이 적혀 있다.

41) 院号 : 上天皇 및 太上天皇 즉, 생존한 전대의 天皇에게, 그리고 재위 중에 사망한 천황에서 주어지는 追号로 사용되었으며, 여성의 경우 皇后나 皇太后, 太皇太后에게 주어졌다. 戒名 : 일본에서 死者가 정토세계에 태어나길 바라면서 死後에 붙여주던 이름으로 法名과 유사하며 보통 居士로 끝난다. 하지만 室町·江戸幕府의 일부 將軍들은 院殿号를 사용하였다. 예를 들어 국립중앙박물관 소장본의 경우 德川家康는 蓮社崇譽道和大居士라는 계명을 쓰고 있으나 이후는 台德院殿이나 大猷院殿와 같이 모두 院殿号를 쓰고 있다. 『日本史事典』(旺文社, 2000). ; 朝尾 直弘·宇野 俊一·田中 琢 編, 『最新版 日本史辞典』(角川書店, 2008).

가능하다(표 2).[42) 원호는 약간 차이가 있으나 계명은 사후에 붙여지는 것 이므로, 각 천황의 재위기간 및 장군들의 생몰년을 통해 볼 때, 고사 이천황後西天皇과 메이쇼천황의 몰년沒年인 1685년과 1696년 사이에 표 구가 이루어진 것으로 생각된다.[43) 즉, 이를 통하여 국립중앙박물관 소 장본은 적어도 17세기에는 이미 일본에 존재하고 있었음을 알 수 있다.

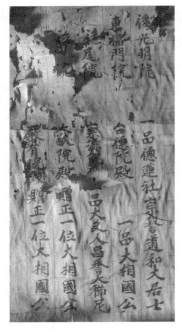

(도 14) 국립중앙박물관 소장 〈수륙회도〉 - 명문

---

42) 인물들의 생몰년 및 혈연관계, 天皇系譜 등은 다음을 참고로 구성하였다.『日本史事典』 (旺文社, 2000) ; 朝尾 直弘・宇野 俊一・田中 琢 編 『日本史辭典』(角川書店, 1996). ; 兒 玉 幸多 編 『日本史年表・地図』(吉川弘文館, 1995).

43) 院号는 생존 시에도 주어지는 것이므로 이 작품의 표구 시기는 德川 家綱가 사망한 1680년과 1696년 사이로 볼 수도 있으나, 죽은 이의 천도를 위한 수륙회도에 대한 것이므로 後西院의 사후인 1685년과 1696년 사이에 표구된 것으로 보는 것이 타당 하고 생각된다.

〈표 2〉 혈연관계 표

(·········· : 부부관계, ══════ : 부모자식 ; 天皇의 경우 ( )안은 재위기간, 이외는 생몰년)

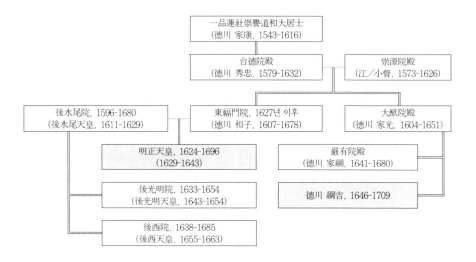

다음으로 이 작품의 표현기법을 살펴보면, 칠여래의 상호는 가늘고 긴 눈에 눈초리가 치켜 올라갔으며, 입은 콧방울의 너비를 넘지 않고 이공耳孔[귓구멍]에는 먹선으로 귀털을 묘사하였다(도 15). 의식을 진행하고 있는 승려 등 인물들의 표현을 살펴보면 얼굴이 작고 신체가 세장하다(도 16). 의복이나 천의, 구름 등의 여러 부분에서 이중 채색을 광범위하게 사용하였으며(도 17), 각 존상들을 구획하고 있는 구름의 경우 도안화된 형태로 그리고 채색한 후 그 가장자리를 백색으로 바림하였다(도 18). 이러한 표현기법들은 일본 나나츠데라七寺 소장의 <지장시왕도(1558)> 및 국립중앙박물관 소장의 <사불회도(1573)>, 일본 신쵸고쿠지新長谷寺 소장 <삼장보살도(1550)>등 16세기 중반 이후에 제작된 작품들에서의 표현과 유사하여 이를 통하여 국립중앙박물관 소장본도 이

와 비슷한 시기에 제작되었음을 추정할 수 있다.[44] 이상과 같은 묵서의
검토 및 양식 분석을 통하여 볼 때, 국립중앙박물관 소장본은 16세기
후반 제작된 후 일본으로 건너가 17세기 후반에 표구된 것으로 생각된다.

〈도 15〉 국립중앙박물관 소장 〈수륙회도〉 - 여래 상호(좌)
〈도 16〉 국립중앙박물관 소장 〈수륙회도〉 - 인물 표현(우)

 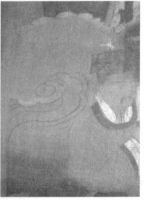

〈도 17〉 국립중앙박물관 소장 〈수륙회도〉 - 이중 채색(좌)
〈도 18〉 국립중앙박물관 소장 〈수륙회도〉 - 구름 표현(우)

---

44) 조선전기 불화의 양식에 대해서는 박은경, 『조선 전기 불화 연구』(SIGONART, 2008),
   pp.150-208. ; 신광희, 「朝鮮前期 明宗代의 社會變動과 佛畵」, 『美術史學』 23(한국미술
   사교육학회, 2009), pp.340-341. ; 鄭于澤, 「조선왕조시대 釋迦誕生圖像 연구」, 『美術史
   學研究』 250・251(韓國美術史學會, 2006), pp.221-225. ; _____, 「日本 四國地域 朝鮮朝
   前期 佛畵 調査 硏究」, 『東岳美術史學』 9(동악미술사학회, 2008), pp.72-74 등 참조

2. 조선전기 수륙회도의 양식

1) 화면구성

현전하는 조선전기 수륙회도 6점의 화면구성을 살펴보면 각각 약간의 차이는 있으나 큰 틀은 거의 동일하다. 이 장에서는 현존하는 조선전기 수륙회도 중 가장 많은 도상들을 포함하고 있는 죠덴지 소장본을 대상으로 조선전기 수륙회도의 화면 구성과 함께 각 도상의 의미와 소의경전에 대해서 선행연구 결과를 기반으로 간단히 살펴보겠다.45)

우선 화면 상부에는 중앙의 칠여래를 중심으로 좌측에는 아미타삼존과 지장보살을 포함한 여러 불·보살이, 그리고 우측에는 2위의 인로왕보살이 배치되어 있다. 인로왕보살과 칠여래의 사이에는 꽃을 뿌리고 있는 2위의 비천飛天이 표현되어 있다. 칠여래 및 오여래와 같이 주존으로 나타나는 여래들의 전거가 되는 것은『불설구발염구아귀다라니경佛說救拔焰口餓鬼陀羅尼經』등의 경전과『천지명양수륙재의찬요天地冥陽水陸齋儀纂要』등의 의궤들이다. 여래의 구성은 경전이나 의궤에 따라 차이가 있으나 오여래의 경우 대부분 다보여래, 묘색신여래, 광박신여래, 이포외여래, 감로왕여래이며, 칠여래는 여기에 아미타여래, 보승여래 혹은 아미타여래와 세간광대위덕자제광명여래가 추가된다. 하지만 앞에서 언급한 바와 같이 화면에 표현되어 있는 여래들이 특정 수인을 취하지 않고 있는 경우가 많아 여래를 특정 짓기는 어렵다.46)

인로왕보살에 대해서는『천지명양수륙재의찬요』등에 "… 손에는 보

---

45) 화면을 채우고 있는 각 도상에 대한 소의경전 및 의미에 대한 선행연구는 각주 3) 및 참고문헌 참조
46) 칠여래 및 여래의 구성에 대해서는 다음을 참조. 박은경, 앞의 책(2008), p.367. ; 朴隱美(朴正原), 앞의 논문(2009), p.13.

배 일산을 들고 몸에는 화만을 걸치고서 맑은 영혼을 극락세계로 인도하고 망령을 벽련대로 인도하기는 대성인로왕보살마하살께 일심으로 귀의하옵고 받들어 초청합니다. …"라고 쓰여 있다.[47] 이를 통하여 인로왕보살이 천개를 들고 천의를 걸치고 있으며, 벽련대반에 죽은 이를 태워 극락으로 이끄는 역할을 한다는 것을 알 수 있다.

칠여래와 인로왕보살 사이에 표현된 2위의 비천에 대해서는 조선전기에 편찬된 수륙재관련 의궤에서 그 모습을 찾을 수 있다. 이 비천에 대해서 선행연구에서는 강림하는 불·보살을 위하여 도량을 청정·장엄하는 역할을 하고 있는 것으로 보았다.[48] 하지만 『천지명양수륙재의찬요』 등을 보면 "… 하늘과 용이 뒤따르니 구름이 치달리고, 제석천과 범천이 꽃비를 뿌리니 바람이 불어옵니다. 성문은 뒤에서 에워싸고 보살은 앞에서 내달리니 …"라고 하여 불·보살이 강림할 때 제석천과 범천이 꽃비를 내린다는 내용이 적혀 있다.[49] 작품에 표현된 비천의 모습에서 제석천 및 범천의 도상적 특징은 확인할 수 없으나 2위의 비천이 직접 꽃을 뿌리고 있는 모습으로 표현되어 있어 의궤에서의 이 모습을 나타내려 한 것으로 생각된다. 이 밖에 아미타삼존과 지장보살 및 함께 강림하고 있는 기타 불·보살들 역시 수륙재 의궤의 상단에서 소

---

47) 『天地冥陽水陸齋義纂要(1562)』, 「召請下位篇 第 二十二」, "…南無一心奉請手擎寶蓋身掛華鬘尊淸魂於極樂界中引亡靈向碧蓮臺畔大聖引路王菩薩摩訶薩惟願慈悲憐愍有情降臨道場…"

48) 박은경, 앞의 책(2008), pp.335-336.

49) 『天地冥陽水陸齋義纂要(1562)』, 「奉迎赴浴篇 第 十一」, "…幢幡路月蓋盈空天龍隨馭而雲馳釋梵雨花而風墜聲聞後擁菩薩前驅…"
『天地冥陽水陸齋義』(萬曆六年 戊寅(1578)), 「奉迎赴浴篇 第 十一」, "…天龍隨馭而雲馳聲聞後擁如登化空釋梵雨花而風墜菩薩前驅…"
『水陸齋義纂要』(萬曆二九年 癸酉(1601), 空林寺開板), 「奉迎赴浴篇 第 十一」, "…幢幡路月蓋盈空天龍隨馭而雲馳釋梵雨花而風墜聲聞後擁菩薩前驅…"

청되는 여러 불·보살들을 표현한 것이다.

화면중앙에는 시식대의 주변에 아귀, 왕후장상, 시련의식, 의식승려, 상주, 관리, 나한 등이 배치되어 있다.

시식대의 좌측에 합장하고 앉아 있는 거대 아귀의 모습은『불설구발염구아귀다라니경』과『불설우란분경佛說盂蘭盆經』,『대목련경大目連經』등의 전적에서 그 내용을 찾아볼 수 있다. 대표적으로『불설구발염구아귀다라니경』에는 "… 그 아귀의 형상은 못생기고 볼품없었으며, 신체는 마르고 파리했다. 입 속에서는 불이 타고 있었으며, 목구멍은 바늘구멍 같았다. 머리카락은 어지러운 쑥대밭 같았으며, 손톱과 어금니는 길고 날카로워서 매우 두려워할 만하였다.…"라고 아귀의 모습에 대해서 표현하고 있다.[50] 그리고『천지명양수륙재의찬요』에는 "…목구멍이 바늘처럼 좁고 배는 항아리처럼 크며, 입에서는 불을 토하고 머리만 커다란 36부 항하강 모래알처럼 많은 아귀들 …"이라고 쓰여 있다.[51] 이를 통하여 작품에 표현되어 있는 아귀의 모습이 이와 같은 경전과 의궤들에 근거하고 있음을 알 수 있다.

나한 및 왕후장상의 경우도『천지명양수륙재의찬요』등과 같은 수륙재 의궤의 상위 및 하위에서 소청되는 대상들이며, 시련의식, 상주, 관리, 의식승려 등은 앞에서 살펴본 바와 같이 모두 현실에서 실제로 설행되고 있는 수륙재의 모습을 옮긴 것이다.

화면하부에는 여러 가지 환난 장면이 표현되어 있는데 호랑이에 물

---

50) 「佛說救拔焰口餓鬼陀羅尼經(T21n1313_001)」 "…卽於其夜三更已後, 見一餓鬼, 名曰 "焰口", 其形醜陋、 身體枯瘦、 口中火然、 咽如針鋒、 頭髮蓬亂、 爪牙長利、 甚可怖畏…"

51) 『天地冥陽水陸齋義纂要(1562)』,「召請下位篇 第 二十二」, "…針咽鐺腹焰口大頭三十六部恒沙餓鬼…"

려 죽음, 불에 타 죽음, 우물에 빠져 죽음, 물에 빠져 죽음, 삼도천을 건너는 배 등 약 18장면이 표현되어 있다. 이러한 환난 장면들에 대한 내용은『천지명양수륙재의찬요』 등의 수륙재 의궤의 하위 소청에서 찾아볼 수 있다. 의궤의 하위 소청에서 확인되는 환난의 수는 약 60가지 이상으로 작품들에 등장하는 환난 장면의 수보다 많아 작품들이 제작될 때 의궤의 환난 장면들 중에서 선택하여 구성한 것으로 여겨진다.52)

이러한 화면구성과 각 도상의 전거를 통하여 조선전기 수륙회도는 수륙재 관련 의궤 및 경전에 기반을 두고 그 내용과 함께 실제로 설행되는 의식의 모습을 재현하여 시각화 한 것임을 알 수 있다.

2) 표현기법

현존하는 조선전기 수륙회도를 살펴보면 각 작품들은 거의 공통적으로 주, 황, 녹청 등을 주조색으로 사용하고 있으며 부분적으로 군청을 사용하고 있다.

불·보살 및 아귀나 나한 등의 상호는 대부분 먹선으로 밑선을 긋고 백이나 황토로 채색한 후 주로 윤곽을 덧그었다. 의습선은 대부분 먹선으로 밑선을 긋고 채색한 후 먹이나 주선으로 덧그었으나 일부 작품에서는 윤곽을 그은 주선의 안쪽에 백으로 덧그은 모습이 보이기도 한다. 이중채색의 사용은 의복 및 구름의 표현에서 주로 보인다.

불·보살 법의나 천의의 문양은 죠덴지 소장본의 일부 여래에서 백으로 시문한 문양이 확인되나 이외의 작품에서는 보이지 않는다. 국립중앙박물관 소장본과 고묘지 소장본, 사이교지 소장본을 제외한 작품들

---

52) 박은경, 앞의 논문(2010), pp.32-38.에서 당시의 천재지변 등의 기록을 통하여 도상의 선택에 관련이 있을 것임을 언급하고 있다.

의 시식대 표면은 목리문으로 나무결을 표현하여 나무로 만들어진 것임을 표현하고 있다.

보살의 보관이나 장신구, 시식대 및 번의 금속 장식 및 촛대, 법구 등 금속의 표현은 대부분의 작품에서 황토로 채색한 후 먹으로 윤곽선을 긋고 그 안쪽에 백으로 덧그어 금속의 질감과 입체감을 나타내고 있다. 그러나 약센지 소장본이나 고묘지 소장본의 경우에는 일부 제기나 촛대 등의 표현에서 주로 윤곽선을 긋고 안쪽에 백으로 덧그어 표현하고 있다. 시식대 위 제기들의 표현을 살펴보면 그것이 금속이나 자기임을 나타내기 위하여 대부분의 작품에서는 황이나 백 등으로 채색하고 먹으로 윤곽과 문양을 표현(도 19)한 반면, 국립중앙박물관 소장본에서는 금을 사용하였다(도 20). 또한 국립중앙박물관 소장본에서는 제기 뿐만 아니라 지화에도 금을 사용하고 있으며, 금니가 아닌 금박을 사용하고 있어 주목된다.

〈도 19〉 일본 朝田寺 소장 〈수륙회도〉 - 제기 표현　　〈도 20〉 국립중앙박물관 소장 〈수륙회도〉
- 제기 표현

화면의 분할에 사용되고 있는 구름의 표현은 대부분의 작품에서 먹으로 밑선을 긋고 채색한 후 윤곽선을 먹이나 주 등으로 그은 후 윤곽을 따라 그 안쪽을 백으로 바림하고 있다. 그러나 한국 개인 소장 본이나 죠덴지 소장본의 경우 채색 한 후 윤곽을 따라 백으로 덧긋고 있는 차이를 보인다(도 21).

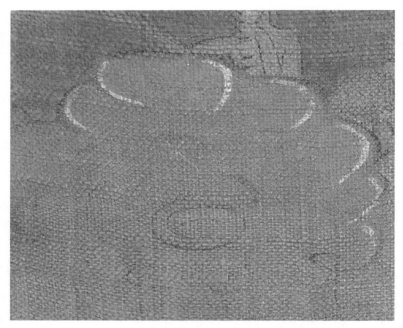

〈도 21〉 한국 개인 소장 〈수륙회도〉 - 구름 표현

화면 상부의 꽃비는 약센지·죠덴지·사이교지·국립중앙박물관 소장본에서 확인되는데 이 중 약센지·국립중앙박물관 소장본에서는 간단하게 백색의 점 5-6개로 표현하고 있다. 그러나 죠덴지 소장본에서는

붉은 꽃잎과 녹색의 잎, 그리고 사이교지 소장본에서는 녹색의 가지와 잎이 달려 있는 붉은 꽃의 실제 꽃과 같은 모습으로 꽃비를 표현하고 있다(도 22).

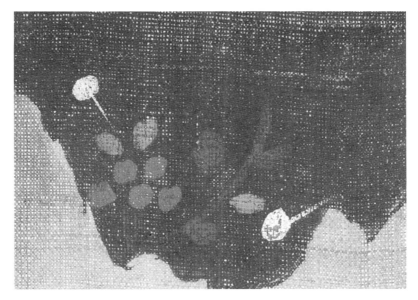

〈도 22〉 일본 西敎寺 소장 〈수륙회도〉 - 꽃비

조선전기 수륙회도에서 보이는 이와 같은 표현기법은 국립중앙박물관 소장본의 제작 시기 편년을 위하여 앞에서 살펴본 바와 같이 조선전기에 제작된 다른 불화들과 유사하다.

예를 들어 여래의 육계 표현을 살펴보면 조선전기 수륙회도 중 한국 개인 소장본 등에서는 낮은 육계가, 그리고 약센지 소장본 등에서는 위로 높이 솟은 육계가 표현되어 있다. 이러한 두 가지 육계의 표현은 모

두 일본 죠쥬인長壽院 소장 <석가설법도(1553)> 및 일본 호코우지(舊)寶
光寺 소장 <석가설법도(1569)>등 조선전기 불화에서도 확인된다. 또한
약센지 소장본 등에 표현된 꽃비 역시 일본 엔메이지延命寺 소장 <삼장
보살도(1591)> 및 일본 지후쿠지持福寺 소장 <석가설법도(1563)>등에서
보이는 꽃비의 표현과 유사하다. 이 밖에도 앞에서 국립중앙박물관 소
장본의 편년을 위하여 살펴본 바와 같이 조선전기 수륙회도에 표현되어
있는 여래의 상호 표현이나 구름의 표현방법 및 이중채색의 사용 등도
조선전기 16세기에 제작된 여러 다른 불화와 유사하다. 따라서 조선전
기 수륙회도는 동시기에 제작된 다른 조선전기 불화들과 표현기법을 공
유하고 있으며, 조선전기 불화라는 큰 틀에서 벗어나지 않고 있음을 알
수 있다.

IV. 朝鮮前期 水陸會圖의 특징

1. 조선전기 수륙회도의 특징

조선시대 수륙회도는 16세기 후반 성립되어 조선 전 시기에 걸쳐 제
작되었다. 이 장에서는 조선전기 수륙회도와 조선후기 수륙회도의 비교
를 통하여 조선전기 수륙회도가 지니고 있는 화면구성과 도상의 특징에
대해서 살펴보도록 하겠다.53)

현전하는 조선전기와 조선후기 수륙회도는 중앙의 시식대를 중심으

---

53) 조선시대 水陸會圖를 始原期, 摸索期, 定着期, 混用·變容期의 4시기로 구분한 바 있다.
   朴隱美(朴正原), 앞의 논문(2009), pp.39-46.

로 그 위에는 불·보살을, 그리고 아래에는 환난장면을 배치하고 있어, 기본적인 화면구성은 조선전기와 후기 모두 동일함을 알 수 있다. 그러나 자세히 살펴보면 화면구성에 있어 후기와는 달리 조선전기의 작품들에서는 아직 정형화되지 않은 부분들이 있음을 확인할 수 있다.

먼저 시식대 위 불·보살 중 여래의 배치이다. 조선전기 수륙회도들을 살펴보면 한국 개인·죠덴지·고묘지·국립중앙박물관 소장본은 칠여래 및 오여래가, 약센지 소장본은 아미타삼존이 주존이며, 사이교지 소장본은 아미타삼존을 중심으로 주변에 칠여래를 배치하고 있어 주존인 여래의 배치에 있어 각 작품마다 차이를 보이고 있음을 알 수 있다. 반면, 조선후기 수륙회도들은 해인사海印寺본(1723)이나 남양주 흥국사興國寺본(1868)과 같이 칠여래를 주존으로 하고 그 옆에 아미타삼존을 배치하고 있는 경우와 함께, 남장사南長寺본(1701)과 같이 칠여래의 왼쪽에 관세음보살과 대세지보살 및 지장보살을 배치하고 있는 경우가 대부분이다. 예외로서 쌍계사雙溪寺본(1728)과 같이 시식대의 위에 칠여래와 함께 많은 불·보살을 배치하고 있는 작품들도 있으나 다른 작례들에 비하면 극히 적은 수이다.[54] 즉, 18세기 이후에 제작된 대부분의 수륙회도에서는 칠여래가 주존으로서 표현되고 있는 것이다. 이를 통하여 칠여래를 주존으로서 표현하는 18세기 이후의 작품들에 비하여 조선전기 수륙회도에서는 아직 그 주존이 정형화되지 않았음을 알 수 있다.

또한 아귀의 배치를 살펴보면 한국 개인·죠덴지·고묘지 소장본은 시식대의 향좌측에, 약센지·사이교지·국립중앙박물관 소장본은 시식대의 아래에 1위의 거대 아귀를 배치하고 있다. 반면에 조선후기 수륙

---

54) 朴隱美(朴正原), 앞의 논문(2009), p.44 (표 4) 참조.

회도에서는 시식대를 생략하고 중앙에 거대 아귀 1위를 배치하고 있는 국립중앙박물관 소장본(18세기) 및 몇 작품을 제외하고 거의 모든 작품들에서 시식대 아래에 2위의 거대 아귀를 표현하고 있어 전기의 작품들과는 다른 경향을 보여준다.

이 밖에도 소청 대상인 왕후장상들의 배치에 있어서도 차이를 확인할 수 있다. 한국 개인·죠덴지·고묘지 소장본은 소청된 왕후장상을 하나의 무리로 묶어 시식대의 아래쪽에 배치한 반면에 약센지 소장본은 소청된 왕, 왕후, 관리, 승려(성문) 등을 각각의 무리로 나누어 화면에 배치하고 있다. 그리고, 사이교지·국립중앙박물관 소장본의 경우도 약간 차이가 있긴 하지만 약센지 소장본과 유사하게 각각의 무리를 따로 배치하고 있어 조선전기의 작품들 속에서도 배치에 차이가 있음을 확인할 수 있다. 하지만 조선후기 대다수의 작품들은 남장사본 및 수도사修道寺본(1786)과 같이 소청 대상들을 각각의 그룹으로 분리하여 배치하는 경향을 보여준다.

이와 같이 정형화되지 않은 모습은 화면구성뿐만 아니라 도상에서도 찾아볼 수 있다.

예를 들어 장님 점장이를 표현한 도상의 경우 조선전기의 작품들에서는 한국 개인 소장본 등에서는 아이가 앞에서 인도하고 그 뒤를 따라 지팡이를 짚고 가는 장님들의 모습으로, 그리고 국립중앙박물관 소장본에서는 아이에 이끌려 가는 장님의 모습으로 등장하고 있다(도 23). 하지만 이러한 도상은 조선후기의 작품들에서는 남장사본이외에 일부에서만 확인되며 대부분의 다른 작품들에서는 운흥사雲興寺본(1730)과 같이 지팡이를 어깨에 걸치고 앉아 점을 치고 있는 점장이의 모습으로 주로 나타난다(도 24). 이는 조선전기에 사용되었던 도상이 조선후기에 이르러서는 더 이상 그 의미를 정확히 전달할 수 없다고 판단되어 다른 모습으로 변화된 것으로 여겨진다.

조선후기에도 국립중앙박물관 소장본(18세기) 등과 같이 예외적인 화면구성과 도상을 보여주는 작품들이 있으나 이는 극히 일부에 불과하다. 그러나 조선전기의 작품들은 앞에서 살펴본 바와 같이 화면구성 및 배치나 도상에서 조선후기에 비하여 다양한 모습들을 보여주는, 아직 정형화되지 않은 특징이 있음을 알 수 있다.

〈도 23〉 국립중앙박물관 소장 〈수륙회도〉 - 장님 점장이(좌)
〈도 24〉 운흥사 〈수륙회도〉 - 장님 점장이(우)

2. 조선후기로의 이행

이 장에서는 조선전기 수륙회도의 화면구성과 도상이 조선후기 작품들로 어떻게 이행되고 있는지 간단히 살펴보도록 하겠다.

조선전기 수륙회도의 기본적인 화면구성, 즉 시식대를 중심으로 화면 상부에는 불·보살을, 그리고 하부에는 환난장면을 배치하는 화면구성은 조선후기 수륙회도로 그대로 이행된다. 그러나 조선전기 수륙회도에서의 2위의 인로왕보살이나 1위의 아귀의 배치 등을 그대로 계승하고 있는 18세기 이후의 작품들은 전체 작품 수에 비하면 극소수에 불과하다. 반면에 17세기에 제작된 작품들 중에서는 이러한 조선전기 작품들을 부분적으로 계승하고 있는 모습을 확인할 수 있어 주목된다.

현존하는 17세기 작품은 4작품에 불과하지만 이 작품들은 이미 18세기 수륙회도처럼 시식대 아래에 2위의 아귀가 배치되어 있고 1위의 인로왕보살만이 표현된다. 그러나 경북대학교 박물관 소장본(17세기)과 같이 2위의 인로왕보살이 나타나거나, 우학문화재단 소장본(1681)과 같이 2위의 인로왕보살 및 시식대 아래 의식을 설행하는 승려가 크게 표현되는 조선전기 수륙회도의 특징적인 모습을 부분적으로 계승하고 있는 작품들이 보인다. 17세기는 조선시대 수륙회도의 화면구성이 자리 잡기 시작하는 모색기로써 이후 조선시대 수륙회도의 정착기라 할 수 있는 18세기로 넘어가는 과도기적인 시기이기 때문에 이와 같이 부분적으로 조선전기 작품의 영향을 보여주고 있는 것으로 여겨진다.

화면구성과는 달리 도상은 조선전기에만 사용된 일부 도상을 제외하고는 말에 깔려 죽음, 목 매달아 죽음 등의 도상 대다수가 거의 큰 변화 없이 조선후기의 대부분의 작품들로 이행된다. 또한 약센지·쵸덴지·국립중앙박물관 소장본 등에서 그림자의 모습으로 나타나고 있는 영혼의 표현(도 25)은 조선후기 수륙회도에서는 자주 등장하지는 않으나 남장사본, 쌍계사본, 운흥사본 등에서 유사한 그림자의 형태로 확인된다

(도 26). 그리고 국립중앙박물관 소장본에서 등장하고 있는 집안에 누워 있는 모자의 모습으로 표현된 아이 낳다 모자가 함께 죽음을 표현한 모습은 여수 흥국사興國寺본(1741), 수도사본 등으로 이행된다.

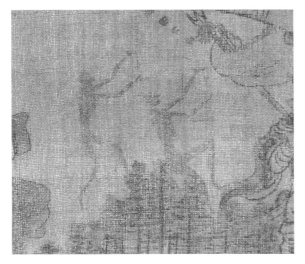

〈도 25〉 일본 朝田寺 소장 〈수륙회도〉 - 영혼

〈도 26〉 운흥사 〈수륙회도〉 - 영혼

V. 맺음말

본고에서 다루고 있는 작품들은 현재 "감로도", "감로왕도", "감로회도"등으로 통일되지 않은 채 불리고 있다. 기존의 불화들의 명칭은 화폭에 표현된 내용을 설명하고 대표할 수 있는 존명을 우선하여 결정되어 왔다. 현재 사용되는 기존의 명칭들은 작품 전체의 내용을 대표하기에는 다소 역부족이므로 화폭에 수륙재를 충실히 재현·시각화하고 있는 이 작품들의 새로운 명칭으로써 실제 의식의 이름인 수륙재·수륙회를 사용한 "수륙회도"를 제안하였다. 그리고 수륙재를 충실하게 재현·시각화한 수륙회도는 실제로 수륙재를 설행할 수 없는 민중들에게 있어서는 그것을 대신하는 역할을 하고 사찰에 있어서는 재나 의식를 설행하게 해주는 역할을 했을 것으로 그 제작배경과 역할 및 기능에 대해서 생각해보았다.

조선전기 수륙회도는 수륙재 관련 의궤 및 경전에 기반을 두고 그 소의경전의 내용과 의식의 모습을 시각화 하였으며, 표현기법에 있어서는 조선전기 불화라는 큰 틀에서 벗어나지 않고 있다. 또한 조선후기 작품들에 비하여 비정형화된 화면구성과 도상을 보여주지만 이 때 성립된 조선시대 수륙회도의 기본적인 화면구성은 조선후기에까지 계속 이행되며, 도상은 일부를 제외하고 대부분 조선후기로 이행하는 모습이 보인다. 따라서 조선전기 수륙회도는 조선시대 수륙회도의 화면구성과 도상들이 만들어지는 시기에 제작된 작품들이라는 중요성을 지닌다.

참고문헌

1. 경전·사서

『朝鮮王朝實錄』

『佛說救拔焰口餓鬼陀羅尼經』

『瑜伽集要救阿難陀羅尼焰口軌義經』

『施諸餓鬼飲食及水法』

『瑜伽集要焰口施食儀』

『法界聖凡水陸勝會修齋儀軌』

『瑜伽焰口註集纂要儀軌』

『天地冥陽水陸齊儀纂要(1562)』

『水陸無遮平等齋儀撮要(1648)』

『天地冥陽水陸齋義(1578)』

『水陸齋義纂要(1601)』

葛寅亮, 『金陵梵刹志』

朱宏, 『緇門崇行錄』

2. 도록·사전·보고서

<국문>

『甘露帧』, 藝耕, 1995.

『韓國의 佛畵』, 성보문화재연구원.

『朝鮮時代 甘露帧 – 甘露』, 通度寺聖寶博物館, 2005.

<일문>

『道敎の美術 TAOISM ART』, 大阪市立美術館, 2009.

『日本史事典』, 旺文社, 2000.

中村 元・笠原 一男・金岡 秀友(編),『アジア仏敎史・中國編 2-民衆の仏敎-宋から現代ま
　　　で』, 佼成出版社, 1976.

朝尾 直弘・宇野 俊一・田中 琢(編),『最新版 日本史辭典』, 角川書店, 2008.

兒玉 幸多(編),『日本史年表・地図』, 吉川弘文館, 1995.

3. 단행본

김갑주,『조선시대 사원경제사 연구』, 景仁文化社, 2007.

김정희,『조선시대 지장시왕도 연구』, 一志社, 1996.

박은경,『조선 전기 불화 연구』, SIGONART, 2008.

李載昌,『韓國佛敎寺院經濟硏究』, 불교시대사, 1993.

장총 저, 김진무 역,『地藏』, 동국대학교출판부, 2009.

4. 논문

<국문>

姜友邦,「興國寺 甘露幀의 圖像과 樣式」,『美術史學誌』1, 韓國考古美術硏究所, 1993.

_____,「甘露幀의 儀式變遷과 圖像解釋」,『甘露幀』, 藝耕, 1995.

구미래,「儀禮場面을 통해 본 감로탱의 비유와 상징」,『朝鮮時代 甘露幀 - 甘露』, 通度寺
　　　聖寶博物館, 2005.

金承熙,「朝鮮後期 甘露圖의 圖像硏究」, 홍익대학교 대학원 미술사학과 석사학위논문,
　　　1990.

_____,「朝鮮時代 甘露圖의 圖像硏究」,『美術史學硏究』196, 韓國美術史學會, 1992.

_____,「甘露圖의 圖像과 信仰儀禮」,『甘露幀』, 藝耕, 1995.

_____,「甘露幀畵에 나타난 人間像의 分類」,『朝鮮時代 風俗畵』, 國立中央博物館, 2002.

_____, 「어디서 무엇이 되어 다시 만나랴」, 『朝鮮時代 甘露幀 - 甘露』, 通度寺聖寶博物館, 2005.

_____, 「조선시대 감로도(甘露圖)에 대한 몇 가지 단상(斷想) - 제명(題名)과 관련하여」, 『경계를 넘어서 - 한·중 회화 국제학술심포지엄 논문집』, 국립중앙박물관, 2008.

연제영, 「甘露幀畵의 造成背景과 遷度對象의 變化」, 고려대학교 대학원 민속학전공 석사학위논문, 2003.

윤은희, 「甘露王圖 圖像의 形成 문제와 16·17세기 甘露王圖 硏究 -水陸齋 儀軌集과 관련하여-」, 동국대학교 대학원 미술사학과 석사학위논문, 2003.

윤보영, 「朝鮮時代 甘露王圖 硏究 -19·20세기를 중심으로-」, 동국대학교 대학원 미술사학과 석사학위논문, 2005.

李慶禾, 「朝鮮時代 甘露幀畵에 나타난 風俗場面 考察」, 홍익대학교 대학원 미술사학과 석사학위논문, 1996.

_____, 「朝鮮時代 甘露幀畵 下壇畵 風俗場面 考察」, 『美術史學硏究』 220, 韓國美術史學會, 1998.

박은경, 「일본 소재 조선 16세기 수륙회 불화, 甘露幀」, 『朝鮮時代 甘露幀 - 甘露』, 通度寺聖寶博物館, 2005.

_____, 「16세기 수륙회 불화, 감로도」, 『조선 전기 불화 연구』, SIGONART, 2008.

_____, 「조선 16세기 감로도의 위난 이미지를 통해 본 사회상」, 『韓國文化』 49, 서울대학교 규장각한국학연구원, 2010.

朴隱美(朴正原), 「朝鮮時代 甘露王圖 硏究」, 동국대학교 대학원 미술사학과 석사학위논문, 2009.

신광희, 「朝鮮前期 明宗代의 社會變動과 佛畵」, 『美術史學』 23, 한국미술사교육학회, 2009.

鄭升玹, 「朝鮮時代 三藏菩薩圖 硏究」, 동국대학교 대학원 미술사학과 석사학위논문, 2010.

鄭于澤, 「朝鮮王朝時代 前期 宮廷畵風 佛畵의 硏究」, 『美術史學』 13, 한국미술사교육학회, 1999.

_____, 「佛敎美術 서술의 用語 문제」, 『美術史學』 17, 한국미술사교육학회, 2003.

_____, 「조선왕조시대 釋迦誕生圖像 연구」, 『美術史學硏究』 250·251, 韓國美術史學會, 2006.

_____, 「日本 四國地域 朝鮮朝 前期 佛畵 調査 硏究」, 『東岳美術史學』 9, 동악미술사학
　　　회, 2008.

河宗睦, 「조선 초기의 사원경제 - 국가 및 왕실관련 사원을 중심으로」, 『대구사학』 60, 대
　　　구사학회, 2000.

홍기윤, 「中國 元·明代 水陸法會圖에 관한 考察」, 『美術史學硏究』 219, 韓國美術史學會,
　　　1998.

홍선표, 「조선시대 감로회도의 연희 이미지」, 『韓國文化』 49, 서울대학교 규장각한국학연
　　　구원, 2010.

<일문>

野村 伸一, 「朝鮮時代の佛畵にみる女性生活像」, 『日吉紀要言語·文化·コミュニケーシ
　　　ョン』 No.30, 慶應義塾大學日吉紀要刊行委員會, 2003.

(도 1) 일본 朝田寺 소장 <수륙회도>, 1591년, 마본채색, 240.0×208.0㎝.

(도 2) 일본 朝田寺 소장 <수륙회도> - 시련의식

(도 3) 일본 朝田寺 소장 <수륙회도> - 시식대

(도 4) 시련의식 - 서울 진관사 수륙재(2010년 10월 23일)

(도 5) 시식대 - 서울 진관사 수륙재(2010년 10월 23일)

(도 6) 경국사 <수륙회도>, 1887년, 견본채색, 166.8×174.8㎝.

(도 7) 한국 개인 소장 <수륙회도>, 1580년, 마본채색, 131.5×111.0㎝.

(도 8) 일본 藥仙寺 소장 <수륙회도>, 1589년, 마본채색, 169.3×157.1㎝.

(도 9) 일본 西敎寺 소장 <수륙회도>, 1590년, 마본채색, 140.5×127.6㎝.

(도 10) 일본 光明寺 소장 <수륙회도>, 16세기, 마본채색, 129.5×114.4㎝.

(도 11) 국립중앙박물관 소장 <수륙회도>, 16세기, 마본채색, 239.2×245.2㎝.

(도 12) 국립중앙박물관 소장 <수륙회도> - 인로왕보살

(도 13) 국립중앙박물관 소장 <수륙회도> - 양진상교

(도 14) 국립중앙박물관 소장 <수륙회도> - 명문

(도 15) 국립중앙박물관 소장 <수륙회도> - 여래 상호

(도 16) 국립중앙박물관 소장 <수륙회도> - 인물 표현

(도 17) 국립중앙박물관 소장 <수륙회도> - 이중 채색

(도 18) 국립중앙박물관 소장 <수륙회도> - 구름 표현

(도 19) 일본 朝田寺 소장 <수륙회도> - 제기 표현

(도 20) 국립중앙박물관 소장 <수륙회도> - 제기 표현

(도 21) 한국 개인 소장 <수륙회도> - 구름 표현

(도 22) 일본 西敎寺 소장 <수륙회도> - 꽃비

(도 23) 국립중앙박물관 소장 <수륙회도> - 장님 점장이

(도 24) 운흥사 <수륙회도> - 장님 점장이

(도 25) 일본 朝田寺 소장 <수륙회도> - 영혼

(도 26) 운흥사 <수륙회도> - 영혼

근대불교의 의례와 수륙재*

한
상
길

Ⅰ. 머리말

수륙재는 일찍이 고려시대에 처음 시작된 이래 크게 번성하면서 한국 불교의례의 중요한 위치를 지녀왔다. 특히 조선초기에는 국가의 공식적인 영혼천도의례로 지정되는 등 종교적 의례를 뛰어넘어 국가적 행사로 자리매김하였다. 이른바 국행수륙재를 개설하면서 삼화사와 견암사, 관음굴은 수륙재의 근본사찰로 지정되었다.[1] 국가에서는 더 나아가 국행수륙재를 상설화하기 위해 진관사에 수륙사(水陸社)를 건립하기에 이르렀다. 억불의 시대라고 하는 규정을 무색케 할 만큼 조선초기 불교의례는 번성하였고, 그 중심에 수륙재가 있었다.

조선중기 많은 사찰이 혁파되고, 승도의 출가가 금지되는 억압의 시대에도 수륙재는 계속 이어졌다. 태조 이후 연산군까지 1백년이 넘는

---

* 이 글은 필자의 기발표 논문을 참고하여 「2012 두타산 삼화사 국행수륙대재 학술회의」 (강원도 동해시 삼화사, 2012. 10. 18)에서 발표한 것이다.
1) 미등, 『국행수륙대재, 삼화사 수륙재를 중심으로』, 조계종출판사, 2010, p.24.

동안 진관사에서는 모두 32회 이상의 수륙재와 기신재 등이 개설되었다. 진관사를 비롯하여 삼화사·상원사·장의사·봉선사·봉은사·정인사·영국사·견암사 등 여러 사찰에서 개설한 수륙재까지 감안하면 자못 불교의 번성을 떠올릴 정도의 착각을 일으키게 한다.2) 그러나 중종대(1506~1544) 이후 사림파가 득세하고 주자가례(朱子家禮)가 확립되면서 수륙재는 점차 약화되었다.3) 이후 국가의 수륙재는 더 이상 설행되지 않았지만 민간사회에 깊숙이 뿌리내린 수륙재 전통과 문화는 쉽게 사라지지 않았다. 규모는 작아졌지만 사찰과 민간에서는 여전히 다양한 모습으로 지속되었다. 조선후기 수륙재의 성행을 보여주는 대표적 사례가 수륙재 관련 의식집의 간행이다. 수륙재와 관련한 의식집은 65종에 이를 만큼 많은데 이 가운데 조선후기에 간행된 의식집은 11종 이상이다.4) 이들 의식집이 16, 17세기에 가장 활발하게 간행되었고,5) 현재까지 143개 이상의 판본이 남아 있다. 의식집의 빈번한 간행은 곧 의식의 성행을 말해준다.

본고는 이상과 같은 수륙재의 역사적 전개과정에서 근대시기의 수륙재가 어떤 모습으로 존재하였는가를 살펴보는데 목적이 있다. 이를 위해 먼저 불교의례에 대한 당시 사회의 인식과 개혁론을 살펴본다. 이어 일제의 불교의례 금지령 하에서 수륙재가 어떻게 명맥을 이어나갔고,

---

2) 한상길, 「조선시대 수륙재 설행의 사회적 의미」, 『삼화사와 국행수륙대재』, 삼화사국행수륙대재보존회·동해시, 2009, pp.44~49.

3) 윤무병, 「국행수륙재에 대하여」, 『백성욱박사송수기념 불교학논문집』, 1959, p.642.

4) 한상길, 「조선시대 수륙재 설행의 사회적 의미」, 앞의 책, p.56. 남희숙, 『조선후기 불서간행 연구-진언집과 불교의식집을 중심으로』, 서울대 국사학과 박사학위 논문, 2004. pp.57~71. 『불교민속문헌해제』, 국립문화재연구소, 2005.

5) 김형우, 「수륙재 의식집의 간행과 유포」, 『삼화사와 국행수륙대재』, 삼화사국행수륙대재보존회·동해시, 2009, pp.70~71.

그 역사적 · 불교적 의미가 무엇인가를 살펴보고자 한다.

II. 근대불교와 불교의례

1. 근대불교의 시작

한국 불교사의 시대 구분에서 근대는 대체로 1876년의 개항 이후부터 1945년까지를 가리킨다. 개항을 통해 불교계는 이전에는 볼 수 없었던 새로운 과학적 사고와 기독교를 위시한 새로운 종교를 접하게 된다. 내적으로는 오랫동안 불교의 발전을 막아서고 있었던 도성출입 금지령이 해금되는 등 근대적 발전의 기회를 맞이하였다. 그러나 이러한 기회와 가능성에도 불구하고 불교계는 별다른 변화의 기운을 회복하지 못했다. 여러 가지 원인이 있겠지만 무엇보다 불교계를 체계적으로 지도하고 조직화할 종단이 존재하지 못했기 때문이다. 급속도로 밀려오는 서구 종교의 큰 파도 앞에 적절하게 대처할 수 있는 조직과 체제가 없었다. 기독교는 차치하고라도 같은 불교인 일본불교의 침투에 대해서도 이렇다 할 대응을 하지 못하고 있었다.

이와 같이 불교는 근대라는 거부할 수 없는 시대의 흐름 속에서 여전히 중세적 사고와 의식으로 일관하고 있었다. 사실 근대초기의 이러한 중세로의 역주행은 한국 사회 전반에 걸친 보편적 흐름이었다. 19세기 말 봉건적 질서를 고수하려는 수구세력의 힘 앞에 근대화를 앞당기려는 개화세력은 갑신정변의 실패에서 보듯이 맥없이 붕괴되었다. 더욱이 무력을 앞세운 제국주의 열강의 이권쟁탈전에서 정부는 올바른 방향을 세우지 못하고 헤매는 상황이었다.

이러한 시대에서 불교계의 근대적 변화를 기대하는 것은 어쩌면 어리석은 일인지도 모른다. 왜냐하면 불교는 근본적으로 깨달음과 수행에 절대적 가치를 두고 이를 위해 세속과는 일정한 거리를 유지해왔기 때문이다. 시대와 나라를 막론하고 불교가 정치적, 사회적 변화를 선도적으로 또는 적극적으로 변용한 사례는 매우 드물다. 19세기말 오랜 억불의 시대를 지나 겨우 도성출입이 가능했던 불교계가 근대사회로의 이행과정에서 당장 변화와 발전을 수용할 역량을 갖출 수는 없었던 것이다.

조선후기 불교를 흔히 '산중불교'라고 한다. 세속과 떨어진 산중에서 깨달음과 수행을 위해 전통적인 경전 강독과 참선 수행, 그리고 기도와 제사로서 면면히 유지되었기 때문이다. 그러므로 산문 밖에서는 근대문명이 밀어닥치고 외래 종교가 급증하였지만 여전히 불교는 중세적 전통과 가치를 지키고 있었다. 격동의 19세기말 근대불교의 유명한 선승 경허(1846~1912)는 해인사와 범어사, 통도사 등에서 결사를 설행하여 선풍을 크게 일으켰다. 오늘날 경허는 꺼져가던 한국의 선풍을 부흥시킨 선각자임이 틀림없다.6) 경허의 수행결사는 선종의 발전과정에서는 대단히 중요한 역사적 계기임이 틀림없으나, 불교사의 넓은 시각에서 보면 근대불교의 변화와는 거리가 먼 과거 전통으로의 복귀라고 평가할 수 있다.7) 수행결사를 통해 한국불교가 천여 년 동안 뿌리를 두고 있는 참선수행 가풍을 회복하려는 노력과 근대 새로운 불교로의 발전은 다른 차원이었기 때문이다.

---

6) 일지, 『경허, 술에 취해 꽃밭에 누운 선승』, 민족사, 2012.
7) "경허의 결사는 보조의 정혜쌍수를 근본이념으로 하고 있다는 점에서, 정혜결사의 계승을 찾아볼 수 있다." 김호성, 「결사의 근대적 전개양상-정혜결사의 계승을 중심으로」, 『보조사상』8, 1995, p.160.

2. 불교의례 개혁론

근대사회가 시작되었지만 불교의 근대화는 아직 시작되지 않았다. 특히 불교의례는 여전히 과거의 전통이 그대로 유지되고 있었고, 불교계 안팎에서 비판과 개혁의 목소리가 높았다. 대표적인 몇 가지 예를 들어 보자.

1

어떤 한 지각 있는 사람이 신문사에 편지하기를 경산 근처에 좋은 절은 동 불암, 서 진관, 남 삼막, 북 승가라하여 일전에 서 진관으로 북 승가를 돌아오는데 서 진관을 가니 여러 중이 종이를 오려 각색 가화를 만들며 그림도 그리며 부적도 쓰거늘, 물으니 서로 주저하여 잘 가르쳐 주지 않고 어떤 중은 대답하기를 아무 대신 집에서 재 올린다고 하며 어떤 내인이 재 올린다고 하다가 그 주장하는 중 월욱의 말이 지금 서흥 군수 모씨가 그 조상을 극락세계로 가게하려고 삼천금 재산을 들여 불공한다 하니, 그 군수가 정성은 갸륵하나 아까운 재산만 허비하는 것이 당초에 그 조상의 영혼이 지옥에 빠질 것 같으면 어찌 돈 삼천냥 가지고 그 혼을 구제하리오 사람이 생전에 옳은 일을 하였을 것 같으면 돈 아니라도 그 혼이 복을 누리고 극락세계라도 가려니와 악한 일을 하였으면 돈을 북악만큼 들이더라도 쓸데없으니(중략) 헛된 일하는 남녀들은 나무랄 수가 없는 것이 산간에 있어 유의 유힉하는 땡땡이 중이 매양 여항간에 다미녀 감언이설로 우부우민을 유인하여 애쓰고 힘서 벌어놓은 남의 전곡을 턱없이 돈푼 쌀합 빌어먹고 할 노릇 없으니까 하는 말이 불공하면 없던 자식도 생기며 부자도 되며 죽었던 혼이라도 극락세계로 간다하여 심지어 남의 집을 망하게 하니, 불량하고 불상하도다. 죄로 말하면 불공하는 이와 불공하게 시키는 중이나 하나일 테요 어리석기로 말하면 남 꾀임에 빠져 헛된 일하는 사람이 첫째요, 나라에 충, 불충으로 말하면 신수가 멀쩡하고 이목구비와 사지가 온전하여 일하기 싫어 이리저리 유리하여 다니면 빌어먹는 사람들이 어찌 나라에 불충한 백성이 아니리오 우리 동포 형제들은 헛된 일 말고 실상 일하여 보세 하였더라8)(원문은 한글 고어체이므로 필자가 현대문에 맞게 고침)

2

백성이 일 년 동안에 버려서 공용 외에 허비하는 일

첫째는 굿하는 일이며, 경읽는 일이며, 또 춘추로 하는 제사는 지신제며 산신제며 용신제며 군황제며 국사제며 성황제며 영산재며 이 밖에도 모든 제사 중 절을 다 기록할 수 없사오며, 또 각처에 있는 절과 암자의 미륵에게 기도하는 일이며(중략) 이 같은 허비를 년년세세로 감당하오니 필경에 여지가 없어 유리기걸하는 백성이 자연히 많은 것은 다름 아니오 다만 이 잔풍 패속 가운데서 조차 나오는 줄을 확실히 아노라9)

3

절마다 남녀 화상을 그려놓고 그 앞에 정성을 들여 길흉화복을 한다고 인민을 속이니 크게 망령된 일이라.(중략) 그 화독이 우리나라에까지 미쳐 여러 백년을 내려 왔으니 어찌 개탄할 일이 아니리오 지금 팔일(사월초파일)이 가까이 오는 고로 각처 성시(城市)를 살펴본즉 집집마다 혹 등도 달고 차차 팔일 제구를 차리니 가히 어리석은 일이로다. 이렇게 빈궁한 백성들이 그 돈을 가지고 황은을 축사하고 일용사물에 한 가지라도 늘여쓸 생각은 아니하고 등과 기름을 사 가지고 그 날은 집안 식구마다 등 하나씩 켜야된다고 하니, 그 백성들이 아무쪼록 불도의

8) 『독립신문』 1897년 9월 30일.
9) 『독립신문』 1898년 10월 22일.

진실함을 깨달아 석가모니의 탄생한 날을 생각할 것 같으면 도리어 고맙게 여기련마는 그 사람들더러 물어 보아야 불도가 무엇인지 남이다. 그 날은 불을 켜니까 나도 켠다고 하였지 무슨 뜻인지 알지도 못한즉 어찌하여 이같이 어리석으랴[10]

④

북촌 모대관 집에서 무슨 기도를 하는지 백미 10석과 전 1만냥을 동문밖 어느 사찰로 보내고 어떤 일을 기축(祈祝)한다 하니, 수명의 장단과 관직의 대소와 자식얻기를 그곳 관세음보살이 역력히 감응할는지. 이 같은 세계에 개명적(開明的) 사업은 재물을 아끼고 하지 않으면서 공불반승(供佛飯僧)은 재물이 들지 않는지 한번 묻고 싶노라.[11]

이와 같이 근대시기의 천도재와 영산재, 각종의 불공과 제사는 낡은 구시대의 폐습으로 비난받았다. 인용문 ④에서 보듯이 "개명 사업에는 재물을 아끼고, 공불반승(供佛飯僧)에는 아끼지 않는다"는 지적이다. 새로운 시대를 맞아 문물과 사상을 근대적으로 개혁해야 할 시점에 구복제사에 몰두하는 현실을 비판하였다.

불교의례에 대한 비판 기사는 대부분 『독립신문』과 『매일신보』 등에 게재되었다. 그런데 알다시피 이들 신문은 국민의 개화와 계몽을 목적으로 발간하였다. 특히 독립신문의 발행인 서재필은 일찍이 미국에 망명하여 기독교에 귀의한 인물이다. 대부분의 기사를 직접 썼는데 위의 인용문에는 전통적 무속신앙과 조상신앙을 부정하는 기독교관이 내재되어 있다. 물론 전통신앙을 부정하기 위한 목적이 아니라 근대적 개혁

---

10) 『제국신문』 1901년 5월 22일. 「논설」.
11) 『대한매일신보』 1906년 2월 28일.

을 위해 구습을 버려야 한다는 취지임은 분명하다. 다른 한편 불교의례에 대한 기사는 신문이 지니는 공공성을 생각할 때, 긍정적 측면 보다는 부정적 요소를 부각시키는 것이 당연한 일이라고 보인다.

근대시기 불교의례에 대한 비판과 부정은 한용운의 『조선불교유신론』에서 절정을 이룬다.[12] 한용운은 1910년 『조선불교유신론』(1913년 출간)을 집필하여 한국불교의 전반에 걸친 광범위한 개혁 방안을 제시하였다. 『조선불교유신론』을 통한 '불교유신'은 중세불교의 부조리를 탈피하고 새로운 근대불교를 맞이하기 위한 불교계의 각성과 개혁을 촉구하여 큰 반향을 일으켰다. 이 가운데 불교의식에 관한 개혁 논의는 <불가에서 숭배하는 불상과 탱화에 관한 논(論佛家崇拜之塑繪)>, <불가의 각종 의식에 관한 논(論佛家之各樣儀式)>의 두 항목에 집중되어 있다. <불가의 각종 의식에 관한 논>의 다음과 같은 주장이 그의 의례 개혁론을 단적으로 대변한다.

> 조선 불가의 백 가지 법도가 신통치 않아서 하나도 볼 것이 없거니와, 그 중에서도 재공양의 의식(梵唄四勿 · 作法禮懺 등)이라든지 제사 때의 예절 따위의 일(對靈 · 施食 등)에 이르러서는 매우 번잡 혼란하여 질서가 없고 비열 · 잡박(雜駁)해서 끝이 없는 상태이다. 이것을 모두어 도깨비의 연극이라고나 이름 붙이면 거의 사실에 가까울 듯하니, 지금은 말하는 것도 부끄러운 까닭에 가리어 논하지는 않으련다. 그리고 기타의 평시의 예식(巳時佛供 · 朝夕禮佛 · 念誦 · 誦呪 등)도 혼란해 진실성을 잃고 있는 터인즉, 대소의 어떤 예식을 막론하고 일체를 소탕한 다음에 하나의 간결한 예식을 정해 시행하면 될 것이다.[13]

---

12) 한상길, 「한국 근현대신문에 나타난 불교의례 연구」, 『한국사상과 문화』 54, 2010, pp.345~348.

한용운은 이와 같이 재공양과 제사의식을 '도깨비의 연극'으로 규정하고 일체를 소탕해야 한다고 주장하였다. 그의 의례 개혁론은 대단히 파격적이었다. 그 배경에는 자신이 지닌 불교개혁의 방법론이 '생산불교'에 있었던 때문이라 생각된다. 즉 그는 전통불교의 폐단을 승가의 잘못된 시주활동에서 찾았다. 시주를 통해 재원을 조달하는 전통적인 시주생활을 버리고 그 대안으로 승가의 자립 생산 활동을 제시하였다. 사찰은 역사적으로 많은 산림을 소유하고 있으므로 조림사업 등을 통해 각종의 과일, 차, 뽕나무 등을 생산할 수 있다. 또한 승려는 수십·수백의 대중이 운집생활을 하므로 이들의 노동력으로 주식·합자·합명 등의 회사를 설립하여 공동경영을 할 수 있다14)는 것이다. 이러한 생산불교의 건설을 위해 한용운은 무엇보다도 전통불교의 주 수입원이었던 각종의 재공양과 제사의 폐지를 제창하였다.

불교계의 의례 비판과 개혁 주장은 계속되었다. 1927년 석왕사 승려 박승주(朴勝周)는 의례의 폐해를 지적하고 재공의식(齋供儀式)을 혁파해야 한다는 주장을 제기하였다.

> 재공의식이란 것은 현대 조선사찰에서 거행되는 일종의 예식입니다. 그런데 그 예식의 절차가 하나도 법다운 것이 없으며 또 예식을 집행하는 행동이 심히 난잡비루(亂雜鄙陋)하야 조금이라도 양심을 가진 사람으로서는 차마 눈으로 볼수 없는 예식입니다. 말하자면 무당의 푸닥거리나 도깨비 연극이라 하였으면 썩 적합할 듯합니다 아! 예(禮)가 어찌 이따위 예가 있으며 선조의 영혼이 어찌 이따위 예에 감응하겠습니까? (중략) 시대가 요구하는 것도 어떠한 경우에 인하야 혹 파괴도 하

---

13) 『조선불교유신론』, 이원섭 옮김, 운주사, 2007, p.94.
14) 『조선불교유신론』, 앞의 책, pp.106~107.

고, 혹 혁신도 하는데 하물며 시대가 요구치 않는 만인이면 만인이 모두 배척공격을 하는 이따위 도깨비 놀음쯤이야 없애지 않고 될수 있겠습니까?15)

이처럼 1920년대에도 불교의례는 여전히 근대화를 위한 개혁의 대상이었다. 그런데 불교계 안팎의 이러한 비판은 달리 생각하면 그만큼 불교의례가 성행하고 있었다는 사실을 반증한다. 조선시대 오랜 억불의 시대에서도 불교는 백성들의 변함없는 신앙이었고, 오히려 서민대중과의 긴밀한 유대를 통해 전통신앙으로서의 기반을 굳게 다질 수 있었다. 조선 불교가 신앙불교로 자리매김하는데 중요한 터전을 제공한 것이 바로 다양한 불교의례였던 것이다.16)

3. 불교의례의 성행

억불의 시대를 헤쳐 온 불교의례는 근대사회가 되었다고 해서 한순간에 바뀔 수 없었다. 이미 민족의 문화와 전통, 그리고 관습으로서 굳게 뿌리내리고 있었기 때문이다. 또한 불교계의 입장에서도 천도재와 각종의 제사는 사찰을 유지하는 재정 수입의 중요한 수단이었으므로 대체 방안없이 일시에 중지할 수도 없었다. 근대신문과 불교계 일부의 개혁 주창에도 불구하고 여전히 불교 잡지에서는 재공양과 의례의 공덕을 강조하고 있었다.17)

---

15) 朴勝周, 「齋供儀式에 對하야」, 『佛敎』 제35호, 佛敎社, 1927. 5. pp.32~33.
16) 홍윤식, 「조선후기 불교의 신앙의례와 민중불교」, 『한국불교사의 연구』, 교문사, 1988.
17) "부처님은 열반의 저 언덕에서 生死海를 굽어보시며 중생을 접인하시는 삼계의 대도사요, 사생의 慈父이시라 만일 죽은 사람이 자기의 지은 복으로 좋은 곳을 갔다할지

근대시기 불교의례의 성행 사실은 다양한 사례에서 확인할 수 있다. 범패의 번성과 의례집의 간행이라는 두 가지 사실을 통해 이를 살펴본다. 먼저 범패의 번성이다. 1912년 일제는 「각본산사법」을 제정하여 불교 전반에 걸친 제한, 금지사항을 규정하였다. 이 중 제7장 '법식'에서 "법회 의식의 방법은 종래에 거행하던 청규를 따른다. 다만 화청(和請)·고무(鼓舞)·나무(羅舞)·작법무(作法舞) 등은 일체 폐지한다."고 하여 범패를 금지시켰다.

일제가 화청과 작법무 등의 범패를 금지한 이유는 명확히 기재되어 있지 않다. 그 이유를 유추해보면 범패 등이 단순히 불교의례에 그치지 않고 한민족의 문화전통으로서 민족성을 발현하는 중요한 기능을 한다고 판단했기 때문이라 생각된다.[18] 불교의례는 집단이 지닌 공통 감정을 상징으로 표현하는 것이므로 의례를 집행함으로써 집단의 결합력을 굳게 하는 기능을 지닌다고[19] 한다. 즉 일제는 원활한 식민통치를 위해 한민족의 결속을 강화하는 불온한 불교의례를 일체 금지할 필요가 있었다고 보인다.

금지령으로 인해 범패는 일시적으로 위축되었지만 사라지지는 않았

라도 齋의 공덕으로 더욱 좋은 樂趣에 오를 것이고 만일 죄가 있어 惡趣에 떨어졌다하면 재의 공덕으로 苦界를 벗어나게 됩니다. 즉 해탈을 얻지 못한 자는 해탈을 얻게 하고 해탈을 얻은 자는 超昇이 있게하고 초승이 있는 자는 退轉이 없게 하는 의미에서 입니다." 「齋式의 意味를 뭇읍니다」, 『불교』 제83호, 1931. 5, pp.30~31.
18) 한상길, 「한국 근대불교의 의례와 범패」, 『한국선학』 29, 2011, pp.266~268.
19) 불교의례가 지니는 종교적 의의는 첫째 종교적 대상에 대한 실재감을 고양시키며, 둘째 집단과 사회에 대한 확인이라는 점이다. 여기서 의례는 집단이 지닌 공통 감정의 상징화라고 할 수 있다. 상징화 작용, 다시 말해 의례를 집행함으로써 집단의 결합력을 굳게 하며 나아가 사회적 관습으로까지 진행되어 사회를 이끌어 가는 원동력이 되거나, 사회 집단 구성원의 무의식에까지 침투하여 구성원 개인의 안정감은 말할 것도 없고 사회 집단 전체의 방향성을 부여하기도 한다. 홍윤식, 『영산재』, 대원사, 1991, pp.13~14.

다.[20] 1920년대 불교계에는 범패를 전문으로 하는 의식승(儀式僧)들이 활발하게 활동하고 있었다. 1929년 다카하시 토오루(高橋亨)는 "근년까지 경성 교외 백련사(白蓮寺)에 만월(滿月)이라는 노승이 범패로 유명하였다. 원래 경성의 동서산(東西山)에는 각각의 만월이 있어 아름다운 소리가 서로 대등하였다. 이 만월은 서만월(西滿月)이라고 한다."[21]라고 하였다. 이처럼 근대기에는 전문적인 범패승들이 활동하였고, 이들을 중심으로 전수와 교육이 활발히 진행되었다. 동서산을 다른 말로 동교(東郊)·서교(西郊)라고 하는데 동교는 영도사(永度寺)의 이만월을 시작으로 청암사(靑庵寺, 또는 慶國寺)의 대원과 영도사(또는 開運寺)의 벽봉(碧峰)이 있었다. 서교 이만월의 제자로는 백련사의 이범호(李梵湖)가 있었고, 다시 범공(梵公)과 만허(滿虛)에게 전수되었다.[22]

이들에게서 범패를 배운 인물이 동교는 운월, 운공(1902~1981), 덕암(1914~2003), 한제은(1914~?), 서교는 벽해(1898~1970), 운파(1909~1973), 송암(1915~2000), 덕산(1913~1977), 일응(1920~2003), 화담(1904~1975), 지광(?~1997), 운공(1902~1981), 벽응(1909~2000), 덕암(1914~2003) 등이다. 이처럼 많은 인물들이 평생을 범패와 함께 하면서 근대기의 불교의례를 이끌어 갔다.[23]

이들 중에서 범공(梵公) 유창렬(柳昌烈)과 박송암(朴松岩), 장벽응(張碧應)

---

20) "화청과 법고춤 같은 것을 금한 각본말사법 시행 이후 범패도 쇠한 것은 사실이지만, 다행히 멸절되지는 않았다. 經만 읽고 범패를 부르지 않는 절에는 齋가 들어오지 않아, 재가 있는 한 범패는 불가결이기 때문이다." 한만영, 『한국불교음악연구』, 서울대출판부, 1980(1984년 증보판), p.15.
21) 『李朝佛教』, 1929, 國書刊行會, p.804.
22) 이혜구, 『韓國音樂序說』, 서울대출판부, 1967, pp.345~349.
23) 동교와 서교를 토대로 하는 근현대 범패의 계보는 채혜련, 『영산재와 범패』(국학자료원, 2011) pp.113~114. 참조.

의 활동을 통해 근대기 범패의 구체적 모습을 살펴볼 수 있다.

범공 유창렬(1898~?)은 1929년 이후 전국을 돌아다니며 범패교육에 힘을 기울였다. 그가 범패를 전수한 사찰은 묘향산 보현사, 함흥의 귀주사, 정평의 환희사, 평양의 영명사, 부산의 연대사, 계룡산 동학사, 관악산 삼막사 등이었다. 1939년 이후에는 강화 전등사와 백련사에서 여전히 범패교육에 전념하였다. 이처럼 많은 사찰에서 범패를 가르치고, 또 배우고자 했던 이유는 여전히 각종의 불교의례가 성행하면서 범패의 중요성이 인식되고 있었기 때문이라 생각된다.

박송암(朴松岩, 1915~2000)은 갑신정변의 주역이었던 박영효의 손자로서 봉원사에서 월하에게 범패를 배워 평생을 범패와 함께 하며 봉원사의 범패 전통을 일궈 나갔다. 지금까지 남아있는 범패의 15가지 짓소리와 안채비, 바깥채비, 홑소리 등은 모두 그가 스승 월하에게서 전수한 것이다.[24]

이러한 전문적인 범패승들의 활동으로 불교의례의 번성이 계속되었다. 1930년대 범패 등으로 가장 유명한 사찰은 경기도 장단의 화장사(華藏寺)와 서울의 화계사 등이었다. 화장사에는 범패와 작법무에 능한 승려들이 많았고, 각종의 재가 끊이지 않았다. 또한 화계사에는 얼마나 재가 많았는지, "화계사에서 부목을 하면 공양재를 할 줄 안다."는 말이 나올 정도였다고 한다.[25] 당시 불교의례 가운데 널리 행해진 의식이 3일간 개설하는 영산재, 즉 삼일영산(三日靈山)이었다. 3일 중에서 첫째 날은 전국에서 초빙한 범패승들이 도착하여 각각 순서에 따라 걸영산을

---

24) 노재명, 「20세기 한국전통불교음악 음반 총목록과 인간문화재 자료」, 『한국음반학』 11, 한국고음반연구회, 2001, pp.277~279.
25) 「한국 범패의 양대 산맥 벽응스님」, 『현대불교』 265호, 2000년 4월 5일.

한 자락씩 한다. 둘째 날은 많은 범패승이 밤낮없이 염불 작법을 시연하는 일대 장관이 펼쳐진다. 마지막 셋째 날에는 범패승들의 인도에 따라 영가를 동구 밖 시련터에 봉송하였다.[26]

이러한 대규모의 영산재에 많은 범패승들이 참여하면서 서로가 배움의 기회가 되기도 했지만, 때로는 범패의 경합장같은 분위기가 연출되기도 한다. 이 과정에서 송암의 범패는 당시 평양까지 퍼지고, 벽응의 범패는 개성의 재공양에 영향을 미치기도 하였다.

다음으로 불교의례의 성행 사실을 알 수 있는 사례는『불자필람(佛子必覽)』과『석문의범(釋門儀範)』등의 의례집 간행이다. 1935년 안진호(安震湖, 1880~1965)는 조선시대에 편찬된 각종 의례서와 의식집을 망라하여 한국불교 의례를 일목요연하게 정리한『석문의범』을 편찬하였다.[27] 이 책은 이후 한국불교 의례의 교과서라고 할 정도로 지금도 여전히 중요시되고 있다.[28] 안진호는『석문의범』에 앞서『불자필람』(권상로·김태흡 교정)을 발간하였다. 당시 최취허(崔就墟, 1852?~?)가 불문의 초입자들이 지송할 수 있는 의례집의 편찬을 의뢰하였다. 안진호는 불과 한 달만에 초고를 완성하였고, 권상로와 김태흡의 교정을 거쳐 발간하였다. 이 책은 발간되자마자 인기리에 널리 보급되었다. 이전까지의 의례집은 대부분 조선시대 이래의 목판본이나 베껴 쓴 필사본이 전부였다. 깔끔하게 정리된 활자본 의례집은 큰 인기를 끌었고, 더구나 한글이 병기되어 있어 누구라도 쉽게 볼 수 있었다.『불자필람』은 불과 2년을 못 넘겨 품절되기까지 적지 않은 책이 유통되었다. 품절된 이후에도 국내는

---

26)「해방50년 불교50년 ② 불교음악」,『법보신문』334호, 1995년 8월 9일.
27) 한상길,「한국 근대불교의 대중화와 석문의범」,『불교학보』48. 2008.
28) 윤창화,『근현대 한국불교 명저 58선』, 민족사, 2010.

물론 일본과 만주에서도 주문이 몰려들어 안진호는 답장쓰기에도 바쁠 지경이었다고 한다.29)

『불자필람』의 예상 밖 호응에 고무된 안진호는 새로운 의례집의 간행을 기획하였다. 한 달이라는 짧은 기간에 편집한 『불자필람』을 확대, 개편하면서 심혈을 기울인 『석문의범』은 4년 뒤인 1935년에 간행되었다. 『석문의범』은 예상대로 절찬리에 판매되었다. 책의 출간을 위해 설립한 만상회는 『석문의범』 하나로 인하여 출판의 발판을 다졌고, 이후 경전 번역과 불교용품 판매로 상당한 재산을 형성할 수 있었다.30) 「석문의범』은 안진호의 독창적 저작이 아니라 전래하는 각종 의례집과 의식문을 발췌 수록한 편집서이다. 그런데도 크게 호응받을 수 있었던 것은 당시 의례집에 대한 수요가 끊이지 않았고, 이는 곧 불교의례의 성행 사실을 말해주는 것이다.

한편 이 책의 전신인 『불자필람』의 간행 과정에서 흥미로운 사실을 발견하게 된다. 즉 한용운이 이 책의 발간에 재원을 시주하였다는 점이다.31) 앞에서 말했듯이 한용운은 불교의례에 대해 철저히 부정적인 입장을 지니고 있었다. 『조선불교유신론』에서 파격적이고 도전적인 어조로 재공양 등의 불교의례를 '도깨비 놀음'이라며 모두 철폐할 것을 주장하였다. 그랬던 그가 왜 '도깨비 놀음'의 교과서가 되는 의례집의 간행을 후원하였을까? 그 이유는 한용운이 평생 외쳤던 불교대중화를 위해 의례의 필요성을 절감하였던 데서 찾을 수 있을 것 같다.32) 한용운

---

29) 『釋門儀範』刊行 豫告, 『金剛山』 창간호, 金剛山寺, 1935. 9. 끝면.
30) 한상길, 앞의 글, pp.144~146.
31) 「發刊의 趣旨」, 『佛子必覽』, 蓮邦社, 1931.
32) 한상길, 앞의 글, pp.142~143.

은 1931년에 『조선불교유신론』의 뒤를 잇는 개혁론으로 「조선불교의 개혁안」33)을 발표하였다. 이 글에서 그는 "산간에서 가두로, 승려로서 대중에"가 조선불교의 슬로건이 되어야 한다며 불교의 대중화를 주장하였다.34) 그런데 이 중에는 불교의례에 관한 일체의 언급이 없다. 1910년 『조선불교유신론』에서의 의례에 대한 생각과 1931년 「조선불교의 개혁안」에서의 생각은 많이 달라져 있었다. 불교의 대중화를 위해서 승도는 산간에서 가두로 나아가 대중과 함께 해야 하고, 이 과정에서 대중과 직접 교감하는 불교의례의 중요성을 인식한 것이라 생각된다. 그 구체적 생각이 『불자필람』의 간행 후원으로 나타났던 것이다.

III. 근대 수륙재의 설행

근대시기 수륙재의 구체적 모습을 살펴보기 위해 기왕의 연구를 토대로 근대신문과 잡지를 검토한 결과 대략 111건의 불교의례 자료를 확인하였다.35) 111건은 다시 20종 정도의 유형으로 분류되는데, 석가탄일의 초파일행사 기록이 가장 많고(38회), 다음으로 수륙재(10회). 천도재

---

33) 『佛敎』 제88호, 불교사, 1931. 10. pp.2~10.
34) 김광식, 「한용운의 '조선불교의 개혁안' 연구」, 『한용운 연구』, 동국대 출판부, 2011, pp.128~143.
35) 한상길, 「한국 근현대신문에 나타난 불교의례 연구」, 『한국사상과 문화』 54, 2010. 이 논문에서 대상으로 한 근현대신문은 『독립신문』(1896년 창간), 『황성신문』(1898년), 『제국신문』(1898년), 『대한매일신보』(1904년), 『매일신보』(1910년), 『동아일보』(1920년), 『조선일보』(1920년) 등이나 수륙재 관련 기사는 『황성신문』과 『매일신보』에서만 발견된다. 불교잡지는 『불교』지(1924~1933)를 대상으로 하였다. 조사의 범위는 『독립신문』이 창간된 1896년부터 1945년까지이다.

(9회), 백중(우란분재, 8회), 만일염불회(4회), 재공양(4회), 영산재(2회), 조사추모재(2회), 부모은중회(2회) 등이다. 그밖에 생전예수재, 염불회, 열반재, 미륵제, 참선회, 축원기도, 경행, 통알, 불교혼례식, 풍년기원법회 등이 1건씩 확인되었다. 기사의 형식은 간단한 소식부터, 견문기, 심층 취재, 논설 등 다양한 형태로 나타난다. 이 가운데 수륙재를 통해 근대 불교의례의 양상을 구체적으로 살펴본다. 10건의 사례를 표로 나타내면 다음과 같다.

근대신문·잡지의 수륙재 관련 기사

No	기 사 명	의례명	일 자	신문·잡지
1	元寺慶祝	수륙재	1903. 3. 7.	황성신문
2	山寺慶祝	수륙재	1903. 9. 17.	황성신문
3	元寺致誠	수륙재	1903. 11. 14.	황성신문
4	淨寺位祝	수륙재	1904. 4. 9.	황성신문
5	奉恩寺의 將卒招魂祭	수륙재	1914. 6. 12.	매일신보
6	봉은사 슈륙재의 성황	수륙재	1914. 7. 12.	매일신보
7	津寬寺의 水陸齋	수륙재	1916. 6. 27.	매일신보
8	水陸齋緣起를 뭇숩니다	수륙재	1928. 9. 1.	불교 50·51
9	濟州佛敎協會 水陸齋 盛設	수륙재	1930. 12. 28.	매일신보
10	梵鍾소래도 淸凉히 水害 孤魂 薦度法會	수륙재	1936. 11. 25.	매일신보

근대기 수륙재의 첫 사례는 1903년 3월 원흥사의 수륙대도량이다.

동대문 밖 원흥사(元興寺)에서 금번 천추경절(千秋慶節)에 경축하기 위하여 경산(京山) 각사의 승니를 일병회집(一倂會集)하여 수륙대도량을 설하고 수 주야를 위축치재(爲祝致齋)하는데 성 안팎에 관광하는 사녀(士女)들이 운둔파분(雲屯波奔)하여 인산인해를 이루었다더라.36)

원흥사는 1902년 동대문 밖에서 창건되었다. 대한제국 성립 이후 정부는 새로운 불교정책을 시행하면서 불교를 총괄하는 관리서와 승정제도를 마련하였다. 같은 해 4월 궁내부의 칙령에 의해 사찰을 관리하는 사사관리서(寺社管理署)가 설립되고, 이어 사사관리서의 시행 규칙인 '국내사찰시행규칙'이 제정되었다. 이에 따라 원흥사는 대법산(大法山)이 되고, 전국의 주요 사찰은 중법산(中法山)으로 지정되어 불교정책의 일대 전환을 가져왔다. 사사관리서는 일본의 간섭으로 2년 만에 폐지되고 말았지만, 원흥사는 이후 불교연구회와 원종 등을 창립하는 등 근대초기 불교계의 중요한 거점이 되었다.37)

수륙재를 개설하던 1903년 무렵 원흥사는 전국 사찰을 관장하는 총본사의 역할을 하였다. 이곳에서 개설된 수륙재는 인용문에서 보듯이 서울 모든 사찰의 승도가 운집한 대규모였다. 수일 동안 진행되는데 구경하는 인파가 인산인해를 이루었다고 한다. 짤막한 기사여서 자세한 상황을 알 수 없지만 개설의 목적을 "천추경절(千秋慶節)에 경축하기 위하여"라고 하였다. 수륙재는 일반적으로 무주고혼을 천도하기 위해 개설하는 것이 상례이다. 경축하기 위해 수륙대도량을 개최하였다는 사실이 다소 의아스럽지만, 더 이상의 논의는 어렵다. 다만 서울의 모든 승도를 모으고 수많은 대중들과 함께 의례를 거행하는데 수륙재가 적합했

---

36) 「元寺慶祝」, 『황성신문』 1903년 3월 7일.
37) 한상길, 「개화기 사찰의 조직과 운영」, 『불교근대화의 전개와 성격』, 대한불교조계종 불학연구소, 2006.

기 때문이라 짐작된다. 수륙재는 이미 오래전부터 문화적 전통으로 전래하고 있었으므로 대중들과 함께하는데 가장 바람직했던 것이다. 원흥사에서는 같은 해 9월과 11월에도 수륙재가 개설되었는데. 역시 많은 인파가 모여 수일 간 계속하였다.(앞의 표 2, 3)

다음으로 1914년 6월 봉은사에서 열린 수륙재는 근대시기 대규모 의식의 전형적인 사례이다.

> 지금 경기 대본산 광주 봉은사(奉恩寺) 주지 라청호(羅晴湖) 화상은 한갓 충의와 절개를 위하여 목숨을 버린 모든 전망장졸(戰亡將卒)들의 혼백이 수륙공계(水陸空界)에 떠다니며 추추히 울 생각을 하고, 청정법계의 도덕심으로 한 번 그 고혼을 불러(招魂) 위로하고 봉배하여 좋은 곳으로 천화케 하기로 작정한 결과 절차가 다 되어 돌아오는 음력 윤 오월 열여드렛날 아침부터 봉은사의 주최로 강위에 삼사십척의 배를 메이고 굉장한 예식(禮式)을 베푼 후 다수 승려 기타 법사(法師)가 모여 장엄하게 초혼제(招魂祭)를 설행할 터이라는데 그 날은 처음 보는 굉장한 제전이 있을 터이오 오랫동안 막막한 가운데 수륙으로 방황하며 임자 잃은 슬픈 혼백들은 마침내 법사의 천도와 근본되는 석가세존의 성은으로 인하여 흔연히 웃고 모두 즐거워하여 각각 곳을 찾아 가리로다.[38]

봉은사의 수륙재는 전쟁에서 사망한 장졸(將卒)들의 혼령을 위무하기 위해 한강에 3, 40척의 배를 띄워 의식을 진행하였다고 한다. 여기에 참여한 인파는 수만 명이 넘었다.[39] 불교에서 영혼을 천도하는 의식은

38) 「奉恩寺의 將卒招魂祭」, 『매일신보』 1914년 6월 12일.
39) "십일일을 건너 봉은사(奉恩寺)에서 굉장한 수륙재를 올린다함은 이미 보도한 바 당일 경성안의 남녀노소와 및 절 근처 사람 수 만명의 구경하는 사람이 모두 물과 뭍

여러 가지가 있는데, 사십구재, 백일재, 기제, 소상, 대상 등의 정기적인 천도재와 특별한 경우에 행하는 수륙재가 대표적이다. 그런데 천도재는 특정한 발원자 중심의 개인의례적 성격이 강하고, 수륙재는 국가와 사회에 관련한 영혼을 위로하는 공공적 의례라고 할 수 있다. 16~17세기 전란과 자연재해 등이 빈번한 시기에 수륙재가 자주 개최되었던 사실이 이를 말해준다.[40) 봉은사 수륙재의 개설목적은 전몰장병을 위해서라고 하였다. 수십 척의 배를 띄워 일종의 선상무대를 가설하고 이곳에서 수륙재를 집전하는 대규모의 법회는 가히 장관이었을 것이다. 일제하 주권을 상실한 시대에서 전몰장병 위령이라는 목적이었지만 수륙재의 성행을 짐작할 수 있다.

1916년에는 진관사 포교당이 마포에서 수륙재를 개설하였다.

> 6월 24일 상오 8시에 서대문밖 천연동 진관사 포교당 신남신녀가 약간의 돈과 쌀을 모집하여 선황선후(先皇先后) 열위선가(列位仙駕)와 시방세계의 일체 고혼과 각기(各其) 실망부모(失亡父母)의 고혼과 수부주생(水府衆生)을 위하여 마포 강변에서 수륙재를 개설하고 어부식(魚富食)을 시행하였다더라.[41)

진관사는 일찍이 조선초기에 국가의 국행수륙사가 건립된 수륙재의 중요 도량이었다. 조선중기까지 32회 이상의 수륙재가 개설되었고, 이러한 전통은 근대시기에도 계속되었던 것 같다. 수륙재는 아니지만 이

에 인산인해를 이루었다더라." 「봉은사 슈륙재의 셩황」, 『매일신보』 1914년 7월 12일.

40) 심효섭, 「한국 수륙재의 역사적 전개와 삼화사」, 『삼화사와 국행수륙대재』, 삼화사국행수륙대재보존회·동해시, 2009.

41) 「津寬寺의 水陸齋」, 『매일신보』 1916년 6월 27일.

보다 앞선 1897년 9월에 개설된 천도재 기사를 통해 진관사 수륙재의 자취를 찾아볼 수 있다.

> 진관사를 가니 여러 중이 종이를 오려 각색 가화를 만들며 그림도 그리며 부적도 쓰거늘 물으니, 서로 주저하며 잘 가르쳐 주지 않고 어떤 중은 대답하기를 어느 대신 집에서 재 올린다고 하며 어떤 나인이 재 올린다고 하다가 그 주지하는 중 월옥의 말이 지금 서흥 군수 모씨가 그 조상을 극락세계로 가게하려고 삼천금 재산을 들여 불공한다 하니 그 군수가 정성은 갸륵하나 아까운 재산만 허비하는 것이 당초에 그 조상에 영혼이 지옥에 빠질 것 같으면 어찌 돈 삼천냥 가지고 그 혼을 구제하리오 사람이 생전에 옳은 일을 하였을 것 같으면 돈 아니라도 그 혼이 복을 누리고 극락세계라도 가려니와 악한 일을 하였으면 돈을 북악만큼 들이더라도 바이 쓸데 없나니.[42]

서흥군수가 조상의 극락왕생을 기원하기 위해 의뢰한 진관사의 천도재를 비난하고 있다. 『독립신문』다운 비판적·계몽적 논조이다. 앞서 설명하였듯이 근대화라는 미명으로 불교의례에 대한 신랄한 비판이 계속되었지만, 여전히 사찰에서는 각종의 공양과 제사가 이어지고 있었음을 보여주는 사례이다. 재에 필요한 지화(紙花)를 만들고, 장엄물을 조성하는 모습은 오늘날까지 그대로 이어진다. 1930년대 큰 재가 개설될 때면 전국 각지의 범패승들이 한 절에 모이고 사흘 동안 범패소리가 끊이지 않았다[43]는 사실에서 진관사 천도재의 모습을 유추할 수 있을 것이다.

1930년에는 제주도에서 수륙재가 개설되었다.

---

42) 『독립신문』1897년 9월 30일.
43) 「해방50년 불교50년 ② 불교음악」, 『법보신문』334호, 1995년 8월 9일.

제주불교협회에서는 봉려관(蓬廬觀)의 주최로 본월 24일 오후 1시부 터 해상조난자 추도식을 당지 산지항에서 거행한 바 관민유지가 다수 참석하야 성황을 이루고 무사히 폐회하였다.44)

해상조난자의 영혼을 천도하는 수륙재였다. 수재로 인한 영혼을 천도 하는 불교의례로 수륙재가 가장 선호되었다. '물 수(水)'자가 포함되었기 때문인데 일찍이 조선초기에 삼화사가 왕실의 수륙재 도량으로 지정받 았던 역사적 사실도 물과 관련 있다.

태조는 신왕조의 개창 이후 민심을 수습하고, 화합을 이루기 위하여 고려의 신하들을 관대하게 처분하였다. 그러나 신하들은 고려왕족과 구 세력들이 왕씨복립운동을 일으킬 것이라며 거듭 이들의 처벌을 요구하 였다. 태조는 더 이상 자신의 뜻을 관철하기 어렵다고 판단하여 이들의 참형을 허락하였다.45) 이에 따라 공양왕과 두 아들은 삼척에서 교살하 였고, 나머지 왕족들은 각각 유배되어 있던 강화도와 거제도 등에서 모 두 바다에 수장시켰다.46) 이들을 위해 태조는 1395년(태조 4) 10월 삼화 사와 견암사, 관음굴에 수륙재를 베풀고 매년 봄과 가을에 항상 거행하 게 하게 한 것이다. 47) 수륙재는 개념상으로는 뭍과 물의 외로운 영혼 을 천도하는 영혼천도의식이지만 역사적 사례는 대부분 이처럼 물과 관 련되어 개설되었다.

1936년 11월의 강릉포교당 수륙재 역시 수해가 계기가 되었다.

---

44) 「濟州佛敎協會 水陸齋 盛設」, 『매일신보』 1930년 12월 28일.
45) 『태조실록』, 태조 3년 4월 14일.
46) "尹邦慶 등이 王氏를 강화 나루[江華渡]에 던졌다." 『태조실록』, 태조 3년 4월 15일.
47) 『태조실록』, 태조 4년 2월 24일.

금년 여름의 참혹한 수해로 인하여 강릉 관내만 해도 248명의 고혼(孤魂)을 내었다는데, 풍랑에 휩쓸려간 애혼이 과연 극락세계를 찾아갔는지, 세월이 깊어감에 따라 추도하는 마음이 간절하게 되는 쓸쓸한 가을 바람이 부는 이 때 지난 18일 오후 1시 강릉읍 금정불교포교당에서는 대본산 오대산 월정사 주지 이종욱(李鍾郁)씨 설법 하에 수해에 무참하게 죽은 영혼을 위로하기 위하여 수해 영혼 천도법회를 거행하였는데 회장 때에는 남녀신도가 구름같이 모였으며 강릉읍내 각 관공서 각 장관 지방유지, 사망자의 유족들이 모여서 입추의 여지가 없이 참집한 속에 처량한 범종소리와 함께 대중은 기립하여 삼배례를 행한 후 주지의 선도로 분향하고 염불소리가 처량한 중 원왕생(願往生) 원다남(願多男)의 나무아미타불하는 소리가 일어나 관중은 더욱 정숙하고 유족들의 느끼어 우는 소리는 산천도 눈물 흘리고 초목도 감동하는 듯하였다.[48]

수륙재는 억불의 조선시대에도 불교가 중요한 사회적 역할을 담당하는데 기여하였다. 근대시기에 들어서도 위의 사례에서 알 수 있듯이 사회적 공공의례로서의 기능을 수행하였다. 즉 불교근대화를 위한 개혁의 대상이 아니라, 오히려 근대사회에서 불교가 더욱 가치를 발휘할 수 있는 기회였다. 의례 개혁론이 자주 제기되었지만 불교계에 별다른 변화를 주지 못했던 이유는 무엇보다도 현실과 동떨어진 혁신적 주장을 펼쳤기 때문이다. 즉 수륙재는 이미 천여 년 간 지속되어 온 민족의 문화전통이라는 점을 간과하였던 것이다. 억불의 조선시대에도 국가가 주관하는 국행수륙재는 여전히 중요한 국가의례 중의 하나였고, 이에 영향받아 민간에서는 다양한 모습으로 분화 발전해 나갔다. 조선중기의 수

48) 「梵鍾소래도 淸凉히 水害 孤魂 薦度法會」, 『매일신보』 1936년 11월 25일.

륙재는 본래의 목적인 영혼천도 뿐만이 아니라, 수명 장수, 질병 구제, 해운의 안전, 후손의 발복(發福), 천재 퇴치 등 다양한 목적으로 설행되었다.[49] 백성들에게 수륙재가 지닌 본래적 의미는 크게 중요하지 않았다. 수명의 장수를 기원하고, 질병을 구제·예방하며, 해운의 안전을 위하거나 후손이 잘되기를 마음에서 수륙재를 베풀었던 것이다. 즉 수륙재는 다양한 불교의례 가운데 가장 대표적인 기원의례로 정착되었고 이 흐름은 근대시기에도 여전히 유지되었다.

IV. 맺음말

근대사의 시작과 함께 다양한 개혁의 목소리가 사회 전반에 울려 퍼졌다. 봉건왕조의 모순과 낡은 구습을 철폐하고 새로운 시대로 탈바꿈해야 한다는 근대적 지향이 당면한 역사적 과제였다. 불교계도 예외가 아니었다. 조선왕조 수백 년 동안 억압과 차별에 방치되었던 불교는 근대를 맞아 새로운 변화를 모색해야 할 시점이었다. 서구열강의 권력을 등에 업은 기독교와 근대적 종단체제를 갖춘 일본불교의 활동은 불교계의 일대 위기였다. 그러나 19세기 초의 불교계는 이러한 외부로부터의 변화에 대응할 수 있는 기반을 갖고 있지 못했다. 도성조차 출입할 수 없었던 불교계는 종단은커녕 일체의 조직조차 마련하지 못하고 있었다.

이러한 배경에서 사회 전반에 불교의례를 개혁, 폐지해야 한다는 여론이 제기되었다. 『독립신문』과 『황성신문』, 『매일신보』 등은 근대적

---

49) 한상길, 「조선시대 수륙재 설행의 사회적 의미」, 앞의 책, pp.44~55.

계몽의 일환으로 중세적 관습의 철폐를 주장하면서 불교의 천도재와 재공양, 각종 제사를 그 대상으로 삼았다. 불교계 내에서도 한용운을 시작으로 강도 높은 의례 개혁의 필요성이 지속적으로 제기되었다.

그러나 우리 민족에게 불교의례는 단순한 종교적 의례가 아니라 문화와 전통이었고 삶의 일부였다. 억불의 시대에도 영산재와 수륙재가 꾸준히 계속되었고, 사월초파일의 연등회는 세시풍속으로 정착되었다. 근대사회가 시작되었다고 해서 이러한 문화전통을 일시에 중지하는 것은 불가능한 일이었다. 주권상실기 일제는 사찰령으로 한국불교의 모든 것을 통제하면서 화청과 작법무 등의 의례를 금지시켰다. 그러나 서슬 퍼런 무력의 압제하에서도 불교의례는 여전히 성행하였고, 그 핵심인 범패는 전문 의식승들의 전수와 교육으로 지역적 계보가 형성되기도 하였다. 또한 서울 근교의 유명 사찰은 일년 내내 각종 재공양과 제사가 끊이지 않을 정도였다.

이러한 배경에서 수륙재 역시 계속되었다. 근대신문과 불교잡지에서 확인한 이 시기 10건의 수륙재는 많은 사례는 아니지만, 근대 수륙재의 양상을 이해하는 데는 무리가 없다고 생각된다. 이들 사례를 통해 근대 시기 수륙재는 공통적으로 공공의례의 특성을 그대로 간직하였음을 알 수 있다. 즉 개인의 구복이나 기원이 아니라 전몰장병 천도와 수재 영혼 천도 등 국가·사회적 목적을 위해 개설하였다. 수륙재의 이러한 사회적 기능은 근대불교의 전개에 있어서 일정한 순기능을 담당하였다고 생각된다. 원흥사와 봉은사의 사례에서 보았듯이 수륙재는 많은 대중이 운집하는 대규모의 의례였으므로 포교와 신앙의 증대에 일정한 기여를 하였을 것이다.

또한 일제하의 고단한 일상에서 수륙재는 민족문화를 발현하는 좋은 기회였다. 사찰령으로 범패를 금지하면서까지 대중의 운집과 결속을 경계하였지만, 수륙재는 망국의 백성들에게 민족문화에 대한 자긍심과 기쁨을 주기에 충분하였을 것이다. 이처럼 불교의례가 종교의례를 초월하여 사회화하고 대중과 조화를 이룰 수 있다는 사례를 보여주었다는 점에서 근대시기 수륙재의 역사적 가치를 찾을 수 있다고 생각된다.

수륙재의 변천 과정과 공연문화적 가치

박
진
태

Ⅰ. 문제 제기

수륙재는 영산재와 함께 불교의 대표적인 천도재(薦度齋)이다. 그러나 영산재가 1973년에 국가지정 중요무형문화재로 지정되고[1] 학문적 연구도 활발하게 이루어진 것과는 대조적으로 수륙재는 2013년에야 지정받고 연구도 상대적으로 저조한 편이다. 그러나 문화재 지정을 전후하여 학문적 조명 작업이 활기를 띠고, 연구 성과도 축적되어 왔다. 수륙재의 연구는 통시적·공시적인 방향에서 모두 이루어졌는데, 통시적 접근은 전파설에만 의존하고 평면적인 대기적 서술에 치중되어 수륙재의 형태와 기능 및 다른 제의와의 통합과 분리 과정이 입체적으로 집중적으로 조명되지 못하였다. 이 글은 이러한 문제의식에서 출발한다.

---

[1] 1973년에 '범패'가 중요무형문화재로 지정되고, 1987년에 '영산재'로 명칭을 변경하였다. 이는 1964년에 '종묘제례악'을 지정하고, 1975년에 '종묘제례'를 추가로 지정한 사실과 같은 맥락이다. 음악을 의식과 분리하였다가 의식에 통합시키는 방향으로 인식을 바꾼 것이다.

그리하여 수륙재의 변천 과정을 신라 시대에 팔관회에 통합된 이후 고려 시대까지 지속된 시기를 전기로, 조선 시대에 팔관회가 중단되고 독립적으로 설행된 시기를 후기로 구분하여 살펴본다. 그리하여 수륙재가 제의와 축제의 역사 속에서 차지하는 위상을 정립하고, 공연예술사와의 연관성을 구명하려고 한다.

이러한 논의는 첫째로 수륙재의 외연적 면, 곧 불교가 토착신앙과 융합되었기 때문에 불교의식도 토착제의와의 관계 속에서 이해되어야 한다는 기본인식에서 출발한다. 그리고 둘째로 수륙재의 내포적인 면, 곧 수륙재 자체의 변화를 포착하고, 셋째로 불교문화 유산의 문화재적 가치와 현대적 의미를 재발견하고, 넷째로 한국 제의의 역사(축제의 역사) 및 공연예술사의 기술의 발판을 마련하는 작업이 될 것이다.

II. 무교신앙의 해원굿과 불교의 수륙재

1. 원혼 관념과 무당의 해원굿

원혼(冤魂)은 원한이 있는 귀신인데, 민속과 무속에서는 복수(複數)의 무리와 하위신의 개념이고, 탈이 나고, 장소에 집착하고, 죽음의 상태에 머무르는 속성이 있고, 신령성이 있는 것으로 여긴다.[2] 그리고 위계가 높은 신령과 구별해서 잡귀 잡신이라 부르는데, 원귀, 여귀(厲鬼), 객귀, 수비라고도 부른다. 탈이 나게 하지만, 해원(解冤)을 해주면 탈이 없어지고, 신으로 승격시키면 수호신이 되기도 한다. 한국인의 사생관은 천수

---

2) 최길성, 『한국의 조상숭배』, 예전사, 1986, 156~158쪽 참조.

를 누리고 죽으면 조상이 되어 저승이나 극락세계에 가는데, 비명횡사하면 부정(不淨)한 죽음이어서 원혼이 되고, 이승과 저승 사이에서 떠돌면서 산 사람에게 해코지를 한다. 그래서 원혼은 공포의 대상이 된다.

고대의 부여에서 제천의식인 영고를 거행할 때 "형옥(刑獄)을 중단하고 죄수들을 석방하였다"[3]고 한 『삼국지』「위지」<동이전>조의 기록은 원한을 품은 사자(死者)나 생인(生人)이 재앙을 초래한다는 관념에 근거하여 국가적 차원에서 원혼의 발생을 예방하는 조치를 취한 것이다. 이러한 관습은 신라에도 이어져 진평왕과 흥덕왕 때에도 가뭄이 극심하므로 죄수를 사면하였다고 한다.[4] 그러나 원사한 원혼을 해원한 의식에 관한 기록은 고구려 유리왕 때 처음 나타난다.

19년 가을 8월에 교사(郊祀)에 쓸 돼지가 달아나므로 왕이 탁리와 사비로 하여금 뒤쫓게 하니 장옥택(長屋澤) 속에서 붙잡아 다리의 심줄을 끊었다. 왕이 듣고서 분노하여 "제천의식에 쓸 희생을 어찌 손상하였느냐"라고 말하고 두 사람을 구덩이에 던져 죽였다. 9월에 왕이 병에 걸리니, 무당이 "탁리와 사비의 원귀가 붙었다"고 말하였다. 왕이 용서를 빌라고 시키니, 곧 쾌유되었다.[5]

---

3) 전해종, 『동이전의 문헌적 연구』, 일조각, 1982, 12쪽 참조 "以殷正月祭天 國中大會 連日飮食歌舞 名曰迎鼓 於是斷刑獄解囚徒"

4) 김부식; 이병도 교감, 『삼국사기』, 을유문화사, 41쪽의 "七年春三月,旱,王避正殿,減常膳御, 南堂親錄囚"과 108쪽의 "七年春夏,旱赤地,王避正殿,減常膳,赦 內外獄囚"참조 왕이 가뭄의 극복을 위해서 '정전을 피하고 반찬의 가짓수를 줄이는' 왕이 가뭄의 책임을 지고 스스로를 처벌하는 행위이지만, 죄수를 재심리하거나 석방하는 행위는 통치의 오류에 대해 자인하고 자책하는 행위이면서 동시에 원혼에 대한 공포심으로 인한 해원 행위이기도 하다. 가뭄 극복과 관련된 왕의 의례적 처벌에 대해서는 최종성, 『조선조 무속 국행의례연구』, 일지사, 2002, 201~214쪽 참조

5) 이병도 교감, 『삼국사기』, 133쪽 필자 번역. 원문 생략.

제천의식에서 희생으로 바쳐질 돼지를 손상시킨 죄를 물어 유리왕이 탁리와 사비를 처형하자 두 사람이 원귀가 되어 유리왕에 빙의되었기 때문에 무당을 시켜 용서를 빌라고 하였다는 말은 무교적인 치병의식이기보다는 해원의식이었을 개연성이 크다. 제천의식은 국가적 차원의 행사인데, 왕의 질병을 치유하기 위한 해원의식도 국가적 차원의 무당굿이다. 무당의 신분도 당연히 국무(國巫)였을 것이다.

유리왕을 무당굿이 어떤 형태였는지는 알 도리가 없다. 그렇지만 오늘날의 무당굿을 통하여 추정해볼 수는 있겠다. 넋굿 [사령제(死靈祭)]은 지역에 따라 명칭과 내용이 다르지만, 일반적으로 맺힌 고를 풀기, 물로 씻기, 베를 가르기 등과 같은 상징의례를 통하여 부정(不淨)·악·속박의 차원에서 정(淨)·선·자유의 차원으로 전환시킨다. 곧 부정하고 사악하고 이승에 집착하는 원혼의 원한을 풀어주고 정화하여 저승으로 천도한다.[6] 그리하여 이기적이고 파괴적인 원혼이 이타적이고 생산적인 조상으로 승화된다.

민간신앙에서의 원혼의 해원 방식은 존숭(尊崇), 복수, 좌절된 욕구의 충족으로 나타난다. 존숭은 은산별신굿처럼 원혼을 마을의 수호신으로 모시고 제사지낸다. 복수는 아랑의 전설처럼 원사하게 만든 장본인을 처형한다. 좌절된 욕구의 충족은 동해안 해랑당처럼 남근을 바쳐 처녀귀신을 위로한다. 덕물산 도당굿에서는 최영을 덕물산 산신으로 모시고 제물로 바친 쇠고기와 돼지고기를 삶아서 성계육(成桂肉)이라 하여 음복을 함으로써 이성계에게 살해된 최영의 원한을 풀어주었다고 한다.[7] 존

---

6) 최길성, 『한국무속의 연구』, 아세아문화사, 1980, 274~285쪽 참조.
7) 아끼바(秋葉隆); 최길성 역, 『조선무속의 현지연구』, 계명대학교출판부, 1987, 140쪽 참조.

숭과 복수가 결합된 특이한 사례이다.

2. 수륙재의 원초적 형태와 기능

수륙재는 무주고혼(無主孤魂)을 불도에 귀의시켜 극락에 왕생시키는 천도재인데, 무주고혼이 바로 비명횡사한 원혼이다. 수륙재는 인도에서 발생하여 중국을 경유하여 신라에 전래되었기 때문에 인도에서의 기원에 관한 설화를 분석하여 수륙재의 원초적 형태와 본질적 기능을 파악해 보기로 한다. 『불설구발염구아귀다라니경(佛說救拔焰口餓鬼陀羅尼經)』에 기록되어 있는 설화는 다음과 같다.

> 한때 아난이 홀로 수행처에서 머물고 있던 밤, 염구(焰口)라고 하는 추악한 아귀(餓鬼)가 아난에게 나타나 이르기를, "3일 후에 너의 목숨이 다해 아귀 가운데 떨어지리라" 하였다. 아난이 크게 놀라 "어떻게 하면 아귀에 태어날 고통을 면할 수 있느냐?"고 물으니 아귀가 말하기를, "만약 능히 다음날 많은 아귀들과 바라문 선인 등에게 각기 1곡(斛; 10말)의 음식을 보시하며, 또한 나를 위해 삼보께 공양 올리면 너의 수명 연장함을 얻게 될 것이고, 나로 하여금 아귀의 고통을 벗어나 천상에 태어남을 얻게 하리라" 하였다.…(중략)…아난이 이 일을 부처님께 여쭙자 부처님께서는 「무량위덕자재광명수승묘력(無量威德自在光明殊勝妙力)」이라는 다라니 및 '나모 살바다타 아다 바로기제 옴 삼마라 삼마라 훔'이라는 진언구(眞言句)를 말씀하시면서, "선남자 선여인이 장수(長壽)와 복덕(福德)이 증장케 되고자 하면, 매 새벽 및 일체시에 깨끗한 그릇 하나에 정수(淨水)를 담고 약간의 음식과 떡 등을 둔 채 오른손을 그릇에 얹은 다음 이 다라니를 7번 왼 후 4여래의 명호(다보여래·묘색신여래·광박신여래·이포외여래"를 욀 일이다.…(중략)…또

한 선남자 등이 4여래의 명호를 칭하고 가지(加持)를 마친 다음 손가락
을 7번 튕기고 난 후 식기(食器)를 집어 깨끗한 땅에 팔을 펴 쏟아라.
이렇게 시식(施食)을 마치면 사방의 아귀들 앞에 각각 77곡만큼의 음식
이 있게 되어 이 음식을 받고 모두가 포만케 되며, 귀(鬼)의 몸을 버리
고 천상에 태어날 것이다.…(중략)… 만약 바라문 선인 등에게 시식하고
자 한다면 깨끗한 음식을 한 그릇 가득 채워 앞의 밀언(密言) 가지(加
持)를 2·7번 행한 후 맑게 흐르는 물 가운데 던져라. 이렇게 하여 천
선(天仙)의 미묘한 음식이 되리니…(중략)… 또한 만약 불·법·승 삼보
게 공양하고자 한다면 응당 향화(香華)와 깨끗한 음식으로 앞의 밀언
가지를 3·7번 삼보게 봉헌하라…(중략)…"고 하셨다.[8]

아귀가 아난이 죽어서 아귀가 될 것이라 예언하고, 부처가 아난에게
장수와 복덕을 누리기 위해서 언밀(言密)과 신밀(身密)을 행하면서 아귀
와 바라문천 [범천왕(梵天王)]에게는 보시하고 삼보에게는 공양하는 법식,
곧 의례적 행위와 절차를 가르쳐준 데서 수륙재가 기원하였다는 것이
다. 베다(Veda) 종교와 카스트 제도를 성립시킨 바라문 세력이 카스트를
부정하는 불교와 자이나교에 대항하여 삼신일체(三神一體;브라흐만·비슈
누·시바)의 힌두교를 형성시키자 이에 자극을 받아 불교에서도 재가신
자(在家信者) 중심으로 부처를 대신하여 자비행(慈悲行)을 실천하여 중생
을 제도(濟度)하는 보살을 이상적 인간상으로 삼는 신앙운동, 곧 대승불
교가 성립되고, 기원전 1세기~기원후 1세기 사이에 반야경·법화경·
화엄경·아미타경 등과 같은 대승경전들이 찬술되었는데,[9] 수륙재는

---

8) 『대정장(大正藏)』21, 464~465쪽. 『한국의 수륙재』(대한불교조계종총무원, 2010), 15~
16쪽에서 재인용.
9) 佐々木教悟 외 3인 공저; 권오민 역, 『인도불교사』, 경서원, 1985, 28~36쪽과 98~108
쪽 참조

이러한 대승불교의 교리를 토대로 형성된 아귀의 천도의식일 것이다.

불교에서는 중생이 선악의 인과에 의해서 육도(지옥도·아귀도·축생도·아수라도·인간도·천상도)를 윤회한다고 하는데, 아난이 수륙재를 설행하여 부처의 자비를 실천하면 아귀만이 아니라 아난도 천상계에 왕생한다는 것은 수륙재가 '모든 인간은 불성(佛性)을 지니고 있기 때문에 누구든지 부처의 지혜를 깨달으면 성불(成佛)할 수 있다'는 법화경의 평등사상10)을 실천하는 의례임을 의미한다. 그런데, 아귀에 대한 시식과 신중 및 부처에 대한 공양이 선인(善因)이 되어 아귀와 설행자가 모두 구제받는 선과(善果)를 가져온다는 교리는 아귀도에 대한 공포심을 이용하여 중생이 자비행을 실천하게 하는 교화의 방편이고, 죄업으로 사후에 아귀도에 환생할지도 모른다는 불안감과 공포심에 사로잡힌 사람을 참회와 구원의 길로 인도하는 포교의 지혜이다.

Ⅲ. 팔관회와 수륙재의 통합과 사적 전개

1. 팔관회와 수륙재의 결합

불교가 전래한 이후에는 불교적인 해원방식이 등장한다. 먼저 원혼을 위해서 사찰을 건립하였다.

① <장춘랑 파랑>조: 백제와의 황산벌 싸움에서 전사한 장춘랑과 파랑이 훗날 백제를 침공할 때 태종의 꿈에 나타나 종군하고 싶다고

---

10) 이운허 옮김, 『묘법연화경』, 동국역경원, 2010, 6~9쪽 참조.

하므로, 모산정(牟山亭)에서 설경하고, 한산주에 장의사(壯義寺)를 창건했다.

② <원종흥법 염촉멸신>조: 법흥왕 때 이차돈이 귀족들의 사찰건립 반대에 책임을 지고 참수되었을 때 그 목이 날아가 금강산 마루에 떨어져서 자추사(刺楸寺; 후대의 백율사)를 창건했다.

③ <혜통항룡>조: 신문왕의 등창이 왕이 전생에서 신충의 재판을 잘못 판결하여 그의 원한을 산 데 기인하므로 그를 위해 절을 세우라는 혜통의 말을 좇아 신충봉성사(信忠奉聖寺)를 창건했다. 절이 완공되자 "왕이 절을 지어주셨기 때문에 괴로움에서 벗어나 하늘에 태어났으니 원한은 이미 풀렸습니다."라는 노래가 공중에서 들려서 그 자리에 절원당(折怨堂)을 지었다.

④ <대성효이세부모>조: 김대성이 토함산에서 곰사냥을 한 뒤 꿈에 곰귀신이 나타나 환생하여 복수하겠다고 협박하고, 자기를 위해 절을 지어주면 용서하겠다고 해서 곰이 죽은 자리에 장수사(長壽寺)를 창건했다.[11]

해원사찰 건립은 원혼을 부처에 귀의시켜 원혼을 불자로 전환시키는 것이다. 다시 말해서 원혼이 해코지를 하려는 복수심을 버리고 자비를 실천하려는 부처의 마음을 수용하도록 하는 것이다. 불교적 세계관에 의하여 원귀가 되어 지옥에 가는 대신 서방정토에 왕생하거나 도솔천에 승천하는 것이다.

두 번째 불교적 해원방식으로 수륙재가 거행되었으니, 신라 진흥왕이 전사자들을 위한 수륙재를 팔관회와 함께 거행하였다. 『삼국사기』의 <진흥왕>조에는 진흥왕 33년(572) 10월 20일에 "전사한 병졸을 위하

---

11) 박진태 외 5인 공저, 『삼국유사의 종합적 연구』, 박이정, 2002, 131쪽.

여 외사(外寺)에 팔관연회(八關筵會)를 열고 7일 만에 파하였다"라고 기록되어 있다. 팔관회가 전사자를 진혼하기 위해서 거행되었음을 알 수 있다. 팔관회는 팔관재(八關齋)라고도 하여 출가하지 않은 평신도들이 부처님의 가르침에 따라 팔계(八戒), 곧 오늘부터는 ①살생하지 말고, ②도적질하지 말고, ③음행을 하지 말고, ④망언을 하지 말고, ⑤음주하지 말라는 계율과 함께 오늘 하루 낮 하루 밤은 ⑥높고 넓은 자리를 독차지하지 말고, ⑦가무와 희락(戲樂)을 하지 말고, ⑧몸에 물감과 향료를 바르지 마라[12]와 같은 계율들을 지키는 법회인데, 전사자는 살생 금지 계율을 위반하고 죽었기 때문에 불교적 생사관에 의하면 아귀가 되어 아귀도(餓鬼道)에 떨어진다.

진흥왕 시대는 고구려·백제와 각축전을 벌이며 영토를 확장하던 시기였다.

신라의 대외 발전을 비약적으로 추진시킨 것은 진흥왕(540~576)이었다. 그는 12년(551)에 백제 중흥의 영주(英主) 성왕과의 공동 작전으로 고구려가 점유하고 있는 한강 유역을 공격하고, 한강 상류 지역의 10군을 점령하였다. 신라는 그러나 이어 한강 하류 지역을 점령한 백제군을 또 다시 축출한 뒤에 한강 지역 전부를 독점하였다. -중략- 진흥왕은 또 23년(562)에 고령의 대가야를 멸하여 기름진 낙동강 유역을 완전히 차지하였다. 그는 또 동북으로 멀리 함흥평야에까지 진출하였다. 이 같은 진흥왕의 정복 사업은 창녕·북한산·황초령·마운령에 있는 네 개의 순수비(巡狩碑)가 웅변으로 말하여 주고 있다.[13]

---

12) 류동식, 『한국무교의 역사와 구조』, 연세대학교출판부, 1978, 133쪽 각주 (27)에 의하면, 阿舍部 佛說八關齋經에서 1. 自今日始隨意欲不復殺生; 2. 隨意所欲不復盜竊; 3. 自今已後不復淫妖; 4. 自今已後不復妄語; 5. 自今已後隨意所欲亦不飲酒; 6. 今一日一夜不於高廣床坐不敎人使坐; 7. 今一日一夜不習歌舞戲樂; 8. 亦不著紋飾香薰塗身 등이 八戒라 했다.

진흥왕의 정복 전쟁과 영토 확장은 수많은 전사자의 발생이라는 희생과 대가가 불가피했다. 그래서 12년(551)에 고구려에서 귀화한 혜량법사(惠亮法師)가 처음 팔관법회14)를 열었고, 진흥왕 33년(572)에 팔관회와 전사자를 위한 법회를 복합시켰으니, 전사자의 위령제가 신라 최초의 수륙재가 된다.15) 수륙재가 중국에서 505년 양(梁) 무제(武帝)가 처음 설행하였다16)고 하니, 이 수륙재가 고구려를 경유하여 신라에 551년에 전해진 것으로 추정할 수 있다. 팔관회와 수륙재의 결합은 불교국가의 수립과 영토 확장 전쟁이라는 두 마리의 토끼를 잡으려는 과정에서 발생하는 모순을 해결하는 종교적 전략이었다. 다시 말해서 살생을 금지하는 불교 계율과 죽음을 무릅쓰고 적을 살상해야 하는 호국정신 사이의 모순을 해결하기 위하여 전사하여 아귀가 되더라도 수륙재에 의해서 구제될 수 있다는 신념을 의식화할 필요성을 느꼈을 것이다. 그리하여 수륙재는 살생 금지의 실천과 살생의 결행이라는 이율배반을 극복하는 불교적 방편이 되었다. 불교사적 관점에서 보면, 법흥왕 15년(527)의 이차돈의 순교를 계기로 23년(535)에 불교를 공인하고, 법흥왕이 착공한 흥륜사를 진흥왕이 준공하고, 왕궁을 지으려던 자리에 황룡사를 건립한 상태에서 거국적인 불교의식을 거행함으로써 신라를 불교국가로 재편

---

13) 이기백, 『한국사신론』, 일조각, 1985, 59쪽.
14) 『삼국사기』「열전」제4권 <거칠부>조 참조
15) 전경욱, 수륙재의 기원과 역사적 전개, 『법성포수륙재』(제2회 법성포단오제학술대회 논문집), 법성포단오제보존회, 2008, 7쪽에서도 전사자의 위령제인 점과 중국 수륙재가 7일간 행해진 점과 일치함을 들어 수륙재로 보았다. 다만 전경욱은 "신라에서는 토속적인 제사 전반을 담당한 팔관회가 설행되고 있었기 때문에 수륙재가 팔관회로 흡수되어 설행되었을 가능성이 높다"고 말하였으나, 필자는 불교법회 팔관회와 수륙재의 결합으로 본다.
16) 志磐, 『佛祖統紀』제33권, 「수륙재」

하고 왕권의 강화를 도모한 것이다. 한편으로는 33년(572) 3월의 왕세자 동륜(銅輪)의 죽음도 하나의 요인으로 작용하였을 개연성도 있다.

이러한 관점에서 보면, 진흥왕의 수륙재 설행은 전사자의 원혼을 해원시키고 극락왕생을 축원하는 측면과 영토 확장 과정에서 많은 전사자를 발생하게 한 자신의 죄업을 참회하고 구원받으려는 측면이 복합적으로 작용하였다고 볼 수 있다.

2. 팔관회의 제의적 확장과 위령제의 공연예술화

자장법사가 중국 태화지(太和池) 신인(神人)의 계시대로 선덕왕 14년(645) 3월에 '황룡사의 호법룡을 위하여 구층탑을 건립하고 팔관회를 개최하고 죄인을 용서한'[17] 사실은 팔관회가 용신제와도 복합되었을 개연성을 시사한다. 미상불 태조가 943년에 죽으면서 남긴 훈요십조의 여섯 번째 조항에서 "짐이 원하는 바는 연등과 팔관에 있었는데, 연등은 부처를 섬기는 까닭이고, 팔관은 천령(天靈)과 오악·명산대천·용신을 섬기는 까닭이었다. 후세에 간신들이 가감할 것을 건백(建白)하여도 마땅히 이를 금지할 것이다. 내 또한 당초에 마음에 맹서하여 회일(會日)에 국기(國忌)를 범하지 않고, 군신동락(君臣同樂)하였으니, 마땅히 공경하여 이를 행할 것이다"[18]라고 말한 것을 보면, 그 당시 팔관회는 이미 팔계수행법회와 수륙재만이 아니라 제천의식과 산신제와 용신제가 복합된 국가제전으로 변모되어 있었다. 이와 같이 한국화·토착화된 팔관회(八關會)는 연등회와 함께 고려 시대 국가제전의 양대 축을 이루면서 계승

---

17) 『삼국유사』「탑상」편 <황룡사·구층탑>조 참조
18) 김종권 역, 『고려사』, 44쪽.

되었는데, 태조 왕건이 즉위한 918년에 시작되어 멸망하기 직전인 1391년(공양왕 3년)까지 지속되었다.

고려 초기에 팔관회의 위령제로 불교의 수륙재가 아니라 무속적 해원놀이가 연행된 사실이 「장절공행장(壯節公行狀)」에 기록되어 있다.

① 태조가 상례로 팔관회를 베풀고, 신하들과 즐길 때 전사한 공신이 반열에 없는 것을 개탄하여 유사에게 명하여 결초(結草)하여 공(신숭겸)과 김락의 허수아비를 만들게 하고 조복을 입히어 반열에 앉히고 함께 즐기었다. 술과 음식을 하사하니, 술이 갑자기 마르고, 가상이 이내 일어나 마치 산사람처럼 춤을 추었다. 이로부터 악정(樂庭)에 배치하여 상례로 삼게 하였다.

② 예종이 재위 15년 가을에 서도(西都)를 순시하고 팔관회를 베풀 때 가상 두 사람이 비녀가 꽂힌 관모를 쓰고 자줏빛 관복을 입고, 금빛 홀(笏)을 들고서 말을 타고 날뛰며 뜰 안을 돌아다녔다. 왕이 기이하게 여겨 물으니 좌우의 사람들이 말하길, 이는 태조가 삼한을 통일할 때 대신해서 죽은 신숭겸과 김락이라고 하면서 자초지종을 아뢰었다. 왕이 슬프고도 감개무량하여 두 신하의 후손에 대해 물었다. 유사가 아뢰길 이곳에는 김락의 자손만 산다고 하니 즉시 불러 벼슬과 상을 하사했다. 송도에 돌아와서는 공의 고손인 경을 불러 보문각에 들어오게 하여 조상의 근본과 자손의 수를 묻고 주과와 비단을 하사했다. 그리고 친히 지은 사운시(四韻詩) 한 수와 단가(端歌) 2장을 하사했다.[19]

---

19) "太祖常設八關會, 與群臣交歡, 慨念戰死功臣獨不在列, 命有司結草造公與金樂像, 服以朝服隨坐班列, 上樂與共之, 命賜酒食, 酒輒焦乾, 假像起舞猶生之時. 自此排置樂庭, 以爲常式也. (中略) 至睿宗大王歲庚子秋, 省西都設八關會, 有假像二, 戴簪服紫, 執笏紆金, 騎馬踴躍, 周遊巡庭. 上奇而問之, 左右曰, 此神聖大王一合三韓時, 代死功臣大將軍申崇謙金樂也, 仍奏本末. 上悄然感慨, 問二臣之後. 有司奏曰, 此都惟有金樂之孫. 卽命召賜職賞. 暨還松都, 徵公之高孫勁, 引入寶文閣, 親問祖宗原始, 子孫男女之數. 宣賜酒果及綾羅而人各一端. 仍賜御題四韻一節端歌二章." 평산신씨표충재종중, 『표충사지(表忠祠誌)』, 대구: 대보사, 1996,

태조 왕건(918~943)이 서경의 팔관회에서 927년의 팔공산전투에서 자신을 대신해서 전사한 신숭겸(申崇謙)과 김락(金樂)을 추모하기 위해서 가상희(假像戱)를 연행하였다고 하는 바, 태조 때의 가상희는 신숭겸과 김락의 신체(神體)인 허수아비를 사람이 손으로 붙잡고 조종한 인형놀이 이지만, 예종 15년(1120년) 10월에 연행된 가상희는 탈을 쓴 사람이 말을 타고 '직분 맡으려 활 잡는 이, 마음 새로워지기를'라는 대사를 말한 탈놀이로 보인다.[20]

태조 때 서경의 팔관회에서의 가상희는 음복연(飮福宴)에서 태조가 신숭겸과 김락의 자리에 허수아비를 앉혀 놓고 술을 하사하고, 두 명의 조종자가 두 신상을 놀리어 춤을 춘 것으로 추정된다. 이는 왕을 신의 사제자 내지 대리자로 위상을 정립하고, '천신·산신·용신-왕-신하'의 위계질서를 재확인하고 결속력을 강화하는 통합의례에서 왕과 산 신하만이 아니라 죽은 신하와의 통합도 꾀함으로써 신숭겸과 김락의 원혼을 해원하여 호국영령으로 승화시킨 사실을 의미한다. 이처럼 신숭겸과 김락의 신상을 조종하여 춘 춤은 두 원혼을 해원시키는 춤이면서 동시에 태조의 만수무강을 축원하는 일종의 제의적인 정재(呈才)로 정형화되어 팔관회 음복연의 가무백희에 포함된 것으로 보인다.[21]

3. 팔관회의 축제화와 정재의 수용

팔관회는 10월 15일에는 서경에서, 11월 15일에는 개경에서 거행했는데, 『고려사』제69권 「지(志)」제23권 <예(禮)>11의 '가례잡의(嘉禮雜

432-433쪽.
20) 박진태, 『전통공연문화의 이해』, 태학사, 2012, 366쪽 참조
21) 팔관회와 가상희의 관계에 대해서는 앞의 책, 362~364쪽에서 검토한 바 있다.

儀'조에 의하면, 14일에는 소회(小會)를, 15일에는 대회(大會)를 열었다.

≪소회≫

① 왕이 자황포(赭黃袍)를 입고 선인전(宣仁殿)을 나와 대관전(大觀殿)에 와서 수레〔輦〕를 타고 의봉문(儀鳳門)에 이르러 누(樓)에 올라 임시휴게소에서 대기하고, 참례자들이 정해진 자리에 위치한다.

② 태자 이하 신하들이 내직(內職)과 외직(外職) 모두 왕에게 경축하고 축배를 바친다. 이를 헌수(獻壽)라고 한다.

③ 악관(樂官)들이 층계에 오르고, 태악령(太樂令)의 홀기(笏記)에 따라 백희(百戲)를 논다.

④ 왕과 신하들이 다식(茶食)을 한다.

⑤ 태악령이 "만방정주구성아악(萬邦呈奏九成雅樂)" 하고 홀기를 부르면, 음악을 절차에 맞추어 연주한다.

⑥ 왕과 신하들이 식사를 한다.

⑦ 태자와 신하들이 왕에게 배례한다.

⑧ 왕이 임시 휴게소에 들어갔다 나온다.

⑨ 왕과 신하들이 술을 마신다.

⑩ 왕이 신하들에게 술을 하사한다.

⑪ 무대(舞隊)가 등장하였다가 퇴장한다.

⑫ 왕과 신하들이 음식을 들며 신하들이 왕에게 헌수한다.

≪대회≫

① 선인전에서 대관전을 거쳐 의봉루에 오른다.

② 태자, 공·후·백, 재신(宰臣), 추밀(樞密), 시신(侍臣), 문무백관이 헌수하는 절차는 소회와 같다.

③ 송나라 강수(綱首; 상인 우두머리)와 동서 여진 및 탐라국의 토산

물을 받고 풍악의 관람을 허용한다.

④ 왕과 태자 및 신하들이 다식(茶食)을 한다.

⑤ 왕과 태자 및 신하들이 식사를 한다.

⑥ 왕이 임시 휴게소에 들어갔다 나오면 태자를 비롯한 헌수자(獻壽者)들이 왕에게 꽃과 축배를 드린다.

⑦ 왕이 태자와 신하들에게 꽃·술·과실·약을 하사한다.

⑧ 무대(舞隊)의 등퇴장은 소회와 같다.

⑨ 왕이 수레에 올라 태정문(泰定門)을 통해 대관전으로 간다.

소회는 왕과 태자 및 내·외직의 신하들이 복을 상징하는 술과 다식과 음식을 먹는데, 대회는 복을 상징하는 물건이 꽃·과실·약으로 확대되고, 참가자도 중국 상인이나 변방의 종족으로 확대된다. 소회가 국내적인 통합의례라면, 대회는 국제적인 통합의례인 것이다. 소회에서는 태자와 신하들이 왕에게 축배를 바치는 헌수(獻壽)를 하고 백희(百戲)를 공연하고, 다시 다식(茶食)과 식사를 한 뒤 왕에게 배례를 하면, 왕이 신하들에게 술을 하사(下賜)하고, 가무의 공연이 끝나면 신하들이 왕에게 헌수하였다. 대회(大會)는 15일에 행해졌는데, 절차는 대동소이하고 헌수자(獻壽者)의 규모가 커지고, 봉헌물(奉獻物)과 하사품의 종류가 다양해졌다. 이처럼 소회와 대회는 신하들이 왕에게 술과 차(茶)와 음식 및 가무백희를 바치며 왕의 덕화를 찬양하고 만수무강을 축원하는 기복의례(祈福儀禮)의 성격을 띤 음복연(飮福宴)[22]이다.

---

22) 이 음복연은 연등회에서도 행해졌다. 위의 책, 382~383쪽 참조. 그런데 음복연은 조선 시대에도 '신의 은혜를 멈추지 않는다(不留神恩)'는 명분을 내세워 가례(嘉禮)의 한 절차로 계승되었다. 조선의 음복연에 대해서는 송지원, 조선시대 음복연의 의례와 음악, 『공연문화연구』제16집, 한국공연문화학회, 2008, 87~113쪽에서 논의되었다. 따라서 조선의 음복연은 고려의 팔관회와 연등회에서 행해지던 것이 계승된 것

『고려사』의 「지(志)」편 <악(樂)>의 '용속악절도(用俗樂節度)'에 의하면, 문종 27년(1073) 11월의 팔관회에서 포구락(抛毬樂)과 구장기별기(九張機別伎)와 같은 교방악(敎坊樂)을 감상하였다고 하는 것으로 보아 음복연에서 당악 정재와 향악 정재가 연행되었음을 알 수 있다. 정재는 왕의 장수와 복덕을 송축하며 왕에게 바치는 가무악인 바, 이는 소회와 대회에서 신불(神佛)이 아니라 왕에게 술과 차와 음식을 바치고, 가무악도 왕을 위해서 연행된 사실을 의미한다. 다시 말해서 팔관회가 신불과 원혼을 위한 제의에서 왕과 인간을 위한 축제로 변모하고, 음복연과 공연예술의 비중이 확대되는 방향으로 전개된 사실을 알 수 있다.

IV. 팔관회의 중단과 수륙재의 독립적 설행

1. 국행수륙재의 성립

수륙재는 신라 시대에는 팔관회와 결합되어 거행되었고, 고려 시대에는 가상희라는 연극의 생성 배경이 되기도 하였지만, 불교적 천도재로서도 거행되었다. 『고려사』에 의하면, 고려 광종(光宗) 19년(968)에 귀법사(歸法寺)에서, 22년(971)에는 수원 갈양사에서, 충목왕 4년(1348)에는 강화도 천마산에서 수륙회를 거행하였다고 한다. 그리고 선종 연간(1084~1094)에는 최사겸이 송(宋)에 가서 『수륙의문(水陸儀文)』을 구해왔다고 한다. 그 후 일연의 제자 혼구(混丘; 1251~1322)가 『신편수륙의문(新編水

이므로 국가제전의 연속성이라는 측면에서 이에 대한 별도의 논의가 이루어져야겠다.

陸儀文)』을 찬술하였다고 한다. 이처럼 고려 왕실에서 중국의 수륙재를 도입하면서 참회나 치병을 목적으로 수륙재를 거행하였는데, 조선의 건국 초기에는 태조 이성계에 의해서 주기적으로 설행되는 국행수륙재로 발전되었다.

유학을 숭상하는 신흥사대부의 지지를 받아 1392년에 조선을 건국한 태조이지만, 무학(無學) 자초(自超; 1327~1405)를 왕사로 삼고 스스로는 송헌거사(松軒居士)라 부르면서 숭불정책을 펴고 국행수륙재(1395)를 설행하였다. 그러나 태종은 왕사와 국사의 제도를 없애고 배불정책을 실시하였으며, 세종(1419~1450)도 초기에는 배불정책을 계승하여 유교국가 체제를 확립하였다. 그러나 후기에는 숭불정책을 실시하여 「석보상절」(1449)과 「월인천강지곡」(1449)을 훈민정음으로 창작하였으며, 세조도 조선 최고의 숭불 군주가 되어 『월인석보』(1459)와 『능엄경언해』(1461) 및 『법화경언해』(1463)를 간행하고, 원각사를 중흥하였다(1464). 그러나 세조 이후에는 성종이 도첩(자격증) 제도를 폐지하고 연산군이 승과 제도를 폐지함으로써 숭유배불 정책이 고착화되었다.[23]

1395년의 국행수륙재는 태조 이성계가 고려의 왕씨를 위하여 강화도 천마산의 관음굴(觀音窟), 거제도의 견암사(見巖寺), 강원도 삼척의 삼화사(三和寺)에서 설행하였고, 매년 봄(2월 15일)과 가을(10월 15일)에 정기적으로 거행하도록 하였다.[24] 이처럼 동해안, 서해안, 남해안에서 국행수륙재를 성행한 직접적 동기는 태조 3년(1394)에 발생한 고려 세력의 모반 사건으로 보인다.

---

23) 鎌田茂雄; 신현숙 역, 『한국불교사』, 민족사, 1991, 192~197쪽 참조
24) 『태조실록』제7권, 태조 4년(1395) 2월 24일 무자(戊子)조

갑술년(1394) 봄에 감히 모반을 논의하는 자가 있으매, 뭇 신하들이 처벌하여 후환을 제거하기를 간청하므로 전하께서는 마지못하여 따르셨으나, 측은히 여기고 슬퍼하는 생각이 항상 마음에 간절하여 명자(冥資)를 펴내어 혼백을 위로하고자 이 해 가을에 금(金)물로『묘법연화경』 3부를 써서 특별히 내전에 친히 납시어 전독(轉讀)하였습니다.

또『수륙의문(水陸儀文)』37본을 간행하고는 무차평등대회(無遮平等大會)를 세 곳에 베풀게 하고, 각각『연화경』1본,『의문(儀文)』7본씩을 비치하되, 영구히 그곳에 보관해 두고서 거행하게 하였다.25)

위 기록에 의하면, 고려 왕조의 재건을 모의(謀議)한 사건이 1394년 봄에 발생하였고, 조선 건국을 주도한 세력이 고려의 잔존 세력을 발본색원하기 위하여 대대적인 숙청작업을 단행하였으며, 그때의 수많은 희생자들의 원혼을 위로하기 위해서 태조가『묘법연화경』을 전독(轉讀)하고 수륙재를 설행하였다. 태조가 원혼 문제의 해결에 불교적 대응을 함에 따라 불교의 수륙재를 국가적 행사로 거행한 것인데, 이는 원혼에 대한 공포심에 기인하고, 민심의 동요를 수습하려는 후속 조치였다. 종교적인 요인과 함께 정치사회적인 요인이 작용한 것이다. 조선 건국 세력과 고려 추종 세력과의 갈등 때문에 불가피하게 발생하는 원혼들을 진혼시키고 고려 유민 의식을 지닌 사람들을 조선의 신민(臣民)으로 통합하기 위해서 태조가 불교의 수륙재를 활용한 것인데, 태조는 이에 그치지 않고 수륙재 본연의 정신을 살려 도성의 축성(築城) 공사의 역부(役夫)로 일하다가 죽은 자들의 혼령도 위로하기 위해서 성문 밖 세 곳에서도 수륙재를 설행하도록 하였다.26) 그리고 1397년에는 진관사(津寬寺)에

---

25)『양촌집(陽村集)』제22권「수륙의문발(水陸儀文跋)」
26)『태조실록』제9권, 태조 5년(1396) 2월 27일 을묘(乙卯)조.

서 수륙재를 설행하여 선왕과 선후(先后)의 명복을 빌고, 나랏일로나 사적으로나 죽은 신민(臣民) 가운데 제사 맡을 사람이 없어 저승길에서 굶주리는 무주고혼(無主孤魂)이 된 원혼들을 위로하게 함으로써 사회적 통합도 시도하였다.27) 이처럼 태조가 정치적·사회적 통합을 이룩하기 위해서 국행수륙재를 거행하였지만, 후대 왕들의 억불숭유 정책에 의해서 중종 11년(1516)에 공식적으로 폐지되고, 왕실수륙재나 민간수륙재로만 전승의 맥을 이어갔다.

2. 수륙재의 변화

수륙재는 원래는 자비행을 실천하여 아귀를 구원하는 공덕을 쌓아 "원수와 친지가 모두 평등하고 범부와 성인이 원만하게 융화하는(寃親平等, 凡聖圓融)"28) 대승(大乘)의 세계를 만들려는 불교의식이었으나 중국과 한국에서는 국가 차원의 현실적이고 실리적인 동기, 곧 전쟁과 국역(國役)에 동원되어 죽거나 국가의 형벌 제도에 의하여 처형되거나 왕조의 창업과 정권의 교체 과정에서 죽은 원귀들을 불교적인 방식으로 처리하여 국태민안을 이룩하려는 수륙재로 변용시켰다. 그러다가 조선 초기의 국행수륙재가 중단되고 민간사회와 사찰의 수륙재로 전환하여 설행의 주체와 목적이 달라지면서 원귀의 범주에 국가와 직접적인 관련 없이 비명횡사한 원귀들도 포함하고, 하늘과 땅, 이승과 저승, 물과 뭍의 유주무주고혼(有主無主孤魂)을 모두 아우르면서 원귀와 아귀도에 대한 공포심만이 아니라 제행무상(諸行無常)의 진리에 대한 깨달음 차원에서 수륙

27) 『양촌집(陽村集)』제12권, 「진관사수륙사조성기」
28) 임종욱 역주, 『천지명양수륙재의찬요(天地冥陽水陸齋儀纂要)』, 동해시, 2007, 28쪽.

재의 효용 가치를 인식하기에 이른다.

　　오호라! 나그네 숙소 같은 천지, 아침녘 버섯 같이 덧없는 생이여! 아득히 시작된 시간 속 망망한 우주공간 아래, 위로는 제왕으로부터 아래로는 뭇 백성에 이르기까지 초연히 홀로 존재하며 죽지 아니한 자 아직껏 없도다. 살아서 비록 만백성의 주인이라 할지라도 죽어서 어느 한 사람도 따라 죽는 이 없다. 그러므로 귀천에 관계없이 모두가 고혼(孤魂)이라 할 것이며, 고혼의 고통을 제도하고자 한다면 수륙무차대재(水陸無遮大齋)만한 것이 없으리라.29)

　불교의 제행무상 사상이 신분의 귀천을 가리지 않고 모든 인간이 죽음 앞에서는 평등하다는 생물학적 진리와 홀로 태어나서 홀로 존재하다가 홀로 죽는다는 존재론적 인식을 결합하여 '고혼(孤魂)'의 개념을 무주고혼에서 모든 인간의 영혼으로 확장하여 수륙재가 아귀·무주고혼·원혼을 극락으로 천도하는 자비행의 실천만이 아니라 조상의 영혼을 극락으로 천도하는 효행의 실천도 되게 하였다. 그리하여 수륙재의 신앙적 기반을 확장하고 전승력을 강화할 수 있었을 것이다.

　1457년에 공주 계룡산 갑사(甲寺)에서 판각된 『천지명양수륙재의찬요(天地冥陽水陸齋儀纂要)』30)에 세조 연간(1455~1468)의 수륙재의 절차와 내용이 기록되어 있다. 따라서 1395년에 태조의 명으로 설행된 국행수륙재 이후 60여 년이 지난 뒤의 수륙재를 이 의문(儀文)을 통하여 알 수

---

29) 법종(法宗;1670~1733)이 찬(撰)한 『유점사본말사지(楡岾寺本末寺誌)』의 「유점사보광전기계개축낙성수륙권선문(楡岾寺普光殿基階改築落成水陸勸善文)」, 전경욱, 앞의 논문, 15쪽에서 번역문 인용.
30) 삼척 삼화사에 소장되어 있었다.

있다. 모두 54편으로 구성되어 있는데, 제1편은 기원에 관한 내용이고 제2편부터가 수륙재의 설행 내용이다. 이를 제의의 대단위로 구분하여 요약하여 정리하면 다음과 같다.

(1) 개단(開壇) 의식
① 제단을 설치하고 8방을 정화하고 향불을 공양한다.(제2~4편)
② 사자(使者)를 초청하여 삼보의 허락을 받고, 공양하여 봉송(奉送) 한다.(제5~7편)
③ 오방의 신에게 빌어 오방의 길을 열고 오방신에게 공양한다.(제8·9편)

(2) 영신(迎神) 의식
④ 여래와 보살과 현인과 성인을 제단의 상위(上位)에 청하여 공양하고, 여래와 보살을 욕실로 인도하여 목욕시킨 뒤, 다시 인도하여 보좌에 좌정케 하고, 귀의하여 예(禮)를 올린다.(제10~15편)
⑤ 천신·선인(仙人)·천룡팔부·선신(善神)·염라마왕-천선(天仙)· 지기(地祇)·명부(冥府)-을 제단의 중위(中位)에 청하여 욕실로 인도하여 목욕시킨 뒤 성중(聖衆)에게 참례하고 귀의하게 한 뒤 좌정시킨다.(제16~21편)
⑥ 지옥·아귀·축생과 아울러 제왕·재상·장수·승려·농민·천민의 혼령 및 비명횡사한 원귀들을 제단의 하위(下位)로 청하여 욕탕으로 인도하여 목욕시키고 옷을 입힌 뒤 성인에게 참배하고 귀의하게 하고 잔칫상에 앉힌다.(제22~29편)

(3) 공양(供養) 의식
⑦ 상단(上壇)의 삼보에게 향(香)·등(燈)·물·다과·음식을 공양하고 절하고, 회향(廻向)하여 중생제도를 기원한다.(제30~32편)

⑧ 중단의 성중에게 공양하며 회향한다.(제33~35편)

⑨ 하단의 고혼들에게 공양하며, 법회에 참석한 대중들의 죄업과 악업을 없애고, 인연법을 말하고, 반야심경을 읽고, 수계를 청하고, 참회하고, 서원(誓願)을 하고, 삼보(불·법·승)에 귀의하고, 오계(五戒)-살생·절도·간음·망언·주육(酒肉)의 금지-를 받고, 10 바라밀-보시·지계(持戒)·인욕·정진·선정(禪定)·지혜·방편·원(願)·역(力)·지(智)-의 수행을 권장 받고, 온갖 공양과 보시의 공덕을 회향하고, 재물의 무한한 증식을 기원한다.(제36~52편)

(4) 송신(送神) 의식

⑩ 법연(法筵)을 통하여 조복(調伏)된 고혼들을 삼보와 성중과 함께 봉송하고 회향한다.(제53·54편)

개단 의식은 도량을 정화하고, 사자를 삼보에게 파송하여 법연의 허락을 받고, 삼보와 성중과 고혼들이 도량으로 올 수 있도록 길을 연다. 영신 의식은 상단·중단·하단에 삼보와 성중과 고혼을 차례로 청하여 좌정시키고, 공양 의식에서 상단의 삼보와 중단의 성중과 하단의 고혼의 차례로 음식을 공양하며 공양한 공덕을 회향한다. 그리고 마지막으로 삼보와 성중을 본래의 곳으로 송신하고, 고혼은 조복(調伏)되어 육도윤회(六道輪廻)의 최상세계인 천상계로 왕생시킨다.

그런데, 현재의 수륙재는 '시련(侍輦)-대령(對靈)-신중작법-조전점안(造錢點眼)-괘불이운(掛佛移運)-사자단-오로단-설법-상단-중단-방생-하단-봉송회향'의 재차(齋次)로 설행하거나,[31] '시련-대령-관욕-신중작법-괘

---

31) 2010년 삼화사의 수륙재. 『한국의 수륙재』, 대한불교조계종총무원, 2010, 35~116쪽 참조

불이운–영산작법–법문–수륙연기–사자단–오로단–상단–중단–하단–회향봉송’의 재차로 설행하거나,[32] ‘시련(侍輦)–대령(對靈)–관욕(灌浴)–신중작법(神衆作法)–상단권공(上壇勸供)–중단권공(中壇勸供)–시식(施食)–존시식(尊施食)–봉송의(奉送)’[33]으로 인식한다. 현대의 수륙재와 15세기 수륙재를 비교하면, 개단 의식인 사자단과 오로단이 영신 의식인 ‘시련·대령·괘불이운’의 뒤로 이동하여 위치가 고착되었다. 영신 의식도 중단의 성중을 영신하는 의식인 시련 및 고혼을 영신하는 의식인 대령을 삼보를 영신하는 괘불이운보다 먼저 연행하여 위계에 따라 ‘상단–중단–하단’의 순서로 영신하는 구성원리가 깨졌다. 그러나 공양 의식은 ‘상단권공–중단권공–시식’의 순서로 연행하고, 회향봉송의 앞에 배치하는 법식은 견고하게 지켜지고 있다. 아무튼 수륙재는 초기에는 불교적 세계관과 위계질서에 근거하여 질서정연하게 조직화되고 체계화되어 제의형식의 정제성과 완결성을 지녔었는데, 재차를 변경하여 영가(靈駕) 중심의 수륙재로 변형시켰음을 알 수 있다. 이는 수륙재가 민간사회의 요구에 부응해서 무주고혼의 천도재에서 유주고혼, 곧 조상 영혼의 천도재로 변한 데 따른 필연적인 귀결일 것이다. 그러나 달리 보면, 먼저 아귀에게 시식을 베풀고, 다음에 바라문 선인에게 시식을 베풀고, 마지막으로 삼보에게 공양한 초기의 형태로 회귀한 것으로도 볼 수 있다. 다만 삼보와 성중의 순서는 기존의 것을 그대로 유지한 채 말이다.

---

32) 2010년 진관사의 수륙재. 위의 책, 144~228쪽 참조
33) 임종욱 역주, 앞의 책, 14쪽 참조

V. 결론 : 수륙재의 문화적 가치에 대한 재인식

수륙재는 국내에서 572년에 최초로 설행된 이래 1400년 이상 전승되어 온 대승불교의 불교의식이기 때문에 불교문화로서만이 아니라 민족문화로서도 가치를 지닌다. 더욱이 평신도가 팔계를 실천하는 팔관회에 아귀와 부처, 범부와 성인이 평등하다는 수륙재를 결합시켜 대승불교의 정신을 구현하였다. 평등사상은 확장되어 불교의 신중에 토착적인 천신·산신·용신을 조복시켜 수용하고, 무속의 해원굿도 수용하여 가상희와 같은 공연예술도 산출하였다. 그리고 시식과 공양에 의해 장수와 복덕을 기원하는 의례와 일맥상통하는 군신의 음복연을 결합시키고 정재로 가무백희를 공연함으로써 신을 위한 공연예술의 시대에서 인간을 위한 공연예술의 시대로 전환시켰다.

그러나 유교이념을 토대로 건국된 조선에서는 팔관회의 전통은 단절되었지만, 고려 세력의 원한 문제를 해결하고 민심을 수습하여 국가적 통합을 도모하려는 정치적 이유에서 1395년에 국행수륙재가 설행됨에 따라 수륙재가 신라·고려의 팔관회와 연등회를 대신해서 국가제전이 되었다. 그러나 억불승유 정책에 확립됨에 따라 국행수륙재는 중단되고 수륙재는 민간사회의 요구를 수용하면서 전승력을 유지하였다.

이러한 수륙재는 무형문화유산으로서의 가치를 인정받아 중요무형문화재로 지정되었기 때문에 불교문화의 측면만이 아니라 민족문화의 측면을 포함해서 다양한 시각과 관점에서 조명해야 할 필요가 있다. 이러한 문제의식을 가지고 현대적 관점에서 접근하면, 첫째는 수륙재의 평등사상은 인권과 관련된다. 이때 유념해야 할 사항은 수륙재는 '삼보-호법신-인간-악귀'의 관계가 수직적 관계이기 때문에 결과적인 평등이 아니라 만인은 불성을 지니고 있어서 성불할 수 있다는 기회의 평등이라는 사실이다. 둘째로 악에 대한 공포와 증오만으로는 악의 문제를 근본적으로 해결할 수 없고 자비와 관용으로서만 악을 교화할 수 있다는 수륙재의 정신은 분노와 복수심으로 자신도 고통 속에 살면서 타인에게도 고통을 안겨주는 사람한테는 자비행의 실천으로 인과의 굴레에서 벗어나 자신을 구원할 수 있게 해줄 수 있다. 수륙재의 치유적 기능이 주목되는 것이다. 셋째로 수륙재는 평등사상의 의례적 구현으로 추상적 관념의 감각적 형상화와 예술(미술·음악·무용)을 통한 심미적 쾌감을 체험할 수 있게 하는 점에서 공연문화적 가치를 지닌다. 따라서 이에 대한 집중적이고 정밀한 논의가 앞으로 이루어져야겠다.

김부식; 이병도 교감, 『삼국사기』, 을유문화사, 41·133쪽.

류동식, 『한국무교의 역사와 구조』, 연세대학교출판부, 1978, 133쪽.

박진태 외 5인 공저, 『삼국유사의 종합적 연구』, 박이정, 2002, 131쪽.

박진태, 『전통공연문화의 이해』, 태학사, 2012, 366쪽.

송지원, 조선시대 음복연의 의례와 음악, 『공연문화연구』16집, 한국공연문화학회, 2008,
    87~113쪽.

아끼바(秋葉隆); 최길성 역, 『조선무속의 현지연구』, 계명대학교출판부, 1987, 140쪽.

이기백, 『한국사신론』, 일조각, 1985, 59쪽.

이운허 옮김, 『묘법연화경』, 동국역경원, 2010, 6~9쪽.

임종욱 역주, 『천지명양수륙재의찬요(天地冥陽水陸齋儀纂要)』, 동해시, 2007, 14·28쪽.

전경욱, 수륙재의 기원과 역사적 전개, 『법성포수륙재』(제2회 법성포단오제학술대회논문
    집), 법성포단오제보존회, 2008, 7쪽.

전해종, 『동이전의 문헌적 연구』, 일조각, 1982, 12쪽.

최길성, 『한국무속의 연구』, 아세아문화사, 1980, 274~285쪽.

최길성, 『한국의 조상숭배』, 예전사, 1986, 156~158쪽.

최종성, 『조선조 무속국행의례연구』, 일지사, 2002, 201~214쪽.

평산신씨표충재종중, 『표충사지(表忠祠誌)』, 대구; 대보사, 1996, 432~433쪽.

『한국의 수륙재』(대한불교조계종총무원, 2010), 15~16·35~116·144~228쪽.

鎌田茂雄; 신현숙 역, 『한국불교사』, 민족사, 1991, 192~197쪽.

佐夕木教悟 외 3인 공저; 권오민 역, 『인도불교사』, 경서원, 1985, 28~36·98~108쪽.

한국 수륙재의 융합적 특성

윤
소
희

Ⅰ. 머리말

2013년 12월 19일 서울 진관사의 왕실수륙재와 강원도 삼화사의 국행수륙재, 그리고 마산 백운사의 아랫녘(민간) 수륙재가 문화재로 지정되자 문화계 전반에서 수륙재에 관심을 갖게 되었다. 그리하여 곳곳에서 '수륙재'가 무엇이냐는 질문을 해 온다. 이러한 질문들을 종합해 보면, 수륙재의 역사와 전통이 어떻게 전개되어 왔는가? 수륙재와 영산재는 어떤 관계가 있는가? 왕실·국행 그리고 민간 수륙재의 차이는 무엇인가? 중국 수륙재와 한국 수륙재의 관계와 차별성은 무엇인가? 로 요약된다.

전통이 단절되고 혼란과 왜곡이 점철된 수륙재이므로 이러한 의문에 대해서 한 마디로 간단히 대답하기는 어렵다. 그러므로 앞으로 수륙재에 관한 다방면의 연구가 이루어져야 할 것이다. 이 중에 본고에서 찾아보고자 하는 답은 한국 수륙재의 정체성에 대한 것이다. 한국 수륙재의 현 상황을 들여다보면, 텍스트적 근거는 중국의 것이지만 실제로 행해지는 절차와 재장의 상황을 보면 그렇지 않다. 여기에는 고려시대에 원나라를 통해 들어온 티벳 불교와 한국에서 토착화 과정에서 습합된 다양한 요소가 혼재하고 있기 때문이다.

21세기 글로벌 시대를 맞아 지구촌 각 나라의 문화들이 하나의 무대에서 만나는 일이 빈번해졌다. 한국의 단오제가 유네스코 지정 세계문화재가 되었을 때 중국에서 자신들이 단오제의 원조라고 반기를 들고 나왔었다. 이제는 수륙재가 중요문화재로 지정되자 "수륙재는 중국의례이다."는 말을 한다. 이러한 상황들을 볼 때 수륙재의 국내적 연구도 중요하지만 대외적 정체성 확보도 필요하다. 이에 본고에서는 한국 역사의 전개를 통해 수륙재에 미친 주변적 요소를 가려내어 한국 수륙재만의 고유성을 찾아보고자 한다.

II. 한국 수륙재의 중국적 요소

1. 수륙재의 기원과 전개

1) 인도의 무차법회와 아귀시식

수륙재는 크게 '법회'와 '시식'의 두 부분으로 나눌 수 있다. 인도에서는 고대부터 집회가 성행했으며 그 종류가 매우 많다. 부처님 당시에 불가에서는 모든 사람이 평등하게 한 자리에서 부처님을 비롯한 덕이 있는 스님의 법문을 듣고 공양을 올리는 무차대회(無遮大會)가 열렸고, 이는 카스트 제도가 엄격했던 당시 인도사회에서 커다란 반향을 불러 일으켰다. 불법을 강설하고 부처님께 공양하고 스님들께 시주하기 위해 거행됐던 이러한 집회가 훗날 법회라는 불교의식으로 안착하게 되었고, 이를 '이법집회(以法集會)' 법사(法事)·불사(佛事)·재회(齋會)·법요(法要)라고 하였다.[1]

시식에 관한 근거로는 아난의 일화에서 찾아 볼 수 있다. "아난이 어느 날 아귀를 만나 그들의 고통을 듣게 되었다. 아난이 크게 놀라 어떻게 하면 그 고통을 면할 수 있는가를 묻자 '수많은 아귀들과 브라만 현자들에게 공양을 하라'고 하였다. 이 일을 부처님께 말하자 아귀들을 구제할 수 있는 다라니가 있다고 하시자 아난이 곧 그 다라니를 설하며 곡식을 베풀어 아귀를 구제하였다.[2]는 대목이 그것이다.

2) 중국 수륙재의 성립과 전개

중국 수륙재의 기원은 남북조 시대에 양무제에 의해 진산스(金山寺)에서 최초로 시행된 것으로 알려지고 있다. 그러나 이 방면 전문가들에 의하면 양무제 당시에는 하단 시식 의례문이 성립되기 전이었으므로 당시의 수륙재는 무차법회의 성격이 강했을 것으로 추정하고 있다. 송대에 이르러 하단 시식 의례문이 성립된 점을 미루어 볼 때, 오늘날과 같은 수륙재 절차는 송대에 완성되었을 것으로 보인다.

양무제에 의해 제정된 수륙재의 초기 설행은 주로 황실 주최로 행해지다가 수륙법회로써 유행하기 시작한 때는 당의 고종(高宗) 때에 이르

---

1) 釋永富, 「佛教儀軌的 普世價值 -以佛光山萬緣水陸法會爲例」 (마산: 제5회 동아시아불교음악학술대회 발표문, 2006)

2) 송대의 '종이'라는 승려가 지은 『水陸緣起』의 내용, 梁智論의 「朝鮮後期 水陸齋 硏究」 (서울: 東國大學校 大學院 史學科 碩士學位論文, 2003) p.7에서 재인용함.

러이다. 이후 송신종희저중(宋神宗熙宁中: AD 1068-1077)과 동천양악(東川楊鍔)이 양무제 의문을 근거로 하여 『수륙의』 세 권을 선정하여 재편집함으로써 동천양악(東川楊鍔)의 『수륙의(水陸儀)』가 널리 활용되었다.

원우(元祐) 8년(1093년)에는 소식(蘇軾)이 죽은 아내를 위해 세운 수륙도량을 설행하였고, 이후 『수륙법상찬(水陸法像讚)』 16편을 저술하였는데, 이를 '미산수륙(眉山水陸)'이라 한다. 남송 때에는 사호(史浩)가 저술한 『의문(儀文)』 네 권을 '북수륙'이라 하고, 남송 말에는 지반(志盤) 또한 사호를 근거로 하는 의문과 『신의(新儀)』 6권을 재편집하여 '남수륙'이라 하였다. 송대(宋代)에 이르러 하단의 영가에게 베푸는 시식의문이 성립되었는데, 이때부터 수륙법회의 대중화가 성행하였다.

명대에는 연지대사 주굉(蓮池大師 · 袾宏)이 '남수륙' 의문을 재정하여 『수륙재의궤』 6권을 만들었고, 청대에는 지관(咫觀)이 저술한 『법계성범수륙대제보리도량성상궤』 9권, 『법계성범수륙대제법륜보천』 10권이 편찬되었다. 현재 중국에서 주로 쓰이는 의궤는 주굉이 재편한 『수륙의궤』이다.[3]

3) 의궤의 기능과 의미

『수륙의궤』의 '의(儀)'는 불법에서 '위의(威儀)'에서 비롯된 것으로, 그 뜻은 사람의 몸(身)과 입(口) · 뜻(意), 삼업의 인식을 이끌어 내는 것을 말하며, '궤(軌)'는 '궤칙'으로써 수행을 해서 경계 · 심성 · 인간관계를 정화하여 장애 없이 소통하게 하는 방편을 말한다.[4]

---

3) 遠靜芳, 『中國漢傳佛教音樂文化』(北京: 中央民族大學校出版社, 2003) pp.42-44.
4) 釋永富, 용푸(永富)스님은 대만 포광산 총림의 불학원(승가대학)에서 10여 년 간 의례지도를 하며 포광산 범패단장과 포광산 타이페이 현지부 진강밍스(금강金剛明寺)의 주지

〈사진 1〉 대만 포광산 수륙의궤 표지와 내용

2. 중국수륙재의 실제

중국과 대만 수륙도량의 규모는 실로 거대하여 상상을 초월할 정도
이다. 법회는 최소 7일, 길게는 49일이며, 의례 집전과 절차를 보조하는
승려는 최소 70~80명, 대개는 200~300명, 최대 천명 이상이 되기도
한다. 도량의 구성은 내단과 7개의 외단으로 이루어지는데 이 중에서
본 연구자가 실제로 참여해 본 대만 포광산(佛光山)의 의례 구성과 절차
를 요약해 보면 다음과 같다.

를 역임했다. 본 내용은 용푸스님의 앞의 논문에서 인용함.

1) 내단

법당이 아닌 별도의 실내 공간으로, 약 2천여 명을 수용할 수 있는 운거루(雲居樓)에 설치하여 주법5)과 정표6), 조표 6인이 공동으로 의례를 집전하며, 의례보조 승려인 향등승려7) 20여 명, 내단의 진행을 보조하는 승려8)등 50여 명의 승려들이 진행하며 순서는 다음과 같다.

〈사진2〉 대만 포광산 수륙재 내단 전경 (촬영: 윤소희, 2006)

쇄정 → 결계 → 발부현번 → 탄생보불 → 청상당 → 탄생보불 → 공상당

---

5) 주법: 수륙법회를 리더하는 최고 수장으로 한국 영산재와 비유하면 어장과 같은 직위이다.

6) 정표와 조표 : 내단 의문을 범패로 노래하며 집전하는 승려로 대개 정표와 조표가 한 조가 되어 주고 받으며 노래한다. 종일 노래해야 하므로 정표 조표가 대개 두 조, 혹은 세조가 되므로 4명, 혹은 6명으로 편성이 된다.

7) 법기를 들고 정표와 조표를 따르며 범패의 한 구절이 끝나면 박을 치듯이 법기를 쳐서 다음 단락으로 넘어가는 곳을 지시하기도 하고, 영고와 목탁 등 여러 가지 법기로써 대중을 리더하거나, 의례 순서에 따라 의물과 기타 여러 가지 의례의 수발을 드는 승려들.

8) 보조승려들은 대개 각 지부의 주지승려들이 질서를 잡는다. 2천여 명의 대중이 꽃을 바치고 향을 바치거나, 절하거나 염불을 하며 도량을 돌 때 차례로 줄지어 나가고 제자리로 돌아올 수 있도록 유도하는 등 불사가 원만히 이루어지도록 대중을 리더한다.

→ 법사개시(法師開示) → 고사 → 불공 → 청하당 → 유명계 → 불공 → 공하당
→ 삼시계념 → 불공 → 유가염구 → 원만공 → 원만향 → 송성.

이 중에서 탄생보불·유명계·삼시계념·유가염구·송성은 내, 외단
의 모든 대중이 대웅전 마당에서 함께 진행한다.

2) 외단

외단은 내단을 선도·외호한다. 외단에서 행하는 의식은 각각 독립하
여 연중 법회로써도 행해진다. 이들 의식은 내단과 동시에 행해지며, 야
단법석이 행해질 때는 내단과 외단의 대중이 모두 마당에 마련된 법석
에 참여한다. 외단 의식의 내용을 표로써 정돈하면 아래와 같다.

〈표 1〉 대만 포광산 수륙재의 외단 설행

각단	장소	집전승	과송	목적
대단	大雄殿	24명	양황보참 24독, 금강120독, 범강경심지품 48독, 삼시계념 5당(堂), 소재천1당, 연생보불2당, 유가염구5당	참회와 천도
약사단	大悲殿	12명	약사경 120독	재난·죄업소멸, 수명연장, 건강증진
법화단	西淨 2樓	8명	법화경 24독	대비원의 가피
정토단	玉佛樓 7樓	〃	아미타경, 염불·배원(拜願)9)	극락왕생 발원
제경단	西淨 1樓	4명	무량수경 24독, 원각경24독 관무량수경 24독, 각종 해탈법문	업장소멸
화엄단	大智殿	〃	화엄경 1독	불법찬탄, 부처의 과(果) 성취

---

9) 배원(拜願)은 불보살을 염칭하며 절을 하는 것으로 한국의 108참회문을 외며 절하는

〈사진3-4〉 대만 포광산 수륙재 외단 중 화엄단과 능엄단

중국의 수륙재는 남북조시대부터 오늘에 이르기까지 지속적으로 재편집과 수정작업이 이루어진 만큼 시대의 흐름에 따라 변해왔다. 마찬가지로 49일, 1달, 혹은 보름간 하던 의례를 오늘날 8일간에 걸쳐 하는 만큼 요약된 설행이 있을 것이다. 주굉이 재편집한 의례문으로 삼는 포광산의 수륙재는 북경의 학자들이 말하는 오늘날 대륙 의례문과도 일맥상통하여 한전(漢傳) 수륙재의 정통을 유지하고 있음을 알 수 있다. 대만에는 수륙재를 행하는 도량이 몇 군데 있는데, 이들의 시행 내용과 절차를 보면 8일간의 일정과 설단 구조가 대동소이(大同小異)하다.

이상 중국의 수륙법회 절차 중 한국과 가장 크게 차이가 나는 점은 시련과 의식무가 없고, 의례문과 송경의 대부분을 승려와 대중이 함께 노래하고 염송한다는 것이다.

Ⅲ. 한국 수륙재의 티벳적 요소

중국의 수륙의문을 근간으로 하는 한국 수륙재이지만 의례 진행의

___
것과 유사하다. 대만에서는 주로 두 팀으로 나누어 번갈아 가며 불호를 노래하며 절한다.

실상을 보면 중국이나 대만과 다른 모습이 연출된다. 그 중에 대표적인 것이 오픈된 공간인 마당에서, 궤불을 내어 걸고, 춤이 수반되는 점이다. 중국 수륙법회에서 볼 수 없었던 이러한 모습을 티벳 불교의례에서 찾을 수 있었다.

1. 티벳의 불교의식과 악가무

티벳 문화가 한국의 풍속이나 문화와 친연성이 많다는 것은 이미 학계의 여러 연구자들에 의해 제기되어왔다. 이에 관한 선행연구들을 살펴보면[10] 「처용무와 티벳 참의 비교 연구」,[11] 「티베트악무의 형성과제 양상」,[12] 「티베트의 탈춤」, 「한국과 티베트 탈춤의 비교」,[13] 「티벳의 라마교 연극」,[14] 「티벳의 전통극과 라마참에 대한 고찰」,[15] 「삼예사원 참에 대한 고찰[16] 「티벳 참무를 통해 본 처용무와 영산재」[17] 등 다방면에서 이루어졌다.

이들 연구 중 어떤 연구자는 "티벳의 '참무'가 한국의 처용무와 매우

---

10) 선행 연구 중 티벳에 대한 표기가 '티베트' 혹은 '티벳' 두 가지가 있다. 본고에서는 원문의 표기 방식대로 표기하였다.

11) 박은영, 「처용무와 티벳참의 비교 연구」, 『서울체육철학학회지』 제12권 제2호 (서울: 서울체육철학학회, 2004)

12) 윤광봉, 「티베트악무의 형성과제 양상」, 『비교민속학』 제8집 (서울: 비교민속학회, 1992)

13) 박진태, 「티베트의 탈춤」, 『비교민속학』 제8집 (서울: 비교민속학회, 1992); 『한국과 티베트의 탈춤의 비교」, 『우리말글』 통권 31호 (서울: 우리말글학회, 2004)

14) 김흥우, 「티벳의 라마교 연극」, 『희곡문학』 (서울: 동서희곡문학회, 1995)

15) 백정희, 「티벳의 전통극과 라마참에 대한 고찰」, 『대한무용학』 제43호 (서울: 대한무용학회, 2005)

16) 이정환, 「삼예사원 참에 대한 고찰」, 『역사민속학』 제33집 (서울: 역사민속학회, 2010)

17) 윤소희, 「티벳 참무를 통해 본 처용무와 영산재」, 『한국음악연구』 제46집 (서울: 한국국악학회, 2009); _____, 「라다크 헤미스 곰파의 '참' 의례와 악가무」, 『한국음악연구』 제48집 (서울: 한국국악학회, 2012)

흡사하다"고 하였고, 무용학계의 박은영은 티벳 참무와 한국의 처용무를 거의 유사한 것으로 결론짓고 있다. 그런가 하면 본 연구자는 티벳의 참 의식이 한국의 수륙재나 영산재와 닮은 점에 대해서 연구한 바 있다.

2. 궤불이운과 탕가의식

〈사진 5〉 드레풍사원의 탕가의식
(촬영: 윤소희, 2007)

티벳 사람들은 일상에서부터 불교의례에 이르기까지 '탕가(궤불)'가 중심에 있다. 필자는 2007년 라사의 드레풍(티벳 최대사원) 사원의 탕가의식을 조사한 바 있다. 이때 탕가를 메고 나오는 모습이 한국의 궤불이운과 흡사하였다. 탕가(궤불)의식을 마치고 나면 승려들이 산문 밖으로 나오는데 이때 신도들이 스님들에게 쇼르(일종의 요구르트)를 바치며[18] 창극축제를 벌인다. 제5대 달라이라마인 롭쌍갸초는 이를 국가적 축제로 만들었는데 축제를 의미하는 '툰(뛴)'이 더하여 세계적으로 유명한 쇼툰축제가 되었다. 이 때 창극을 벌이는 마당 가운데는 이 창극을 만든 탕돈걀보의 탕가를 걸어두고 마당극을 하였다. 이렇듯 탕가는 티벳 불교의 중심이자 티벳 사람들의 생활 한가운데에 자리하고 있다.

---

18) 티벳 사람들은 미숫가루(짬빠)에 버터차를 개어 경단처럼 만들어 먹거나 양과 야크 등의 육식을 주로하므로써 위장 계통이 좋지않다. 이에 소화제격으로 우유를 반쯤 발표시킨 '쇼르'가 국민적 음료로 사랑받으므로 이를 스님들께 공양하게 되었다. 김규현, 『티베트 문화산책』(정신세계사, 2004) p.19를 참조

〈사진 6〉 마당의 설치 구도 사진   〈사진 7〉 탕돈걀보 탕가(촬영: 윤소희, 2007)

깐수성에 있는 샤허의 라브랑스에서는 매년 정월이면 보름간의 정월 의례 중 탕가의식으로 하루를 보낸다. 이때 법태라마의 축원기도 이후 여러 승려들이 탕가 앞에서 롤모(바라)를 두드리고 나팔을 불자 동자승들이 탕가 앞에서 춤을 추었는데 그 모습이 한국의 수륙재에서 괘불이 운 후 바라춤을 추는 모습과 닮은 점이 많았다.

〈사진 8-9〉 샤허 라브랑스 대법당 앞 언덕에 걸린 탕가와 의식(촬영: 윤소희, 2008)

3. 한국의 작법무와 비교되는 '참'의식

'참'은 티벳어로 참(Cham) 혹은 체츄(Tse-Chu)에서 비롯된 말로 '춤추다'라는 어원을 지니고 있다. 그런데 한국의 '춤'과 티벳의 '참'이 비슷한 발음을 지니고 있는 것이 우연의 일치는 아니라는 생각이 들어 이를 좀 더 상세히 살펴보았다.

『서장왕신기(西藏王臣記)』[19]에 의하면 참무는 "8세기 무렵 티벳의 최초 사원인 삼예사원의 건립식에서 파드마삼바바가 허공에서 금강무를 춘 것에서 시작되었다"고 한다. 초기에는 기층 종교인 '푄'[20]의 저항에 맞서며 흠혈(飮血)을 하였을 정도로 분노존의 위엄을 강조하였다. 세월이 흐르면서 민간의 동물숭배사상을 비롯하여 푄교의 색깔이 더욱 많이 유착되었다.

『캄가싸닝카참자칙의 수초본(手抄本)』에는 40여 종의 참무 동작과 반주음악에 대한 설명이 실려 있다. 『대현밀경(大顯密經)』의 구결에서 길상을 상징하는 수세(手勢)를 보면, 본체(本質·自性)·언사(言詞)·유별(類別)·목적(欲求)·비유·가르침(敎言)·실천·구결 등의 8가지가 있다. 이로써 몸으로는 무드라(Mudra)를, 입으로는 진언을, 마음으로는 만다라를 관상하는 것이다.

티벳 승려들은 수행 과정에 자연스럽게 참무를 익히므로 춤을 추는 전문 승려가 따로 있는 것은 아니다. '참'의식이 다가오기 한 달 전쯤

---

19) 아왕롭쌍갸초(5대 달라이라마) 著, 劉利千 譯註, 『서장왕신기』, 『꽤기템테지기개꽤구 양(bod kyi deb ther dpyid kyi rgyal movi glu dbyangs, 西藏王臣記』(中國: 民族出版社, 2000) 이정환의 앞의 논문에서 재인용.

20) 한국에서는 그간 티벳 토속종교를 '뵌' 혹은 '본교'이라 번역해 왔다. 본고에서는 중국어에서 '푄'을 음역한 '뵌' '뵌교' 대신 원래의 발음 '푄(꽨)'으로 표기하였다.

지도 승려가 정해주는 대로 의식에 참여하여 춤을 춘다. 춤을 출 때는 상징적인 의미를 지닌 의물을 들고 갖가지 탈을 쓰거나 호법 복장을 하고 추는데, 이때 하는 손동작은 한국의 수인(手印)과 비교해볼만 하다.

원래 '참'은 사원에서 비밀리에 행해져 오던 것이다.[21] 그러던 것이 언제부터인가 대중들과 함께 하는 가장 보편적인 종교행사가 되어 온 마을이 축제 분위기가 된다. 그러나 참에도 종파마다 특징을 지닌 절차와 춤이 있기도 하다. 여기에는 티베트 불교가 전개되는 역사적인 과정이 내포되어 있으므로 이에 대해 간략히 살펴보면 다음과 같다.

1) 닝마파와 싸까파의 참의식

티벳에서 제일 먼저 생겨난 닝마파는 티벳의 토속 종교인 뵌교와 밀착된 성격이 강하다. 의례 절차는 삼예사원 건립시기에 파드마삼바바로부터 비롯된 전통을 본(本)으로 삼고 있어 가장 원형적인 내용을 지니고 있다. 삼예사원의 참[22]은 크게 체쥬참과 도데참으로 나누이는데 체주참이 빼마충네를 기리기 위한 닝마파 고유의 것이라면, 도데참은 8세기 중엽 무니쩬보에 의해 제정된 4대 공양과 관련이 있으며 후에 싸까파의 영향으로 싸까파의 색깔이 농후한 의식이 되었다.

---

21) 이정환, 「삼예사원 참에 대한 고찰」, 『역사민속학』 제33호 (서울; 역사민속학회, 2010), p.417.

22) 본 연구자는 2008년 삼예사원에서 행해지는 참의식을 조사하러 갔으나 갑자기 취소되는 바람에 허사가 된 적이 있다. 알고 보니 당국에서는 매년 참의식을 허락하겠다고 약속해 놓고 막상 의례일이 다가오면 불시에 허락을 취소해온 것이 수년째였다. 결국 2008년 의례 중지 처분은 티벳 전역에서 대규모 시위로 폭발하여 수많은 승려와 민간인이 희생되었다.

2) 까규파의 참의식

티벳 불교를 반석에 올려놓은 구루들을 많이 배출한 까규파는 구르들의 행렬과 춤에 많은 비중을 둔다. 북인도 라다크에 위치하여 중국의 침해를 받지 않은 헤미스곰파는 파드마삼바바의 탄생일(티벳력 5월 10일)에 참의식을 행한다. 이때 둥첸(대형 나팔)을 불고 걀링과 롤모(자바라)·응아(북)를 든 악사들의 반주로 이틀간 쉼 없이 춤을 추었는데, 위대한 구루를 많이 배출한 종파인 만큼 구루의 춤을 가장 화려하고 장엄하게 행한다.

〈사진10-11〉 헤미스곰파의 호법탕가와 향합을 흔들며 법기를 타주하는 승려들(촬영: 윤소희, 2009)

'참'은 호법의식인 만큼 악귀를 내쫓는 의물을 비롯하여 다양한 법기들을 사용한다. 범패를 위한 반주에는 비교적 음량이 적은 금강령과 법령, 다마루 등이 쓰이고, 춤을 위한 반주에는 한국의 자바라와 같은 롤모가 복수로 편성된다. 태평소와 같은 캉둥을 비롯하여 여러 법고들이 웅장한 음량을 내는 가운데 마당에는 구경꾼들까지 자유로이 관람할 수 있으며, 요란한 나팔소리와 북소리가 울려 퍼지는 의례 분위기가 한국의 수륙재 분위기와 많이 닮았다.

3) 겔룩파의 참의식과 춤

달라이라마가 속한 겔룩파는 종파 중에서 가장 늦게 생겨난 개혁종파로써 현교를 중시하는 만큼 참의식의 전통도 가장 짧다. 본 연구자가 살펴본 티벳 사원 중 간쑤성 간난(甘南) 사혀현(夏河)에 위치한 라브랑스(拉卜楞寺)는 겔룩파의 6대사원에 들 정도로 거대한 총림이었다. 본 사원 총림에서는 매년 정월 3일부터 보름까지 신년의례를 행한다. 그 중에 하루는 탕가를 펼치는 것만으로 종일 소요되었다.

〈사진 12〉 호법영웅의 춤
(촬영: 윤소희, 2008)

탕가의식 다음날 호법무를 추는데 그것이 바로 '참'의식이었고, 이를 중국사람들은 법무회(法舞會)'라고 번역하였다. 진행 절차를 보면, 법당 앞에 호법신의 탕가를 걸고 마당에서 승려들의 호법무가 종일 펼쳐진다. 중국이나 대만에서 수륙재는 범패로써만 진행된다면 '참'의식에서는 이와 반대로 춤이 주된 것이고, 범패와 법기는 춤의 반주를 위해서 쓰인다. 10시 무렵 동자승의 춤으로 시작하여 동물의 탈을 쓴 호법 영웅들의 춤, 마지막으로 참무의 절정이라 할

수 있는 '샤낙춤'을 추는데 춤의 내용과 절차가 까규파인 헤미스곰파에
비하면 좀 더 단순하여 개혁종단인 겔룩파의 성격을 느낄 수 있다.

〈사진13〉 샤낙(黑帽)춤(촬영, 윤소희 2008)

〈사진14〉 악귀를 잡아 가둔 기름 솥
(촬영: 윤소희, 2008)

그런가하면, 중국의 영향을 받지 않은 헤미스곰파의 참의식은 탕가를내리는 것으로 의례가 종료되는 것에 비해, 중국의 영향을 받은 라브랑스는 소대의식으로 의례를 마쳤다. 그러나 중국과 달리 위패를 태우는 것이 아니라 끓는 기름 솥에 악귀를 태웠다.

티벳 승려들과 신도들은 '참무'에 대해 절대적인 믿음을 가지고 있다. 승려가 춤을 출 때는 반드시 손동작의 규율과 무법에 근거해서 추는데, 이때 춤추

는 사람의 내면의 상태에 따라 비유할 수 없는 성취를 이루게 된다. 필자가 만난 노승들의 증언에 의하면, 예전의 승려들은 밤새도록 법열에 취해 춤을 추곤 하였다. 그런가 하면 법무를 추며 마을을 돌아다니며 시주하여 사찰건립을 한 일화도 있다.

중국이나 대만의 신도들은 수륙법회에서 승려들과 함께 의례문 범패를 노래하며 적극적으로 의례에 참여하는 것과 달리 티베트 참의식에서의 신도들은 승려들의 춤과 범패를 감상하며 기도하는 것이 전부였다. 이는 밀교의 전법체계와 관련이 있다. 한국의 수륙재에서 모든 의례 절차를 승려 주도로 진행해가는 모습과 신도들의 관전 태도는 중국 보다 티베트 불교와 친연성이 있어 보인다. 또한 검은 모자와 흑포를 쓰고 추는 샤낙춤은 한국의 처용무와 불교 작법무와도 관련이 있어 보인다.[23]

IV. 융합적 특성을 지닌 한국 수륙재

한국 수륙재는 국행이 단절되자 민간 주도로 전환된 데에다 일제의 사찰령과 근대의 사찰정화 분규를 겪으며 전통이 단절되었으므로 현재 행해지고 있는 수륙재의 근원과 전개에 관해서 규명하기는 매우 어렵다. 그러나 역설적(逆說的)이게도 전통의 단절로 인하여 과거의 모습이 그대로 정지되어 있기도 하여 어떤 점에서는 끊임없이 대중들과 함께하며 변해온 중국이나 대만 보다 오래된 원형을 많이 지니고 있는 측면도

23) 윤소희, 「티베트 참무를 통해 본 처용무와 영산재-샤허(夏河)의 라브랑스를 통하여」, 『한국음악연구』 제46집 (서울: 한국국악학회, 2009)

있다.

1. 시련(侍輦)

영산재나 수륙재를 지낼 때 첫 순서로 시련의식을 행한다. 이는 예로부터 황제나 왕 혹은 지체가 높은 사람들이 연을 타고 행차를 한 것에서 연유한다. 지금까지는 이 절차를 인로왕보살(引路王菩薩)의 인도로 불보살을 연에 모시고 재장으로 입장하는 것이라고 여겨왔다. 그러나 서울과 경기 일대 보다 불교의례가 좀 더 원활하게 지속되어온 영남지역 승려들에 의하면 시련은 불보살을 모셔오는 것이 아니라 국왕의 위패를 모셔오던 것이라고 한다.24) 수륙재와 영산재가 중요문화재나 유네스코 지정 세계문화재가 되자 이 방면의 연구에도 심도가 깊어지자 시련은 왕족의 위패를 모셔오는 것이라는 주장에 힘을 보태기도 한다.

이들의 주장을 들어보면, 조선 초기에 행해진 국행 수륙재는 개국으로 희생된 고려 왕가와 전쟁으로 목숨을 잃은 무주유주의 고혼들을 위로하기 위함이었던 점과 왕실주도로 행해진 수륙재의 특성상 생시에 그랬던 것처럼 왕족 영가들은 일반인들과 달리 연에 태워 모셨을 가능성이 높고, 불보살은 괘불이운을 통해서 모셔오는 것이 자연스러운 절차라는 것이다.

그리하여 이와 비교될 수 있는 중국과 티벳 의식을 조사해 본 결과, 대만 포광산의 상단의식은 종이로 만든 말에 사자를 태워서 그에게 불보살을 모셔오는 초청장을 들여보내고 맞이한다. 티벳 사원인 샤허의

---

24) 영남범음범패보존회장인 한파스님의 증언, 김용환·윤소희, 『영남범패』(서울: 정우서적, 2010) pp.135-136.

라브랑스에서는 궤불을 모셔오기 전에 마을 유지와 여러 고관대작이 행렬을 하고 그 뒤를 이어 호위무사들이 등장하고 이어서 탕가를 모셔왔고, 그 뒤를 이어서 공양물로 장엄한 큰 대(臺)를 모셔오는 행렬이 있었다. 한편 북인도 라다크의 헤미스곰파에서는 탕가를 건 뒤에 역대 조사들이 행렬하는 순서가 오전 내내 이어지기도 하였지만 한국에서와 같이 연이나 가마에 불보살을 모셔오거나 영가를 모셔오는 것은 보지 못했다.

이에 대해 인도에서 일찍이 행했던 행상의식이 한중일로 전해지면서 각 나라가 자국식으로 변용해 거행하는 것이라고 주장하는 학자도 있다. 이런 식으로 확대를 하면 미얀마의 출가 풍속도 이것과 연결시킬 수 있을 것이다. 아래 그림을 보면, 출가하는 아이를 코끼리에 태우고 온 마을 사람들이 이를 따라 행렬하며 축제를 벌이고 있다. 이러한 점을 두루 비추어 볼 때 한국의 시련의식은 인류 보편적인 행렬문화가 한국적 의례 토착화 과정 중에 변용되었을 가능성이 크다.

〈사진 15〉 미얀마 민속화 : 출가하는 아이들(촬영: 윤소희, 2010)

2. 연중의례의 유기적 관계

대만에서의 연중 법회들은 수륙법회에 그대로 수용되면서 긴밀한 유기적 관계를 지닌다. 양황보참법회, 우란분법회, 지장법회, 공불재천법회, 예천불법회, 관음법회, 약사법회, 미타법회 등 다양한데 이들이 수륙 외단과 야단으로 설단된다. 이때 범패와 송경 율조는 일상의 조석예불과 연중 법회에서 불리던 '찬'과 '게'가 그대로 불린다. 이에 비해 한국 수륙재는 조석예불이나 연중 의례와는 확연히 다른 개별적인 면모를 지닌다. 그 결정적인 차이가 오늘날 수륙재는 외단 의례가 없으므로 연중 법회와 연결될 여지가 없다. 예전의 수륙의문을 보면 한국에도 외단에 해당하는 내용들이 수록되어 있기도 하다. 이러한 점에서 현행 한국 수륙재의 원형과 변화에 대한 연구가 시급하다.

한편 수륙재의 핵심인 내단 구성을 보면, 중국과 대만은 상단과 중단을 합하여 상당에 모시므로 전체 설단은 상·하단으로 설치된다. 이에 비해 한국은 상·중·하 3단으로 구성한다. 한국 수륙재의 3단 구성에 대하여 밀교의례에서 연유한 3단 설치라는 주장을 하는가 하면 어떤 경우에는 중국에도 본래는 3단이었다가 2단으로 축소되었다는 주장을 하기도 한다. 이에 대해서는 앞으로 좀 더 면밀한 비교 연구가 있어야 하겠지만 한국의 3단 설단은 중국이나 티벳과는 또 다른 한국식으로 변용된 양상이라고 할 수 있다.

3. 공간과 궤불

수륙법회의 핵심이자 고유 절차는 내단이다. 중국은 손님을 맞이하는 응접실과 같은 실내 공간에서 극도로 절제된 분위기를 연출한다. 이에 비해 한국은 마당과 같이 오픈된 공간에서 괘불을 내어 걸고 구경꾼이 자유롭게 들락거리는 상황을 연출한다. 이는 티벳 불교의 탕가 의식이나 참의식과 더 많이 닮아 보인다. 그에 비해 의례 절차와 내용은 티벳과 확연히 다르다. 즉 티벳은 호법과 공양의식이 주목적이라면 한국은 중국의 수륙법회와 같이 공양과 천도의 성격이 강하기 때문이다.

4. 소대의식

중국이나 대만에서는 어떤 법회이건 마지막은 소대의식을 행하는 것이 일반적이다. 화리엔의 위에강스(月光寺)에서 우란분법회를 마친 후 소대의식과 함께 폭죽을 터뜨렸고, 타이페이현의 진강밍스(金剛明寺)는 민가와 인접한 사찰인데도 한밤중에 공불제천 의식을 마치고 폭죽을 터뜨리며 한바탕 소란을 피웠다.[25] 티벳 사원이지만 중국 샤허의 라브랑스의 '참' 의식에서도 소대의식 이후 폭죽을 터뜨리며 온 산에 연기가 자욱한 것을 보았다. 이에 비해서 북인도에 있는 헤미스곰파의 참 의식은 탕가를 올리면서 시작하고, 탕가를 내리면서 종료할 뿐 소대의식은 없었다. 이를 볼 때 라브랑스는 티벳 사원이지만 중국령에 있으므로 중국 의례의 영향을 받아 소대의식을 행했으나 헤미스곰파는 인도령에 있어 중국영향을 받지 않았으므로 소대의식이 없는 것으로 보인다. 이러한 점에 미루어 볼 때 한국의 소대의식은 중국과 친화력이 많은 것으로 보인다.

---

25) 2006년 음력 1월에 본 의례를 참관한 바 있다. 상세한 내용은 「한·중 불교음악 연구」(서울: 백산자료원, 2007) pp.46-48 참고 바람.

5. 법구와 악기

대만에는 일상의 조석예불이나 법회 때에 쇳소리와 나무소리로 음양의 조화를 이룬다. 이들 법기를 보면 종(鐘)·북(鼓)·목탁(木魚)·경(磬)·당(鐺)·협(鉿)·령(鈴) 등으로 쇳소리와 나무소리가 대별되는 재료이다. 이러한 법기들은 일상의 조석예불과 연중 법회를 통해서도 그대로 활용되는데 수륙법회 내단에는 일상 의식에는 쓰이지 않는 요발(鐃鈸:협자보다 큰 자바라)과 목판이 추가로 편성된다. 이때 목판은 중국 전통 창극인 '경극(京劇)'에서 배우들의 등퇴장을 지휘하는 타악 절주와 유사하여 중국정취가 물씬 느껴진다.

〈사진16〉 대만 불광산사 수륙 내단 불단 앞에 설치된 요발과 목판 (촬영: 윤소희, 2007)

그러나 이들 법기는 모두가 대중의 행위를 지시하는 신호이거나 범패를 장엄하게 하는 타악 절주일 뿐 선율 악기는 없다. 이는 의식 중에 음률을 신경 쓰느라 기도에 방해를 받지 않기 위해서이다. 이에 비해 한국에는 대만과 같은 쇠(징)와 목(목탁)을 기본으로 하되 북과 태평소까지 가세한다. 이는 음양의 조화에서 비롯된 쇠(징)와 목(목탁)을 기본으로 하는 중국 법기 운용의 바탕 위에 나팔을 울리는 티벳적 요소가 더해지고 여기에 기악단까지 가세하는 것은 한국적인 또 다른 변용의 일면이다.

6. 범패

오늘날 중국과 대만의 범패는 경(經)·주(呪)·찬(讚)·게(偈)를 모두 지칭하며, 불보살을 칭송하는 노래인 범패, 경전을 독송하는 전독, 불법을 강의하는 창도(唱導) 등 그 영역이 매우 넓다. 연중 행해지는 의례들이 수륙법회에 그대로 적용되듯이 수륙법회를 통해 불리는 범패도 마찬가지이다. 수륙법회의 고유한 절차인 의례문범패의 내용은 여늬 의례의 내용과 확연히 다르지만 범패의 율조는 크게 다르지 않다. 또한 이들 중 상당 부분이 대중과 승려의 합창, 승려와 대중의 교창으로 불린다.

앞서 보았듯이 예전에는 한달 혹은 49일 걸리던 수륙법회가 오늘날은 7-8일로 축약되면서 의례문이 축약된 경향이 있다. 한국에서는 전승의 단절로 인한 오해·와전이 있으면서도 한편으로는 고제의 원형이 그대로 남아서 보존되고 있는 경우도 있다. 수륙재를 이루는 여러 요소 중 의례문과 이에 수반되는 범패 가사를 중국·대만과 대조해 보면, 가사의 내용과 제목이 서로 엇갈리는 경우도 있다. 그 중에 동일한 내용을 지닌 어떤 가사는 대만 보다 한국의 가사가 훨씬 긴 장문으로 이루어진 경우가 더러 있다.26)

---

26) 현행 대만의 '찬불게'는 한국의 『범음산보집』의 송주편 조송주문의 30여구 가사 중 앞의 8구만으로 이루어져 있다. 이 외에 한국의 『석문의범』와 현행 범패 가사들이 대만 의례문과 동일한 내용이 다른 제목으로 되어 있는 것이 더러 있다. 자세한 내

한국 범패의 발성을 보면 당풍과 티벳풍이 혼재하고 있다. 경기지역 사람들은 영남에는 짓소리가 없다는 말들을 해 왔다. 그런데 영남지역 범패를 조사해 보니 허덜품을 비롯하여 깊은 저음으로 떨어지며 겹성으로 길게 확대해가는 짓소리와 겹소리가 있다. 다만 경기지역에서 구사하는 잣는소리 자출이는 소리가 없을 뿐이다. 그런데 경기지역에만 있는 자출이는 소리는 티벳범패와 닮은 면이 많다. 이는 고려시대 불교음악의 중심이었던 개성범패의 영향으로 보인다.[27]

한국의 수륙재에서 모든 범패와 작법이 승려에 의해서 행해지는데 이 또한 티베트 불교의식과 가깝다. 티벳의 불교의식을 보면 의례문 낭송에서부터 송경과 송주, 염불과 배원에 이르기까지 모든 절차를 대중의 참여로 이루어지는 중국과 달리 티벳의 불교의식은 승려 주도로 행해진다. 그러므로 탕가의식이나 참의식을 해도 신도들은 그저 구경이나 기도를 하며 감상을 하는 정도이다. 이러한 의례 진행 방식은 사자상승(師資相承)의 '밀교'적 취지와 관련이 있어 보인다. 특기할 점은 한국의 범패가 일부 전문승려들에 의해 전승됨으로써 고풍의 원형이 많이 남아 있어 의례 자체가 고도의 예술성을 지니게 된 것이다. 이는 한국 수륙재의 매력이면서도 한편으로는 대중 공감의 장애 요인이 되기도 한다.

7. 작법무

대만이나 중국 그 어디에도 한국과 같은 의식무(儀式舞)가 없다. 문헌

용은 윤소희, 「대만불교 의식음악 연구」 (한양대학교 박사학위논문, 2006) pp.221-223 참고 바람.
27) 윤소희, 「짓소리 개념과 음악적 실체 - 경제·완제·영제를 비교하여」, 『한국음악사학보』 제52집 (서울: 한국음악사학회, 2014) pp.119-153.
  손인애, 『경산제 불교음악 I -개성지역 불교음악과의 관련성』 (서울: 민속원, 2013)

에 양무제가 불교무용을 궁중무용으로 삼았다는 기록이 보이기는 하지만 이것이 의식무로 보이지는 않는다. 중국과 대만에서는 불교무용으로 돈황무를 즐겨 공연한다. 돈황 벽화를 재현한 이들 춤을 보면 불교적인 행사에서 행해진 것이지 의례 절차에서 비롯된 작법무는 아니다. 반면 티벳의 참의식은 춤이 의례의 중심에 있다. 이때 범패도 불리고 타악과 관악기도 수반되지만 이들은 어디까지나 춤을 위한 반주이지 범패만 단독으로 부르지는 않는다. 이에 비해 한국의 수륙재에서는 범패와 작법이 각각 독립된 역할을 하고 있어 악가무가 서로 상호 조화를 이룬다. 특히 작법무에는 궁중악가무, 무속의식, 민간의 춤 등 다원적인 요소들이 보이는데 이들을 세부적으로 살펴보면 다음과 같다.

1) 정제미의 극치 착복무

요즈음은 나비춤이라 부르곤 하지만 이러한 명칭에 대해 거부반응을 보이는 승려들이 많다. 호남지역에서는 이를 '착복무'라고 하고,[28] 영남지역에서는 '학무'라고도 한다.[29] 옛 기록에 불교와 학춤과 관련한 기록이 더러 보인다. 남북조시대 탁발위(拓拔魏)의 연화대에서 보이는 학춤에 관한 기록에서부터 명대의 『목련구모권선희문』에도 '학무'가 등장한다.[30] 조선 초기에 편찬된 『악학궤범』에는 '학연화대처용무합설'이 기록되어 있고, 승려들에 의해 추어진 사찰 학무를 비롯하여, 통도사의 만

---

28) 윤소희 외, 『어장 일응, 그 삶의 여정 영산에 꽃피다』 (사)일응어산작법보존회 (서울: 정우서적, 2013)
29) 김용환·윤소희, 『영남범패』 (서울: 정우서적, 2010) p.60, pp.164-166. 해인사 출신 승려로 부산영산재 작법보유자를 지냈던 청공스님과 영남범음범패보존회장이신 한 파스님은 불교 작법무가 학무에서 나왔다는 증언을 하였다.
30) 백성스님, 『학춤 연구』 (서울: 도서출판 한림원, 2004) pp.47-77.

산스님, 안정사의 승헌스님도 학춤이 작법무와 관련이 깊다는 증언을 하였다.[31] 이러한 제반 사항들을 제외하더라도 오늘날 재장에서 추는 작법무의 하얀 옷자락이 동래 학춤의 복색과도 많이 닮았다.

한편 옛 스님들은 작법무를 활옷춤 이라고도 하였다. 작법을 하려면 "활옷 가져 오너라"라고 하였다는 증언을 여러 번 들었다.[32] 이러한 증언들이 학설이 되기 위해서는 좀 더 많은 연구가 뒷받침 되어야 하겠지만 아무튼 고고한 학의 자태에 오색으로 화려하게 장식한 궁중 활옷을 겹쳐 입은 듯 한 작법무(나비춤)는 중국이나 티벳과 다른 한국적 미의 극치라고 할 수 있다.

〈사진17〉 오색 활옷을 입고 추는 궁중무

---

31) 김용환·윤소희, 앞의 책, p.48, p347.
32) 김용환·윤소희, 앞의 책, p.165, 한파스님의 증언.

〈사진 18〉 하얀 옷자락의 동래학춤

〈사진19-20〉 2013. 10월 삼화사 수륙재 작법무(촬영: 윤소희, 2012)

2) 반주에서 작법무가 된 바라춤

대만의 수륙재에서 범패를 반주할 때는 손안에 잡히는 작은 바라인 '협자'를 쓰지만 수륙 내단에는 '요발'이라는 커다란 바라로써 의례 분위기를 웅장하게 한다. 반면 티벳의 참의식 에서는 창과 칼, 불자, 거울,

해골 등 다양한 의물을 들고 춤을 추지만 롤모(바라)와 같은 큰 바라는 지휘자와 같이 의례와 춤을 반주하며 이끌어간다. 이렇듯 티벳에서는 바라가 불교의례의 중심 법기로 쓰이지만 한국과 같이 바라를 들고 춤을 추지는 않는다.

범패 전승에 관한 현지 조사를 다니는 과정에서 "예전에는 바라가 아주 컸고, 그것은 춤을 추는 것이 아니라 양손으로 치거나 위에서 아래로 내려치며 범패를 반주하던 법기였다"는 증언을 여러 번 들었다.[33] 실제로 티벳에서는 창극을 할 때도 바라를 위에서 아래로 내려치며 한국 판소리의 고수와 같이 극을 이끌어간다. 마찬가지로 의례에서도 바라는 지휘 혹은 춤의 반주로만 쓰인다. 영남지역 노승들의 증언을 들어보면 나비춤은 일찍부터 있었지만 바라춤은 웃녘에서 온 스님들에 의해서 전해지면서 추기 시작했고, 그 연원이 얼마 되지 않았다[34]고 한다.

이를 좀 더 알아보기 위해서 바라춤이 등장하는 '탱화'를 살펴보았다. 현존하는 탱화 중 국립중앙박물관 소장 감로탱화(1649년)와 1681년에 제작된 우학문화재단 소장 감로탱화(보물 제1239호), 1692년에 제작된 안성 청룡사 감로탱화(보물 제1302호), 1759년 제작된 영원사 감로탱화를 살펴보면, 국립박물관 소장의 탱화에는 바라를 든 모습이 보이지 않고, 1759년까지의 탱화를 보면 바라를 들고 서 있기는 하지만 춤을 추는 동작은 아니다. 그에 비해서 비교적 근대에 그려진 파주 보광사의 탱화에는 바라춤이 보인다.

---

33) 1921년생으로 양산통도사와 대구 동화사 등지에서 범패를 익힌 웅산스님을 비롯하여 다수의 범패승으로부터 이와 같은 증언을 들었다. 참고 김용환·윤소희, 앞의 책, p.289.
34) 영남범패의 최고령 증언자인 만산스님과 영남범패보존회장인 한파스님 모두 바라는 웃녘에서 왔다고 하였다. 김용환·윤소희, 앞의책, p.48, p.163.

〈사진 21〉 국립박물관 소장 감로탱화

〈사진 22〉 파주 보광사 감로 탱화

탱화 속 바라의 용도 변화는 좀 더 많은 자료를 면밀하게 검토해야겠지만 아무튼 다방면의 증언과 자료를 통해서 볼 때 바라춤이 의식무로 자리잡은 것은 그리 오래되지 않은 것으로 여겨진다. 재식 활동을 오래 해 온 승려들의 증언에 의하면 밤재를 지내며 졸음이 쏟아질 때 앉아 두드리던 바라를 들고 일어나 춤을 추면서 졸음을 쫓고 재장의 분위기를 띄우는 역할을 했을 것이라는 생각이 들기도 한다.

이상 중국과 티벳의 의례 절차와 실행 양상을 한눈으로 파악하기 위하여 대조표를 작성해 보면 다음과 같다.

〈표2〉 중국·한국·티벳 의례 특징 비교(◆한국고유 ○중국 ◇티벳)

구 분	중 국	한 국	티 벳
시련	없음/상당청 포함	◆ 한국적 행렬	시작 행렬
의례문	○	○	
의례목적	○ 공양, 천도	○◇ 공양, 천도	◇ 호법
범패	○ 승려 대중 합송	◆○◇ 중국,티벳,한국 요소 혼합	◇ 굵은 탁성
궤불	수륙화	◇ 궤불	◇ 탕가
선율악기	타악 법기만 사용	◇ 타악과 나팔 편성	◇ 타악, 나팔
의례공간	실내 공간	◇ 마당	◇ 마당
분위기	폐쇄, 정적임	◇ 개방, 동적	◇ 개방, 밀앵, 동적
작법무(춤)	의식무 없음	◇ 춤과 노래 혼합	◇ 춤이 중심
선율악기	선율악기 배제	◆◇ 악대 합세	◇ 여러 나팔
대중동참[35]	○ 수륙의문 합송	◇ 대중 관망	◇ 대중 관망
소대의식	○	○ 소대의식	중국령 사원 ○
			인도령 사원 ◇

이상의 표에 담긴 내용은 간략히 보기 위하여 주된 내용만 표시하였다. 예를 들어 한국과 중국의 수륙재에도 호법의 내용이 있고, 티벳의 참의식은 호법이 주된 목적이지만 정화와 공양의 순서도 있다. 탕가의 식 또한 불·보살을 선양하는 것이지만 그 가운데 호법의식도 진행되기도 한다. 마찬가지로 한국의 수륙재에 내포된 성격은 단지 중국과 티벳 뿐 아니라 범아시아적 불교문화의 색깔이 복합적으로 융합되어 있을 것이다. 그러나 본고의 취지에 따라 중국과 티벳적 요소에 주안점을 두어 위 표의 내용을 정돈해 보면, 한국 수륙재에는 중국과 티벳적 요소가 유입되어 있지만 실제 의례를 보면 중국이나 티벳에 비할 수 없을 정도로 독특한 색깔을 지니고 있으니 그것이 바로 한국 문화가 빚어낸 정체성이자 고유성이다.

V. 맺음말

문화는 공기와 같아서 국경과 상관없이 흘러 그 지역의 자연 환경·기후 그리고 그 지역 기층문화와 섞여들며 색깔과 모양이 달라지므로 세계 어디에도 퓨전이 아닌 문화는 없다. 본고는 한국 수륙재가 지닌 고유성과 정체성을 주변국의 요소와 비교해 봄으로써 규명해 보았다. 그 결과 한국 수륙재는 중국에서 비롯된 의례문을 바탕으로 하되 실제 의례 실행 방법은 티벳 불교의례와 상통하는 면이 많았다. 그러나 한국 수륙재의 면면을 보면 중국이나 티벳과는 확연히 다르니 그것이 바로

---

35) 본 항목의 대중참여는 수륙의례문을 대중이 함께 낭송하거나 노래하는 것을 의미함.

한국의 문화요 예술이다. 따라서 한국 사람들의 정서와 예술적 심성이 외래적 요소와 융합되어 형성된 것이 오늘날 한국 수륙재이다.

수륙재가 중국에서부터 시작되어 한국으로 유입되었지만 확연히 다른 의례적 색깔은 이를 행하는 악가무로 인해 그 고유성이 두드러지게 되었다. 어떤 의례이든지 그 지역의 기층문화 위에 정착되면서 토착화된 결과이지만 오늘날 한국 수륙재의 성격은 조선 후기부터 본격화된 억불정책과 수륙재의 민간화가 그 직접적 요인이다. 다시 말해서 국행 수륙재가 중지되면서 민간 예술과 섞여들었고, 그 결과 토착화가 급격하게 이루어져 한국 악가무의 예술적 기량이 다양하게 융합된 것이다. 이런 현상을 보면 오늘날 한국 수륙재가 지니는 독특한 예술성은 억압과 단절의 역사가 빚어낸 의외의 수확이라고도 할 수 있다.

예로부터 악가무에 능한 한국 사람들은 다른 어느 민족 보다 퓨전에 뛰어난 창의적 기량을 발휘해왔다. 그 예를 들면 신라시대부터 있었던 향당교주(鄕唐交奏)를 비롯하여 조선시대에는 중국의 문묘제례악의 틀 위에 당악기와 향악기를 결합하여 뛰어난 퓨전음악을 만들었으니 그것이 종묘제례악이다. 이와 더불어 사찰에는 수륙재가 있으니 한국 문화의 바탕 위에 중국과 티벳을 비롯한 외래적 요소를 융합하여 '창출어람'의 종합예술의 장이 된 것이다. 이에 본고에서는 세계 여러 문화가 한 무대에서 만나는 글로벌 문화시대를 맞아 한국 수륙재가 지닌 앞으로의 과제는 의례적 여법성과 더불어 한국적 정체성과 고유성 확보 또한 매우 중요함을 강조하고자 한다.

〈중문〉

高俄利, 「佛敎音樂傳統與佛敎音樂」, 『佛敎音樂』, 臺灣: 佛光山文敎基金會, 1998.

釋永富, 「佛敎儀軌的普世價値-以佛光山萬緣水陸法會爲例」, 마산: 東亞細亞佛敎音樂學術大會 發表, 2004.

劉利千 譯註, 『서장왕신기』, 中國: 民族出版社, 2000.

袁靜芳, 『中國漢傳佛敎音樂文化』, 北京: 中央民族大學出版社, 2003.

慧　皎, 『高僧傳』 卷十三.

〈국문〉

김규현, 『티베트 문화산책』, 서울: 정신세계사, 2004.

김문경, 『당대의 사회와 종교』, 서울: 숭실대학교출판부, 1984.

김용환·윤소희, 『영남범패』, 서울: 정우서적, 2010.

김유미, 「처용전승의 전개양상과 의미 연구」, 부산대학교 박사학위논문, 1998.

김흥우, 「티벳의 라마교 연극」, 『희곡문학』, 서울: 동서희곡문학회, 1995.

박은영, 「처용무와 티벳참의 비교 연구」, 『체육철학학회』 제12권 제2호, 서울: 체육철학학회, 2004.

박진태, 「티베트의 탈춤」, 『비교민속학』 제8집, 서울: 비교민속학회, 1992.

＿＿＿, 「한국과 티베트의 탈춤의 비교」, 『우리말글』 통권 31호, 서울: 우리말글학회, 2004.

백성스님, 『학춤 연구』, 서울: 도서출판 한림원, 2004.

백정희, 「티벳의 전통극과 라마참에 대한 고찰」, 『대한무용학』 제43호, 서울: 대한무용학회, 2005.

손인애, 『경산제 불교음악Ⅰ-개성지역 불교음악과의 관련성』, 서울: 민속원, 2013.

신영수, 『美,아름다운 티베트』, 서울: 신영수컬렉션, 2000.

윤광봉, 「티베트악무의 형성과제 양상」, 『비교민속학』 제8집, 서울: 비교민속학회, 1992.

윤소희, 「대만불교 의식음악 연구」, 서울: 한양대학교 박사학위 논문, 2006.

_____, 「한·중수륙법회연」, 『한국음악연구』 제43집, 서울: 한국국악학회, 2008.

_____, 「수륙재 원형에 대한 고찰 – 대만 포광산 수륙법회를 통하여」, 『제6회 영산재국제 학술세미나 논문집』, (서울: 옥천범음대학, 2008).

_____, 「티벳 참무를 통해 본 처용무와 영산재」, 『한국음악연구』 제46집, 서울: 한국국악 학회, 2009.

_____, 「라다크 헤미스 곰파의 '참' 의례와 악가무」, 『한국음악연구』 제48집, 서울: 한국 국악학회, 2012.

_____, 「짓소리 개념과 음악적 실체 – 경제·완제·영제를 비교하여」, 『한국음악사학보』 제52집, 서울: 한국음악사학회, 2014.

이정환, 「삼예사원 참에 대한 고찰」, 『역사민속학』 제33집, 서울: 역사민속학회, 2010.

임종옥, 『천지명양수륙재의찬요』, 동해시, 2007.

정금희, 「학연화대처용무합설 연구-무도연출도형을 중심으로」, 서울: 숙명여자대학교 전 통예술대학원 석사학위 논문, 2005.

〈현지조사〉

2006년 7월(티벳력) 1-5일. 티벳 라사 쇼툰축제와 드레풍사원의 탕가의식.

2007년 12월. 2-9일. 대만 가오슝 불광산사수륙법회.

2008년 1월(티벳력) 3-17일. 샤허 라브랑스 신년의례.

2009년 7월 2-3일. 라다크 헤미스곰파 '참'.

2012. 10. 19-21일. 동해시 삼화사수륙재.

2013. 2월. 서울 진관사 수륙재에 대한 면담 및 답사.

2003~2012. 경기 및 영·호남 일대 범패전승에 관한 조사.

수륙재의 민속학적 가치와 민속의례적 성격[*]

나
경
수

I. 서론

백제금동대향로나 고려청자와 같은 미술품은 세계적인 우리 민족의 자랑거리이다. 한편 이것들을 만들어낼 수 있는 기술만 지금까지 전승되고 있다면 '그까지 것' 수천수만 개라도 마음만 먹으면 언제든지 만들어낼 수 있다. 많은 의궤들이 국보나 보물급으로 지정도 되고 관심도 모으고 있지만, 그 속에 있는 수많은 의례적 상황과 지식들은 사장된 채로 전승이 단절되었다. 최근 숭례문과 관련된 여러 가지 문제가 노정되고 있지만, 이러한 문제의 발단은 기본적으로 무형문화재정책의 소홀로부터 말미암았다고 해도 과언이 아니다. 유형문화재의 모태가 되는 무형문화재의 핍시 현상은 어제오늘의 문제가 아니다.

2010년까지 과거 5년간 기준으로 우리나라의 문화재 예산 중 94.9%는 유형문화재, 5.1%는 무형문화재에 할당되었다.[1] 국가지정 문화재

---

1) 염호상 팀장, 안용성·엄형준·조민중 기자, 「[위기의 무형문화재…한민족의 혼이 사라진다] <3> 정책 순위에도 밀려」, 『세계일보』, 2010. 1. 27.

중에서 유형문화재의 경우는 60% 이상이 불교 관련 문화재로 알려져 있으나, 불교 관련 중요무형문화재는 엄밀히 말해서 영산재, 연등회 등이 고작이었다. 그러던 차에 2013년 수륙재가 중요무형문화재로 새롭게 지정되어 불교의 입장이나 무형문화재의 입장에서는 그나마 다행이다. 한편 무형문화재는 정책적으로든 학술적으로든 민속학과 무관하지 않다. 무망한 가정일 수도 있지만, 만약 중요무형문화재가 현재 1000여 개 이상 지정되어 있다면 전국 많은 대학들에 민속학과나 관련 학과가 설치되어 있지 않을까 싶다.

모든 것을 망라하여 수륙재의 민속학적 가치를 점검해보는 것은 필요할 일이다. 그러나 가치론이란 존재론이나 인식론과는 차원이 달라서 모든 사람의 동의를 얻는다는 것이 애초에 불가능하다. 오히려 가치론의 올바른 가치는 일의적 단일성 또는 불변의 고정성보다도 다의적 확산성과 시의적 가변성에 있다고 볼 수 있다. 여기서 논하고자 하는 수륙재의 민속학적 가치 역시 일의적 규정 의도에서 출발하지 않는다. 오히려 다양한 가치평가가 제기될 수 있는 논의 촉발의 계기를 삼는 것으로 생각한다.

수륙재는 불교문화인 동시에 민속문화다. 역사적으로 그랬듯이 지금 역시 그 자리매김을 하자면 불교문화인 동시에 민속문화라 하겠다. 다

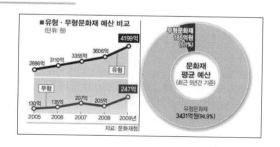

른 한편에서는 불교민속의 범주에 포함할 수도 있겠지만, 민족문화유산으로서 수륙재의 가치는 굳이 불교민속에 한정되지 않는다는 데 있다. 민속의례적 성격이 강하기 때문이며, 그것이 가지고 있는 세계상 역시 우리 민족의 생사관에 근거하여 전승되어 왔기 때문이다.

여기에서는 최근 중요무형문화재로 지정된 수륙재에 대해 그것의 민속문화적 가치를 점검하면서 동시에 우리 민족의 기층적 생사관과 관련하여 그것이 가지고 있는 민속의례적 성격을 찾아보고자 한다.

II. 수륙재의 민속학적 가치

1. 민속학적 가치의 인지적 준거

문화는 자연과 대립되는 상대적 개념이다.[2] 다른 한편에서 민속문화를 독립적 개념으로 볼 것이냐 아니면 상대적 개념으로 볼 것이냐 하는 것은 사상적 선택에 의해 결정된다. 이것은 민중을 독자개념으로 보느냐 상대개념으로 보느냐와 직결된다.[3] 그러나 무엇보다도 분명한 것은 문화가 기반을 두고 있는 곳에 민속도 기반을 하고 있다는 사실이다. 따라서 우선 문화와 민속의 기반부터 살펴보는 것이 순서이겠다.

---

[2] 나경수, 「아담신화와 무위자연론의 비교」, 『龍鳳論叢』 22(全南大學校 人文科學研究所, 1993), 111~135쪽.

[3] 던데스는 그의 글에서 민중을 상대적 개념으로가 아니라 독립적 개념으로 보아야 한다고 주장하고 있다. 즉 민관 또는 지배층과 피지배층 등으로 민중의 개념을 상대적으로 파악하던 전통적 개념규정에서 벗어나 동일한 문화를 공유하는 집단을 지시하는 독립적 개념으로 민중을 보아야 한다는 주장이다. A. Dundes, "Who are the Folk?", *Interpreting Folk* (Bloomington: Indiana University Press, 1980), p.2.

시공(時空)은 존재론의 근본이다. 특히 한자문화권에서 사용해온 개념들 중에는 이미 시공이 존재의 근원이라는 사실을 직관적으로 간파하고 있는 예들이 있다. 존재(存在)라는 말에서 존은 시간, 재는 공간을 의미한다. 세계(世界)라는 말에서 세는 시간, 계는 공간,[4] 그리고 우주(宇宙)라는 말에서 우는 공간, 주는 시간을 뜻한다.[5] 존재라는 말은 물론이고 세계나 우주와 같이 존재의 총체를 지시하는 말들이 모두 시와 공의 합성으로 이루어졌음을 알겠다.

한편 한자말로 볼 때, 시(時)와 시간(時間), 공(空)과 공간(空間)은 엄연히 다르다. 시와 공은 자연 자체며, 이산적 변별이 불가능하다. 무한한 시에 대해 금을 그어 단위를 삼고, 또한 무한한 공에 대해 금을 그어 단위를 삼게 되면 비로소 시간과 공간이 된다. 시계를 보면 눈금이 그어져 있다. 눈금과 눈금 사이는 일정하다. 자를 보아도 눈금이 그어져 있다. 눈금과 눈금 사이가 일정하다. 눈금과 눈금 사이, 즉 간(間)이 정해지면서 시와 공은 일정한 단위를 지니게 되며, 비로소 시간과 공간이 되는 것이다. 인(人)과 인간(人間)의 관계도 같다. 자연의 하나로 태어난 생명체는 다만 동물과 구별되지 않은 생명체로서 인일뿐이지만, 가정과 사회

---

4) 세계란 lokadhātu(路迦駄覩, 로가타도)라고 음역되는 범어로서, 『楞嚴經』 4권에 의하면 世를 과거·현재·미래의 三世 곧 시간의 개념으로 보고, 界를 동·서·남·북·상·하의 六方, 즉 공간의 개념으로 정리하고 있다. 불교사전(http://buddha.dongguk.edu/bs_detail.aspx?link=DGUL_BS_T_009858)에 의하면, 세는 천류(遷流) 또는 파괴의 뜻, 계는 방분(方分)의 뜻. 시간적으로 과거·현재·미래의 3세에 통하여 변화하고 파괴되며, 한편 공간적으로 피차·동서의 방분이 정해 있어 서로 뒤섞이지 않음을 말함. 보통으로는 생물들이 의지하여 사는 국토라 함.
5) 『說文解字注』에서 "사방과 상하는 우요, 과거와 현재는 주이다(四方上下曰宇 古來今來曰宙)"라고 하고, 『釋文』에서는 "천지사방은 우요 과거와 현재는 주이다(天地四方曰宇 往古來今曰宙)라 했으며, 『淮南子』 齊俗訓에서도 과거와 현재는 주이고, 사방과 상하는 우라 한다(往古來今謂之宙 四方上下謂之宇)고 하고 있다.

라는 성장환경 속에서 수없는 사이가 만들어진다. 태어나면서부터 부모와 자식, 친족, 인척, 친구, 연인, 사제의 사이 등등 수많은 사이가 이루어지면서 비로소 인간화(humanization)가 실현되는 것이다.

시와 공에 대해 눈금을 그린 것은 인간의 소작이다. 인간이 있고 나서 시간과 공간이 탄생한 것이기 때문에 시와 공은 존재론적인 것이지만, 시간과 공간은 인식론적인 것이다. 달리 말하면 시공은 인류가 탄생하기 이전부터 존재하고 있었지만, 시간과 공간은 인간이 그것들을 인식적 대상으로 삼으면서부터 시작된 것이다. 인간이 있기 전에는 시공만 있었고, 인간이 탄생하고 나서 거기에 눈금을 그리면서 시간과 공간은 탄생했다. 시간과 공간의 탄생은 인간의 인지적 발명품이며, 달리 말하면 문화의 탄생이다. 시공이라는 존재를 시간과 공간이라는 인식대상으로 가른 것은 인간이 한 일이며, 여기에 인식주체로서 인간이 합해지면서 문화가 탄생한 셈이다.

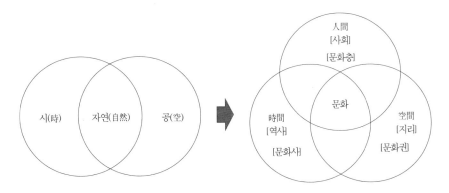

위 그림은 문화를 구성하는 삼간(三間) 구조를 보인 것이다. 인간, 시간, 공간은 문화적 층위에서는 다시 사회, 역사, 지리로 드러나며, 구체

적인 문화상은 각각 문화층, 문화사, 문화권으로 대별된다. 문화가 민속과 조응하는 것이라면 위 그림에서 문화를 대체하여 민속을 삽입하면 다음과 같이 그림 하나가 완성된다.

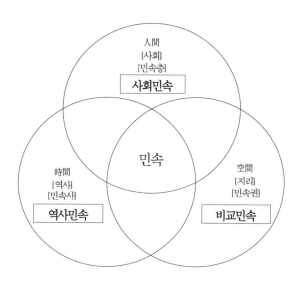

이는 민속이 존재하는 구조를 보인 것이다. 또한 이는 거시적 관점에서 민속을 인식하는 민속학의 대상적 준거일 수 있다. 어떤 대상의 가치를 해명하고자 할 때, 임의적 접근보다는 구조적이며 체계적인 접근이 인식의 일탈을 방지하는 한편 이해의 편의를 도울 수 있다. 수륙재라는 하나의 문화현상에 대해서 존재론과 인식론을 근간으로 하여 그것의 가치론적 접근을 시도하고자 하는 까닭은 체계적인 형식적 준거가 접근의 일탈을 방지하는 방법이기 때문이다.

문화재의 지정이 역사적, 예술적, 학술적 또는 경관적 가치에 기준을 두고 있는 것과는[6] 다른 차원에서 민속문화적 가치를 고구할 필요가 있겠다. 수륙재의 민속학적 가치를 해명하고자 하는 입장에서, 그 가치의 존재론적 또는 인식론적 근간은 위 그림을 참고도로 하면서 함께 생각해보자면, 수륙재는 시간적 통시성에 근거한 역사민속적 접근, 지리적 교류에 따른 비교민속적 접근, 그리고 그것을 주도했던 대표집단에 근거한 사회민속적 접근이 가능해진다.

2. 수륙재의 전개와 민속학적 가치

1) 역사민속학적 가치

울산에 있는 반구대암각화는 시사하는 바가 크다. 수렵도 하고 어렵도 했던 지역사람들이 그들이 잡아먹었던 동물과 또 사냥터에서 죽은 사람들까지도 바위에 새겨두고 그들을 위해 매년 정기적으로 집단적 위령제를 모시던 장소가 아니었을까 추정한다.[7] 요즈음 세계적으로 동물윤리학이 부각되고 있지만, 우리나라로 보면 이미 반구대암각화가 그 단초를 보이고 있다 하겠다.

---

6) 문화재보호법 제2조(정의) ① 이 법에서 "문화재"란 인위적이거나 자연적으로 형성된 국가적·민족적 또는 세계적 유산으로서 역사적·예술적·학술적 또는 경관적 가치가 큰 다음 각 호의 것을 말한다.
7) 나경수, 「반구대 암각화의 신화학적 해석 가능성」, 『한국암각화연구』 16(한국암각화학회, 2012), 5~19쪽.

정확한 기록이 없어 알 수 없지만, 한국의 토속적인 고대 국중대회가
집단적 위령제의 성격도 겸유하고 있었을지 모른다는 해석도 어느 정도
는 가능하다고 본다. 그러나 이러한 해석은 국중대회의 후대적 전개가
신라의 연등회와 팔관회로 대체, 계승되었다고 했을 때만 가능하다. 삼
국시대 말에 도교의 연등회와[8] 불교의 팔관회가 중국에서 한국으로 유
입되어 설행되었다. 그러나 둘은 기능이 달랐다. 연등회는 한해가 시작
하는 봄에, 그리고 팔관회는 한해를 마치는 겨울에 연례적으로 치러지
는 행사였던 것에서 그 시기적 의미상관이 분명하다. 생사의 변곡점에
연등회와 팔관회를 장치한 셈인데, 그런 점에서 팔관회는 죽음과 관련
되는 위령제적 성격이 분명하다.

　겨울인 10월 20일, 전쟁에서 목숨을 잃은 병사들을 위해 외사(外寺)

---

8) 본래 연등회는 도교의 의례였지만, 중국에서 이미 문화변용(acculturation)을 거쳐 불교
식 의례로 우리나라에 유입되지 않았을까 싶다. 조선조 태종 12년에 왕은 원나라 때
백과사전인 『사림광기』의 예를 들어 궁중에서 연등회를 열고자 하였다. 신하들은 반
대하였으며, 그 까닭을 유교적 전통이 아니라는 것이었다. "금중(禁中)에 등을 매달았
으니, 상원일에 태일(太一)을 제사지내기 때문이었다. (중략) 허조가 아뢰었다. 『문헌통
고(文獻通考)』에 상고하여도 없고, 오직 전조(前朝) 때 상정례(詳定禮)에만 나와 있는데,
그 기원은 한나라에서 태일(太一)을 제사지냄으로부터 시작된 것입니다. 하윤도 또한
성인의 법이 아니라고 말하니, 정지하는 것이 마땅합니다." 태종 23권, 12년(1412) 1월
15일 1번째 기사 참조

에서 팔관회를 설행했는데 7일만에 파했다.[9]

> 예종대왕이 경자년 겨울에 서도를 살피면서 팔관회를 열었는데, 두
> 가상이 있어 붉은 관복을 갖추고 홀을 쥐었으며, 금으로 장식하고 말에
> 올라 힘차게 뛰어 뜰을 돌았다. 임금이 이상히 여겨 물으니 좌우에서
> 말하기를 이는 신성대왕(왕건)이 삼한을 통일할 때 대신 죽은 공신 대
> 장군 신숭겸과 김락이라 하며 곧 그 본말을 아뢰었다.[10]

고려조에도 신라 팔관회 전통은 계속된다. 고려조 예종이 직접 친견
했던 평양의 팔관회에서 전장에서 목숨을 잃은 심숭겸과 김락 등이 등
장한다. 팔관회는 신라 진흥왕 때 그랬던 것처럼, 고려조에 와서도 여전
히 전몰군인에 대한 위령제적 성격이 계승되고 있다.

팔관회가 계속되는 사이에 고려조에 처음으로 수륙재가 등장한다. 수
륙재란 수륙회 또는 비제회라고도 하는 것으로, 물이나 물에 떠도는 고
혼과 아귀에게 법식을 공양하는 불교의 법회다. 이는 중국의 양나라 무
제 원년(502년)에 처음 시작되었다. 우리나라에서는 고려 광종 22년(971
년)에 수원 갈양사에서 혜거국사가 처음 시행하여 고려, 조선조를 거치
면서 계속되어 왔다[11].

> 수륙에서 전사한 병졸들을 위하여 명복을 빌고 추천하는 것은 그들
> 을 재액과 난관을 초탈하고 안락한 불국토로 승천시키기 위함이다. 후
> 세에 수륙재를 설행하는 것은 옛 팔관회의 의미를 이은 것이다.[12]

---

9) 冬十月二十日 爲戰死士卒 設八關筵會於外寺七日罷(『삼국사기』 권4, 신라본기 4, 진흥왕
   33년 10월 20일)
10) 『壯節公申先生實紀』
11) 耘虛龍夏, 『佛敎辭典』(서울: 東國譯經院, 1981), 486쪽.

중국의 팔관재도 죽은 이를 위한 위령제의 성격을 띠고 있었지만, 중국에서는 특히 전쟁을 겪은 후에 조정과 민간에서 자주 수륙법회를 거행하여 전쟁에서 죽은 망령들을 구제하였다는 점을 상기할 때, 진흥왕 33년에 외사(外寺)에서 설행된 팔관회는 바로 수륙재였음을 알 수 있다.13)

이능화와 전경욱은 수륙재와 팔관회를 동일 성격으로 보고 있다. 그런 점에서 문화적 중복으로 볼 수도 있겠다. 그러나 팔관회와 수륙재가 기능상 유사할지라도 중요한 차이를 가진다. 고려시대에 팔관회는 정기적인 세시의례였던데 반해서 수륙재는 비정기적인 의례였다.

불교국가였던 고려보다 수륙재는 오히려 조선조 초에 와서 성행의 기조를 보인다. 태조, 태종, 세조 등 살상을 많이 했던 통치자들이 그 죄씻김은 물론 민심을 안정시키기 위한 방편으로 수륙재에 관심을 크게 보였다. 특히 조선조의 수륙재는 중종대에 와서 폐기되기까지 국행수륙재로서의 면모를 과시하였으며, 2월 15일과 10월 14일, 연중 두 차례에 걸쳐 설행을 하는 것으로 제도화되기도 했다.

국행수륙재라는 말은 일종의 국상제(國喪祭)로서 수륙재가 모셔졌던 것을 의미한다.14) 그러나 조선조 초에는 수륙재와는 다른 국가적 위령제가 제도적 기틀을 마련한다. 여제(厲祭)가 그것이다. 태종 원년에 국가의 모든 제례가 『홍무제례(洪武祭禮)』에 의거하여 지내지면서도 유독 여

---

12) 이능화(윤재영 역), 『조선불교통사』(하)(박영사, 1973), 291쪽. 所以爲水陸戰死士卒 追薦冥福 以所超脫災厄難關 昇天安樂利土也 後世之設水陸齋者 旣古八關會之遺意也.
13) 전경욱, 「수륙재의 기원과 역사적 전개양상」, 『법성포수륙대재 복원사업결과보고서』, 전통예술복원 및 재현 문화체육관광부지원사업, 2009.
14) 윤무병, 「국행 수륙재에 대하여」, 『백성욱박사송수기념 불교학론문집』(동국대학교, 단기 4292년), 629~645쪽.

제만을 거행치 않는 사실을 지적하고 이에 대한 치제를 예조에 명했다[15]. 물론 중국식으로 제사를 받지 못하는 귀신에 대한 제례로서 시행코자 했던 것이다. 세종 22년에는 예조에서 『여제의주(厲祭儀注)』를 찬진하여 치제법에 대해 상세하게 적고 있고[16], 『동국여지승람』에 경중을 비롯하여 각 주부군현의 성북에 모두 여제단이 있다는 사실을 기록하고 있어서 조선조 초에 여제법이 완비되고 있음을 알 수 있다.

그러나 문종대에 이르러 불교의 수륙재와 유교의 여제가 서로 충돌을 일으킨다. 문종 원년에 박팽년 등이 올린 상소문을 필두로 하여,[17] 유학자들은 수륙재의 혁파를 줄기차게 요구하는 상소문을 왕에게 올린다. 문종은 박팽년 등이 수륙재의 금지를 주청하자 수륙재나 여제가 모두 귀신을 섬기기는 한 가지라고 하고, 또한 이것들을 행함은 단지 민심을 안정시키고자 하는 것일 뿐이라는 이유를 들어 윤허하지 않았다.[18] 불교나 유교를 종교적 차원이 아니라 치국의 이데올로기적 수단

---

15) 六曰行厲祭 自古凡有功於民及以死勤事之人 無不致祭 無祀之鬼 亦有泰厲國厲之法 今洪武禮制 其法甚備 我國歌朝祭之禮 皆遵皇明之法 惟此厲祭一事 獨不擧行 冥冥之中 皆無或抱寃抑 或懷憤恨 結而不散 餒而求食者乎 此足以積怨氣而生疾疫 傷和氣而致變怪者也 且令禮曹追錄前朝以後至于國初 有功可祀之人 詳定致祭之法 州郡守令有遺愛者 亦聽其州 立祀以祭 凡無祀之鬼 厲祭之法 一依洪武禮制施行.

16) 『朝鮮王朝實錄』世宗 卷八十九 二十二年庚申六月條.

17) 癸丑 視事司憲執義朴彭年啓 臣等竊謂 京畿民間有惡疾 命設水陸齋以禳之 夫水陸一事 豈能救其疾乎 請停之(『朝鮮王朝實錄』文宗 卷九 元年辛未九月條).

18) 임금(文宗)이 말하기를, "똑같은 사람인데 승복(僧服)을 입고 행하면 불사(佛事)라 이르고, 유복(儒服)을 입고 행하면 제사(祭祀)라 이르는데, 여제나 수륙재가 그 신(神)을 섬기는 것은 일반이다. 비록 여제라도 어찌 그 신의 소재를 알고서 하며, 또 귀신은 만물과 연결되어 빠짐이 없어 한 귀신만 섬기면 백신(百神)을 두루 제사할 필요가 없이 다 통한다는 것이다. 그러나 옛사람이 이르기를, '거행하지 않은 신이 없다고 하였으니, 이것 역시 모를 것이, 어느 신이 어려운 것으로서 진실로 지성껏 섬기면 다 감통하는 이치가 어찌 여제나 수륙재에만 있겠는가? 만약 수륙재의 한 행사가 이단을 더욱 일으키는 것이 되어 장차 큰 해가 있다면 할 필요가 없지만, 이는 다만 백성들의 정원(情願)에 좇아 우선 그 마음의 위안을 주려는 것이다. 대저 병이란 마음

으로 수륙재와 여제를 보고 있었던 것이다.

국행수륙재는 결국 조광조의 좌교 혁파론에 밀려 도교 예식과 함께 중종대에 와서 단절되고 만다. 국가적 위령제인 여제가 이미 제도적으로 완비되었기 때문에 유교국가로서 조선조에 당연히 예견되었던 일이다. 그러나 국행수륙재는 단절되었지만, 수륙재는 전국사찰을 중심으로 하여 민간에서 여전히 지속하고 있었다. 전국의 사찰에서 발견되고 있는 많은 수륙재의문들이 바로 이러한 사실을 입증한다.

2013년 수륙재가 국가지정 중요무형문화재가 되었는데, 진관사와 삼화사의 수륙재는 국행이었으며, 아랫녘수륙재는 민간수륙재라고 할 수 있겠다. 그러나 조선조 후기에 와서 여제 역시 약화되면서 생애사적 소멸을 맞게 된다.[19]

팔관회, 수륙재, 여제로 이어지던 국가적 위령제는 성쇠의 운명을 만났다.[20] 이들이 모두 수입형 위령제였다는 점에서 일치한다. 역사민속학적으로 보았을 때, 한편 이들은 전승의 맥이 끊긴 것처럼 보일 수도 있지만, 다른 한편에서는 새로운 변용을 보이고 있는 것이어서 이 또한 관심을 가져야 할 내용이다. 최근 부산, 대구, 나주 등에서 팔관회가 열리고 있고, 수륙재는 중요무형문화재가 되면서 다시 몇몇 사찰을 중심

으로 말미암아 비롯하는 것이어서 마음에 편안함을 얻으면 병도 또한 간혹 그치게 된다."하고, 박팽년이 굳이 청하였으나 윤허하지 않았다. (『朝鮮王朝實錄』 文宗 卷九 元年辛未九月十八日)

19) 나경수, 「진도의 여제고」, 『호남문화연구』 17(전남대학교 호남문화연구소, 1987), 51~74쪽.

20) 우리나라에서는 1956년 현충일이 지정되어 순국선열과 전몰장병에 대한 추념의례를 정부가 주관하여 올린다. 그러나 이 또한 자생적인 것이라 할 수는 없다. 우리보다 이전부터 미국은 5월 마지막 월요일을 Memorial Day, 호주와 뉴질랜드는 매년 4월 25일을 Aznac Day(Australian and New Zealand Army Crops), 영국, 프랑스, 캐나다에서는 11월 11일을 Remembrance Day라 하여 현충일로 추념하여 왔다.

으로 그 이름이 사용되고 있다. 여제의 경우 역시 관제(官祭)로서 생명이 다한 자리에 특수한 예이기는 하지만 진도지역에서 민제(民祭)로 다시 부활했던 것이 눈에 띈다.

2) 비교민속학적 가치

고등종교를 내세종교라고 하고, 자연종교를 현세종교라고도 한다. 불교, 기독교, 회교, 도교 등 고등종교는 내세지향적인 생사관을 가졌기 때문에 내세종교에 속하지만, 대부분의 민간신앙 또는 민속종교는 현세지향적인 성격이 훨씬 강하다. 우리 속담에 "개똥밭에 굴러도 이승이 낫다."거나 "거꾸로 매달려도 이승이 낫다."라는 표현은 자연종교적 생사관을 반영한 말들이다. 한국에 고등종교인 불교가 도래하면서 엄청난 생사관의 변화가 초래된다. 다시 말하자면 한국사회에서 2원적인 생사관이 혼재하게 된 것이다.

오늘날 한국사회에 기독교가 크게 자리를 잡으면서, 기독교 역시 우리민족의 생사관에 영향을 미치고 있다. 그러나 훨씬 이전에 불교로부터 받았던 생사관의 충격에 내성이 길러졌던 까닭에 생사관에 관한 한 우리 문화와의 이질적인 충돌이 심하지는 않다. 불교나 기독교는 내세를 단일 공간이 아닌 질적 차이가 나는 공간으로 설정하고 있다. 최소한 좋은 곳과 나쁜 곳이라는 질적 차별화를 통해 전략적으로 포교를 의도한다. 즉 구원 또는 구제라는 명목으로 전도를 위한 종교적 덫을 놓은 셈이다.

연등회도 마찬가지지만, 수륙재나 팔관회 등도 비교민속학적 대상을 설정하는 데 따르는 어려움이 많다. 지리적으로 보자면 인도와 중국, 그리고 한국 사이의 거리를 산정하는 것이다. 연등회는 현재 불교에서 독점하고 있다. 그리고 많은 책이나 논문 등에서 그 기원을 인도의 불교에서 찾고 있다. 그러나 연등회가 발생했던 중국의 형편을 충분히 고려하지 않은 채 불교와 연동하는 것은 오류를 낳을 수 있다. 중국에서는 대보름을 지금도 등절(燈節)이라고 부른다. 그 연원은 도교에 있다. 다만 불교를 빌었을 뿐이지 애초에 연등행사는 중국 고유의 절일에 했으며, 그 사상적 배경은 도교에서 발원했던 것이다.

불교는 중국에서 심한 문화변용(acculturation)을 겪었다. 위로는 깨달음을 구하고, 아래로는 중생을 제도한다는[21] 대승불교적 사상은 인도불교에는 없다. 중국의 전형적인 유교사상인 수기치인(修己治人)이 중국불교의 형성과정에서 변용을 일으킨 것이다. 뿐만 아니라 연등회도 불교적 분식이 심하지만, 본래 중국의 도교사상에서 발원했던 것이다. 수륙재역시 많은 연구들이 마치 불교의 아귀론에서 그 기원을 찾고 있지만, 사상적으로 그렇게 간단하지 않다.

기본적인 관념은 『춘추좌전(春秋左傳)』에서 찾아진다. 자산(子産)은 귀신이 돌아갈 곳이 있으면 해로운 짓을 하지 않으며, 사람이 횡사하면 그 혼과 넋이 다른 사람에게 붙어 원귀가 된다 하였다.[22] 이러한 중국의 귀령관에 근거한 중국의 여제는 주나라까지 소급된다. 그 이전의 상태는 기록이 없어 살필 길이 없으나, 주대의 여제는 칠사(七祀), 오사(五祀), 삼사(三祀)에서 모두 그 하나로서 봉사될 만큼 중요했다.[23]

---

21) 上求菩提 下化衆生.
22) 鬼有所歸 乃不爲厲 匹夫匹婦强死 其魂魄猶能憑依於人 以爲淫厲(『春秋左傳』 昭公七年條).
23) 王爲群姓 立七祀 曰司命 曰中霤 曰國門 曰泰厲 曰戶 曰竈 自爲立七祀 諸侯爲國 立五祀 曰司命 曰中霤 曰國門 曰國行 曰公厲 諸侯自爲立五祀 大夫立三祀 曰族厲 曰門 曰行 (『禮記』 祭法)

중국의 귀령관에 근거하여 생겨난 불교적 재식이 바로 수륙재이다. 수륙재는 불교의 아귀관(餓鬼觀)이 아니고 중국의 여귀관(厲鬼觀)에 근거한 것이다. 중국의 수륙화에 '횡사한 망혼의 여러 귀신들(橫亡魂諸鬼衆)'이라는 이름이 적힌 것들이 많은 바,[24] 이러한 사실 역시 중국 고유의 여귀관과 상통한다 하겠다. 따라서 수륙재의 지리적 비교 범위는 중국이지 인도까지 확대할 필요는 없는 것이다.

우리나라의 수륙재에서 사용하는 걸게그림인 감로탱 하단은 비명에 죽어간 사람들이 죽은 요인에 따라 다양한 형상으로 그려져 있다. 그들은 중국의 여귀와 같은 존재로서 우리 고유의 신앙 역시 원귀들은 저승으로 천도하지 못하고 이승을 떠돌면서 아는 사람들을 괴롭힌다고 믿어져 왔다. 따라서 그들을 저승으로 천도시키는 것은 각 개인이나 가정의 과제이기도 했지만, 국가적으로도 민심을 안정시키는 중요한 과제였다.

중국에서 유입된 팔관회, 수륙재, 그리고 조선조의 여제까지도 이러한 기능을 수행했던 공인된 국가적 의례였다. 또한 중국에서 유입된 이들 의례는 일정 기간 공공적인 지지를 받았다. 예를 들면 팔관회와 여제는 국가주도의 의례였으며, 수륙재만 하더라도 국행수륙재와 같이 국가에서 국상제로 모셨던 것이다.

표층문화와 심층문화로 구분하자면 외래문화는 표층문화에 속할 것이다. 최근 소복이 아니라 서양식의 검은색 상복이 일반화되고 있다. 우리의 생사관에 영향을 미치는 또 다른 지역문화가 일정한 표층문화로 자리를 잡아가고 있는 현상이다. 표층문화나 심층문화가 실제 실체가 있는 개념인지에 대해서는 다소 의심스럽기는 하지만, 재래와 외래라는

---

24) 전경욱, 「수륙재의 기원과 역사적 전개양상」, 『법성포수륙대재 복원사업결과보고서』, 전통예술복원 및 재현 문화체육관광부지원사업, 2009.

두 가지 문화적 양상은 분명히 존재할 수 있는 것이다.

관심 대상인 수륙재에 한정해보더라도 그것은 문화사적 영향에 의해 형성된 특정 문화이며, 그것이 유입된 이래에 우리나라에 적응하면서 일어났을 다양한 변용은 충분히 비교민속학적 과제가 될 수 있다. 하지만 이러한 문화접변현상에서 나타날 수 있는 요인 점검에 대해 하나 주의를 기울여야 할 사항은 객관적 입장보다 종교전략적인 입장이 우선해서는 안 된다는 것이다. 다시 말해서 수륙재는 물론이고 팔관회와 연등회까지도 그 계통을 불교 주지의 어떤 것으로 몰고 가는 종교전략적 희생물이 되어서는 안 된다는 것이다.

3) 사회민속학적 가치

수륙재는 물론이고 팔관회, 연등회, 그리고 여제 등은 모두 외래문화일 뿐만 아니라 지배층에 의해서 주도되었던 표층문화의 일종이다. 이들은 말할 것도 없이 정치적 지배논리를 강조하고 민심이반을 제어할 목적으로 통치권 차원에서 전략적으로 활용해왔던 것들이다.

2010년부터 부산에서 팔관회가 치러지자[25] 2011년도에는 대구에서도 팔관회가 열렸고, 팔관회와 다소 역사적 연고가 있는 나주에서도 최근 팔관회에 관한 움직임이 일고 있다.[26] 시민문화축제로 팔관회를 만들어가고 있거나 또는 만들고자 하는 움직임들이다. 이는 팔관회가 옛날과 같은 정치권력이 아니라 이제는 축제와 관광을 목적으로 하는 문화권력에 의해서 재현되는 양상을 보인다.

---

25) 부산팔관회는 2000년 10월 부산의 해운대백사장에서 팔관재수계법회를 봉행한 것이 시작이다.
26) 나주에서는 나주팔관회를 2011년 처음으로 재현행사를 한데 이어, 2013년에는 심포지엄을 통해 지역축제로 만들자는데 의견이 모아졌다.

사회적 목적을 위한다는 명목 하에 공공적 위령제로 수행되었던 수륙재와 여제만 하더라도 불교와 유교라는 지배적 이념과 결착되어 있었다. 사회 저변의 내면적 필요성에 의해서 자생적으로 만들어진 것들이 아니라, 통치권자가 외국에서 빌어온 고등종교 또는 고급사상을 기반으로 하고 있다는 점에서 사회문화적인 관심과 해석이 필요한 부분이다.

여제의 경우, 여제단이 군현에까지 설치될 정도로 지배사상의 공고화를 위해 관제(官祭)로서 역할을 했지만, 조선조 후기가 되면 성황단과 마찬가지로 그 생명력이 약화되면서 전국적으로 방치되고 만다. 방치된 여제단이 주민의 손으로 넘어가 관제가 아닌 민제로 탈바꿈되었던 예가 진도에서 찾아진다. 그러면서 제의 방식도 형태도 다양한 변모과정을 거치면서 전승되었다.27) 그러나 이마저 단절되었다가 몇 년 전부터 진도문화원에 의해서 최근 복원되어 남도문화제에서 선뵌 적이 있다.

수륙재의 경우, 통치이념에 기반한 국행수륙재가 단절된 후 오랫동안 불교의 사찰에서 그 명맥이 유지되어 왔다. 그러나 불교의 수륙재 전승과는 다른 차원에서 수륙재가 민간신앙화되는 변화가 나타났다.28) 이미 1970년대에 그 존재가 확인되었지만, 관심 밖에 있다가 2000년대 후반에 와서 다시 조명을 받게 된 소위 무속수륙제가 그것이다.29) 가장 최근까지 전승된 것은 법성포단오제에서이다. 지역 지식인들에 의해서 한

---

27) 나경수, 「진도의 여제고」, 『호남문화연구』17(전남대학교 호남문화연구소, 1987), 51~74쪽.
28) 임석재, 「줄포무악」, 『무형문화재조사보고서』79(문화재관리국, 1970), 420~421쪽.
   이세현, 「서해 도서지역의 민속조사연구(1)」, 『논문집』6(군산교육대학, 1973), 23~24쪽.
   이영금, 「법성포 단오제의 수륙재 수용 가능성」, 『한국무속학』17(한국무속학회, 2008)
   이경엽, 「서해안 무속수륙재의 성격과 연행 양상」, 『한국민속학』51(한국민속학회, 2010)
29) 나경수 외, 「법성포수륙대재 복원사업결과보고서」, 전통예술복원 및 재현 문화체육관광부지원사업, 2009.

제(恨祭)라는 이름으로 개명되어 법성포단오제에서 한 종목으로 매년 무속의례로서 진행되고 있었다. 그러나 그 연원은 군산에서 함평에 이르는 서해남부 해안 일원에 전승되어 왔던 무속수륙제와 일치했다. 무속인들이 바닷가에서 굿을 하면서 수륙제라는 이름을 사용해왔던 것이다. 무속수륙제는 수사자를 대상으로 한다. 개인이 할 수도 있고, 마을이나 또는 일정 집단이 주도하여 할 수도 있다.

한편 민속문화의 가치를 함의하고 있고 또 사회적으로 공인하는 것으로서, 대표적으로 꼽을 수 있는 것 중 하나가 국가중요무형문화재, 또는 시도무형문화재일 것이다. 수륙재 역시 최근 중요무형문화재 지정과 관련되어 활발히 거론되고 또 마침내 지정되면서 새로운 풍속도 하나가 사회민속학적 관심을 촉발하는 문화현상으로 등장하고 있는 사례를 본다. 2014년 9월 28일 무속인이 집전하는 "제2회 금호강(동촌)용왕수륙제 및 위령제"가 대구 금호강변의 특설무대에서 열렸다.[30] 또 최근 무속인과 스님들이 공동으로 수륙제(재)라는 이름의 행사를 여는 일이 많아졌다는 전언을 무속 관련 웹사이트 운영자로부터 직접 전해들은 바도 있다.[31] 이는 수륙재가 중요무형문화재로 지정되면서 나타난 일종의 확산현상으로서 문화적 탄력을 얻는 계기가 되었음을 부인하기 어렵다. 예를 들면 60년의 역사를 가지고 있는 백제문화제에서 치러지는 수륙재에 대해서 최근 충청남도의 무형문화재로 지정하자는 의견이 대두되고 있다.[32]

---

30) [무당신문] 2014년 9월 25일(목요일) 기사.
31) [Contents Fusion 문화 21] 대표 장영호. 2014. 10. 19. 인천 연수구 연수동 연수굿당에서 인터뷰.
32) 한상길, 「수륙재의 역사와 백제문화제 수상 수륙재」, 『백제문화제 수륙재 60년의 가치』, 백제문화제 60회 기념 학술세미나, 2014.

수륙재나 연등회는 영국의 타일러(Edward Burnett Tylor, 1832~1917)가 말한 소위 잔존문화(survival culture)의 형태로 겨우 전승되다가 최근 중요무형문화재로 지정되었다. 다른 한편에서 팔관회나 여제와 같이 소위 소멸문화(vanished culture)가 사회문화적 필요성에 의해서 복원되는 현상도 보인다.

잔존문화 또는 소멸문화가 복원 또는 재현 등의 방법을 통해서 오늘날 사회문화적 현상으로 등장하고 있다는 사실은 크게 눈여겨볼 필요가 있다. 또한 이런 현상들에 대해서 사회민속학적 입장에서 접근하는 가운데 그 가치를 고구하는 일 역시 긴요하다.

III. 수륙재의 민속의례적 성격

1. 한민족의 기층적 생사관

삶과 죽음, 그것은 원초적인 존재론적 현상이다. 태어난 것은 반드시 죽음을 맞는다. 죽기 위해 태어났다는 말은 다소 어폐가 있지만, 살아온 만큼 죽어왔다는 것은 필연이며, 따라서 피할 수 없는 절대의 숙명이다.

한편 죽음은 종교를 지탱하는 핵심적인 문제라고도 한다. 종교의 기원을 죽음에 대한 공포에서 찾는 주장도 있다. 인류사를 통해서 종교가 누려온 거대한 특권적 권위와 막강한 힘을 생각해본다면 죽음의 문제는 누구도 피해갈 수 없는 가장 절실한 인류사적 과제였음을 알겠다. 삶과 죽음은 공존 불능의 모순율을 근간으로 하고 있기 때문에, 지극히 비논리적인 초월적 세계관을 근간으로 하는 종교를 통해서 양자 사이의 조화를 찾으려 했던 것이며, 인류는 종교에 대한 의존을 통해서 죽음의 공포로부터 벗어나 위안을 얻고자 하는 소망을 키웠던 셈이다.

삶과 죽음의 두 극단은 우리말에 매우 지혜롭게 반영되어 있다. 사람이 죽으면 "돌아가시다"라고 한다. 돌아간다는 것은 왔던 곳으로 다시 돌아간다는 뜻이다. 삶과 죽음이라는 두 생물학적 현상을 이승과 저승이라는 두 공간으로 치환시켜 왕래의 개념으로 인식해온 우리나라 사람들의 집단적 사고와 믿음이 바로 "돌아가시다"라는 표현 속에 용해되어 있음을 본다.

"돌아가시다"라는 말은 일상어이기는 하지만, 보다 심각하게 생각해보자면 두 가지 의미를 동시에 만족시키는 민족어요 개념어이다. 저 옛날부터 보편적으로 온 인류는 죽음이라는 것을 생의 마지막으로 생각하지 않아 왔다. 죽은 후의 또 다른 세계를 그려놓았고 그 공간을 타계라고 하였으며, 타계에서 사는 것은 내세라고 하였다. 따라서 돌아가시다는 말은 결국 타계로 다시 가서 다음의 다른 삶을 계속 산다는 뜻이 내포되어 있다. 한편 돌아가시다는 말 속에는 왔던 곳으로 다시 돌아간다는 뜻이 담겨 있다. 그것이 어떤 곳인지는 경험의 한계를 벗어난 것이어서 알 수는 없지만, 그러나 왔던 곳으로 다시 회귀하는 구조적 역학관계가 찾아지는 말이기도 하다. 태어났던 곳으로 다시 돌아간다는 프로베니우스(Leo Frobenius)의 회귀의 법칙[33]과 부합하는 말이기도 하다.

한편 마을에 한 아이가 태어나면 그 집에 "산고(産苦)가 들었다"고 하고, 사람이 죽으면 "초상(初喪)이 났다"고 한다. "산고가 났다"거나 "초상이 들었다"는 표현은 들어본 적이 없다. 여기에서 산고와 초상이라는

---

33) 大林太良, 『神話學入門』(東京 : 中公新書, 1974), p.104 참조.

한자말이 우리말과 만나서 하나의 관용어(idiom)로 통용되고 있다. "산고들다(産苦+入=生)"는 탄생을 의미하고, "초상나다(初喪+出=死)"는 사망을 뜻한다. 다시 말하면 우리 민족이 탄생과 사망을 공간적인 들고남[入出]의 행위로 치환시키고 있는 사고의 틀을 우리말 표현을 통해서 확인할 수 있는 것이다. 돌아가시다는 말을 염두에 두면서 함께 생각해보자면, 산고가 들었다는 것은 저승의 존재가 이승으로 들어왔다는 뜻이며, 초상이 났다는 것은 이승의 존재가 저승으로 나갔다는 것이다. 저승으로 나간 것, 그것이 바로 돌아간 것이며 죽음이 된다.

이러한 생사의 세계관을 모아 집단이 공유하고 있는 무의식적 지식으로서 언어를 통해서 인지하고 있던 우리 민족은 바로 그들 언어를 바탕으로 한 또 다른 측면의 생사관에 대한 정보를 제공하고 있다. 아래 그림을 통해서 "돌아가시다", "산고들다", "초상나다"라는 표현을 살펴보자면 판단의 위치가 이승임을 알겠다. 즉 생사의 공간적 치환에 있어 화자의 위치(position of narrator)를 추적해보자면 이승이 곧 판단 주체가 서 있는 곳이다. 이승과 저승에 있어 "이곳(here)"와 "저곳(there)"의 거리감이 명확하다. 한민족의 기층적 생사관은 아래 그림과 같이 요약될 수 있겠다.

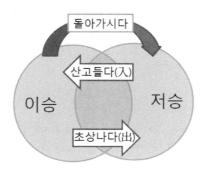

2. 민속의례로서 수륙재의 성격

수륙재는 민간에서 행해진 의례는 아니지만, 앞에서 말했던 것처럼 민속의례로서의 성격이 강한 까닭은 그것이 가진 생사관에 민중들이 느끼는 친연성 때문이라고 본다. 마치 씻김굿이나 오구굿과 같은 맥락에서 이해될 수 있기 때문이다.

이승에서 저승으로 가든, 저승에서 이승으로 오든 이러한 왕래에는 반드시 종교문화적 해석이 가해지게 되며, 이것은 의례라는 형식으로 전승된다. 반게네프는 이러한 통과의 과정은 그냥 이루어지는 것이 아니라 그 과정상에는 반드시 의례가 장치된다고 했으며, 그것을 그는 통과의례(rites of passage)라는 말로 표현해두었다.34) 통과를 위한 전이 지점(liminal zone)에 의례를 장치하여 종교문화적 가시화를 낳게 된다. 이러한 사실은 아래와 같은 리취의 그림을35) 이용하면 보다 쉽게 이해할 수 있다.

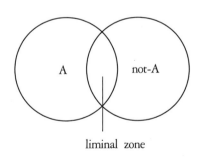

A : 이승
not-A : 저승
liminal zone : 전이지대

liminal zone

---

34) Arnold van Gennep (trans M. B. Vizedom and G. L. Caffee), *The Rites of Passage* (Chicago: The University of Chicago Press, 1966), pp.18~19.
35) Edmund Leach, *Culture & Communication* (London: Cambridge University Press, 1976), p.35.

이승과 저승은 질을 달리하는 공간이다. 따라서 두 공간의 전이 지점에 의례를 장치하여 질을 달리하는 공간과 공간 사이를 이동하게 된다. 신앙적 성격의 의례를 통하지 않고서는 질이 다른 두 공간 사이의 이동은 불가능하다. 의례란 성스러운 종교적 행위로서 초월적 경험을 가능하게 하는 수단이 된다. 실제로 이승에서 저승으로 가기 위해서는 죽음이라는 생물학적인 현상이 전제되면서 또한 장례식이라는 종교문화적인 의례가 수반하게 된다.

통과의례로서의 장례식은 저승으로의 이동에서 필수적이다. 만약 아무도 장례식과 같은 의례적 행위를 해주지 않는다면 망자가 저승으로 가지 못한다고 믿어왔다. 따라서 그들은 이승에 떠돌게 되며 살아있는 사람들을 괴롭힌다. 장례식을 치렀다고 하더라도 원과 한이 깊이 쌓인 사령은 저승으로 가지 못하고 이승에 미련을 남긴다. 이들은 살아있는 사람에게 해를 끼친다. 따라서 저승으로 가지 못한 사령을 저승으로 천도시키기 위한 사회적 또는 개인적 소망이 종교문화적 장치의 일환으로 발전하게 된다. 우리나라에서 무속의례를 비롯한 민간신앙에 여러 가지 형태로 그 양식이 전승되고 있다. 뿐만 아니라 역사적으로 볼 때 팔관회, 수륙재, 영산재, 여제(厲祭) 등 국가적 또는 제도종교의 공공적 의례를 통해서도 원귀 천도를 위한 의례는 계속해서 수행되어 왔다.

수륙재는 중국에서 만들어진 불교의례이다. 개인적 깨달음을 목표로 하는 소승불교와는 다른 중국에서 기원한 대승불교의 면모에 기반을 두고 있는 것이 수륙재다. 고려조에 수륙재를 받아들인 것은 비록 정치적 지배논리에 근거한 것이었지만, 그것조차도 일련의 민속환강을 목적으로 하는 것이었다. 특히 수륙재 폐지를 주장하던 박팽년을 비롯한 수많은 유학자들의 거듭된 상소와 주청에도 불구하고 끝내 수륙재의 폐지를 윤허하지 않았던 조선조 문종의 수륙재에 대한 변론에서 수륙재가 민속의례로서 이미 정착해 있었던 것임을 알 수 있다.

> 대개 양의(良醫)가 병을 구료함에 있어 그 환자의 마음부터 다스리는 것을 선무(先務)로 삼는다. 무릇 인심은 곧 천지의 마음이며 천지의 마음은 실상 조화의 근원인 것이다. 그러한 까닭에 인심이 화열하면 천지의 마음도 화열하고, 천지의 마음이 화열하면 여기(厲氣)가 자연 해산되고 화기가 응하게 된다. 지금 불법(佛法)이 사람들의 이목 속에 깊숙이 들어가 마치 취한 것같이 되어 있어 수륙재의 설시가 그곳 인심을 반드시 기쁘게 하고 편케 하여 이에 의뢰할 것이다. 이렇게 볼 때, 천지의 화기가 비록 일신의 병에까지 응한다고는 할 수 없으나 간혹은 이에서 치유되는 이치도 있는 것이다.36)

수륙재가 "사람들의 이목 속에 깊숙이 들어가 마치 취한 것같"다는 문종의 판단은, 그리고 수륙재를 통해서 "인심을 반드시 기쁘게 하고 편케"할 수 있다는 판단은 수륙재가 불교의례라는 외형을 가졌음에도 불구하고 민중적 지지를 받는 민속의례로서의 성격을 담지하고 있음을 최고통치자인 왕 자신이 인지하고 있었던 것이다. 의례가 민속의례냐 아니냐 하는 것은 민중들이 자신들의 문화로 그것을 판단하느냐 아니냐에 따라 결정된다. 민속문화란 민중들이 자신의 문화로 인지하고 있는 문화를 지칭하기 때문이다.37) 당시 지방관 역시 민중들이 수륙재를 자

---

36) 『조선왕조실록』, 문종 9권, 1년(1451) 9월 5일 7번째 기사 "임금이 친히 악질을 구료하는 의를 지은 내용."

37) A. Dundes, *Interpreting Folk* (Bloomington: Indiana University Press, 1980), pp.6~7.

신들의 문화로 인지하고 있다는 사실을 명시적으로 밝히고 있다.

경기 감사가 아뢰기를, "도내 원평·교하 등지에 모든 잡된 질병이 전전해 전염되어 인근 군읍까지 침투되고 있는데, 비록 의약으로 치료하여도 즉시 효력를 보지 못하고 있습니다. 신이 주야로 생각하여도 구료의 방책을 얻지 못하여 향촌을 순회하면서 부로(父老)들에게 물었더니, 모두 말하기를, '지난번에 황해도 황주 등지에 악질이 한창 치성하여 사람들이 이르기를, 제사 없는 원혼들의 빌미라 하여 수륙재를 베풀고 기도를 드린 연후에야 여기(癘氣)가 점차 그치게 되었으니, 이제 원컨대 수륙재를 황주에서 베푼 것과 같이 설시하고 지성으로 기도하면, 병기운이 조금은 그치게 될 것입니다.'라고 하였습니다. <u>부로들의 말이 비록 탄망하나 그 습속이 이미 오래되어 이같이 하고자 하는 것도 그들 마음 가운데에서 우러나온 것이니, 원평 등지에 어느 산수 좋은 곳을 택하여 지계승(持戒僧)으로 하여금 수륙재를 주관하여 행하게 함으로써 민간의 희망에 좇도록 하소서.</u>"하니, 임금이 그대로 따랐다.[38]

문종이 즉위하고 나서 1~2년 사이에 전국적으로 전염병이 창궐하여 유독 수륙재에 대한 기사가 많다. 조정 대신들은 한결같이 수륙재를 반대하는 입장이며, 문종은 이에 대해 적극적으로 방어하는 자세를 보인다. 경기감사는 조정 대신들과는 다른 입장이다. 민중들의 "마음 가운데서 우러나온 것"으로서 "수륙재를 주관하여 행하게 함으로써 민간의 희망에 좇도록" 하자는 주청이다.

수륙재는 중국에서의 처음 발생과 전개뿐만 아니라 우리나라에 들어와서도 역시 치국적 지배논리가 강한 의례였다. 그러나 이미 조선조에

38) 『조선왕조실록』 문종 9권, 1년(1451) 9월 15일 5번째 기사, "경기감사가 경기 도내에서 수륙재를 베풀 것을 청하다"

도 민중의 입장에서는 저들의 문화가 아니라 우리들의 문화라는 인식이 확실했던 것이고 보면 민속의례로서 자리를 잡고 있었던 것으로 볼 수 있겠다. 일부 지역에 한정되기는 하지만, 앞에서 말했던 것처럼 우리나라의 서남해안 및 도서지역에서는 무당들이 수사자를 위해 하는 천도굿을 수륙재라고 부르고 있다.39) 불교의 입장에서 보자면 세속화된 사례로 간주될 수도 있겠지만, 오히려 수륙재의 파생적 동질성을 읽을 수 있는 좋은 자료일 수 있다. 형태적 차이에도 불구하고 성격의 동질성이 명칭의 차용으로까지 이어진 일종의 파생문화인 셈이다.

IV. 결론

2013년 수륙재가 국가지정 중요무형문화재로 지정되면서 오랜 불교계의 숙원이 풀렸다. 그간 유형문화재의 경우는 60% 이상이 불교문화재인 점을 감안할 때, 무형문화재의 경우는 지나치게 관심 밖에 두어져 왔던 것이 사실이다.40) 최근 이러한 현상에 대한 지적과 반성이 불교계에 일고 있다는 것은 늦었지만 다행한 일이며 앞으로 기대하는 바도 크다. 기대가 큰 까닭은 수륙재만 아니라 수많은 불교의 무형유산들이 민속문화적 성격이 강하기 때문이다. 따라서 무형문화재로서의 가치나 성격에 머물지 않고 민속학적 접근을 필요로 하는 대상이기도 하다.

---

39) 이경엽, 「서해안 무속수륙재의 성격과 연행 양상」, 『한국민속학』 51(한국민속학회, 2010)
40) 나경수, 「불교무형문화유산의 정책 방향과 과제」, 『불교무형문화유산 보호/전승 정책 세미나』(대한불교조계종 총무원, 2013. 8. 30), 7~23쪽 참조

문화의 거시적 체계는 시간, 공간, 인간이라는 존재론, 그리고 문화사, 문화권, 문화층이라는 인식론에 근거한 그림이 그려진다. 더불어 가치론 역시 역사, 지리, 사회 등의 체계적 구조를 통해 위치하며, 그런 점에서 문화사에 기초한 역사민속학, 문화권에 기초한 비교민속학, 문화층에 기초한 사회민속학 등이 가치론적 조명을 기다린다.

수륙재는 고려시대부터 전승되어 왔던 통시적 문화현상일 뿐만 아니라 여러 가지 가변적 요인에 의해 변곡의 역사를 겪어왔다는 점에서 역사민속학적 가치를 내재한다. 또한 전파론적 입장에서 비교민속학의 대상으로서 접근할 여지가 매우 폭넓다. 최소한 중국의 수륙재와 한국의 수륙재가 비교의 사정권 속에 있으며, 보다 넓게는 불교문화권으로 확대가 가능하다는 점에서 폭넓은 비교연구를 요망하는 대상이다. 한편 성·속(聖俗)이나 상·하(上下)의 사회적 구성에 기초한 사회민속학적 관점에서 수륙재를 바라볼 필요가 있다. 특히 지배자적 논리에서 출발한 수륙재가 기층문화로서 자리를 잡아가는 가운데 대중적 지지기반을 마련해왔다는 점에서 층위를 넘어선 사회문화적 확산은 중요한 연구 가치를 가진다.

수륙재가 민속의례적 성격을 가지는 까닭은 우리 민족의 기층적 생사관과 일치하기 때문이다. 불교민속으로서 수륙재를 재단할 수도 있지만, 여기에 그치지 않고 민속의례로서의 기능적 역할을 수행해 왔다는 점에 착안할 필요가 있겠다. 불교의 수륙재는 유교의 상장례와 더불어 우리 민족의 생사관에 기초하여 민속의례로서 확고한 자리를 잡았다. 물론 한국에만 있는 독특한 불교의례로서 영산재와 더불어 그 역할을 반분하기는 했지만, 수륙재가 억불숭유의 탄압을 견딜 수 있었던 까닭도 따지고 보자면 민속의례로서의 성격을 지녔기 때문에 가능한 일이었다.

『楞嚴經』

『文獻通考』

『三國史記』

『釋文』

『說文解字注』

『禮記』

『壯節公申先生實紀』

『朝鮮王朝實錄』

『春秋左傳』

『淮南子』

나경수, "진도의 여제고", 『호남문화연구』 17, 전남대학교 호남문화연구소, 1987.

나경수, "아담신화와 무위자연론의 비교", 『용봉논총』 22, 전남대학교 인문과학연구소, 1993.

나경수 외, "법성포수륙대재 복원사업결과보고서", 전통예술복원 및 재현 문화체육관광부 지원사업, 2009.

나경수, "반구대 암각화의 신화학적 해석 가능성", 『한국암각화연구』 16, 한국암각화학회, 2012.

耘虛龍夏, 『佛敎辭典』, 서울: 東國譯經院, 1981.

윤무병, "국행 수륙재에 대하여", 『백성욱박사송수기념 불교학론문집』, 동국대학교, 단기 4292년.

이경엽, "서해안 무속수륙재의 성격과 연행 양상", 『한국민속학』 51, 한국민속학회, 2010.

이능화(윤재영 역), 『조선불교통사』(하), 박영사, 1973

이세현, "서해 도서지역의 민속조사연구(1)", 『논문집』 6, 군산교육대학, 1973.

이영금, "법성포 단오제의 수륙재 수용 가능성", 『한국무속학』 17, 한국무속학회, 2008.

임석재, "줄포무악", 『무형문화재조사보고서』 79, 문화재관리국, 1970.

전경욱, "수륙재의 기원과 역사적 전개양상", 『법성포수륙대재 복원사업결과보고서』, 전통예술복원 및 재현 문화체육관광부지원사업, 2009.

한상길, "수륙재의 역사와 백제문화제 수상 수륙재", 『백제문화제 수륙재 60년의 가치』, 백제문화제 60회 기념 학술세미나, 2014.

무당신문 2014. 9. 25.

세계일보 2010. 1. 27.

大林太良, 『神話學入門』, 東京 : 中公新書, 1974.

A. Dundes, "Who are the Folk?", *Interpreting Folk*, Bloomington: Indiana University Press, 1980.

Arnold van Gennep (trans M. B. Vizedom and G. L. Caffee), *The Rites of Passage*, Chicago : The University of Chicago Press, 1966.

Edmund Leach, *Culture & Communication*, London : Cambridge University Press, 1976.

한·중·일 사령의식(死靈儀式)의 연희 공간과 그 변용

윤 광 봉

1. 들어가며

영산재는 주지하다시피 법화경의 설주이신 석존과 그 말씀을 듣기 위해 운집한 영산회상의 모든 대중에게 공양을 올리는 의식이다. 靈山作法論(天地冥陽水陸齋儀梵音刪補輯)을 보면, 靈山供進作法은 巳時에 공양을 드리고 午時에 대중에게 공양하는 것은 불씨의 법이라고 했다. 이것은 말하자면 공양 자체보다는 이를 빌미로 동참자들이 佛法과 善根을 맺는다는 데에 있다. 영산재는 생전예수재, 수륙재와 더불어 우리나라 삼대 재의식의 하나로서 한국에만 존재한다. 그런데 영산재가 먼저 문화재 지정을 받고, 뒤늦게 문화재 지정을 받기 위해 서둘러 붐을 일으킨 것이 수륙재다. 그 이유는 무엇일까. 여러 이유가 있겠지만 그 중의 하나가 바로 제의를 劇性으로 바꿨기 때문이라 생각된다. 이들 齋는 극성을 연출하기 위해 단을 설치하고 結界를 한다. 결계는 성과 속의 경계를 표시하는 것으로 부정이 범접할 수 없는 무언의 표시이다. 수륙재의 시작인 嚴淨八方의 모습이 그것이다.[1] 그리하여 이 장소에 시방의 신뢰를 이루고자 五分의 향을 외운다. 이른바 주문과 향으로 통합절차를 이루고자 하는 장면이다. 그리하여 요령을 흔들고 捷使를 불러 水陸空의 망령들을 초청한다. "오늘 밤 큰 시주 아무개가 순수하고 깨끗한 공양을 마련하고 널리 향화를 갖추고 자리를 베풀어 여러 가지 음식을 성대하게 진열하여 법연을 엽니다." 하며, 이 신성한 제사를 받으시기를 간곡히 청한다. 그리하여 庭中에 단을 차려놓고 疏를 올려 맞아 청한다. 그리하여 이들 망령을 위해 시방세계에 있는 부처들을 다 불러 모은다. 이 모습을 보면 마치 우리 산대극의 첫 장면이 그대로 연출되고 있음을 감지하게 된다. 이처럼 재의 장소는 그대로 연희 공간이 된다. 영산재나 수륙재나 모두 영가천도가 목적이니 시왕에게 올리는 대례왕공은 매우 중요하다. 이 대례왕공을 일본의 경우 매우 중요시한다. 이렇듯 사령의 식은 한 장면 한 장면이 그대로 무대에서 펼쳐지는 劇性의 연출이다.

생전예수재는 살아있는 사람을 위한 것이니 그 연기문에서 보듯이 印度적 색채가 짙고, 수륙재는 여러 설이 있긴 하지만 근원 출발을 양무제에서 찾으니 中國적이다. 그렇다면 영산재는 한국적이라는 얘기인가. 한국적이란 것은 이미 존재한 우리 토속과 불교와 융합이 되어 새로운 재의식을 꾸몄다는 것이다. 사실 발표자는 언뜻 수륙재와 영산재를 보면서 영산재의 식당작법과 수륙재의 오로단을 빼고는 그 구별이 어렵다는 것이 솔직한 심정이다. 뒤에 보겠지만 일본의 경우 식당작법은 일반 사람들이 볼 수 없게, 스님들끼리만 따로 마련된 공간에서 한다. 그러나

---

1) 『天地冥陽水陸齋儀纂要』, 임종욱 역주, 31-33쪽, 동해시, 2007.

현재 진행되고 있는 진관사, 삼화사, 백운사 수륙재의 경우 이러한 모습을 볼 수가 없다. 이 세 곳의 진행 절차를 보면 한마디로 변별력이 없다. 무지의 소치이겠지만 현장에 가서 봐도 그 나물에 그 밥인 느낌이다. 다만 굳이 구별하자면 진관사의 경우는 이태조와 관계가 있다보니 진관사까지의 어의행렬이 특별해 보이고, 삼화사의 경우는 진관사에 없는 방생회가 있고, 백운사의 경우는 두 절과 달리 외대령과 삼회향 형식의 뒤풀이가 있다는 것이다. 그런데 이 모든 재의의 진행을 보면 굿과 매우 흡사하다는 것이 공통점이다. 영신·오신·송신의 과정의 큰 틀이 그것이다. 그렇다면 굿이 먼저일까 수륙재가 먼저일까 하는 의문이 생긴다. 그러나 이것은 서로 따로 존재하며 전해 오다 습합이 된 것일 뿐 따질 게 못된다.

서구의 카니발은 灰의 수요일부터 시작되는 사순절의 금기 기간에 이뤄지는데, 이것이 부활절 전체 구조의 일부분이라고 보는 관점이 있다. 제의와 假裝과 광란 이것은 서로 반대되는 원리의 경합이라 할 수 있는데, 이것을 극적구성이라고 하는 것처럼 시간의 경과를 쫓아 어느 때는 제의, 어느 때는 축제라고 한다.[2] 극적 구성은 드라마화 하는 과정으로서, 제의 자체가 드라마라는 것이다. 지금 논의되는 수륙재도 어느 때는 제의, 어느 때는 축제라고 하는 한편의 드라마다. 한편의 드라마란 실제든 가상이든 소재가 필요하다. 왜 제의를 베푸는가. 이유가 있을 것이다. 수륙재는 주지하듯이 수륙 모든 곳에 사는 산신령과 땅귀신을 위한 것이다. 모든 신선들이 흐르는 물에서 필요한 것을 얻고, 모든 귀신들은 깨끗한 땅에서 필요한 것을 얻기 때문이다.

---

2) 柳川啓一, 『祭와 儀禮의 宗敎學』, 91쪽, 筑摩書局, 1987.

산신령과 땅귀신에겐 얼마나 많은 사연이 있는지 우리는 많은 전설에서 확인하고 있다. 이러한 정황은 일본으로 넘어가면 신사와 사원으로 연결된다. 일본을 가본 사람은 누구나 그렇듯 신사가 많은데 놀랄 것이다. 그런데 그 신사와 가까운 곳에 절이 있다는 것을 인식하는 사람은 많지 않은 것 같다. 일본 속언에 "사람이 태어나고 결혼하면 神社에 가고, 죽으면 절에 간다"는 얘기가 있다. 그래서 신사와 달리 절을 가게 되면 절 바로 옆에 비석들이 즐비하게 서 있는 것을 보게 된다. 바로 죽은 이들의 무덤이다. 이 절들에선 바로 이 죽은 이들의 영혼을 달래 주기 위해 끊임없이 재의를 주최한다. 그 방법도 가지가지이다. 神 앞에서의 결혼, 그리고 절에서 부처님 앞에서의 장례의식이 지금도 이어지는 곳이 바로 일본이다. 이른바 신불습합의 전형이라 할 수 있다. 이처럼 죽은 이들을 위한 절 행사는 곧 진혼제와 연결된다. 우리로 말하자면 오구굿, 씻김굿이다. 우리는 여기서 야나가와의 얘기처럼 이러한 제의 속에서 劇的인 요소와 非劇的인 요소를 살펴야 한다.

2. 윤주의 금산사를 들르면서

사람은 누구나 태어나면 죽는 것이 자연의 원리로 되어 있다. 백세니 뭐니 오래 살자고 버둥여도 수명만 조금 연장될 뿐이지, 우리는 죽어야 되는 숙명을 지니고 있다. 이러한 죽은 이들을 위한 여러 행사가 세계 곳곳에서, 그 지역 정서에 맞게 진행이 되고 있는 것이다. 일본에 있으면서 하루도 빼놓지 않고 보게 되는 것이 동내어귀에 있는 지장보살이다.

지장보살은 중근세 이후 일본 사람들이 어린아이들을 보호하는 신으로 여겨 믿고 있다. 전설에 의하면, 부모보다 먼저 죽은 아이가 강가나 자갈밭에서 헤매고 있는 것을 지장보살이 구원해 주었다는 것이다. 그래서 오봉 기간에 열리는 地藏祭에서 부모들은 특히 어린이가 지장 앞에 가서 가호를 받도록 빌게 되었다. 때로는 스님이 독경이나 법어를 어른들에게 행하기도 하지만, 대체로 어린이들을 위해 행한다. 그런가 하면 지역에 따라 地藏盆 당일 아침에 염주회(數珠會)를 거행한다. 그 모습을 보면 동네 어린애가 직경 2,3미터 크기의 염주알을 둘러싸고 앉아 스님의 독경에 따라 차례로 도는 것이다.

서양과 달리 동아시아에선 죽은 사람이 아귀로 빠지는 경우가 많다고 생각해서인지, 施餓鬼會에 연원을 둔 불교를 바탕으로 死者를 위한 의식이 진행하고 있다. 수륙재는 주지하다시피 그 기원에 대해 다섯 설이 전해지고 있다. 盂蘭盆經說, 救面燃餓鬼多羅尼經說, 甘露水多羅尼經說, 授乳海水多羅尼經說, 梁武帝水陸祭會議文說 등이 그것이다. 이 중에서 자주 거론되는 것이 양무제설이다.

양무제는 꿈에 수륙법회를 열어 많은 영혼을 구제한다면 가장 큰 공덕이 되리라는 한 신승의 계시를 받게 된다. 꿈을 깬 후, 그는 보지선사의 가르침을 받고, 친히 사방에서 불경을 수집하고 삼 년 만에 水陸儀文을 완성하여 505년에 潤州(지금의 江蘇省, 鎭江)의 金山寺에서 수륙법회를 열게 된다. 흔히 강남이라고 불리는 이곳은 당나라 말기 총림제도가 발전한 곳이다. 범패 잘 하는 승려들의 절반 이상이 강남 혹은 남경에 거주한 승려였다는 『高僧傳』의 얘기처럼, 이곳은 國淸寺·天童寺·天龍寺·金山寺가 있는 곳이다. 이 절들을 마침 발표자가 일본의 <동아시아 불

교 의례 조사팀>과 같이 방문한 일[3])이 있다. 이 중에서 天台山 수륙재로 이름난 淸國寺 내단에서 개인이 주최하는 진혼제를 특별히 허가를 받아 볼 수 있었다. 그런데 그 많은 스님들이 새벽부터 법당에 모여 부처님을 중심으로 우회하며 주문을 외우는 모습이 매우 인상적이었다. 이어서 찾아간 곳이 鎭江의 江天禪寺 즉 金山寺이다. 金山寺는 東晉연대에 건설되었고, 처음에는 擇心寺로 불리었다가 당나라 때 고승 梵海가 산에서 금을 캐면서 금산사라 불렸다고 한다. 금산사가 있는 이곳은 사실 신라 때 潤州라는 곳인데, 潤州 하면 생각나는 것이 최치원의 <登潤州慈和寺>라는 시이다. 그리고 보면, 이곳은 일찍이 우리의 외로운 천재이신 고운 선생이 머무르던 지역임을 알 수 있다. 그런데 가는 날이 장날이라고 그 큰 절이 온통 수리하느라고 법석이라 겉만 보고 오고 말았다. 문을 들어서자마자 왼쪽에 <水陸法會> <客堂>이라는 푯말이 보인다. 이는 마당이라는 열린 공간에서 행하는 우리 한국에 비해 이곳에서는 응접실과 같은 실내공간에서 행한다는 의미이다. 다행히 오른쪽위 다른 건물로 옮기니 수륙박물관이 따로 있어 그것으로 만족할 수밖에 없었다. 절 주지의 안내로 박물관으로 들어서니 안은 온통 수륙화로 가득찬 느낌이었다. 한 쪽을 둘러보니 수륙화 밑에 빨간 천이 둘러친 탁상에 지화인 연꽃 위에 등잔(전등)을 밝히고, 그 뒤로 포대화상이 함박 웃음을 짓고 있는 모습이 보인다. 포대화상 뒤엔 부처를 가운데로 동쪽에는 약사불과 서쪽으로 아미타불 보살의 모습이다. 안내자의 설명에 의하면 수륙회는 보통 7일간에 걸쳐 행하며, 내단 외단이라는 두 곳에서 다양한 의식이 거행된다고 한다. 이 중에 내단 의식은 공개가 되지

---

3) 2009.9.18-27.

않고, 사승과 시주만으로 행해진다. 그런데 마침 일행 중 한 분이 현재 법회의 텍스트로 사용되고 있는 <수륙의궤회본>을 구입해서 내용 일부를 사진촬영 할 수 있었다. 이 회본은 남송의 志磐이 저술했으며, 명나라를 거쳐 청나라에 이르러 儀潤, 다시 중화민국의 法裕가 증보한 것이라 한다.

불교의식이란 불교의 신앙과 이를 바탕으로 한 具象化다. 따라서 이러한 신앙과 사상 및 사건의 전개는 곧 우리 불교사와 직결된다. 따라서 이러한 의식을 올바로 파악하기 위해선 불교사상의 본질을 올바르게 파악하는 것이 중요하다. 그저 겉으로 들어난 모습만을 보고 따져보았자, 그것은 그야말로 공염불에 불과하기 때문이다. 주지하다시피 수륙법회는 의식이 거행되는 시간이 길고 그 규모도 크다. 따라서 불교사상의 본질을 이해하지 않고 보면 정말 지루할 수밖에 없다. 이러한 의미에서 전체 외면으로만 볼 때 수륙재는 非劇的이다. 그러나 그 내면을 들여다보면 그 의식 진행이 한편의 드라마처럼 진행이 되고 있음을 감지하게 된다. 그런 의미에서 수륙재는 극적이다.

사령의식의 공간은 주지하다시피 내단과 외단으로 나누어 진행하는데, 내단은 법당 안에 단을 세워 제사 등 의식을 거행하는 것이고, 외단은 법당 밖에 단을 세워 주로 梁皇懺과 淨土經·華嚴經·法華經 등 여러 경을 읊는 의식을 거행한다.

내단이 아닌 외단의 실제를 보면, 전부 여섯 개의 단으로 이뤄진다. 대단 24명, 화엄단 2명, 법화단 6명, 방염단 6명, 諸經壇 6명, 정토단 6명이 그것이고, 7일간 독송하는 경전은 대단의 경우, 梁皇懺 24부, 금강반야경 120부 약사본원경 120부 梵網經心地品 48권이 있고, 이외 화엄경, 법화경, 방엄경, 무량수경 등이 있으며, 정토단에서는 염불 7일이 있다. 내단 의식은 7일 행사 중 제 3일부터 마지막 제 7일에 걸쳐 행해진다. 사흘째에는 結界에 이어 發符와 懸幡의 의례가 있다. 발부는 天界·空·地·冥界를 돌아다니는 네 명의 사자를 봉청하고, 수륙회가 행해지는 것을 고지시키는 것이며, 종이나 대오리 등으로 만들어진 使者인형은 내단 밖에서 불타게 된다.4) 이 외단 행사 중 염불 7일에 대해 좀 더 구체적으로 보면,

　　제7일 원각경 일부를 암송하고, 정토단에 八部衆神을 배설한다. 염불 칠일을 하는데 각 단이 늘 설비된 것처럼 그 장엄이 엄숙하고 내단, 대단 앞에는 香燈이 오색 紙牌로 감싸 있다. 먼저 첫날 밤 고요한 때 중이 북을 세 번 울리고, 經師는 齋主를 오게 하여 세 번 절하게 한다. 維那(중을 감독하는 승)가 楊枝에 물을 묻혀 나무관세음보살을 왼다. 물방울 하나하나가 세상을 맑게 해 주는 의미가 있다. 고발문조엔 북과 鈸鑼의 장면이 보이는데 동!동!동! 구체적으로 세 번씩 울린다.5)

팔부중신의 배설, 장엄의 엄숙함, 조상의 이름이 적힌 오색 紙牌, 때때로 다수의 승려가 열을 지어 와 기도를 올린다든가 북과 鈸鑼의 장면 등이 다분히 연희적인 분위기이다. 이 마지막 날 장면을 더 보면, 圓滿供과 圓滿香의 의식을 거행하고 육도의 중생을 위한 염불 특히 칭명을 권하고 왕생 정토를 바라며, 법회의 공덕을 끝까지 지켜본 오인의 判官을 보내고, 최종 送船이 된다. 이 때 내단에서는 鈸鑼 등의 음악이 울려 흥을 돋우고, 導師를 비롯해 수십 명의 道俗이 나와 경내를 行道하고 大

---

4) 『水陸儀軌會本』권4 經懺門.
5) 위 책 같은 편.

壇에 들어간다. 경내에서는 종이로 만든 커다란 送聖船과 7일간 사용한 종이 위패 등을 불태운다. 그리고 마지막으로 번관이 불에 던져져 법회는 끝이 나게 된다. 마치 오구굿의 마무리를 보는 느낌이다.[6] 이러한 7일 의식 절차를 다시 元·明시대의 것을 중심으로 홍기용이 요약한 것을 보면 다음과 같다.

> 첫째 날, 정수를 뿌리고 속세와 단절된 정토를 만든다. 그리고 상·하당을 청하고, 대웅전 왼쪽 앞에 '修建法界聖凡水陸普度大勝會功德寶幡'을 쓴 번을 내건다.
> 둘째 날, 상당을 청하고 이에 해당하는 畵像(水陸畵)을 건다. 상당을 받들어 목욕진언을 읊는다.(목욕통이나 향수 준비)
> 셋째 날, 상당을 공양한다. 제신들에게 복을 구하고 육도중생들을 위해 자비를 청한다.
> 넷째 날, 하당을 청하고 이에 해당하는 畵像을 건다. 하당을 받들어 목욕진언을 읊는다. 법사가 육도중생을 위해 지켜야 할 십계를 들려준다.
> 다섯째 날, 하당을 공양한다.
> 여섯째 날, 主法師가 친히 하당을 축원한다.
> 일곱째 날, 상 하당을 같이 공양한다. 상하단을 외단까지 인도한다. 상하당을 배웅한다.[7]

위 의식구조를 보면, 역시 정토를 꾸미고 상·하당을 청하는 迎神과 청한 제신들을 위한 각종 진언과 범패를 올리는 娛神 그리고 상·하당

---

6) 『두타산 삼화사 국행수륙대재의 전통성과 그 구조적 의미』, 「대륙중국의 수륙회에 대해서」, 133-134쪽, 한국불교민속학회, 2012.
7) 홍기용, 「중국 원명대 수륙법회도에 관한 고찰」, 『미술사학연구』 219호, 46-47쪽, 1998.

을 배웅하는 送神의 과정으로 이뤄짐을 알 수 있다. 이 같은 과정은 곧 사람이 죽으면 육체와 혼이 분리되어 그 혼은 우리 주위를 떠돌며 헤매고 있다는 사람들의 불안 심리와 연계되는 유주무주의 모든 亡靈을 위한 慰撫행사 구조이다.

이처럼 중국의 고대 전통문화에는 "영혼"의 관념이 존재한다. 그래서인지 그들에겐 불교에서 말하는 생명은 영원히 죽지 않는다는 믿음이 있다. 그들의 믿음은 사람이 죽으면 생전에 지은 善惡에 따라 만나게 되는데, 어떤 사람은 하늘로 올라가고, 어떤 사람은 축생이 되고, 어떤 사람은 귀신으로 변하기도 한다는 것이다. 이것이 이른바 그들의 "亡者祈福"의 습속이다. 일반 서민들은 이러한 행사를 칠월 중에 행하며, 절에서는 이들을 위한 비슷한 종류의 법회가 개최된다. 그 중에서도 수륙법회가 가장 성대하다. 儀軌에 따라 진행되는 모습을 보며, 참가자들은 죽은 영혼의 평안과 쾌락을 빈 후, 개인적으로 가정의 평화와 건강 그리고 사업번창을 빌기도 한다. 이러한 모습은 타이완의 경우 더욱 성행한다.

타이완에서도 수륙법회는 寺廟의 가장 큰 제사활동이다. 크게 할 때는 칠일에 걸쳐 하는데, 하도 성대하다보니 여기에 따른 재미있는 三多의 표현이 있을 정도이다. 우선 참가자가 많고, 받치는 물품이 많고, 誦詩經典이 많다는 것이 그것이다. 수륙법회의 全稱은 "啓建十方法界聖凡水陸普度大齋勝會道場"라고 하는데, 이외 水陸道場, 水陸齋, 悲濟會 등으로도 불리기도 한다. 이러한 불사는 供齋食이 주가 된다. 물과 뭍과 공중에 떠도는 일체 孤魂을 제도하기 위해 베푸는 이 행사에서, 가장 중요하게 여기는 것은 經懺法事, 供養諸佛, 懺除罪業, 祈福消災, 超薦祖先,

普度鬼神, 長養慈悲, 增長福慧 등이다. 이를 위한 소청과정을 보면,

奉請十四席-召請諸類孤魂-說破地獄偈-天道路-離怖畏-開咽喉解怨結-沐浴-治衣-淨六根三業燃香達信-爲六道群生奉請三寶-歸依의 과정이다.[8]

3. 일본의 死靈儀式과 그 변용

앞에서 梁武帝 설의 고장인 중국의 얘기를 했지만, 오랫동안 보아 왔던 탓일까, 사령의식 하면, 발표자는 역시 '우란분경설'에 자꾸 마음이 쏠린다. 일본에 있으면서 가장 인상적인 것 중의 두 가지가 앞에서 얘기한 곳곳마다 많이 보이는 절과 신사다. 바로 이들과 직결되는 오봉마츠리와 시월에 시작되는 카구라(神樂)는 일본에 사는 동안 내내 내 심사를 달구었다. 시민이면서 동민이었으니 그들이 하는 행사에 자주 참석할 수 있었다. 처음엔 호기심에 참석을 했지만, 점차 보이는 그들의 속내를 알고는 나도 모르게 움추려질 때가 있었다. 이는 물론 내 개인적인 생각이겠지만, 일본엔 보이지 않는 묘한 구속력을 가지고 사람들이 살아가는 느낌이다. 이를테면 반상회만 해도 우리같이 형식적인 반상회가 아니고, 그들은 모두들 모여 진지하게 거론된 문제를 가지고 토의를 한다. 참석할 때는 반드시 도장을 가지고 가 참석확인을 한다. 만약에 참석을 하지 않으면 보이지 않는 따돌림이 있다. 그러다보니 모두

---

8) 10/24~26千佛山水陸大法會(古梵密)(台大綜合體育館)2008年10月17日 │ 奉番 吳 http://tw.myblog.yahoo.com「水陸」又稱爲水陸齋、水陸道場、悲濟會, 全名「法界聖凡水陸普度大齋勝會」。乃供養或布施齋食於水陸(空)有情, 以救拔諸六道衆生所行施的法會。法會供施的對象: 上供十方諸佛菩薩, 中供一切聖賢天龍八部, 下濟六道衆生, 等於藉「水陸」一次全方位誦經設齋、禮佛拜懺、追薦亡靈, 且權宜中土民俗, 平等布施供養十法界。

가 진지하게 참석할 수밖에 없다. 왜 그들이 벌리는 축제 행사가 잘 되는지 이러한 속성을 알고 나면 아! 할 때가 있다. 그래서인가 모든 행사 특히 제의와 관련된 축제 행사는 모두가 한마음이 되어 엄숙하게 진행된다. 이것이 일본을 만드는 저력이다. 그러니 절과 신사에서 거행되는 재의는 얼마나 더 그렇겠는가. 여기서 우리의 재의와 일본의 재의의 차이를 느낀다. 제와 재는 다르다. 이것은 어디까지나 사견이지만, 제는 신령이나 죽은 사람의 넋에게 음식을 받쳐 정성을 나타내는 일반적인 제사요, 재는 명복을 비는 불공으로서 심신을 깨끗이 하고 행동을 삼가고 부정을 표하는 뜻으로 제보다는 훨씬 큰 뜻이 포함되어 있다는 느낌이다.

한국에서는 '施餓鬼會'라는 명칭을 잘 사용하지 않는다. 그 대신 천도재라는 말을 포괄적인 명칭으로 사용하고 있다. 사십구재·수륙재·우란분재·영산재 등이 그것이다. 반면에 일본에는 수륙재라는 행사가 없다. 그 대신 방생회가 있고 국가적 행사로 전통적인 修二會와 8월15일 전후로 거행되는 오봉행사가 있다. 이 오봉 행사는 바로 우란분재로 서민들의 축제행사다. 조상을 기리며 하는 우리 추석과 같은 것이지만, 날짜로 볼 때 우리도 지내고 있는 음력 칠월 백중행사다.

수륙재와 관련된 기록을 보면, 9세기 초(804년) 桓武王이 죽기 1년 전 당시 유명한 스님인 最澄이 당나라에서 천태교의를 배워 귀국한 후 比叡山을 중심으로 양무제의 慈悲道場懺法과 당대 밀교의식의 하나로 망혼천도를 위한 冥道無遮大齋를 결합하여 발전을 시킨다. 필자가 방문했던 중국 天台山에 있는 國淸寺에 바로 이 最澄大師의 受法碑가 있었다. 그러나 이 死者供養儀禮인 수륙재는 일본에 정착하지는 않았다. 다만

이 수륙재는 施餓鬼會의 일종으로 진행되는 우란분회가 혼합되어 오늘에 전해진다. 그것이 앞에서 애기한 오봉이다. 오봉의 봉(盆)은 그 어원이 확실치 않다. 일설에 의하면 신불에 받치는 공물을 넣는 그릇의 이름이라고도 한다. 그러나 범어의 우란분의 의미는 '倒懸'의 괴로움이다. 말하자면 지옥에 떨어진 망자인 목련존자의 어머니가, 지옥 그 중에서도 아귀도에 떨어져 거꾸로 매달려 있기 때문에 먹을 수가 없는 괴로움이다. 신통력 있는 목련존자가 이 가련한 모습을 보고 부처에게 물으니 시방의 스님들에게 음식을 준비해 공양하라 했다.

바로 이러한 모습을 바탕으로 그림이 생기고, 이것이 점차 확장되면서 사령의식과 관련된 많은 불화가 만들어진다. 말하자면 사령의식의 예술화다. 그런데 특기할 것은 많은 불화 가운데 도교가 혼휴되어 元明代에 가서는 수륙화 내용에 유・불・도 등 삼교의 제신들이 총망라되어 있다는 사실이다. 이는 곧 수륙재가 불교의례이면서, 한편으로는 적극적으로 여러 신선 즉 老敎적인 尊格을 봉청하고 있다는 의미이다. 불교에 속하는 것으로 일본에서는 역시 十王이나 十八羅漢이 주를 이룬다. 그러면 이제부터 우란분경설과 연관하여 이들의 사령재 현황을 살펴보자.

① 오봉 마츠리와 기리코마츠리

이를 살피기 전에, 우리의 경우도 우란분 행사가 오래전부터 있었다는 사실이다. 잘 알고 있는 968년(광종19)에 歸法寺에서 수륙도량이 개설되었다는 기록이 그것이다. 고려 초기의 일이다. 그러다가 선종(1083-1094) 때에 태사국사로 있었던 최사겸이 중국의 수륙의문을 송나라에서 구해 보제사에 水陸堂을 새로 세움으로써 수륙재를 더욱 성대히 격식에 맞게 했다. 그 후 일연스님의 제자 混丘(1250-1322)가 「新編水陸儀文」을 文」을 찬술하여 널리 시행되었던 것이다.

성현은 다음과 같은 얘기를 들려준다.

조선조 초기 7월15일은 속칭 백종이라 하여 승가에서 백가지 열매를 모아 우란분을 베풀었다. 서울에 있는 여승 암자에서 더욱 심했는데, 부녀자들이 많이 모여들어 곡식을 받치고는 돌아가신 어버이의 영혼을 불러 제사 지냈다. 이따금 중들이 탁자를 설치하고 제사를 지냈는데, 그 뒤 엄금하여 그 풍속이 없어지게 되었다. 그런가 하면, 서산 남쪽에 여승의 암자가 있었는데, 갑술년 7월16일에 암자에서 우란분회를 베풀어 선비집 부녀자들이 많이 모였었다. 소나무의 버섯을 따 먹다가 탈이 나 기절하는 사람이 있는가 하면 춤을 추며 날뛰고 울부짖고 난리였다. 가족들이 달려와 의원 점쟁이를 불러 주문을 외우거나 푸닥거리를 했다. 상하귀천이 한데 섞여 분별할 수가 없었다.[9]

이처럼 우란분 행사 기간 동안 여승이 있는 암자에서 곡식을 받치고 돌아가신 부모의 망령을 불러놓고 제를 올렸으며, 또한 한 암자에서 버섯을 따 먹다가 탈이 나 주문을 외우고 푸닥거리를 했다는 사실이다. 이로 보아 조선조에서는 큰 절이 아닌 조그만 암자에서 일부나마 오래 전부터 우란분 행사를 치러져 왔음을 알 수 있다. 그런데 이러한 우란분 행사가 일본으로 건너가더니 재미난 탈바꿈을 하는 것이다.

주지하다시피 원시 농경사회란 신을 중심으로 생각하고 항시 신의

---

9) 『용재총화』 제2권.

은혜를 입고 산다고 생각했다. 그래서 나라에서는 이 신을 위해 춤추며 기뻐하는 것이 신에 대한 감사로 생각하고 이를 관과 백성들에게도 권유를 하게 되었다. 춤을 춘다는 것은 위로 도약한다는 것인데, 그만큼 위에 있는 신과 가까이 할 수 있다는 의미가 담겨 있다. 그런데 이러한 행위가 무슨 옛날 고리타분한 애기 같아도, 우리는 현재 각종 종교모임에서 이러한 행위를 그대로 재현하고 있다는 것을 잊고 산다.

일본 하면 누구나 연상하는 것이 지진 그리고 벚꽃 즉 사쿠라다. 벚꽃에 대한 일본인들의 경외감은 상상을 초월한다. 3월말만 되면 일본은 하나미(花見)라는 벚꽃 축제의 열기로 들썩인다. 벚꽃은 아다시피 피었다 하면 빨리 진다. 바로 이러한 꽃의 수명을 좀 더 늘이기 위한 방편으로 그들은 鎭花祭라는 축제를 벌린다. 이 꽃이 너무 일찍 지면 그 해에 벼꽃도 일찍 떨어진다는 그들의 불안한 심리가 작용하기 때문이다. 그래서 이 축제 기간엔 "꽃이여 부디 더디 지세요! 천천히 지세요!" 하며 꽃의 수명의 연장을 바라며 춤을 춘다는 것이다. 이것이 이른바 그들이 말하는 하나마츠리(花祭)이다. 그런데 묘하게도 이 꽃이 피는 시기가 석가탄일과 비슷해 석가의 탄생을 축하하는 꽃 축제도 있다. 사람들이 자신들의 수명을 늘이기를 바라듯, 자신들에게 필요한 자연물에게도 수명의 연장을 바라는 간절한 소망이 여기에 깃들어 있는 것이다. 수명을 연장하는 것은 바로 글자 그대로 延年이다. 그래서 연년이라는 연희가 그들에겐 절(寺院) 행사 뒤풀이로 연결된다. 현재 일본 불교의 사자의례 즉 사령의식은 에도시대에 정형화되었다고 한다. 죽음 직후에 실시되는 츠야(通夜) 장례의식은 死者를 佛者로서 저 세계에로의 여행하는 것이라고 생각하는 것이다. 그들 속담에 "태어나면 신사로, 죽으면 절로"라는 말이 있다. 실제로 각 절에서는 죽은 이들을 얼마나 관리하고 있느냐에 따라 그 절 주지의 역량도 가늠을 하고 있는 줄 안다. 일단 죽으면 망자도 삭발을 하고 수계를 받는다. 이렇듯 새 이름의 법명을 받지 않으면 절에 묻힐 수가 없다는 것이다. 이렇게 수계가 끝나면 灌頂 등의 의식을 간략화하여 거행하는데, 이는 일시적으로 죽은 이가 승려가 되었다는 의미이다. 그래서 이와 같은 일련의 葬送의례 중 일본식의 계명과 법명이 중요한 것이다. 그런데 이 의식이 이것으로 끝나는 것이 아니다. 몇 번이고 몇 년이고 되풀이 해 거행된다는 것이다. 근대 일본에서는 初七日에 시작해 마지막 三十三回忌까지 열세 번의 법회가 기본이 되었다. 첫 번째인 초칠일에 不動明王, 二‧七日에 석가여래를 비롯해, 아홉 번째인 一周期엔 세지보살, 마지막 열세 번째인 三十三回忌의 虛空藏菩薩까지 각 기일에 정해져 있는 부처가 來臨해서 死者를 인도한다고 생각하는 것이다. 이것을 13佛法事라 한다. 그래서 일본에는 중국불화사에 의해 만들어진 寧波라고 하는 十王圖가 많다.10)

어쨌든 이러한 죽은 이들을 국가적으로 날을 정해 놓고 행하는 것이 8월15일 오봉이다. 이 날이 가까워지면 전국이 그야말로 들썩들썩인다. 우리로 말하자면 추석 명절과 같은 것이다. 이 오봉 하면 뭐니 뭐니 해도 이 날 寺社의 경내에서 남녀노소가 모여 추는 봉오도리이다. 우란분 맞이에 추는 춤이라 해서 봉오도리(盆踊り)라 하는데, 이 춤은 지옥에서의 괴로움을 면한 망자들이 기뻐서 추는 춤을 본 딴 것이라 한다. 전국이 다 유명하지만 이러한 춤으로 가장 이름난 곳이 도크시마(德島)에서 거행되는 아와오도리(阿波踊り)이다. 내가 살았던 히로시마에서 버스로

---

10) 田中文雄, 「道敎의 十王經과 儀禮」, 제3회 『동아시아종교문헌국제연구집회 발표문』에서 2013.3.17 於日本明海大學

두 시간 거리에 있는 이곳은 매년 8월 12일부터 4일간 본선이 벌어지는데, 그 모습이 그야말로 장관이다. 이 춤은 일본에선 물론 국제 페스티발에서도 단연 일본의 대표 춤이 되었다. 이를 보기 위해선 일 년 전에 예약을 해야 할 정도이다. 잠자리 구하기가 힘들어서다. 그 조그만 섬사람들이 이러한 죽음과 관련된 행사를 일상적으로 치러오다, 그동안 추어왔던 춤을 멋지게 변용을 시켜 예술화한 것이다. 그런데 이 춤의 모습을 보면 언뜻 간단해 보이나 그렇지도 않다. 오른손에 부채를 들고 두 손을 위로 젖혔다 다시 내리며 발동작이 이에 맞춰 부지런히 움직이는 것인데, 그 기본은 하나 둘! 하나 둘! 두 박자에 맞춰 발자국을 떼다가 그 발을 바깥쪽으로 향하는 모습이다. 이 춤사위는 마디풀과에 속하는 일년초인 藍밭에 물을 주기위해, 우물에서 물을 길어왔는데, 바로 이 모습을 이미지화 한 것이라 한다. 그러나 앞에서의 얘기처럼 죽은 이가 깨어나 기뻐서 추는 모양을 이미지화한 것이 더 마음에 와 닿는다.

이 행사도 알고 보면 1946년 부활된 것이다. 춤의 기본은 남자는 호쾌함이고, 여자는 탄력이 있고 잘 휘어지는 나긋나긋함이다. 가장 복중 날씨이기에 몸은 땀에 쩐다. 그래서 어깨에 무늬 부분만 흰색으로 남기고, 나머지 부분을 물들인 복장인 유가타(浴衣)를 입고 춤을 춘다.[11]

이러한 행사들이 각 지역에서 끝난 뒤에 행해지는 호쿠류크(北陸)의 와지마(輪島) 기리코 마츠리(キリコ祭り)는 오봉의 결정판이라 할 수 있다. 왜냐하면 다른 곳의 오봉 행사가 끝난 뒤인 23일쯤에 거행되기 때문이다. 왜 기리코인가를 알기 위해 오봉 행사 진행을 살펴 볼 필요가 있다. 필자가 살던 히로시마의 경우를 살핀다. 이를 살피기 전에 옛 얘기부터

---

11) 『阿波踊りの世界』, 90-96쪽, 朝日新聞德島支局, 1992.

들어보자.

이 오봉행사는 657년 나라에 있는 아스카절(飛鳥寺)에서 거행된 기록이 『일본서기』에 나온다. 아스카절은 일찍이 우리 선조가 건너가 세운 일본의 최초의 절이다. 바로 재명천황3년 가을 이 아스카절 서쪽에 수미산 모습을 만들어 설치하고 齋明天皇三年 가을에 우란분회를 하였다는 것12)이 그것이다. 그리고 2년 뒤에는 각 절에서 7월 15일 우란분경을 講하고, 7대의 죽은 부모의 공양을 하도록 한다. 이 뒤 조정에서 열린 것은 <弘仁式>과 <延喜式>에 자주 나타난다. 궁중의 우란분 행사를 보면 <江家次第>에 다음과 같은 기사가 보인다.

> 먼저 행사담당자인 藏人이 回文을 돌려 개최됨을 알린다. 이어서 행사 당일 잡색들이 淸涼殿을 비롯해 식장이 되는 장소를 깨끗이 한다. 그리고 晝御座 남쪽에 官丹座 하나를 마련한다. 임금이 나오면 거기에 앉는다. 잡색 등이 쌀 등 많은 공물을 넣은 상자(長櫃)를 보자기에 싸서 내놓으면, 侍臣 이하 모두가 그 위에 나란히 놓는다. 공물은 布帛, 五穀, 醬 류이다. 임금이 세 번 절하고 합장하면 끝난다. 그 뒤 藏人이 誦文과 함께 공물을 거두어 궁과 관련된 절에 보낸다.13)

마지막 부분에 "장인이 송문과 함께 공물을 거두어 궁과 관련된 절에 보낸다는 것"이 주목된다. 이런 행사가 가마쿠라, 무로마치, 에도막부에 이어지면서 계속 전해져 왔다니, 그야말로 전통고수는 일가견이 있는 나라임을 실감케 한다. 이러니까 그 전파성이 강한 기독교가 일본에서

---

12) "齋明天皇三年秋辛丑 作須彌山像於飛鳥寺西 且設盂蘭盆會", 『일본서기』. 200쪽. 宇治谷 孟 現代譯. 講談社. 學術文庫 1999.
13) 眞下三郞 『廣島縣の盆踊』. 10-11쪽, 溪水社, 1987 재인용.

발을 붙이기가 어려울 수밖에 없다. 그런데 앞에서도 보았듯이 수륙재 행사에 음식물을 공양하는 법회에 施餓鬼라고 하는 행사가 있다. 망자를 위한 행사이기에 곧잘 우란분회와 혼동이 되는 행사이다. 우란분회의 주인공은 목련존자이지만, 시아귀의 주인공은 아난존자이다. 잘 아다시피 『救援焰口餓鬼陀羅尼經』에 의하면 아난존자가 어느 날 고요한 밤에 혼자서 있는데, 불길을 먹음은 아귀가 나타나, '너는 3일 뒤에 죽어 아귀도에 떨어질 것이다.'라고 하니 대단히 놀라서 '그럼 어떻게 합니까, 도와주세요.' 했더니, 아귀는 '내일 수많은 아귀와 함께 波羅門仙에 음식을 보시하고, 그 위에 나에게 三寶를 공양하면 목숨을 연장시켜주겠다.'고 했다. 그래서 아난존자가 부처님께 아뢰었더니 施食法을 일러 주더라는 것이다. 시아귀 행사는 바로 이를 바탕으로 음식물을 베푸는 법회로서, 일본에서는 眞宗 이외 宗旨, 禪宗, 淨土宗, 眞言宗 등 사찰에서 수시로 행해지고 있다.[14]

그런데 이러한 우란분 행사가 무로마치시대가 되면서 일반서민에게 퍼져 盆日도 하루로는 모자란다고 해서 15일을 중심으로 전후 1일씩 하게 되었다. 물론 어느 지역에서는 14일부터 24일 地藏盆까지 10일간 계속하는 곳도 있다. 그 중의 하나가 앞에서 잠간 언급한 와지마의 기리코(切籠) 마츠리이다. 우리 선조에 의해 아스카절에 전해진 우란분 행사가 오늘날엔 완전히 일본식으로 바뀐 예라 할 수 있다. 말하자면 죽은 영혼을 불러 위로하기 위한 精靈祭로 바뀐 것이다. 그러니까 일본에서는 우리처럼 수륙재가 따로 있는 것이 아니라 盆 또는 盂蘭盆, 精靈祭이니 하는 일본식의 행사가 된 것이다.

---

14) 眞下三郞, 앞의 책, 6-13쪽.

18세기 에도시대의 우란분 행사의 모습을 『俳諧書(1873)』의 「華實年浪草」나 그 외 歲時記를 참고하면 다음과 같이 진행된다.

먼저 盆花(精靈에 받치는 草花)를 준비한다. 이것은 13일 이른 아침 산에 가서 베어온다. 그리고 돌아와 봉다나(盆棚; 精靈棚이라고도 한다)를 만든다. 이것은 13일에 집집마다 정령을 맞이하기 위해 봉다나를 座敷나 마당 앞쪽 <봉다나는 대나무로 만드는 것이다. 껍질을 벗긴 삼대(麻幹)>에 장식한다. 바로 여기에 봉다나를 받치고 등롱을 달고 위패를 불단에서 가져와 다나(棚) 앞에 놓으면 봉다나가 비워지기 때문에 가라다나(空棚)라고 한다. 신에게 받칠 供物의 필수품의 하나로 밥과 젓가락 외 掛素麵, 토란(根芋), 靑고맥, 오이, 가지(茄子)가 있다.

13일 밤 토란껍질(芋殼)을 태워 정령을 맞이한다.(迎火) 14·15·16일은 정령이 집에 머문다고 생각하는 것이다. 그리고 정육면체로 된 기리코등롱(切子燈籠)을 준비한다, 이것은 집이나 정령붕이나 묘에 세워 단다. 어린이들은 작은 등을 만들어 길에 나가서 오고 가며 논다. 이는 정령이 어두워서 집을 못찾는 것을 막기 위한 것이다. 그 다음 棚經을 읽는다. 14·15일은 스님이 와 정령붕 앞에서 암송을 한다. 그리고 마지막 날인 16일에 토란껍질을 태워 정령을 보낸다(送火). 이를 위해 등을 들고 精靈燈을 물가에 나와 흘려보낸다. 이 불행사로서 가장 유명한 것이 교토 동산 북단에서 거행되는 大文字 행사이다.[15]

자, 위에서 보듯이 이 행사는 완전히 한편의 드라마이다. 이 행사를 연출하는 이는 그 집 가장이다. 그의 지시에 의해 조상신을 맞이하기 위한 각가지 준비를 한 다음, 먼저 신이 들어오는 길을 밝히기 위한 迎火 과정이 진행된다. 그리고 맞이한 조상신을 위한 위로 행사를 하게

---

15) 眞下三郎, 앞의 책, 16-19쪽에서 발췌 재인용.

되니 이것이 오신과정이다. 그리고 조상신을 다시 보내드리기 위해 불을 밝히는 送火행사가 벌어진다. 이는 곧 영신, 오신, 송신의 과정임을 금시 알 수 있다.

그런데 이러한 모습은 후쿠야마의 文政(1818-1829)시대의 기록에도 迎火, 送火 승려의 독경, 燈을 다는 것 등이 기재되어 있는 것으로 보아 거의 비슷한 것 같다. 이렇듯 7월 15일의 행사는 명치 이후 8월 15일로 바뀐다. 음력을 서양식 양력으로 바꾸라는 지시 때문이다. 그리고 그 뒤 일본이 패망한 뒤, 생활의 변화로 자택에서 거행하는 제반 행사 이를테면 迎火, 盆棚, 送火 등등의 절차가 생략된다. 다만 13일에 아침 일찍 성묘를 하고 스님에게 독경을 부탁하는 것이 통례이다. 위에서 기리코 등롱의 얘기가 나왔는데, 바로 이 기리코가 외연을 넓혀 축제화 된 것이 앞에서 언급한 현재 와지마(輪島)에서 거행되는 기리코마츠리(切籠祭り)이다.16)

기리코라 하면 奧能登의 마츠리인 화사한 기리코가 일품이다. 이 마츠리는 그 기원이 확실치 않는데, 지난날 이 마츠리를 전하고 있는 야나기다촌(柳田村)에서는 加賀藩의 改作法추진의 사명을 띠고 입촌한 열 개의 마을이 중세적 색채를 띤 촌락의 근세화를 도모하기 위해 쇼시(小祀) 통합을 진행하면서부터 기리코 마츠리가 성행하게 되었다고 한다.17) 처음 가 본 사람은 누구나 등롱이 그렇듯 큰 데에 의아하게 된다. 앞에서 오봉행사의 진행 중에 보았듯이 이 등은 집에서 사용한 조그마한 등

---

16) 이를 처음 보게 된 것은 2000년 8월23일이었는데, 이 여행은 오봉 행사의 클라이막스 행사인 기리코마츠리를 보기 위해, 먼저 필자가 사는 곳에서 멀지 않은 얏사오도리로 이름난 미하라(三原)를 떠나, 히로시마(廣島), 하마다(浜田), 시마네(島根), 도토리(鳥取), 百濟寺, 鬼室神社 그리고 와지마(輪島)로 가는 사령의식을 보기 위한 것이었다.

17) 『奧能登のキリコ祭り』, 8쪽, 奧能燈廣域圈事務組合, 1995.

롱이었다. 그러나 이곳에서는 이를 좀 더 키우기 시작하더니 점차 대형화시켜, 여기에 따른 재질이나 장식이 화려해지게 되었다. 이 마쯔리는 애초에 신불숭상으로부터 시작해 각 마을과 집안의 평안과 번영을 기리는 것이었다. 따라서 처음엔 神意와의 합일을 이루기 위해 지극한 정성으로 치뤄진 소박한 행사였다. 그러다가 농민들의 울적한 심정을 달래며 오봉을 색다르게 맞이하기 위해 기리코마쯔리를 창안하게된 것이다. 이른바 제사의 연희화를 꾀한 것이다. 그러다보니 각 마을마다 경쟁적으로 기리코 등롱을 대형화시키는 작업이 이뤄지게 되고, 장식도 화려해지게 되어 9.1미터에서 12.6미터까지 이르는 큰 기리코가 등장하게된 것이다. 기리코 등롱은 앞에서도 보았듯이 정령이 집으로 올 때 길을 밝혀 조상신께서 제대로 찾아오시라는 후손의 정성이 담긴 등이다. 그런데 이러한 등을 이렇듯 경쟁적으로 만들다보니 행사 때가 되면, 어느 동네에는 몇 칸 몇 자가 되는지가 화재가 되어 캄캄한 밤을 밝히며 긴 여행을 떠나는 오늘날과 같은 유명한 마쯔리가 된 것이다. 이 축제의 특징은 이 기리코가 신가마(神輿)를 타고 바다를 건너와 假屋 즉 齋場까지 가는 것이다. 이것을 현지에서는 燈行 또는 遊燈이라 한다. 이 행사를 하고 있는 神社 祭神 등에는 특정한 것이 없고, 오히려 지역에 따라 차이가 있을 뿐이다. 마쯔리 날짜도 각 마을마다 달라 여름과 가을에 하는 것이 특징이다. 이것은 순전히 야간행사이기에 실제로 가 봐도 그 진행사항을 알기가 쉽지 않다. 칠흙 같은 밤거리를 기리코 등롱만 쫓다보면 오직 보이는 것은 희미한 등롱뿐이다. 그래서 실제로 가보면 실망하는 사람도 많다. 뭘 봤는지 모르겠다는 푸념이 그것이다. 그래서 부대 행사로 그들은 타이코(太鼓) 행사와 사자춤, 귀신 가면 등을 내보이며 호기심을 자극하기도 한다. 어쨌든 순행 형태를 보면 마을마다 차이가 있다. 행렬 순서를 보면, 대체로 天狗・기리코・榊・御輿(32사)・天狗・호라貝・기리코・榊・御輿・기리코 등의 순서다. 여기에 쓰이는 악기는 피리・북・징・하야시(囃子)이다. 이와 관련된 神事로 주목되는 것이 기요미즈마을(淸水町)에서 거행되는 소나무 기둥을 세워 불을 밝히는 다이마츠(松明) 즉 횃불 행사이다. 횃불이 타오르면 각 마을에서 온 사람들이 경쟁적으로 기둥을 잡아당겨 쓰러트리는데, 이것은 맨 위에 붙어있는 御幣를 서로 가지기 위한 경쟁이다. 이 어패를 가지게 되면 無病息災로 일 년을 무사하게 지낼 수 있어 그런 것이다. 그야말로 이 순간은 난장판이 되어 마츠리의 최후를 장식하는 것이 된다. 이것은 사실 알고 보면 東大寺의 미즈토리(水取) 행사를 모방한 것이라 생각한다.

② 슈니에(修二會)의 횃불행사

미즈토리는 앞에서 말했듯이 봄을 맞이하기 위한 하나마츠리 행사이다. 이 또한 일 년 동안 법당에서 쓸 신선한 물을 얻기 위해 밤새 불을 밝히며 하는 행사이다. 3월 행사로서 가장 이름있는 행사인데, 여기에서도 기리코 마츠리 마지막 장면에서 본 횃불 장면이 마지막을 장식한다. 기리코 마츠리에서 어패를 서로 먼저 갖기 위해 경쟁을 하듯 이 슈니에 즉 오미즈토리(お水取り)에서도, 횃불(松明)을 들고 二月堂 난간 위에서 가로지르며 갈 때 떨어지는 불덩이 재를 서로 받기 위한 경쟁이 대단하다. 이것도 알고 보면 원래는 우리로부터 건너간 영등행사인 연등회와 농사의례와 관련 있는 2월 행사다. 왜냐하면 이 행사를 처음으로 주도한 이가 신라에서 건너간 實忠믄이기 때문이다. 다만 2월에 수행을

한다고 해서 修二會의 명칭이 붙은 것이다.

　얘기를 하기 전에 먼저 주지할 것은 일본에서 부처는 새로운 신으로 존재한다는 것이다. 우리같이 부처님이 아닌 신이란 말이다. 그래서 神佛이라는 말이 나왔다. 앞에서도 얘기한 바와 같이 일본을 가본 사람은 누구나 신사가 많은데 놀란다. 물론 관심 없는 이에겐 별로겠지만. 그런데 큰 절 옆에는 반드시 신사가 있다. 말하자면 부처님이 신들을 보호하는 형상이다. 800만의 신이 온통 나라를 지배하고 있으니, 그들을 숭배하는 것은 자연스런 일일 수밖에 없다. 그래서 그 많은 신들이 해마다 10월이 되면 시마네에 모여 회의를 한다. 이들을 위해 지금도 그들이 머물 수 있는 숙소가 신사에 마련되어 있다. 이렇듯 숙식을 하며 이곳에 신들이 다 모여 오랫동안 회의를 하고 있으니, 다른 지역에 신이 있을 수 없다. 그래서 음력 10월을 그들은 간나츠키(神無月)라고 하는 것이다. 신이 없는 달의 의미이다. 따라서 이 기간을 통해 전 지역에서 부정을 쫓기 위해 금줄이 쳐지고 동네마다 굿(神樂)이 거행되는 것이다. 일본 체류 중 가장 힘든 것 중의 하나가 잦은 회의였다. 그들의 회의 습성이 바로 이 신들의 회의에서 비롯되었지 않나 하며 미소를 짓던 기억이 있다. 그런데 80년대 제주도에 있으면서 흥미 있게 본 것 중의 하나가 2월의 큰 행사인 신구간이라는 것이었다. 이때를 맞이하여 섬 전체가 온통 이사를 하기 위해 북새통을 이루는데, 지금 생각하니 바로 그 달이 역시 신이 없는 기간으로서 이른바 손이 없는 날이었던 것이다. 우리가 흔히 손 없는 날이라고 하지만, 이 때 손은 바로 신 그 중에서도 역신을 의미하는 것이다. 똑같은 섬 지방으로 신 없는 날의 행사가 있다는 것은 정말 재미있는 발상이며 좋은 비교감이 아닐 수 없다. 그런데 바로 이 신사와 관련된 神道에서는 죽은 이의 넋을 死靈이라고 한다. 허나 이 사령은 대체로 더러움을 지니고 있다고 생각한다. 재미있는 것은 바로 이 더러운 사령이 세월이 가면서 더러움이 차차 씻겨지는 것이다. 그리하여 일정한 기간이 지나면 완전히 더러움이 정화되는데, 이 때 사령은 祖靈이 된다는 것이다. 그래서 큰 신사를 가보면 바로 신사 근처에 祖靈社가 있다. 이른바 그들이 말하는 氏神이다. 그들이 중히 여기는 칠복신도 처음에는 복신이 아닌 부정신이었다. 칠복신은 일본문화의 상징이라 할 수 있다. 불교·도교·일본의 고유신들이 혼재되어 있기 때문이다. 지금부터 보고자 하는 미즈토리도 그러한 면을 엿볼 수 있다. 그 일면을 보면 다음과 같다.

東大寺修二會는 원래 음력 1월부터 2월까지 행해지는 것이지만, 지금은 양력 2월에서 3월에 걸쳐 행한다. 말하자면 봄맞이 겸 신년맞이 행사다. 이 修法은 奈良時代의 동대사 별당인 實忠和尙이 笠置山(東大寺東方)의 용굴 깊은 곳에 들어가 수행을 하는데, 도솔천의 내원에서 예지가 있어, 그곳에서 菩薩聖衆이 매일 밤 補陀落山에 올라 관음에게 예배하는 모습을 보고, 이것을 하계에서도 그대로 따라 하게 된 것이 계기라고 한다.[18] 修二會은 현재 11인의 參籠僧에 의해 운영이 된다. 이들을 렌고우슈練行衆[19]라고 한다.

법회는 오코모리(御籠)[20]부터 시작한다. 2월 20일 저녁 렌고우슈練行衆

---

18) 『東大寺の昔話』 34-35쪽, 東大寺. 이 행사를 보기 위해 역시 일본 의례조사팀과 2009년 2월에 참가한 일이 있다. 이 행사 연구의 권위자인 佐藤道子가 정리한 『東大寺お水取』朝日新聞出版 2009와 동대사에서 만든 비디오를 참고하여 서술한다.
19) 和上, 大導師(咒願師), 呪師(咒禁師), 堂師 네 사람과, 平衆 7인으로 北衆, 南衆, 北衆 2, 南衆 2, 中灯 1, 權處世界, 處世界.

가 일상의 자신들의 坊에서 戒壇院으로 이동한다. 이것을 別火坊이라 한다. 여기에 있는 불 외는 일체 사용하지 않는다. 월말까지 오코모리 정진결제가 계속된다. 이 별화방에서 본행을 위한 여러 준비가 행해진다. 이를테면, 聲明, 法臘, 범패 연습, 수미단에 장식할 조화인 참죽나무 椿 만들기, 법회를 밝힐 등심지를 잘라 모양이 같게 하는 것, 사시가게라고 하는 木靴 손질, 종이옷 만들기 등이 그것이다.

이 행사를 위해 仲間, 童子라고 하는 구로코역(黑子役)의 사람들도 바쁘다. 구로코는 배우의 시중을 드는 사람이다. 혹시 노나 가부키를 본 사람은 한쪽에 무릎 꿇고 대기하고 있다가 재빨리 출연자들의 옷을 갈아입히는 사람을 보았을 것이다. 우리로 말하자면 준비하고 도와주는 사람들이다. 횃불(松明) 재료 준비, 結界를 위한 금줄(注連) 만들기, 그리고 計二千面이라고 하는 수미단에 받칠 떡찧기, 식사 준비 등 연행 중에 딸린 사람이 30명 정도 된다.

別火라고 하는 精進潔齋도 26일부터는 總別火라고 하는 단계를 맞이하게 되는데, 이때부터 분위기는 더욱 엄해진다. 그들은 종이옷을 입고, 완전 禁足이 된다. 2월 말일이 되면 드디어 2월당 밑에 오코모리 숙소에 들어간다. 여기서 呪師가 大中臣祓을 행하면서 幣帛을 휘두른다. 이 폐백은 練行衆 각자에게 나눠주는데, 항시 이것으로 자신의 주위를 정화해야 한다.

행사는 밤에 한다. 3월초하루 깊은 밤이 되어 '눈떠라!' 하는 소리에 연행중은 일제히 일어난다. 참롱숙소 앞의 식당에서 和尚戒를 받는다. 그 뒤 二月堂에 오르면(上堂), 本行의 開白이 된다. '一德火'라고 하여, 캄

---

20) 신불에게 기도 드리기 위해 일전한 기간을 신사나 절에서 머물음.

캄한 內陣에 최초의 등불이 켜진다. 이 내진은 십이면관음보살을 모신 법당이다. 日中(한낮)이라고 하는 최초의 연행 뒤 일단 속소로 돌아간다. 저녁부터 日沒行이다. 그 뒤 이월당을 삼각형으로 돌며 지킨다. 그리고 興成社, 飯道社, 遠敷社 三社에 법회가 열림을 알리고, 修二會 발원을 보고한다.

그날 밤 初夜, 암흑이 되면 숙소와 上方의 이월당을 이어주는 石段 아래에서 소나를 묶은 단에 불을 붙인다. 이른바 다이마츠(松明)라고 하는 횃불이다. 동자가 이 횃불을 들고 이월당 이층으로 올라가면 練行衆 중 한사람이 뒤따라 당으로 올라와 횃불을 돌리며 사라진다. 이때 밑에서 이를 보는 관중들이 들썩인다. 이것이 바로 그 유명한 修二會의 횃불 행사인 다이마츠 마츠리(松明祭)이다. 바로 이 횃불 행사가 오봉의 불행사와 연관이 있어 흥미를 주는 것이다.

修二會는 의식을 하루에 6번 거행하는데 14일간을 반복하는 고행이다. 하루의 그 과정을 요약하면, 9시경 일어나, 정오가 지나면 점심식사(正食;1일일회 식사)를 하고, 다시 당에 올라 '日中', '日沒' 두 번 행하고 숙소로 돌아온다. 목욕재계 후 임시 잠을 잔다. 다시 횃불을 들고 당으로 올라가, '初夜', '半夜', '後夜', '晨朝'에 네 번 행하고 취침한다. 말이 쉽지 이 과정이 보통 고행이 아니다. 이것을 보기 위해 밤을 꼬박 새는 구경꾼들도 대단하다. 불빛 외에 아무 것도 보이는 것이 없는데 그 추운 밖에서 밤을 꼬박 밝히고 있으니 말이다. 그래도 간간히 안에서 불빛과 함께 범패와 성명을 읊조리는 소리가 들려 그나마 다행이다. 이것은 바로 이 슈니에(修二會)의 백미인 <過去帳>과 나례 행사인 하시리(走師)를 비롯한 여러 장면이 안에서 벌어지기 때문이다. 이것은 곧 불교행사인 참회(悔過) 행사와 민간습속인 追儺 행사가 어우러진 이른바 巫佛 습합의 전형이라 할 수 있다.

특히 上下 각 7일중에 거행되는 '過去帳'[21], 그리고 하시리(走り), 향수 뿌리기, 오미즈토리, 達陀 묘법이 행해지는데, 이것이 바로 사원의 연행과 관련이 있는 것이다. 이로 볼 때 이 행사도 死靈과 연관이 되어 있음을 알겠다.

따라서 이를 행하기 위한 방편으로서 많은 상징성이 내포되는데, 진언 다라니와 각종 手印이 그것이다. 이는 밀교 교의에 입각한 身·口·意의 三密加持의 수행법에 기인해 몸짓과 발성에 신비적 의미를 부여하여 진행한다. 이로 보아 우리의 불교의식인 각종 재의와 다를 것이 없다. 바로 이러한 신비가 캄캄한 법당에서 곁들여 행해지는 것이기에, 이를 보는 대부분의 사람들이 뭐가 어떻게 진행되는 것인지를 알기가 어려운 것이다.

이렇듯 동대사를 비롯한 전국 사찰에서는 헤이안 시대부터 이어온 행사를 전통을 고수하면서 지켜오고 있다. 이 행사의 절정인 횃불 행사는 마지막 날에 거행된다. 와지마의 기리코 마츠리의 마지막 장면인 횃불(松明)이 바로 이것이다. 이렇듯 불은 신이 오는 길을 밝혀 주는 등불의 의미가 있다. 보다시피 일본의 사령 의식은 전통을 고수하면서 한편으로는 변용을 꾀해 훌륭한 축제로 탈바꿈을 시키는 것이다. 이러한 축제로 남쪽인 우사에서 벌어지는 細男祭는 사령의식에 대한 연희화의 결정판이라 할 수 있다. 이 축제는 죽은 이들을 달래기 위한 방생회이다. 그런데 우리의 일상적인 방생회와는 달리 전쟁을 하다 물속에 빠져죽은

---

21) 悔過;이미 죽은 聖武天皇과 源賴朝로부터 無名의 밑에 사람까지 동대사와 인연이 있는 사람의 잘못을 빌고 뉘우치는 장, 지금의 천황 수상까지 송독.

고혼들을 위한 연희로서 배 위에서 인형극을 연출하는 것이다. 이를 일러 細男戱라고 한다. 세남 그러면 우리는 언뜻 서울굿인 새남굿을 연상하게 된다.

4. 수륙재의 변용을 위한 제언

2년 전 삼화사 수륙재 때 발표했던 「수륙재의 예능적 성격」에서 발표자는 우사(宇佐)의 여름꽃인 사이노기가쿠(細男樂)를 떠올린 적이 있다. 씨름인형극으로 유명한 지방축제여서다. 우리 인형극인 꼭두각시극을 보면 맨 마지막 장면에 健寺 장면이 나온다. 이것은 앞장의 평양감사의 모친 장례식을 끝낸 다음 나오는 장면으로서, 절을 다 지은 다음에 和尙 둘이 법당문을 열고 합장 배례하여 염불을 왼다. 이것이 끝난 다음 다시 헌다. 이것 말고 또 전통그림자극인 <만석중놀이>가 있다. 말하자면 중국이나 동남아에서 유행되는 그림자연극(影戱)이다. 막에 비춰지는 그림자는 대사가 없으며, 다만 불가에서 전해오는 화청소리와 사물소리를 배경음악으로 사용할 뿐이다. 범종 소리에 맞춰 연등행렬이 지나가고, 십장생의 모습이 보이고, 또한 천년 묵은 용과 잉어가 여의주를 놓고 다툴 때 인생무상을 표현한 운심게작법 춤을 춘다. 이 놀이는 짧게 진행되는 극 속에서 순간적이나마 보는 사람들이 인생무상을 느끼게 하는 효과가 있다. 그런데 진관사 수륙재와는 달리 삼화사에선 수륙재 의례에 정식으로 들어가 있지 않은 방생회가 있음을 주시할 필요가 있다. 진관사 수륙재에서는 임금의 행차가 들어있어 길놀이를 대행하고 있다.

대궐과 가까운 위치이기에 이것은 진관사만이 지닐 수 있는 특징이라면 특징일 것이다. 이와 달리 삼화사는 삼척이라는 지역과 공양왕이라는 고려말을 장식한 비극적이며 신화적인 주인공의 애틋한 사연이 서려 있는 곳이다. 설화는 일정한 구조를 지니며 전승되는 꾸며낸 이야기라 할 수 있다. 바로 이를 바탕으로 기록문학적 복잡성을 가미하면 소설이 되고, 또한 이를 중심 테마로 놀이판을 짜서 많은 사람들에 의한 역할분담이 이뤄지게 되면 이것은 연희가 된다. 위의 세남희도 위와 같은 설화가 바탕이 되어 꾸며진 방생회 의식이었다. 따라서 삼화사의 경우는 방생회를 끝내고 이어서, 이 만석중 놀이를 바탕으로 하여 새로운 만석중놀이를 꾸며 보는 것이다. 공양왕을 주인공으로 스님을 연계하여 씨나리오를 꾸며, 왕과 그 일행의 죽음을 애도하며 인생무상을 느끼게 하는 줄거리가 그것이다.

이를 보기 전에 일본의 고효신사(古表神社)의 꼭두각시극(傀儡子)을 일부 본다. 이 인형극은 바닷가 조그만 마을에서 행해지는 인형놀이로서, 일본은 물론 외국인들에게도 큰 관심을 불러일으키는 신사의례이다. 이 인형극의 유래는 이렇다.

奈良시대 초기(719)에 오스미(大隅), 휴가(日向)의 하야土(準人族)가 반란을 일으켰는데, 그 세력이 대단했다. 그래서 관군을 동원하여 하야土가 차지한 일곱 城 중 다섯 성을 함락했으나 두 성은 요지부동이었다. 이런저런 궁리를 하던 끝에 관군은 당시 國司의 말을 듣고 신의 계시를 받아 미녀와 잘 생긴 아이의 모습을 갖춘 御神像을 만들어 戰場에서 細南舞를 올렸다. 하야土족들은 이를 보고 만감의 피로가 겹쳐 결국 침몰하여 원혼이 되었다. 그 뒤 이 지방에 질병이 유행하니 이것이 그들 원혼 때문이라고 생각되어, 744년 이들의 영혼을 위로하기 위해 우사신궁(宇佐神宮)이 중심이 되어 대방생회가 거행되었는데, 이때 祝을 올리면서 기악을 행하게 되었던 것이다.[22]

이리하여 식장대신궁의 신관들은 御神像을 새기고, 廣津崎에서 배를 타고 와마(和間) 바다에 이르러 방생회를 하며, 세남무와 함께 신씨름(神相撲)을 올리게 되는 것이다. 이것은 낮에는 바다에서, 밤에는 신사에서 하루에 두 번 거행된다. 세남무는 무녀가 나와 부채춤과 방울춤을 추는 것이고, 신씨름은 벌거벗은 인형들이 벌리는 오늘날의 스모와 같은 모습으로 진행자의 재치 있는 재담으로 오랜 시간 각종 씨름의 모습을 중계하고 있는 형식이다.

설화는 이처럼 일정한 구조를 지니며 전승되는 꾸며낸 이야기라 할 수 있다. 바로 이를 바탕으로 기록문학적 복잡성을 가미하면 소설이 되고, 또한 이를 중심 테마로 놀이판을 짜서 많은 사람들에 의한 역할분담이 이뤄지게 되면 이것은 연희가 된다. 사실 우리에게도 이와 비슷한 수상수륙재가 있었다. 「奉恩寺의 將卒招魂祭」가 그것인데 매일신보(1914년 6월12일)의 기록을 보면 다음과 같다.

지금 경기 대본산 광주봉은사 주지 羅晴湖和尙은 한갓 충의와 절개를 위하여 목숨을 버린 모든 전망장졸들의 혼백이 水陸空界에 떠다니며 추추히 울 생각을 하고, 청정법계의 도덕심으로 한번 그 고혼을 불러 위로하고 봉배하여 좋은 곳으로 천화케 하기로 작정한 결과 절차가 다 되어 돌아오는 음력 윤 5월 열여드렛날 아침부터 봉은사의 주최로

---

22) 『八幡古表神社鬼儡子 吉富町文化財調査報告』, 第二輯 吉富町教育委員會, 1989. 졸저 『日本神道와 가구라(神樂)』, 93-116 재인용, 태학사, 2009.

강위에 삼사십 척의 배를 메이고 굉장한 예식을 베푼 후 다수 승려 기타 법사가 모여 장엄하게 초혼제를 설행할 터이라는데 그 날은 처음 보는 굉장한 제전이 있을 터이오 오랫동안 막막한 가운데 수륙으로 방황하며 임자잃은 슬픈 혼백들은 마침내 법사의 천도와 근본되는 석가 세존의 성은으로 인하여 흔연히 웃고 모두 즐거워하여 각각 곳을 찾아 가리로다.

한강을 끼고 있는 봉은사만이 행할 수 있는 수상수륙재의 모습이 상상만 해도 대단했을 것 같다. 밑줄에 보듯이 강 위에 삼사십 척의 배를 띄어놓고 굉장한 예식을 베푼 후 승려와 법사들이 모여 초혼제를 올렸다고 했는데 과연 어떤 식으로 올렸는지는 알 수가 없다. 그런데 같은 신문에 위와 같은 일이 있은 후 한 달 후인 7월12일자엔 <봉은사 슈륙재의 성황>이라는 제목 하에 그 모습이 더욱 요란함을 일러준다.

---당일 경성 안의 남녀노소와 절 근처 사람 수만 명의 구경하는 사람이 모두 물과 뭍에 인산인해를 이루었다더라.

그러나 이 기사만 보고는 행사만 요란했지 어디를 봐도 극적인 요소는 찾을 수가 없다. 막연히 물과 뭍에 인산인해를 이루었다는 상황으로 볼 때, 분명 배 위에서는 굿판을 벌렸을 것이다. 그렇다면 구체적으로 어떤 굿판이었을까. 이러한 상황은 앞에서 본 세남희 축제 장면과 너무 흡사한데가 있다. 물과 뭍에 수많은 인파가 모여 바다에서 행해지는 진혼제를 보고 있는 모습에서 말이다. 이 수륙재에 독립을 위해 싸우다 죽은 슬픔의 주인공이라도 따로 설정을 한다면 이것은 또하나의 극성을 띤 설화적인 요소를 지닌 멋진 축제가 될 수 있지 않을까.

위의 세남희도 위와 같은 설화가 바탕이 되어 꾸며진 방생회 의식이었다. 따라서 삼화사의 경우는 방생회를 끝내고 이어서 이 만석중 놀이를 바탕으로 하여 새로운 만석중 놀이를 꾸며 보는 것이다. 공양왕을 주인공으로 스님을 연계하여 시나리오를 꾸며 왕과 그 일행의 죽음을 애도하며 인생무상을 느끼게 하는 줄거리가 그것이다.

최근에 한꺼번에 세 곳의 수륙재가 같이 무형문화재로 지정되면서 그 차별성이 문제가 된다. 따라서 수륙재 진행과정 중에서 가장 중요한 부분이 무엇인지를 가려, 이를 보다 예술화시키는 것이다. 이를테면 영가를 청해 삼보에 귀의하게 하고, 전생의 죄업을 참회시켜 오계를 수지하는데 중점을 두는 것이 그 일례다. 그리고 뒤풀이로 춤과 극을 넣어 차별화를 두는 것이다. 이래야 수륙재가 비극성이면서, 극성을 아우르는 훌륭한 축제가 될 수 있기 때문이다.

그러기 위해선 역시 연희 내용의 차별성이다. 전언한 바와 같이 삼화사는 삼척이라는 지역과 공양왕이라는 고려말을 장식한 비극적이며 신화적인 주인공의 애틋한 사연이 서려 있는 곳이다. 이러한 의미에서 삼화사 방생회는 이성계에 의해 죽은 원혼을 달래 준다는 근본적인 목적이 뚜렷한 것이니, 이를 별도로 살릴 수 있는 방법을 생각할 수 있겠다. 방생회는 어쩌면 수륙재에 있어 또 다른 예능성을 지닌 불교의례이기에 그렇다. 삼화사의 설단을 보면, 시련소를 비롯해 대령소, 관욕소, 사자단, 오로단, 상단, 중단, 하단, 그리고 방생단이 있다. 바로 이 방생단을 고려해 삼화사만이 행할 수 있는 공양왕의 비극적 전설을 기반으로 새로운 창작을 요구하고 싶다. 말하자면 엄숙한 의식 끝에 베풀어지는 뒤풀이로 거행되던 만석중 놀이를 변형시켜 춤과 함께 새로운 창작(인형극 또는 影戲)을 시도하는 것이다.

　한편의 노래마다 배경설화가 서려있는 신라의 향가처럼, 각 나라 사람들에 의해 행해지고 있는 축제엔 바로 일정한 이야기를 지니며 전승되는 그 지역 사람들의 공감성을 지닌 이야기가 있다. 비록 그것이 단순히 흥미유발을 위한 짤막한 이야기라 할지라도 그것은 개인 또는 그 지역 사람들의 관심도에 따라 전파양상은 달라지게 마련이다. 이러한 의미에서 삼화사 수륙재는 연행적 요소를 충분히 갖추었다고 사료된다. 고려의 마지막 왕이었던 공양왕이 공양군으로 강등되어 삼척 지방으로 유배되었고, 또한 이곳에서 그의 두 아들과 함께 교살된 사건과 관련된 것은 태조 왕건의 목숨을 구하려고 희생한 개국공신인 김락과 신숭겸의 가상희와는 크게 차이가 있다. 전자가 고려가 망할 때 마지막 임금의 얘기라면, 후자는 개국공신의 얘기인지라 확실히 차별성이 있다. 김락과 신숭겸을 팔관회에서 다시 부각시킴으로서 위로를 삼은 고려 태조와는 달리, 권력투쟁에서 패배하고 살해당한 공양왕이기에 그 원혼이 지금도 삼척 어딘가에 떠도는지 모를 일이다. 따라서 비운의 공양왕의 원혼을 달래기 위해서도 다시 사적을 뒤져 그 행적을 쫓으며 이야기를 엮어보는 것이다. 그리고 훌륭한 대본과 좋은 연출자의 만남으로 희생된 주인공을 중심으로 이들의 모형을 본 뜬 인형을 만들어 그림자 인형극을 꾸미는 것이다. 오늘날 정권투쟁에 혈안이 된 정치꾼들에게 경종을 울리는 의미에서도 권할 만하다.(아마도 이러한 의미가 담아 있어 행정당국이 곤란하다고 할지 모르겠지만) 고려시대 팔관회가 주목받은 것은 바로 이러한 주인공들을 여러 사람 앞에 등장 시켜 나라를 위해 희생했던 그들을 재인식 시키는 것이었다. 「도이장가」의 주인공 신숭겸과 김락의 충정심을 인형극화 시킨 것처럼 말이다. 제대로 잘만 꾸려나간다면 훌륭한 화젯거리가 될 수 있을 것이다. 이것이 이뤄지면 앞으로 무형문화재로 지정받고자 하는 팔관회에선 悼二將劇을 연출하고, 삼화사 수륙재에선 공양왕 해원굿으로 차별화하여 연출을 하면 고려시대의 시작(개국)과 마지막(멸망)의 이원구조가 각기 형성되어, 재미난 구상이 될 것이다. 연출 형식은 망석중놀이처럼 그림자연극으로 진행하면 될 것이다.

되풀이되는 얘기지만 설화의 연행과정이란 그 이야기의 어느 부분이 특히 강조되고 되풀이되느냐에 따라서 그 지역 사람들의 공감대를 형성하는 요인이 달라질 수 있다. 엄숙한 전통축제도 시대에 따라 변하게 마련이다. 진관사의 경우는 왕궁과 가까운 곳이고 태조가 친히 찾은 곳이기에 이에 걸맞는 연희를 창작하면 될 것이고, 특히 삼화사 국행수륙재의 경우 이러한 변화에 맞춰 방생회와 함께 춤과 인형극을 곁들인다면 여타 수륙재와의 차별화는 물론 지역을 대표할 수 있는 새로운 축제가 될 수 있을 것이다.

5. 나오며

수륙재는 악가무로 구성된 한판의 戲劇이다. 대본에 따라 배역이 정해지는 것처럼 수륙재에선 이를 龍象榜 또는 魚山榜을 짠다고 한다. 용상방은 證明, 維那를 비롯해 각 壇의 담당자와 잡일을 하는 옛날로 말하자면 잡색들의 역할을 총망라한 것으로 연극으로서, 말하자면 각자가 맡은 역할을 의미하는 것이다. 수륙재는 바로 이러한 役子들에 의해, 시런에서부터 봉송에 이르는 절차가 불교의 속화 즉 신불습합의 과정에서 조상숭배 등 토착적 신앙적 체계를 유지하며, 귀의-결계-소청-설법-권공-회향의 순으로 거행되는 자기화한 의식이다. 이를 위해 삼현육각과 대취타, 또한 무용 및 반주로 호적과 태징, 법고, 목어, 바라, 요령, 광쇠, 경쇠 등의 악기가 사용된다. 얼마나 훌륭한 악·가·무의 앙상불인가. 훌륭한 축제는 전통을 유지하며 그 시대에 맞게 변용을 하는 지혜가 필요하다. 어떠한 것도 첫술에 배부를 수가 없다. 10년 뒤에 과연 이 세 곳의 국가무형문화재인 수륙재가 어떻게 유지하며 이어질까 벌써부터 궁금해진다.

끝으로 수륙재는 단순히 개인의 재난과 복덕을 위한 것이 아닌 有主無主孤魂을 위한 신앙행위로 개설된다. 그러기에 폭넓은 우주적 가치에서 소통하고 융합할 수 있는 방안 추구가 중요하다. 이것은 많은 분들이 지적하듯이 우주 공간에 존재하는 모든 갈등구조를 해소하고, 서로 소통하고 융합함으로써 평화와 행복을 가져올 수 있다는 것이다. 관심 있는 이들께선 바로 이 점에 유의하며 계속 정진해야 할 것이다.

제2부
수륙재의 예술적 실행과 불교공연적 성격

수륙재 의궤의 공연양상과 희곡적 전개

사재동

Ⅰ. 서론

이 수륙재의궤는 역대 불교계에서 봉행하여 온 수륙재의 대본이다. 이 수륙재는 불교계의 각종 재의 중에서 제일 막중한 주제와 가장 방대한 규모로서 실로 화려·장엄하게 공연된 의식극이었다. 한 국가에서 한재·기근·역질·환란 등 대소 재난을 당하여, 그 원인이 된 누대의 고혼·원혼·아귀 등 수중·육상·공중의 모든 유랑 함령들을 소치해서 불보살의 위신력으로 위무·시식하고 설법·정화시켜 극락왕생케 하는 천도공연이었기 때문이다. 그리하여 그런 재난을 극복할 뿐만 아니라, 그로 하여 흉흉·불안해진 민심을 안정시켜 국태민안을 이룩하는 데에 주요 목적이 있었기에 더욱 중시할 수밖에 없었던 것이다. 그래서 크게는 국행수륙재로서 그 규모가 방대하고 그 과정이 화려·장엄한 공연으로 일관되었고, 작게는 사찰수륙재로서 그 규모가 축소되지만 그 공연과정은 신앙적으로 더욱 극화·전개되었던 터다. 기실 이 수륙재는 그 공연의 연극적 효능이 모든 함령과 민중에게 얼마만큼 감동을 주느냐에 성패가 달려 있었기 때문이다.

따라서 이 수륙재는 자고로 그 재의의 연극적 효능을 극대화하기 위하여 그 대본을 우선적으로 설계·편성하는 데에 최선을 다하여 왔던 것이다. 이러한 대본이 확립되었을 때, 그 실연이 기대 이상의 극적 효과를 올릴 수 있었기 때문이다. 실제로 이 수륙재의 전체 구조가 극적인 서사구조를 갖추는 것은 물론, 그 주제 내용이 불교사상·신앙면에서 간절·충실하고 그 공연의 무대가 미술적으로 화려·찬란하며, 그 등장인물이 그 역할·처지에 적합하게 연행해야만 되었다. 그 연행에 맞추어 뜻깊은 시가와 산문·법화 등이 문학적으로 세련되고 또한 가창·가무·강창·대화 등을 통하여 감동적 예술로 연출되어야 했던 것이다. 그리하여 이 수륙재의 대본이 실연을 통하여 보완·확립되어 이른바 '수륙재의궤'로 정립되었던 터다. 이러한 대본 의궤는 다음의 수륙재를 위하여 중시·보존되고, 계속된 실연을 통하여 개신·발전을 거듭하면서 전승·유통되었던 것이다. 그러기에 이 수륙재의궤는 불교계 자체로도 중요하거니와 불교연행, 연극적 공연이나 그 극본·희곡 상에서 그만큼 중시될 수밖에 없다.

그동안 이 수륙재의궤의 중대한 가치에 착안하여 불교의례사나[1] 민속사[2]의 측면 또는 불교미술사[3]와 음악사[4] 내지 무용사의[5] 관점에서

---

1) 이장렬, 조선 전기 국행수륙재의 설행 논란과 사회문화적 역할, 진관사 수륙재의 조명, 진관사수륙재보존회, 2010, p.33.
   이성운, 삼화사 국행수륙재의 설단과 장엄, 삼화사 국행수륙대재의 전승 양상과 발전 방향, 삼화사, 2014, pp.29-30.
   이창식, 백운사 수륙재의 전승 특성과 공연 콘센트, 이랫녘 수륙재의 어제, 오늘 그리고 내일, 백운사, 2014, pp25-27.
2) 홍대한 등, 진관사 수륙재의 민속적 의미, 민속원, 2012 참조

상당한 연구성과가 나온 것은 당연하고 다행한 일이다. 그런데도 이 의궤에 대한 공연문화적 검토나 연극·희곡적 고찰은 아직 뚜렷하게 보이지 않는 것 같다. 그러던 차에 이번 한국공연문화학회에서 이 수륙재를 공연문화학적으로 여러 각도에서 조명한다 하니, 참신한 시도가 아닐 수 없다. 이에 호응하여 이 수륙재의궤의 공연양상과 그 희곡적 실상을 논의하는 것이 매우 적절한 일이라고 본다.

이에 본고에서는 이 의궤를 공연학·연극론과 희곡론에 의하여 그 연극적 공연양상과 희곡적 전개실상을 고찰해 보겠다. 첫째 이 수륙재의궤의 찬성경위를, 그 찬성의 주체, 그 동기와 실제, 그리고 그 원전의 성격과 유통 등으로 검토하겠고, 둘째 이 의궤의 연극적 공연양상을, 그 진행과정을 통하여 연극적 실태와 그 장르적 성향으로 검증하겠으며, 셋째 이 의궤의 희곡적 전개실상을, 그 전체적 구조·구성, 그 장르적 성향, 문학장르적 분화 등으로 고구하겠다. 넷째 이 의궤의 불교문화사적 위상을, 불교연극사·문학사, 불교의례사·민속사, 불교신앙사·포교사 등의 위치로 파악하겠다. 그리하여 수륙재와 그 의궤가 불교문화사 내지 한국문화사 상에서 기여한 공헌과 가치를 종합적으로 규명하는 계기를 마련했으면 한다. 이것이 불교계와 유관학계의 긴요한 당면과제이기 때문이다.

---

3) 김창균, 기록을 통해서 본 진관사 감로왕도, 진관사 국행수륙대재의 조명, p.145.
   김승희, 감로탱의 도상과 신앙의례, 감로탱(강우방 공저), 예경, 1995, p.385.
4) 양영진, 진관사 국행수륙재 범패의 의식음악적 기능, 진관사 국행수륙재의 한국문화적 위상, 진관사, 2014, p.57.
5) 이애현, 진관사 수륙재의 의식무의 기능과 동작 분석, 위 책, p.97.

II. 수륙재의궤의 찬성경위와 유통양상

1. 찬성의 주체

이 수륙재의궤의 찬성은 그 역사가 오래 되었다. 이미 알려진 대로 그 유명한 양 무제가 깊은 신심을 가지고 무주의 고혼을 널리 구제함이 제일가는 공덕이라 하고 승려들과 상의한 후 스스로 그 의식문을 제작한 것이 최초라는 것이다. 그 후 이 의식문에 의지하여 수륙재가 성행하여 수·당대에 불교계 승려·숭불문사들의 관여로 그 궤본이 개변·발전했을 것은 물론이지만, 송대 희령 연간에 동천이 ≪水陸文≫ 3권을 찬성하면서 그 의궤가 전형을 이루고 널리 유통되었다. 따라서 한국불교계에서는 적어도 삼국시대에 불교 전래와 거의 동시에 그 수륙재와 의궤가 전래·실연되었을 것이지만, 신라통일기를 거쳐 고려시대에 이르러서야 전래·실연되었다는 게 통설이다. 기실 그 수륙재의 실연기록이나 그 의궤의 실존전거가 없는 마당에 장담하기는 어렵지만, 아무래도 신라시대 불교전성기에는 이 의궤가 실연되다가 실전되었다고 보는게 순리라고 하겠다. 그래야만 고려시대에 그것이 성행·유통되었다는 사실이 합리적으로 파악될 수 있기 때문이다.

그래서 고려 광종대에 그 의궤를 통하여 갈양사에서 수륙재를 봉행한 이래, 그 성행을 보았다. 그후 선종대에 태사국사로 있던 최사겸이 송나라에서 구해 온 ≪水陸儀文≫이나 동호사문 지반이 찬성한 ≪法界聖凡水陸勝會修齋儀軌≫ 등을[6] 수용하여 그 당시 이에 밝은 학승·고승들이 조정·개편하여 보제사에 수륙당을 짓고 이를 실연하게 되었다.

---

6) 박세민, 한국불교의례자료총서Ⅰ, 삼성암, 1993, pp.573-574.

또한 일연의 제자 혼구가 이 의궤로 ≪新編水陸儀文≫을 신편함으로써 그 의식이 더욱 성행하여 고려말까지 유통되었다. 그리고 고려 사문 죽암이 편찬한 ≪天地冥陽水陸齋儀≫가 현전하여 주목된다.[7]

한편 조선 초기는 태조의 불교입국이 태종의 혁명적 유교입국으로 숭유배불을 표방하였으나, 세종 후기에서 세조대에 걸치는 불교왕국을 재건하였으니, 이 국행수륙재는 국태민안과 영가천도의 충효윤리를 명분 삼아 여전히 성행하였다. 따라서 그 의궤는 당대의 학승이나 신불문사 등에 의하여 계속 개정·신편되어 효율적인 대본으로 전개되었다. 따라서 전게한 ≪法界聖凡水陸勝會修齋儀軌≫ 등 선행 의궤를 전범으로 당대 고덕·문승이 보다 효율적으로 개편한 ≪天地冥陽水陸齋儀纂要≫나 ≪水陸無遮平等齋儀撮要≫ 등이 널리 행세하고, 이런 의궤를 좀 더 효율적으로 보완한 지운의 ≪天地冥陽水陸齋儀梵音刪補集≫까지 간행되어 조선후기까지 유전되었다. 이와 같이 이 수륙재의궤는 오랜 불교사를 통하여 불교계 제왕이나 학승·문사들이 주체가 되어 적어도 신라시대를 기점으로 고려시대를 거쳐 조선시대 내지 현재까지 계승·개변·발전하여 왔던 것이다.

2. 찬성의 동기

이 의궤의 찬성 주체가 확실해지니, 그 찬성의 동기도 그만한 윤곽이 잡히는 게 사실이다. 이미 예견한 대로 이 수륙재는 불교적으로 복합적인 동기와 목적을 가지고 설행되었다. 우선 크게 보아 하화중생의 차원에서 생사 간 모든 중생을 구제하기 위함이었다. 기실 이러한 중생 구

7) 국립도서관 소장본, 미등(연제영), 국행수륙대재, 조계종 출판사, 2010, pp.35-38.

제는 불교의 실천적 이념이요 지상의 목적이었다. 따라서 불교계에서는 그 자비·구제의 손길이 무주고혼이나 허공 유전의 원혼·아귀 내지 수고하는 지옥 중생들까지 미치니, 이 수륙재를 통하여 그들을 구제·승화시키려 했던 것이다. 특히 나라가 한해·수재나 난리·역질 등 각종 재난에 처하면 이를 극복하기 위하여 그에 따른 고금의 고혼·아귀나 원혼·증음신 등을 소치하고 불보살·신중의 위신력과 승속 대중의 신심·정성으로 그들을 목욕·정화시키며 풍성한 시식과 함께 미묘한 법문을 베풀어 참회·숭불케 함으로써, 마침내 극락세계에 왕생시키는 것이 그 중심적 목적이었다. 그리하여 그런 국란으로부터 흉흉·불안하였던 민심마져 안정·평온하여 마침내 국태민안을 이룩하는 것이 구경의 동인이었던 터다. 이에 준하여 역대 선대 영가의 천도를 위하여 왕족·대가에서는 당대의 사찰에 의존하여 수륙재를 봉행하는 일이 허다하였다. 이처럼 수륙재의 전통과 범위가 확대되면서 그 동기·목적이 다양하게 확장되어 모두의 소통과 화합을 지향하게 되었던 것이다.[8] 그래서 이 수륙재의 공통적인 동기는 각계·각층의 다양한 고혼·원혼·아귀 등 만령을 천도하여 개인과 가정, 지역·국가의 안녕·화평을 성취하는 일이었다.

여기서 거시적으로 주목되는 것은 불교사적 차원에서 이 수륙재가 당대의 불교세를 확장하고 실질적으로 발전시키는 기폭제 내지 견인차가 되었다는 사실이다. 기실 조선시대의 배불·숭유기간에 오히려 이 수륙재가 다양한 형태로 교묘하게 성행하였다는 현상이 이를 역증하고 있기 때문이다. 그 시기에는 불교계의 본격적이고 정정당당한 불교활동

---

8) 홍윤식, 불교민속과 진관사 국행수륙재, 진관사 국행수륙재의 한국문화적 위상, p.17.

이 억압·박해를 받았기에, 이 수륙재를 주축으로하는 천도재의가 국태민안을 기원하는 충의와 선망 영가를 극락왕생시키는 효행이라는 거대한 명분을 타고 족히 성행할 수가 있었던 터다. 그러기에 조선시대의 불교적 특징을 의식불교라고 하리만큼, 수륙재 등 제반의식이 온갖 방편으로 설행되어 실질적으로 불교세를 유지·발전시키고 대중화하는 원동력이 되었다는 것이다. 그리하여 불교계 승단의 차원에서 이 수륙재의 근본적이고 원대한 동기는 억불 숭유의 난관을 극복·개척하고 상하 민중불교를 유지·발전시키고 중흥하는 데에 역점을 두었던 터다. 기실 이 수륙재의 과정 전체에는 화엄교학과 선학참선·염불정토·밀교비전의 철학·사상에 그 세계관까지 내재·실현되어 불교 전체가 생동하고 있는 게 사실이다.[9] 그리하여 이런 수륙재를 설행하는 것은 불교사상·교리를 의식적 공연을 통하여 가장 효율적으로 설파하는 데에 주목적이 있었던 터다. 그러기에 이 수륙재는 사후 그 만령들을 구제·승화시키는 방편으로써 오히려 살아 있는 대중·중생들을 교화·구제하는 것이 실질적인 동기라고 보아진다.

여기서 이 수륙재의궤의 찬성동기가 자명해진다. 이 의궤는 그 수륙재를 가장 효율적으로 공연하기 위한 대본이기 때문이다. 따라서 이 의궤의 찬성동기는 그 수륙재의 동기와 동일한 것이 물론이지만, 그 대본 자체로서 강력한 목적이 항상 작용하여 왔던 것이다. 이 의궤는 그 최초의 대본으로부터 후대적으로 개신·전개되면서 언제나 좀 더 효율적인 공연의 방향과 방법을 적극 모색하게 되었다. 그러기에 그 환경·무대의 설정과 설비를 화려·찬란하게 장엄하고, 그 등장인물들을 가시적

---

9) 신규탁, 불교철학자의 입장에서 본 진관사 수륙재, 진관사 국행수륙재의 한국문화적 위상, pp.20-22.

으로 특성화하며, 의식의 규모와 절차를 적절히 조절하는 한편, 그 실연 과정의 역동적 감동성을 강화하기 위하여 그에 필수되는 시문을 더욱 미화하고, 그 연행의 음악과 무용 그리고 연기 등을 연극적으로 연출하는 데에 치중하게 되었다. 이와 같은 대본의 발전적 면모는 자연 종합 예술적 극본형태를 성취하기에 이르렀다. 그리하여 이 의궤는 수륙재를 위한 건축과 회화·조각·공예 등 불교미술을 발전시키고 그 진행과정의 서사적 구조를 강화했을 뿐만 아니라, 그에 필수되는 시가·산문 등 문학을 정화시키며, 그 연행의 효능을 극대화하는 인물들의 의상·연기와 함께 기악·성악 등 음악과 각종 작법무를 연극적으로 향상시키게 되었다. 그로하여 이 의궤를 대신하고 보완하는 불화가 대두되었으니, 그게 바로 이른바 '감로탱'이었다. 이 감로탱은 한폭의 대형불화로 그 속에 수륙재의 전체를 역동적으로 생동하게 그려내고 있기 때문이다. 이 감로탱은 실제로 수륙재의 실연도로서 이 의궤를 대신할 수도 있고, 또한 그 실연의 보조·배경이 되어 왔던 것이다.

3. 찬성의 실제와 원전의 유통

이 수륙재의궤가 창안된 것은 인도불교의 신앙·의례에 따라 그 유래가 오래 되었다고 보아진다. 흔히들 양나라 무제가 숭불에 투철하여 승려들과 상의하고 친히 그 의식문을 만들어 금산사에서 그 재의를 베풀었다는 것이다. 이 의식문이 전거가 되어 당나라 때는 불교의 융성과 함께 그 수륙재가 성행하였는데 그 의궤의 면모는 전하지 않는다. 이어 송나라 희녕 연간에 동천이 ≪水陸文≫ 3권을 찬성하여 그 이후의 수륙재에 전범이 되었으니, 이로써 그 의궤의 윤곽이 잡혔던 것이라 하겠다.

이에 한국에서도 중국불교와의 교류가 빈번했던 점으로 보아 적어도 삼국시대 말기나 신라통일기에도 수륙재와 그 의궤가 전래되었을 것이지만, 그 전거는 고려때부터 확실해진다. 기실 이 의궤는 마치 경전과 같아서 인도에서 연원하여 중국 양나라·당나라를 거쳐 송대에 집성된 것이 고려에 수입·응용되었기 때문이다. 선종대에 태사국사로 있던 최사겸이 송나라에서 ≪水陸儀文≫을 구해 온 것을 계기로 수륙재가 더욱 성행하였고 그 후로 일연의 제자 혼구가 ≪新編水陸儀文≫을 찬술함으로써 그 의례가 더욱 널리 유전되었으리라 본다. 그런데도 수륙재의궤의 실체는 구체적으로 밝혀지지 않고 있는 터다. 다만 남송 말 지반이 찬성한 ≪法界聖凡水陸勝會修齋儀軌≫가 현전하여 주목된다.

이 의궤는 '法界聖凡水陸勝會修齋儀軌卷第一'의 제하에 '四明東湖沙門志磐謹撰'이라 하고 권말에 '成化六年'(성종 1년)에 김수온이 지은 발문이 붙어 있다. 그리고 이 의궤는 만력 원년(선조 7년)에 '忠淸道淸州俗離山空林寺開板'으로서 1권 1책, 총 92장이다. 그 내용은 '召請四直篇'에서부터 '普伸回向篇'에 이르기까지 총 43편으로 나누어져 있다. 이 의궤는 제반 사항으로보아 신빙성이 있는 것만은 사실이지만, 그게 바로 남송대나 고려대에 유통된 그 원본이라고 장담할 수는 없다.[10] 그 말미 발문 이전에 '天地冥陽水陸齋儀纂要一卷'이라고 명기하고 있는 것이 그 이본임을 증언하고 있는 터다. 바로 이 의궤가 비록 요약본이라 하더라도 그 원본을 추적·복원할 수 있는 유일한 전거임에는 틀림이 없다.

여기에 고려시대 죽암이 편찬한 ≪天地冥陽水陸齋儀≫가 현전하여 주목된다. 이 의궤는 인조 20년(1642) 나주 용진사에서 개판한 이본으로

---

10) 미등(연제영), 수륙의례문의 유형, 국행수륙대재, p.23.

국립중앙도서관에 소장되어 있다. 이 의궤가 비록 후대적 간본이지만, 그 원형을 그대로 유지하고 있는 터다. 이 의궤는 상게한 지반의 의궤 그 원본에 준거하여 11편이나 증보함으로써 모두 54편의 대본으로 완성되었다. 그리하여 고려 말기까지는 물론, 조선시대로 계승·활용되었던 것이다.

이어 조선시대에 이러러 숭유배불 내지 외유내불의 대세 속에서 오히려 이 수륙재의가 많이 설행되면서 그 의궤는 고려시대의 그것을 사용할 수밖에 없었다. 그러기에 죽암의 ≪天地冥陽水陸齋儀≫를 그대로 활용하되, 그 명칭만 조금 변경하기에 이르렀던 것이다. 그것이 바로 ≪天地冥陽水陸齋儀纂要≫로 등장하게 되었다. 이 의궤는 중종 26년(1531) 중대사에서 대행이 간행한 이래, 여러 이본이 전하는데 위와 동일한 편목이 54편으로 편성되던 터다.[11] 이후로 수륙재가 다양하게 설행되면서, 이 의궤의 발전적 방향과 방법은 그 실행·공연의 효율성을 높이는 데에 역점을 두게 되었다. 기실 조선시대의 이 의궤는 고려시대의 그것을 계승·개신하는 데에 최선을 다하여 그 실효를 거두고 있었기 때문이다.

먼저 이 의궤의 주제를 더욱 선명하게 강화하였다. 그 이전의 의궤가 불보살이나 신중을 중심으로 진행되는 경향을 보이고 일체 만령의 위상이 약화되거나 애매한 것을 그 영가 중심으로 확립하였다. 적어도 이 일체 만령이 주인공이 되어 불보살·신중의 청정·장엄한 법석으로 소청되고 목욕·재계하여 경배·순응하면서, 그 위엄 있는 찬식과 법식을 받고 극락세계에 왕생한다는 주제가 강조된 것이다.

---

11) 미등(연제영), 국행수륙재, pp.29-32.

다음 이 의궤의 주제에 맞추어 그 절차를 간요하게 조정하였다. 그 이전의 의궤가 너무 장황하고 산만한 절차를 갖추어 그 실연의 효과가 저조하였기에, 여기서는 그 전체적 구조를 서사적 맥락에 맞도록 재조정하고, 그 진행절차를 공연적 문맥에 적합하도록 재편성하였던 것이다. 이런 취지에서 편성된 의궤가 바로 ≪水陸無遮平等齋儀撮要≫다. 이 의궤는 찬자·연대가 미상이지만, 조선조 왕실 간행에 이어 전국 저명사찰에서 중간하여 가장 널리 유통·활용되었다. 그중에서 만력 원년(선조 7년)에 '忠淸道忠州月岳月德周寺'에서 개판된 그 의궤본에 보면, 이 의궤는 전게한 바 죽암이 편찬한 ≪天地冥陽水陸齋儀≫를 원본으로 공연성을 강화하여 개편한 것이라 하겠다. 전체가 1권 1책으로 부록까지 모두 53장이다. 그 내용 절차는 '設會因由篇'에서 '奉送六度篇'에 이르기까지 모두 35편으로 전개되었다. 실제로 이 의궤는 그 원본에서 '소청상위편' 이하 '봉영부욕편'·'찬탄관욕편'·'인성귀위편'과 '소청중위편' 아래 '봉영부욕편'·'가지조욕편'·'출욕참성편' 등 19편을 축약하고 그 순차를 조정하여, 공연의 효율성을 제고하는 전형적인 대본으로 가장 널리 유통되었던 게 당연한 일이었다.

그 후로 이어지는 수륙재의 의궤는 이 촬요본을 기준으로 하여 그 절차를 요약·조정하면 그 공연적 효능을 높이는 방향으로 개편되었다. 그런 의궤가 근현대에 이르러 전통적으로 계승·정리된 것이 바로 안진호의 ≪釋門儀範≫에 수록되어 있다.[12] 이 의궤 ≪水陸無遮平等齋儀≫는 전게한 ≪水陸無遮平等齋儀撮要≫에 의거하여 그 편목을 8편이나 생략하고, 그 의식절차의 진행을 선명하게 만든다는 것이 오히려 그 전체

---

12) 안진호, 수륙무차평등재의, 석문의범(신편), 법륜사, 1982, pp.815-862.

의 전개과정을 약화시키는 결과를 내었다.

이와 같이 수륙재의궤는 그 공연의 효율성을 제고하기 위하여 그 규모와 절차과정을 축소하는 데에서 한계가 있으므로, 이를 극복하기 위해서 그 종합예술적 공연방법을 전문적으로 모색·추구하게 되었다. 그리하여 먼저 이 의궤에 소요되는 게송·시가와 산문, 진언 등을 공연에 적합하도록 미화·발전시켜 전문적으로 집성·활용하는 작업이 진행되었다. 여기서 ≪天地冥陽水陸雜文≫과 ≪勸供諸般文≫ 등이 집성·유통되었다. 이 ≪天地冥陽水陸齋雜文≫은 편자·연대 미상이지만, 가정 10년(중종 26년)에 '全羅道順天松廣寺'에서 간행한 이본에 의하면, 2권 1책 총 142장으로 상권에는 수륙연기와 표장·방문 등이 실리고 하권에는 각종 소문과 첩문 등이 들어 있다. 이 산문들은 수륙재에서 필수적인 기원문 내지 의식문인데, 이 방면의 역대 명문이 거의 다 망라되어 있다. 따라서 수륙재의 공연에 보다 효율적인 작품을 골라 쓸 수가 있고, 또한 이를 참조하여 더욱 감동적인 작품을 지어서 활용할 수가 있었다. 여기에는 게송·시가는 제외하고 유관 산문만 나열된 것이 특징이라 하겠다. 그리고 ≪勸供諸般文≫은 역시 편자·연대 미상이지만, 만력 2년(선조 7년)에 '釋王寺'에서 개판한 이본에 의하면, 1권 2책 총 102장으로 전래 제반 재의의 각개 의식단위에 필수되는 기도문과 게송·다라니 등을 체계적으로 열거하고 있다. 따라서 이 수륙재의 진행절차에 필요한 기원문·게송·다라니 등을 여기서 뽑아다가 얼마든지 보완·활용할 수가 있었던 것이다.

한편 이 수륙재의 의궤를 활용하는 데 있어 그 문학적 게송·산문이 난해한데다 그 한자로 주음된 진언류가 발음하기 어려워서 지장이 많았다. 그리하여 이 수륙재 의궤를 중심으로 유관 의례의 게송·산문을 국역하고 진언류를 국음화하여 집성함으로써, 공연의 활성화에 큰 도움을 줄 수가 있었다. 그런 것이 저명한 학조의 ≪眞言勸供≫으로 나타났다. 이 원전은 홍치 9년(연산군 2년)에 인수대비가 학조에게 명하여 언역·주음해 낸 것인데, 1권 1책 총 121장이다. 여기서는 그 수륙재 등의 권공·시식 절차에 상용되는 게송·산문 및 진언을 집성하고 있다. 따라서 이런 재의·의식의 공연 대본이 문학적으로 승화·강조되었던 것이다.

다음 이 수륙재의궤는 그 공연상의 가무를 강화하는 방향으로 전문적인 역량을 발휘하게 되었다. 따라서 그 음악을 강화하는 데에 주력하였다. 그러기에 기악의 악기·연주를 보완할 뿐만 아니라,[13] 그 성악의 염불·기원성과 범패 등을 바로잡아 발전시키고 활성화하는 데에 최선을 다하였다.[14] 이에 상응하여 그 무용, 작법무를 발전적으로 연마하는 데에도 관심을 쏟았던 것이다.[15] 그리하여 이런 공연상의 범음·작법무 등을 바로 잡아 강화·집성한 것이 저 지환의 ≪天地冥陽水陸齋儀梵音刪補集≫이다. 이 의궤는 강희 60년(경종 1년) 경기도 양주 삼각산 중흥사에서 개판하였는데, 그 상권에 수륙재의궤를 요약·정리하였거니와, 그 주요부분이 바로 모든 의례의 범음·작법을 산보하여 바로잡고 활성화하는 데에 이르렀던 것이다. 이 의궤는 외제를 '梵音集'이나 '魚山集'이라 할 만큼 '作法·移運·勸供·儀式·規法·文' 등에 걸친 범음·

---

13) 손인애, 경제 불교음악의 태평소 가락 연구, 제4회 불교의식 음악학술대회 논문집, 불모산 영상재 보존회, 2013, pp.107-108.

14) 이보형, 북방불교음악에서 송경과 7언율시 게송의 박절 특징, 위 책, pp.133-134.

15) 손인애, 범패 <천수바라>의 음악 형성사적 연구, 한국불교음악의 음악적 특징, 불모산 영상재 보존회, 2011, pp.22-24.

작법을 교정·강화하여 그 공연을 활성화하는 데에 기여했던 터다.16)

나아가 이 수륙재의궤는 그 공연상의 미술을 강화·발전시키는 데에 주력하게 되었다. 우선 그 무대로서 이른바 3소6단·소대를 장엄하는 일이었다. 흔히 말하는 시련소와 대령소·관욕소, 그리고 사자단·오로단·상단·중단·하단·고사단·소대 등의 건축을 강화하였다. 이러한 건축은 대개 수륙재를 개설할 때에 조성하지만, 특별한 경우 사찰 전각에 잇대어 전용 수륙사를 건설하기도 하였다.17) 이 건축에다 각종 불화를 휘황찬란하게 제작하여 걸거나 붙이는 작업이 강화되었다. 여기다가 불교조각을 가미하는가 하면 각양 각색의 번을 느려 놓고, 각종 지화를 화려하게 배치하였다. 각종 위패와 공양구가 점차 아름답게 제시되고 육법공양과 지전 등의 공양물이 훌륭한 공예품으로 제작되었다. 이러한 무대설비와 장치 등은 일시적으로 임의 설치되는 것이 아니라, 모든 법식·의궤로 작성되어 그에 의한 계승·발전이 가능했던 것이다.

여기서 중시되는 것은 이 수륙재 전체의 진행 절차를 불화로 그려 이를 적극적으로 활용했다는 사실이다. 이것이 바로 ≪甘露幀≫으로 집성되었다. 이 ≪甘露幀≫은 모든 고혼·원혼 등을 대표하는 아귀에게 시식하는 것을 중심으로 위로 불보살의 가피와 옆으로 모든 신중의 가호, 승려·재자들의 정성, 아래로 그 고혼·원혼 등의 다양한 사망 사건에 이르기까지 모두 사실적으로 묘사하고 있다. 이것은 그대로 수륙재의 사생도로 제작·활용되기 시작하여 점차 발전·성행함으로써 원만한 사찰에서는 거의 다 갖추고 있었던 것이다. 그러기에 이 ≪甘露幀≫은

---

16) 이기운, 조선후기 수륙재의 설행과 천지명양수륙재의범음산보집의 편찬 의도, 진관사 수륙대재의 조명, p.104.
17) 김봉렬, 진관사 수륙사의 건축사적 해석, 진관사 수륙대재의 조명, p.15.

수륙재의 보조적 불화일 뿐만 아니라[18] 수륙재의 설행 현장을 입체적으로 대행하고 역사적으로 보증하는 터라 하겠다.

그리하여 이 수륙재의궤는 처음 전래·찬성된 이래, 그 공연의 효율성을 높이는 방향과 방법으로 개편·발전하여 수많은 이본을 남기게 되었다. 이에 상게한 ≪天地冥陽水陸齋儀≫의 적통을 이은 ≪水陸無遮平等齋儀撮要≫를 중심·주축으로 고금의 의궤를 참조하여[19] 그 표준이 되는 전형적 의궤를 재구할 수가 있다. 그 편목을 들면 다음과 같다.

1) 設會因由篇 : 이 재의를 여는 취지 목적을 국왕이나 주재승의 이름으로 불보살께 고유한다.

2) 嚴淨八方篇 : 이 법석 각단의 팔방을 엄숙·청정하게 조성하기 위하여 팔방 신중에게 기원한다.

3) 發菩提心篇 : 이 재의에 동참한 모두가 보리심을 내어 간절한 정성을 바치도록 기원한다.

4) 呪香通序篇 : 이 재의 도량의 각단에 향을 피워 올린다고 기도한다.

5) 呪香供養篇 : 그 향을 널리 피워 직접 공양하는 의식을 한다.

6) 侍輦儀式篇 : 그 법석 밖의 시련소에 나가서 불보살·신중과 원귀·만령을 연이나 가마에 태워 모셔 들이고 각단에 안치한다.

7) 對靈儀式篇 : 그 원귀·만령을 하단으로 인도하기 이전에 이 법석 밖의 대령소에 잠시 머물게 하고 안정시킨다.

---

18) 이 감로탱은 수륙재의 공연에서 하단의 배경화로 부착·활용되고 있다.
19) 미등, 수륙의례 설행, 국행수륙대재, pp.47-49.
　홍대한, 진관사 수륙재의 구성과 연행, 진관사 수륙재의 민속적 의미, pp.55-58.

8) 掛佛移運篇 : 이 석가불 중심의 대형괘불을 이운하여 상단에 봉안
   한다.

9) 召請使者篇 : 이 재의를 널리 알리기 위하여 사자들을 소청한다.

10) 安位供養篇 : 그 소청된 사자들을 사자단에 안치하고 각종 공양
    을 한다.

11) 奉送使者篇 : 그 사자들에게 임무를 부여하고 당부하여 사방으로
    봉송한다.

12) 開闢五方篇 : 오방의 천황을 오로단에 모시고 오방의 통로를 개
    통 · 보우하라고 기원한다.

13) 安位供養篇 : 그 오로단에 정좌한 천황들에게 각종 공양을 올린
    다.

14) 召請上位篇 : 석가불 중심의 불보살을 상단으로 봉청한다.

15) 獻座安位篇 : 그 불보살에게 자리를 바쳐 안좌케 기원한다.

16) 普禮三寶篇 : 그 불보와 법보 · 승보께 경배하고 공양을 올린다.

17) 召請中位篇 : 각계 신중들을 중단으로 봉청한다.

18) 天仙禮聖篇 : 그 신중들이 좌정하기 전에 불보살께 예경한다.

19) 獻座安位篇 : 그 신중들에게 자리를 지정하여 안좌케 청원하고
    각종 공양을 올린다.

20) 召請下位篇 : 대령소에 대기하던 원귀 · 만령을 하단으로 소청한
    다.

21) 引詣香浴篇 : 그 원귀 · 만령을 관욕소로 인도한다.

22) 加持藻浴篇 : 그 원귀 · 만령을 향탕에서 목욕시킨다.

23) 加持化衣篇 : 그 원귀 · 만령에게 새 옷을 갈아 입힌다.

24) 出浴參聖篇 : 그 원귀·만령이 관욕소에서 나와 상단·중단의 성위께 예배한다.

25) 加持禮聖篇 : 그 원귀·만령이 상단·중단께 다시 공양·예경한다.

26) 受位安座篇 : 그 원귀·만령이 자리를 잡고 안좌한다.

27) 加持變供篇 : 그 원귀·만령에게 간단한 공양을 베푼다.

28) 宣揚聖號篇 : 그 원귀·만령이 5여래를 찬탄·선양한다.

29) 說示因緣篇 : 그 원귀·만령에게 인연법을 강설한다.

30) 宣密加持篇 : 그 원귀·만령이 마지막으로 해탈케 기원한다.

31) 呪食現功篇 : 그 원귀·만령에게 그 법식의 공덕을 송주한다.

32) 孤魂受饗篇 : 그 원귀·만령에게 향연을 베풀어 만족케 한다.

33) 懺除業障篇 : 그 원귀·만령이 모든 업장을 참회·제거토록 일깨운다.

34) 發四弘誓篇 : 그 원귀·만령이 불법의 네 가지 서원을 발하도록 교시한다.

35) 捨邪歸正篇 : 그 원귀·만령이 모든 사행을 버리고 삼보에 귀의하도록 기원한다.

36) 釋相護持篇 : 그 원귀·만령이 부처의 오계를 받도록 설치한다.

37) 修行六度篇 : 그 원귀·만령이 바라밀을 수행하라고 교시한다.

38) 觀行偈讚篇 : 이 수륙재의 삼보 장엄 위덕을 총체적으로 찬탄한다.

39) 回向偈讚篇 : 이 수륙재 원만히 완료되었음을 찬양·송찬한다.

40) 奉送六道篇 : 이 수륙재에 동참한 중생, 원귀·만령을 극락세계로

왕생시키며, 모든 공양물·지전 등을 태워 보낸다.

41) 大衆供養篇 : 이 재의에 동참한 승속·상하 대중이 함께 공양하고 여법한 연행을 한다.

이렇게 재구된 의궤가 중심적 전범이 되리라 본다. 따라서 이 의궤의 연행양상이나 그 희곡적 전개실상에 대한 고구는 이 재구본을 중심으로 중요 이본 내지 ≪甘露幀≫ 등을 활용하는 게 당연하다.

여기서 중시되는 것은 그 다양한 의궤의 유통양상이라 하겠다. 고금을 통하여 그 의궤가 유통된 실상이 바로 수륙재 설행의 기능·역할과 역사적 영향관계를 실증해 주기 때문이다. 이에 그 현전하는 이본의 간행·유존 상황을 전거로 그 유통실태를 파악하여 보겠다.

1) ≪法界聖凡水陸勝會修齋儀軌≫는 성종 1년(1470) 전라도 송광사 개판본과 선조 6년(1573) 충북 속리산 공림사 개간본 이외에 5종의 이본이 전한다. 이 의궤는 연산군 때 1회, 명종 때 2회, 선조 때 1회, 인조 때 1회 등 5회나 발간되었다.

2) ≪天地冥陽水陸齋儀≫는 선조 19년(1586) 황해도 곡상 불봉암 개판본과 인조 20년(1642) 나주 용진사에서 개판한 이본이 전한다. 지금까지 선조 때 1회, 인조 때 1회 정도 간행된 것이 밝혀졌다.

3) ≪天地冥陽水陸齋儀纂要≫는 중종 24년 충청도 무량사 개간본 외 17종의 이본이 있다. 선조 4년(1571) 전라도 강진 무위사 개판본, 효종 10년(1659) 경상도 서봉사 개간본, 숙종 20년(1694) 경상도 해산사 개간본 등이다. 중종 때 2회, 명종 때 2회, 선조 때 3회, 인조 때 4회, 총 15회나 발간되었다.

4) ≪水陸無遮平等齋儀撮要≫는 왕실간행본 이외 23종 이본과 선조 7년(1574) 충청도 은진 쌍계사 개간본, 전라도 대광사와 경상도 선본사 개판본, 강원도 문수사 개판본 등이 전한다. 이 의궤는 중종 때 4회, 명종 때 1회, 선조 때 6회, 광해군 때 1회, 인조 때 4회, 현종 때 1회, 숙종 때 2회, 총 19회나 발간되어 가장 널리 유통되었다.

5) ≪天地冥陽水陸齋儀梵音刪補集≫은 숙종 35년(1709) 전라도 곡성 도림사 개간본과 경종 1년(1721) 경기 양주 삼각산 중흥사 개간본이 편찬된 이후 6종의 이본이 유통되었다.

6) ≪天地冥陽水陸雜文≫은 중종 26년(1531) 전라도 순천 송광사 개판본과 인조 13년(1635) 경기도 수청산 용복사 개간본이 대표적 이본이다.[20]

7) ≪勸供諸般文≫은 선조 7년(1574) 석왕사에서 개판한 이본만이 발견되었지만, 보다 널리 유통되었으리라 본다.

8) ≪眞言勸供≫은 연산군 2년(1496) 왕실에서 개판한 것만이 전하는데, 더 많은 이본이 유통되었을 것이라 추정된다.[21]

그리고 이 수륙재의 실황을 묘사하고 그 의궤를 대신하는 위 ≪甘露幀≫이 전국 각지 사찰과 박물관 내지 개인소장으로 많이 현전하여 매우 중시된다. 그것이 당시의 수륙재의 실상과 그 의궤의 유통을 실증하고 있기 때문이다. 그 제작사·연대와 소장처를 열거하면 다음과 같다.

1) 약선사장 감로탱 ; 1589년, 奈良國立博物館

2) 조전사장 감로탱 ; 1591년 日本 朝田寺

---

20) 이기운, 조선후기 수륙재의 설행과 천지명양수륙재의범음산보집의 편찬의도, pp.98-99.
    미등, 수륙의례문의 유형, 국행수륙대재, pp.23-41.
21) 박세민, 한국 불교의례자료 총서 I, p.436, 652.

3) 보석사 감로탱 ; 1649년, 국립중앙박물관

4) 청룡사 감로탱 ; 1682년, 안성 청룡사

5) 남장사 감로탱 ; 1701년, 상주 남장사

6) 해인사 감로탱 ; 1723년, 합천 해인사

7) 직지사 감로탱 ; 1724년, 개인소장

8) 귀룡사 감로탱 ; 1727년, 동국대박물관

9) 쌍계사 감로탱 ; 1728년, 하동 쌍계사

10) 운흥사 감로탱 ; 1730년, 경남 고성 운흥사

11) 선암사 감로탱 ; 1736년, 전남 선암사

12) 여천 흥국사 감로탱 ; 1741년, 개인 소장

13) 선암사 감로탱 ; 화기 없음, 전남 선암사

14) 원광대박물관 소장 감로탱 I , 1750

15) 국청사 감로탱 ; 1755년, 기메미술관

16) 자수박물관 소장 감로탱 ; 18세기 중엽

17) 안국사 감로탱 ; 1758년, 개인소장

18) 봉서암 감로탱 ; 1759년, 호암미술관

19) 원광대박물관 소장 감로탱 II ; 1764년

20) 봉정사 감로탱 ; 1765년, 개인소장

21) 신흥사 감로탱 ; 1768년, 호암미술관

22) 통도사 감로탱 I ; 1786년, 양산 통도사

23) 용주사 감로탱 ; 1790년, 개인소장

24) 고려대박물관 소장 감로탱 ; 18세기 말

25) 관룡사 감로탱 ; 1791년, 동국대박물관

26) 은해사 감로탱 ; 1792년, 개인소장

27) 호암미술관 소장 감로탱 ; 18세기 말

28) 홍익대박물관 소장 감로탱 ; 18세기 말

29) 백천사 운대암 감로탱 ; 1801년, 망월사

30) 수국사 감로탱 ; 1832년, 기메미술관

31) 흥국사 감로탱 ; 1868년, 수락산 흥국사

32) 경국사 감로탱 ; 1887년, 경국사

33) 불암사 감로탱 ; 1890년, 불암사

34) 봉은사 감로탱 ; 1892년, 봉은사

35) 지장사 감로탱 ; 1893년, 지장사(구 화장사)

36) 보광사 감로탱 ; 1898년, 보광사

37) 청룡사 감로탱 ; 1898년, 삼각산 청룡사

38) 백련사 감로탱 ; 1899년, 백련사

39) 통도사 감로탱Ⅱ ; 1900년, 통도사

40) 신륵사 감로탱 ; 1900년, 여주 신륵사

41) 대흥사 감로탱 ; 1901년, 순천 대흥사

42) 원통암 감로탱 ; 1907년, 고려산 원통암

43) 청련사 감로탱 ; 1916년, 청련사

44) 사명암 감로탱 ; 1920년, 통도사

45) 흥천사 감로탱 ; 1939년, 정릉 흥천사

46) 온양민속발물관 소장 감로탱 8폭 병풍 ; 20세기 전반[22]

---

22) 강우방·김승희, 감로탱, p.58.

이와 같이 이 수륙재의궤와 ≪감로탱≫이 전국 각지 사찰을 중심으로 조선시대에 걸쳐 널리·오래 유통되어 성황을 보여 왔다. 이러한 의궤와 불화가 성황리에 시공의 유통망을 형성하여 온 것은 역대 수륙재의 실상과 그 의궤의 활용양상을 그대로 실증하는 터라 하겠다. 그리하여 이 의궤의 유통양상 내지 유통망이 바로 그 불교문화사 내지 한국문화사상의 중대한 위상을 보증하는 것이라 보아진다.

Ⅲ. 수륙재의궤의 연극적 공연양상

1. 수륙재의 연극적 공연

잘 알려진 대로 모든 불교의례는 다 연극적으로 공연되어 왔다.[23] 일체의 불교진리는 이런 종합예술적 공연을 통하여 모든 중생·대중을 교화·구제하는 데에 최상의 성과를 걷우어 왔기 때문이다. 기실 이 수륙재는 그 철학·사상적 주제·내용이나 공연의 규모·구성과 예술적 실상 등으로 보아 불교재의 중에서 가장 빼어난 의례다. 따라서 이 수륙재의 실연이 가장 풍성하고 완벽한 종합예술적 공연을 지향하여 왔던 것이다. 그러기에 이 수륙재의 실연이 그대로 연극적 공연의 실상을 들어 내고 있는 터라 하겠다. 일찍이 모든 제의는 연극적으로 공연된다는 정론 아래서 '제의극'의 이론과 실제가 정립되었거니와,[24] 따라서 모든

---

23) 曲六乙, 宗教祭祀儀式·戲劇發生學的 意義, 西域戲劇與戲劇的發生, 新疆人民出版社, 1992, pp.17-18.
24) 田仲一成, 中國祭祀演劇研究, 東京大學 東洋文化研究所, 1981, pp.7-8.

불교재의의 실연이 연극적 공연으로 '불교재의극' 내지 '불교연극'이라는[25] 이론과 실제가 성립되어 있는 게 사실이다.[26]

그러기에 이 수륙재는 그다지 저명한 불교재의로서 그 공연을 통하여 바로 불교연극의 실상을 보여 주는 것이 확실한 터다. 실재로 이 수륙재의 공연은 적어도 보편적인 연극의 요건으로 그 무대와 등장인물, 대본과 관중이 완비되어 있기 때문이다. 먼저 그 무대가 너무도 장엄하고 찬연하다. 그 장중한 사찰이나 풍경이 절승한 강변·해변을 배경으로 시련소·대령소·관욕소와 사자단·오로던·상단·중단·하단·고사단 및 소대 등이 온갖 지화로 꾸며지고, 다양한 불화·탱화로 장식되며, 수많은 번으로 느려지고 갖가지 형형색색의 공양물이 벌어지며 심지어 하늘까지 오색천으로 짜여지고 있다. 다음 그 등장인물들이 다양하고 위력적이다. 그래서 전능의 위신력을 구족한 제불보살과 옹호·보좌의 권능을 구비한 제신중이 봉청되고, 법력·기능을 갖춘 증명·법주·어장·의식·작법승 등 제반소임과 신심·정성을 드리는 재주·신도들이 동참한다. 그리고 이 재의의 주인공인 수륙·공중의 모든 무주 고혼·원혼 등이 아귀를 대표로 하여 살벌하게 등장한다. 이들 만령들은 대략 24가지 유형의 비극적 사건으로 비명·횡사하여 비통·원한을 품고 허공을 떠돌며 온갖 재난과 흉사를 일으킬 수도 있는 강세를 띠고 있는 터다. 그리고 이 의궤·대본이 완비되어 있다. 전술한 대로 이 대본은 오랜 전통을 계승·발전시키고 그 공연의 연극적 효능을 증진시키는 방향·방법으로 개변·완성된 극본이기 때문이다. 기실 이 대

---

25) 陳宗樞, 佛教與戲劇藝術, 天津人民出版社, 1992, pp.38-40.
26) 사재동, 불교연극서설, 한국공연예술의 희곡적 전개, 중앙인문사, 2006, pp.195-197.
　　　＿＿＿, 영산재의궤범의 희곡적 전개, 위 책, pp.678-680.

본은 그 재의의 공연을 연극적으로 진행시키는 지침서요 연출계획서로서 완벽한 것이라 하겠다. 끝으로 이 수륙재의 공연에는 수많은 관중이 운집하여 있다. 거의 전국적인 승려들과 유관 신도들은 물론, 일반 민중, 걸인까지도 다 모여 대성황을 이루었기 때문이다. 그리하여 이 수륙재는 불교연극 내지 일반연극의 모든 조건을 완비하여 거창하고 훌륭한 연극의 면모를 보여 주는 것이다.

2. 연극적 공연의 실제

이 수륙재의 연극적 공연은 크게 서막에 이어 4막 그리고 여막의 규모로 진행되는 터다. 위 재구된 원전에서 1) 설회인유편부터 5) 주향공양편까지 서막이요, 6) 시련의식편부터 8) 괘불이운편까지 제1막이요, 9) 소청사자편부터 14) 소청상위편을 거쳐 19) 현좌안위편까지 제2막이요, 20) 소청하위편부터 28) 선양성호편을 고비로 29) 설시인연편을 거쳐 34) 발사홍서편까지 제3막이요, 34) 사사귀정편부터 40) 봉송육도편까지 제4막이요, 41) 대중공양편이 여막이라 하겠다. 이들 막은 각기 독자적인 연극으로 성립되면서, 그 전체가 유기적으로 연결되어 필연적인 극정을 원만하게 전개시키고 있다. 이에 그 막별로 연극적 실상을 살펴보겠다. 여기서는 현재까지 삼화사·진관사·백운사에 전승되는 수륙재의 공연실태를 참조할 것이다.[27]

---

[27] 삼화사 수륙재(국가중요무형문화재 제125호), 국행수륙대재설행(2014.10.17-19)현장답사. 미등, 수륙의례 설행, 국행수륙재 참조
진관사 수륙재(국가중요무형문화재 제126호) 진관사 제공, 삼각산 진관사 국행수륙무차평등대재(동영상). 홍대한 등, 진관사 수륙재의 민속적 의미 참조
백운사 수륙재(국가중요무형문화재 제127호), 석봉(주지·어장)해설(2014.10.21). 천지명양수륙대재(동영상, 2012.10.13-14). 혜일명조, 아랫녘 수륙재, 수륙재, 일성출판

서막에서

이 수륙재의 3소·7단이 설치된 장엄 도량에서 법주·의식승·작법승·취타와 신도 대중이 불단을 향하여 법주의 이름으로 이 수륙재를 설판하는 연유를 음악적으로 고유한다. 이어 의식승의 주도로 목탁성에 맞추어 모두 「신묘장구대다라니」를 합송하고, 「정삼업진언」과 「계도도장진언」·「삼매야계진언」을 염송하여 동참자 모두의 심신을 청정히 한다. 이 진언은 범성으로 염송되고 증명법사의 수인이 신비롭게 연출된다. 이하 모든 진언은 모두 이와 같이 예술적으로 연행된다. 그리고 이 도량의 팔방과 각소·각단을 정결케 하는 기도를 올린다. 그 의식승이 이 도량을 청정히 해달라는 기도문에 이어 물을 뿌려 마귀를 떨쳐 내는 다라니를 염송하고, 「개단진언」·「건단진언」을 거쳐 「결계진언」을 범성으로 염송하여, 이 수륙재의 도량이 신성하고 청정하게 이룩되었음을 확인한다.

그리고 모든 동참자와 천지·수륙의 만령이 보리심을 내도록 의식승의 기도문과 함께 「발보리심진언」을 합송한다. 이어 의식승이 향을 피워 올리는 정성과 효능을 고유하고 「분향진언」을 염송한 다음. 실제로 '계향·정향·혜향·해탈향·해탈지견향'을 피워 광명운대와 주변법계에 충만한 삼보전에 공양한다. 이로써 이 수륙재의 도량과 각소·각단은 완전히 청정하고 향기롭게 정화되어 그 연극적 공연의 '발단'을 이룬다.

사, 2013 참조

제1막에서

위 동참자들이 나무대성인로왕 번기를 앞세우고 주관사 사령·취타·의식승·작법승·순도기·영기·순기·청룡가·황룡기·일월선·봉황선·일산·연·불패·다기·오방번기·항마진언번기·청사초롱과 참석대중 순으로 장엄하게 도열하고[28] 5번의 타종에 따라 불단에서 출발하여 일주문 밖 시련소로 행렬하니, 그 자체만도 극적인 장엄성을 연출한다.

그 시련소에 도착하여 그 의식을 연극적으로 공연한다. 그 제단을 배경으로 불보살과 신중을 청하여 이 자리에 모시고 간단하게 차 공양을 올리고 수륙도량으로 모시는 절차가 진행된다. 먼저 「신묘장구대다라니」를 독송하여 천수바라무를 추고, 「옹호게」를 가송하여 의식이 시작된다. 이어 「헌좌게」를 가송하며 부처님께 극진한 예를 표하고 찬탄하는 요잡바라무를 춘다. 이어 「다게」를 염송하며 나비무를 춘다. 이제 그 불보살·신중을 정성껏 모셔야 하기에, 「행보게」를 가송하여 그 출발을 고하고, '산화락'을 불러 불교살·신중의 가는 길에 꽃을 뿌려 청정하게 결계하는 의미를 나타낸다. 이어 '나무대성인로왕보살마하살'의 찬탄·예경을 마치고 취타와 함께 인성으로 이전의 행렬에 따라 수륙도량을 향하여 그 연을 모시고 이동하니,[29] 이 장면 그대로가 연극적 공연이다. 그 행렬이 상단에 도착하면, 인성과 음악을 멈추고 「영취게」와 「보례삼보」를 가창하며 나비무와 요잡바라무를 추고 마무리된다. 여기서는 게송·진언의 가창과 해당 작법무가 합세하여 가창·가무가 주류

---

28) 미등, 위 책, pp.57-58.
29) 이 시련의식에서 성현의 연에 이어 그 만령을 가마에 태우고 뒤따르는 경우가 있다.

를 이루어 연극적 공연이 강화되고 있다.

한편 대령소에서는 그 재단을 배경으로 천지·명양·수륙·허공 제 방의 무주고혼·원혼·아귀 등 만령을 초치하여 위패로 모시고 간단하게 음식을 대접하며 하단의식이 진행될 때까지 기다리게 한다. 말이 위패지 그 만령들은 모두가 비극과 원한에 사무친 행적을 가지고 온갖 흉모와 악취가 가득하여 흉칙한 아귀로 대표된다. 그래서 그들은 인간계에 재난과 불행을 불러일으킬 수 있는 무서운 존재로 파악·인식된다. 이에 그들을 일단 안정시키는 의례가 시작된다. 그래서 먼저 「거불」하여 극락도사 아미타불과 관세음보살·대세지보살, 접인망령대성인로왕보살을 소청하여 그 위신력으로 그 만령을 제압하는 터다. 이어 법주가 소문을 음악적으로 읽어 수륙재에 그 만령을 소치하는 취지가 밝혀지면서 더욱 그 안정을 찾는다. 동참한 승려 2인이 그 소문을 양쪽에서 펴들고 법주가 나와 서서 음악성으로 낭독하는 광경이 가관이다. 거의 모든 소문은 이런 식으로 읽는다. 이어 「지옥게」를 가창하여 지옥문을 열고, 거기서 나온 만령들을 위하여 「착어」로써 설법·위무하며 「진령게」를 가송한다. 이어 「파지옥진언」·「멸악취진언」·「보소청진언」을 거듭 음송하고, 「유치」로써 그 만령을 소청하여 수륙재를 여는 취지를 설파한 다음, 인로왕보살이 강림하여 만령의 집합을 인증해 달라는 「청사」를 낭독한다. 이어 「가영」을 송창하고, 「다게」를 가창하여 차를 올리고, 「고혼청」으로써 그 만령을 일심 봉청한 다음, 다시 「가영」을 베푼다. 끝으로 법주가 경건한 일심으로 만령을 소청하여 공양하는 모두의 정성을 받아 들여 안정하라는 기원을 드린다. 그 게송·진언·기원문 등이 간절하다. 이로써 대령의식의 실제가 상당한 비극적 분위기와 함께 가창과 가무・강창・대화 중심의 연극적 실상을 드러내고 있는 터다.

나아가 그 상단의 위의와 권능을 극대화하기 위하여 괘불을 수륙도량으로 이운한다. 이 이운할 일행이 취타와 함께 상단 앞에서 출발하여 평소 괘불이 모셔져 있는 곳으로 이동한다. 그 괘불 앞에 이르면 천수바라무를 추어 의식이 진행될 공간을 청정히 하고 참석 대중의 심신을 깨끗이 한다. 먼저 「옹호게」를 가창하며 바라무를 추어 신중의 보살핌을 발원하고, 「찬불게」를 가송하며 나비무를 추어 부처님을 찬탄한 다음, 「출산게」를 가창하여 출발을 준비한다. 그 이운이 시작되면 「염화게」를 가송하여 꽃을 공양하고, '나무영산회상불보살'을 합송한다. 그 괘불이 이운되는 길에 꽃을 뿌리는 의식으로 「산화락」에 상응하여 요잡바라무를 추고, 이어 취타와 인성으로 수륙도량에 이르는데, 그 법주와 의식승, 취타와 작법승, 괘불・동참 대중으로 이어지는 그 행열이 그대로 연극적 공연의 면모를 보인다. 이 괘불이 상단에 도착하면 취타와 인성을 그치고, 「등상게」를 가창하며 의식을 통하여 괘불을 단상에 모셔 펼쳐 올린다. 그리고 괘불 앞에서 「사무량게」를 가창하고, 법주를 중심으로 둥그렇게 둘러서서 범패에 맞추어 바라무를 춘다. 이어 「영산지심」을 가창하며 요잡바라무를 춘다. 끝으로 괘불을 모시고 수륙법회를 열게 된 동기・취지・발원 등을 밝히는 「건회소」를 법주가 음악성으로 낭송한다. 이 괘불의식의 공연 자체가 가창・가무・강창・대화로 이어지는 연극적 면모를 보인다.

여기서는 시련・대령・괘불 등 일련의 의식이 가창・가무・강창・대화의 연극적 형태를 보이며 그 수륙재의 준비단계를 마무리한다. 이로써 제1막은 그 연극적 공연 전체의 예비적 단계, '예건의 설명'을 다하고 있는 터다.

제2막에서

먼저 사자단에서 「거불」로 삼보를 봉청하고 태징과 바라를 울리며 의식을 시작한다. 「진령게」를 가창하고 「소청사자진언」을 음송하여 사직사자를 소청한다. 이어 「유치」로써 이 의식을 거행하는 취지를 설파하고 「청사」로써 사자들을 일심으로 봉청한 다음, 「가영」을 송창한다. 그리하여 사자들이 안좌하기를 고유하고, 「헌좌게」의 가창에 이어 「헌좌진언」을 송념하며, 「정법계진언」을 연창한다. 이에 사자들이 안좌하면 「다게」를 송창하며 차를 공양하는데 여기에 맞추어 나비무를 춘다. 이어 「진공진언」과 「변식진언」·「시감로수진언」·「일자수륜관진언」등이 연송되는 가운데 공양을 올리며 그에 상응하는 바라무를 춘다. 그리고 「오공양」을 염송·설화하며 '향·등·다·과·미' 등을 올리고, 「가지게」를 가창하여 사자들을 칭송·격려한다. 이어 「보공양진언」과 「보회향진언」·「소재길상다라니」·「원성취진언」·「보궐진언」 등을 연창하면서, 그 사자들이 팔방 법계에 이 수륙재를 전달하고 안내하라는 「행첩소」를 낭송하여 그 임무를 주지시킨다. 그리고 이 사자들을 봉송하는 의식이 진행된다. 먼저 사자들의 임무를 재당부하고, 이제 떠나야 한다는 소문을 낭송하며, 「봉송진언」을 음송하고 「봉송게」를 가창함으로써 사자들을 봉송한다. 마지막으로 사자들이 지참하는 「행첩소」와 그들이 타고 가는 말을 소각하여 올린다. 여기서는 사자들이 생동하며 시종 가창·가무·강창·대화 중심으로 연극적 공연이 이루어지고 있다.

그리고 오로단에서 5방의 오제 신위를 소청·공양하여 법계 오로를 개방하고 만령 등이 회집하는 데에 걸림이 없게 하는 의식이 진행된다. 먼저 「거불」로써 삼보를 봉청하고 「개통오로소」를 낭송하여, 이 의식을 봉행하는 취지를 고유한다. 이어 「진령게」를 가창하고 「보소청진언」을 음송한 다음, 「유치」를 낭송하여 오방 오제를 소청하는 목적을 설파하고, 그 신위가 이 재단에 강림하기를 삼청한다. 다시 「청사」를 염송하여 그 오제가 기필코 강림하기를 일심으로 간절히 앙청한 다음, 「가영」까지 송창하니 그 문사가 간절하다. 그리하여 강림한 오제에게 법좌를 바쳐 안좌하기를 기원하며, 동참자 모두 「신묘장구대다라니」를 가송하면, 이에 상응하여 천수바라무를 춘다. 이어 「헌좌게」와 「헌좌진언」을 연창하고, 안좌한 오제에게 「다게」를 가창하며 나비무를 추면서 차를 올린다. 이어 「진공진언」과 「변식진언」·「감로수진언」·「일자수륜관진언」·「유해진언」을 연송하면서 요잡바라무를 함께 춘다. 그리고 「오방찬」·「오공양」의 찬탄·헌사를 올리며, 「가지게」에 이어 「보공양진언」·「보회향진언」·「소재길상다라니」·「원성취진언」·「보궐진언」·「개통도로진언」을 연송하면서 모두 마무리된다. 여기서는 오방오제가 그대로 생동하며 다양하고 숭고한 게송과 기원·고유문 등이 작법무와 어울려 가창·가무·강창·대화 중심으로 공연되는 연극적 면모를 보인다.

나아가 상단에서 불보살과 성문·연각 등 사성을 소청하여 모시고 공양을 올린다. 먼저 상단에 예경·기원하고 참석 대중과 함께 천수경을 합송하며 천수바라무를 춘다. 「거불」로 삼신불을 받들고, 「상위소」를 염송하여 수륙재를 여는 취지를 고유하며, 삼보님이 상단에 강림하여 증명하시라 봉청한다. 이어 요령을 울리며 「진령게」를 가창하여 무변 불성이 모두 기꺼이 회집하기를 기원하고, 「청제여래진언」과 「청제보살진언」·「청제성현진언」·「봉영차로진언」을 연송하면서 이에 상응하는 작법무를 춘다. 그리고 「유치」를 낭송하여 이 재의를 열게 된 사유를 고유하고, 제불보살과 모든 성현들이 강림하시기를 청원하며, 「청사」를 근독하여 삼보님이 이 상단에 강림하시어 이 법회를 증명하시라고 기원한다. 그리하여 보배와 향으로 마련한 자리에 불보살과 연각·성문께서 안좌하시라 고유·간청하고, 「헌좌게」를 가창하며 「헌좌진언」을 음송한다. 이어 「다게」를 가송하고 나비무를 추면서 다를 공양한다. 이에 안좌한 불보살·성중께 경배·공양을 올린다. 먼저 경건하고 간절한 고유문을 낭송하여 올리고, 「사무량게」와 「사자게」를 가창하며, 「삼정례」를 올리고 「오자게」를 가송한 뒤에, 「가지변공」을 아뢴다. 그러면서 「변식진언」과 「시감로수진언」·「일자수륜관진언」·「유해진언」을 연송하면서 이에 상응하는 작법무를 춘다. 그리고 「오공양」을 아뢰고, 「운심공양게」를 가송하며 「운심공양진언」을 음송하면서, '향·등·다·과·미' 등 오종 공양을 올린다. 계속하여 「보공양진언」·「보회향진언」·「소재길상다라니」·「원성취진언」·「보궐진언」·「석가여래종자심진언」 등을 연송하고 그에 상응하는 작법무를 춘다. 마지막으로 「정근」에 이어 「찬불게」를 가창하고 모두 참회하면서 다 같이 성불하기를 서원한다. 이로써 상단의 불보살·성문·연각 등이 생동하여 그 위신력과 권능을 발휘하여 그 만령을 위무·제도할 수가 있다. 이러한 극정이 시종 아름답고 감동적인 가창과 가무·강창·대화를 주축으로 연극적 공연으로 이어지는 것이다.

한편 중단에서 법계의 일체·신중을 소청하여 모시고 공양을 올린다. 먼저 「거불」로써 「중위소」를 염독하여 24부류의 신중에게 이 수륙재를 여는 취지를 고유한다. 먼저 요령을 울리며 「진령게」를 가칭한 다음, 「소청삼계제제천진언」과 「소청오통제선진언」・「소청일체천룡진언」・「소청일체선신진언」・「소청염마라왕진언」 등을 연송하며 이에 맞는 작법무를 춘다. 이어 「유치」를 낭독하여 이 중단에 강림하실 당위성을 역설하고 바로 「청사」로써 그 신중들이 친이 강림하시기를 일심으로 봉청한 다음, 「가영」을 베풀어 감흥을 돋운다. 그리하여 운집한 일체 신중들이 상위 삼보님께 예경・참배한다. 먼저 일체 신중이 경배하는 취지를 고유하고 「보례게」를 합창하여 「삼정례」를 아뢰며 세 번 일심으로 정례를 올린다. 이어 「오자게」를 합송하고 「오자진언」을 음송하여 마무리한다. 그리고 이 일체 신중들은 중단에 안좌하여 공양을 받는다. 먼저 헌좌・공양하는 연유를 아뢰고, 「헌좌게」를 합창하며 요잡바라무를 추고 「헌좌진언」과 「정법계진언」을 연송한다. 「다게」를 가송하며 바라무를 추는 가운데 차를 올린다. 다음 「가지변공」을 알외고 나비무를 추며 「변식진언」과 「시감로수진언」・「일자수륜관진언」・「유해진언」을 연송하며 작법무를 춘다. 이어 「오공양」을 거양하고 '향・등・다・과・미'를 공양하며, 「보공양진언」과 「보회향진언」・「소재길상다라니」・「원성취진언」・「보궐진언」・「멸정업진언」을 연송하고, 「탄백」으로 일체 신중들의 위용을 찬탄하면서 마무리가 된다. 여기서는 일체 신중이 운집하여 생동・현현하고, 그 권능을 갖추는 극정이 가창과 가무・강창・대화 중심으로 고조되어, 그 연극적 공연의 실상을 보인다.

이로써 위 사자단과 오로단, 상단과 중단에 걸치는 일연의 의식・재례를 통하여 등장인물들이 생동화하고, 그 위신력・권능을 완비・발휘하는 실상이 가창・가무 내지 강창・대화를 주축으로 공연됨으로써 연극적 면모를 보여 준다. 따라서 이 제2막은 전체 극정의 흐름에서 그 사건을 유발하는 과정이니, 그 '유발전 사건'의 단계라고 하겠다.

제3막에서

이 하단에서 무주 고혼・애혼・아귀 등 만령을 소청하여 본격적인 공연이 벌어진다. 먼저 「거불」로써 아미타불・관세음보살・대세지보살을 봉청하고, 「하위소」를 낭독하여 이 하단의식을 하게 된 사유・취지를 고한다. 이어 요령을 울리며 「진령게」를 가창하고 「파지옥진언」과 「멸악취진언」・「소아귀진언」・「구소제악취중진언」・「보소청진언」 등을 연송한 다음, 「유치」를 낭독하여 그 비극적 만령에게 이 도량 하단에 운집하여 찬식과 법식을 받으라고 알린다. 그리고 특별히 「고혼도청」을 낭독하여 대강 24부류의 만령을 모두 일심으로 봉청한다. 이에 대령소에서 대기하던 그 만령이 등장・현신하니 실로 비극적 사건의 총집성으로 보복・행패의 불안・공포가 폭발 직전이다. 그러나 위로 제불보살・성현의 위신력과 일체 신중, 오방 오제의 권능에 둘러 싸여 겨우 안정을 찾는다.[30] 이에 그 만령은 관욕실로 향한다. 먼저 그들을 향욕실로 안내하는 간곡한 기원을 하고, 「신묘장구대다라니」를 합송하며 천수바라무를 춘다. 그리고 「청로진언」을 음송하고 「입실게」를 가창하여 그 만령을 향탕으로 들게 한다. 이어 그 만령에게 그간에 입은 비극・원한・고통 등의 모든 때를 깨끗이 닦고 심신을 청정히 하여 상락향에 들라고 기원하며 「관욕게」를 가창한다. 이어 「목욕진언」과 「작양지진

---

30) 이런 광경이 모든 ≪감로탱≫의 주제로 그려져 있다. 강우방・김승희, 감로탱 도판 참조

언」・「수구진언」・「세수면진언」 등을 연송하면서 바라무를 춘다. 이제 그들이 목욕을 마쳤으니 옷을 갈아입으라고 기원한다. 그리하여 「화의진언」과 「수의진언」・「정의진언」을 가창하고, 따라서 그들은 심신을 청정히 한 다음, 깨끗한 옷을 받아 입어 단정히 차린다. 그리고 그들에게 욕실에서 나와 상위 성중과 중위 신중에게 예참하라고 작법무를 춘다. 이어서 그들이 삼보성중께 예경하도록 지시하고 그 공덕이 무량함을 역설한다. 그들은 예경을 마치고 하단에 자리를 잡아 안좌하니, 「안좌게」를 가송하고 「안좌진언」을 음송한다. 이제 그 안좌한 만령의 이름으로 법계의 무진 삼보전에 공양을 올린다. 이에 그 취지를 고하고, 「정법계진언」과 「변식진언」・「출생공양진언」・「헌향진언」・「헌등진언」・「헌화진언」・「헌과진언」・「헌수진언」・「헌병진언」・「헌식진언」・「운심공양진언」 등을 연송하니 작법무가 따른다. 이제 그들이 불자로서 오여래의 성호를 선양하게 된다. 「나무다보여래」와 「나무묘색신여래」・「나무광박신여래」・「나무감로왕여래」 등을 선양하여 각기 진언을 음송하여 그 공덕을 높이 찬탄한다. 이로써 그 비극적 만령들은 불자로 승화되었지만, 오로지 그동안에 먹지 못하여 아귀의 고통만은 해탈치 못하고 더욱 치성해져 입과 눈에서 불이 솟구치게 된다. 따라서 그 동안의 승화과정이 실제로 전체 극정의 절정을 지향하는 상승적 역할을 하면서, 가창・가무・강창・대화 중심으로 연극적 공연양상을 강화한다. 그리하여 이 과정은 전체의 연극적 진행과정에서 '상승적 동작'에 자리하는 터다.

이제 이 아귀로 대표되는 만령 불자들에게 법사가 인연법을 설시하고 「십이인연진언」을 세 번 합송한다. 그리고 만령에게 마지막 남은 아귀업보를 없애고 원결을 풀으라고 기원하면서 「멸정업진언」과 「해원결진언」을 합송한다. 이제 그들이 진실로 해달의 경지에서 찬식공양을 받게 된다. 그리하여 「변식진언」과 「시감로수진언」·「일자수륜관진언」·「유해진언」을 연송하고 그 작법무를 추면서, 그들이 직접 풍성한 시식을 선열로서 받는다. 그러기에 「시귀식진언」·「보공양진언」이 명쾌하게 합송된다. 여기서 그들은 실제적 주인공으로서 찬식과 법식을 받고 완전한 해탈·법열을 누린다. 그들은 마침내 미진한 업장을 참회·초탈하고 나아가 불보살 성현중을 향하여 사홍서원을 세우며 법열에 넘쳐 모두 환성을 지른다. 이로써 이 수륙재의 극정은 절정에 이른다. 그 아귀로 대표되는 비극적 만령이 불보살·성현들의 위신력과 신중들의 권능과 시식으로써 해탈·법열의 불자로 거듭났기 때문이다. 이러한 일련의 과정이 가창과 가무·강창·대화를 중심으로 연극적 공연의 절정을 보여 주는 데에 조금도 부족함이 없다. 따라서 이 부분은 전반부의 '상승적 동작'에 이어 전체 극정의 '절정'을 이루고 있는 게 확실하다.

제4막에서

이제부터는 그 불자 만령이 청정·편안하여 동참자들과 더불어 삼귀의계를 받는다. 먼저 이 수계의 중요성을 설파하고 '귀의불·귀의법·귀의승'을 세 번 염창하며 삼귀의계를 받고, 「귀의삼보진언」을 합창한다. 이어서 그들은 오계를 받고 엄수할 것을 다짐한다. 먼저 오계를 받는 중요성을 강조하고 법사가 '불상생·불투도·불사음·불망어·불음주'의 오계를 들어 설하고 '능히 지키겠느냐'하면, 그들은 '능지'라고 대답·맹세한다. 나아가 그들은 육바라밀의 수행을 다짐한다. 우선 육바라밀 수행의 중요성을 설파하고, 모두 그 수행의 실천을 다짐한다. 나아가 그들 모두는 장편 게송으로 삼보를 찬탄·경신하며 노래하고 작법무를 춘다. 이로써 이 재의의 연극적 공연은 극정의 하강적 국면을 연출한 것이다. 이 과정이 가창과 가무·강창·대화 중심으로 공연되어 연극적 실상을 보이면서, 전체 극정의 '하강적 동작'에 자리하고 있는 터다.

이제 수륙재는 회향단계로 접어든다. 모두가 장편 게송으로 이번 재의의 원만 회향을 송축하고, 이 도량에 강림한 상위·중위·하위 모든 대상을 찬탄하며 요잡바라무를 춘다. 이어 「보례게」를 가창하고 「행보게」를 가송하여 모두가 소대로 향하여 움직인다. 이 장엄한 행렬이 가는 길에 「산화락」을 가창하며 꽃을 뿌리고, 「나무영산회상불보살」에 이어 「법성게」를 합창한다. 그 현장에서 여기에 강림하신 삼단의 대상을 보내는 기도문을 낭독하여 올리고 「삼단도배송」의 장편게송을 합창한 후에, 「봉송진언」과 「상품상생진언」·「보회향진언」을 연송한다. 이어 「파산게」와 「귀의삼보」·「자귀의삼보」를 합창하고 「삼회향」을 거쳐 「회향게」를 가창하면서 이 재의가 마무리된다. 끝으로 하단의 신번·오여래번·삼도위패·화개·지전, 중단의 삼장보살패·주망공사·지화, 상단의 불패·번·화개·지화 순으로 소각하여 보낸다. 그리고 「회향소」를 통하여 대중들은 경건하고 정성스러운 마음으로 성중의 가르침을 받들고 일심으로 머리숙여 회향을 찬탄한다. 이로써 이 재의는 원만하게 마무리되며 여운을 남긴다. 이 과정은 시종 가창과 가무·강창·대화를 중심으로 연극적 공연을 통하여 원만 회향을 연출한다. 따라서 이 부분은 전체 극정의 '대단원'을 장식하는 터다.[31]

여막에서

이 수륙재를 원만 회향한 승속 사부대중은 성취·경축의 대중공양으로 들어간다. 법주나 주지의 회향 덕담에 이어 삼단에 공양한 성찬을 음복하며, 축하·법열의 연극적 공연을 한다. 그 대중이 가창·가무·강창·대화하는 보편적 연행을 하고, 의식승·작법승을 중심으로 공연하는 삼회향놀이(땅설법) 등이 공연된다.[32] 나아가 외부의 국악단이나 남사당패 등을 초청하여 연극적 공연판을 벌리기도 한다. 그러기에 모든 동참자의 환희심과 감동을 자아내는 데는 이 여막의 뒤풀이가 더 효율적이었던 것이다.

이상 이 수륙재의 연극적 공연은 장엄한 무대와 다양·특출한 등장인물, 주제에 충실한 유기적 대본, 그리고 수많은 관객들로 하여 풍성한 장편 연극으로 전개되었다. 그 연극적 공연은 실제로 가창과 가무·강창·대화를 주축으로 연극의 형태를 유지하면서, 그 막별로 독자성을 유지하고 나아가 전체적인 절차·흐름을 견지·완결하였던 터다. 이에 보편적인 연극, 그 극정의 동선으로 보면 이 서막은 '발단'이요, 제1막은 '예건의 설명'이며, 제2막은 '유발적 사건'이요, 제3막은 '상승적 동작'에 이은 '절정'이며, 제4막은 '하강적 동작'에 이은 '대단원'이요, 여막은 풍성한 '뒤풀이'라고 하겠다. 이로써 이 수륙재는 전체가 서막을 비롯하여 제1막~제4막에 이은 여막으로 마무리되는 전형적이고 대표적인 장편 재의극, 불교연극이라고 보아진다.

---

31) 이상 수륙재의 진행 절차는 미등, 국행수륙대제를 많이 참고하였다.
32) 이보형, 삼회향(땅설법)의 공연적 특성, 한국불교음악의 음악적 특징, pp.150-151.

3. 연극적 공연의 장르적 전개

여기서 이 장편 불교연극의 장르적 성향을 주목할 필요가 있다. 이 연극이 그 당시의 전형적인 연극 장르와 유형적으로 상통하기 때문이다. 이미 알려진 대로 그 연극 장르는 가창 중심의 가창극과 가무 위주의 가무극, 가창과 강설 화합의 강창극, 대화와 연기 위주의 대화극, 위 각개 장르의 요건을 두루 조합한 잡합극으로 나누어진다. 이런 연극 장르에 준거하여 이 불교연극의 장르 성향을 검토하여 보겠다.

첫째, 가창극 유형에 대해서다. 위 공연에서 밝혀진 대로 이 불교연극은 각개 막별로나 전체에 걸쳐 가창적 공연형태가 일관되어 왔다. 그 전체적 주제·사건·극정에 맞추어 적절한 게송의 가창과 신비한 진언의 음송이 가창극으로 조직·실연되었기 때문이다. 이 가창은 가사로서의 다양한 게송이 숭고한 문학성을 발휘하는 데다, 타악·삼현육각의 반주와 청아한 악곡에 의하여 가창되면서 연극적 효능을 발휘한다. 그리고 그 진언은 본래 시가로서 불역의 신비성을 지닌 데다, 그에 상응하는 음악이 조화되어 위 가창극의 역량을 강화하고 있는 터다. 따라서 이 가창극의 장르는 각개 막을 단위로 성립될 뿐만 아니라, 전체를 통관하여 크게 정립될 수가 있다.

둘째, 가무극 유형에 대해서다. 이 불교연극에서는 각개 막을 거쳐 전체에 이르기까지 가창에 상응하여 적절한 작법무가 합세하여 조화를 이룬다. 원래 가창에는 그 무용이 어떤 형태로든지 상응·결부되기 때문이다. 이 가창과 무용이 가무극의 형태를 이루어 연극적 효능을 입체화하고 있는 게 사실이다. 기실 이 작법무는 오랜 전통과 심오한 법도를 가지고 정중동의 전아한 춤사위가 신묘한 범음·가창과 어울려 그 연극적 기능을 거룩하게 극대화하여 종교극의 영역을 역동적으로 확보하고 있는 터다. 이 가무극 형태는 각개 막별로 단형을 이룰 수가 있고, 전체적으로 장형을 이룩할 수도 있는 터다.

셋째, 강창극 유형에 대해서다. 이 불교연극에서는 가창에 상응하여 산문적 강설이 따르고 있다. 그 각개 막별로나 전체적으로 각종 소문·고유문·기원문·법문 등이 음악적으로 강설되고 가창과 어울려 연극적 효능을 입체적으로 증진시키고 있기 때문이다. 일찍이 불교계에서는 운문과 산문이 교직되어 입체화되는 강창문학이 형성·유통되고, 이를 연행하는 강창극 형태가 공연·성행되었던 터다. 따라서 이 불교연극에서 그런 강창극이 그만한 전통과 계통을 이어 공연된 것은 당연한 일이라 하겠다. 이러한 강창극 형태는 각개 막별로 단형을 이룰 수가 있고 또한 전체적으로 장형을 이룩할 수도 있는 것이다.

넷째, 대화극 유형에 대해서다. 이 불교연극에서는 각개 막별로나 전체적으로 이 공연을 주도한 법주나 재의승·작법승 등을 통하여 상위·중위·하위와의 대화가 신묘하고도 극적으로 이어져 왔다. 그것은 평상적 대화를 초월하여 극적 효능을 확장시키는 특수한 대화 형태이기 때문이다. 여기서 행해진 모든 게송과 진언, 일체 소문·고유문·기원문·법문 등이 다 그 대상의 호응·답변을 전제로 하여 그 대화적 응답을 받아냈던 게 사실이다. 실제로 어떤 형태로든지 답변이 없었다면 이 연극의 진행은 불가능했던 것이다. 일찍이 불교계에서는 '以心傳心'의 바탕 위에 '不說說 不聞聞'의 대화가 신묘한 소통의 방편이 되어 왔던 터다. 따라서 이 연극의 위 언어·문장이 이쪽의 대사로써 상대의 대답을 무언으로 받아 내어, 신통한 대화가 성립되어 왔음을 확인할 수밖에 없다. 그러기에 이 연극은 대화 중심으로 전개되어 왔음이 실증되는 터다. 기실 연극은 대화와 행동의 예술이거니와, 이 연극의 대화가 대화극 형태를 갖추고 있는 게 당연한 일이다. 그리하여 이 대화극 형태는 각개 막별로 단형을 이룰 수가 있고, 전체적으로 장형을 이룩할 수도 있는 터다.

다섯째, 잡합극 형태에 대해서다. 이 불교연극에서는 각개 막별로나 전체적으로 시종 잡합극의 면모를 보여 왔다. 실제로 이 연극에서는 가창극·가무극·강창극·대화극의 요건을 잡합·조화시키고 있기 때문이다. 그러기에 일찍부터 이 잡합극 형태는 총합극으로서 이른바 전능극의 기능을[33] 발휘하여 왔던 것이다. 그리하여 이 불교연극은 각개 막별로 단형 잡합극이 성립되고, 전체적으로 장형 잡합극이 정립될 수가 있는 터다. 특히 이 불교연극을 장형 잡합극이라 한다면, 그 재의 도량에서 벌어진 비연극적 요건이나 언동, 대본에 없는 장면, 동참자들의 즉흥적 연행까지 삽입·포괄하여 실로 총합적인 전능극으로 행세하여 중대한 위치를 지켜 왔던 게 사실이다.

이와 같이 이 불교연극은 방대하고도 다양한 장르로 정립·전개되어 왔다. 그것은 전체적으로 장대한 잡합극으로서 총합적인 전능극의 기능을 발휘하였고, 각개 장르별로는 적어도 6편씩의 단형 가창극·가무극·강창극·대화극·잡합극으로 분화·전개되었기 때문이다. 이러한 연극 장르가 상호 발전하면서 당대의 보편적 연극 장르와 교류·합세한 사실은 실로 연극사상의 큰 사건이 아닐 수 없었던 것이다.

---

33) 任半塘은 唐戱弄(漢京文化公司, 1985, p.127)에서 중국희곡을 全能類와 歌舞類·歌戱類·科白類·調弄類로 나누었다.

Ⅳ. 수륙재의궤의 희곡적 전개

1. 이 의궤의 희곡적 실상

이 수륙재의궤는 그 공연의 연극적 효능을 강화하는 방향으로 개변·보완된 완벽한 대본이다. 따라서 이 재의가 장편 불교연극으로 설정되고 나니, 그 의궤가 자연 그 대본·극본으로 규정될 수밖에 없다. 그리하여 이 의궤가 문학 장르 중의 희곡으로 편입되는 것은 당연한 일이다. 그렇다면 이 의궤를 희곡론에 입각하여 분석 논의할 필요가 있다.

첫째, 이 의궤는 그 주제 의식이 확고·분명하다. 이미 논의된 대로 이 의궤는 불교철학·사상에 입각하여 고통 속에서 헤매는 비극적 고혼·아귀 등 만령과 일체 중생을 정화·구제하여 극락세계로 승화시키는 것이 중심 주제다. 이 주제는 크게는 불교의 근본이념과 방편에 맞닿아 있고, 작게는 홍법의 대방편인 재의의 목적 그 자체이기 때문이다. 원래 불교에서 '하화중생'의 대도는 일체 재의를 통하여 그 승화·구제의 권능을 발휘하기에, 이 재의를 집성·대표하는 수륙재의 주제가 그만큼 광대·고원한 것은 당면한 일이다. 이로써 이 의궤의 주제가 문학의 보편적인 주제와 상통하면서, 그 희곡으로서의 주제 의식을 상회하고 있는 게 분명해진다.

둘째, 이 의궤는 그 희곡적 구성의 요건을 완비하고 있다. 우선 그 배경·무대가 광대무변의 우주 법계로부터 천지·수륙·허공계와 명계·양계를 거쳐 하해변 명승지나 사찰 정계에 이르러, 3소·6단·소대 등으로 장엄·장식되어 있다. 그 구체적인 무대는 특별히 설치·조성되어 각기 그 용도와 특성에 맞게 장쾌한 건축과 각종 불화로 장식되고 온갖 각색 번으로 장엄되며 온갖 화환·지화 등이 배치되고 갖가지 공양물이 화려하게 설치된다. 이러한 각개의 무대들이 이 재의의 연극적 공연을 위하여 유기적으로 연결되어, 그 자체만으로도 연극의 분위기를 조성하도록 설계되어 있는 터다.

이에 그 등장인물들이 다양하게 등장하여 개성적으로 연행하도록 설정되어 있다. 기실 등장인물들은 두 부류로 나타난다. 그 하나는 불보살·성중, 온갖 신중·사자나 고혼·아귀 등 만령으로서 기원 의식에 의하여 각단 무대에 강림·생동하는 존재요, 또 하나는 증명·법주·어장·의식승·작법승·취타 등 실제 인물로서 그 연극적 공연을 주도·연출하는 부류다. 여기서 실제적 주인공은 그 만령이다. 그 만령이 비극적 행적 그 사건의 주인공으로 이 수륙재의 하단에 소청·강림하여 목욕·재계하고 성현께 경배·공양한 뒤, 찬식·법식을 받고 업장을 참회하며 사홍서원을 하고 삼귀의·오계를 수지하면서 육도를 수행하여 극락왕생하기 때문이다. 실제로 그 만령들은 24개 부류 내지 무수한 부류의 집단적 외형을 보이지만, 개별적으로 보면 모두가 비극의 주인공이요 고해의 주체들이다. 그러기에 수륙재를 생생하게 그려낸 ≪甘露幀≫에서 그들은 아귀로 대표되어 주인공의 위치를 차지하고 있는 터다. 이어 그들의 비극적 행적, 그 사건들도 ≪甘露幀≫의 하단에 최대한으로 다양하게 그려지고 있는 것이다. 그리고 제불보살, 무량성중은 그 위없는 위신력으로 그 만령을 교화·구제하는 방편적 역할이요, 일체 신중 등은 그 권능으로 그들을 용호·보좌하는 배역이라고 하겠다. 한편 이 연극적 공연에 동참하는 인물들은 전체적으로 이 연출을 맡으며 때로는 그 만령이나 성중·신중 등의 언행·역할을 대행·연결시키는 역할까지 해낸다. 그처럼 이 의궤는 복잡·다단한 등장인물들을 일사불란하게 명시·묘사하고 있는 터다.

그리하여 이 의궤는 그 사건진행이 장쾌·거창한 서사문맥으로 심원·비장·법열의 극정을 역동성 있게 추진하고 있다. 이런 사실은 위 연극적 공연과정에서 이미 들어났지만, 바로 이 의궤에서 그 극적인 사건진행이 명시·기술되었다. 실제로 그 등장인불들이 적절히 어울려 아름답고 고상한 시가를 가창하고 산문을 강설하며 대화를 엮어 언행하는 신비로운 교감으로 빈틈없는 사건을 추진하고 있기 때문이다. 그 사건 진행의 극정은 위 연극적 공연에서 보인 그대로, 감동의 동선을 따라 도도하게 전진하도록 짜여 있다. 즉 희곡적 사건진행의 보편적 곡선에 따라 이 의궤의 사건진행은 그 서막에서 '발단'하여. 제1막에서 '예건의 설명'을 하고, 제2막에서 '유발적 사건'으로 접어들며, 제3막에서 '상승적 동작'에 잇다은 '절정'에 오른다. 나아가 제4막에서 '하강적 동작'에 이어 '대단원', 종결에 이르고. 여막에서 뒤풀이로 마무리된다. 따라서 이 의궤의 사건진행은 희곡적으로 완벽하게 조직·정립되어 있는 터다.

셋째, 이 의궤는 희곡적 표현·문체의 형태를 제대로 갖추고 있다. 먼저 이 의궤의 문체는 가창체로 일관하고 있다. 실제로 각개 장면마다 게송을 가창하고 진언을 음송하고 있기 때문이다. 그 게송은 하나 같이 세련되고 의미 심중한 불교시가요 그 진언 역시 번역할 수 없는 신비한 가송이다. 이러한 게송과 진언을 꽃송이처럼 배치하고 작법무를 결부시켜 입체적 가무체로 표현하면서 비단결 같은 각종 산문을 강설하게 만든다. 그 산문은 소문·고유문·기원문 등으로 청아·간절하여 감동적 극치를 보이며, 그 시가의 가창과 어울려 강창체를 이룩하니, 비단 위에 꽃송이를 수놓은 격이라 하겠다. 그리고 이 문체는 사실상 신비한 대화체를 조성해 나간다. 전술한 대로 이 의궤 진행의 모든 게송·진언, 일체 산문은 대상에게 던지는 발화다. 그 대상이 평상의 어문으로 대답하지는 않더라도, 응당 이 쪽의 발화에 말없이 응답한 것이기 때문이다. 그러기에 이 '以心傳心'으로 '不說說'하고 '不聞聞'하는 대화는 실로 신비하고 심오한 대화체가 되고도 남음이 있다. 그와 같이 이 의궤의 표현·무체가 가창체와 가무체·강창체·대화체를 입체적으로 조화시켜 잡합체로도 가능하니, 이것은 실제로 고전희곡 문체의 전형에 그대로 부합되는 터다.

그리하여 이 의궤는 그 연극적 공연의 대본으로서 그 극본·희곡의 모든 요건을 완비하고 있다. 그 주제의 철학·사상적 광대·심원함과 그 구성의 배경·등장인물·사건진행 등 서사적 조직, 그 표현·문체의 아름다움·고상함이 모두 융합·조화되어 완벽한 극본·희곡을 이룩하고 있기 때문이다. 나아가 이 의궤의 희곡적 형태는 전체적으로나 유형별로 그 장르적 성향을 보이고 있다. 따라서 그 장르적 전개양상을 검토할 필요가 있는 터다.

2. 이 희곡의 장르적 전개

이 의궤의 극본·희곡적 실상은 그 장르적 성향을 분명하게 보인다. 그것은 이미 거론된 이 수륙재의 연극적 공연이 불교연극으로 규정되면서, 그 장르가 가창극과 가무극. 강창극과 대화극. 그리고 잡합극으로 분화·독립된 것에 근거하며, 나아가 이 의궤의 희곡적 표현·문체가 가창체와 가무체, 강창체와 대화체로 분화되고 또한 잡합체가 이룩되는

데에 의거하기 때문이다. 이에 따라 고전희곡의 보편적 장르에 기준하여 가창극본과 가무극본, 강창극본과 대화극본, 잡합극본으로 나누어 고찰하겠다.

첫째, 가창극본에 대해서다. 이 가창극본은 그 수륙재 연극의 가창극에 해당되고 이 희곡 문체의 가창체에 근거한다. 기실 이 가창극본은 불교희곡에서 가장 보편적이고 실용적인 장르다. 이 의궤의 희곡적 실상에서 가장 큰 비중을 차지하고 그만큼 소중한 기능을 발휘한다. 그 게송의 내용이 문학적으로 정화되어 신앙적인 호소력이 강한데다 청아·유장한 음악으로 불리어 음성공양을 겸비하기 때문이다. 더구나 게송과 직결되어 진언이 범음 그대로 신비롭게 가송되면서 이 가창극의 효능은 절정에 이른다. 그러기에 모든 불교연극에서 이 가창극본이 가장 보편적으로 활용되는 게 사실이다. 이러한 가창극이 일반 연극의 가창극과 교류되면서, 그 가창극본이 그 유통·활용의 영역을 확대하여 나갔던 것이다.

둘째, 가무극본에 대해서다. 이 가무극본은 그 수륙재 연극의 가무극에 부합되고 이 희곡 문체의 가무체에 의거한다. 실제로 이 가무극본은 불교희곡에서 흔히 성립·활용하는 장르 다. 이 가무극본은 가창극을 주축으로 거기에 작법무를 곁들이는 경우가 있고, 이 무용극을 중심으로 가창체를 끌어드린 사례가 있다. 어느 편이든지 이 가무극본은 그 가창을 유장하고 심중하게 입체화하여 시청각적 효능을 발휘하는 터다. 이런 점에서 이 가무극본은 전체적 극정을 추진하는 고비에 맞추어 활용되기에 더욱 돋보이는 장르라 하겠다.

셋째, 강창극본에 대해서다. 이 강창극본은 그 수륙재 연극의 강창극에 해당되고 이 희곡 문체의 강창체에 근거한다. 기실 여기 강창극본은 그 조직이 느슨하고 미비된 것 같지만, 그 기능·역할에서는 부족함이 없다. 그 연행자가 공연과정에서 능소능대하게 보완할 수 있기 때문이다. 원래 이 강창극본은 불교희곡 중에서 가창극본에 대등할 만큼 비중이 크고 실연·활용도가 높다. 그러기에 이 강창극본은 잘 알려진 불경에서부터 각국에 토착화된 불교법화, 고승전 같은 데에 널리 분포되어 있다. 이러한 경향 아래서 이 희곡의 강창극본이 중요한 위치를 차지하며 공연·활용되는 것은 당연한 일이다.

넷째, 대화극본에 대해서다. 이 대화극본은 이 수륙재 연극의 대화극에 부합되고 이 희곡 문체의 대화체에 의거한다. 기실 불교희곡 중의 대화극본은 가장 본격적이고 전문적인 장르다. 원래 희곡은 대화와 행동의 문학이기 때문이다. 그래서 이 의궤의 희곡 중에서 이 대화극본이 중심·주축을 이루는 것은 당연한 일이다. 그런데 이 의궤의 대화극본은 현실적인 대화가 이쪽의 발화만 존재·기록되어 있지, 상대방의 응답이 존치·기술되지 않아서 미비된 것으로 보인다. 그러나 전술한 대로 상대방, 모든 성현·신중, 만령 등은 말없이 진실한 감응·대답을 하기에, 신비·영험의 대화가 가능한 것이다. 다만 그것을 이 극본에서 응축·생략했을 뿐이다. 이렇게 미비한 듯이 완벽한 대화극본이 이 전체 희곡을 감명 깊게 그리고 완전하게 조성하고 있다는 사실은 분명한 터다.

다섯째, 잡합극본에 대해서다. 이 잡합극본은 이 수륙재 연극의 잡합극에 해당되고 이 희곡 문체의 잡합체에 근거한다. 기실 이 의궤는 전체적으로나 각개 막별로 잡합극본의 실상을 보이고 있다. 이 극본은 가창극본·가무극본·강창극본·대화극본의 요건을 잡합·조화시키고 있기 때문이다. 그러기에 이 잡합극본은 일찍부터 총합적인 극본으로서 전능극본의 역할·기능을 발휘하며 그 공연에 이바지했던 것이다. 따라서 이 극본·희곡은 전체적으로 장형 잡합극본이 되고, 각개 막별로는 단형 잡합극본이 되는 터라 하겠다. 그러면서 이 잡합극본은 개방·가변적 융통성을 갖추어 공연·현장에서 또 다른 연극적 요소나 비연극적 연행요건을 얼마든지 수용함으로써, 실로 전능극본으로 행세하며 그 중요한 위치를 유지하여 왔던 것이다.

이와 같이 이 불교희곡은 그 연극과 함께 방대하고도 다양한 장르로 성립·발전하여 왔다. 이 희곡이 전체적으로는 장편 잡합극본으로서 총합적인 전능극본의 역할을 다하였고, 각개 장르별로는 대강 6편씩 단형 가창극본·가무극본·강창극본·대화극본·잡합극본으로 분화·발전하여 그 기능을 발휘하였기 때문이다. 이러한 희곡 장르가 상호 발전하면서 당시의 일반적 희곡 장르와 교류·융합된 것은 실로 희곡사상의 중대한 사실이라 하겠다.

3. 이 의례의 문학 장르적 분화

이 의례는 전체적으로 한편의 장편희곡이라지만, 그 안에 여러 문학 장르를 포괄·조직하여 종합문학적 양상을 보이고 있다. 기실 이 의례는 공연·유통되는 가운데 그 효율성을 높이기 위하여 그 대본에 상당한 문학작품을 수용·강화하였다. 그리하여 이 의례 자체 내의 문학작품은 물론, 전게한 여러 이본과 함께 ≪天地冥陽水陸齋雜文≫과 ≪勸供諸般文≫ 나아가 ≪眞言勸供≫ 등에 걸쳐 많은 작품들이 유통·집성되어 있는 실정이다. 기실 이 의궤를 중심으로 연결된 일련의 문학작품들은 질량면에서 놀라운 수준을 유지하고 있어 크게 주목된다. 실제로 이 작품들은 모두 불교적 철학·사상·신앙, 지혜·자비 등을 주제로 정성을 다하여 아름답고 거룩하게 표현되어 불교문학의 정화라 하여 마땅할 것이다. 더구나 이 작품들은 크게 운문과 산문으로 나누어지지만, 나아가 국문학 장르의 성향을 지니고 있는 게 사실이다.

잘 알려진 국문학 장르는 시가·수필·소설·희곡·평론 등 5개 유형으로서 세계적인 보편성을 지향하고 있다. 기실 이 문학 장르는 이른바 상위 장르로서 그 아래에 각기 소속되는 하위 유형을 거느리고 있는 터다. 이를 일러 하위 장르라 규정한다면, 그것은 각개 국가·민족의 고유성·향토성·문화성이 깃들어 독자적 성격을 나타낸다. 실제로 이 의궤의 문학작품들은 상·하위 장르로 분류되는 분명한 형태를 가지고 있는 게 사실이다. 이에 그 장르 체계에 따라 이 의궤의 문학작품들을 분류·검토하여 보겠다.

첫째, 이 시가 장르에 대해서다. 위에서 제시된 각종 게송·찬시·가영과 진언 등은 모두가 수준 높은 시가, 한시임에 틀림이 없다. 그 대부분이 근체시의 7언절귀이지만, 5언절귀도 일부분을 차지하고, 또한 「관행게찬품」이나 「회향게찬품」 같은 5언고시도 없지 않다. 이 시가들은 모두 한시라 하겠지만, 그 중의 「가영」 같은 것은 '화청'과 함께 국어로 노래되었을 가능성이 높다. 게다가 이런 한시가 일단 위 학조의 ≪眞言勸供≫에서 언해되어 국문시가의 형태를 보이며 활용되었을 터다. 기실 이 의궤의 모든 시가는 종교성과 문학성이 뛰어나 당대 불교시단은 물론 일반시단에도 교류·유통되었으리라 추정된다.

둘째, 이 수필 장르에 대해서다. 이 의궤에서는 수많은 산문이 낭송·강설되어 왔다. 그 수륙재의 각소·각단마다 간곡한 소문·소청문·고유문·기원문 등이 연이어 활용되었기 때문이다. 이 산문들, 수필문학은 오랜 전통 아래 학승·문사들에 의하여 정성껏 제작되었으니, 모두가 종교성과 문학성이 빼어난 명문이 아닐 수 없다. 이 산문들이야말로 그 거룩한 불보살·성중, 신중과 다양한 만령 심지어 동참 대중을 감동시켜야 되었던 것이다. 이러한 수필작품은 이 의궤와 함께 ≪天地冥陽水陸雜文≫에 집성되어 있거니와, 이를 장르별로 살펴 보겠다. 기실 이 의궤가 국행수륙재의 대본임을 전제할 때, 그에 따른 국왕의 교지가 없지 않았을 것이니, 그 교령류를 설정할 수가 있다. 다만 그 사실과 작품이 의궤에 기록되지 않았을 뿐이다. 그리고 법주·재주 등 주관자들이 국왕이나 불보살·성현, 신중·오제·사자 등에게 상소·청원하는 주의류가 많은 작품을 남기고 있다. 이 의궤 이외 그 수륙잡문에 실린 것만도 표장으로 「십왕전선독신주」로부터 소문 「성전개계」·「청사직사자」·「개통오로」·「예청상위」·「청천선」·「청고혼」·「청가친」 등에 이르기까지 많은 작품이 주의류에 속하는 터다. 그리고 방문으로 「단문」·「단반」·「금계사마외도」·「법사」·「사중간경」 등 여러 작품이 경계·권장·논의의 주지를 가지고 논술류를 이루고 있다. 또한 이 의궤의 이본마다 서문·발문이 있고, 위 수륙잡문에도 「수륙잡문서」·「설당야납근백」·「수륙연기」 등이 바로 서발에 해당된다. 나아가 이 의궤와 수륙잡문 중에 산재하는 고유문·기원문 등 많은 애도·재문이 그대로 애제류로 유형화되는 터다. 한편 그 비극적인 만령들 중에 특수한 영가의 행적을 입전하여 기도하는 중에 그 전장류가 수많이 형성·활용되었지만 기록으로 전하지 않을 따름이다. 이어 그 첩문으로 「당처토지」·「총첩사대지부사자」·「사천사자」·「공행사자」·「지행사자」·「연직사자」 등이 서신 전달의 의미로 서간류를 이루고 있는 터다. 나머지 여러 곳에서 사용된 잡된 산문은 대강 잡문류에 포함되는 터다. 이와 같이 이 의궤 중의 수필 장르는 다양한 하위 장르에 걸쳐 그 명품들이 불교문원에 자리하여 일반 수필계와 교류·합세하였던 것이다.

셋째, 이 소설 장르에 대해서다. 이 의궤에 실제적으로 소설작품이 수록되지 않은 것은 사실이다. 그러나 이 의궤가 전체적 진행의 서사문맥을 소설적으로 운용하고 있는 것은 분명하다. 이미 위에서 그 사건진행의 서사적 극정을 확인하였거니와, 그 자체가 소설적 서사구조·구성으로 파악될 수가 있다. 기실 소설과 희곡은 동일한 서사문맥에서 뻗어나간 두 가지와 같은 장르이기 때문이다. 더구나 그 비극적 일생·행적을 이끌고 온 고혼·아귀 등 만령이 각각 그 생애 중 소설적 사건의 연장선 상에서 수륙재를 통하여 승화·구제되고 극락세계로 왕생한다는 이야기는 그대로가 소설형태라고 할 수밖에 없다. 그러기에 이 수륙재의 도량과 이 의궤의 여백에는 수많은 희비극적 소설이 형성·유통되었다고 유추할 수가 있다. 따라서 그 소설의 세계는 설화소설·기전소설·전기소설·강창소설 등 하위 장르로 형성·전개되었으리라 추정되는 터다.

넷째, 이 희곡 장르에 대해서다. 이 의궤가 전체적으로는 장편희곡이고 개별적으로는 단편희곡이라면서 그 장르까지 규정되었기로 재론할 필요가 없다. 기실 이 의궤는 크게는 장편잡합극이요, 개별유형으로는 가창극본·가무극본·강창극본·대화극본·잡합극본으로 분화·행세

하였던 것이다. 그러기에 이 의궤의 극본·희곡은 그 자체로서 개신·
발전을 거듭하고 당시의 희곡계와 교류·연합되면서 그 역할을 강화하
고 크게 기여하였던 것이다.

다섯째, 이 평론 장르에 대해서다. 이 의궤가 그 기록이나 공연을 통
하여 문학평론임을 명시하지 않은 것은 사실이다. 그렇지만 그 의궤의
각개 작품에 주석이 붙거나 국역에 해설이 따르는 사례가 많다. 그리고
그 작품들을 연행할 때는 그에 대한 평가·논의가 나오게 마련이었다.
뿐만 아니라 동참 청중들이 그 공연을 시청하고 이에 대한 평의·중론
을 펴게 되었다. 이러한 문헌적 주석·해설이나 구비적 평의·중론이
융합·정리되어 결국 그 평론 장르로 정립되었던 것이다. 여기서 그 평
론은 그 대상 작품의 장르에 따라 적어도 시가론과 수필론·소설론 정
도로 성립되었던 터다. 나아가 그 희곡 장르에 직결되어 희곡론 내지
연극평까지 가세하였던 것이다.

V. 수륙재의궤의 불교문화사적 위상

이 수륙재의궤는 삼국시대를 연원으로 신라·고려·조선의 장구한
시공을 통하여 연극적 공연과 문헌적 유통을 거치면서 사계에 지대한
영향을 끼치고 찬연한 불교문화사를 이끌어 왔다. 적어도 이 의궤는 그
연극적 공연을 통하여 불교연극사상에서, 그 극본·희곡 내지 문학 장
르적 유통을 통하여 불교문학사상에서, 그 자체의 본원적 연행을 통하
여 불교의례·민속사상에서, 그 불교홍포의 기능·역할을 통하여 불교

신행사·포교사 상에서 그 위상이 실로 값지고 뚜렷하였던 것이다. 이에 이런 몇 가지 분야로 그 계통을 개관하여 보겠다.

첫째, 불교연극사상의 위치에 대해서다. 이 수륙재의궤는 연극적 공연을 통하여 적어도 신라로부터 고려를 통하여 불교연극으로 행세하여 왔다. 당시 불교왕국에서는 이 불교연극이 중심·주축을 이루어 연극계를 견인하여 왔기 때문이다. 이 불교연극은 거국적 불교계를 기반으로 대표적 국행의례의 명분 아래 성행하여, 당대의 연극계와 교류하며 영향을 끼쳤던 것이다. 적어도 고려시대에는 이 불교연극이 불교계 각종 행사 공연의 중심에서 각개 장르별로 발전을 거듭하면서 연극계의 대세를 주도하게 되었던 터다. 그리하여 이 불교연극이 일반 연극의 가창극·가무극·강창극·대화극·잡합극 등의 장르적 형성·발전에 크게 기여했으리라 보아진다.

이어 조선시대에 이르러 이 불교연극은 태조의 발원으로 국행수륙재를 재활시키면서 그 재의적 성황을 보게 되었고, 숭유배불의 태종대에도 그 명맥을 유지하였다. 드디어 세종이 숭불주가 되면서 불교문물이 중흥되고 세조가 승왕으로 등극하여 가위 불교왕국을 재건하는 지경에 이르렀을 때, 이 불교연극은 역시 대표적 재의의 명분을 띠고 그 공연이 성행하였다. 그 후로 국책이 유교 중심으로 흘러 일반 연극이 위축되고 불교활동이 제한되는 환경 속에서도 이 불교연극만은 오히려 성행하여 실제로 연극계의 중심에서 그 유지·발전에 크게 기여했던 것이다. 전술한 이 의궤의 유통과정에서 보인 것처럼, 이 불교연극은 조선시대 중·후기까지 전국 각처의 대찰에서 국행이나 사찰 중심의 수륙재의 이름으로 공연되어, 한산했던 연극계를 거의 독자적으로 이끌어 왔던 터다. 그리하여 이 불교연극은 장르별로 전형을 정립하면서 그 전통을 근·현대에까지 이어 주었던 것이다. 이로써 이 불교연극이 차지하는 불교연극사 내지 한국연극사상의 중대한 위치가 파악된 것이라 하겠다.

둘째, 불교문학사상의 위치에 대해서다. 이 의궤는 일단 장편불교희곡으로 규정되고, 여기에 포함된 문학작품들이 각개 장르별로 분화·전개됨으로써, 그 불교문학사상의 위치가 매우 중시된다. 이 불교문학작품들이 그 재의의 연극적 공연을 통하여 널리 유통·전개되면서 일반문학계에도 지대한 영향을 끼쳤기 때문이다. 이 의궤는 초기로부터 신라·고려대를 거쳐 조선시대까지 일관되게 계승·발전하고 매우 광범하게 유통·활용되었기에, 그 문학사적 역할·영향이 더욱 컸던 것이라하겠다.

우선 이 의궤는 극본·희곡으로서 불교희곡사·한국희곡사상에 상당히 기여했으리라 본다. 이 희곡작품은 그 장편이나 단편의 규모, 가창극본·강창극본·대화극본·잡합극본 등 하위 장르를 통하여 당시나 후대의 희곡류와 교류하면서, 그 희곡사의 주류를 이루었으리라 추정된다. 기실 태종의 불교 혁파 이래 침체 일로에 있던 그 불교연극과 함께 그존재 조차 불투명했던 것이 희곡의 처지였다. 그러기에 학계에서는 아예 그 시대의 희곡을 논의조차 하지 않는 실정에서, 이러한 작품이 발현된 것은 획기적인 일이었다. 따라서 이 희곡작품은 불교희곡사·한국희곡사상에서 중요한 위치를 차지하게 되었던 터다.

다음 이 의궤의 시가류는 불교시가사·한국시가사상에서 적잖이 역할했으리라 본다. 이 시가류는 자체 발전을 통하여 불교계의 전통적 시가와 합세하고 각개 하위 장르로 전개되니, 당시 시단에 신선한 충격을 주었던 것이다. 그리고 이 시가들은 당시의 근체시나 악장·별곡 등 제반 장르와 교류하면서 후대의 시가들에 상당한 영향을 끼쳤던 것이다. 더구나 이런 시가가 단순하게 읽히고 정체되어 있는 게 아니라, 실제로 연극적 공연을 통하여 그 종교·문학적 가치와 역량을 발휘하는 예술적 생명체라는 것을 실증해 보였던 터다. 그리하여 이 시가 작품들은 불교시가사·한국시가사상에서 중요한 역할·위상을 지켜 왔던 것이다.

또한 이 의궤의 수필류는 불교수필사·한국수필사상에서 소중한 역할을 다하였으리라고 본다. 이 작품에서 분화된 작품들이 당대 최고의 종교 문학적 가치를 지니고 교령·주의·논설·서발·애제·전장·서간·잡기 등 각개 장르에 걸쳐 유통·성행하였다는 점만으로도 주목할 만한 일이었다. 조선조에 이르러 실제로 침체·위축을 면치 못하던 불교수필, 산문문원에 신선한 충격을 주며 새로운 작품들의 창작에 전범이 되었을 터다. 게다가 이 수필 작품들은 정체·화석화된 독서물이 아니라, 그런 제반의식 그 연극적 공연을 통하여 그 진가를 들어내고 상상 밖의 기능을 발휘하여 왔다는 점이 중시된다. 그리하여 이 수필들은 일부 국문화되었으리라는 전제 아래, 그 불교수필사·한국수필사상에서 중요한 위치를 유지하여 왔던 것이다.

그리고 이 의궤에서 돋아난 서사적 문맥이 소설적으로 형성·전개되면서 불교소설사·한국소설사상에 기여한 바가 적지 않았을 것이다. 전술한 바 이 작품의 극적 사건이 소설적 여건으로 재구성되고, 그만한 표현·문체를 갖추는 데서 소설이 형성되는 것은 당연한 일이었다. 따라서 이러한 소설계 작품은 그 희곡 장르와의 상관성에서 전체적 장편

소설이나 여러 편의 중·단편소설로 형성·전개될 수가 있었던 터다. 특히 조선시대 정음 실용 이후 국문불경을 통하여 국문소설이 형성·전개되고, 이어 방대한 불경언해를 거쳐서 국문소설이 양산·합세하는 추세였다. 그러기에 이 작품의 소설계 유형들은 그 불교계 국문소설의 대세에 가담하여 불교소설사·한국소설사상에서 중요한 역할을 했으리라 본다.

끝으로 의궤와 공연에 직결된 평론류는 불교평론사·한국평론사상에서 특이한 역할을 했으리라 본다. 이 의궤의 문학작품들은 장르별로 현장적 평가를 전통적으로 받아왔다. 그것이 비록 기록·보전되지 못하였지만, 그 문학평론적 역할을 해 온 것은 분명하다. 그것은 어떤 형태로든지 유통되어 사계에 영향을 주어 왔기 때문이다. 이런 점에서 이들 문학작품을 번역하는 과정에서 그 평론의 면모가 나타나는 것은 주목할 만한 일이다. 전게한 ≪진언권공≫ 같은 데서는 그 게송·기원문 등을 번역하면서 그 작품을 해석하거나 그 주제·의미 등을 논의하는 문장이 뒤따른다. 이런 문장은 기본적으로 그 평론의 성격과 기능을 갖추고 있는 게 사실이다. 여기서 시가론과 수필론, 소설론과 희곡론 등이 성립·전개되어, 그 평론사상에서 상당한 위치를 차지하였을 터다.

셋째, 불교의례사·민속사상의 위치에 대해서다. 이 의궤는 역대 불교의례를 대표하는 대본으로 여타 모든 대소 의례의궤의 전범·표준이 되어 왔다. 적어도 신라·고려 이래 이 의궤가 장구·면면한 전통을 계승하면서, 보다 효율적인 공연을 위하여 변모·개신되고 발전함으로써, 이 수륙재를 여법하게 거듭 공연하는 데에 지대한 역할을 해 왔던 것이다. 그러면서 이 의궤는 다른 불교재의, 영가천도재나 영산재·예수재 등의 유지·발전에 지속적인 영향을 주어 왔던 터다. 나아가 이 의궤가 점차 대중화되면서 민간에 토착화되는 경향을 보이게 되었다. 그러기에 이 의궤가 수륙재를 중심으로 하는 불교의례사에서 차지하는 위치는 실로 중요하다고 보아진다.

이에 이 의궤는 민중적 토착화와 함께 민속화되어 무속의례로 변모·전개되었다는 사실이 중시된다. 기실 이 의궤는 연극적 공연을 통하여 무속의례에 직접적인 영향을 미치게 되었다. 원래 역대의 무불습합이 자연스럽게 이루어져 왔거니와, 이러한 배경 아래서 이 의궤는 민속화되어 망자 해원·천도의 무속의례로 전개되었기 때문이다. 실제로 이러한 민속화·무속화는 일찍부터 진행되어 왔던 것이다. 그 무속 자체의 망자 해원·천도의 의례는 그 전통이 장구한 터에, 여기서 수륙재 의궤와 실연을 수용·원용한 것은 너무도 당연한 현상이었다. 그러한 사례는 지금까지 계승·전개되고 있어 주목된다. 잘 알려진 서울의 진오귀굿 같은 것이 그 대표적인 실증 자료라고 하겠다. 그리고 호남지역의 무속에서는 수륙재라는 이름을 내걸고 재차는 다르지만, 진혼·해원·천도의 목적으로 그와 유사한 의례를 행하고 있는 터다.[34] 이와 같이 이 의궤와 실연은 무속의 해원·천도굿에 영향을 주어, 그 장구한 민속·무속의례사상에서 중요한 위치를 점유하여 왔던 것이다.

넷째, 불교신행사·포교사상의 위치에 대해서다. 기실 이 의궤와 그 공연은 신앙의 물결이라 하여 마땅한 터다. 이것은 불교신앙의 집단적

---

34) 홍태한, 진관사 수륙재와 무속의례의 비교, 진관사 수륙재의 민속적 의미, pp.91-93.
　　＿＿＿, 백운사, 수륙재의 민속적 의미, 이랫녁 수륙재의 어제, 오늘 그리고 내일, pp.66-67.
　　이용범, 수륙재와 민속의례의 상관성, 삼화사 수륙대재의 전승 양상과 발전방향, pp.55-56.

연행이기 때문이다. 따라서 이 의궤와 공연은 신앙에 의한, 신앙을 위한, 신앙의 예술적 산물이라 하여 마땅할 것이다. 그러기에 이 의궤·공연사는 그대로 불교신앙사로 이어지는 것임에 틀림이 없다. 이처럼 이 의궤의 공연은 장구한 전통 속에서 그 민중불교의 간절한 신앙사에 지대한 영향을 끼치고 그 주동이 되어 왔던 터다.

그리고 이 의궤의 실연은 대중포교·민중교화에 그 목적이 있었다. 물론 그 무주 고혼·아귀 등 비극적 만령을 승화·구제시키는 것이 표면적 동기라면, 실은 거기에 동참하거나 관심을 가진 모든 대중·중생들을 교화·제도하는 데에 내실의 목표가 있었던 것이다. 그러기에 이 의궤공연은 불교의 고난기에도 절묘한 방편으로 계속 성행하여 교세를 유지하고 확장시키는 데에 원동력이 되고 견인차가 되었던 것이다. 그러기에 조선시대의 불교가 '의례불교'라는 평의가 나오는 것은 당연한 일이다. 이와 같이 이 의례와 공연은 신라·고려 이래, 특히 조선시대의 포교사의 중심·주축이 되어 찬연한 역사를 이끌어 왔던 것이다.

VI. 결론

이상 수륙재의궤의 공연양상과 희곡적 전개실상을 공연학·연극론과 희곡론에 의하여 고찰하였다. 지금까지 논의한 것을 요약하면 다음과 같다.

1) 수륙재의궤의 찬성경위와 유통양상에 대하여 검토하였다. 먼저 이 수륙재는 역대 불교왕국의 숭불주를 배경으로 당대의 학승·문사 등이

주체가 되어 수륙재의 설행에 맞는 이 의궤를 편찬·전개시켰다. 이 의궤는 수륙재의 대본으로서, 모든 불교사상을 총합적인 재의로써 구현하되, 선망 만령과 생전 중생을 승화·구제하는 데에 동기·목적이 있었다. 이런 의궤는 양나라 이래 불교전성기에 찬성되어 여러 종류로 전개되었지만, 남송대 지반의 ≪法界聖凡水陸勝會修齋儀軌≫에 이르러 중심적 전범으로 집대성되었고, 이에 준거하여 여러 의궤가 개편·전개되었다. 실제로 고려대에 이런 의궤를 수용하되, 지반의 그것에 의거하여 죽암의 ≪天地冥陽水陸齋儀≫가 재집성되었다. 이 죽암의 의궤를 그대로 계승한 ≪天地冥陽水陸齋儀纂要≫가 편성·유전되었고, 한편 죽암의 그것에 입각하여 그 주제를 명확히 하고 만령을 중심으로 그 공연의 효율성을 제고하는 방향·방법에 따라 요약·개편된 ≪水陸無遮平等齋儀撮要≫가 실용적 전범이 되어 보편적으로 활용·유통되었다. 따라서 이 촬요를 중심으로 다른 의궤들을 참고하여 모범적인 의궤로 41편본이 재구될 수 있었다. 여기서 이 의궤가 신라·고려대로부터 조선시대를 중심으로 많은 이본과 함께 ≪甘露幀≫까지 오래·널리 유통된 것은 중대한 일이었다.

2) 이 의궤의 연극적 공연양상을 검증하였다. 이 의궤의 공연은 재의극으로서 그대로 연극적 실상을 드러내니, 그 장엄·찬란한 무대와 불보살·성중과 신중, 고혼·아귀 등 만령, 증명·법주·어장·재의승·작법승·취타, 재자·신도 등 다양한 등장인물, 그리고 조직적이고 서사적인 대본·극본, 여기에 운집·동참한 승려·사부대중·일반 민중 등 관객이 어울려 연극의 요건을 완비하였다. 그리하여 이 의궤의 연극적 공연은 설재연유·도량결계·발보리심·헌향 의식을 서막으로 발단

하고, 시련·대령·괘불이운 의식을 제1막으로 '예건의 설명'을 하며, 사자단·오로단·상단·중단 의식을 제2막으로 '유발적 사건'을 지어, 하단 의식을 제3막으로 '상승적 동작'에 이어 '절정'을 이루고, 수계·회향 의식을 제4막으로 '하강적 동작'에서 '대단원'에 이른다. 그리고 대중공양 의식을 여막으로 모든 것이 마무리되었다. 이러한 장편재의극, 불교연극은 전체적으로 잡합극 형태를 보이고, 그 연극적 실상의 가창·가무·강창·대화·잡합의 제반 요건을 귀납·유형화하여, 그 하위 장르로 가창극·가무극·강창극·대화극·잡합극 등을 설정할 수가 있었다.

3) 이 의궤의 희곡적 실상과 전개양상을 고구하였다. 이 의궤는 그 주제의식이 확고·분명하니, 불교철학·사상에 입각하여 고통 속에서 헤메는 비극적 고혼·아귀 등 만령과 일체중생을 정화·구제하여 극락 세계로 승화시켰다. 그것은 희곡적 구성의 요건을 완비하니, 그 무대가 광대무변의 우주법계로부터 천지·수륙·허공, 명계·양계를 거쳐 도량의 3소·6단·소대 등으로 장엄·장식되어 있다. 그 등장인물들이 다양하게 설정되니, 불보살·성중과 신중, 고혼·아귀 등 만령과 증명·법주·어장·의식승·작법승·취타 등이 역할하였다. 그 사건진행이 장쾌·거창한 서사문맥으로 심원·비장·법열의 극정을 역동성 있게 추진하니, 서막에서 발단하여 제1막에서 '예건의 설명'을 하고 제2막에서 '유발적 사건'을 이어 가고 제3막에서 '상승적 동작'에 이은 '절정'에 오르며, 제4막에서 '하강적 동작'을 거쳐 '대단원'에 이르고, 여막에서 마무리되었다. 그 문체·표현은 다양하고 입체적이어서 희곡문체의 요건을 갖추고 있다. 그 전체나 각개 막별로 가창체와 가무체·강창

체·대화체·잡합체가 일관되게 조화를 이루었다. 그리하여 이 의궤의
희곡은 장르적 유형을 보이고 있으니, 가창극과 가창문체에 따른 가창
극본, 가무극과 가무체에 의한 가무극본, 강창극과 강창체에 따른 강창
극본, 대화극과 대화체에 의한 대화극본, 잡합극과 잡합체에 따른 잡합
극본 등이 성립·규정되었다. 나아가 이 의궤는 전체가 종합적 불교문
학으로 일대 장편불교희곡의 명목 아래, 문학의 모든 장르가 다 포괄되
어 있으니, 우선 시가 장르에는 각종 게송·찬시·가송과 진언 등이 소
속되어, 하위 장르로 전개된다. 다음 수필장르에는 그 다양한 소문·소
청문·고유문·기원문 등이 포괄되어, 교령·주의·논설·서발·애
제·전장·서간·잡문 등 하위 장르로 전개되었다. 그리고 소설 장르
에는 의궤 전체의 서사문맥과 그 만령의 비극적 행적, 의례를 통하여
현현하는 영험적 사사물들이 소설적 방편을 타고 형성되어 설화소설·
기전소설·전기소설·강창소설 등 하위 장르로 발전하였다. 나아가 희
곡 장르에는 전체적으로 장편 잡합극본이면서 개별적으로 가창극본·
가무극본·강창극본·대화극본·잡합극본 등 하위 장르로 전개되었다.
끝으로 평론 장르에는 실제적으로 시가론과 수필론, 소설론과 희곡론
등이 대두되어 그 위치를 확보하였다.

　4) 이 의궤의 불교문화사적 위상을 파악하였다. 이 의궤의 연극적 공
연은 불교연극으로 공인·유통되어 당대나 후대의 불교연극사 내지 한
국연극사상에서 지대한 영향을 끼쳤다. 이 불교연극은 적어도 고려시대
부터 장르별로 발전·전개되어, 조선시대에 오히려 성행하면서 침체 일
로의 연극계를 주도하며 조선 후기 내지 근현대까지 그 성세를 유지하
였다. 다음 이 의궤의 문학사적 위치가 뚜렷하였다. 이 문학작품들은 장

르별로 고려 이래 조선시대에 걸쳐 시가사와 수필사, 소설사와 희곡사, 평론사를 이루어, 불교문학사 내지 한국문학사상에 크게 기여하였다. 또한 이 의궤는 불교의례사·민속사상의 위치가 중시된다. 이 의궤는 수륙재의 공연을 보다 효율적으로 주도하여 그 방대·장엄한 재의를 적어도 신라·고려대로부터 조선시대 내지 근현대까지 계승·발전시키는 데에 지대한 역할을 다하였다. 그러면서 이 의궤는 대중화·민속화되어, 민간·무속계의 천도의식·수륙재를 형성·발전시키는 데에 직간접의 영향을 끼쳤던 것이다. 끝으로 이 의궤는 민중의 불교신앙사·포교사상의 위치가 주목된다. 이 의궤의 공연을 통하여 민중의 신앙을 집단적이고 입체적으로 고취·강화하여 왔으니, 신라와 고려대는 물론, 특히 조선시대의 신앙사상에서 중대한 역할을 다하였다. 그래서 이 의궤의 공연은 대중포교·불교중흥을 위하여 최선의 역량을 발휘하여 왔으니, 특히 조선시대 불교의 명맥을 유지하고 교세를 확장하는 그 포교사상에서 뚜렷한 위치를 차지했던 것이다.

이상 이 수륙재의궤의 공연양상과 희곡적 전개실상에 대한 논의는 그 원전의 보배로운 가치에 비하면 미흡한 게 사실이다. 다만 이 논고가 사계의 관심을 모으는 데에 의미가 있을 따름이다. 나아가 이것이 수륙재뿐 아니라, 불교계의 모든 재의와 그 의궤에 대하여 공연학·연극론·문학론 등의 측면에서 적극적이고 본격적인 연구가 진행되기를 희망할 따름이다.

불교 수륙재의 악기 활용과 기능

- 삼화사 · 진관사 · 백운사를 중심으로 -

양
영
진

Ⅰ. 서론

다양한 악기와 의식구가 불교 재의식에 사용된다. 통상 목탁, 징, 요령 등은 불구(佛具)로 분류되는데, 이들은 실질적으로 규칙적인 연주 형태를 반복한다. 더불어 민간에서 유입된 삼현육각과 취타대1)는 오늘날 작법(作法)의 반주와 행렬의 필수적인 요소이다.

재의식에서 악대의 연주를 살펴본 연구는 이보형, 이용식, 손인애의 논문이 대표적이다. 이보형은 영산재를 중심으로 세속과 불교 취고수의 연주 악곡 및 음악적 기능을 비교2)하고, 법고의 리듬을 분류3)하였다.

---

1) 본 고에서 취타대는 자바라 · 용고 · 나발 · 나각 · 태평소 구성의 악대를 말한다.
2) 이보형, 「영산재에서 취고수 음악연구」, 『동아시아 불교음악 연구』, 민속원, 2009.12, 123~127면.
　　　　, 「영산재의식에서 세속 취고수 음악의 수용 방법론」, ≪제6회 동아시아 불교음악 학술대회≫, 2009.12, 23~35면.
3) 　　　　, 「영산재 음악의 박자와 리듬 유형 – 법고를 중심으로」, 『동아시아 불교음악 연구』, 민속원, 2009.12, 577~581면.

그 결과 취고수는 대취타·취타염불·취타굿거리·취타자진모리·취타휘모리·능게 등의 6곡을 행진·무용반주·거상(擧床)·여흥의 목적으로 연주함을 밝혀내었다. 더불어 그의 논문에서는 자유리듬·2소박·3소박·혼소박 계열의 법고 리듬이 각각 인도·서역, 중국·일본, 한국 향토민요, 한국민속음악의 영향을 받은 것으로 추측하였다. 한편 이용식·손인애는 태평소의 선율과 전승 과정에 주목하였다. 두 연구4)에서는 이보형의 연구를 토대로 절차별 연주 악곡과 선율 및 음조직을 세밀히 살펴보았다. 이 외에도 불교 태평소의 선율 분석에 집중한 논문5)과 1930년대 경 민간의 취타악을 불교에서 수용했다는 이숙희의 연구6)가 있다. 이처럼 선행연구에서는 민간과 불교 취타악의 유사성과 전승 과정을 밝히는데 비중을 둔 것을 알 수 있다.

그러나 불교 재의식에서 사용되는 악기는 취타대와 삼현육각 외에도 다양하다. 통상 의식구로 분류되는 요령·목탁 등은 경전의 내용을 잘

---

4) 이용식, 「영산재의 기악음악」, 『동아시아 불교음악 연구』, 민속원, 2009.12, 247~259면.
　　　　, 「불교의식의 태평소 음악」, ≪제6회 동아시아 불교음악 학술대회≫, 2009.12, 112~119면.
　손인애, 「불교 취타악의 역사와 경제 태평소 음악의 전승 현황」, 『경산제 불교음악Ⅰ』, 민속원, 2013, 281~347면.
5) 김원선, 「영산재에 연주되는 태평소 가락 분석」, 동국대학교 석사학위논문, 1998.
　정남근, 「불교의식과 태평소에 관한 연구」, 동국대학교 석사학위논문, 2000.
　정영서, 「재의식의 태평소 선율에 관한 연구 -중요무형문화재 제50호 영산재를 중심으로」, 동국대학교 석사학위논문, 2010.
　유현수, 「이충선 능게가락 선율 연구」, 서울대학교 석사학위논문, 2010.
　윤지수, 「한응태 <취타국거리>의 음악적 연구」, ≪한국음악사학보≫제44집, 2010, 275~323면.
　　　　, 「한응태의 태평소 음악과 그 성격 검토-<대취타>, <취타국거리>, <염불곡>, <양산도>를 중심으로-」, ≪제16회 한국예술학과 학술대회≫, 2014, 469~502면.
6) 이숙희, 「불교 취타악의 형성 배경」, ≪한국음악연구≫제37집, 2005, 231~252면.

전달하기 위한 강조, 단락 구분, 규칙적인 리듬 유지 등의 음악적 기능을 담당하고 있다. 때문에 이를 악기로 규명하고, 연주법 및 연행의 목적에 대해 고찰하는 시도가 필요하다고 생각된다. 따라서 본 고에서는 불교 재의식에서 사용되는 모든 악기의 연주 양상과 기능을 살펴보고자 한다.

본 연구는 2014년 중요무형문화재로 지정된 삼화사·진관사·백운사의 수륙재를 분석 대상으로 삼고자 한다. 범패·작법과 의식이 세 사찰에서 비교적 안정적으로 거행되기 때문이다. 이 중에서 2012년의 의례가 타 년도에 비해 가장 체계적으로 진행되었으므로, 이를 다루어 보겠다. 다만 진관사의 경우 삼현육각 및 취타대의 교체로, 2012년의 연주가 미흡하였다. 따라서 2013·2014년의 자료로 대체하여 살펴보겠다. 본 고는 중요무형문화재 지정 세 사찰 수륙재에서 연주된 악기의 종류와 연주 양상을 분석하고, 이를 통하여 악기의 의식음악적 기능을 살펴보는데 그 목적을 둔다.

II. 악기의 종류와 연주 양상

세 사찰에서 사용되는 악기는 다양하다. 2012년 삼화사는 북·목탁·요령 각 1대, 징 2대와 취타대·삼현육각을 편성하였다. 2013년에는 북이 1대 추가되기도 하였다. 진관사는 삼화사와 악기편성이 동일하며, 몇 차례 경쇠가 연주되기도 하였으나 거의 연주되지 않아 분석 대상으로 고려되기 어렵다. 백운사는 광쇠를 추가편성 하였고, 삼현육각을 쓰지 않는다. 백운사의 특징은 취타악기를 승려가 연주한다는 점이다. 이는 민간의 악대가 유입되지 않은 불교식 편성이다. 이처럼 세 사찰의 악기는 삼화사·진관사와 백운사의 두 형태로 구분된다.

이 악기들은 승려에 의해 연주되는 불교악기와 민간 악사들로 구성되는 취타대 및 삼현육각 악대로 구분될 수 있다. 특히 태평소 중심의 취타대 편성이 19세기 이후 보편화[7]된 것으로 보아, 목탁·요령 등의 불교악기와 취타대는 구분되어야 한다고 생각된다. 본 장에서는 세 사찰의 악기편성과 연주 양상을 살펴보겠다.

1. 불교악기

불교악기에는 북, 목탁, 요령, 경쇠, 징, 광쇠 등과 불교 사물(四物) 법고, 운판, 목어, 범종이 포함된다. 재의식에서 사물은 쓰이지 않고, 각각 북·징(광쇠)·목탁·요령으로 대체 연주된다. 목탁과 요령은 수행의 도구이자 불구(佛具)이지만, 음악적으로는 속도·리듬 등을 결정짓는 반주악기이기 때문에 분석의 대상에 포함시키고자 한다.

1) 북

세 사찰에서 사용되는 북의 모양과 연주 모습은 조금씩 다르다. 삼화사와 백운사에서는 용왕단 및 봉송회향과 같이 자리를 이동하는 특별한 경우를 제외하고 앉아서 북을 연주한다. 북의 크기는 진관사보다 조금 크다. 반면 진관사에서는 대부분 서서 북을 친다. 진관사 북의 크기는 세 사찰 중에서 가장 작다. 즉 삼화사·백운사에서는 주로 앉아서, 진

---

7) 손인애, 위의 책, 289면.

관사에서는 서서 북을 연주하며, 북의 크기는 백운사>삼화사>진관사 순이다.

연주 모습과 북의 크기는 선호하는 주법 및 음색과 관련될 것으로 여겨진다.[8] 진관사의 범배승은 비구니 중심으로, 삼화사·백운사는 비구승으로 구성되어 있다. 비구니의 경우 비구에 비해 음량이 작고, 음고가 높기 때문에 비교적 작은 북을 선택한 것으로 생각된다. 또한 북은 양손에 채를 쥐고 북면과 모서리를 두드리며 연주되는데, 진관사에서는 유독 모서리를 치는 주법을 선호한다. 이러한 특성 때문에 서서 연주하는 자세를 선택한 듯 하다. 또한 백운사에는 음량이 큰 '광쇠'가 편성되어 있기 때문에 큰 북이 필요했을 것이다. 이처럼 범패승의 연주법 및 음고에 따라 북 역시 선택적으로 사용되는 것을 알 수 있다.

〈사진 1〉 삼화사의 북 위치

---

8) 이는 사찰의 선호도이기 보다 범패승 개인의 선호도라고 해석되지만, 편의상 사찰별로 구분하였다. 진관사의 어장은 한동희(韓東熙, 1945~)가 맡았고, 삼화사 어장은 이인묵(李印默, 1957~), 백운사 어장은 김석봉(金石峰, 1955~)이 담당하고 있다.

〈사진 2〉 백운사의 북 위치

〈사진 3〉 진관사의 북 위치

　이보형의 연구에 의하면 북은 자유리듬, 2소박, 3소박, 혼소박의 4가
지 유형으로 연주된다. 세 사찰에서 그에 해당되는 유형을 제시하고, 이
를 해석하고자 한다.

　먼저 자유리듬으로 연주되는 사례를 살펴보겠다. 이보형은 자유리듬

을 짓소리나 홑소리의 악절 단락에 맞추어 치는 것이라 정의하였다. 해당 사례의 악보를 제시하면 아래와 같다.

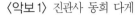

〈악보1〉 진관사 동희 다게

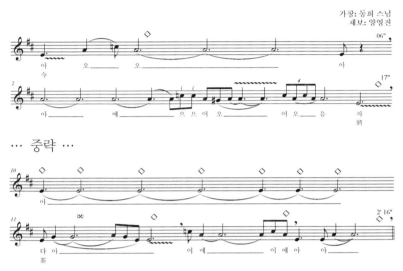

* ◇는 징·북점을 표시한 것이다.

착복무에 수반되는 느린 홑소리의 북점은 대부분 한 자(字)의 소리를 마칠 때와 한 구(句)를 끝낼 때이다. 이는 악구를 구분짓는데, 이 경우 북점과 징점은 동일하다. 그러나 징과 북은 강세와 음량면에서 차이를 보인다. 불교음악에서는 북보다 징을 강하게 치는데, 이 경우 북의 소리가 거의 들리지 않는다. 따라서 느린 홑소리에서 북의 연주가 필수적이라 생각되지는 않는다.

2소박형은 주로 진언을 부를 때 연주된다. 바라무가 수반되지 않는

<사다라니>・<보공양진언>・<대비주> 등의 진언, <반야심경>과 같은 독경, 법고무 등의 반주는 대부분 아래 악보와 같다.

〈악보 2〉 백운사 석봉 보공양진언(2소박)

* 음표 머리 ×는 북 모서리 연주를 표시한 것이다.

2소박형은 진언을 부를 때 가장 많이 등장한다. 왼손으로 북면을, 오른손으로 북 모서리를 쳐서 잔가락을 연주하는데, 이는 오늘날 조석예불의 법고 주법과 유사하다. 예불 시 법고의 연주형태는 2소박을 ♫♫♫♫.♫♫♫♫와 같이 규칙적으로 반복하며, 북면의 타점 위치가 마음 심(心)・원형・대각선 등의 모양을 그린다.9) 이와 같은 연주법을 2013년 삼화사 수륙재에서 발견할 수 있다. 이와 같은 현상을 통해 법고와 북

---

9) 양영진, 「한국불교 새벽예불의 음악적 특징」, 한양대학교 석사학위논문, 2012, 44~54면 참고

이 상호 간에 영향을 끼친 것을 알 수 있다.

　3소박형은 주로 바라무를 출 때 나타난다. 이 역시 진언을 주된 가사로 삼는데, 2소박형과 달리 태평소가 수반된다. 사례를 제시하면 아래 악보와 같다.

〈악보 3〉 백운사 석봉 사다라니 중 변식진언(3소박)

　3소박형의 연주법은 2소박형과 동일하다. 왼손과 오른손을 번갈아 두드리고 왼손으로 북면을, 오른손으로 북 모서리를 친다. 3소박과 2소박의 메트로놈 속도는 1박 ♩≒130과 1박 ♩≒50 정도로 차이를 보이는데, 이와 같은 변화는 바라무를 반주해야 하기 때문에 태평소의 3소박에 맞추어 자연적으로 느려진 것이라 해석될 수 있다.

　혼소박형은 <회심곡>에서만 나타난다. <회심곡>의 박자가 2소박+3소박의 혼소박이기 때문이다. 연주법은 2소박형·3소박형과 동일하기 때문에 혼소박형의 언급을 생략하고자 한다.

　마지막으로 이보형의 연구에서 언급되지 않은 북 연주형을 살펴보고자 한다. 이는 가장 많이 등장하는 연주형이다. 게송 및 진언을 세 번 반복할 때 주로 나타나며, 사례를 제시하면 아래 악보와 같다.

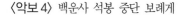

〈악보4〉 백운사 석봉 중단 보례게

위 악보에서 북은 단락을 구분하고 있다. 처음 3번 울린 뒤, 점점 잘고 작게 북 모서리를 친다. 이는 '내린다'[10]라고 하는 불교식 주법으로, 다양한 불교악기가 이 주법으로 연주된다. '내림형' 뒤에는 동일한 리듬을 세 번 반복하는 것이 규칙인데, 이때 재에 참석한 불자(佛者)들은 반배(半拜)를 한다. 결국 내림북은 행위의 지시·신호와 단락의 구분을 목적으로 쓰이는 것이다.

세 사찰의 내림북 연주법은 유사하다. 삼화사는 2013년 북을 1대 더 추가편성 하였는데, 이 북의 연주법은 소리북과 같다. 그러나 연주 리듬은 내림형과 동일하다.

---

10) 대한불교조계종포교원, 『한글통일법요집2: 상용의식집』, 조계종출판사, 2006, 9~12면 참고

〈사진 4〉 삼화사 소리북

2) 징·광쇠

징과 광쇠의 연주법 및 음색, 연주 기능은 유사하다. 크기만 다를 뿐 비슷한 생김과 음색이 이를 가능하게 한다. 광쇠는 백운사에서만 편성되는데, 이는 높은 음고와 쇳소리를 선호[11]하는 경상도의 특징을 수용한 것으로 보인다. 따라서 본 고에서는 징과 광쇠를 함께 살펴보겠다.

진관사·삼화사와 백운사의 징·광쇠 편성법은 차이를 보인다. 진관사와 삼화사에서는 징을 2대 사용한다. 통상 소리를 실질적으로 이끌어 나가는 범패승이 1대의 징을 잡고, 다른 징은 소리를 받아 주는 바라지 승려가 연주한다. 범패에서는 1·3구를 선창으로 메기고, 2·4구를 바라지가 독창 또는 제창으로 받는 형태를 '창화(唱和)한다'[12]고 말한다. 백운사에서는 광쇠를 5대 편성하는 대신 징 1대만 쓴다. 광쇠의 역할이

---

11) 김경희,「꽹과리 음향 선호도 조사 보고서」, ≪국악원논문집≫ 제10집, 1998 참고
12) 심상현(만춘),『영산재』, 국립문화재연구소, 2003, 145면 참고

징과 동일하기 때문에 징의 수를 줄인 것으로 볼 수 있다. 즉 삼화사·진관사에서는 징 2대를, 백운사에서는 광쇠 5대와 징1대를 사용한다.

〈사진 5〉 진관사의 징 편성　　　　　　〈사진 6〉 백운사의 광쇠·징 편성

징은 리듬에 따라 분류하기 어렵다. 악곡의 시작부터 끝까지 연주하지 않기 때문이다. 3소박이면 3소박으로, 2소박이면 2소박으로 맞추어 친다. 다만 <회심곡>에서 시작부터 끝까지 소리를 반주하는데, 이는 예외적인 것이다. 따라서 징의 기능에 따라 구분지어 설명하고자 한다.

먼저 작법무 반주에서 징은 북과 함께 악구의 단락을 구분한다. 더불어 무용 동작과 밀접한 관련이 있음을 알 수 있는데, 해당 사례는 아래 악보와 같다.

〈악보 5〉 백운사 석봉 사다라니 중 '변식진언'

앞 악보에서 광쇠·징은 시작과 끝, 중간부분에서 연주된다. 시작은 1망치, 끝은 5망치로 마친다. 중간부분에는 가사 '다타아다야'에서 3망치를 치는데, 1행~3행 중 1·2행에서만 보인다. 이것에 대한 해답은 무용에 있다.

2012년 백운사에서는 4명의 작법승이 2열로 마주보고 서서 '사다라니바라'를 추었다. 1행에서는 남(南)과 북(北)을, 2행에서는 동(東)과 서(西)를 바라보며, 1행과 2행의 작법 동작은 일치한다. 3행은 다른 동작으로 구성되는데, 4방(方)으로 동일한 동작을 반복한다. 이는 사방배(四方拜)이다. 이 중 1행과 2행의 '다타아다야' 부분에서 광쇠가 소리를 내면, 작법승은 180도 회전한다. 결국 광쇠·징은 악구 구분의 기능 뿐만 아니라, 동작의 지휘도 담당하는 것이다.

다음으로 징은 3소박·2소박형 악곡의 속도를 제시한다. 이는 빠른 속도로 연주되는 대부분 악곡에서 찾아 볼 수 있는 연주형이다. 해당 사례를 살펴보면 아래 악보와 같다.

〈악보 6〉 백운사 석봉 보공양진언(2소박)

〈악보 7〉 백운사 석봉 사다라니 중 변식진언(3소박)

　〈보공양진언〉 시작부분의 리듬은 송주시작형[13]과 유사하다. 송주시
작형은 ♩𝄽♩𝄽♩♩♩♩♩♩𝄽로 연주되는데, 6망치 이후를 생략
하면 〈악보 6〉과 동일하다. 송주시작형의 리듬은 목탁과 요령에서도
동일하게 나타난다. 〈악보 7〉에서는 제목을 제시하고 속도를 바꾸기
전, 징·광쇠를 연주하였다. 이때 광쇠는 첫 박을 ♪♩으로 쳐서 3소박
악곡임을 알려준다. 이처럼 광쇠는 빠르게 부르는 진언 또는 독경에서
속도 및 소박을 제시하는 것을 알 수 있다.

　노래를 반주하는 기능은 〈회심곡〉에서 보인다. 〈회심곡〉은 3+2
의 혼소박으로 구성되어 있으며, 징은 ♩♪♩/♩♪♩의 리듬을 규칙적
으로 연행한다. 그러나 재의식에서 처음부터 끝까지 징과 광쇠를 수반
하는 것은 〈회심곡〉 이외의 악곡에서는 찾아볼 수 없다. 때문에 노래
의 반주는 일반적인 징의 기능으로 볼 수 없다고 생각된다.

　한편 징은 앞서 살펴본 내림북과 동일한 기능도 가지고 있다. 다만
백운사와 삼화사·진관사의 종지부분이 다르게 나타나 이를 살펴보겠
다.

---

13) 대한불교조계종포교원, 앞의 책, 9~12면 참고

⟨악보 8⟩ 백운사 중단 보례게

⟨악보 9⟩ 진관사 보례게

진관사와 백운사 징·광쇠의 리듬은 일부 차이를 보인다. 동일한 점은 종지구(終止句) 이외의 구 끝에는 세망치를 치는 점이다. 차이점은 종

지구에서 드러난다. 백운사는 종지에서 내림형과 5망치를 쳤고[14], 진관
사는 확대된 리듬을 연주한다. 진관사 종지부분의 징 리듬은 크게 Ⅰ(5
망치)·Ⅱ(3망치*3회)·Ⅲ(2망치+2망치+4망치+2망치)·Ⅳ(5망치+3망치)의
4부분으로 구분될 수 있는데, 이 연주법은 Ⅱ·Ⅲ 부분이 생략되어 자
주 연행된다. 그러나 리듬이 다를 뿐, 마지막 3망치에서 반배를 하기 때
문에 그 기능은 동일하다고 볼 수 있다.

이 '내림'의 기능이 강하게 나타나는 사례가 있다. 이를 악보로 제시
하면 아래와 같다.

〈악보 10〉 백운사 다게 작법 시작부분

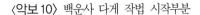
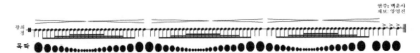

백운사에서는 '다게작법' 시작부분에서 광쇠와 징을 위 악보와 같이
연주한다. 이는 아래 원 모양으로 나타낸 <도량석> 목탁의 시작부분[15]
과 동일하다. 내림형을 칠 때 작법승은 무릎을 굽히고, 올림형을 칠 때
에는 일어선다. 이와 같은 동작을 동(東)·서(西)·남(南) 3방위에 반복하
고, 마지막으로 3망치를 칠 때 북향(北向)하고 꿇어앉는다. 사실 '내림형'
과 '올림형'을 반복하는 것은 불교 사물(四物)의 연주법[16]이다. 이 주법
이 작법의 시작부분에 활용된 것으로 여겨진다. 이처럼 징·광쇠의 내
림형은 행위를 지시하는 기능이 강한 것을 알 수 있다.

---

14) 백운사에서는 악곡의 종지로 내림형+5망치 대신에 인사굿 가락을 치기도 한다.
15) 대한불교조계종포교원, 앞의 책, 19면 참고
16) 양영진, 앞의 논문(2012), 10~11면 참고

3) 목탁·요령

목탁·요령은 불교 의식에서 필수적으로 사용되는 불구(佛具)이자 악기이다. 세 사찰 모두 목탁과 요령을 쓰며, 특히 요령은 의식의 집전자에 의해 연주된다. 이는 일반 사찰에서 예불을 집도하는 노전(爐殿)이 요령을 잡는 것과 동일하다.

대한불교조계종포교원에서 편찬한 『한글통일법요집』(이하 『법요집』)에는 목탁과 요령의 집전법에 대해 언급하고 있다. 명칭은 다양하지만 기능별로 구분하면 아래 표와 같다.

〈표 1〉 『법요집』 수록 목탁·요령 집전법

연주법	『통일법요집』 일러두기	『통일법요집』 본문	수륙재
1박 목탁·요령	○	×	×
1자2박 목탁	○	×	×
굴림 목탁·요령	○	○	○
맺음 목탁·요령	○	○	○
종결 목탁·요령	○	○	○
내림 목탁·요령	○	○	○
송주시작 목탁·요령	○	○	○
송주 목탁·요령	○	○	○
정근 목탁·요령	○	○	×
붙임 목탁	○	○	×
권공진언 요령	○	○	○

『법요집』에는 11가지 집전법이 언급된다. 이 중에서 7가지 주법이

수륙재에서 사용된다. 1박 목탁·요령과 1자2박 목탁은 일러두기에만 나올 뿐 실제 의례를 실은 본문에서도 보이지 않는다. 이는 집전법에 대한 기본형을 제시한 것이라 생각된다. 또한 정근 요령·목탁, 붙임목 탁은 <정근>에 사용되는 연주법이기 때문에 수륙재 의례에 포함되지 않은 여겨진다. 따라서 실제 재의식에서 보이는 7가지 연주법을 살펴보겠다.

〈사진 10〉 진관사의 요령과 목탁

굴림요령과 맺음·종결 요령은 연주법이 동일하다. 요령를 한 번 강하게 털어 그 진동으로 굴리는 소리가 나게하는 연주법이 굴림요령이다. 이 굴림요령을 단락의 맺음에 사용하면 맺음요령, 절차의 끝에 쓰면 종결요령이라 한다. 결국 '굴림'은 연주법을, '맺음'과 '종결'은 사용처를 알려주는 용어라 하겠다.

이 굴림요령은 권공진언요령 또는 송주요령과 함께 사용된다. 시작과

끝은 굴림요령으로, 중간부분은 송주요령 또는 권공진언요령으로 구성
되는 것이다. 송주요령과 권공진언요령은 1박에 요령을 한 번 흔드는
연주법이다. 사실 송주(誦呪)는 진언을 외운 다는 뜻으로, 권공진언을 송
(誦)하는 것이 송주(誦呪)이다. 권공진언요령의 속도가 조금 빠를 뿐 뿐
연주법은 다르지 않다. 굴림요령과 송주요령의 예를 살펴보면 아래 악
보와 같다.

〈악보 11〉 진관사 동회 보소청진언

<보소청진언>에는 굴림요령과 송주요령이 쓰인다. 시작과 끝, 3번
째 반복의 머릿부분에는 굴림요령을, 중간부분에는 송주요령로 연주하
였다. 이와 같은 구성은 굴림목탁·송주목탁과 동일하다.

송주시작형과 내림형의 사례는 앞 항에서 살펴본 바 있다. 징·광쇠
의 송주시작형은 해당 악곡의 속도와 소박을 알려주고, 내림형은 악구

단락 및 행위 유도에 활용된다. 이는 목탁과 요령의 쓰임과 동일하기 때문에 자세한 언급을 생략하겠다.

한편 요령과 목탁을 살펴보면 연주법이 중복되는 것을 알 수 있다. 송주시작형, 송주형, 내림형, 굴림형, 맺음형, 종결형 등이 이에 해당된다. 또한 두 악기는 함께 연주되기도 하지만, 대부분 독자적으로 쓰인다. 그렇다면 두 악기는 모종의 기준에 의해 선택적으로 사용된다고 추측될 수 있다. 이 현상을 악기의 상징성과 결부시켜 살펴보겠다.

요령과 목탁의 상징성을 뚜렷하게 구분하기 위하여 범패 및 타 악기 없이 단독으로 연주되는 사례를 살펴보겠다. 이를 정리하면 아래 표와 같다.

〈표2〉 요령과 목탁의 단독 연주 사례

구분	해당 절차
요령	청사, 착어, 유치, 편 고유문 등
	진령게, 헌좌게, 내림게, 파지옥진언, 멸악취진언 등 각종 진언의 시작부분
목탁	요령이 쓰이지 않는 절차의 종지부분
	반야심경, 천수경 등 각종 경전의 시작부분

두 악기가 단독으로 쓰이는 경우, 사용 목적이 명확히 드러난다. 요령은 <진령게>·<내림게>·<헌좌게>와 같이 대상을 부르거나, <파지옥진언>·<멸악취진언>과 같이 법력(法力)이 발현되는 부분에서 연주된다. <천수경>에서도 요령과 목탁의 집전이 구분되는데, 천수경의 일부인 <대비주>를 단독으로 부를 때는 요령을, 전체 경전을 모

두 독송할 때는 목탁을 쓴다.

<착어>의 내용을 살펴보면 요령의 기능을 명확하게 파악할 수 있다.

대령 <착어> 중 일부

△諸佛子 生本無生 滅本無滅 生滅本虛 實相常住 ○○靈△ 還會得 無生滅底一句麼△

여러 불자시여, 생본무생 멸본무멸 생멸본허하니 실상상주이다. 영가여, 무생멸저라는 한 구의 진리를 깨달으라.[17]

△는 요령이 쓰이는 부분을 표시한 것이다. 처음과 중간부분의 요령은 영적(靈的) 대상을 부르기 위함이다. 또한 마지막 요령은 영가에게 진리를 깨닫게 하는 법력의 발현으로 해석될 수 있다.

요령의 기능과 관련하여 2012 백운사 시련(侍輦) 행렬과 선행연구의 인터뷰에서 흥미로운 내용을 발견할 수 있다.

〈사진 8〉 백운사 시련

---

17) 불교 교리에 관한 내용은 깊이 번역하지 않았다.

영가를 부를 때는 어떻게 부르느냐하면, 요령을 흔들면 영가를 흔들
어서 부르게 되는 거거든요. 내가 오늘 아무개 영가시여 강림하소서,
청하거든요. 그러면 내가 영가를 딱 부르면 미국에서도 바로 오는 거예
요. 그래서 빛보다 더 빠른 거거든요. 제보자: '삼천사 사례' 해○(30~
40대, 비구니), 2003년 11월 1일 서울시 은평구[18]

앞 사진은 2012년 백운사에서 연(輦)을 모실 때 어장(魚丈) 석봉이 요
령을 흔드는 모습이고, 인용문은 구미래의 논문 중 삼천사 승려가 요령
에 대해 언급한 부분을 가져온 것이다. 사진에서 요령은 종부를 위로
하고 흔드는데, 이는 부처의 명호(名號)를 반복해서 부를 때 사용하는
'정근' 집전법이다. 마치 상여(喪輿)의 앞에서 선소리꾼이 요령을 흔드는
모습과 흡사하다.[19] 이는 요령소리를 듣고 영가가 따라 오기를 바라는
행위로 해석될 수 있다. 더불어 위 인용문을 통해 영가를 부를 때 요령
이 통상적으로 사용되는 것을 확인할 수 있다.

반면 목탁은 요령이 쓰이지 않는 절차의 종지부과 경전 독송 시에 단
독으로 연주된다. 종지부분은 내림목탁으로 참석자 모두의 의식행위 즉
반배(半拜)를 이끈다. 경전을 독송할 때는 시작부터 끝까지 목탁을 치는
데, 이 때에는 참석자 모두가 제창한다.

이는 목탁의 유래과 결부지어 생각할 수 있다. 목탁은 목어(木魚)를 축
소·변형시킨 의물인데, 김경태의 연구에서 이에 관한 언급을 살펴볼
수 있다.

---

18) 구미래, 「청각적 요소를 통한 조계종·태고종의 의례비교」, 《불교미술사학》, 2007,
601면.
19) <상여소리>와 불교악곡 <장엄염불>의 상관관계에 관하여, 졸고 「불교 장례의례
시다림의 절차와 의식음악적 기능」에서 언급한 바 있다. '나무아미타불'을 메기는
소리로 활용하는 것은 <상여소리>와 <장엄염불>이 동일하게 나타난다.

목어는 인도에서 유행된 것이 아니라 주로 중국의 선종사찰에서 쓰여 졌던 것으로, 본래 중국의 선원에서 아침에는 죽을 먹고 점심에는 밥을 먹었는데, 그 때마다 때를 알리는 신호기구로 쓰였던 것이다. …중략… 한국에서는 이것을 목탁이라 하여 주로 부처님 앞에서 염불·독경·예불을 할 때에 쓰이며 또 공양이나 대중을 모으는 신호로도 사용한다. …중략… 또 다른 일화로는 물고기는 밤낮 눈을 감지 않으므로 수행자로 하여금 졸거나 자지 말고 늘 깨어서 꾸준히 수도에 정진하라는 뜻으로 고기 모양으로 만들었다고도 한다.[20]

위 인용문에서는 목탁 및 목어의 의미를 신호(信號)와 수행(修行)으로 해석하고 있다. 이는 불교 재의식에서 목탁의 역할과 일치한다. 따라서 목탁은 경전을 독송함으로써 수도에 정진함을 드러내고, 승려 및 참석사의 행위 지시를 담당하는 것이다.

앞서 살펴본 요령과 목탁은 목적에 따라 선택적으로 사용된다. 영적 대상에 관련된 절차에서는 요령이, 승려를 포함한 참석자 즉 불자(佛者)와 관련된 절차에서는 목탁이 사용된다. 집전법은 목탁과 요령이 동일하며, 악구 구분 및 행위 지시, 속도 제시, 리듬 유지 등의 기능을 수행한다. 이처럼 요령과 목탁은 연주 방법은 동일하지만, 서로 다른 상징성을 가진 것을 확인할 수 있다.

2. 취타대·삼현육각

취타대와 삼현육각은 모두 민간에서 널리 쓰이던 악기편성이다. 취타

---

20) 김경태, 「한국 불교의 법구를 이용한 장신구 개발에 관한 연구」, 원광대학교 산업경영대학원 석사학위논문, 2010, 5~6면.

대는 나발·나각·자바라·용고·태평소로 구성되며, 삼현육각은 향피리2,해금1·대금1·장고1·좌고1로 편성된다. 이는 18세기 이후 취고수(吹鼓手)·세악수(細樂手)의 전통[21]이 고착화된 것이다.

조선후기 감로탱에서는 민간 취타대와 삼현육각 편성이 보이지 않는다. 1907년 구군악대(舊軍樂隊)가 해체[22]되고 난 뒤, 1939년 흥천사 감로탱에서 내취(內吹) 복장을 한 취타대를 발견할 수 있을 뿐이다. 결국 오늘날 불교 재의 악대편성은 매우 근래에 형성된 것으로 추측된다.

본 고에서는 세 사찰의 취타대 편성과 사용 악곡, 연주 기능 등을 살펴보고자 한다. 취타대가 연주하는 악곡의 종류와 선율은 이용식·손인애 등의 선행연구에서 상세히 고찰된 바 있으므로, 본 연구에서는 선율보다 절차별 사용 악곡을 분류하는 것에 중점을 두고자 한다. 더불어 삼현육각은 무속과 깊게 관계되어 있어 명확한 기능을 판단하기 어렵다. 따라서 사례를 분류하고, 해석의 방향을 제시하는 것으로 이를 대신하고자 한다.

1) 취타대

세 사찰의 취타대 편성은 조금씩 다르다. 먼저 악기편성은 삼화사와 백운사가 동일하다. 삼화사는 나발·나각 각 1대와 태평소 3대를 사용하고, 자바라는 작법승의 바라로, 용고는 북으로 대신한다. 백운사는 나발 대신에 마산지역 농악에서 보이는 목고동[23]을 연주하고 태평소를 1

---

21) 임미선, 「조선후기 지방의 연향」, ≪한국음악연구≫제46집, 2009, 243면 참고
22) 송방송, 『한겨레음악대사전 上』, 보고사, 2012, 209~210면.
23) 김영운, 「한국토속악기의 악기론적 연구」, ≪한국음악연구≫제17·18 합병호, 1989, 43면 참고

대로 축소했을 뿐, 그 이외의 편성은 삼화사와 동일하다. 진관사는 전형적인 <대취타> 편성으로 나발·나각·자바라·용고 각 1대와 태평소 2대[24]를 편성한다. 특히 자바라의 크기가 비교적 작은데, 이를 '제금(提金)'[25]이라고 부른다. 이를 보아 나발·나각·태평소는 대체가 어려운 악기이고, 자바라·용고는 대체 가능한 악기로 생각된다.

복식 역시 차이를 보인다. 삼화사는 민간복식 두루마기를 입고, 백운사는 승려가 취타악기를 연주하기 때문에 승복을 갖추었다. 진관사는 궁중 내취(內吹) 복장을 하고 있는데, 이는 나라에서 거행[國行]하는 의식임을 강조한 것이다. 내취 복장은 봉원사와 동일하다. 이처럼 복식을 통해 민간악사, 승려, 군영악대 중 어느 집단을 나타내고 싶어 했는지를 추측할 수 있다.

〈사진 9〉 진관사 대취타 편성

---

24) 불교 재의식에서 태평소는 통상 2대 편성되는데, 이와 같은 편성은 티벳의 불교의식에서도 찾아볼 수 있다. 더불어 삼현육각의 피리 연주자가 2명이고, 피리 연주자가 태평소를 불기 때문에 자연스러운 현상으로 해석된다. 진관사와 봉원사의 취타대 편성은 동일하다.
25) 2014 진관사 수륙재의 용고 연주자 인터뷰를 통해 알 수 있었다.

〈사진 10〉 삼화사 대취타 편성   〈사진 11〉 백운사 대취타 편성

　　이용식과 손인애의 연구에서 언급된 취타대의 연주 곡목을 정리하고, 그 외에 수륙재에서 나타난 사례를 표시하면 아래와 같다.

〈표 3〉 선행연구 언급 취타대 연주곡목

구분		해당절차	연주악곡
범패		옹호게	요잡
		인성, 법성게, 거령산	취타
무용	착복무	다게, 도량게, 삼귀의, 구원겁중(귀명례), 향화게, 창혼, 모란찬, 오공양, 욕건이(정법계진언)	염불→요잡
	바라무	천수바라(대비주), 화의재진언	천수
		법고무	자진염불→천수→요잡→천수
		타주무	자진염불→천수
		명발	요잡
	법고무	－	요잡→법고
	타주무	자귀의불(귀의게)	염불
기타		육법공양, 소대	염불
		봉송	능게

	상단시식 회향	취타
	중단권공 중단개계	염불→천수
	중단권공 시왕각청	취타→드렁조→능게
	의식 시작	*나발(목고동) · 나각 3성*

위 표는 선행연구를 절차에 따라 정리한 것이다. 더불어 백운사 수륙재에서 보인 나발·나각의 시작 신호를 추가하였다. 위 내용을 자세히 살펴보면 아래와 같다.

먼저 취타대는 작법무의 반주를 담당한다. 선행연구에서는 착복무의 반주로 <염불>과 <요잡>을 연주한다고 하였다. 그러나 <염불>의 뒤에 <요잡>을 연주하는 것은 '사방요신'이라고 하는 춤을 반주하기 위해서이다. 사방요신은 착복무와 바라무가 함께하는 작법이다. <옹호게> 역시 마찬가지인데, <옹호게>의 뒤에 추어지는 '요잡바라'의 반주음악이 <요잡>이다. 또한 <염불>은 본래 삼현육각이 연주하는 것으로, 악대가 모두 갖추어지지 않았을 때에 태평소가 <호적염불>을 분다. 따라서 취타대는 '요잡바라'와 '사방요신'의 반주를 담당하는 것으로 볼 수 있다.

바라무·법고무·타주무를 출 때에도 취타대가 연주된다. 그 악곡은 <천수>·<요잡>·<자진염불>인데, 바라무의 진행에 따라 악곡을 연이어 연주하기도 한다. 법고무는 <요잡>으로 시작하여 빨라지면 휘모리 속도의 <법고>를 연주하고, 타주무는 <염불>로 반주된다.

짓소리와 <법성게>를 부를 때에도 취타대가 등장한다. 그러나 이것은 범패의 반주로 보기 어렵다. <인성>은 연(輦)을 모실 때, <거령산>

은 괘불(掛佛)과 금은전(金銀錢)·경함(經函)을 이동할 때 불려지는데, 이 때 <취타>가 연주된다. <법성게>에서 <취타>를 부르는 것 역시 이와 같은 현상이다. <법성게>를 층층 읽어 부를 때 참관인은 경내(境內)를 돌고, 이때 <취타>가 연주된다. 상단시식의 회향에서 <취타>를 부르는 것도 이와 같은 맥락에서 설명될 수 있다. 따라서 <취타> 연주는 범패를 반주하기 위함이 아니라 이동을 위한 것으로 해석될 수 있다.

마지막으로 재의식의 시작과 끝, 봉송회향(奉送廻向), 육법공양과 소대(燒臺)에서도 취타대의 연주를 찾아 볼 수 있다. 재의식을 시작할 때 나발과 나각, 또는 목고동과 나각이 세 번 소리를 울려 의식이 거행됨을 알린다. 봉송회향 뒤에 연주되는 <능게>는 모든 대상을 보내고, 재의 좋은 기운을 나누어 가졌음을 기뻐하며 연주되는 것으로, 삼회향놀이와 맥락이 동일하다. 육법공양과 소대에서는 <염불>이 연주되는데, 이는 여섯가지 공양물과 소대에서 태워지는 공양물을 위한 거상악(擧床樂)이라 볼 수 있다.

기타로 영산재 중 중단권공의 <중단개계>와 <시왕각청>이 있다. 그러나 해당 절차에 대해 아는 바가 미흡하여 정확한 기능을 파악하기 어렵다. 중단권공은 중단의 여러 신에게 공양물을 대접하는 의식인데, 의식의 대상을 부르기 전에 연행해야 할 <개계>가 권공에서 불려진다. 또한 대부분 <청사> 이후에 <내림게>가 불려지기 마련인데, <내림게> 이후에 시왕[十王]을 청하는 <시왕각청>이 행해지는 것은 해석하기 어려운 일이다.

취타대의 연주악곡은 <자진염불>, <요잡>, <천수>, <법고>, <취타>, <능게>, <염불>의 7곡이다. <요잡>·<천수>·<자진염

불>은 바라무 및 사방요신작법의 반주에, <요잡>과 <법고>는 법고무의 반주에 연주된다. 의식의 시작은 나발(목고동)·나각의 3성으로 신호하며, 각종 이동을 위해서는 <취타>를 불고, 재의식을 마치면 <능게>로 모든 이를 즐겁게 한다. 또한 삼현육각을 대신하여 <호적염불>을 연주하였다.

2) 삼현육각

삼현육각은 삼화사와 진관사에서만 볼 수 있다. 삼화사와 진관사의 삼현육각 편성 및 악대의 복식은 동일하다. 모두 해금·대금·산조아쟁·장구 각 1대, 향피리 2대의 여섯 악기가 연주된다. 복식은 민간 연주자를 의미하는 두루마기를 착용한다.

이는 사실 전통적인 삼현육각의 편성은 아니다. 다양한 문헌사료와 도상자료에 나타난 삼현육각은 향피리 2대, 해금·대금·장구·좌고 각 1대로 편성이다. 그러나 오늘날 삼현육각이라 언급되는 악대에는 통상 산조아쟁이 추가된다. 이와 같은 현상은 시대적 변화와 청중의 요구를 반영한 것이라 생각된다. 이는 음량, 음의 지속성, 악대의 위치, 산조아쟁 연주자와 삼현육각 악사의 친연성 등 다양한 각도로 해석될 수 있으나, 현장과 이상이 충돌하는 예민한 사안이기 때문에 본 고에서는 언급을 자제하겠다.

〈사진 12〉 진관사의 삼현육각 악대

2012년 삼화사와 2013~2014년 진관사의 삼현육각 연주곡목과 절차를 정리하면 아래 표와 같다.

〈표 4〉 진관사와 삼화사의 삼현육각 연주 사례

역할		해당 절차	연주악곡
범패	짓소리	거령산, 귀의게	염불, 영산회상 상령산
	안채비	소, 유치, 청사, 편의 고유문	독주 수성가락
착복무		다게, 도량게, 삼귀의, 귀명례, 향화게, 창혼, 모란찬, 오공양, 정법계진언 등	염불
기타		부대행사, 삼배례, 육법공양	염불, 영산회상(평조회상)
		회향·봉송	민요, 동요 등

위 표를 통해 삼현육각이 짓소리에 연주된 것을 알 수 있다. 통상 괘불을 옮기는 <거령산>에서는 취타대의 <취타>가 연주되었으나, 현재는 이러한 전통을 찾아보기 어렵다. <거령산>, <귀의게>와 같은 짓소리에서 <염불> 및 유초신지곡 <상령산>을 연주하는 것은 신을 청(請)하는 의미라고 한다.[26] <영산회상> 중 <상령산>이 '영산회상불보살(靈山會上佛菩薩)'이라는 가사의 성악곡에서 출발한 것은 틀림없는 사실[27]이다. 그러나 <영산회상>은 조선후기 가사가 탈락되며 풍류방 음악으로서 많은 변화를 거쳐, 종교성을 상실하였다. 또한 기존 선행연구와 중요무형문화재 조사사료에 <상령산> 관련 언급이 보이지 않는 것을 보아, 재의식에서 <상령산>이 연주된 것은 매우 근래의 일인 것으로 추측된다.

---

26) 2014년 진관사 태평소 연주자의 증언
27) 국립국악원, 『한국음악학자료총서 제1집: 대악후보』, 국립국악원, 1979, 187~188면.

안채비소리의 반주에도 수성가락으로 대금·해금 등의 악기가 연주된다. 그러나 이 경우 안채비소리는 대부분 메나리토리와 경토리로 불려지고, 악기 연주자는 익숙한 남도 시나위를 연주하기 때문에, 음악이 조화롭게 들리지 않는다. 더불어 삼현육각의 연주는 안채비소리[28]의 고하자(高下字) 파악에 어려움을 준다. 그럼에도 불구하고 악기를 연주하는 것은 범패의 소리를 튼튼하게 받혀주고, 음색의 변화를 주어 청중의 지루함을 달래기 위해서라고 한다.[29] 이러한 현상 역시 최근 재의식의 경향이다.

전통적으로 삼현육각은 착복무의 반주와 삼배례·육법공양, 회향·봉송에서 연주된다. 착복무의 경우 사방요신 이전에는 <긴염불>을 연주한다. 삼배례와 육법공양에서 연주되는 <염불>은 거상악(擧床樂)으로 해석될 수 있다. 통상 민간에서는 <자진한잎>을 거상악으로 연주했는데, 불교에서는 이 악곡이 사용되지 않는다[30]고 한다. 그러나 최근에는 <염불> 대신 <영산회상>을 거상악으로 연주하기도 한다. 삼회향 이후 삼현육각은 취타대와 함께 신나는 악곡을 연주하는데, 이는 유희를 위한 것이다.

삼현육각이 재의식에서 활용되는 방식은 전통적으로 전승되는 것과 최근 추가된 것으로 구분된다. 전통적인 기능은 착복무 반주와 유희, 거상악으로 볼 수 있다. 반면 최근에는 <상령산>으로 신을 청(請)하고 거상악을 연주하며, 독주 시나위 가락으로 안채비소리를 돕는다. 시대에

---

28) 양영진, 「진관사 국행수륙재 범패의 의식음악적 기능」, 《중요무형문화재 제126호 지정 기념 시연 및 학술세미나》, 2014, 78~79면 참고
29) 2012년 진관사 범패승의 증언.
30) 이보형, 앞의 논문(2009.12), 33면.

따라 변화하는 현장의 모습이다.

앞서 불교악기와 취타대 및 삼현육각의 연주 양상을 살펴보았다. 불교악기에는 북·광쇠·징·목탁·요령이, 취타대에는 나발(목고동)·나각·제금·북·태평소가, 삼현육각에는 피리·대금·해금·장구·아쟁이 편성되었다. 앞서 살펴본 내용을 정리하면 아래와 같다.

북의 연주법은 자유리듬형·2소박형·3소박형·혼소박형·신호형으로 구분된다. 자유리듬형은 느린 홑소리와 절차의 종지부분에 연주되며, 악구 구분 및 행위 지시를 목적으로 한다. 2소박형은 예불의 법고 리듬형과 유사하며, 진언·독경·법고무에서 지속적인 리듬 연주를 담당한다. 3소박형은 바라무와 태평소가 수반되는 진언에서 나타나며, 리듬을 유지시킨다. 혼소박형은 <회심곡>에서만 보이며, 연주법은 2소박형·3소박형과 동일하다.

광쇠·징은 기능에 따라 살펴보았다. 이 악기는 무용동작과 밀접하게 관련되어 있으며, 느린 홑소리 및 각종 절차에서 악구의 변화를 세망치 또는 내림형으로 알려준다. 내림형은 반배(半拜)를 유도·지시하는 연주법이다. 또한 빠른 속도의 진언 및 독경에서 빠르기 및 소박을 제시하였고, <회심곡>에서는 규칙적으로 노래를 반주하였다. 다만 전체 악곡에서 지속적으로 연주되는 경우는 <회심곡>에서만 보였다.

목탁·요령의 연주법은 크게 굴림·내림·송주시작·송주의 4가지로 구분된다. 굴림은 단락의 맺음·종결을, 내림은 행위 지시와 악구 구분 및 종지를, 송주는 리듬과 속도의 유지를, 송주시작은 해당 악곡의 속도·소박 제시 위해 연주된다. 또한 두 악기는 선택적으로 사용되었는데, 요령은 영적 대상과 관련된 절차에서, 목탁은 불자(佛者)와 관련된 절차에서 연주됨을 확인하였다.

악대는 취타대와 삼현육각이 쓰인다. 취타대는 <요잡>·<천수>·<자진염불>·<호적염불>·<능게>·<취타>를, 삼현육각은 <염불>·<영산회상>·<민요> 등을 연주하였다. 취타대와 삼현육각의 주된 기능은 작법무의 반주이며, 각종 이동 및 거상(擧床)과 재를 마친 뒤 유희를 위해서도 연주된다. 이외에 최근에는 청신(請神)과 범패의 반주를 목적으로 삼현육각이 활용되었다. 이처럼 민간에서 유입된 두 악대가 불교 재의식에서도 민간과 유사한 기능으로 활용됨을 알 수 있었다.

Ⅲ. 악기의 의식음악적 기능

본 장에서는 앞서 살펴본 악기의 연주 양상을 기능에 따라 살펴보고자 한다. 재의식에서 사용되는 악기를 역할에 따라 구분하면 아래 표와 같다.

〈표 5〉 재의식에서 사용되는 악기의 역할

연주자	역할		불교악기					취타대	
			징	북	목탁	요령	광쇠	나각	목고동
승려	신호	단락·종지 구분	◎	○	○	○	◎	○	○
		무용 지휘	◎				◎		
		행위 지시	◎	○	◎	○	◎	○	○
	반주	속도·리듬 유지	○	◎	◎	◎	○		
		박자·속도 제시	◎		○	○	◎		
	상징	소청·법력				◎			
		수행			◎				

민간인·승려			삼현육각	취타
		행진·이동	○	◎
		시작 신호	-	◎
		거상	◎	○
	무용 반주	착복무 반주	◎	○
		바라무 반주	○	◎
		법고무 반주	○	◎
		유희	◎	○
		신청·범패 반주	○	-

* ◎는 비중있게, ○는 기본적으로 사용됨을 표시함

위 표는 연주자에 따라 악기를 구분한 것이다. 통상 불교악기는 승려가, 취타대 및 삼현육각은 민간인이 연주한다. 백운사의 취타대는 승려로 구성되기 때문에 역할에 따라 구분하였다.

불교악기는 신호를 담당한다. 징·북·목탁·요령은 악구의 구분 및 종지와 행위 지시를 위해 연주되고, 백운사의 경우 광쇠와 나각·목고동이 추가된다. 목고동과 나각이 행위 지시에 쓰이는 것은 백운사에서 이 악기를 승려가 연주하기 때문이다. 이와 같은 맥락에서 목탁은 승려 및 참석자의 행위를 지시한다. 또한 징·광쇠는 작법무의 동작을 지휘하는 매우 중요한 기능을 가진다.

불교악기는 범패를 반주하기 위해서도 활용된다. 북·목탁·요령은 속도를 유지하고 리듬을 연주하며, <회심곡>을 부를 때에는 징과 광쇠가 사용되기도 한다. 이 악기 중 북은 화려한 연주기교로 리듬을 다채롭게 꾸민다. 목탁과 요령은 독경소리에 맞추어 규칙적으로 타주(打奏)할 뿐, 악기 구조의 한계로 인해 특별한 연주법이 없다. 또한 징·목탁·요령·광쇠는 범패에 앞서 속도를 제시하기 위해 연주된다.

더불어 불교악기 목탁과 요령은 절차의 대상에 따라 선택적으로 사용된다. 요령은 영적 존재와 관련된 절차에서, 목탁은 참석한 승려 및 불자(佛者)의 수행과 연관된 절차에서 쓰인다. 징·광쇠와 요령·목탁이 함께 연주될 때는 징·광쇠의 음량이 요령·목탁보다 크기 때문에. 이 때에는 요령·목탁의 연주 기능보다 상징성이 강조된다고 생각된다.

삼현육각과 취타대는 행진·이동, 시작 신호, 거상(擧床), 작법무 반주, 유희, 청신(請神) 및 범패 반주를 위해 연주된다. 이 중에서 청신과 범패 반주는 근래 생겨난 역할로 보인다. 그 외 전통적 기능은 취타대의 비중이 높다. 태평소가 삼현육각의 선율을 대체 연주할 수 있기 때문이다.

위에서 불교악기, 취타대, 삼현육각의 역할을 살펴보았다. 징·광쇠는 행위 지시, 악구 구분 및 종지, 작법무 지휘, 속도 제시 등을 위해 사용되었다. 북과 요령·목탁은 범패를 반주하기 위해 주로 연주되었으며, 요령·목탁은 해당 절차에 따라 악기의 상징성을 고려하여 선택적으로 활용되는 것을 알 수 있었다. 취타대와 삼현육각 역시 역할에 따라 주된 기능이 구분되었다. 취타대는 행진, 이동, 시작 신호, 바라무·법고무 반주의 비중이 컸다. 반면 삼현육각은 거상악, 착복무 반주, 유희, 청신, 범패 반주 등을 위해 다양하게 연주되었다. 이처럼 재의식에서 활용되는 악기는 명확한 음악적 기능이 있고, 역할에 따라 쓰임이 달라지는 것을 확인하였다.

Ⅳ. 결론

본 고에서는 불교 재의식에서 사용되는 악기의 의식음악적 기능을 파악하기 위해, 삼화사·진관사·백운사 세 사찰 수륙재에서 연행된 악기 종류와 연주 양상을 살펴보았다. 이를 역할에 따라 분류함으로써, 그 기능을 확인할 수 있었다.

첫째, 불교악기에는 북·징(광쇠)·목탁·요령이 포함된다. 북의 연주법은 자유리듬·2소박·3소박·혼소박형·신호형으로 구분되고, 목탁·요령의 연주법에는 굴림·내림·송주시작·송주형이 있다. 징·광쇠는 내림형 이외에 특별한 연주법이 없고, 주로 3망치 또는 5망치를 친다. 이러한 불교악기는 각종 게송·진언·작법무에서 악구를 구분하고, 작법무를 지휘하며, 반배(半拜)와 같은 행위를 지시하고, 범패의 속도 제시 및 리듬 유지를 담당한다. 특히 불구(佛具)로 구분되는 목탁과 요령은 절차의 대상에 따라 다양한 연주법으로 활용되어 악기로서의 기능을 충실히 수행하였다.

둘째, 취타대는 나발·나각·태평소를 기본으로 제금·북을 추가할 수 있고, 삼현육각에는 향피리2·대금1·해금1·산조아쟁1가 편성되었다. 취타대는 <요잡>·<천수>·<자진염불>·<법고>·<취타>·<호적염불>·<능게> 등을 연주하였고, 삼현육각의 연주악곡은 <염불> 및 각종 민요 등으로 나타났다. 두 악대는 작법무와 행진을 반주하며, 재의식의 시작을 신호하고, 거상(擧床) 및 유희를 목적으로 활용되었다. 이 외에도 최근 현장에서는 신을 청하고 범패를 반주하기 위해 <상령산>이 연주된다.

셋째, 역할에 따라 불교악기 및 두 악대의 비중이 다르게 나타났다. 징·광쇠는 음악·무용·행위의 지시 및 신호와 속도 제시의 비중이 컸고, 북·요령·목탁은 리듬의 유지를 담당하였다. 취타대는 행진·이

동, 시작 신호, 바라무·법고무 반주의 역할 비중이 높게 나타났고, 삼현육각은 거상악, 착복무 반주, 유희, 청신, 범패 반주 등을 위해 주로 연주되었다. 이처럼 악기 및 악대는 재의식에서 고유의 역할을 수행하였다.

재의식에서 쓰이는 각종 악기는 다양한 연주법 및 연주악곡을 가지고 있다. 이 악기들은 분명한 목적의식 하에 연주되며, 각 악기마다 주된 역할이 존재한다. 또한 의식구로 분류되어 왔던 목탁·요령 역시 악기로서의 기능을 충실히 수행함을 확인하였고, 오늘날 현장에서 새로이 추가된 악대의 역할을 발견하였다. 본 연구에서는 매우 특이한 사례나, 부대행사와 같이 통상적 재의식에 포함되지 않는 부분은 분석에 포함시키지 않았다. 앞으로 보다 다양한 자료와 세밀한 분석으로 불교악기의 의식음악적 기능을 고찰하는 연구가 필요할 것이다.

국립국악원, 『한국음악학자료총서 제1집: 대악후보』, 국립국악원, 1979.

대한불교조계종포교원, 『한글통일법요집2: 상용의식집』, 조계종출판사, 2006.

손인애, 『경산제 불교음악 I』, 민속원, 2013.

송방송, 『한겨레음악대사전 上』, 보고사, 2012.

심상현(만춘), 『영산재』, 국립문화재연구소, 2003.

김경태, 「한국 불교의 법구를 이용한 장신구 개발에 관한 연구」, 원광대학교 산업경영대
    학원 석사학위논문, 2010.

김원선, 「영산재에 연주되는 태평소 가락 분석」, 동국대학교 석사학위논문, 1998.

양영진, 「한국불교 새벽예불의 음악적 특징」, 한양대학교 석사학위논문, 2012.

유현수, 「이충선 능게가락 선율 연구」, 서울대학교 석사학위논문, 2010.

정남근, 「불교의식과 태평소에 관한 연구」, 동국대학교 석사학위논문, 2000.

정영서, 「재의식의 태평소 선율에 관한 연구」, 동국대학교 석사학위논문, 2010.

구미래, 「청각적 요소를 통한 조계종·태고종의 의례비교」, ≪불교미술사학≫, 2007, 587
    ~617면.

김경희, 「꽹과리 음향 선호도 조사 보고서」, ≪국악원논문집≫제10집, 1998, 269~284면.

김영운, 「한국토속악기의 악기론적 연구」, ≪한국음악연구≫제17·18 합병호, 1989, 77~
    92면.

양영진, 「진관사 국행수륙재 범패의 의식음악적 기능」, ≪중요무형문화재 제126호 지정
    기념 시연 및 학술세미나≫, 2014, 57~96면.

윤지수, 「한웅태 <취타굿거리>의 음악적 연구」, ≪한국음악사학보≫제44집, 2010, 275
    ~323면.

＿＿＿, 「한웅태의 태평소 음악과 그 성격 검토」, ≪제16회 한국예술학과 학술대회≫,
    2014, 469~502면.

이보형, 「영산재 음악의 박자와 리듬 유형-법고를 중심으로」, 『동아시아 불교음악 연구』,
    민속원, 2009.12, 577~581면.

이보형, 「영산재에서 취고수 음악연구」, 『동아시아 불교음악 연구』, 민속원, 2009.12, 123~131면.

이보형, 「영산재의식에서 세속 취고수 음악의 수용 방법론」, ≪제6회 동아시아 불교음악 학술대회≫, 2009.12, 23~35면.

이숙희, 「불교 취타악의 형성 배경」, ≪한국음악연구≫제37집, 2005, 231~252면.

이용식, 「불교의식의 태평소 음악」, ≪제6회 동아시아 불교음악 학술대회≫, 2009.12, 112~119면.

_____, 「영산재의 기악음악」, 『동아시아 불교음악 연구』, 민속원, 2009.12, 247~258면.

임미선, 「조선후기 지방의 연향」, ≪한국음악연구≫제46집, 2009, 243~266면.

수륙재에서 범패의 구성과 기능*

- 서울 진관사 수륙재를 중심으로 -

이
용
식

1. 머리말

수륙재의 음악은 크게 승려들의 노래인 범패(梵唄)와 작법(作法) 등을
반주하는 기악음악으로 구분할 수 있다. 불교 의식에서는 노래가 매우
중요하고, 특히 불교음악의 가장 중요한 부분을 차지하는 것이 범패(梵
唄)이다. 범패는 일명 범음(梵音), 어산(魚山), 인도(印度 혹은 引導)소리라고
도 부른다. 범음 혹은 범패라는 용어는 범어(梵語), 즉 산스크리트어로
된 노래(唄) 혹은 음악(音)이라는 뜻이다. 어산이라는 용어는 범패의 기
원이 어산이라는 신성스러운 산에서 시작되었다는 전설에서 비롯된 것
이다. 인도소리라는 용어는 이 노래가 불교의 생성지인 인도에서 들어
온 노래라는 의미이다. 범패는 신라에 이미 존재했을 정도로 그 역사가
매우 오래되었고 장엄한 성악적 요소로 인하여 전통음악 중에서도 가장

---

* 이 글은 한국공연문화학회 추계학술대회(2014.10.31. 한국불교역사문화기념관) 발표문
을 수정·보완한 것이다.

종교음악적 가치를 갖는 음악갈래의 하나로 여겨진다. 이 외에도 불교의 포교를 위해 우리말로 된 노랫말에 민요적 가락을 갖는 화청(和請)과 회심곡(回心曲)1)도 중요한 불교음악이다. 화청은 주로 의식에 모인 대중들에게 의식의 목적이나 불교의 교리를 쉽게 이해하기 위해 부르는 노래이다.

이 글은 수륙재에 대한 음악민족지(musical ethnography)이고, 이를 통해 수륙재에서 범패의 연행 맥락과 음악적 특징을 살펴보고자 한다. 그리고 이를 영산재(중요무형문화재 제50호)에서의 범패와 비교하여 수륙재에서 범패의 특징을 밝히고자 한다. 이 글에서는 넓은 의미의 불교 성악으로서 화청과 회심곡도 포함하고자 한다. 이외에도 제의 연행에 따른 기악음악에 대하여도 포함할 것이다. 이 글은 서울 은평구 소재의 진관사에서 2010년 9월 23~24일 거행된 수륙재(중요무형문화재 제126호, 2013년 11월 지정)를 그 대상으로 한다. 수륙재의 어장(魚丈) 스님은 중요무형문화재 제50호 영산재 범패 분야 예능보유자인 김구해(金九海) 스님이다. 이외에 동희 스님이 범패에 많이 참여했고, 고산, 동환, 도경, 일구, 무비, 법밀, 기범, 진성 등의 스님이 범패승으로 참여했다.

2. 범패의 음악적 특징

범패의 제목에 '게(偈)', '송(頌)', '소(疏)', '진언(眞言)' 등의 명칭이 많

---

1) 불가의 화청을 민간에서는 회심곡이라 한다. 회심곡은 전문적인 민요 소리꾼들도 애창하는 노래로서 <부모은중경> 등의 노래에서 알 수 있듯이 대중들에게 부처의 법을 설파하는 것이다.

이 붙는다. '게(偈)'는 범어(梵語; 산스크리트어)로 '가타(伽陀, Ghata)'의 약칭으로 부처의 공덕과 교리를 노래한 글로 찬미하는 것이다. '게(偈)'는 한자로 된 가사를 갖는다. 이와 달리 '송(頌)'은 우리말로 된 시(詩)를 가리기며 이런 게와 송을 합해서 '게송(偈頌)'이라고 한다. '소(疏)'는 한자로 된 가사를 갖는데, 가사가 길고 촘촘하게 노래를 부른다. 우리 민요에서 '엮음' 노래방식이나 가곡(歌曲)의 '편(編)장단'으로 된 노래들이 가사가 길고 촘촘하게 노래하는데, 이와 같은 것이다. '진언(眞言)'은 '불신(佛身)의 말'이라는 의미로서, 부처와 보살의 가르침을 간직한 비밀스런 어구를 뜻한다. '진언(眞言)'은 범어(梵語; 산스크리트어)로 된 가사를 갖는다.

범패는 음악적 스타일로 보아 안채비들이 부르는 안채비소리와 겉채비(혹은 바깥채비)가 부르는 홋소리와 짓소리, 그리고 화청(혹은 회심곡)의 네 가지로 크게 분류할 수 있다. 이외에 범패를 배우지 않은 스님들이 경전을 평음으로 읽어나가는 평염불(平念佛)이 있다. 좁은 의미의 범패는 홋소리를 가리키고 범음은 짓소리를 가리키기도 한다. 범패를 부르는 이를 '채비'라고 하는 것은 특별한 일을 맡기려고 임시로 임명하는 직인 '차비(差備)'의 와음이다. 안채비는 사찰에서 염불을 부르는 일반적인 승려이고 겉채비는 범패를 전문으로 학습했고 연행하는 승려로써 범패는 바로 겉채비들의 소리를 일컫는다. 흔히 겉채비를 범패승이라고도 한다.

가) 안채비소리

통상 재에서 부르는 노래는 안채비소리와 홋소리가 많다. 안채비소리는 불교 의식을 올리는 절 안의 유식한 법주(法主) 혹은 병법(秉法)이 유치(由致)나 청사(請詞) 등의 축원문을 요령(搖鈴)을 흔들며 낭송하는 것으로 흔히 염불(念佛)이라고도 한다. 안채비소리는 주로 한문으로 된 산문(散文)이며, 그 내용은 재주(齋主)를 축원하는 것이다. 안채비소리는 일정한 장단이나 가락에 얹어서 부르는 노래라기보다는 촘촘히 읽어나가는 음영조(吟詠調) 스타일로 되어 있는데, 노래를 부르는 스타일에 따라 유치성(由致聲), 착어성(着語聲), 편게성(片偈聲), 개탁성(偈鐸聲) 등으로 나눈다.[2]

나) 홋소리

홋소리는 독창형식으로 소리를 질러서 부른다. 범패를 배울 때 홋소리는 상주권공, 각배, 영산 과목에서 배우고, 이를 마치면 다음 단계인 짓소리로 넘어가게 된다. 홋소리의 사설은 대개 칠언사구(七言四句) 혹은 오언사구(五言四句)의 한문으로 된 정형시로 되어 있다. 홋소리는 그 음악적 스타일이 대개 동부지방 민요의 음계와 비슷한 것이다. 홋소리 사설의 4구 중에서 제1, 2구를 안짝이라 부르고 제3, 4구를 밧짝(바깥짝)이라 부른다. 음악적으로는 대개 제1구와 제3구가 같고 제2구와 제4구가 같다. 즉, 안짝과 밧짝이 같아서 음악적 형식이 AA'AA' 혹은 ABAB로 되어 있다. 진관사 수륙대재에서 부른 홋소리는 영산작법에서 부른 <할향> <할등> <합장게>, 수륙연기에서 부른 <가영> <쇄수게> <복청게> <사방찬>, 사자단과 오로단에서 부른 <가영> 등이 있다.

---

2) 김응기(법현), 「영산재의 음악(범패)」, 『공연문화연구』 제12집 (서울: 한국공연문화학회, 2006), 69-70쪽.

다) 짓소리

짓소리는 홑소리를 모두 배운 범패승들이 배우는 것으로 대개 한문으로 된 산문, 혹은 범어(梵語)의 사설로 되어 있다. 짓소리는 대중창으로 부르는데, 홑소리에 비해 연주시간이 길고 규모가 크고 장엄하다. 이는 짓소리가 억세고 꿋꿋한 발성법과 길게 끄는 장인성(長引聲)으로 노래하고 많은 범패승들이 부른다는 의미이다. 짓소리는 반드시 합창으로 부르며 리더격인 장부(丈夫)가 입모양을 과장시키거나 손가락으로 지휘한다. 짓소리는 예전에는 72곡 이상이 불리었다고 하지만, 불교의식이 쇠퇴하면서 점차 퇴색하여 현재는 전해지는 15곡이 있는데 이는 <인성(引聲)>, <거령산(擧靈山)>, <관욕게(灌浴偈)>, <목욕진언(沐浴眞言)>, <거불(擧佛)>, <보례(普禮)>, <식령산(食靈山)>, <삼귀두갑(三歸頭匣)>, <단정례(單頂禮)>, <영산거불(靈山擧佛)>, <삼남현(三南)>, <오관게(五觀偈)>, <삼마사(三摩詞)>, <옴아홈> 등이다.3)

라) 화청

<화청>은 우리말로 된 노래이다. <화청>은 태징을 치면서 혼소박 4박 (10/8박자) 장단에 맞추어 부른다. 혼소박 장단이란 3소박과 2소박이 3+2+3+2 또는 2+3+2+3으로 섞인 장단을 의미한다. 이런 혼소박 장단을 판소리나 산조에서는 엇모리장단이라고 한다. 이 장단은 무가(巫歌)에서도 많이 나오는 오래된 장단이다.4) 화청의 율조는 주로 동부민요조로 되어 있고, 지방에 따라 전라도의 육자배기토리, 서도의 수

---

3) 김응기(법현), 앞의글, 71쪽.
4) 졸저, 『황해도 굿의 음악인류학』(서울: 집문당, 2005), 242쪽.

심가토리, 경기도의 창부타령토리 등의 특징을 갖기도 한다.

3. 진관사 수륙재의 구성에 따른 범패 연행

진관사의 수륙재는 이틀에 걸쳐 연행된다. 의식은 거의 각종 진언(眞言), 게(偈) 등의 노래와 작법(作法) 등으로 연행된다. 첫째 날에는 각종 게(偈)를 승려들이 합창으로 부르는 경우가 많았다. 이런 경우 대개 태징, 대고, 목탁 등을 승려들이 연주한다. 둘째 날의 사자단, 오로단, 상단 의식이 끝날 즈음에는 <화청>을 부르는데, <화청>은 승려가 직접 태징을 치면서 부른다. 수륙재의 의식에 따른 범패의 구성은 다음과 같다.

1) 시련(侍輦)

시련은 연을 모시고 행진하는 것으로 시작한다. 행렬에는 대취타대가 따르는데, 이는 태평소 2, 나발, 나각, 용고, 자바라로 구성되고, 연주하는 음악은 <무령곡(武寧曲)>이다. <무령곡>은 예로부터 임금의 거둥이나 관아 등의 각종 행렬에서 연주하는 음악이다. 이를 대취타로 연주하기 때문에 흔히 '대취타'라고 하는 것은 바로 이 <무령곡>을 일컫는 것이다. <무령곡>은 12박의 조금 느린 속도의 음악이다. 태평소는 가락을 연주하고 나발과 나각은 교대로 "뿌 – 뿌 – 뿌뿌뿌" 하는 긴 음을 낸다. 용고와 자바라는 나발과 나각의 리듬에 맞추어 연주한다.

〈도판 1〉대취타 악사

　연이 시련 장소에 도착하면 대취타 음악을 멈춘다. 승려는 시방의 성현과 이를 옹호하는 옹호신을 모시는 <옹호게(擁護偈)>를 반짓소리로[5] 부르고, 태징, 대고, 목탁이 음악을 연주한다. <옹호게>를 마치면 승려들이 요잡바라(繞匝鈸羅)를 연행하고 대취타대는 <자진능게>를 연주한다. <자진능게>는 비교적 빠른 4박의 자진모리에 맞춰 연주하는 음악이다. 요잡바라를 마치면 승려들이 합창으로 시방의 성현과 옹호신을 자리에 좌정시키는 <헌좌진언(獻座眞言)>을 부르고, 태징과 목탁을 연주한다. 이어서 승려들이 다게작법(茶偈作法)을 추는데 이는 나비무이다. 이때 승려는 시법의 성현들께 차를 대접하는 <다게(茶偈)>를 홋소리로 부르고, 승려들은 작법을 추는 승려들의 주위를 시계방향으로 돌고 용고, 자바라, 나발, 나각의 대취타를 연주하고 태평소는 매우 느린 6박의 <긴염불>을 연주한다. 승려들은 태징, 대고, 목탁을 연주한다. 다게작

5) <옹호게>는 종전에는 짓소리이었으나 곡의 일부분은 홋소리로 부르고 일부분은 짓소리를 부르는 반짓소리로 되었다(김응기(법현), 앞의글, 71쪽).

법을 마치면 승려들이 바라무를 추고 대취타대는 4박의 <자진능게>를 연주한다. 이어서 승려들이 연을 들고 도량으로 돌아오는 <행보게(行步偈)>를 노래하고, 대취타대의 <무령곡>에 맞추어 연 행렬을 시작한다.

〈표 1〉 시련의 절차와 음악

의식	세부절차	음악(가창자)	악기	기타
시련(侍輦)	연(輦) 행렬	무령곡	대취타 (태평소)	행렬
	옹호게	대중창	태징, 대고, 목탁	반짓소리
	요잡바라	자진능게	대고 대취타 (태평소)	바라무
	헌좌진언	독창	태징, 대고, 목탁	홋소리
	다게 / 작법	독창 긴염불	태징, 대고, 목탁 대취타 (태평소)	홋소리 나비무
	바라무	자진능게	태징, 대고, 목탁 대취타 (태평소)	바라무
	행보게	대중창	대고, 태징, 목탁	
	연(輦) 행렬	대중창 무령곡	대고, 태징, 목탁 대취타 (태평소)	행렬

2) 대령(對靈)

대령은 대령소에서 승려들이 <거불(擧佛)>을 안채비소리로 합창하면서 시작한다. <거불>은 승려들이 입창(立唱)으로 부르는 홋소리로서 선율이 매우 굴곡에 있어서 멜리스마틱(melismatic)하다. <거불>을 부르면서 태징, 대고, 목탁을 연주한다. 이어서 승려가 혼자 앉아서 반주악기 없이 도량 한쪽에 마련된 영단에서 영가에 법문을 설하는 <수설대회소

(修設大會疏)>를 독창으로 부른다. 이어서 승려가 혼자 서서 태징을 치면서 <지옥게(地獄偈)>를 독창으로 부른다. 이어서 승려가 혼자 앉아서 요령을 흔들며 <대령축원(對靈祝願)>을 독창으로 부르고, 연이어 <착어(着語)>, 지극한 마음으로 영가를 청하는 <보소청진언(普召請眞言)>을 안채비소리로 부르고, 이어서 <소청(召請)>을 부른다. <착어>는 법주가 독창으로 하고, <보소청진언>과 <소청>을 부를 때는 승려가 독창으로 요령을 흔들며 부른다. 이어서 승려가 앉아서 태징을 연주하며 독창으로 <가영(歌詠)>을 부른다. 마지막으로 승려가 앉아서 요령을 흔들며 독창으로 <가지권반(加持勸飯)>을 부르고 대령을 마친다.

〈표 2〉 대령의 절차와 음악

의식	세부절차	음악(가창자)	악기	기타
대령(對靈)	거불	대중창	대고, 태징, 목탁	
	수설대회소	독창(동희)	무반주	
	지옥게	독창(동환)	태징	
	대령축원	독창(동희)	요령	
	착어	독창(동희)	요령	
	보소청진언	독창(동희)	요령	
	가영	독창(동환)	태징	
	가지권번	독창(동희)	요령	

3) 관욕(灌浴)

관욕은 승려들이 <대비주(大悲呪)>를 대중창하면서 시작한다. 이때 태징, 대고, 목탁, 요령을 연주한다. <대비주>는 "신묘장구대다라니(神妙章句大陀羅尼)"를 노래하는 것이다. 이어서 승려들이 대중창으로 길을 인도하는 <정로진언(淨路眞言)>을 부른다. 이어서 승려가 서서 태징을 치면서 관욕실로 안내하는 <입실게(入室偈)>를 독창으로 부르고, 다른 승려 둘이 앉아서 각각 대고와 요령을 연주한다. 이어서 승려가 앉아서 요령을 흔들며 관욕단을 향해 부르는 <가지조욕(加持操浴)>을 독창으로 부른다. 이어서 승려들이 합창으로 목욕을 알리는 <목욕진언(沐浴眞言)>을 짓소리로 부르고, 대취타의 <자진능게>에 맞추어 관욕게바라(灌浴偈鈸羅)를 춘다. 이어서 승려가 앉아서 요령을 흔들며 진언으로 들어가는 첫 소리인 <작양지진언(嚼楊枝眞言)>, 입을 깨끗이 행구는 진언인 <수구진언(漱口眞言)>, 손과 얼굴을 씻는 진언인 <세수면진언(洗手面眞言)>을 잇달아 독창으로 부른다. <가지조욕>부터 <세수면진언>까지를 <가지조욕편(加持操浴篇)>이라 한다. 이어서 승려가 반주악기 없이 영가에게 특별한 옷을 준비하였다는 것을 알리는 <가지화의(加持化衣)>를 독창으로 부른다. 이어서 승려들이 합창으로 옷을 태워 법의로 만드는 글귀를 노래한 <화의재진언(化衣財眞言)>을 부르고, 대취타의 <자진능게>에 맞추어 화의재바라(化衣財鈸羅)를 춘다. <가지화의>와 <화의재진언>을 합쳐 <가지화의편(加持化衣篇)>이라 한다. 이어서 승려가 앉아서 요령을 흔들며 옷을 드리는 <수의진언(授衣眞言)>, 옷을 입으라고 권하는 <착의진언(着衣眞言)>, 옷을 단정하게 입히는 <정의진언(整衣眞言)>을 잇달아 독창으로 부른다. <수의진언> <착의진언> <정의진언>을 합쳐서 <수의진언편(授衣眞言篇)>이라고 한다. 이어서 승려가 반주악기 없이 관욕의식을 마치고 부처께 예경하는 <출욕참성(出浴參聖)>을 독창으로 부르고, 요령을 흔들며 단을 가리키는 <지단진언(指壇眞言)>을 독창으로 부른다. <출욕참성>가 <지단진언>을 합쳐서 출욕참성편(出浴參聖篇)이라 한다. 이어서 승려들이 서서 태징, 대고, 목탁을 연주하면서 합창으로 <행보게>를 부른다. 이어서 승려가 반주 악기 없이 <가지예성(加持禮聲)>을 독창으로 부른다. 이어서 승려들이 합창으로 <보례삼보(普禮三寶)>를 부른다. <가지예성>과 <보례삼보> 를 합쳐서 <가지예성편(加持禮聲篇)>이라 한다. 이어서 승려들이 합창 으로 도량을 돌며 염송하는 <법성게(法性偈)>를 부른다. 그리고 대취타 를 앞세우고 영단으로 향하는데, 이때 태평소는 연주하지 않는다.

〈표3〉 관욕의 절차와 음악

의식	세부절차	음악	악기	기타
관욕(灌浴)	대비주	대중창	요령, 태징, 대고, 목탁	
	정로진언	대중창	요령, 태징, 대고, 목탁	
	입실게	독창(동환)	요령, 태징, 대고	
	가지조욕편	독창(고산)	요령, 태징	
	목욕진언	대중창	태징, 대고	짓소리
	관욕게바라	자진능게	태징, 대고 대취타 (태평소)	바라춤
	작양지진언	독창(고산)	요령	
	수구진언	독창(고산)	요령	
	세수면진언	독창(고산)	요령	
	가지화의편	독창(고산)	무반주	
	화의재진언	합창	태징, 대고	
	화의재바라	자진능게	태징, 대고 대취타 (태평소)	바라춤
	수의진언	독창(동환)	요령	
	착의진언	독창(동환)	요령	

	정의진언	독창(동환)	요령	
	출욕참성편	독창(고산)	무반주	
	지단진언	독창(고산)	요령	
	행보게	합창	요령, 태징, 대고, 목탁	
	가지예성편	독창(고산)	무반주	
	보례삼보	합창	요령	홋소리
	법성게	대중창	요령, 태징, 대고, 목탁	
	행진		대취타	행렬

4) 신중작법(神衆作法)

5) 괘불이운(掛佛移運)

괘불이운을 연행하기에 앞서 삼현육각(삼현육각)으로 <대풍류(대風流)>를 연주한다. <대풍류>는 '대(竹; 관악기)로 연주하는 풍류'라는 의미로서 관악기 편성으로 연주하는 풍류음악을 일컫는데, 삼현육각 편성으로 연주하는 대표적인 악곡이다. 삼현육각은 본래 피리, 젓대, 해금, 장구로 편성되지만, 진관사 수륙재에서는 해금 대신에 아쟁이 편성되었다.

삼현육각으로 연주하는 <대풍류>를 마치고 본격적으로 괘불이운을 시작한다. 괘불이운은 승려가 서서 태징을 치면서 시방의 성현과 이를 옹호하는 옹호신을 모시는 <옹호게(擁護偈)>를 반짓소리로 부르면서 시작한다. <옹호게>가 진행되는 동안 중간에 삼현육각 반주가 따르고, <옹호게>를 마치면 태징을 치면서 삼현육각을 멈춘다. 이어서 대취타의 <자진능게>에 맞추어 요잡바라를 춘다. 이어서 승려가 서서 태징

을 치면서 부처를 찬미하는 <찬불게(讚佛偈)>, 산을 나올 때 출산석존
이 출가하여 설산에서 6년의 고행을 마치고 산에서 내려온 것을 찬미하
는 <출산게(出山偈)>, 꽃을 바치는 <염화게(拈花偈)>, 부처가 움직일 때
는 하늘에서 꽃비가 내린다는 의미를 갖는 <산화락(散花落)>, <나무영
산회상불보살(南無靈山會上佛菩薩)>를 잇달아 독창으로 부른다. 이어서
승려들이 합창으로 <거령산>을 짓소리로 부른다. <거령산>을 부르
기 시작하면 삼현육각 반주가 따르고, 노래를 마치면 태징을 치면서 삼
현육각을 멈춘다. 이어서 승려가 서서 태징을 치면서 독창으로 원을 그
리면서 법회를 영산회상처럼 꾸미기 위해 부르는 영산지심<(靈山志心)>
을 독창으로 반짓소리로 부른다. 이어서 승려가 자리를 권하는 헌좌게
<(獻座偈)>와 <다게(茶偈)>를 훗소리로 부른다. 이어서 승려들이 합창
으로 공양을 드리는 <보공양진언(普供養眞言)>을 부른다. 이어서 승려
가 반주악기 없이 <건회소(建會疏)>를 독창으로 부른다. 이어서 태평소
의 <자진능게>에 맞추어 명바라를 추고, 괘불이운을 마친다.

〈도판 2〉 진관사 수륙재의 대풍류

〈표 4〉 괘불이운의 절차와 음악

의식	세부절차	음악	악기	기타
괘불이운	옹호게	대중창	태징, 삼현육각	반짓소리
(掛佛移運)	요잡바라	자진능게	대취타 (태평소)	바라춤
	찬불게	독창(구해)	태징, 목탁	
	출산게	독창(구해)	태징, 목탁	
	점화게	독창(구해)	태징, 목탁	
	산화락	독창(구해)	태징, 목탁	
	나무영산회상	독창(구해)	태징, 목탁	
	거령산	대중창	태징, 삼현육각	짓소리
	영산지심	독창(구해)	태징, 목탁	반짓소리
	헌좌게	독창(동환)	목탁	홋소리
	다게	합창	목탁	홋소리
	보공양진언	대중창	태징	
	건회소	독창(도경)	무반주	
	명바라	자진능게	태징 태평소	바라춤

6) 영산작법(靈山作法)

영산작법6)은 승려가 서서 태징을 치면서 향(香)을 알리는 <할향(喝
香)>을 독창으로 홋소리로 부르면서 시작한다. 승려가 태징을 치면서
향(香)을 알리는 <연향게(燃香偈)>, 등(燈)을 알리는 <할등(喝燈)>과 <연
등게(燃燈偈)> <삼정례(三頂禮)>를 잇달아 독창로 부른다. 이들 노래 중
에서 <할등>은 홋소리로 부른다. 이어서 승려가 반주악기 없이 <개
계소(開啓疏)>와 <수설수륙대회소(修說水陸大會所)>를 독창으로 부른다.
이어서 승려가 태징을 치면서 <합장게(合掌偈)>와 향(香)을 올리는 것을

---

6) 영산작법은 시간과 상황에 따라 봉행의 내용이 다른 경우가 많다.

고하는 <고향게(告香偈)>를 홋소리로 부른다.

〈표 5〉 영산작법의 절차와 음악

의식	세부절차	음악	악기	기타
영산작법	할향	독창(구해)	태징	홋소리
(靈山作法)	연향게	독창(구해)	태징	
	할등	독창(구해)	태징	홋소리
	연등게	독창(구해)	태징	
	삼정례	독창(구해)	태징	
	개계소	독창(동희)	무반주	
	수설수륙대회소	독창(동희)	무반주	
	합장게	독창(구해)	태징	홋소리
	고향게	독창(구해)	태징	홋소리

7) 수륙연기(水陸緣起)

수륙연기는 승려가 반주악기 없이 이번 수륙재를 거행하는 이유를 설명하는 <설회인유편(設會因由篇)>을 독창으로 부르면서 시작한다. 이어서 승려가 요령을 흔들면서 진언을 독창으로 부르는데, <정법계진언(淨法界眞言)> <선취도향좌지우도진언(先取塗香左指右塗眞言)> <금강장어심인통정삼업진언(金剛掌於心印誦淨三業眞言)> <계도사장진언(戒度塗掌眞言)> <삼매사계진언(三昧耶戒眞言)>을 잇달아 부른다. 이어서 승려가 반주악기 없이 <엄정팔방편(嚴淨八方篇)>을 독창으로 부른다. 중간에 승려가 요령을 흔들면서 <쾌정호마타라니(灑淨護魔陀羅尼)>를 독창으로 부른다. 이어서 승려가 반주악기 없이 독창으로 <개계소(開啓疏)>를 부르고, 태징을 치면서 독창으로 <반문게(返聞偈)>를 독창으로 부른다.

수륙연기는 법문에 이어 계속 진행된다.

〈표 6〉 수륙연기의 절차와 음악 1

의식	세부절차	음악	악기	기타
수륙연기	설회인유편	독창(구해)	무반주	
(水陸緣起)	정법계진언	독창(동희)	요령	
	선취도향좌지우도진언	독창(동희)	요령	
	금강장어심인통정삼업진언	독창(동희)	요령	
	계도사장진언	독창(동희)	요령	
	삼매사계진언	독창(동희)	요령	
	엄정팔방편	독창(구해)	무반주	
	쾌정호마타라니	독창(동희)	요령	
	개계소	독창(구해)	무반주	
	반문게	독창(구해)	태징	

8) 법문(法門)

법문은 승려가 목탁을 치면서 독창으로 법사께 법을 청하는 <청법게(請法偈)>를 부르면서 시작한다. 이어서 승려가 목탁을 치면서 독창으로 <입정(入定)>을 부르고 법문을 듣는다.

〈표 7〉 법문의 절차와 음악

의식	세부절차	음악	악기	기타
법문(法門)	청법게	독창(동희)	목탁	
	입정	독창(동희)	목탁	

7-1) 수륙연기 계속

법문을 다 듣고 영산작법과 수륙연기가 다시금 이어진다. 승려가 요령을 흔들면서 홋소리로 <관음청(觀音請)>을 부른다. 이어서 승려가 태징을 치면서 독창으로 <향화청(香花請)>과 <산화락(散花落)>을 부르고, 다른 승려가 대고를 친다. 이어서 승려가 요령을 흔들면서 <가영(歌詠)>을 홋소리로 부르고 다른 승려 둘이 각각 태징과 대고를 친다. 이어서 승려 셋이 각각 태징, 대고, 목탁을 치면서 합창으로 물을 뿌리라는 것을 알리는 <걸수게(乞水偈)>와 <쇄수게(灑水偈)>를 부른다. 이어서 승려가 반주악기 없이 <복청게(伏請偈)>를 홋소리로 부른다. 이어서 천수바라를 추는데, 승려가 태징을 치면서 노래를 부르고, 다른 승려가 대고를 치고, 대취타로 <자진능게>를 연주한다. 이어서 승려가 반주악기 없이 <사방찬(四方讚)>과 <엄정게(嚴淨偈)>를 홋소리로 부른다. 이어서 나비무를 추는데, 두 승려가 각각 태징과 대고를 치면서 노래를 부르고 대취타로 <긴염불>을 연주한다. 나비무를 마치면 승려의 노래와 대취타의 <자진능게>에 맞추어 법고무를 춘다. 법고무까지가 영산작법이고, 이어서 수륙연기가 시작된다. 승려가 요령을 흔들면서 독창으로 진언을 부르는데 단(壇)을 여는 <개단진언(開壇眞言)>, 단을 세우는 <건단진언(建壇眞言)> 마감하는 <결계진언(結界眞言)>을 잇달아 부른다. 승려가 진언을 부르는 중간중간에 다른 승려가 반주악기 없이 노래를 잇달아 부르면서 두 승려의 독창이 잇는다. 노래순서는 <발보제심편(發普堤心篇)> <발보제심진언(發菩提心眞言)> <주향통서편(呪香通序篇)> <분형진언(焚香眞言)> <주향공향편(呪香供養篇)>이다.

〈표 8〉 수륙연기의 절차와 음악 2

의식	세부절차	음악	악기	기타
수륙연기	관음청	독창(동희)	요령	홋소리
(水陸緣起)	향화청	독창(구해)	태징, 대고	
	산화락	독창(구해)	태징, 대고	
	가영	독창(동환)	요령, 태징, 대고	홋소리
	걸수게	합창	태징, 대고, 목탁	
	쇄수게	합창	태징, 대고, 목탁	
	복청게	독창(동환)	무반주	홋소리
	천수바라	독창(구해) 자진능게	태징, 대고 대취타 (태평소)	홋소리 바라무
	사방찬	독창(구해)	무반주	홋소리
	엄정게	독창(구해)	무반주	홋소리
	나비춤	대중창 긴염불	태징, 대고 대취타 (태평소)	나비무
	법고춤	독창 자진능게	태징, 대고 대취타 (태평소)	법고무
	개단진언	독창(구해)	요령	
	건단진언	독창(구해)	요령	
	결계진언	독창(구해)	요령	
	발보제심편	독창(동희)	무반주	
	발보제심진언	독창(구해)	요령	
	주향통서편	독창(동희)	무반주	
	분향진언	독창(구해)	요령	
	주향공향편	독창(동희)	무반주	

9) 사자단(使者壇)

　사자단은 승려들이 합창으로 <거불(擧佛)>을 안채비소리로 부르면서 시작한다. <거불>은 반주악기 없이 시작하다가 요령과 태징을 치면서 마친다. 이어서 승려가 반주악기 없이 독창으로 사자단을 차린 경위와 수륙대재를 거행함을 고하는 <사자소(使者疏)> <수설수륙대회소(修設水陸大會所)>를 부른다. 이어서 승려가 요령을 흔들면서 독창으로 어리석은 마음을 깨우쳐 단으로 청하는 <진령게(振鈴偈)>와 <소청사자진언(召請使者眞言)>을 부르고, 반주악기 없이 <유치(由致)>를 독창으로 부른다. <유치>는 태징과 목탁을 치며 마친다. 이어서 승려가 요령을 흔들면서 독창으로 <청사문(請詞文)>을 부르고, 향을 올리는 <향화청(香華請)>을 바라지가 부른다. <향화청>을 다 마치기 전에 승려가 태징을 치면서 <가영(歌詠)>을 홋소리로 부른다. 계속해서 세 승려가 요령, 태징, 목탁을 치면서 범패를 교대로 이어서 부르는데, <고아게(故我偈)> <안위공양편(安位供養篇)> <헌좌진언(獻座眞言)> <정법계진언(淨法界眞言)>을 계속 부른다. 이어서 승려가 반주악기 없이 독창으로 <다게(茶偈)>를 부른다. 이어서 승려가 태징을 치면서 <진공진언(進供眞言)>을 독창으로 부른다. 이어서 승려들이 사다라니바라(四陀羅尼鈸羅)를 추는데, 승려가 독창으로 <사다라니(四陀羅尼)>를 홋소리로 부른다. <사다라니>는 <무량위덕자재광명승묘력변식진언(無量威德自在光明勝妙力變食眞言)> <시감로수진언(施甘露水眞言)> <일자수륜관진언(一字水輪觀眞言)> <유해진언(乳海眞言)>을 이어서 부르는 것이다. 또한 바라춤에 맞추어 대취타는 <자진능게>를 연주한다. 춤이 멎으면 승려가 태징을 치면서 독창을 계속 이어부르는데, <오공양(五供養)> <가지게(加持偈)> <보공양진언(普供養眞言)> <보회향진언(普回向眞言)> <불설소재길상타라니(佛說消災吉祥陀羅尼)> <원성취진언(願成就眞言)> <보궐진언(補闕眞言)>을 부른다. 이어서 승려가 태징을 치면서 독창으로 <화청(和請)>을 부른다. 이어서 승려가 반주악기 없이 독창으로 <행첩소(行牒疏)> <수설수

륙대회소(修設水陸大會所)>를 부르고, 모든 스님은 일어나서 절을 한다. 이어서 승려가 태징을 치면서 독창으로 사자를 보내는 <봉송사자편(奉送使者篇)>을 부르고 요령을 흔들면서 <봉송진언(奉送眞言)> <봉송게(奉送偈)>를 부른다. 이때 다른 승려 둘이 목탁과 태징을 친다.

〈표 9〉 사자단의 절차와 음악

의식	세부절차	음악	악기	기타
사자단(使者壇)	거불	대중창	무반주 요령, 태징 치며 마침	
	사자소·수설수륙대회소	독창(동환)	무반주	
	진령게	독창(구해)	요령	홋소리
	소청사자진언	독창(구해)	요령	홋소리
	유치	독창(구해)	무반주	홋소리
	청사문·항화청	독창(구해)	요령	
	가영	독창(동회)	태징, 목탁	홋소리
	고아게	독창(구해)	요령	
	안위공양편	독창(동회)	태징, 목탁	
	헌좌진언	독창(구해)	요령	
	정법계진언	독창동회)	태징, 목탁	
	다게	독창(동환)	무반주	홋소리
	진공진언	독창(구해)	태징	
	사다라니바라 무량위덕자재광명승묘력변 식진언 시감로수진언 일자수륜관진언 유해진언	독창(구해) 자진능게	태징 대취타 (태평소)	홋소리 바라무
	오공양	독창(구해)	태징	
	가지게	독창(구해)	태징	
	보공양진언	독창(구해)	태징	

	보회향진언	독창(구해)	태징	
	불설소재길상다라니	독창(구해)	태징	
	원성취진언	독창(구해)	태징	
	보궐진언	독창(구해)	태징	
	화청	독창(동환)	태징	화청
	행첩소·수설수륙대회소	독창(구해)	무반주	
	봉송사자편	독창(구해)	태징	
	봉송진언	독창(구해)	요령	홋소리
	봉송게	독창(구해)	요령, 태고, 태징	홋소리

10) 오로단(五路壇)

오로단은 승려들이 합창으로 <거불(舉佛)>을 안채비소리고 부르면서
시작하는데, 태징과 목탁을 연주한다. 이어서 승려가 반주악기 없이 독
창으로 오로단을 설법한 연유를 설명하는 <개통오로소(開通五路疏)>와
<수설수륙대회소(修設水陸大會所)>를 부르고, 이때 불자들은 불전함에
헌금한다. 이어서 승려가 태징을 치면서 독창으로 <진령게(振鈴偈)>를
부른다. 이어서 승려가 요령을 흔들면서 독창으로 <보소청진언(普召請眞
言)>을 부르고, 반주악기 없이 독창으로 <유치(由致)>, <청사문(請詞
文)>, <향화게(香華偈)>를 부른다. <향화게>의 중간에 다른 승려가 태
징을 치면서 독창으로 <가영(歌詠)>을 홋소리로 부른다. 이어서 승려가
반주악기 없이 독창으로 <안위공양편(安位供養篇)>을 부른다. 노래 중
간에 다른 승려가 태징을 치면서 독창으로 <헌좌진언(獻座眞言)>을 부
르고 <다게(茶偈)>와 <진공진언(進供眞言)>을 잇달아 부른다. 이어서
승려가 <사다라니>를 독창으로 홋소리로 부르면서 대취타의 <자진능
게>에 맞추어 사다라니바라를 춘다. 이어서 승려가 태징을 치면서 독

창으로 <오방찬(五方讚)> <오공양(五供養)> <가지게(加持偈)> <보공
양진언(普供養眞言)> <보회향진언(普回向眞言)> <마하반야바라밀다심경
(摩訶般若波羅蜜多心經)>을 부른다. 이어서 승려가 태징을 치면서 독창으
로 <화청>을 부른다. 이어서 승려가 태징을 치면서 독창으로 <개통
도로진언(開通道路眞言)>을 부르는데, 이때 승려들은 오로단에 절을 하고
진언을 마친다.

〈표 10〉 오로단의 절차와 음악

의식	세부의식	음악	악기	기타
오로단(五路壇)	거불	대중창	태징, 목탁	
	개통오로소·수설수륙대회소	독창(동희)	무반주	
	진령게	독창(구해)	태징	홋소리
	보소청진언	독창(동희)	요령	홋소리
	유치·청사문·향화게	독창(동희)	무반주	
	가영	독창(구해)	태징	홋소리
	안위공양편	독창(동희)	요령	
	헌좌진언	독창(구해)	태징	홋소리
	다게	독창(구해)	태징	홋소리
	진공진언	독창(구해)	태징	홋소리
	사다라니바라 무량위덕자재광명승묘력변식 진언 시감로수진언 일자수륜관진언 유해진언	독창(구해) 자진능게	태징 대취타 (태평소)	홋소리 바라무
	오방찬	독창(동희)	태징	
	오공양	독창(동희)	무반주	
	가지게	독창(동희)	태징	
	보공양진언	독창(동희)	무반주	

	보회향진언	독창(동희)	태징	
	마하반야바라밀다심경	독창(동희)	무반주	
	화청	독창(도경)	태징	화청
	개통도로진언	독창(구해)	태징, 대고, 목탁	

10) 상단(上壇)

상단은 승려가 태징을 치면서 <소청상위편(召請上位篇)>을 독창으로 부르면서 시작한다. 이어서 승려들의 합창으로 <거불(擧佛)>을 안채비 소리로 부른다. 이어서 승려가 반주악기 없이 독창으로 상단을 차린 경위를 고하는 <상위소(上位疏)>와 <수설수륙대회소(修設水陸大會所)>를 부른다. 이어서 승려가 태징을 치면서 독창으로 <진령게(振鈴偈)> <청제여래진언(請諸如來眞言)> <청제보살진언(請諸菩薩眞言)> <청제현성진언(請諸賢聖眞言)> <봉영차로진언(奉迎車輅眞言)> <불부소청진언(佛部召請眞言)> <연화부소청진언(蓮花部召請眞言)> <금강부소청진언(金剛部召請眞言)>을 계속 이어서 부른다. 이어서 승려가 요령을 흔들면서 독창으로 <유치(由致)> <청사문(請詞文)> <향화청(香花請)> <가영(歌詠)> <헌좌안위편(獻座安位篇)> <헌좌게(獻座偈)>를 계속 이어서 부른다. 이어서 승려가 태징을 치면서 독창으로 <헌좌진언(獻座眞言)>을 부른다. 이어서 승려가 독창으로 <다게(茶偈)>와 <보례삼보편(普禮三寶篇)>을 부른다. 이어서 승려들이 합창으로 <사무량게(四無量偈)> <사자게(四字偈)> <삼정례(三頂禮)>를 부른다. 이어서 승려가 짓소리와 삼현육각의 <긴 염불>에 맞춰 나비춤을 춘다. 나비춤을 마치면 대취타의 <자진능게>에 맞춰 바라춤을 춘다. 바라춤을 마치면 승려가 태징을 치면서 독창으로 <오공양(五供養)> <보공양진언(普供養眞言)> <보회향진언(普回向眞言)>

<불설소재길상다라니(佛說消災吉祥陀羅尼)> <원성취진언(願成就眞言)> <보궐진언(補闕眞言)>을 부른다. 이어서 승려가 태징을 치면서 독창으로 <화청>을 부르고, <화청>을 마치면 상단을 끝난다.

〈표 11〉 상단의 절차와 음악

의식	세부의식	음악	악기	기타
상단(上壇)	소청상위편	독창(구해)	태징	
	거불	대중창	태징, 목탁	
	상위소	독창(동희)	무반주	
	수설수륙대회소	독창(동희)	무반주	
	진령게	독창(구해)	태징	홋소리
	청제여래진언	독창(구해)	태징	홋소리
	청제보살진언	독창(구해)	태징	홋소리
	청제현성진언	독창(구해)	태징	홋소리
	봉영차로진언	독창(구해)	태징	홋소리
	불부소청진언	독창(구해)	태징	홋소리
	연화부소청진언	독창(구해)	태징	홋소리
	금강부소청진언	독창(구해)	태징	홋소리
	유치 · 청사문	독창(구해)	무반주	홋소리
	향화청	독창(구해)	요령	홋소리
	가영	독창(구해)	태징, 목탁	홋소리
	헌좌안위편	독창(구해)	요령	홋소리
	헌좌게	독창(구해)	태징, 목탁	홋소리
	헌좌진언	독창(동희)	요령	홋소리
	다게	독창(구해)	무반주	홋소리
	보례삼보편	독창(구해)	태징	
	사무량게	합창	태징, 대고	
	사자게	합창	태징, 대고	
	삼정례	합창	태징, 대고	

	나비춤	독창 긴염불	태징 대취타 (태평소)	홋소리
	바라춤	자진능게	대취타 (태평소)	
	오공양	독창(구해)	태징	
	보공양진언	독창(구해)	태징	
	보회향진언	독창(구해)	태징	
	불설소재길상타라니	독창(구해)	태징	
	원성취진언	독창(구해)	태징	
	보궐진언	독창(구해)	태징	
	화청	독창(동희)	태징	

〈도판3〉 화청을 부르는 동희 스님

11) 중단(中壇)

중단은 구해와 동희가 합창으로 중단을 고하는 <소청중위편(召請中位篇)>을 부르면서 시작한다. 이어서 둘이 합창으로 <거불(擧佛)>을 부르고 이어서 <진령게(振鈴偈)>를 부른다. 이어서 승려가 요령을 흔들면서 독창으로 ＜소청삼계제천축(召請三界諸天呪)＞ ＜소청오통선인축(召請五通仙人呪)＞ ＜소청대력선신주(召請大力善神呪)＞ ＜소청일체천룡축(召請一切天龍呪)＞을 부른다. 중간에 다른 승려가 독창으로 ＜유치(由致)＞를 시작으로 ＜청사문(請詞文)＞, ＜소청일체선신축(召請一切善神呪)＞, ＜소청염라마왕진언(召請閻羅魔王眞言)＞을 계속 이어서 부른다. 이어서 승려가 태징을 치면서 독창으로 ＜향화청(香花請)＞과 ＜가영(歌詠)＞을 부르고 계속 이어서 승려가 독창으로 ＜고아일심귀명정례(故我一心歸命頂禮)＞를 부른다. 이어서 승려가 태징을 치면서 독창으로 ＜헌좌게(獻座偈)＞를 부르고 이어서 승려가 독창으로 ＜헌좌진언(獻座眞言)＞과 ＜정법계진언(淨法界眞言)＞을 부른다. 이어서 승려가 태징을 치면서 독창으로 ＜사다라니(四陀羅尼)＞를 홋소리로 부르고, 대취타는 ＜자진능게＞를 연주하면서 사다라니바라를 춘다. 사다라니바라를 마치면 구해와 동희가 합창으로 ＜보공양진언(普供養眞言)＞ ＜보회향진언(普回向眞言)＞ ＜불설소재길상다라니(佛說消災吉祥陀羅尼)＞ ＜원성취진언(願成就眞言)＞ ＜보궐진언(補闕眞言)＞ ＜탄백(嘆白)＞을 부른다. 이어서 승려가 독창으로 ＜축원(祝願)＞을 부르고 중단을 마친다.

〈표 12〉 중단의 절차와 음악

의식	세부의식	음악	악기	기타
중단(中壇)	소청중위편	합창	태징	
	거불	합창	태징, 목탁	짓소리
	진령게	합창	태징	
	소청삼계제천주	독창(구해)	태징	
	소청오통선인주	독창(구해)	태징	
	소청대력선신주	독창(구해)	태징	

	소청일체천용주	독창(구해)	태징	
	소청일체선신주	독창(구해)	태징	
	소청염라마왕진언	독창(구해)	태징	
	유치·청사문	독창(동희)	무반주	
	향화청	독창(동희)	요령	
	가영	독창(동희)	태징, 목탁	
	고아일심귀명정례	독창(구해)	태징	
	헌좌게	독창(동희)	태징, 목탁	홋소리
	헌좌진언	독창(구해)	요령	홋소리
	정법계진언	독창(구해)	태징	홋소리
	다게	독창(구해)	무반주	홋소리
	사다라니바라 무량위덕자재광명승 묘력변식진언 시감로수진언 일자수륜관진언 유해진언	독창(동희) 자진능게	태징 대취타 (태평소)	홋소리 바라무
	보공양진언	합창	태징, 대고, 목탁	
	보회향진언	합창	태징, 대고, 목탁	
	불설소재길상타라니	합창	태징, 대고, 목탁	
	원성취진언	합창	태징, 대고, 목탁	
	보궐진언	합창	태징, 대고, 목탁	
	탄백	합창	태징, 대고, 목탁	
	축원	독창(구해)	무반주	화청

12) 하단(下壇)

하단은 동희가 태징을 치면서 독창으로 <거불(擧佛)>을 부르면서 시작한다. 이어서 승려가 반주악기 없이 독창으로 하단을 고하는 <소청하위소(召請下位疏)> <수설수륙대회소(修設水陸大會疏)>를 부른다. 승려가 "일심봉청법심일체"하는 대목을 노래하고 대금이 독주로 음악을 연

주한다. 이어서 승려가 요령을 흔들면서 독창으로 <진령게(振鈴偈)>
<파지옥진언(破地獄眞言)> <멸악취진언(滅惡趣眞言)> <소아귀진언(召餓
鬼眞言)> <구소청악취중진언(鉤召請惡趣衆眞言)> <보소청진언(普召請眞
言)> <향연청(香烟請)> <가영(歌詠)>을 이어서 부른다. 승려의 노래 중
간에 삼현육각이 <대풍류>를 연주한다. 이어서 두 승려가 교대로 범
패를 부르는데, <가지변공편(加持變供遍)>을 부르고 <사다라니(四陀羅
尼)>, 즉 <무량위덕자재광명승묘력변식진언(無量威德自在光明勝妙力變食眞
言)> <시감로수진언(施甘露水眞言)> <일자수륜관진언(一字水輪觀眞言)>
<유해진언(乳海眞言)>이 이어진다. 이어서 두 승려가 독창으로 진언을
교대로 부르는데, <출생공양진언(出生供養眞言)> <헌향진언(獻香眞言)>
<헌등진언(獻燈眞言)> <헌화진언(獻花眞言)> <헌과진언(獻果眞言)> <헌수
진언(獻水眞言)> <헌병진언(獻餠眞言)> <헌식진언(獻食眞言)> <운심공
양진언(運心供養眞言)>을 부른다. 이어서 <선양성호편(宣揚聖號篇)>을 부
르는데, <나무다보여래(南無多寶如來)> <나무묘색신여래(南無妙色身如來)>
<나무광박신여래(南無廣博身如來)> <나무리포외여래(南無離怖畏如來)> <나
무감로왕여래(南無 甘露王如來)> 순으로 부른다. 계속해서 두 승려가 독
창을 교대로 부르는데, <설시인연편(說示因緣篇)> <십이인연진언(十二因
緣眞言)> <선밀가지편(宣密加持篇)> <멸정업진언(滅定業眞言)> <해원결
진언(解冤結眞言)> <주식현공편(呪食現功篇)> <변식진언(變食眞言)> <시
감로수진언(施甘露水眞言)> <수륜관진언(水輪觀眞言)> <유해진언(乳海眞
言)> <고혼수향편(孤魂受饗篇)> <시식게(施食偈)> <시귀식진언(施鬼食
眞言)> <보공양진언(普供養眞言)> <참제업장편(懺除業障篇)> <참회게
(懺悔偈)> <참회진언(懺悔眞言)> <발사홍서편(發四弘誓篇)> <원성취진

언(願成就眞言)> <사사귀정편(捨邪歸正篇)>를 계속 부르고 <삼귀의(三歸依)> 즉 "귀의불 귀의법 귀의승(歸依佛 歸依法 歸依僧)" "귀의불 양족존 귀의법 리욕존 귀의승 중중존(歸依佛 兩足尊 歸依法 離欲尊 歸依僧 衆中尊)" "귀의불경 귀의법경 귀의승경(歸依佛竟 歸依法竟 歸依僧竟)"를 부르고 계속 해서 <귀의삼보진언(歸依三寶眞言)> <무량수불설왕생정토주(無量壽佛說 往生淨土呪)> <석상호지편(釋相護持篇)> <지계진언(持戒眞言)> <수행육 도편(修行六度篇)> <관행게찬편(觀行偈讚篇)>을 부른다. 불자들은 불단에 재배하고, 모든 의식을 마치면 불단의 제물을 소각하기 위해 행진을 하는데, 대취타가 음악을 연주한다.

〈표 13〉 하단의 절차와 음악

의식	세부의식	음악	악기	기타
하단(下壇)	거불	합창	태징, 목탁	
	소청하위소 · 수설수륙대회소	독창(구해)	무반주	
	진령게	독창(동희)	태징	
	파지옥진언	독창(동희)	태징	
	멸악취진언	독창(동희)	요령	
	소아귀진언	독창(동희)	태징	
	구소청악취중진언	독창(동희)	요령	
	보소청진언	독창(동희)	태징	
	향연청	독창(동희)	태징	반복
	가영	독창(동희)	요령	반복
	가지변공편	독창(동희)	태징	
	사다라니	독창(동희)	태징	

	무량위덕자재광명승묘력 변식진언 시감로수진언 일자수륜관진언 유해진언	독창(동회)	태징	
	출생공양진언	독창(동회)	태징	
	헌향진언	독창(동회)	태징	
	헌등진언	독창(동회)	태징	
	헌화진언	독창(동회)	태징	
	헌과진언	독창(동회)	태징	
	헌수진언	독창(동회)	태징	
	헌병진언	독창(동회)	태징	
	헌식진언	독창(동회)	태징	
	운심공양진언	독창(동회)	태징	
	선양성호편	독창(동회)	태징	
	설시인연편	독창(동회)	태징	
	십이인연진언	독창(동회)	태징	
	선밀가지편	독창(동회)	태징	
	멸정업진언	독창(동회)	태징	
	해원결진언	독창(동회)	태징	
	주식현공편	독창(동회)	태징	
	변식진언	독창(동회)	태징	
	시감로수진언	독창(동회)	태징	
	수륜관진언	독창(동회)	태징	
	유해진언	독창(동회)	태징	
	고혼수향편	독창(동회)	태징	
	시식게 · 시귀식진언	독창(동회)	태징	

	보공양진언	독창(동희)	태징	
	참제업장편	독창(동희)	태징	
	참회게 · 참회진언	독창(동희)	태징	
	발사홍서편	독창(동희)	태징	
	원성취진언	독창(동희)	태징	
	사사귀정편	독창(동희)	태징	
	삼귀의 · 귀의삼보진언	독창(동희)	태징	
	무량수불설왕생정토주	독창(동희)	태징	
	석상호지편	독창(동희)	태징	
	지계진언	독창(동희)	태징	
	수행육도편	독창(동희)	태징	
	관행게찬편	독창(동희)	태징	

이상의 진관사 수륙재에서 연행된 홋소리, 짓소리, 화청을 의식별로 구분하면 다음과 같다.

〈표 14〉 진관사 수륙대재의 홋소리, 짓소리, 화청

의식	세부의식	수륙재
시련	옹호게	쓸어젖는소리
	다게	홋소리
관욕	목욕진언	짓소리
괘불이운	옹호게	반짓소리
	거령산	짓소리
	헌좌게	홋소리
	다게	홋소리

영산작법	할향	홋소리
	할등	홋소리
	합장게	홋소리
수륙연기	쇄수게	홋소리
	복청게	홋소리
	사방찬	홋소리
사자단	사다라니	홋소리
	화청	화청
오로단	다게	홋소리
	진공진언	홋소리
	사다라니	홋소리
	화청	화청
상단	다게	홋소리
	화청	화청
중단	정법계진언	홋소리
	다게	홋소리
	사다라니	홋소리
	특사가지	홋소리

4. 수륙재와 영산재의 범패 비교

영산재와 마찬가지로 수륙재도 크게 3단계로 구분할 수 있을 것이다. 이는 신을 모시는 도입부, 신을 찬미하는 전개부, 그리고 신을 보내는 봉송부로 나눌 수 있다.[7] 수륙재에서 도입부는 시련에서 괘불이운까지

이며, 전개부는 영산작법에서 중단까지이며, 봉송부는 하단이 해당한다.

수륙재의 제1단계에서는 짓소리와 홋소리가 고루 불린다. 특히 관욕 단계의 목욕진언에서 짓소리를 부르며, 괘불이운의 옹호게 및 영산지심 은 반짓소리로 부른다. 수륙재의 제1단계는 재의 구성이나 범패의 종류 및 구성이 영산재의 제1단계의 그것과 거의 비슷하다. 다만 영산재의 시련과 관욕에서 짓소리로 부르는 인성이 수륙재에서는 불리지 않는 점 이 다르다.

〈표 15〉 수륙재와 영산재의 제1단계 제의 구성과 범패

의식	세부의식	수륙재	영산재
시련	옹호게	안채비소리	반짓소리
	헌좌진언	홋소리	홋소리
	다게	홋소리	홋소리
	인성	X	짓소리
대령	거불	짓소리	짓소리
	진령게	안채비소리	홋소리
	보소청진언	홋소리	홋소리
관욕	목욕진언	짓소리	짓소리
	인성	X	짓소리
	보례삼보	홋소리	홋소리
괘불이운	옹호게	반짓소리	반짓소리
	거령산	짓소리	짓소리
	영산지심	홋리	짓소리
	헌좌게	안채비소리	홋소리
	다게	홋소리	홋소리

7) 장휘주, 「영산재의 재의구조와 음악적 짜임새」, 『공연문화연구』 제22집 (서울: 한국공 연문화학회, 2006). 94-96쪽.

수륙재의 제2단계는 영산재와 제의 구성 및 범패가 매우 다르다. 이는 두 재가 추구하는 목적이 다르기 때문에 수륙재에서는 수륙연기, 사자단, 오로단 등이 포함되는 것이다. 그리고 이런 제의에 따른 세부의식이 다르기 때문에 부르는 범패다 매우 다르게 나타난다. 수륙재의 제2단계에는 안채비소리가 중점적으로 불린다. 이는 영산재의 제2단계에서 홋소리가 매우 다양하고 폭넓게 불리는 것과 음악적 차이를 갖는다.[8] 영산재에서는 상단권공, 식당작법, 운수상단에 짓소리가 삼귀두겁, 보례, 단정례, 영산지심, 특사가지, 거불, 삼남태(이상 상단권공), 식영산, 오관게(이상 식당작법), 거불, 삼남태, 특사가지(이상 운수상단) 등 매우 많은 곡이 불린다.[9] 그러나 수륙재에서는 사자단, 오로단, 상단을 시작할 때 거불을 짓소리로 부르고 다른 짓소리들은 불리지 않는다. 마지막 3단계에서는 수륙재와 영산재 모두 짓소리와 홋소리의 활용은 거의 없고 평염불로 많은 노래를 한다.[10] 이는 3단계가 신을 보내는 절차이고, 많은 세부의식을 치러야 하는데 홋소리로 구성하기 어렵고 평염불로 빠르게 진행하는 것이다.

화청은 재를 지낸 끝에 부르는 노래로 알려져 있었다.[11] 그러나 영산재에서 화청은 영산작법의 회향, 중단권공의 각배상단과 각배중단 등 규모가 큰 절차의 종지역할을 한다.[12] 수륙재에서는 상단과 중단에서는 화청을 절차의 마지막에 종지역할로 부른다. 그러나 사자단에서는 보궐

---

8) 김응기(법현), 앞의글, 83-84쪽.
9) 김응기(법현), 앞의글, 84쪽.
10) 김응기(법현), 앞의글, 84쪽. 장휘주, 앞의글, 103-104쪽.
11) 한만영, 「화청과 고사염불」, 『한국불교음악연구』(서울: 서울대학교 출판부, 1990). 성기련, 「화청 회심곡과 염불 회심곡」, 『한국음반학』 제9호 (서울: 한국고음반연구회, 1999).
12) 장휘주, 앞의글, 105쪽.

진언에 이어 화청을 부르고 이어서 행첩소가 이어지고, 오로단에서는 마하반야바라밀다심경에 이어 화청을 부르고 이어서 개통도로진언으로 오로단을 마친다. 이렇듯이 수륙재의 사자단과 오로단에서 화청은 절차를 마치는 노래가 아닌 점에서 여느 제의의 역할과 차이가 있다.

5. 맺는말

수륙재는 영산재와 더불어 불교에서 가장 규모가 크고 중요한 제의이다. 영산재는 이미 1973년에 중요무형문화재로 지정되었을 정도로 주목받았지만, 수륙재는 2013년에야 중요무형문화재로 지정되었을 정도로 주목받지 못했다. 이는 수륙재의 의식이나 수륙재에서의 범패가 온전하게 전승되지 못했기 때문이다. 최근 수륙재에서 범패와 작법 등이 복원되어 문화재로서의 가치를 인정받는 것은 문화유산의 확장이라는 차원에서 매우 고무적인 현상이다.

수륙재의 제의 구조는 신을 모시는 도입부, 신을 찬미하는 전개부, 그리고 신을 보내는 봉송부의 3단계로 이루어진 점에서 영산재의 제의 구조와 대동소이하다. 또한 제1단계에서 짓소리와 홋소리로 연행되고, 제2단계에서는 수많은 종류의 홋소리가 불리고, 제3단계에서는 평염불로 연행되는 점도 둘이 유사하다. 신을 모시는 도입부에서는 장엄한 짓소리와 홋소리를 통해 신성한 의식을 드리는 것이다. 전개부에서는 안채비소리를 통해 신의 위대한 능력을 찬양한다. 봉송부에서는 보다 평이한 소리로 의식을 정리한다. 결국 수륙재의 제의 구조는 범패의 기능과 불가분의 관련성이 있다. 다만 수륙재와 영산재의 제의 목적이 다르기 때문에 이에 따른 세부 제의절차가 다르고 범패의 연행양상도 조금 다르다. 영산재에서는 다양한 짓소리를 부르지만, 수륙재에서는 적은 종류의 짓소리를 더 많은 절차에서 부르는 점이 다르다. 이외에 화청은 절차를 마치는 노래인데, 수륙재에서는 절차를 마치는 노래로만 연행되지 않는 점에서 영산재와의 차이를 갖는다.

결국, 수륙재에서의 범패는 영산재에서의 범패와 기본적인 구조와 연행양상은 비슷한 것이다. 그러나 두 제의의 기본적인 차이에서 비롯된 범패의 연행양상이 다소 다르다. 수륙재에서의 범패가 기본적으로 종래 전승되는 범패를 활용한 것이기에 수륙재와 영산재의 범패는 근본적으로 대동소이한 것이다. 향후 수륙재 이외에도 다양한 불교 제의에서 연행되는 범패를 복원하여 음악과 무용이 어우러지는 불교유산을 발굴하는 것은 우리 문화유산의 확장이라는 소중한 의미를 갖는 작업이다.

김응기(법현), 「영산재의 음악(범패)」, 『공연문화연구』 제12집, 서울: 한국공연문화학회, 2006.

성기련, 「화청 회심곡과 염불 회심곡」, 『한국음반학』 제9호, 서울: 한국고음반연구회, 1999.

이용식, 『민속, 문화, 그리고 음악』, 서울: 집문당, 2006.

이용식, 『황해도 굿의 음악인류학』, 서울: 집문당, 2005.

장휘주, 「영산재의 재의구조와 음악적 짜임새」, 『공연문화연구』 제22집, 서울: 한국공연문화학회, 2006.

한만영, 「화청과 고사염불」, 『한국불교음악연구』, 서울: 서울대학교 출판부, 1990.

아랫녘 수륙재의 연혁과 특징

최
헌

1. 머리말

아랫녘 수륙재는 아랫녘 즉, 영남지방에 전승되는 수륙재를 말한다. 재를 올릴 때에는 범패(梵唄)를 노래하는 어장(魚丈)이 중심이 되어 타악기의 반주에 맞추어 범패·작법(作法 : 무용)을 연행하면서 의식을 거행하게 된다. 그런데 이때 연행되는 노래와 춤은 지역에 따라 각기 특색있는 차이를 보였다. 그러한 불교의식의 노래와 춤은 예로부터 영남지방의 범패승들 사이에서 웃녘소리와 아랫녘소리로 구분해왔다. 낙동강을 경계로 그 남쪽과 동쪽을 아랫녘이라 했고, 북쪽과 서쪽을 웃녘이라 했다. 즉 경상북도·경상남도 등 영남지방과 전라도·충청도·경기도·강원도 등 그 이외 지역을 구분했는데, 이는 아랫녘의 범패가 웃녘과는 달라서 차이가 나기 때문이었다. 영남지역의 스님들은 낙동강을 중심으로 웃녘과 아랫녘의 범패소리가 구분된다고 하지만 실재의 지역적 구분은 소백산맥과 지리산으로 이어지는 산지에 따라 구분되고 그 안쪽으로 흐르는 낙동강이 웃녘과의 분기선이 되는 것은 아닌 것으로 보인다.

아랫녘의 범패로는 팔공산제(八公山制)가 유명했다. 대구 지역의 팔공산에 동화사(東和寺)·파계사(把溪寺)가 범패로 유명하여 이 지역의 범패를 팔공산제라 하였다. 대구의 팔공산제 범패는 경상남도의 밀양까지 영향을 미쳐 밀양 표충사(表忠寺)에까지 전해졌으나 현재는 거의 그 전승이 미미하다.

아랫녘 지역에서 범패로 유명했던 절은 양산(陽山) 통도사(通道寺)와 부산(釜山) 금정산(金井山) 범어사(梵魚寺)가 있었다. 통도사와 범어사에는 본래 많은 범패승들이 소속되어 활동하여 나름대로 계보와 범패와 작법의 특징을 만들어내어 이를 통범소리라 이르게 되었다. 그러나 이들 통도사 범어사의 범패승들은 20세기 중반 불교정화운동 때 절을 나와 환속하거나 새로운 절에서 활동하게 되면서 통도사와 범어사에는 범패승들이 모두 사라졌고, 통범소리의 전통은 부산에 산재한 몇몇 범패·작법 승들에게 이어져 부산 무형문화재로 지정되었다.

한편, 팔공산제라는 명칭은 영남지역의 범패를 총칭해서 불렀던 것으로도 보인다. 1969년 부산 관음사에서 있었던 영산재를 서울대학교의 한만영교수가 현지 조사한 기록이 서울대학교 음악대학 시청각자료실에 보관되어 있는데, 백일형이 이에 대한 음악학적 연구를 하여 '범패 팔공산제에 대한 연구'[1]라는 제목으로 발표한 바 있다. 그러나 실재 영남 지역의 범패승 계보를 조사해 보면 대구 팔공산의 동화사 파계사 중

---

1) 백일형, '범패 팔공산제에 대한 연구', "민족음악학" 9, 서울대학교동양음악연구소, 1987.
   백일형, '범패 팔공산제에 대한 연구', 서울대학교 대학원 석사학위논문, 1986.

심 범패승과, 양산 통도사와 범어사 범패승의 계보, 그리고 통영 용화사
와 고성 안정사의 범패승 계보가 각기 따로 존재하였다. 이들은 통도사
범어사의 범패를 '통범소리' 통영과 고성의 범패를 '통고소리'라 이름
하였다. 이에 따르면 영남지역의 범패는 경남의 통범소리 통고소리와
함께 경북의 팔공산제로 구분하는 것이 타당해 보인다.

이 외에 영남지방의 아랫녘 범패에는 대구 동화사·파계사 및 밀양
표충사의 팔공산제와 양산 통도사와 부산 금정산 범어사의 통범소리 외
에 마산 불모산 백운사에 전승되는 또 다른 계보가 있다. 이는 경상남
도 무형문화재 제22호로 지정된 불모산영산재를 전승하는 범패승 집단
인데, 영산재 외에 예수재, 시왕각배재, 49재와 함께 수륙재를 전승하고
있고, 이중 수륙재를 아랫녘 영남지방의 대표적인 수륙재로 보아 '아랫
녘 수륙재'라 이름하였다. 불모산 영산재는 본래 창원 불모산에 있는
성주사에 불모산 영산재를 전승한 우담(雨潭)스님이 주석했기 때문에 불
모산영산재라는 이름이 붙여진 것이다. 이들 불모산영산재와 아랫녘수
륙재를 전승하고 있는 범패승들의 모임은 각각 불모산영산재보존회 및
아랫녘수륙재보존회라 하였지만 사실상 창원(마산) 무학산(舞鶴山)의 백
운사(白雲寺)의 석봉(石峰) 스님과 그의 제자들이 전승의 주체로 같기 때
문에 '영남불교의식음악보존회(嶺南佛敎儀式音樂保存會)'라는 이름으로 두
보존회를 총괄하고 있다. 2013년에 아랫녘 수륙재가 중요무형문화제로
제127호로 지정되면서, 경상남도 무형문화재 제22호로 지정되었던 불
모산영산재는 해지되었다.

2. 한국 범패의 역사

범패는 불교의식에 필수적인 요소이기 때문에 불교가 처음 들어온 4세기경에 불교의 전래와 함께 범패도 들어왔을 것으로 생각된다. 처음에 수입된 범패는 불교가 발생한 인도식의 범패가 있었음은 충분히 추측할 수 있다. 또 서력 기원 전후로 중국에 불교가 전파된 이후 중국에서는 4세기경부터 불교 경전의 번역작업이 있었던 것으로 보아 아마도 중국식의 범패도 들어왔을 것으로 추측해 볼 수 있다. 그러나 불교가 처음 전래된 4세기경에 들어온 범패에 대해서는 전해지는 것이 없다. 다만 『삼국유사』 월명사(月明師) 도솔가조(兜率歌條)에 의하면 월명사가 "향가(鄕歌)만 알 뿐 성범(聲梵) 즉 범패를 알지 못한다"고 한 기록이 있어 경덕왕 19년(760)에는 이미 범패가 있었다는 사실을 알 수 있다.

정작 우리나라에 범패를 들여왔다는 기록은 신라의 진감국사(眞鑑國師 慧昭, 774-850)의 대공탑비문(大空塔碑文)에서 볼 수 있다. 이에 의하면, 진감국사는 정원(貞元) 20년(804, 애장왕 5) 31세 때 구법(求法)차 세공사(歲貢使)를 따라 당나라에 건너가 마조도일(馬祖道一)의 제자 창주신감(滄洲神鑒)의 법을 잇고 수행하다 범패를 배우고, 태화(太和) 4년(830)에 귀국했는데, 귀국 후 옥천사(玉泉寺, 현 하동 쌍계사)에서 수많은 제자에게 범패를 전수하였다 한다.

진감국사의 대공탑비문의 기록은 진감국사가 범패를 들여온 것에 대한 기록은 있지만 그 범패의 내용이 어떤 것인지는 기록이 없어 알 수 없다. 당시 신라의 범패를 알 수 있는 기록은 일본승려 원인(圓仁) 자각대사(自覺大師)의 『입당구법순례행기(入唐求法巡禮行記)』에서 산동반도의 시라인 절인 적산원(赤山院)의 강경의식(講經儀式)을 소개한 내용 가운데 "其講經·懺皆據新羅風俗"과 "時有下座一僧作梵一據唐風卽云何於此經等一行偈矣"라는 대목에서 그 내용을 살필 수 있다. 그 순례행기(巡禮行記)에 의하면, 적산원의 강경의식에서 ① 대중(大衆)대중이 동음(同音)으로 불명(佛名)을 칭탄(稱嘆)하는 소리는 완전히 신라의 소리고, 당음(唐音)과는 같지 않고, ② 한 승려에 의하여 불리우는 '운하어차경(云何於此經, 梵唄)'은 완전히 당풍(唐風)이고, ③ '처세계여허공(處世界如虛空)'의 음성은 많이 日本의 것과 같았다. 이 세가지 소리를 풀이하면, ① 칭탄불명의 소리는 당음과 같지 않고, 日本의 소리와도 다르니까 신라의 소리라고 판단되고, ② '운하어차경'의 범패 소리가 당풍이란 것은 그 당시의 당풍이란 뜻이고, ③ 신라인의 절에서 불린 '처세계여허공'의 범패 소리가 특히 일본 것과 같다는 것은 그것이 신라와 일본에서 불리우고 당대의 당풍과는 다르다는 뜻으로, 당풍보다 구식의 범패가 전에 신라를 통하여 일본으로 건너갔기 때문이라고 생각된다.[2] 즉 당시 신라의 범패는 처음 불교가 전래되면서 들어온 인도풍의 범패, 진감선사가 들어온 당풍의 범패, 그리고 신라에서 새로 만들어진 신라풍의 향풍 범패의 세 가지가 있었다는 사실을 알 수 있다.

신라의 세가지 범패는 고려에 전승되었다. 고려는 불교가 국교였기 때문에 왕들이 설행하는 백좌도량(百座道場) 등 많은 법회와 불교행사가 있었고 여기에서 신라에서 전승된 범패가 성행했으리라는 것은 추측할 수 있는 사실이다. 그러나 고려시대의 범패에 대한 기록은 단편적인 것 외에 자세한 것이 없어 그 실상을 세밀하게 살펴보지는 못한다.

---

2) 李惠求, 新羅의 梵唄, 李丙燾博士華甲紀念論叢.

고려의 범패는 조선에 전승되었다. 조선은 유학(儒學)을 국시(國是)로 삼고 불교를 억제하는 정책을 폈기 때문에 고려시대에 행해졌던 많은 법회는 사실상 거의 사라졌다. 그러나 태조(太祖)가 조선 건국 때 쓰러진 많은 고려의 왕과 관리, 학자들을 위해 수륙재를 국행(國行)을 설행했고, 왕실이나 관료, 선비들도 유학을 국시로 표방하고 있으나 가정에서의 사생활에서는 오랜 유풍인 불교 관습을 버리지 못했고 그에 따른 개인적인 불교 관련 행사들이 열렸다. 또 국행 수륙재가 중종 때 폐지된 이후로는 민간으로 퍼져 민간에서 각종 수륙재나 영산재 등 각종의 재가 전승되었다. 조선초기 범패승 국융(國融)으로 시작되어 조선후기 영조 (1724~1776) 때 대휘화상(大輝和尙)까지 전승된 범패의 전승계보가 대휘화상의 『범음종보』(梵音宗譜)에 전하고, 그 이후 조선말기까지의 범패승에 관한 기록은 『신간산보범음집』(新刊珊補梵音集 1713)에 전한다.

일제 강점기에 들어서는 1911년 일제총독부의 사찰령(寺刹令)이 발표되면서 범패와 작법(作法)이 금지됐으나, 일제강점기 서울 지방의 범패는 백련사(白蓮寺)의 이만월(李滿月) 일명 서만월(西滿月)과 영도사(永度寺)의 이만월 일명 동만월(東滿月)에 의해서 명맥이 이어졌다. 서만월의 제자로는 이범호(李梵湖)가 있고, 이범호의 제자로 범공(梵公) 유창렬(柳昌烈 1898~1968)과 만허(滿虛)가 있다. 그리고 동만월의 제자는 경국사(慶國寺)의 대원(大圓)과 개운사(開運寺)의 벽봉(碧峰) 전우운(田雨運)이었다. 한편 봉원사(奉元寺)의 월하(月河), 진관사(津寬寺)의 김운제(金雲濟)가 서울의 서교(西郊)에서 활동했고, 서울의 동교(東郊)에서는 개운사의 벽봉(碧峰), 신흥사(新興寺)의 완담(完潭), 화계사(華溪寺)의 동화(東華), 불암사(佛巖寺)의 축선(竺善), 흥국사(興國寺)의 표금운(表錦雲) 등도 범패승으로 유명하였다.

근래까지 범패승으로 활동한 불암사의 김운공(金耘空)은 이범호에게 영
산재(靈山齋)의 짓소리를 배웠고, 봉원사의 박송암(朴松庵)은 월하의 제자
남벽해(南碧海)에게 사사했으며, 신흥사의 박운월(朴雲月)은 대원에게 범
패를 사사하였다.[3]

3. 한국 수륙재의 역사

水陸齋는 水陸의 無主孤魂이라는 불특정 다수를 위한 薦度儀禮라는
점에서 사회성이 높은 불교식 죽음의례의 하나이다.[4] 따라서 國行으로
많이 設行되었다. 본래 수륙재는 물이나 육지에 사는 孤魂과 餓魂 등의
혼령에게 법식을 평등하게 공양하여 구제하는 것을 근본 목적으로 하는
데, 대개 消災, 追福, 救病에 그 목적을 두고 있었다.[5] 그러나 그 시작부
터 개인적 영혼의 천도나 구복, 구병, 소재보다는 天地 冥陽 水陸에 떠
도는 餓鬼 孤魂을 供養하고 薦度하기 위한 목적으로 시작된 것이기에
그 뜻이 더욱 높다고 하겠다.

水陸齋의 淵源으로는 석가모니의 제자 아난의 이야기로부터 비롯된
다. 어느 날 아난이 餓鬼를 만났는데, 이 餓鬼가 3일 후면 아난도 죽게
될 것이라고 하였다. 그러나 아난이 크게 놀라 어떻게 하면 그 고통을
면할 수 있는가를 묻자 餓鬼는 스 많은 餓鬼들과 브라만 賢者들에게 供
養을 하라고 하였다. 그 말을 듣고 난 후 아난이 이 일을 부처님에게 말

---

3) 이혜구 「한국범패의 연혁」, 『한국음악서설』, 한만영 「불교음악개설」, 『한국불교음악연구』
4) 심효섭, 「조선전기 수륙재의 설행과 의례」, 『동국사학』, 제40집(2004), 219쪽.
5) 김용조, 「조선전기의 국행기양불사연구」(동국대학교 박사학위논문, 1989), 158~159쪽.

하였다. 부처님은 餓鬼들을 구제할 수 있는 多羅尼가 있다고 하였고, 굳이 다라니를 설하여 아귀를 救護하고 곡식을 베풀었다고 한다.6) 여기에는 水陸이라는 말이 등장하지는 않지만, 이것을 최초의 水陸齋라고 보고 있다. 이는 宋의 '종이'라는 승려가 쓴『水陸緣起』에 의한 것으로, 아난이 아귀 면연을 고통에서 구해주니 그 공덕이 매우 크며 아직 수륙이라는 말이 없었나, 여기서 수륙연기가 최초로 근본하였다고 한 것에서 비롯되었다.7)

經典에 나타난 수륙재가 실제의 모습으로 나타난 것은 중국의 양무제 때이다. 어느 날 양무제의 꿈에 한 승려가 나타나 많은 영혼을 普濟하는 水陸이 功德 중 으뜸인데, 왜 이를 실행하지 않느냐고 하였다. 다음 날 양무제는 꿈에서 깨자, 여러 寺門들에게 수륙에 대해 물었으나 아는 이가 없었다. 그런데 지공이라는 승려가 이 수륙에 관한 것은 經論에서 찾을 것을 권하자, 양무제는 寫經文을 밤낮으로 찾아『佛說救面然餓鬼陀羅尼神咒經』과『佛說救護焰口餓鬼陀羅尼經』의 두 경전의 앞의 구절을 발견하여 읽은 후 스스로 水陸儀文을 지어 처음으로 수륙재를 열었다.8)

수륙재가 우리나라에서 설행된 것은 기록상 고려 태조 때로 나타난다. 중국에서 처음 시작된 수륙재는 이후 (A-1)과 (A-2)처럼 광종 때 처음으로 시작되어 (A-3)과 같이 충목왕 때까지도 그 기록이 계속되고 있다. 고려시대 수륙재는 다른 불교의례에 비해 흔하게 설행되었던 의례

---

6) 여기에는 수륙이라는 말이 등장하지는 않지만, 이것을 최초의 수륙재라고 보고 있다. 이는 송의 종이라는 승려가 쓴『水陸緣起』에 의한 것으로, 아난이 아귀 면연을 고통에서 구해주니 그 공덕이 매우 크며 아직 수륙이라는 말이 없었나, 여기서 수륙연기가 최초로 근본하였다고 한 것에서 비롯되었다.

7) 양지윤 "朝鮮後期 水陸齋 研究" 東國大學校 大學院 사학과 석사학위논문 2003, 7쪽.

8) 竹庵,「說會因由」,『天地冥陽水陸齋儀纂要』., 양지윤(2003) 7쪽에서 재인용.

가 아니다. 더욱이 전염병이 돌았을 때 행하는 경우는 없었다. 그런데 흥미로운 점은 조선조에 오면서 다양한 호국법회와 소재, 도장(道場)은 거의 폐지되고 수륙재만이 『육전』에 법제화된 유일한 불교의례로서 자리 잡는 다는 사실이다.9)

조선을 개국한 태조는 태조 4년 2월에 고려조의 왕족인 왕씨를 위하여 관음굴·현암사·삼화사에서 수륙재를 베풀었고, 이후 매년 봄과 가을에 항상 거행하게 하였다.10) 태조의 수륙재 설행은 조선을 건국하는 과정에서 많은 고려 왕족들의 목숨을 앗아간 것에 대한 고뇌와 번민이 있었던 것으로 보이며, 이들을 극락세계로 천도하기 위한 것이었다.11) 또한 태조 5년(1396년)에는 부역을 하다가 죽음을 당한 자를 위로하기 위하여 수륙재를 베풀기도 했다.12)

태조 이후 태종대에 이르기까지 설행되었던 수륙재는 적어도 수륙을 떠도는 영혼들을 구제하겠다는 본래의 목적에 부합하고 있다. 하지만 이런 형태의 수륙재는 성령대군이 14세의 어린 나이로 죽음을 맞이하게 되면서 이전의 그것과 다른 양상으로 전개된다.13) 기존의 수륙재는 무주고혼이라는 불특정 다수를 천도하기 위한 의례였으나 성령대군의 수륙재는 영산재와 예수재와 같은 개인의 추천을 위한 의례로 치러지고 있기 때문이다.14) 게다가 조선시대에는 고려시대와 달리 질병을 치유하

---

9) 이영화, 「조선초기 불교의례의 성격」, 『청계사학』, 제10집(1993), 27~28쪽.
10) 『태조실록』 권 7, 태조 4년 2월 戊子條. 이욱 200109 "朝鮮前期 冤魂을 위한 祭祀의 변화와 그 의미 : 水陸齋와 여祭를 중심으로" 『종교문화연구』 제3호 한신인문학연구소 2001.9., 45쪽.에서 재인용.
11) 심효섭, 앞의 글, 224~225쪽.
12) 『태조실록』 권 9, 태조 5년 2월 乙卯條.
13) 『태종실록』 권 27, 태종 14년 2월 庚戌條.
14) 심효섭, 앞의 글, 228쪽.

기 위한 수륙재가 설행되기도 했으며, 이런 경우 대부분이 전염병을 치
유하기 위한 것이었다.15)

〈표 1〉 조선시대 수륙재 설행 횟수16)

	國行 水陸齋			私的인 水陸齋		기 타	합 계
	天災	救病	薦度	救病	薦度		
태 조			3				3
정 종			1			1	2
태 종	1		2	3	1		7
세 종	1	1	2	1	1	1	7
문 종		2			1	1	4
단 종							
세 조		1	3			2	6
예 종						2	2
성 종		3	1		1	2	7
연산군			1				1
중 종						1	1
인 종							
명 종			1		1	1	3
선 조					2		2
광해군							
인 조							
효 종							
현 종					1		1
숙 종							
영 조							
정 조							
순 조							
헌 종							
철 종							
합 계	2	7	14	4	8	11	46
	23			12			

---

15) 이 욱, 200109 "朝鮮前期 寃魂을 위한 祭祀의 변화와 그 의미 : 水陸齋와 여祭를 중심
으로", 『종교문화연구』, 제3호 한신인문학연구소 2001.9., 45쪽.
16) 양지윤, 앞의 논문, 10쪽.

그러나 조선전기에 계속된 수륙재 폐지 여론은 국가에서 행하는 수륙재의 인원과 물품, 비용 모두를 국가에서 규제하도록 만들었다. 이는 불교 의례인 수륙재를 국가에서 표면적으로 통제하기 시작했다는 것을 보여주는 동시에 또한 국가에서 수륙재를 인정하고 있다는 것을 의미하기도 한다.

예조에서 계하기를, 前朝로부터 대저 追薦할 적에 재를 올리고 비용을 쓰는데, 남녀가 晝夜로 모여서 다만 美觀만을 일삼고, 부처를 섬기며 죽은 이를 추천하는 본의는 거의 잃고 있다.

지금부터는 나라의 행사나 대부와 士庶人의 추천에는 모두 산수 깨끗한 곳에 나아가서 水陸齋를 올리게 하라. 차리는 데는 속인은 금하고 僧徒를 시켜서 공궤하게 하고, 나라의 행사에는 종친 한 두 사람과 예조의 당상과 낭청 각 한 사람으로 모든 일을 점검하게 하며, 대부나 사서인은 빈소를 지키는 상주 외에는 자손 한 두 사람만 가게 하라. 이 외의 잡인은 비록 재 올린 다음 날에도 참례하지 못하게 할 것이며, 法席에서 금하는 것은 이미 분명한 법령이 있으니, 지금부터는 다신 신칙하여 엄중히 금지하라.

나라에서 재 올리는 물품은 증반 30동이와 유과 아홉 그릇과 두부탕 아홉 그릇과 정병 아홉 그릇과 정면 아홉 그릇과 과일 아홉 그릇과 좌우 병의 꽃이 여섯 가지인데, 흰 꽃을 쓰고, 奏紙 50권, 手巾苧布 두 필, 납촉은 등롱으로 대용하며, 主法布施하는 목면이 한 필, 재주보시하는 正布가 다섯 필로 한다.

2품 이상의 재에는 찐밥 아홉 동이, 유과 · 두부탕 · 정병 · 정면 · 과일이 각각 여섯 그릇, 주지가 15권이요,

3품 이하의 재에는 찐밥이 여섯 동이, 유과 · 두부탕 · 정병 · 정면 · 과일이 각각 여섯 그릇에, 주지가 10권이요,

관직이 없는 사람의 재에는 찐밥이 세 동이에, 유과·구부탕·정병·정면·과일이 각각 세 그릇, 주지가 5권인데, 이상 좌우 병의 꽃은 여섯으로 흰 꽃을 쓰고, 手巾正布가 한 필이요, 납촉으로 등롱을 대용한다.

上項에 보인 각 품관이나 서인들로, 재물이 있는 자라도 정한 규제를 넘지 못하며, 재물이 없는 자는 자기 집의 정도에 다를 것이다고 하였다.[17]

예조에서 계하기를, 태상왕의 水陸齋에 종친과 본조의 관원은 모두 전일에 정한 숫자에 의하고, 代言 1명, 各殿의 速古赤 합 8명, 別監·小親侍 합 10명, 行香使 및 宗親·本曹의 堂上·郎廳과 祝史 1명이 참여하게 하고, 代言과 速古赤 외에는 飯床을 쇼ㅏ 용하지 아니하고, 반상에는 다섯 그릇에 불과할 것이요, 眞殿과 佛前 및 승려 대접 이외에는 만두·면·병 등의 사치한 음식은 일체 금하소서. 하니, 그대로 따랐다. 初齋를 올릴 때에 거의 수백 명이나 모였으므로, 이러한 계가 있는 것이었다.[18]

한편 수륙재가 통제되기 시작한 후 갈수록 국가에서 발원한 수륙재 보다는 사적인 수륙재가 대부분을 차지하고 있다. 즉 국가에서 통제하기 시작하면서 수륙재는 사실상 금지되었고, 이는 수륙재를 私的인 의례로 만드는 결과를 가져왔던 것이다. 더 이상 공식적인 행사가 될 수 없었으므로 개인의 안녕을 위한 사적인 행사로 점차 그 성격이 변해갔던 것이다. 이처럼 수륙재에 대한 통제는 조선후기 수륙재의 특징이 보이는 하나의 계기가 되었다. 그리하여 수륙재는 점차 私的인 의례가 되

---

17) 『世宗實錄』卷9 世宗 2年 9월 22일 丁亥. 양지윤, 앞의 논문에서 재인용.
18) 『世宗實錄』卷15 世宗 4年 5월 17일 癸酉. 양지윤, 앞의 논문에서 재인용.

었고, 조선후기에 이르러서는 薦度나 追薦의 목적이 아닌 위로[19])의 형태로도 열리고도 있는 것이다.[20]

조선후기 수륙재의 설행은 조선전기부터 계속된 반대 여론과 국가의 抑佛策으로 여러 면에서 변화하게 된다. 그 중 가장 두드러진 특징은 수륙재의 의례집이 많이 간행되고 있다는 것이다. 종교 의례는 그 종교의 신앙을 보여주는 중요한 요소이기 때문에 의례집의 간행은 필수적이라고 할 수 있다. 당시 간행된 의례집들 중에 현재 남아 있는 수륙재와 관련된 의례집은 『水陸無遮平等齋儀撮要』, 『天地冥陽水陸齋儀纂要』, 『法界聖凡水陸勝會修齋儀軌』, 『天地冥陽水陸雜文』, 『天地冥陽水陸齋儀梵音刪補集』, 『天地冥陽水陸齋儀』, 『天地冥陽水陸排備文疏』, 『天地冥陽水陸齋儀疏牓文牒節要』 등 8가지이다.[21] 이 목판집들은 전국의 사찰에 보관되고 있다. 이 의례집들은 각 지역 사찰에서 간행되어 민간에 유포되었는데, 그 간행 경향에 주목할 만한 사실이 있다.[22]

4. 아랫녘 수륙재의 역사

우리나라의 범패는 신라시대 서기 830년 진감국사가 하동 쌍계사에서 완성해 가르친 이후, 오랜 세월을 경과하는 동안 서울중심소리, 전라도 중심소리, 충청도 중심소리, 경상도 중심소리로 나뉘었다. 북한지역

---

19) 『宣祖實錄』 卷200 宣祖 39年 6월 1일 戊戌 양지윤, 앞의 논문에서 재인용.
20) 양지윤, 앞의 논문.
21) 박상국, 『전국사찰소장목판집』, 문화재관리국.
22) 양지윤 앞의 논문 15쪽.

에도 범패승이 없지 않았겠지만, 현재 북한지역의 범패가 지금까지 전승되고 있는지는 확인할 수 없다. 경상도 지역의 범패는 대구 동화사·파계사 중심의 팔공산제와 양산 통도사·부산 금정산 범어사의 통범(通梵)소리, 그리고 쌍계사(雙谿寺)·화엄사(華嚴寺) 중심소리 등으로 나누어졌다. 이러한 가운데 쌍계사(雙谿寺)·화엄사(華嚴寺) 중심소리는 현재 화엄사와 쌍계사에는 범패승이 없고, 인근 통영(統營)과 고성(固城)지방을 중심으로 전승되었다. 그래서 화엄사·쌍계사 중심소리는 현재 통영·고성 지역의 통고(統固)소리라 한다. 통고소리는 창원 불모산 성주사에서 활동하던 우담(雨潭在希, 1882-1968)과 통영 용화사(龍華寺)에서 활동하던 해담(海潭)이 1892년부터 慶南일원에 주석하면서 계승 발전시킨 것으로, 그 이후로는 명해(冥海, 1924-1998), 벽봉 등에 의해 전승되어 오던 통고소리 범패는 그들이 입적한 뒤 1971년부터 현재는, 창원(馬山) 무학산 백운사의 석봉(石峰, 金且植, 1955-)에게 전승되어 현재에 이르고 있다.

석봉이 전승하고 있는 불교의식은 잘 알려진 영산재를 비롯해서 상주권공재(49재), 시왕각배재, 생전예수재, 그리고 수륙재 등 전문 범패승에 의해 전승되는 불교의식 전반을 모두 포함하고 있다. 이 가운데 상주권공재는 영산재의 축소형으로 일반인들의 천도재에 영산재와 함께 많이 사용되고, 예수재와 각배재는 죽은 이의 영혼 천도재로 일상 생활에서 자주 거행되고 있다. 이중 수륙재는 산천의 고혼을 구제하고 천도하는 의식으로 주로 국가적인 행사로 많이 해오던 의식이어서 그 규모가 매우 크며, 따라서 일반인들의 천도재로 자주 거행되는 재가 아니다. 고려·조선조 전기에는 주로 국행으로 이어져 오다가 조선 후기(중종이후)부터 민간 주도로 전승되어 왔는데, 주로는 개인적인 영혼천도의식이라기 보다는, 다양한 단체에 의해 불특정한 혹은 다수의 영혼을 천도하기 위한 의식으로 거행되었다. 석봉 전승의 불교의식 가운데 영산재는 지난 2002년 2월 14일 경상남도무형문화재 제22호로 지정된바 있다.

수륙재 기・예능 보유자 석봉의 법맥(法脈)은 한국불교의 중흥조 태고보우(太古普愚, 1301~1382)로부터 시작하여 유암혼수(幼庵混修, 1世) – 구곡각운(龜谷覺雲, 2世) – 벽계정심(碧溪淨心, 3世) – 벽송지암(碧松智嚴, 4世) – 부용영관(芙蓉靈觀, 5世) – 청허휴정(淸虛休淨, 6世) – 소요태능(逍遙太能, 7世) – 계월학눌(桂月學訥, 8世) – 호감혜심(澔鑑惠沈, 9世) – 낙운지일(洛雲智日, 10世) – 임한청인(任閑淸印, 11世) – 남파수안(南波秀眼, 12世) – 송악명성(松岳明性, 13世) – 웅파덕민(熊坡德旻, 14世)으로 계승되었다. 웅파(熊坡)는 불모산 장유암에 머물면서 활동하였다. 웅파 문하에는 해암혜구(海庵惠奎)・율암치흡(栗庵致洽)・성해계수(性海啓守)・인곡학찬(仁谷學璨) 등의 제자들이 있었는데, 웅파 스님 입적 후 그들이 1861년 2월 김해(金海) 장유(長遊)에 있는 불모산(佛母山) 장유암(長遊庵)에서 장유암웅파종문회(長遊庵熊坡宗門會)를 결성하였다.

불모산은 경상남도 창원 성주동 소재 해발 802m의 산이다. 가락국(駕洛國)의 시조인 수로왕(首露王, 在位 42~199)의 부인 허황옥(許黃玉, ?~188)이 수로왕과의 사이에서 낳은 자식 일곱을 입산시켜 승려가 되게 하였다는 전설에서 그 명칭이 유래된 것이다. 일연(一然)의 『삼국유사(三國遺事)』에 의하면 허황옥은 인도(印度) 아유타(阿踰陀, Ayodya)국의 공주로 48년(新羅 儒理王 25) 인도로부터 일행과 함께 가락국의 주포촌에 도착하였고, 그때까지 황후를 맞지 못했던 수로왕과 결혼하였다고 한다. 이들은 열 명의 자식을 두었으며 이 가운데 두 명에게는 허씨(許氏)성을 따르도록 하였다. 그래서 김수로왕은 김해김씨의 시조가 되고, 허황후는 김해허씨의 시조가 되었으며 지금도 이들 김해김씨와 김해허씨는 서로 형제로 생각하여 통혼을 하지 않는다.

허황후와 같이 인도에서 건너온 일행중에는 아유타국의 태자였던 허보옥(許寶玉)이 있다. 그가 창건한 장유암에는 1915년 허식이 지은 "가락국사장유화상기적비(駕洛國師長遊和尙紀蹟碑)"가 있는데, 이에 의하면 허보옥은 왕의 친족이면서도 부귀에 초연하여 불모산에 들어가 장유하여 나오지 않으므로 장유화상(長遊和尙)이라 칭하게 되었다고 한다. 장유화상은 허황후의 자식 일곱을 지도하여 성불케하였으며, 이들은 칠불암(七佛庵)에 들어가 수행하여 성불했다고하여 이 산의 이름을 '불모산(佛母山)'으로 칭하게 되었다고 한다.

한편 허황옥이 인도에서 올 때는 '사파석탑(破邪石塔)'을 싣고 왔는데 이것은 아직도 김수로왕비릉 앞에 있다. 이러한 여러 일련의 사실들이 가야불교(伽倻佛敎)의 전래, 불교의 남방전래 등을 추정케하는 근거가 되고 있다. 즉 이러한 허황후의 불교전래를 사실로 확인하게 된다면 우리나라에서는 가락국이 가장 먼저 불교를 받아들인 곳이 되며, 칠불암·장유암 등이 있는 불모산은 우리나라 불교의 성지가 되어야할 것이다.

그러나 일연의 『삼국유사』에 실린 「가락국기」의 내용은 후대에 불교적 색체를 가미해 윤색한 내용이라는 주장, 그리고 김수로왕릉의 쌍어문(雙魚文)이 본래 있었던 것이 아니고, 조선 순조(純祖) 24년에 왕릉을 보수하면서 새로 그려 넣은 것이라는 기록, 허황옥이 인도 아유타국에서 온 것이 아니라 인도계 중국인으로서 중국에서 건너온 것이라는 주장 등 여러 가지 이유로 허황옥의 불교전래설은 허구로 주장하는 이들이 많고 정사로 인정받지는 못하고 있다.

그러나 경상남도 김해·창원의 불모산과 장유암은 매우 유서 깊은 곳이고, 또 830년 진감선사가 당에서 돌아와 범패를 가르쳤다는 옥천사(玉泉寺, 雙溪寺)가 그리 멀지 않은 곳에 있다는 점은, 진감선사의 범패 진면목을 이 지역의 범패승들이 잇고 있을 것이라는 개연성을 충분히 인정할 수 있으며, 따라서 통고소리 범패의 역사적 가치를 뒷받침해주고 있다.

웅파의 제자 해암(海庵), 율암(律庵), 성해(性海), 인곡(仁谷) 가운데 성해는 운파(雲波)를, 운파는 연담(蓮潭)을 각각 제자로 두었다. 한편 웅파의 제자인 해암(海庵)은 인봉(仁峰)을, 인봉은 우담(雨潭)을 각각 제자로 두었으며 우담(雨潭)은 월해(月海), 금해(錦海), 명해(冥海), 만해(晩海), 춘해(春海), 경해(鏡海), 장해(壯海), 일해(逸海), 화해(華海) 등 많은 제자를 두었다. 이 중 춘해는 정파(靜坡)를 제자로 두었으며, 명해는 정봉(精峰)과 석봉(石峰)을 제자로 두었고, 정봉은 지공(知空)을, 석봉은 인공(仁空)과 법공(法空), 해공(海空)을 각각 제자로 두었다.

김해 장유암에서 활동한 웅파를 중시조로 하여 범패를 전승하는 석봉의 범패를 통고소리라 하는 이유는 석봉의 범패가 통영과 고성지방의 범패에 근원을 두고 있기 때문이다. 경상남도 지방무형문화재 제22호 불모산영산재의 보유자 석봉은 1954년 경상남도 함안군 군북면 사촌리에서 출생하여 1966년 함안군의 원효암에서 입산 득도하였고, 1975년 김해 진영 우담선원에서 사집가를 수료하였고, 1976년에 법화종 웅파

종문 화장강원 제3회 수련법회를 수료하고, 1990년에 마산 교방동 무학산 소재 백운사를 건립하여 주지로 취임하면서 제자를 키우고 독자적으로 재를 올리는 등 범패의 전수와 연행 활동을 벌이고 있다. 그러나 석봉 범패의 내용은 주로 우담(雨潭)과 운파(雲波)의 제자이며 통영 용화사와 고성의 관음사(觀音寺)에서 활동한 해담(海潭)에게 배웠고, 웅파(熊破)가 김해의 장유암에서 활동하였으나 인근의 양산이나 부산과는 달리 통영·고성의 범패승들과 주로 활동을 하여, 양산 통도사와 부산 금정산의 범어사가 중심이 되는 범패 통범소리와는 다른 일맥을 형성하고 있다.

당시 이 지역에서 활동하던 범패승들은 해담(海潭)과 함께 진주 법성사(法性寺)의 보월, 창원 성주사의 우담(雨潭) 등이 중심이 되었다. 이들은 통고소리 범패의 주체로서 같이 수륙재·영산재 등의 재를 올리며 활동하였는데, 부산·경남 동부지역의 통범소리 범패승들과도 교류가 있었다.

석봉의 기억에 의하면 안정사에서의 영산재에 해담·보월 등이 참여하였는데, 주로 범패는 해담과 보월 등이 하였고, 화청 등을 벽파·해광 등 부산 범패승들이 하였다고 한다. 따라서 부산지역의 범패승들과는 교류를 하면서 같이 재를 올리기도 하였지만, 범패는 서로 달라 같은 재에서도 선을 긋고, 각기 별도로 범패와 작법을 연행하였으며, 같이 어울려 범패를 합창하지는 않았던 것으로 보인다. 그만큼 서로의 소리의 특징이 달랐고, 전승 유파가 다름을 보여주는 사례라 하겠다.

현재는 경상남도 지방무형문화재 제22호 불모산영산재 예능보유자인 석봉이 중심이되어 아랫녘 수륙재 보존회와 불모산영산재보존회가 결성되어, 영산재를 비롯하여 예수재, 십왕각배재, 상주권공재(49재) 및 수륙재 등 각종 불교의식의 전승·연행 활동을 벌이고 있다.

<표2> 熊坡宗門系譜

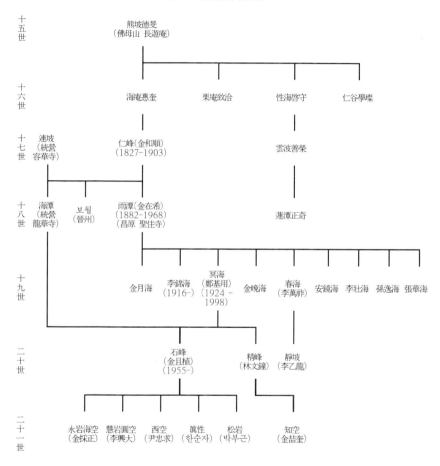

5. 아랫녘 수륙재의 절차

아랫녘 수륙재는 1) 들보례 - 2) 외대령(外對靈) - 3) 쇄수(灑水) - 4) 삼신이운(三身移運, 掛佛移運) - 5) 송주(誦呪) 후 신중대례(神衆大禮) 각청(各請) - 6) 각단권공(各壇勸供) - 7) 축원(祝願) - 8) 영반(靈飯) 9) 용상방(龍象榜) - 10) 관욕(灌浴) - 11) 건회소(建會疏) - 12) 대례왕공(大禮王供, 靈山作法) - 13) 사자공양(使者供養) - 14) 오로청(五路請) - 15) 상단청(上壇請, 召請上位) - 16) 중단청(中壇請, 召請中位) - 17) 상주권공(常住勸供) - 18) 축원(祝願, 上祝을 친다) - 19) 법사이운(法師移運) 및 거양(擧揚) - 20) 화청(和請, 回心曲) - 21) 조전점안(造錢點眼) 및 이운(移運) - 22) 마귀단권공(馬鬼壇勸供) - 23) 소청하위(召請下位) 시식(施食) - 24) 배송(拜送) - 25) 삼회향(三回向) - 26) 날보례의 순서로 이루어진다. 아랫녘 수륙재는 서울 등 타 지역의 재가 시련 - 대령 - 관욕으로 시작되는 것에 비해 외대령 - 삼신이운으로 시작하는 것이 특이하다.

1) 들보례[入普禮]

어장스님들이 재를 봉행하는 곳으로부터 청장을 받아 일주문 앞에 당도하여 시자(侍者)를 당사에 심부름 보내 사물을 가지고 나오게 하고, 당사에 사물이 없을 경우에 어장스님들이 시자를 시켜 준비한 사물을 가지고, 일주문 앞에서 대웅전을 보고 정중게, 개문게를 염송하고 일주문 안으로 요잡을 치고 들어와 대웅전 앞에서 불보살님을 알현하고 예를 갖추는 것을 들보례라 한다.

2) 외대령(外對靈)

일주문밖에서 육도를 윤회하는 태란습화 사생의 중생과 일체 유주무주 고혼들을 수륙도량에 모셔오는 절차로서, 범패승과 일반대중이 모두 일주문(一株門) 밖에까지 나가 몇 사람이 연(輦), 즉 가마를 메고, 청도, 황도, 영기를 던 사람들이 좌우에서 호위하고, 각종 악기로 음악을 연주하거나 범음성(梵音聲)으로 게송을 창(唱)하면서 대성인로왕보살님을 청해 모셔와서, 인로왕보살님으로 하여금 일체의 중생을 인도하여 수륙도량으로 옮겨오는 절차로서 대성인로왕보살을 청하여 茶를 올리고 茶를 찬탄하는 다게작법무가 추어진다. 이때 동원되는 악기는 호적(太平簫), 법고, 광쇠(운판), 바라, 목탁, 요령, 태징 등이며 연(輦)과 인로왕번을 비롯한 각종 번, 일산, 향로, 촛대 등의 불구가 동원된다.

3) 쇄수(灑水)

月德方水는 正月, 五月, 九月은 南方水, 二月, 六月, 十月은 東方水, 三月, 七月, 至月은 北方水, 四月, 八月, 臘月은 西方水을 떠와 증명단에 놓고 범패승이 시수진언, 목욕진언, 하취진언, 신묘장구대다라니 등을 염송하고 덕 높은 증사스님이 그 월덕방수를 도량에 뿌리고 동참한 재자에게도 그 물을 뿌려 몸과 마음을 깨끗하게 하는 절차.

4) 삼신이운(三身移運, 掛佛移運)

큰 法會가 열리는 경우 大雄殿과 같은 실내에서는 法會를 진행하기 힘들기 때문에 대부분 밖(野壇)에서 法會를 진행할 때 掛佛을 移運하게 되는데, 주로 大雄殿 上壇 탁자 뒤에 모셔진 法寶와 三神諸佛 내지 釋迦牟尼 부처님이 그려진 掛佛을 法堂밖에 설치된 石柱나 法堂 앞에 설치된 壇에 모시는 儀式으로 靈山會上佛菩薩 짓소리를 하고 대중스님들이 掛佛을 移運해서 繞匝장단에 맞추어 道場을 돌아 登床偈 偈頌이 불려지면 掛佛臺에 설치된다. 대중스님들은 운집하여 광쇠, 태징, 법고, 목탁, 태평소의 소리에 맞춰, 梵音聲과 梵唄로 神衆의 보필을 받으면서 掛佛移運에 임하게 된다.

5) 송주(誦呪) 후 신중대례(神衆大禮) 각청(各請)

新舊의 三業을 淸淨하게 하고 道場을 嚴淨하게 하는 의미에서 千手經을 讀誦하고, 神衆大禮 各 請(一百四位 神衆)은 秉法스님이 요령으로 請詞를 하여 神衆을 청해 모시는 절차로서, 水陸齋에 동참하신 四部大衆의 각 가내 消災光福이 함께하며 神衆의 신통력으로 水陸齋가 종초지말 무장무애 원만성취 回向될수 있도록 護法善神께서 道場에 강림하여 擁護하도록 하기위한 道場淸淨儀禮이다.

6) 각단(各壇) 권공(勸供)

상단, 삼지장(천장·지지·지장보살)단, 神衆壇에 供養을 올리고 그 供養을 찬탄하는 절차로, 香, 燈, 花, 茶, 果, 米 여섯가지 供養物을 갖추어 불·보살님께 올리고 그 공양을 찬탄하는 것을 말하며 이를 두고 六法供養이라 하고 魚丈스님들은 짓소리로 오공양 소리를 짓기도 한다.

여기에서 작법하는 스님은 다게작법무, 사다라니바라무, 운심게작법무, 오공양작법무가 추어지는데 어장스님 이하 범패승은 여기에서 짓소리, 반짓소리, 홋소리 등 다양한 작법이 이루어 진다.

7) 축원(祝願)

水陸齋의 원만성취를 발원하고 국운융창, 평화통일, 국태민안, 경제발
전 등을 발원하고, 설판제자 동참제자 각각의 소원성취를 발원하고 수
륙고혼의 모던 업장을 소멸하고 극락왕생을 발원하는 절차로서, 덕망
있는 스님이 불·보살님께 발원하는 祝願을 하게 되는데 祝願하는 스님
은 상단 부처님 전에 경건한 마음으로 엄숙한 자세로서 정성을 다하여
水陸齋의 뜻하는 바를 성취되기를 발원하는 祝願을 올린다

8) 영반(靈飯)

外對靈에서 모셔진 十方法界 방황하는 일체 有主無主 孤魂 및 선망
조상님께 부처님의 법식을 베풀어 깨달음에 이르게 하는 의식으로 영혼
에게 음식을 대접하는 제사의식 절차이다. 上壇勸供은 불단 앞에서 행
하나 靈飯은 당령을 비롯한 일체 有主無主 齋靈등 英靈이 모셔진 靈壇
앞에서 행한다.

9) 재시용상방(齋時龍象榜)

龍象榜은 大衆 스님들이 재정하여 방을 써서 사부대중이 볼수 있는
자리에 방을 붙이는 것을 말한다.

대중 스님들이 누각이나 大雄殿에 둘러앉아 먼저 鐘頭 두사람을 선정
하여 소리를 짓게 하고 (鐘頭聲 : 종두 건방드리오) 바라를 준비하여 會

主, 證明, 유나 스님이 재정한 연지를 바라에 올려 놓고 예를 삼배 드리고 연지를 올린다.

秉法스님부터는 會主, 證明, 유나스님이 재정한 연지를 鐘頭스님이 바라에 받아와 秉法스님에게 다가가면 秉法스님은 같이 일어나 합장을 하고 鐘頭스님과 같이 소리를 지어 연지를 받는다.

연지를 받은 각 大衆 스님들은 龍象榜에 자기 소임을 붙이고 모두 각자 소임을 다한다.

齋를 봉행할 때에 齋를 엄숙히 원만히 回向하기 위해 특히 찰중은 證明이나 유나스님의 지시에 따라 세 번 이상 오자를 읽는 스님이나 法會席을 소란하게 하는 사람은 준비된 광목끈으로 끌어낸다. 과거에는 齋를 지낼적에 鐘頭스님은 처음부터 끝까지 齋의 진행과 불전 보시금을 꼼꼼이 기재하여 모든 의식이 回向된 연후에 會主, 證明, 유나스님이 의논하여 보시를 상·중·하로 책정 하는데, 찰중에게 지적된 스님들은 대접이 박하다.

10) 관욕(灌浴)

수륙도량에 모신 상세선망 조상영가를 비롯한 시방법계에 방황하는 유주무주 고혼들을 신·구·의 삼업으로 지은 업보를 깨끗이 목욕시켜 법식을 베풀어 번뇌에서 벗어나 깨달음에 이르게 하는 절차

관욕은 대령에서 모셔진 영혼을 불단에 나아가 불법을 듣기 전에 세세생생 여러겁을 윤회하며, 신·구·의 삼업으로 지은 바 업보의 때를 깨끗이 씻는 다는 의미를 지닌 의식행위이다. 생사업해에 찌든 무명의 때를 청정법수로 목욕한 뒤 부처님 법의 의복으로 갈아입고 증명 스님

의 법력으로 불·보살님전에 나아가 영단에 앉아서 부처님의 법문을 듣고 깨달음을 얻어서 극락왕생함을 말하며, 극락정토로 가는 길에 모든 불·보살님과 호법선신을 청하고 일체 유주무주 고혼에게 까지도 공양음식을 대접하고 보시하여 선연공덕을 짓는 의식행위를 말한다.

관욕을 하기 전에 관욕단을 차려야 하는데 먼저 병풍을 일정한 장소에 치고 그 앞에 욕실방을 쓰서 병풍에 내 걸고 병풍 안에는 전의를 7귀를 오려 붙인 후 병풍 안쪽에 물을 떠다놓고 그 옆에 기와장 한장과 촛불을 밝혀 놓고, 모셔진 위패를 관욕단으로 영접하여 모셔 위패 그림자가 물에 담겨지도록 하는데 이때 입실게 범종을 8추를 타종하기도 하고 바라추는 스님은 관욕게 바라를 추기도 한다. 욕실은 지역에 따라 남실 여실을 개설 하기도 하지만 욕실방 글귀에 보면 남녀상을 여의고 분단신을 쫓차광명상을 얻게 한다고 하였는데 남실 여실이 무슨 필요가 있겠는가! 그리고 버들나무로 엮은 발을 물 떠다 놓은 위에 올려놓고 그 위에 지의를 접어놓는다. 화의재진언에서 갖다놓은 지의를 촛불에 불을 붙여 기와장 위에서 태운다. 이때에 바라추는 스님은 대중스님들의 요잡에 맞춰 화의재바라를 추기도 한다.

11) 건회소(建會疏)

佛事가 원만성취 되도록 佛菩薩님께 고하는 上疏文으로 덕망있는 큰 스님이 上疏한다.

12) 대례왕공(大禮王供, 靈山作法)

魚丈스님이 계정향을 짓소리로 지은 후 喝香부터 시작되는데 여기에서 魚丈스님은 獨聲으로 喝香소리를 짓소리로 짓고 燃香偈는 魚丈스님 이하 大衆스님들이 同音으로 소리를 짓는다.

그 후 喝燈偈부터는 獨聲으로 주고받고 소리를 지은 후 大直讚으로 이어 三歸依作法 짓소리를 짓고 이때 作法하는 스님은 팔폭장삼과 오방을 상징하는 육수가사를 수하고 두 마리 학이 꽃을 물고 날으는 모습의 고깔을 쓰고 양손에 활짝 핀 연꽃을 들고 三歸依作法舞를 춘다.

그 후 魚丈스님 이하 大衆스님은 法讚부터 홋소리로 두마치 장단에 맞추어 中直讚 小直讚까지 짚어 나간다.

그리고 合掌偈는 소리에 능숙한 魚丈스님이 소리를 짓기도 하고 告香偈는 魚丈스님 이하 大衆스님들이 선구후창으로 염송하는데 秉法스님이 '향연변부삼천계' 소리를 하고 '정혜능개팔만문' 소리는 범패하는 바라지가 한다.

그 후 秉法스님이 설회인유편부터 엄정팔방 개계편 관음청까지 설행 후에 결계소리는 대중스님들이 제장을 원을 그리고 돌며 병법스님이 獨聲으로 짓소리로 '나무 삼만다 못다남 옴 호로 호로 전나라 마등기 사바하' 소리를 짓고 다음 魚丈스님에게 요령을 전해준다. 魚丈스님도 역시 秉法과 같은 소리를 지은 후 바라지 스님에게 요령을 전해주어 소리를 짓도록 한다. 그 후 魚丈스님은 伏請偈 소리를 반짓소리로 짓고 바라 추는 스님들은 千手바라무를 춘다. 바라무 후에 秉法스님이 발보리심편 주향통서편 주향공양편까지 설행한다.

13) 사자공양(使者供養)

염라국의 심부름하는 使者를 청하여, 供養을 대접하고, 제불보살님과 성현들에게 水陸道場에 강림할수 있도록 고하는 절차.

14) 오로단(五路請)

오방, 오로, 오색성중 등을 수륙도량에 청해 모시는 절차

15) 상단청(上壇請, 召請上位)

三身諸佛(법신, 보신, 화신), 보살, 연각, 성문 등을 水陸道場에 모시는 절차로서, 秉法스님은 불전 앞에 꿇어 앉아 上壇에는 요령을 한번 振鈴하고 召請上位 소리를 지은 후 大衆스님은 사물을 꺽어 한번 내린 후 세 번을 치고 擧佛聲 소리를 同音으로 짓는다.

秉法스님은 擧佛聲이 끝난 후 요령을 쥐고 普召請眞言을 한 후 경건한 마음으로 합장하고 엄숙히 由致聲으로 불·보살님께 水陸齋의 내용을 고한 후 요령을 흔들며 請辭를 세 번 하게 되는데 '나무일심봉청'부터 불·보살님을 청하고 이때에 사물을 가진 바라지 스님들은 병법스님이 유원 소리를 하게 되면 사물을 치고 香華請 소리를 지으며 歌詠소리를 짓는다. 秉法스님은 다시 꿇어 앉아 요령을 한번 진령하고 獻座眞言 소리를 지은 후 바라지하는 스님은 사물로 세 번 치고 '묘보리좌성장엄' 소리를 同音으로 짓는다. 秉法스님은 '제불좌이성정각' 소리는 秉法스님이 獨聲으로 홋소리나 반짓소리나 짓소리나 세가지 중에 마음대로 골라 소리를 짓기도 한다. 상·중·하 各 壇 請詞는 이와 같지만 秉法스님에 앞서 召請上位는 요령을 한번 진령 하고 召請中位는 요령을 두 번 진령 하고 召請下位는 요령을 세 번 진령 하며 각 請詞에서도 상·중·하를 요령소리로서 구분 한다. 그리고 由致聲도 上位由致는 아

주 엄숙하게 고하고 中位부터 下位까지는 홋소리로 짚어서 하는 것이 상위와 중·하위를 구분 할수 있다.

16) 중단청(中壇請, 召請中位)

삼지장(천장, 지지, 지장보살)보살님과 염라국의 모던 성신들을 청해 모시는 절차.

17) 상주권공(常住勸供)

상단, 삼지장(천장·지지·지장보살)단, 신중단에 공양을 올리고 그 공양을 찬탄하는 절차로, 향(香), 등(燈), 화(花), 다(茶), 과(果),미(米) 여섯 가지 공양물을 갖추어 불·보살님께 올리고 그 공양을 찬탄하는 것을 말하며 이를 두고 육법공양이라 하고 어장스님들은 짓소리로 오공양 소리를 짓기도 한다.

여기에서 작법하는 스님은 다게작법무, 사다라니바라무, 운심게작법무, 오공양작법무가 추어지는데 어장스님 이하 범패승은 여기에서 짓소리, 반짓소리, 홋소리 등 다양한 작법이 이루어진다.

18) 축원(祝願, 上祝을 친다)

수륙재의 원만성취를 발원하고 국운융창, 평화통일, 국태민안, 경제발전 등을 발원하고, 설판제자 동참제자 각각의 소원성취를 발원하고 수륙고혼의 모던 업장을 소멸하고 극락왕생을 발원하는 절차로서, 덕망있는 스님이 불, 보살님께 발원하는 축원을 하게 되는데 축원하는 스님은 상단 부처님 전에 경건한 마음으로 엄숙한 자세로서 정성을 다하여 수륙재의 뜻하는 바를 성취되기를 발원하는 축원을 올린 후 어장스님은 광쇠를 들고 바라지스님은 법고로 어장스님의 광쇠장단에 맞추어 어장스님은 상축발원을 하게 되는데 여기에 가사와 음율은 다양하다. 생축 및 망축까지도 상축에서 발원하기도 한다.

19) 법사이운(法師移運) 및 거양(擧揚)

大衆스님들은 준비된 輦과 日傘, 등용, 청도, 황도, 영기, 향로를 준비하여 證明法師스님이 계시는 곳에 가서 사물을 꺾어 내려 세 번을 치고 降生偈로부터 入室偈, 來臨偈, 獻座偈, 茶偈, 出山偈, 拈花偈, 散花落, 靈山會上佛菩薩 까지 염송한 후 繞匝을 치고 法師스님을 移運하여 사자좌가 준비된 자리까지 移運해 모셔 놓고 登床偈, 坐佛偈 게송을 염송한 후 秉法스님은 요령을 흔들고 擧揚의식을 진행하는데 頂戴偈에서 바라지와 주고받고 소리를 한 후 着語 法文부터 시작한다. 시자스님은 請法偈 게송이 불려지면 法師스님을 영접해 사좌좌에 모셔놓고 절을 삼배 후 청중쪽으로 각각 꿇어앉는다. 이때에 秉法스님과 大衆스님은 請法偈, 說法偈 게송을 주고받고 소리를 짓기도 한다. 法擧揚 하는 스님은 목탁으로 開經偈부터 開法藏眞言 까지 염송하기도 하고 때로는 十念 까지도 염송하기도 한다. 부처님께서 49년 동안 설하신 상설법문을 法師스님이 대신하여 중생들에게 널리 전하고 사생육도 윤회하는 일체 유주무주 재령까지도 천도하는 법문이기도 하다.

法師스님의 說法이 끝난 후 大衆스님들은 收經偈, 四無量偈 게송을 同音으로 짓고 사물을 꺾어 내려 맺은 다섯 망치로 끝내면서 說主移運과

擧揚法文이 모두 끝이 난다.

20) 화청(和請, 回心曲)

和請은 乞請 또는 志心乞請 이라고도 하며 보통 불교의식의 천도 의
식 때 망인의 극락정토 왕생을 발원하는 뜻으로 행하여지며 龜鑑이나
白波集이나 안진호 스님이 편찬한 釋門儀範에서 볼 수 있듯이 이십여
가지 가곡편에서 간추려 우리말로써 쉽게 설명하여 대중들이 알아듣기
쉽도록 하며 그 곡조가 아주 애절하며 또는 즐겁기도 하여 수륙재에 임
하는 사부대중이 환희심이 절로 우러나 부처님에게 축원발원도 올리기
도 하고 선망부모님을 비롯한 일체유주무주 재령 까지도 즐거움을 함께
하여 극락세계를 발원하기도 한다. 이때에 和請하는 스님은 대체로 목
소리가 좋고 음률이 뛰어난 스님이 하는데 태징을 들고 서서 청중에게
민요음률과 비슷한 화청곡으로 노래하고 북을 잘 치는 스님은 화청하는
스님의 반주에 맞추어 장단을 친다. 과거 스님들은 재를 오fot동안 하기
때문에 지루한 시간은 응용하여 화청소리로서 그 지루함을 달래고 즐거
움과 환희심을 느끼게 하는 의식이기도 하다.

21) 조전점안(造錢點眼) 및 이운(移運)

창호지를 15매를 반을 접에 30매가 나오게 한 후 정으로써 10문 9행
으로 정성을 다해 쪼은 후 지전을 여러 묶음 쌓아 놓고, 魚丈스님 이하
大衆스님들이 송주를 염송하고 三和尙 證明請으로부터 造錢點眼까지 마
친 후 점안한 조전을 정대하여 度量을 돌아 移運하는 의식이다. 造錢點
眼은 紙錢이 단지 종이돈이 아닌 염라국에서 쓸 수 있는 돈으로 바꾸는

의식이다.

점안의 준비는 증명단, 월덕방수, 솔잎 또는 나뭇잎, 발, 조전. 깨끗한 천 또는 종이를 준비하는데, 월덕방수는 깨끗한 감로수를 정월, 오월, 구월은 제병방(남쪽), 이월, 유월, 시월은 제갑방(동쪽), 삼월, 칠월, 자월은 제인방(북쪽), 사월, 팔월, 납월은 제경방(서쪽)에서 떠와 지장단에 올려놓았다가 점안할 시에 證明法師스님 앞에 준비하고 조전을 준비한 곳에는 깨끗한 종이를 덮어 두며 그 위에 버들발, 쑥대발, 짚발 각각 3개씩을 준비하여 그 위에 덮어 두고 掛錢眞言에서 개패한다.

22) 마귀단권공(馬鬼壇勸供)

염라국에 지전을 실어옮길 신마를 불러 공양을 대접하는 절차이다. 독경은 반야심경 내지는 화엄경게를 염송한다

23) 소청하위(召請下位), 시식(施食)

시식은 영혼에게 음식을 대접하는 제사의식 절차이다. 상단권공은 불단 앞에서 행하나 시식은 당령을 비롯한 일체유주무주 재령등 영령이 모셔진 영단 앞에서 행한다.

시식은 제사의례로 대령, 관욕에서 깨치지 못했다면 선열식의 법공양을 고루 베풀어 일체 유주무주 고혼들로 하여금 그 법공양을 받게끔 하여 깨달음을 얻게 하는 의식이다.

시식문은 전시식을 하기도 하고 화음시식을 하기도 하는데, 시식문에 나오는 아주 애절하고 자비스러운 칠여래소리는 재를 올린 당사자를 비롯한 사부대중과 유명을 달리한 영혼들까지도 그 소리를 듣고 슬픔을

느끼기도 하고 끝부분에 나오는 장엄염불에서 환희심을 느끼기도 한다.

24) 배송(拜送, 상·중·하 각 배송)

제불보살님과 성현들을 비롯한 일체 유주무주 고혼들을 전송하는 절차로서, 사부대중이 대웅전 앞에 모여 덕망 있는 스님이 모든 의식을 종료하는 것을 알리는 회향소를 상소하고, 병법스님이 경신봉송부터 홋소리로 봉송게 까지 소리를 짓고 병법스님이 봉송시방삼보존부터 반짓소리를 지으며 대웅전 앞마당을 도는데 여기에서 사물을 치는 바라지스님은 후창으로 주세도생막환원 소리를 지으며 대웅전 마당을 돌다가 불위본서환래부에서 제자리에 멈추며 대웅전을 바라보고 이행게부터 대중이 동음으로 봉독하다 나무 영산회상불보살까지 소리를 짓고 범패승이 법성게를 염송하며 소대까지 간다.

소대의식은 영산재에 사용된 장엄일체와 영혼들의 위패 및 지전을 모두 불사라 태우는 의식이다.

25) 삼회향(三回向)

수륙재가 회향함을 알리는 의식으로 대중스님들이 소대의식이 끝나고 대웅전 마당 복판에 모여 원을 그리고 법고무를 추는 스님은 법고를 마당 복판에 갔다두고 시자는 향로와 촛대를 갖추어 법고가 있는 곳에 준비한 후 대중스님은 법패성으로 동서남북 중방의 불·보살님의 명호를 염송하며 사물을 치고 원을 그리며 이때 법고무를 추는 스님은 양손에 북채를 들고 법고무를 춘다.

26) 날보례

모든 의식이 종료된 후 어장스님 이하 대중스님들이 각기 돌아 갈 때에 시자를 시켜 사물을 가지고 와 대웅전 앞에 모여 상에다 향로와 촛대를 갖추어 놓고 불, 보살님을 알현하고 재를 원만히 회향하고 각자 돌아감을 알리는 것이다.

6. 아랫녘 수륙재의 작법

作法舞는 보통 나비무, 바라무, 법고무 등으로 분류하나 石峰 金且植 傳承 水陸齋에서는 나비무라는 용어 대신에 학춤, 혹은 일반 작법무라는 용어를 사용하며, 유형별로 일반작법무, 바라무, 법고무로 구분하고 있다. 일반작법무는 다시 다게작법무, 삼귀의작법무, 운심게작법무, 오공양작법무, 요잡작법무로 구분할 수 있으며, 바라무는 천수바라무, 사다라니바라무, 명바라무, 관욕게바라무, 화의재바라무, 요잡바라무로 구분된다. 따라서 일반작법무 5종류, 바라무 6종류, 그리고 법고무까지 포함해서 현재 전승되고 있는 작법무의 종류는 총 12가지가 있다.

1) 일반 작법무

학춤, 작법무라 할 때 크게는 일반작법무, 바라무, 법고무 전체를 의미하지만, 좁게는 일반작법무, 즉 다게작법무, 삼귀의작법무, 운심게작법무, 오공양작법무, 요잡작법무를 말한다. 작법무는 2인이 쌍으로 추는 것이 보통이나 재의 규모나 상황에 따라서 1인 혹은 수인이 함께 추기도 한다.

학춤, 작법무는 영산회상 당시 수많은 청문중이 부처님의 설법을 듣고 그 법을 찬탄할 적에 하늘에서 천동천녀가 내려와 부처님께 꽃 공양을 하고 가는 모습을 상징적으로 재현한 것인데, 불교경전에는 "기악을 연주하고 산화향을 흩뿌리며 노래와 패로 찬탄하자 천신들이 하늘에서 만다라화, 마하만다라화, 마하만수사화를 뿌리면서 하늘의 음악을 연주하고 여러 가지 공양을 올렸다.(作妙伎樂, 燒香散華, 歌唄讚歎, 諸天於空, 散曼陀羅花, 摩訶曼陀羅花, 萬殊沙花, 摩訶萬殊沙花, 幷作天樂, 種種供養『대반열반경』「대정장」권1, 206면)" 또, "현사가 범패를 노래하면 붉은 기러기도 좋아하여 날아가지 않았으며, 비구가 소리를 하면 푸른 새도 기뻐하며 나는 것을 잊었다. · · · 소소의 아홉 가락을 연주하니 봉황이 날아와 아름다운 자태로 춤을 추었다.(是以玄師梵唱赤雁愛而不移, 比丘流響靑鳥悅而忘翥, · · · 簫韶九成則鳳凰來儀『고승전』권제13「대정장」권50, 415면)"고 하고 있다. 따라서 일반작법무는 흰색장삼에 6수 가사를 수하고 양손에는 연꽃 또는 불화(佛花)를 들고 춤공양을 올리는데, 춤의 형태는 학의 움직임을 상징적으로 형상화하고 있기 때문에 '학춤'이라고 한다.

作法舞를 거행하는 의미는 잡신들이 침범하지 못하게 의식도량을 옹호하고, 공양을 올려 부처님을 찬탄하고, 부처님의 자비로운 베풂을 받아 업을 소멸하여 불(佛), 법(法), 승(僧) 삼보(三寶)에 귀의하기 위함이다. 『법화경』「묘음보살품」에는 묘음보살께서 팔만사천보살로 하여금 모두 현일체색신삼매(現一切色身三昧)를 얻게 하셨듯이, 작법무도 의식에 동참한 모든 사부대중으로 하여금 부처님의 말씀을 듣고 진리를 깨달아 법열의 세계로 이끌고자 행해지는 것이다.

불교의식의 각 춤동작은 깨달음을 향한 구도의 몸동작이자 수행의 동작으로 모든 동작은 무념무상하여 세속을 떠나 마음을 순화하고 깨끗이 닦아내듯이 추어져야 한다. 이때 비로소 청정한 환희심이 일게 되고 자타를 법열의 세계로 끌어들이게 되는 것이다. 작법무는 그 광경이 안온(安穩)하고 자비로우며 장엄, 장중하면서도 무아(無我)한 것이 특징이다.

『고승전』에는 전독의 창법에 있어서 노래와 가사가 둘 다 습득되어야 한다고 했는데, '만약 경의 요지를 정통하게 깨닫고 음율을 훤히 알게 된다면 3위(位)와 7성(聲)이 차례대로 갖추어져 산란하지 않게 되고, 5언과 4구의 게송이 계합하여 어긋남이 없게 된다. 그 안에는 일으키고, 던지고, 움직이고, 들고, 평탄하고, 꺾고, 내치고, 죽이고, 노닐고, 날고, 물러서고, 돌고, 반복하고, 겹치고, 교태롭고, 희롱함이 다 있으니, 운율이 동하면 곧 다함없이 흐르거나 쓸리게 되고, 입을 벌려 소리를 내면 그 소리가 끊임없이 변한다.'고 했는데, 이는 창법에 관한 내용일 뿐 아니라 작법무를 수행함에 있어서도 상통하는 것이다.

작법무를 수행함에 있어서 몸의 중심은 항상 아랫배 하단전에 두어야 하며, 팔을 벌려 위아래로 움직임에 있어서는 호흡과 일치해야 한다. 작법무의 발동작은 경쾌하여 마치 학이 사뿐히 날 듯, 혹은 천상의 선녀가 구름 위를 걷듯이 움직여야 한다. 양팔은 뻗어서 어깨보다 조금 높게 올려 연꽃과 함께 산(山)자를 이루어야 하며, 요신을 할 때에는 앉고 일어서는 흐름이 끊어짐 없이 깊어야 한다. 발을 들고 내디딤에 있어서는 경쾌하면서도 무게감이 있어야 한다. 발은 기본적으로 정(丁)자로 딛고 꽃을 모아 펼칠 때는 팔(八)자로 딛는다. 발의 모양은 항상 비정

비팔(比丁比八)을 지키면서 움직여야 한다. 정(丁)자를 이루는 것은 정직함과 선행의 의미가 담겨져 있고, 모든 춤사위가 세 번으로 이루어지는 것은 불, 법, 승 삼보에 귀의함을 상징하는 것이다. 회전할 때에는 너무 빠르지 않게 차분하게 끌어야 하며, 이동할 때에는 지(之)자 형태로 움직여야 한다. 모든 동작은 무념무상하여 유연하면서도 장중하고 고요하면서도 생명력이 있는 정중동의 원리로 추어져야 한다.

(1) 다게 작법무

茶偈는 모든 불보살에게 茶를 올려 공양하는 의식으로, 재의 진행시 시련과 常住勸供에서 행해지며, 고깔을 쓰고 흰색 장삼에 육수가사를 수하고, 2인이 쌍으로 추는 것이 기본이다. 다게작법무의 동작은 왼쪽에서 시작해서 왼쪽으로 끝나며 茶를 올려 3번 반복하여 공양함으로써 불, 법, 승 삼보에 귀의하는 의미를 지니고 있다. 일반작법무 중에서는 가장 기본적인 동작으로 구성되어 있으며 움직임과 멈춤에 있어서 흐름이 장중하고 유연한 것이 특징이다.

다게작법무는 다음과 같은 다게 게송에 맞추어 추어진다.

청정명다약
능제병혼침
유원제불(금강 또는 지장대성) 애강도량 수차공양
유원제법(범석 또는 도명무독) 애강도량 수차공양
유원제승(호법 또는 명부시왕) 애강도량 수차공양

(2) 三歸依作法舞

三歸依作法舞는 불법에 귀의함으로써 지옥, 아귀, 축생의 고통으로부터 벗어날 수 있다는 내용을 담은 춤으로 영산작법에서 추어지며, 2인이 1쌍을 이루어 서로 오가며 추는 것이 특징이다.

삼귀의작법무의 춤동작은 학의 형상을 본 떠 불법의 내용을 상징하고 있는데, 첫째, 불전으로 한 바퀴 도는 것은 불보살님께 예를 갖추어 고하고 사부대중에게 알리는 것이며, 둘째, 꽃을 수평으로 왔다 갔다 하는 동작은 학이 앉을 자리를 찾는 것이며, 셋째, 요신을 세 번하는 동작은 학이 나르는 모습을 상징한 것이며, 넷째, 반 바퀴 돌면서 등을 맞대는 동작은 학이 먹이를 취하기 위함이며, 다섯째, 꿈틀거리며 다시 돌아오는 동작은 학이 날아서 보금자리로 찾아오는 것이며, 여섯째, 서로 왔다 갔다 하는 동작은 대중들의 업을 소멸하고 즐거움에 찬탄하는 의미가 있다. 즉 학이 날아와 부처님의 설법을 듣고 그 법을 받음으로써 모든 고통으로 벗어나 보금자리로 날아감을 형상화하고 있다.

삼귀의작법무 게송의 내용은 다음과 같다.

삼각원 만덕구 천인아 조어사
아아홈 범성대자부
종진계 등응지 비화보 수궁아 삼제시 횡변시방처 진법뇌 명법고
광부아 권실교 아아홈
대개방편로
약귀의 능소멸 지옥고
약귀의 능소멸 아귀고

약귀의 능소멸 방생고

(3) 運心偈作法舞

운심게작법무는 몸과 마음으로 널리 불보살님께 공양을 올림으로써 부처님의 자비를 받아 모든 중생을 불법의 세계로 이끌고자 하는 의미를 지니고 있다. 운심게작법무는 처음부터 끝까지 꽃 머리를 한 번도 떨어트리지 않고 추는 것이 특징이며, 합장하고 앉아서 앞으로 완전히 숙였다 다시 뒤로 젖히는 동작과 앞으로 완전히 숙여서 좌우로 꽃을 이르는 동작이 특징적이다.

운심게작법무의 게송은 다음과 같다.

운심공양진언
원차향공변법계
보공무진삼보해
자비수공증선근
영법주세보불은
유원제불(금강 또는 지장대성) 애강도량 수차공양
유원제법(범석 또는 도명무독) 애강도량 수차공양
유원제승(호법 또는 명부시왕) 애강도량 수차공양

(4) 오공양작법무

부처님께 변화무궁한 香, 燈, 茶, 果, 米 다섯 가지 공양을 올려 찬탄, 예경하는 의미를 지니고 있다. 오공양작법무는 다른 작법무보다 요신이 깊고 느린 춤으로, 타원을 그리며 3보 앞으로 진행해서 꽃을 서로 맞대고 좌우로 얼른 다음 다시 3보 진행해 나가는 동작이 특징적이다.

상래가지 이흘변화무궁이차향수 특신배헌
향공양 연향공양 등공양 연등공양
다공양 선다공양 과공양 선과공양
미공양 향미공양
불사자비 수차공양
유원제불(금강 또는 지장대성) 애강도량 수차공양
유원제법(범석 또는 도명무독) 애강도량 수차공양
유원제승(호법 또는 명부시왕) 애강도량 수차공양

(5) 繞匝作法舞

繞匝作法舞는 원래 의식절차에 따라 각기 일반작법무가 행해질 때 마다 뒤에 따라 붙어 추어지는 것이나 요즘에는 축소되어 일반작법무가 완전히 끝나는 시점에서만 추어진다. 요잡작법무는 범음성없이 사물 및 기악반주에 맞추어 추어지며 가락의 변화가 돋보이는 작법무이다. 모든 동작은 3분박의 리듬에 맞추어 진행되고 좌우좌 방향으로 3번 요신하면서 어르는 동작과 (之)로 3보 이동하는 동작이 끊어짐 없이 유연하게 연결되어 있으며, 특히 서로 등을 맞대고 동시에 나가고 들어오는 동작이 특징적이다.

2) 바라무

바라는 鐃鈸, 鈸子, 銅鈸, 鈸이라고도 하는데, 銅으로 만들어진 솥뚜껑 모양의 형태를 이루고 있다. 요즘 사용되고 있는 바라는 심벌즈와 비슷한 모양으로 지름 약 45cm의 바라를 사용하는 것이 보통이다. 바라무를 추기 위해서는 우선 엽전을 흰색 천으로 감싸서 가운데 구멍 난 부분에 고정시킨 다음 천을 밖으로 길게 빼내어 둥근 고리를 만든다. 바라무는 바라를 양손에 각기 하나씩 들고 추는데 고리에 손목을 끼워서 가운데 튀어 나온 부분을 손바닥으로 받쳐 들고 춘다.

『백장청규』에 의하면 바라는 불전에 향을 올리거나 설법할 때, 혹은 다비의식이나 주지 진산식 등에 사용되었다고 한다. 또 『마하승기율』에는 북을 치거나 노래와 춤을 추고 비파를 뜯고 징이나 동발을 치는 사람을 伎兒라고 했는데, 바라 즉, 동발은 원래 서역의 악기로 불교가 우리나라에 들어오면서 수용되어 불교의식 제반에 걸쳐 도량을 청정하게 하거나 대중을 운집시키거나, 불법으로 법열의 경지를 나타내거나 할 때 사용되어 왔다.

바라무는 일반작법무 보다는 다소 빠른 리듬으로 추어지는데, 경쾌하면서도 힘 있고 화려한 동작으로 구성되어 있어서 강렬하고 남성적인 춤으로 평가받고 있다. 바라무는 단전에 氣를 모으고 발은 丁자로 디뎌가면서 사방으로 움직이면서 춤을 춘다. 바라무를 출 때에는 몸은 꼿꼿이 세우고 시선은 코끝을 쳐다보며, 바라가 배꼽 아래로 내려가서는 안 된다. 바라를 머리 뒤로 넘길 때에는 바라를 굴리면서 이마위로 끌어올렸다가 머리 뒤로 완전히 당겨준다. 바라를 가슴 앞으로 끌어 내릴 때에도 겨드랑이를 들고 머리 위에서부터 바라를 굴리면서 가슴 앞으로 완전히 내려준다. 특히 불모산영산재 바라무는 바라를 부딪쳐서 머리위로 실거 올릴 때 바라가 빙글빙글 돌아가는 점과 실거 올리거나 내릴 때 바라가 완전히 감기는 것이 특징이다. 특히 천수바라무는 다른 지역 바라무에서는 보기 힘든 바라 던져서 돌기 및 좌우 연속으로 붙여서 돌기 등 매우 화려하고 강렬한 동작이 많다.

바라무의 대표적인 동작은 첫째, 45° 위로 실거올리고 내리기, 둘째, 앞뒤로 가르기, 셋째, 양손 굴려서 올리고 내리기, 넷째, 좌우로 회전하기, 다섯째, 옆으로 포개서 펼치며 돌기, 여섯째, 실거올리며 앞뒤로 가르기 등이 있다. 바라무는 좌우로 요신하면서 움직이는데 움직이는 쪽 발에 무게가 실리며 다른 발은 그대로 따라붙어서 발모양을 丁자로 만든다.

바라무는 1인 혹은 2인이 추는 것이 기본인데, 1인이 출 때에는 '외바라', 2인이 출 때에는 '쌍바라'라고 한다. 재의 규모나 상황에 따라 3인, 4인, 5인 혹은 여럿이 함께 추기도 한다. 바라무의 종류로는 천수바라무, 사다라니바라무, 명바라무, 관욕게바라무, 화의재바라무, 요잡바라무로 총 6가지가 있으며, 범음성을 중심으로 사물 및 기악반주가 함께 연주되기도 하고 사물 및 기악반주로만 연주되기도 한다.

(1) 千手哆羅舞

천수바라무는 천수다라니에 맞추어 추는 춤으로 의식내용 중 상단권공, 즉 영산작법이 거행될 때 행해진다. 도량청정의식이 끝나면 권공이 대상이 되는 불보살님을 모셔와 권공의식을 행하게 되는데, 권공의식을 행하기 위해 먼저 도량의 정토화가 이루어진다. 천수바라무는 곧 도량의 정토화를 위한 結界의식으로 거행된다.

천수바라무는 바라무 중에서도 춤동작이 가장 화려하고 웅장하여 바라무의 백미라 할 수 있다. 천수바라의 대표적인 동작의 의미를 살펴보면, 첫째, 바라를 모아서 올렸다 내리는 동작은 불법승 三寶에 예배를 올리는 의미이며, 둘째, 바라를 갈라서 올리고 내리는 동작은 육바라밀을 상징하고 있으며, 셋째, 회전하는 동작은 바라 끝이 날카로움에 여기 영산재에 동참한 四部大衆의 百八煩惱를 끊어 없애는 의미가 있으며, 넷째, 쓸어(실거) 올리고 내리는 동작은 불법승 삼보와 더불어 모든 성현들을 찬탄하는 의미이며, 다섯째, 양손으로 굴려서 올리고 내리는 동작은 一切空 도리를 의미하는 뜻이 있으며, 여섯째, 발동작이 곰배 정(丁)자로 이루어짐은 정직함과 선행을 나타내는 의미가 담겨져 있다.

천수바라무는 천수다라니 게송에 맞추어 진행되는데 게송의 내용은 다음과 같다.

나모라 다나 다라 야야 나막 알약 바로 기제 새바 라야

모지 사다 바야 마하 사다 바야 마하 가로 니가야 옴 살바

바예수 다라나 가라야 다사명 나막 까리 다바 이맘 알야

바로 기제 새바라 다바 이라 간타 나막 하리 나야 마발타 이사미 살발타

사다남 슈반 아예염 살바 보다남 바바 마라 미슈 다감 단야타 옴

아로게 아로가 마지 로가 지가 란제 혜혜 하례 마하 못지

사다바 삼마라 삼마라 하리 나야 구로 구로 갈마 사다야 사다야

도로 도로 미연제 마하 미연제 다라 다라 다린 나례 새바라

자자 자라 마라 미마라 아마라 몰제 예혜혜 로계 새바라 라하

미사미 나사야 나베사미 사미 나사야 모하 자라 미사미 나사야

호로 호로 마라 호로 하례 바나마 나바 사라 사라 시리 시리 소로 소
로

못댜 못댜 못댜야 못댜야 메다 리야 니라 간타 가마사 날사남

바라 하리 나야 마나 사바하 싯다야 사바하 마하 싯다야 사바햐

싯다 유예 새바 라야 사바하 니라 간타야 사바하 바라하 목카 싱하

목카야 사바하 바나마 하따야 사바하 자가라 욕따야 사바하 상카

섭나녜 못다 나야 사바하 마하라 구타 다라야 사바하 바마 사간타 이
사

싯체다 가린나 이나야 사바하 마가라 잘마 이바 사나야 사바하 나모
라

다나 다라 야야 나막 알약 바로기제 새바 라야 사바하

(2) 四陀羅尼哮羅舞

사다라니바라무는 胎, 卵, 濕, 火 四生의 중생에게 공양을 베풀어주는
4가지 진언을 내용으로 하고 있으며 상주권공에서 행해진다. 4가지 진
언이란 무량위덕자재광명승묘력변식진언, 시감로수진언, 일자수륜관진
언, 유해진언으로 소례의 지위와 수에 맞게 공양물의 질적, 양적 변화를
추구하는 진언이다. 사다라니바라무는 진언의 내용이 원만히 성취되기
를 기원하며 진언을 내용으로 사물 및 기악반주에 맞추어 추어진다.
사다라니의 4가지 진언의 내용은 다음과 같다.

<무량 위덕 자재 광명 승묘력 변식다라니>

나막 살바 다타 아다 바로 기제 옴 삼마 라 삼마 라 훔 (3번)

<시감로수진언>

나무 소로 바야 다타 아다야

단야 다 옴 소로 소로 바라 소로 바라 소로 사바하 (3번)

<일자수륜관진언>

옴 밤 밤 밤밤 (3번)

<유해진언>

나무 사만 다 못다 남 옴 밤 (3번)

(3) 명바라무

명바라무는 본격적인 재의 시작이랄 수 있는 영산작법이 거행되기 전에 법요의 시작을 알리고 대중을 불러 모으기 위해 거행된다. 명바라는 동작이 대체로 단순하며, 2인이 마주서서 서로 之자로 비껴가면서 추는 것이 특징적이다. 명바라는 범음성 없이 사물 및 기악반주에 맞추어 진행된다.

(4) 관욕게바라무

관욕게바라무는 관욕의식이 치러질 때 추는 춤으로, 시련으로 모셔온 영혼을 대령에서 청해 모신다음 도량청정의식을 거쳐 불보살님을 모셔와 身口意 三業으로 지은 영가의 업을 불보살님의 가지력으로 청정케 하여 해탈하게 하는 의식과정을 목욕이라는 과정에 견주어 거행하는 의식이다. 즉 삼보의 가지력으로 법등을 밝히고 이를 다시 각자의 자성 청정심에 옮겨 받아 삼업으로 쌓은 일체의 번뇌를 소멸하고 청정심을 회복하여 해탈의 길로 나아가게 하는 내용의 작법무이다.

관욕게바라무는 일정한 박자에 맞춰 정해진 시점에서 사물을 울려 영가로 하여금 관욕에 임하게 하는데, 상향문에 들어서서 십바라밀의 법문을 연 다음 관욕에 임하여 영가의 업을 씻어내고 다시 하향문에서 중생제도를 발원하게 된다. 관욕게바라무는 이러한 과정 중에 관욕에 임할 때 추어진다.

관욕절차시 목욕진언에서 대중의 홋소리가 끝나고 나면 사물을 울리고, 이때 바라추는 스님은 관욕방 앞에 나가서 관욕쇠에 맞추어 관욕게바라무를 춘다. 관욕게바라무는 범음성 없이 사물 및 기악반주에 의해 추어진다.

(5) 화의재바라무

화의재바라무는 영가를 위해 마련된 의재(衣財, 冥衣)를 해탈복으로 변화시키기 위해 추어진다. 화의재란 종이로 만든 옷을 태워 법의를 영가에게 입히는 의식이다. 화의재진언에 맞추어 바라무를 추면 관욕방 안에서는 의재를 태워 향탕수에 넣는다. 이로써 영가는 삼업(三業)을 말끔히 씻어내고 청정케하여 불보살님을 뵙고 불법을 들어 깨달음을 얻는다는 것이다.

화의재바라무는 화의재진언에 맞추어 진행되며 진언의 내용은 다음과 같다.

나무 사만다 못다남 옴 바자나 비로기제 사바하

(6) 요잡바라무

요잡바라는 보통바라, 번개바라라고도 하는데 원래는 각 바라무가 끝날 때마다 뒤에 따라붙어 진행되었으나, 요즘에는 다소 축소되어 바라무가 모두 끝나는 시점에서만 요잡바라무가 뒤따라 추어진다.

요잡바라는 이전까지 거행된 의식에 대중 모두가 환희하고 있음을 나타내면서 동시에 다음의식으로 넘어가는 시점을 춤으로 연결시켜 나타내고 있다. 요잡바라는 범음성 없이 태징및 사물을 비롯한 기악반주에 의해 진행된다.

3) 법고무

법고무는 영산재 마지막 순서로 배송에 따르는 소대의식이 끝난 후 어장스님 이하 사부대중들이 마당 한가운데 모여 삼회향을 봉행함에 있어 행하는 의식이다. 법고와 법고채는 마당가운데 두고 어장스님이하 범패승이 원을 지어 법고 주위를 돌면 법고무를 추는 스님은 사물 또는 요잡장단에 맞추어 법고무를 춘다.

법고무는 1인이 혼자 추는 것이 기본이며 범음성 없이 단지 어장스님이 오방세계의 부처님 명호(예;동방 청유리세계 약사유리광불 아하 훔)를 중간 중간 반짓소리로 지어가면서 진행한다. 법고무는 양손에 법고채를 들고 법고의 중앙부분을 두드리거나 테두리를 치거나 또는 훑어가면서 추는 춤인데, 처음에는 일정동안 홍고를 두드리다가 반주음악에 맞추어 점차 느린 동작에서부터 빠른 동작으로 진행되는 것이 특징이다. 법고무를 출 때 시선은 한결같이 북을 향해 쳐다보며 모든 상념을 북을 향해 던져내어 무념한 환희심을 일으키게 한다. 이러한 환희심이 재에 동참한 모든 사부대중의 환희심을 불러일으키게 되면 다함께 춤을 추어 법열의 장을 만들어 내기도 한다. 법고무는 법고와 사물의 소리를 울림으로써 모든 고통받는 중생을 재장에 불러 모아 불법을 듣게 하고 환희심을 일으켜 법열에 들도록 하기 위한 의식이다.

7. 아랫녘 수륙재의 장엄과 악기

장엄이란 좋고 아름다운 것으로 국토를 꾸미고 훌륭한 공덕을 쌓아 몸을 장식하고, 향이나 꽃 따위를 삼보님께 올려 장식하는 일을 말한다. 즉 이렇게 함으로써 정토가 건립되는데, 이를 建立莊嚴이라 한다.

이와 같은 일련의 佛事는 내외로 나누어 볼 수 있다. 외적으로 보면 도량의 범위를 정하여 幡과 蓋 등 가지가지 장엄으로 장식하는 것이니, 道場莊嚴이라 말하고, 내적인 면에서 장엄은 의식 가운데 3번 등장하는 '淨法界眞言'과 眞言을 중심으로 하는 일련의 의식으로 거행한다.

石峰 金且植 傳承 水陸齋에 사용되는 莊嚴의 종류는 다음과 같다.

1) 莊嚴

(1) 대번
  - 상단 삼신번
  - 삼장번(천장, 지지, 지장)
  - 보고번
  - 항마번

각 번에 번두를 그려 만든 후 그 밑에 번을 단다

(2) 소번
- 중단번
- 고혼번
- 일백사위 신중번
- 산화락번(약찬계, 법성계 등)
- 칠여래번
- 시왕번

번두와 번발을 오려 붙여 내 건다.

(3) 방
- 수륙도량
- 금난방
- 문방
- 단방
- 간경방
- 물장
- 청장
- 정재소
- 재시용상방
- 욕실방

번두와 번발을 오려 붙여 내 건다.

(4) 보상괘

색깔 있는 종이를 일정 두께로 오려 보상게두를 화려하게 장식하여 붙이고(색종이를 접어 여러 가지 모양으로 오려 태두리에 장식한다) 괘불을 중심으로 좌우로 내 건다.

(5) 화초괘

목단, 작약, 연꽃, 국화를 그려 번두를 화려하게 장식하여 붙이고, 화초괘두에 육각으로 옴자를 6개 붙인다.

(6) 인물괘

부처님 상호를 그려 화려하게 장식된 두에다 육각으로 옴자를 6개 붙여 내 건다

(7) 잉어

황잉어, 청잉어를 만들고 그려서 괘불을 중심으로 좌우로 내 건다

(8) 초사괘

종이를 접어 다양하게 모양을 오려서 만들고, 화려하게 장식된 두에다 육각으로 옴자를 6개 붙이고, 괘불을 중심으로 좌우로 내 건다.

(9) 전산

노란색 흰색종이로 엽전 모양으로 만들어진 정으로 쪼아 금전, 은전을 만들어, 화려하게 장식된 두에다 육각으로 옴자를 6개 붙이고, 괘불

을 중심으로 좌우로 내 거는데 전산에는 돈띠를 만들어 중간에 나비 모양으로 둘러 묶는다.

(10) 주망, 공사

오색(청, 적, 황, 백, 흑)의 종이를 접어 오려서 주망공사를 16개 만들어 시왕번과 함께 시왕단 앞에 내 건다.(10대왕 10개, 종관사자 등 6개)

(11) 연(가마)

화려하게 장식한다.

(12) 등용(2개), 령기(2개),황도, 청도, 순기(2개), 용기(2개)

기치창검에 달아 외대령의 시련절차와 법사이운시에 사용한다.

(13) 8금강, 4보살

신중신의 엄상과 보살의 자비상을 베나 창호에 그려 수륙도량에 내 걸어 장엄한다.

(14) 12지

12간지를 베나 창호에 그려 수륙도량에 내 걸어 장엄한다.

(15) 반야용선

뼈대를 만들어 종이 또는 천으로 붙이고, 구름이나 용비늘 등의 그림을 그리고 초사를 오려서 장식을 하고, 그 위에 아미타불과 인로왕보살을 모시고 용두와 용미를 함께 장착하여 반야용선을 만들어 수륙도량에 내 걸고 광목이나 천으로 용선포로 함께 내 건다.

(16) 지화

종이로 접어 오려 꽃(목단, 작약, 홍련, 황국)으로 만들어 괘불 양 옆이나 영단에 장식한다.

(17) 각 단 위패 및 받침대

위패 받침대는 연잎이나 그림으로 장식을 하고 양 옆으로는 모양을 만든다.

위패는 종이로 접어서 만들고 위패 앞에 종이를 접어 여러 가지 모양으로 새김을 하여 가려 놓았다가 해당되는 의식 진행시 위패 글이 보이도록 걷어 넘긴다.

(18) 발

짚발, 버들발, 쑥대발을 각 3개씩 엮어 만들어 지전 점안시 사용한다.

(19) 지전

지전재작은 은전은 흰색의 창호지를 15장을 반으로 접어 30장이 되도록 한 뒤 엽전 모양으로 만들어진 정으로 10문 9행으로 쪼아 90관이 한 묶음이 되도록 재작하고, 금전은 노란색 물들 들여 만든다. 금전 은전은 해당 영가의 수와 전생 빚이 얼마인지에 따라 지전 묶음의 갯수가 달라진다.

2) 壇

(1) 상단

부처님이 모셔진 곳.

야단법석일 경우 괘불을 모신 단을 상단으로 모시고, 그렇지 않을 경우 대웅전 부처님이 모셔진 단을 상단으로 한다.

괘불 또는 부처님이 모셔진 곳에 봉용불욕을 하기위해서 반드시 위패를 모셔야 한다.

(2) 신중단

일백사위 또는 39위 화엄신중이 모셔진 단.

탱화가 있을 경우 탱화를 모시고, 없을 경우 위목을 모시기도 한다.

(3) 중단(삼장단)

천장보살, 지지보살, 지장보살이 모셔진 단.

탱화가 있을 경우 탱화를 모시고, 없을 경우 위목을 모시기도 한다.

탱화 또는 위목을 써 붙여진 곳에 봉용불욕을 하기위해서 반드시 위패를 모셔야 한다.

(4) 봉용 불욕단

상단, 지장단에 병풍을 둘러 치고, 봉용불욕단을 차린다.

(5) 사자단

년직, 월직, 일직, 시직, 감재·직부사자가 모셔진 단탱화가 있을 경우 탱화를 모시고, 없을 경우 위목을 모시기도 한다.
도위패를 써서 모신다.

(6) 오로단

동방 사두불, 남방 보승불, 서방 미타불, 북방 성취불, 중방 비로자나
불이 모셔진 단

탱화가 있을 경우 탱화를 모시고, 없을 경우 위목을 모시기도 한다.
도위패를 써서 모신다.

(7) 삼화상 증명단

지공스님, 나옹스님, 무학스님이 모셔진 단
삼화상 위목을 모신다.

(8) 하단(영단)

일체 유주무주 수륙고혼이 모셔진 단
동참 영혼 위패와 도위패를 모신다.

(9) 관욕단

장상구, 남신구, 후비구, 여신구가 모셔진 단
병풍을 2개 치고 그안에 지위와 버들발, 물, 촛불을 준비하고, 전을
오려 붙인다.
병풍 2개 앞쪽 사이에 욕실방을 써서 내 건다.

(10) 헌식구

육도를 윤회하지 못하고 중음계에 머물러 있는 영혼들을 위해 마련
해 놓은 단

(11) 마귀단

염라국의 신마(7마리)가 있는 단
탱화 또는 위목

(12) 소대

깨끗한 돌로 만들어진 소대로 준비하여 각 소를 때우는 장소

(13) 손전대

일체 장엄과 수륙재에 사용된 물품을 모두 태우는 장소

3) 樂器

(1) 광쇠
(2) 태징
(3) 법고
(4) 바라
(5) 목탁
(6) 요령
(7) 호적

水陸齋는 주로 법당에서 할 경우도 있고 대부분 실외에서 도량이 넓은 마당 같은데서 야단법석을 꾸민다.

제일 먼저 수륙재 주가 되는 순국선열 및 호국영령을 비롯한 시방법계 방황하는 일체 유주무주 재령 영혼을 청하기 위해 일주문 밖에 대령터를 마련하여 임시영단을 준비하고 재대령을 한다,

이때 준비는 간단하게 영단에 올릴 차를 준비하고 대성인로왕보살번, 연, 등용, 영기, 청도, 흑도, 향로, 촛대, 일산 등을 준비하여 도량 안으로 이운해 모시는 과정이다.

예전에 괘불이 귀한시절에는 번을 쓰서 걸어놓고 하는 경우가 많았다.

상단에 번을 걸어놓고 재에 임할때는 중앙에는 청정법신 비로자나불 좌측에 원만보신 노사나불 우측에 천백억화신 석가모니불을 건다. 번의 재작시 먼저 창호지를 여러 장을 풀로서 이어 위에는 연잎을 거꾸로 그려 지붕을 삼고 하단에는 연꽃을 그려 연화대를 삼는다.

중단에는 중앙에 천장보살 좌측에 지지보살 우측에 지장보살번을 걸어놓고 재에 임한다

상단번 좌·우측에 보산게 2개를 걸고 양쪽에 잉어 2개를 걸고 그 다음으로 화초게 인물개를 걸고 그 다음으로 보고번, 항마번을 걸고 제일 가쪽에 전산(금전, 은전)을 건다.

인물개(허개)의 재작은 창호지 여러장을 이어 여러 가지 색소로서 부처님 상호를 그려 대나무로 둥글게 만들어 위에 창호지로 발라 여러 가지 색소로서 구름모양으로 그리고 그 위에 오색종이로 문향이 다양하게 새김을 하여 붙이고 네모난 종이나 두꺼운 마분지에 옴 자를 쓰서, 육각

으로 붙인데다 인물개를 붙이고 색종이로 오려 그 위에 초사로 두른다.

화초개의 재작은 여러 가지 꽃을 그려 대나무로 둥글게 만들어 위에 창호지로 발라 여러 가지 색소로서 구름모양으로 그리고 그 위에 오색 종이로 문양이 다양하게 새김을 하여 붙이고 네모난 종이나 두꺼운 마분지에 옴 자를 쓰서 육각으로 붙인데다 그 위에 색종이로 초사로 오려 붙인다.

잉어의 재작과정은 창호지로 잉어 모양으로 만들어서 청색과 황색잉 어를 그려서 만든다

보산개의 재작은 오색(청·적·백·흑·황)을 색소로서 창호지에 각각 물을 들여 여러장 길게 이어 약 7센치 정도 넓이로 잘라서 장엄스럽게 단청한 육각 모양을 한 두에다가 색색이 골라 붙여 만든다.

전산의 재작은 창호지로 길게 이어 하나는 황색(금색)색소로 물을 들이고 하나는 흰색(은색)으로 창호지 그대로 접어, 밑에 나무판에 놓고 엽전모양인 쇠로서 만든 정과 나무망치로 일정하게 쪼아 만든 후, 대나무로 둥글게 만들어 위에 창호지로 발라 여러 가지 색소로서 구름모양으로 그리고 그 위에 오색종이로 문향이 다양하게 새김을 하여 붙이고 네모난 종이나 두꺼운 마분지에 옴자를 쓰서 육각으로 붙인데다 정으로 쪼은 전을 붙이고 그 사이에 삼색띠지로 각각 붙이고 그 위에 색지로서 오린 초사로 붙이고 중간쯤에는 약 10센치 정도 색깔이 있는 띠지로 길게 둘러 묶는다.

주망공사의 재작은 오색종이를 접어 그물처럼 오려서 만든 후 안에 흰 종이를 길이 2자 넓이 20센치 되는 종이를 겹으로 접어 그물처럼 오린 것을 흰 종이 위에 덮어씌운 주망 16개를 만들고, 길이 2자 넓이에

한 자 되는 흰 종이를 끊어 둥글게 말아 삼색띠를 상중하 세 군데에 둘러 공사지를 16개 만든다. 그기에 창호지를 약하게 잘라 노를 비벼서 끈을 만들어 시왕 및 종관사자 사이에 주망과 공사지를 하나씩 단다.

번은 대번과 잔번이 있는데 대번은 상단번, 중단번이 있고 잔번은 오방번, 칠여래번, 시왕번, 팔금강번, 사보살번 등등의 다양한 잔번이 있는데 잔번의 재작과정은 창호지를 넓이 20센치 길이 약 1미터 50정도를 끊어 위에는 연잎을 거꾸로 그려 지붕을 삼고 하단에는 연꽃을 그려 연화대를 삼기도 하며 색종이로 번발을 오려 붙이기도 한다. 중앙에는 붓으로서 각 명호를 쓰고 창호지로 노를 비벼 끈을 만들어 도량에 걸기도 하고 혹 시왕번 같은 경우에는 대나무 아주 약한것을 길이 2미터로 잘라 창호지로서 대나무가 보이지 않도록 감아 싸고 거기에 시왕번을 하나하나 매달아 시왕이운시에 사용한다. 시왕을 이운할 시 광목으로 짜여진 시왕포를 법석 주변에 깔고 시왕이운 할 적에 시왕포를 밟고 이운해서 모신다.

산화락번은 아래 위에 색종이로 새김을 하여 붙이고 중간에는 글을 쓰고 끈을 만들어 도량에 매단다.

팔금강·사보살번 같은 경우 색소로 그림을 그려서 걸기도 하고 글로 쓰서 걸기도 한다.

서귀포는 포목점에서 오색의 베를 구입하여 길게 펴서 도량에 장엄한다.

반야용선의 재작은 위에는 아미타불, 인로왕보살을 그림으로 그려서 모시고 용선의 두에는 용머리를 달고 뒤쪽에는 용꼬리를 달며 용선의 중간에는 오색 물감으로 구름을 그리고 용선 밑바닥은 용 비늘을 그려

도량에 걸고 거기에 용선포를 길게 널어뜨려 건다.

관욕단은 남신구 여신구 2개를 만들어 안에는 전을 오려 붙이고 목욕할 물과 기와, 버들발을 놓고, 밖에는 욕실방을 써서 걸어 놓는다.

지화(종이꽃)는 목단화, 작약, 불두화, 연꽃, 싸리꽃을 주로 사용하는데, 꽃과 꽃심의 색깔은 서로 다른 색깔을 사용하며 색의 종류는 노랑, 빨강, 연분홍, 꽃분홍, 흰색으로 다섯 색을 주로 사용한다. 꽃잎은 연두새 또는 초록색으로 염색하여 만들고 대나무를 얇게 깎아서 꽃과 꽃잎의 심지로 사용한다.

목단꽃의 재작과정은 먼저 대나무를 얇게 깎아서 심지를 만들고, 꽃씨는 손가락 두 마디 넓이로 길이는 두 뼘 정도 위쪽 반을 가위로 집을 낸 후 펴서 풀로 붙이고 가위로 잘게 집을 내어 대나무에 말아서 꽃씨를 만든다. 꽃송이는 12-13장을 한 뼘 반 크기로 겹쳐서 놓은 후 접어서 8등분이 되도록 가위로 자른다. 꽃받침은 꽃과 동일한 색상을 선택하여 두계는 두꺼운 종이를 이용하여 깔대기 모양으로 만들어 꽃송이 밑에 끼운다. 꽃잎은 두꺼운 초록색종이를 이용하여 꽃잎 모양으로 오려 붙인다.

요즈음은 예전과 달리 장엄을 할 때 괘불을 주로 사용하며, 괘불과 번을 같이 사용하는 경우가 많다. 단은 상단, 중단, 사자단, 오로단, 영단, 마귀단을 꾸미는데 혹은 창호지에다가 위목을 써서 붙이기도 하고 또 색소로서 그림을 그려 붙이기도 하는데 위패를 정중히 잘 접어 별도로 위목을 쓴다. 위패를 써서 모시는 이유는 불욕을 하기위해 편리상 하기도 한다. 단에 올려지는 공양물은 육법공양물로 香·燈·花·果·茶·米 공양물이 올려진다.

반주악기로 사용되는 광쇠, 태징, 법고, 목탁은 小四物로서 이는 의식을 진행함에 있어 大四物인 운판, 범종, 법고, 목어를 대신하여 사용되며 다음과 같은 의미를 지니고 있다. 광쇠(운판)는 모든 허공중생을 제도하기 위해 울리고, 태징(범종)은 모든 지옥중생을 제도하기 위해 울리며, 법고는 모든 아귀중생을 제도하기 위해 울리고, 목어(목탁)는 모든 수고중생을 제도하기 위해 울린다.

8. 맺는말

범패는 불교의 전래와 함께 우리나라에 전래된 것으로 추측된다. 처음 불교의 전래와 함께 들어온 범패는 당연히 인도에서 불교의 발생과 함께 형성된 인도풍의 범패였을 것이다. 이후 범패가 북방의 육로를 통하여 한국까지 전래되는 과정에서 티벳지역과 중국에서 각국의 음악문화를 습합한 형태의 새로운 범패가 만들어져 그 이후 우리나라까지 전래되었을 것으로 추정된다.

9세기경에는 중국 당나라에서 새로운 선종 사상이 일어나 우리나라에까지 전래되었는데, 진감선사가 이 선종과 함께 새로운 당풍의 범패를 들여와 하동의 옥천사(玉泉寺), 즉 쌍계사(雙谿寺)에서 가르쳤다. 따라서 이 지역의 범패, 즉 마산, 통영 하동 등지의 범패는 진감선사의 범패에 그 연원을 두고 있다고 추정해도 큰 무리는 없을 것으로 보인다.

그러나 진감선사의 범패 수입 이후 범패에 대한 기록은 거의 없으며, 특히 불교가 크게 성행한 고려시대의 범패에 대해서는 단편적인 기록

외에 자세한 내용을 살필 수 있는 기록을 찾기 어렵다. 다만 조선조에 들어와 대휘화상의 『범음종보(梵音宗譜)』에 의해 조선시대 범패승 계보를 그 편린이나마 조금 알수 있는 정도이다.

석봉 전승 수륙재의 계보는 대략 19세기경까지의 계보가 보고되고 있다. 조사에 의하면 그 연대를 알 수 있는 인봉(仁峰) 이전에도 두세대 위의 웅파와 한 세대 위의 해암이 더 있어 5-60년 더 거슬러 올라간다 해도 18세기 중반부터의 기록으로 확인된다. 또 웅파는 석봉 전승 수륙재 전승계보의 15대 계승자이므로 이를 인정한다면, 대략 400-600년 정도 더 거슬러 올라갈 수 있다. 즉 석봉 전승 수륙재의 발생을 늦어도 12세기에서 14세기 이전으로 추정해 볼 수 있다. 따라서 석봉 전승 수륙재의 범패가 신라시대의 진감선사 범패까지 직접 그 맥이 연결되는가에 대해서는 문헌적으로 더 조사해보아야 하겠지만, 현재까지 확인된 18세기까지의 기록만으로도 보호 육성할 전통 문화재적·공연문화적·종교문화적 가치는 충분히 있다고 판단된다.

한편 서울 봉원사(奉元寺)에 전승되는 영산재의 범패와는 재의 종류가 다르기 때문에 내용의 차이가 있지만, 앞 뒤 부분의 절차에서는 일반적인 재의 절차를 그대로 유지하고 있는데, 그 내용에 있어서는 양자가 유사하다. 그러나 처음 시작에서 석봉 전승 수륙재는 시련(侍輦)과 대령(對靈)을 나누어 하지 않고 대령을 밖에서 거행하기 때문에 외대령(外對靈)으로 시작하여 삼신이운(三身移運)으로 이어진다는 점이 독특하다. 또 각 절차의 세밀한 내용은 절차에서 불리는 범패와 게송(偈頌)의 종류가 조금씩 차이가 나서 석봉 전승 수륙재가 오랜 세월동안 재의식을 거행하며 전승되어 오면서 독자적인 전통과 특징을 유지해 왔음을 알 수 있게 한다.

음악적 특징에 있어서 서울 봉원사의 영산재의 범패와 기악연주는 주로 서울 경기 지방의 음악적 특징인 '솔-라-도-레-미'로 구성된 경토리 혹은 '라-도-레-미-솔'의 서도토리의 특성을 많이 보여주는 것에 비해 석봉 전승(傳承) 수륙재의 범패는 경상도 특유의 '미-솔-라-도-레-미'로 구성된 메나리토리가 주를 이루는 것이 차이가 난다. 서울 봉원사 영산재의 범패는 음조직이 부분적으로 메나리 토리식의 음조직을 보여주고 있는데, 그 선율 진행방식은 경토리식에 가까운데 반해, 석봉 전승 수륙재의 범패는 같은 메나리토리식의 음조직이지만 경상도 특유의 '레-도'로 꺾어주는 선율진행을 범패 특유의 잦는소리와 혼합된 형태로 많이 사용하고 있는 것이 특징이라 할 수 있다. 즉 범패의 유사한 선율이면서도 석봉 전승 수륙재의 범패는 경상도의 음악적 스타일을, 서울 봉원사 영산재의 범패는 서울·경기지방과 황해도 평안도의 서도지방의 음악적 특징을 습합한 특징을 보여주는 것이며, 이는 양쪽의 범패(梵唄)가 이미 오래전에 독자적으로 발전되어 오면서 해당 지역의 음악적 특징을 수용한 결과로 추정된다. 즉 아랫녘 수륙재는 아랫녘(영남)의 지역적 특징을 갖춘 수륙재로 타지역, 특히 서울지역이 수륙재와는 많은 차이를 보인다.

– 아랫녘수륙재 연행 기록

석봉이 전승하고 있는 아랫녘수륙재의 연원은 상기의 전승계보에서 보이는바와 같이 통영 용화사의 연파-해담·보월·우담-명해-석봉으로 이어지는 연혁을 갖고 있기 때문에 최소 200년 이상의 지속성을 인정할 수 있다. 특히 석봉이 참여한 아랫녘수륙재의 기록은 아래와 같은데, 이에 따르면 1967년 이래 30여 회에 이르므로 그 형태가 확실하게 유지되고 있음을 확인할 수 있다.

* 1967년 10월 1일(1박 2일)
  : 마산 합포고등학교 운동장에서 마창불교종단연합회 주최,
  마창지역 각 사암 주관 "순국선열 및 호국영령 수륙대재"봉행
  (참석자) 회주 – 벽봉스님(청운사 주지)
  　　　　증명 – 도봉스님
  　　　　유나 – 근봉스님
  　　　　병법 – 하정스님
  　　　　어장(범패) – 해담스님, 금해스님, 명해스님
※ 약 30여 명의 대중스님이 용상방에 준하여 범음, 범패, 종두, 찰중 등을 배정하였다.
※ 이때 석봉스님은 화청(회심곡), 작법무(학춤), 어장보조(범패)를 담당하였음

* 1968년 6월 (1박 2일)
  : 마산 추산동 통도사포교당 정법사 주최 "천지명양 수륙대재" 봉
    행
   (참석자) 회주 - 박만성 스님(정법사 주지)
          증명 - 승공스님
          유나 - 벽파스님
          병법 - 하정스님, 금봉스님
          어장(범패) - 해담스님, 보월스님, 금해스님, 명해스님,
  ※ 약 20여 명의 대중스님이 용상방에 준하여 범음, 범패, 종두, 찰
    중 등을 배정하였다.
  ※ 이때 석봉스님은 화청(회심곡), 어장보조(범패)를 담당하였음

* 1971년 4월 6일~(1박 2일)
  : 통영시 광도면 백반산 안정사 주최 "천지명양 수륙대재" 봉행
   (참석자) 회주 - 송한태스님(안정사주지)
          증명 - 하정스님
          유나 - 백파스님
          병법 - 해강스님이 주로 하였음 (약간의 변동이 있었음)
          어장(범패) - 해담스님, 보월스님
  ※ 약 40여 명의 대중스님이 용상방에 준하여 범음, 범패, 종두, 찰
    중 등을 배정하였다.
  ※ 이때 석봉스님은 화청(회심곡), 작법무(학춤), 어장보조(범패)를
    담당하였음

* 1972년 5월
  : 마진터널 진해방면 해군초소 옆 제일여객 36명 참사 위령 수륙
    재 봉행(제일여객 주관)

(참석자) 회주 – 하정스님 (금강선원 주지)

　　　　증명 – 벽봉스님

　　　　유나 – 백파스님

　　　　병법 – 국담스님, 해광스님, 금봉스님

　　　　어장(범패) – 해담스님, 보월스님, 금해스님, 용구스님,

　　　　　　　　　　명해스님

※ 약 15-6여 명의 대중스님이 용상방에 준하여 범음, 범패, 종두,
찰중 등을 배정하였다.

※ 이때 석봉스님은 범패를 담당하였음

* 1973년 4월 5일(음 3월 3일)

　: 마산 용마초등학교 운동장에서 대한승공경신연합회 주최로 "천
　지명양 수륙대재" 봉행

　(참석자) 회주 – 벽봉스님(속명: 임병찬)

　　　　증명 – 일파스님(속명: 손계수)

　　　　유나 – 근봉스님(속명: 유갑수)

　　　　병법 – 도봉스님(속명: 김영구)

　　　　어장 – 금해스님(속명: 이병우)

　　　　범패 – 명해스님(속명: 정기용)

※ 석봉스님 외 대중스님이 용상방에 준하여 범음, 범패, 종두, 찰중
등을 배정하였다.

* 1974년 3월 21일(음 2월 28일)

　: 마산 가포유원지 바닷가에서 대한승공경신연합회 주최로 "용왕
　수륙대재" 봉행

　(참석자) 회주 – 벽봉스님(속명: 임병찬)

　　　　증명 – 도봉스님(속명: 김영구)

　　　　　　유나 - 수도스님(완월암 주지)

　　　　　　병법 - 일파스님(속명: 손계수)

　　　　　　어장 - 금해스님(속명: 이병우)

　　　　　　범패 - 명해스님(속명: 정기용)

※ 석봉스님 외 대중스님이 용상방에 준하여 범음, 범패, 종두, 찰중
　등을 배정하였다.

　　회향은 약 200명 타는 멸치잡이배를 타고 바다에서 회향 함

* 1975년 4월 경

　: 마산 가포유원지 바닷가에서 대한승공경신연합회 주최로 "용왕
　　수륙대재" 봉행

　　(참석자)

※ 금해스님, 일파스님, 명해스님, 은파스님, 석봉스님이 용상방에
　준하여 범음, 범패, 종두, 찰중 등을 배정하였다.

　　회향은 약 200명 타는 멸치잡이배를 타고 바다에서 회향 함

* 1975년 10월 　(1박 2일)

　: 마산 성호동 금강선원(현 금천사)에서 주최 "천지명양 수륙대재"
　　봉행

　　(참석자) 회주 - 하정스님

　　　　　　　증명 - 박만성스님

　　　　　　　유나 - 근봉스님

　　　　　　　병법 - 국담스님, 해광스님, 설파스님

　　　　　　　어장(범패) - 해담스님, 보월스님, 벽파스님, 벽봉스님,
　　　　　　　　　　　　　　법철스님, 석봉스님

※ 약 20여 명의 대중스님이 용상방에 준하여 범음, 범패, 종두, 찰
　중 등을 배정하였다.

* 1976년 4월 5일 (음 3월 6일)

: 부산시 반공연합회에서 주최·주관하여 해운대 조선비치호텔
 앞 바닷가 백사장에서 "용왕 수륙대재" 봉행

※ 총 도감 해강스님(속명: 김또찬)

※ 부산 대어장 영봉스님 송만해스님, 보광스님, 박일용스님, 손일파
 스님, 금해스님, 명해스님, 근파스님, 석봉스님외 부산지역 대중
 스님이 용상방에 준하여 범음, 범패, 종두, 찰중 등을 배정하였다.

* 1977년 4월 20일 (음 3월 3일)

: 부산시 반공연합회에서 주최·주관하여 해운대 조선비치호텔
 앞 바닷가 백사장에서 "용왕 수륙대재" 봉행

※ 총 도감 해강스님(속명: 김또찬)

※ 부산 대어장 영봉스님 송만해스님, 보광스님, 박일용스님, 금해스
 님, 명해스님, 근파스님, 석봉스님 외 부산지역 대중스님이 용상
 방에 준하여 범음, 범패, 종두, 찰중 등을 배정하였다.

* 1978년 2월 21일 (음 1월 15일)

: 부산시 반공연합회에서 주최·주관하여 해운대 해수욕장 백사
 장에서 청운사 괘불을 모시고 "국태민안 천지명양 수륙대재"
 봉행

(참석자) 회주 – 해강스님

증명 – 벽봉스님

유나 – 영봉스님

병법 – 일파스님

어장(범패) – 금해스님, 일용스님, 보광스님, 명해스님,
 근파스님, 석봉스님외 부산 대중스님이
 용상방에 준하여 범음, 범패, 종두, 찰중

등을 배정하였다.

* 1978년 10월 경
: 부산불교연합회 주최, 부산 범어사 주관으로 해운대해수욕장 백
  사장에서 특설무대에서 범어사 괘불을 모시고 "국태민안 호국
  영령 수륙대재" 봉행
  (참석자) 회주 - 홍교스님
          유나 - 부산불교연합회 스님
          병법 - 자명스님
          어장(범패) - 도진스님, 범진스님, 일한스님, 석봉스님외
                      대중스님 약 30명이 용상방에 준하여 범
                      음, 범패, 종두, 찰중 등을 배정하였다.

*1981 5월 20일
: 마산세관 광장에서 한국불교태고종 경남교구종무원 주최,
  경남교구 각 사암 주관으로 "순국선열 및 호국영령 수륙대재"
  봉행
  (참석자) 회주 - 서철하스님(원각사 주지)
          증명 - 덕암스님, 백봉스님
          유나 - 성봉스님
          병법 - 국담스님, 금봉스님
          어장(범패) - 박송암(중요무형문화재 제50호 영산재보
                      유자), 명해, 금해
※ 약 80여 명의 대중스님이 용상방에 준하여 범음, 범패, 종두, 찰
  중 등을 배정하였다.
※ 이때 석봉스님은 어장보조(범패)를 담당하였음

* 1986년 7월 16일~(1박 2일)
  : 서부경남 사암연합회 주최 "호국영령 위령 수륙대재" 봉행
  (참석자) 회주 - 진주 호국사 주지스님
          증명 - 명진스님(해인사 주지)
          유나 - 진주 청국사 주지스님
          어장(범패) - 석봉스님, 해진스님, 정광스님, 옥산스님
  ※ 약 40여 명의 대중스님이 용상방에 준하여 범음, 범패, 종두, 찰
    중 등을 배정하였다.
  ※ 이때 석봉스님이 주관하여 수륙재를 봉행함

* 1987년 10월경
  : 통영 용문사에서 "통영시민을 위한 천지명양 수륙대재" 봉행
  (참석자) 회주 - 대봉스님(용문사주지)
          증명 - 하정스님
          유나 - 백파스님
          병법 - 해강스님
          어장(범패) - 해담스님, 보월스님, 한파스님, 석봉스님
  ※ 약 30여 명의 대중스님이 용상방에 준하여 범음, 범패, 종두, 찰
    중 등을 배정하였다.
  ※ 이때 석봉스님은 바라무, 작법무(학춤), 화청(회심곡), 어장보조(범
    패)를 담당하였음

* 1992년 11월 30일
  : 마창불교연합회 주최, 연합회 각 사암 주관 "도민안녕을 위한 호
    국영령 수륙대재" 봉행
  (참석자) 회주 - 지안스님(연합회 회장)
          증명 - 청하스님(통도사 방장)

유나 – 벽봉스님

병법 – 명해스님

어장(범패) – 해담스님, 금해스님, 하정스님

※ 약 30여 명의 대중스님이 용상방에 준하여 범음, 범패, 종두, 찰중 등을 배정하였다.

※ 이때 석봉스님은 바라무, 작법무(학춤), 법고무, 어장보조(범패)를 담당하였음

* 1993년 8월 경

: 한국불교태고종 보은사 주최 창원KBS공개홀에서 "천지명양 수륙무차평등대재" 봉행

(참석자) 회주 – 벽봉스님

증명 – 벽봉스님

유나 – 한파스님

병법 – 명해스님, 하정스님

어장(범패) – 석봉스님, 근파스님

범패 – 능산스님, 만우스님, 옥산스님, 정광스님, 해봉스님외 대중스님 다수

* 1996년 6월 9일~(1박 2일)

: 강화도 보문사 주최 "용왕수륙대재" 봉행 (1박2일)

(참석자) 석봉스님, 정파스님, 능산스님, 해암스님, 명우스님, 서봉스님

※ 26명의 대중스님 참석

※ 이때 석봉스님이 수륙재를 주관하여 봉행하였음

* 1997년 12월초
  : 마산 종합운동장 실내체육관에서 경남불교협의회 주최
    경남일원 각 사암 주관 "국운융창 평화통일 호국영령 수륙대재"
    봉행
    (참석자) 회주 - 월파스님(통도사 주지)
            증명 - 철웅스님(동화사 방장)
            유나 - 세민스님(해인사 주지)
            병법 - 한파스님
            어장(범패) - 석봉스님, 근파스님, 지원스님, 대봉스님
  ※ 약 4-50여 명의 대중스님이 용상방에 준하여 범음, 범패, 종두,
    찰중 등을 배정하였다.
  ※ 이때 석봉스님이 수륙재를 총괄하여 봉행하였음

* 1998년 6월 9일~(1박 2일)
  : 강화도 보문사 주최 "용왕수륙대재" 봉행(1박2일)
    (참석자) 석봉스님, 정파스님, 한파스님, 근파스님, 능산스님, 해
            암스님, 명우스님, 서봉스님
  ※ 20명의 대중스님 참석
  ※ 이때 석봉스님이 수륙재를 주관하여 봉행하였음

* 2007년 4월 20일~ (2일)
  : 창원 성주사에서 "영남 천지명양 수륙대재"봉행
    (참석자) 회주 - 석봉스님(아랫녘수륙재보존회장)
            증명 - 서철하스님
            유나 - 정파스님
            병법 - 대봉스님
            어장(범패) - 석봉스님. 경암스님, 영암스님, 혜암스님,

송암스님

※ 약 30여 명의 아랫녘수륙재보존회 회원들이 용상방에 준하여
  범음, 범패, 종두, 찰중 등 배정.
※ 이때 아랫녘수륙재 보존회장인 석봉스님과 회원이 함께 수륙재
  를 주최, 주관

* 2008년 8월 14일~ (1박 2일)
  : 아랫녘수륙재보존회 주관 마산 백운사에서
    "2008 백중 수륙대재" 봉행

* 2009년 9월 2일~ (1박 2일)
  : 아랫녘수륙재보존회 주관 마산 백운사에서
    "2009 아랫녘 수륙대재" 봉행

* 2010년 8월 23일~ (1박 2일)
  : 아랫녘수륙재보존회 주관 마산 백운사에서
    "2010 아랫녘 천지명양 수륙대재" 봉행

* 2011년 8월 13일~ (1박 2일)
  : 아랫녘수륙재보존회 주관 마산 백운사에서
    "2011 아랫녘 천지명양 수륙대재" 봉행

* 2012년 10월 13~ (1박 2일)
  : 아랫녘수륙재보존회 주관 마산 백운사에서
    "천지명양 수륙대재" 봉행

* 2013년 6월 2일 ~ 6월 8일
 : 충북단양 방곡사 "천지명양 수륙무차 평등대재" 봉행
   6/2일 초재 아랫녘 수륙재보존회 주관
   6/3일 2재 아랫녘 수륙재보존회 주관
   6/4일 3재 서울봉원사 영산재보존회 성호스님 외 7명
   6/5일 4재 서울봉원사 영사재보존회 구해스님 외 3명
   6/6일 5재 아랫녘 수륙재보존회 주관
   6/7일 6재 호남범음회 휴암스님외 7명
   6/6일 회향 아랫녘 수륙재보존회 주관

* 2013년 6월 13일
 : 대구 도림사 "제1회 환성산 도림사 천지명양 무차평등 수륙대
   재" 주관

- 수륙재의문

아랫녘수륙재 보존회가 소장하고 있는 재의문은 다음과 같다.

    관욕규법
    귀감(백파 상, 하)
    귀감(성주)
    귀감(혜감)
    수륙무차평등법회의(묵담)
    승가일용식시묵연작법
    어산집

예수문
예수요집
예수의문
요집
조사예참문
중단권공
천도집
천지명량수륙재의찬요

이들 각종 재의문은 원 저자는 다른 지역의 범패승인 경우도 있지만, 인봉과 연파, 해담, 우담, 명해, 석봉으로 이어지는 경남 서남지역 범패 승들이 사용하며 그에 자신들만의 재의식과 관련한 기록과 표시를 남긴 자료들로 이 지역 범패승들의 활동을 잘 보여주는 증빙자료라 할 수 있다.

진관사 국행수륙재의 특징과 의미

홍
태
한

Ⅰ. 머리말

　최근 수륙재가 많은 이들의 관심의 대상이 되고 있다[1]. 여러 절에서
수륙재를 설행하고 있거나 설행할 계획을 세우고 있다[2]. 수륙재가 가지
고 있는 무차평등과 수륙양명 고혼 천도의 의미를 생각하면 수륙재가
널리 확산되고 있음은 결코 부정적인 것은 아니다. 더욱이 최근에 서울
은평구의 진관사 수륙재, 강원도 동해시의 삼화사 수륙재, 경남 창원시
의 백운사 수륙재가 각각 중요무형문화재로 지정되었고, 서울시에서도

---

1) 글쓴이는 그동안 진관사 수륙재를 중심으로 여러 편의 수륙재 관련 글을 발표했다. 이
　글은 글쓴이가 발표한 다음 글을 정리하면서 새롭게 보완한 것이다.
　「수륙재의 연행과 구성」, 『공연문화연구23』, 공연문화학회, 2011.
　「수륙재 전승의 지역적 다양성과 의미」, 『실천민속학23』, 실천민속학회, 2013
　「진오기굿과 수륙재의 비교」, 『서울굿의 다층성과 다양성』, 민속원, 2013
2) 대표적인 예가 서울 봉은사가 2013년 8월 14일 개최한 '수륙재의 향연 학술세미나'이
　다. 이를 바탕으로 봉은사도 수륙재 설행을 준비하고 있을 것으로 생각한다. 또한 백
　제문화제에서 60년 동안 열린 수륙재에 대한 학술대회도 있었다. 2014년 9월 19일 부
　여사암연합회 주최, 백제문화제 수륙재 60주년 기념 학술대회 발표집 참고

어산을 무형문화재로 지정(서울 43호)함으로써 수륙재에 대한 세간의 관심을 더욱 널리 일으켰다. 그동안 국가지정 중요무형문화재 중 불교의례는 영산재(제50호)가 유일했는데 수륙재가 지정되면서 불교의례에 대한 학술적, 교학적 관심까지 제고되게 되어 더더욱 의미가 있다. 불교의례 중 지방문화재로 지정된 것으로는 범음범패(부산1호), 범패와 작법무(인천10호), 인천수륙재(인천15호), 내포영산대재(충남40호), 영산작법(전북18호), 불모산영산재(경남22호-2014년 해제) 등이 있는데 국가에서 한꺼번에 수륙재를 3종목 지정함으로써 관심의 대상이 되지 않았던 수륙재가 불교의례의 대표로 떠오르게 된 것이다.

불교는 이제 한국문화의 핵심이다. 사월초파일이 불교 경축일을 넘어서서 한국 세시풍속의 하나로 자리 잡은 데에서 이러한 양상이 확인된다. 특히 불교의례는 오랜 기간 한국 문화의 한 부분으로 전승되어 왔다. 시왕각배재, 상주권공재, 수륙재, 영산재, 생전예수재 등은 불교 문화의 결집이면서도, 우리 민족의 사생관, 사후관 등이 반영되어 있다. 하지만 이러한 불교의례를 깊이 있게 연구한 성과는 많지 않으며, 불교의례를 구성하는 다양한 요소의 의미와 기능에 대해서는 다루어지지 않았다. 중요무형문화재로 지정된 영산재의 경우에는 비교적 여러 가지 의미에 대해 정리가 되었으나3) 그 외의 불교의례에 대해서는 본격적으

---

3) 영산재를 연구한 성과는 여럿이다. 역사적 성과로는 심효섭, 『조선 전기 영산재 연구』, 동국대학교 박사학위논문, 2004가 대표적이고 현재 연행되는 영산재의 실상은 심상연, 『중요무형문화재 제50호 영산재』, 국립문화재연구소, 2003에 상세하게 기록되어 있다. 한국공연문화학회, 『영산재의 공연문화적 성격』, 박이정, 2006에서도 다각도로 영산재의 의미를 살핀 바 있다. 이외 주요한 연구 성과는 다음과 같다.
문정각, 『한국의 불교의례』, 운주사, 2001 ; 홍윤식, 『불교의식』, 문화재관리국, 1989 ; 홍윤식, 『영산재』, 대원사, 1991 ; 법현, 『영산재 연구』, 운주사, 1997 ; 김영렬, 『영산재의 문화콘텐츠 만들기』, 운주사, 2009 ; 이애경, 『영산재 작법무』, 푸른세상, 2008 ;

로 논의된 적이 적다.4) 특히 민속학의 입장에서 수륙재를 고찰한 성과
는 많지 않다.

불교의례 중 현재 중요무형문화재로 지정된 수륙재는 기본적인 양상
과 의미는 어느 정도 규명된 바 있다. 동해 삼화사 수륙재는 실상을 알
수 있는 단행본이 간행되어 있어 재차 구성, 삼소칠단의 구성 방식 등
을 알 수 있고,5) 그동안 여러 차례의 학술대회를 통해 수륙재에 대한
다양한 성과를 쌓았다6). 백운사 수륙재에 대해서도 단행본이 간행되어
그 전모 파악이 가능하다7). 진관사 수륙재는 그동안 여러 차례 학술대
회의 주제로 올려져8) 다양한 의미망이 논의되었으나,9) 주로 역사, 문헌

채혜련, 『영산재와 범패』, 국학자료원, 2011.
4) 생전예수재에 대해서 최근에 좋은 연구 성과가 나와 두루 참고가 된다.
   혜일명조, 『보정 생전예수재』, 에세이퍼블리싱, 2011 ; 『예수재』, 에세이퍼블리싱, 2011.
5) 미등, 『국행수륙대재』, 조계종출판사, 2010가 삼화사 수륙재를 대상으로 정리한 책이
   다.
6) 『두타산 삼화사 국생수륙대재의 역사성과 현장』에 1997-2012년의 학술대회 성과물이
   모두 모여 있다.
7) 혜일명조, 『수륙재』, 도서출판 일성, 2013.
8) 진관사에서는 수륙재 학술대회를 2009, 2010년 2회에 걸쳐 진행했다. 여기에서는 수륙
   재에 대한 다양한 논문이 발표되었는데 수륙재 현장을 중심으로 한 연구 성과는 적었
   다. 발표된 논문은 다음과 같다.
   문명대, 「진관사 수륙재의 역사와 성격」; 이강근, 「진관사의 수륙사」; 윤은희, 「진관사
   수륙재의 의식절차」; 김창균, 「진관사 영산회 괘불화」; 김응철, 「진관사 수륙재의 현대
   적 조명」; 김봉렬, 「진관사 수륙재의 건축사적 해석」[이상 2009년 학술대회 발표집 『진
   관사 수륙재 학술논총』, 진관사, 2009에 수록]. 이장렬, 「조선 전기 국행수륙재의 설행
   논란과 사회문화적 역할」; 이기운, 「조선 후기 수륙재의 설행과 천지명양수륙재의범음
   산보집 편찬 의도」; 장경희, 「조선시대 국행수륙재의 의식법구 연구」; 김창균, 「기록을
   통해서 본 진관사 감로왕도」[이상 2010년 학술대회 발표집, 『진관사 국행수륙대재의
   조명』, 진관사, 2010에 수록].
9) 진관사수륙재보존회에서 그동안 두 차례에 걸쳐 수륙재에 대한 학술대회를 진행했으
   나 대부분이 미술사, 불교사에 대한 접근이었고, 설행되는 수륙재에 대해서는 다룬 글
   이 거의 없다. 윤은희의 「진관사 수륙재의 의식절차」가 수륙재의 설행 양상을 다룬 유
   일한 글이다.

속의 기록, 불화와의 관련성이 논의되었지 수륙재의 전반적인 재차구성이나 구성 요소에 대해서는 다루어지지 않다가, 최근에 글쓴이를 비롯한 몇 사람이 수륙재의 전반적인 양상을 고찰하는 단행본을 집필하면서 그 전모가 밝혀지게 되었다.10) 수륙재의 진행 재차, 구성요소로서 장엄, 지화, 음악, 춤 등을 논의한 이 책은 수륙재를 불교의례로 바라보면서도, 민속 의례로도 바라보고 있어서 다른 민속의 여러 갈래와의 비교가 가능하게 되었다.11)

이 글에서는 현재 중요무형문화재로 지정된 수륙재 중 서울 은평구 소재 진관사 수륙재의 실상을 바탕으로 그 설행 양상과 의미를 밝히는 것을 목적으로 한다. 진관사 수륙재에 대해서는 몇 가지 논란이 없지 않으나12), 이 글에서는 논란을 따지기보다 진관사 수륙재의 실상을 주로 전달하기로 한다13).

---

10) 진관사수륙재보존회, 『진관사 수륙재』, 진관사, 2011.
　　진관사수륙재보존회, 『진관수 수륙재의 민속적 의미』, 민속원, 2013.
11) 또한 진관사 수륙재의 실상을 보고한 보고서가 두 차례 간행되어 도움이 된다. 진관사 수륙재보존회, 『진관사 국행수륙대제 보고서』, 진관사, 2011 ; 『2010년 불교무형문화유산 일제조사 한국의 수륙재』, 대한불교조계종 총무원 문화재청, 2010. 특히 앞의 책은 의식편, 봉행편, 복원편, 진관사 소장 수륙무차평등제의 촬요 번역편, 연화소 편 등으로 구성되어 진관사 수륙재의 모든 양상을 정밀하게 알려주고 있어 자료적 가치가 매우 높다.
12) 특히 허용호의 글은 이러한 논란의 핵심을 잘 짚었다고 본다. 허용호는 '국가에서 혹은 문화재위원회에서 전승의 지속성을 사실상 포기했다는 점에 주목한다면서, 사실상 단절되었지만 문헌 기록이나 기타 자료들을 통해 복원을 한 무형유산이라는 개념으로 역사무형문화재를 사용한다. 그러면서 장기간 단절에 대해 눈을 감고 문헌에 의거한 복원을 암묵적으로 인정한 것으로 판단한다면서 수륙재 지정을 통한 무형문화재 정책의 문제점을 지적한다. 허용호, 「삼화사 수륙재의 특성과 가치」, 『삼화사 국행수륙대재의 전승 양상과 발전 방향 학술세미나 자료집』, 삼화사, 2014.
13) 실상 이 부분은 논란이 예상된다. 허용호가 지적했듯이 수륙재의 무형문화재 지정은 몇 가지 문제점이 있다. 그래서 글쓴이는 이 글에서 21세기 현재 불교문화의 흐름과 의미가 투영된 것이 진관사 수륙재라는 입장에서 몇 가지 실상을 제시하면서, 진관사 수륙재가 앞으로 나갈 방향 모색의 하나로 몇 가지 작은 논의를 전개하는 식으로

II. 진관사 수륙재의 재차 구성[14]

진관사 수륙재[15]는 조선시대에 왕실 발원으로 설행되었던 서울·경기지역의 대표적인 수륙재이다. 조선 태조6년(1397)에 태조가 고려 왕실의 원혼을 위무하고 민심을 안정시키고자 진관사 내에 총 59칸(間)에 이르는 수륙사(水陸社)를 건립함으로써 진관사 수륙재의 역사가 본격적으로 시작된다. 『조선왕조실록』과 권근(權近)의 「진관사수륙사조성기(津寬寺水陸社造成記)」와 같은 현존하는 기록에, 태조가 진관사에 총 네 번을 거둥하고 있음이 나타난다. 수륙사(水陸社) 공사가 시작된 1397년 1월 27일, 즉 공사 착공일 바로 그 다음날인 1월 28일에 진관사에 거둥하였으며, 이후 두 번의 거둥을 통해 수륙재의 핵심인 수륙사 삼단(三壇)의 위치를 정하는 등 공사를 직접 지휘하고 있다. 이중 네 번째 거둥은 매우 특별하다. 권근은 수륙사 건립 공사가 9월에 끝났다고 하고 있는데, 같은 달 『조선왕조실록』 9월 24일 기록을 살펴보면, 이례적으로 태조가 진관사에 거둥하여 근처에서 하룻밤을 유숙하고 있기 때문이다. 진관사 수륙사가 완공된 달에 이례적으로 진관사 근처에서 유숙까지 한 것이

이 글을 진행한다. 부족한 부분은 다른 글을 통해 보충할 것이다. 그런 점에서 '필자가 바라보는 실상을 중심으로 기술하면서 여전히 진관사수륙재가 구성 중에 있음을 드러내는 것이 실상이다.'라고 지적한 심사자의 의견에 동의하면서 미진한 것은 후속 작업으로 채울 것을 약속한다.

14) 이 부분은 홍태한, 「수륙재의 구성과 연행」, 『공연문화연구23』, 한국공연문화학회, 2011. 의 글을 바탕으로 하면서 일부 수정했다.

15) 진관사 수륙대를 전반적으로 다룬 선행 연구가 있어 도움이 된다. 다음과 같은 연구서를 바탕으로 논의를 전개할 수 있다.
한국미술사연구소, 『진관사 수륙재』, 진관사, 2009.
진관사수륙재보존회, 『진관사 국행 수륙대재의 조명』, 진관사, 2010.
국립문화재연구소, 「진관사 수륙재」, 『불교의례와 음식』, 국립문화재연구소, 2007.

다. 이것은 국왕이 수륙사 건립에 직접 참여한 예로 그 유례를 찾아보기 어려울 뿐 아니라 진관사 수륙재가 당대의 지배층으로부터 많은 관심을 가지고 있다는 의미이다.[16]

진관사에는 수륙사 건립 이후, 태조와 태종, 세종 대에 이르기까지 조선전기의 왕실을 중심으로 국행 수륙재가 활발히 설행되었으나, 조선후기에 이르러서는 사세(寺勢)가 급격히 기울어서인지 관련 기록들이 나타나지 않는다. 조선후기의 수륙재가 왕실보다는 개인과 사찰 중심으로[17] 설행되면서 이에 따른 많은 변화가 있었다.

그러나 진관사에서 크고 작은 규모의 수륙재는 계속 설행되었던 것으로 보인다. 왕조 말인 1897년에 한 지방 군수의 조상 천도재가 진관사에서 크게 열렸는데, 이때에 "진관사를 가니, 여러 승려가 종이를 오려 각 색의 가화(假花)를 만들며 그림도 그리고 부적도 쓰거늘……"[18]라고 하여 당시 진관사가 여전히 큰 재의식을 치룰 수 있는 역량이 있었음을 드러낸다. 또한 1916년의 기록을 보면, 진관사 마포 포교당에서 수륙재를 설행할 때에는, "信男信女가 약전약미를 募集하여 先皇先后列位仙駕와 十方 法界에 一切 孤魂과 各其 先亡父母에 孤魂과 水府衆生을 위하여 마포 강가에서 水陸齋를 설행하고 魚富食을 施行하였다더라."[19]라고 하여 진관사 국행 수륙재의 전통이 사라지지 않았음을 보여준다.

근대에 들어서는, 1977년에 자운(慈雲) 율사스님이 『무량수여래관행

---

16) 계호, 「1977년의 수륙재의 설행과 진관사 국행수륙재 복원 계획」, 『진관사 국행 수륙대재의 조명』, 진관사수륙재보존회, 2010 참조.
17) 이기운, 「조선후기 수륙재의 설행과 <천지명양수륙재의범음산보집>의 편찬 의도」, 위의 책, 2010, 90쪽.
18) ≪獨立新聞≫, 1897년 9월 30일.
19) ≪每日申報≫, 1916년 6월 27일.

공양의궤(無量壽如來觀行供養儀軌)』의 무량수여래근본다라니에 전거하여 진관사에서 수륙재를 설행하고 관련 자료들을 남겼다.[20] 이후 진관사 국행 수륙대재는 몇 차례의 산보(刪補)를 거쳐 조선시대의 수륙재 전통을 계승하며 거의 매년 설행되어 오고 있다.

진관사 수륙재는 조선시대에 통용되었던 칠칠재(七七齋-49일) 형식의 낮재와 밤재의 이부(二部) 구성을 바탕으로 한다. 낮재는 『법화경』을 의례화한 영산작법 중심으로 구성되었고,[21] 밤재는 본격적인 수륙의식을 설행하는 것을 목적으로 한다. 이는 조선시대 수륙재의 두드러진 특징[22]이라고 할 수 있다. 낮재에는 시련, 대령, 관욕, 신중작법, 괘불이운, 영산작법, 법문이 속하며 밤재에는 수륙연기, 사자단, 오로단, 상단, 중단, 하단, 회향봉송이 속한다.

낮재는 총 7개의 큰 절차로 이루어져 있는데, 크게 '영산작법 이전'과 '영산작법'로 나눌 수 있다. 시련·대령·관욕은 '영산작법 이전'에 속하고, 신중작법·괘불이운·영산작법·법문은 '영산작법'으로 분류된다. '영산작법 이전'은 의식의 대상인 영가를 초청하고 준비시키는 과정이며, '영산작법'은 불보살의 영산회상을 현현(顯現)하여 영가에게 불법을 설하는 절차로 볼 수 있다[23]. 밤재는 수륙재의 본 의식이라 할 수 있다. 총 7개의 큰 절차로 이루어져 있는데, 크게 수륙연기·사자단·오로단과 상단·중단·하단, 봉송회향의 세 부분으로 나눌 수 있다. 수

---

20) 1977년의 진관사 국행 수륙대재 설행에 관한 논문은, 계호, 앞의 글, 59~76쪽을 참조

21) 진관사수륙재보존회, 『진관사 국행수륙대재 보고서』, 진관사·진관사수륙재보존회, 2011, 23쪽.

22) 위의 책, 22쪽.

23) 양영진, 「진관사 수륙재의 세부 절차」, 『진관사 수륙재의 민속적 의미』, 민속원, 2012.

류연기와 사자단·오로단은 밤재의 준비절차이고, 상단·중단·하단은 밤재의 핵심인 법식(法食)의 나눔이며, 봉송회향은 초청된 모든 불보살과 영가를 배웅하고, 공덕을 회향(回向)시키는 의식이다.

진관사 수륙재의 재차별 의미를 아래에 정리한다.

1) 시련(侍輦) : 시련의식은 일주문 밖에 나가 영가를 받들어 모셔 좌정하게 한 후 차를 올려 대접하고 삼보가 자리한 본당으로 인도하는 의식이다. 수륙재가 진행되는 동안 성중은 도량에 있으면서 유주 무주고혼을 천도하게 될 것이다.

2) 대령(對靈) : 영가들에게 법문을 하고 차와 국수를 올린 후 재가 열릴 도량으로 청하는 의식이다.

3) 관욕(灌浴) : 영가를 깨끗하게 씻긴 후 옷을 단정하게 입고 부처님을 뵙는 의식이다. 목욕이 가지고 있는 상징의미를 그대로 의식화한 것으로 영가는 몸을 정히 하여 도량에 참석하게 되었다.

4) 신중작법(神衆作法) : 법회를 설행하기 앞서 신중들을 청하여 삿된 기운을 몰아내고 도량을 정화하는 의식이다. 법회가 무사히 성중의 공덕으로 이루어질 수 있기를 기원하는 의미가 있다.

5) 괘불이운(掛佛移運) : 정해진 절차에 따라 대웅전의 괘불을 모셔오고, 그 과정에 부처님의 자비로움을 다시 한 번 되새긴다. 부처님께 자리를 권하고 차를 올리는 의식이다.

6) 영산작법(靈山作法) : 부처님의 덕을 찬양하고 온 마음으로 법회를 진실되게 열겠다는 의지를 나타내는 의식이다. 도량 전체가 영산회를 이루는 의식이다.

7) **법문(法問)** : 영산법회에서 고승대덕 스님의 법문을 듣는 의식이다.

8) **수륙연기(水陸緣起)** : 수륙재를 개설하게 된 연유를 밝힌 후 사방의 도량을 정화하고 삼보에 귀의하는 마음을 세상에 향을 채워 법계를 통합하는 결계를 나타내는 의식이다.

9) **사자단(使者壇)** : 사자를 불러 모셔 대접하고 보내는 의식이다. 사자는 한국의 무속에서도 확인이 가능한데 망자를 저승으로 인도하는 역할을 한다고 믿고 있다.

10) **오로단(五路壇)** : 오방오제를 불러 공양을 올린 후 모든 소원하는 바라 이루어지기를 기원하는 의식이다.

11) **상단(上壇)** : 모든 성인을 맞아들여 편안하게 공양을 올리고 찬탄하고 예배드리는 의식이다.

12) **중단(中壇)** : 여러 보살을 맞아들여 예의를 갖추어 공양을 올리고 편안하게 모시는 의식이다.

13) **하단(下壇)** : 고혼들을 모셔 업장을 소멸시키고, 바른 길을 택하여 육도 수행에 힘써 해탈의 길을 가게 해주는 의식이다.

14) **봉송회향(奉送回向)** : 모든 재를 끝마무리하고 경건하게 전송하고 널리 회향하는 의식이다.

진관사 수륙재는 각 재의 성격에 따라 다음 네 부분으로 나눌 수 있다. 첫 부분은 수륙재의 준비 부분으로 수륙재에 여러 영가들을 맞아들이는 부분이다. 일주문 밖에 마련된 시련소에서 영가를 맞아오는 시련, 접대하는 대령, 정화하는 관욕이 여기에 해당한다. 둘째 부분은 수륙재가 본격적으로 시작되기 전 수륙재가 설행될 당위성을 확보하는 부분으

로 도량을 정화하는 신중작법, 부처님을 맞아들이는 괘불이운, 의지를
다지고 수륙재 설행의 의미를 밝히는 영산작법, 수륙연기가 여기에 해
당한다. 셋째 부분은 본격으로 수륙재가 설행되는 부분으로 사자단, 오
로단, 상단, 중단, 하단이다. 마지막 부분은 수륙재를 마치면서 정리하
는 부분으로 회향봉송이다. 이러한 짜임을 보게 되면 수륙재는 여러 영
가들을 맞아들인 후 수륙재 설행의 당위성을 확보하고, 수륙재를 설행
한 후 마무리하는 구성방식이다.

따져볼 필요가 있는 부분이 법문이다. 고승대덕에게 법문을 듣는 이
부분의 위치가 수륙재 설행의 당위성을 확보하고 나서, 본격적인 수륙
재가 설행되기 직전에 있다는 데에 의미가 있다. 이를 통해 수륙재는
첫 부분과 둘째 부분이 유사한 성격으로 묶여 본격적으로 수륙재가 설
행되는 셋째 부분과 대응될 수 있다. 이를 그림으로 그려 본다.

〈표 1〉 진관사 수륙재의 재차별 구분

구분	재차	의미
1. 수륙재의 준비	시련, 대령, 관욕	수륙재 전반부－수륙재 목적 달성을 위한 준비
2. 수륙재의 당위성 확보	신중작법, 괘불이운, 영산작법, 수륙연기	
		법문
3. 본격적인 수륙재 설행	사자단, 오로단, 상단, 중단, 하단	수륙재 중반부－본격적인 수륙재 목적 달성
4. 수륙재 마무리	회향봉송	수륙재 후반부－마무리

이를 통해 수륙재는 목적을 달성하기 위하여 여러 성중과 영가를 맞
아들이고 당위성을 확보하는 전반부와, 본격적인 수륙재가 진행되는 중

반부, 마무리가 이루어지는 후반부로 되어 있음이 드러난다. 그리고 전반부는 수륙재를 준비하는 부분과 당위성을 확보하는 부분으로 나눌 수 있다.

Ⅲ. 비교를 통해 본 진관사 수륙재의 특징[24]

중요무형문화재로 지정된 3개 사찰의 수륙재 재차를 아래에 제시한다[25].

〈표 2〉 3개 사찰 수륙재 재차 비교

진관사 수륙재	삼화사수륙재	백운사 수륙재
1. 시련	1. 시련	
2. 대령	2. 대령	1. 외대령
3. 관욕		5. 관욕
	3. 조전점안	19. 조전점안
4. 신중작법	4. 신중작법	3. 신중작법 15. 신중단권공
5. 괘불이운	5. 괘불이운	2. 괘불이운
6. 영산작법	6. 쇄수결계	7. 영산작법
7. 법문	10. 설법	17. 설주이운 18.거량
		6. 영반 16.상축
8. 수륙연기		
9. 사자단	7. 사자단	8. 소청사자

---

24) 이 부분은 홍태한, 「수륙재 전승의 지역적 다양성과 의미」, 『실천민속학연구23』, 실천민속학회, 2013의 글을 가져와 수정 가필했다.
25) 진관사수륙재는 2012년에 조사한 자료를 바탕으로 했고, 삼화사와 백운사 자료는 2013년에 조사한 자료를 바탕으로 했다.

10. 오로단	8. 오로단	9. 소청오로단 14. 오로단권공
11. 상단	9. 상단	4. 상단권공 10. 소청상위 12. 상단권공
12. 중단	11. 중단	11. 소청중위 13.지장권공
	12. 방생	
13. 하단	13. 하단	
14. 시식		20. 시식
		21. 배송
15. 회향봉송	14. 봉송회향	22. 삼회향

세 사찰의 공통재차는 다음과 같다. 대령, 관욕26), 신중작법, 괘불이운, 법문, 사자단, 오로단, 상단, 중단, 하단, 회향봉송이다. 이 10 재차가 수륙재의 필수재차라는 의미이다. 이를 풀어본다면 수륙재는 고혼들을 대접하면 기다리게 한 후 신중을 모셔 법단을 정화하고, 부처님을 모신 후 고승대덕의 말씀을 듣고, 각 단에서 여러 성중께 공양하고 찬탄한 후 마무리를 짓는 의례라는 의미이다. 하단에서 고혼청을 통해 영가들의 구원천도를 기원한다는 것도 동일하다. 다만 고혼청이 백운사에서는 첫머리인 <외대령>에 나오고, 진관사와 삼화사는 <하단>에 나타난다. 이는 수륙재가 천도의 대상을 모셔온 후 부처님을 모셔 말씀을 듣고 각단 권공을 통해 목적을 달성하고 회향한다는 의미이다27).

각 사찰별로 특징적인 재차가 있어 이 재차를 통해 각 사찰 수륙재의

---

26) 백운사와 진관사는 <관욕>이 별도로 있지만 삼화사는 각단권공에 <관욕>이 있어 공통 재차로 볼 수 있다. 이러한 <관욕>의 차이는 바탕으로 한 의례문의 차이이기도 하다.

27) 글쓴이가 관찰하지는 못했지만 인천광역시 무형문화재 제15호로 지정된 대한불교 삼계종 연화사의 수륙재 구성도 이러한 공통 구조와 일치한다. 연화사의 수륙재는 1)시련 2)대령 3)관욕 4)신중작법 5)괘불이운 6)소청사자 7)소청 상단 8)소청 중단 9)소청 하단 10)시식 11)봉송이다.

특징 파악이 가능하다. 진관사 수륙재에서 눈에 띄는 재차는 <수륙연기>이다[28]. 수륙재를 개설하게 된 연유를 밝히는 이 재차는 진관사에서는 아난과 아귀의 수륙연기에서 수륙재가 시작되었다고 구체적으로 설명한다. 즉 진관사 수륙재는 수륙재의 설행 근거를 명확하게 제시하는 데 의미가 있다. 이는 진관사 수륙재가 국행으로 설행되었던 사실과 관련이 있다. 성리학을 사상적 토대로 내세운 당대의 사대부들에게 수륙재 설행 근거를 밝히는 것은 매우 중요한 일이기 때문이다. 삼화사 수륙재는 <방생>이 있어 특징적이다. 죽어가는 생물을 포용하는 이 의식은 수륙재의 본래 목적을 잘 드러내는 재차이다. 삼화사는 수륙재가 가지고 있는 '천지 명양 수륙'의 모든 생명을 대상으로 하고 있다는 의미이다. 실제로 방생은 지금 무속에서도 대단히 중요한 의식으로 생각한다. 초파일이나 단오와 같은 날을 가려 여러 신도들을 데리고 동해 안이나 내륙의 강이나 개울에서 물고기를 방생하는 무당이 여럿이다. 그러나 삼화사는 <방생>절차가 있어 이를 사찰 앞의 계곡에 별도의 단을 마련하고 설행하는 점에서 차별성이 있다고 본 것이다.

또한 삼화사 수륙재는 <관욕> 재차가 독립되지 않았다. 진관사와 백운사가 별개의 <관욕> 절차가 있어 깨끗하게 씻긴 후 부처님을 뵙게 한다는 의미를 드러내지만 삼화사는 각 단 권공에서 관욕을 시행한다. 진관사와 백운사가 한 차례 <관욕>을 설행함으로써 모든 존재가 깨끗해졌다고 여기는 반면 삼화사는 각 단에서 <관욕>을 실시함으로써 각 단의 의미를 강조했다. 아울러 이것은 삼화사가 바탕으로 한 의

---

28) 다른 사찰의 수륙재에는 <설회인유편(設會因由篇)>에서 수륙재의 연유를 밝힌다. 그러므로 수륙재의 연유를 밝히는 것은 모든 수륙재의 공통내용이 될 수 있지만 진관사는 <수륙연기>를 통해 밝히고 있어 특징적인 재차로 정리한 것이다.

례문의 특징인데, 이 특징이 곧 삼화사 수륙재의 특징으로 연장된 것으로 본다.

백운사 수륙재는 <시련>이 없이 <외대령>으로 시작된다. 그런데 <외대령>의 세부 내용을 살펴보면 <시련>의 의미를 가지고 있음이 보인다. 특히 삼화사는 이 부분에서 28고혼청을 함으로써, 수륙재에서 중심이 되는 존재가 무주고혼 영가임을 드러낸다. 그런 점에서 백운사 수륙재는 삼화사나 진관사와는 달리 왕실 중심의 국행의례가 아닌, 민간화한 수륙재라 볼 수 있다. <영반>과 <상축>이 있는 것도 이러한 내용과 맥락적으로 닿아있다. 영가에게 음식을 대접하는 <영반>은 대단히 민속적이다. 영가에게 음식을 대접하는 것은 실상 여러 불교의례에서 찾을 수 있다. 하지만 백운사는 이를 강조하여 설행하고 있으며, 이는 곧 어산 스님인 석봉 스님의 이력과도 긴밀하게 연결되어 있다고 본다. 따라서 백운사 수륙재의 재차는 진관사나 삼화사 수륙재의 재차보다 오히려 더 친밀한 느낌을 준다. 세련된 불교의례로의 성격을 보여주기보다는 대중들에게 수륙재의 설행 과정을 다양하게 보여주고 그 목적을 달성하는 데 초점을 맞추는 면이 강하기 때문이다.

이렇게 본다면 세 사찰의 수륙재는 공통 재차와 함께 특성을 보여주는 재차가 있는데, 이러한 재차는 해당 지역의 특징과 긴밀한 관련이 있어 보인다. 진관사 있는 곳은 수도 서울이다. 따라서 수륙재의 정당성 확보가 무엇보다 필요했을 것이고, 이에 따라 <수륙연기>가 강조되었다. 삼화사는 지역적으로 동해안에 가깝게 위치하고 있어 물 생명을 관장하고 감당하는 <방생>을 강조하였다. 백운사는 태고종 사찰로 일찍부터 독자적인 불교의례를 수행하였을 뿐 아니라, 해당 의례의 중심인물이 석봉스님이 다양한 민속 문화를 경험함으로써 독특한 수륙재 재차를 형성했을 것으로 보는 것이다.

세 사찰 수륙재에서 특징적인 재차는 다음과 같이 정리된다.

〈표 3〉 3개 사찰 수륙재의 특징과 내용

구분	특징적인 재차	강조 내용
진관사 수륙재	수륙연기	수륙재 설행의 정당성 확보
삼화사 수륙재	방생	해양문화와 관련성 및 물 생명 관장 강조
백운사 수륙재	외대령	다양한 민속문화 수용 경험 강조

이상에서 살펴본 것처럼 세 사찰의 수륙재는 재차 구성이 조금 다르다. 여기에서는 각 사찰의 재차 중 특징을 보여주는 재차를 중심으로 각 지역 수륙재의 특징을 살펴본다.

백운사 수륙재에서는 <외대령>에 주목해야 한다. 다른 사찰의 수륙재에서 <시련>으로 시작하는 것과 달리 <외대령>이라는 독특한 재차로 백운사 수륙재가 시작된다. <외대령>은 세부 재차는 다음과 같다.

외대령은 나무극락도사아미타불(南無極樂導師阿彌陀佛), 나무관세음세지양대보살(南無觀音勢至兩大菩薩), 나무대성인로왕보살(南無大聖引路王菩薩)을 청하는 거불(擧佛), 외대령 의식을 거행하게 된 연유를 고하는 소청하위소(召請下位所)로 시작된다. 지옥문이 열려 여러 중생을 청하는 지옥게(地獄偈), 설판재자와 동참재자가 열위열명영가(列位列名靈駕)를 청하는 입영(入靈), 요령을 울려 명도와 귀계를 청하는 진령게(振鈴偈), 지옥문을 부수는 파지옥진언(破地獄眞言), 악업의 원인이 되는 악취를 없애는 멸악취진언(滅惡臭眞言), 아귀를 부르는 진언(召餓鬼眞言), 고혼을 부르는 진언(普

召請眞言)이 이어지고 이렇게 인로왕 보살을 증명으로 모신 이유를 밝히는 유치(證明由致)가 이어지고 향과 꽃을 올리는 향화청(香花請)이 이어진 후 외대령의 백미인 28고혼청(孤魂請)이 나온다.

그런데 이러한 백운사의 <외대령> 재차는 진관사의 <하단> 절차와 동일하다. 진관사 <하단>은 소청하위편(召請下位篇), 가지변공편(加持變供篇) 등 여러 세부 재차로 이루어지는데 소청하위편에서 28고혼청을 부른다. 그리고 고혼청이 나오기 전의 여러 재차가 백운사의 <외대령>과 일치한다.

진관사 수륙재와 삼화사 수륙재에서는 시련과 대령으로 이루어지는데 불, 보살, 성현, 국왕 등을 수륙재가 열리는 곳으로 인도하는 의미가 있다. 상단과 중단을 거쳐 수륙재의 거의 마지막 재차인 <하단>에 와서야 여러 영가들을 불러들이는 <고혼청>이 나온다. 그러나 백운사 수륙재는 이러한 불, 보살, 성현, 국왕 등을 모시는 것이 아니라, 바로 <고혼청>으로 시작하여 수륙재의 목적이 무주유주고혼 천도에 있음을 명확하게 드러낸다.

백운사 수륙재 <외대령>에서 28고혼청이 나온 다음에 이어지는 내용에도 다소 특이한 점이 보인다. 이 부분은 마음을 일깨워주는 이행게(移行偈), 부처님을 만나는 것을 찬탄하는 정중게(定中揭), 도량에 머물 것을 권하는 개문게(開門偈), 부처님을 만나기 전에 다시 한 번 마음을 가다듬은 후 축하를 받는 가지예성(加持禮聖), 이러한 예가 부처님에게 잘 전달되기를 바라는 보례삼보(普禮三寶), 영가가 화엄의 경지에 이를 수 있기를 바라는 법성게(法性偈), 자리를 권하는 진언(獻座眞言) 등이 이어지고 차를 올리는(茶偈) 게송이 이어진다. 그런데 이 부분은 실상 <관욕>

의 출욕참성편(出浴參聖篇)과 가지예성편(加持禮聖篇)에 나오는 예문들이다.

이러한 내용을 바탕으로 하건데 백운사 수륙재는 <외대령>의 구성이 상당히 특이하다. 다른 사찰의 <하단>과 <관욕>을 결합한 의례문으로 구성되어 있기 때문이다. 이를 통해 백운사 수륙재가 고혼을 불러 천도하는 데 목적이 있음을 드러낸다. 이는 삼화사나 진관사 수륙재가 왕실 또는 국행을 강조하는 것과는 사뭇 성격이 다르다[29].

진관사 수륙재는 <수륙연기>가 특징적이다. 이것은 수륙재가 시작된 연유를 아난과 아귀의 대화를 통해 보여준다. 진관사 의례집에 실려 있는 수륙연기 이야기는 다음과 같다.

"옛날, 아난이 홀로 맑은 처소에 머물고 있었는데, 한밤중이 되자 '면연'이라는 아귀가 나타나 아난에게 다음과 같이 말하였다. "너는 삼일 후에 나의 아귀 세계에 태어날 것이다. 만약 백천 나유타 겁의 항하사만큼 많은 아귀들과 백억 바라문 선인들에게 각각 음식 10말을 보시하고 나를 위하여 삼보께 공양하면 너는 수명이 늘어나고 나는 하늘에 태어나리라." 아난이 부처님께 이 고난에서 벗어날 수 있는 길을 여쭈니, 세존께서 『출구면연아귀경』의 '일체공덕광명무량위덕력대다라니'를 설하셨다. 이것이 수륙의 인연으로 최초의 근본이며 수륙의 명칭은 일찍이 없었다."

이 이야기에 수륙재의 설행 과정과 목적이 보인다. 바로 바라문에게

---

29) 이 부분에 대해서 허용호는 백운사의 이런 구성이 오히려 이치에 맞는다고 했다. 백운사 수륙재를 바라보는 관점에 대해서는 따로 논의를 본격적으로 전개할 필요가 있다. 허용호, 「아랫녘 수륙재에서 주목해야 할 몇 가지」, 『실천민속학연구24』, 실천민속학회, 2014. 참조

보시하고 삼보를 공양하게 되면 아귀가 하늘에 태어날 수 있다는 것이다. 수륙재를 불화로 그린 그림 <감로탱> 중단 부분에는 항상 아귀가 있다. 아귀가 그림에 그려져 있는 것이 바로 수륙재의 연기와 관련이 있음을 보여주는 의미이다. 진관사 수륙재 <수륙연기>에서는 법주를 맡은 스님이 아난과 아귀에 대한 이야기를 반드시 설한다. 이를 통해 진관사는 수륙재 설행의 근본적인 정당성을 확보할 수 있는 것이다.

<수륙연기>는 세부재차가 여럿이다. 먼저 수륙재를 설행하게 된 유래를 밝히는 설회인유편(設會因由篇)으로 시작되는데 모든 불공이나 불사의 처음에는 법계를 맑게 하는 것은 바로 부처님의 일 가운데 으뜸이 된다는 진언(淨法界眞言), 단에 향을 발라 성스럽게 만드는 진언(先取塗香左指右塗眞言), 마음에 있는 삼세의 업을 정화하는 진언(金剛掌於心印誦淨三業眞言), 계율과 법도로 더러움을 지우고 바로잡는 진언(戒度塗掌眞言), 삼매에 드는 진언(三昧耶戒眞言)이 이어진다. 이것은 수륙재가 설단하고 삼세의 업을 정화하는 것을 목적으로 함을 분명히 드러내는 의미이다. 다음으로 팔방을 깨끗하게 하여 재가 열리는 곳을 장엄한다는 의미를 가진 엄정팔방편(嚴淨八方篇)이 이어진다. 본격적으로 팔방을 깨끗하게 하는 재를 시작하겠다고 알린 후(開啓疏), 도량의 결계를 위해 관음보살을 청하고(觀音請), 고마운 마음에 꽃을 뿌린다(散花落). 다시 물을 청하여(乞水偈) 사방의 도량을 깨끗하게 하고(灑水偈), 천수바라로 기쁨을 드러낸다. 사방의 부처님을 찬양하며 기도하는 마음을 드러내고(四方讚), 도량을 엄숙하고 청정하게 하겠다는 게송(嚴淨偈)을 부른다. 이렇게 하여 팔방이 깨끗해졌으니 단을 열고 세울 수 있는 것이다. 엄정팔방편은 결국 수륙재가 어떤 식으로 구성되고 어떤 목적을 가지고 있는지를 명확하게

보여준다. 삼보에 귀의하고 보리심을 내어 모든 중생을 구제하겠다는 발보제심편(發普堤心篇), 향으로 법계를 통합하겠다는 의미로, 향기가 온 세상에 가득하기를 발원하는 진언(焚香眞言)을 게송하는 주향통서편(呪香通序篇), 향으로 공양한다는 의미를 가져 계향(戒香), 정향(定香), 혜향(慧香), 해탈향(解脫香), 해탈지견향(解脫知見香)의 향기가 가득하기를 기원하는 주향공양편(呪香供養篇)으로 이어진다. 진관사 수륙재는 이처럼 수륙재 설행의 정당성을 강조하는 점에서 특징적이다[30].

한편 삼화사 수륙재는 <방생>의식이 특징적이다. 살생으로 짓는 악업을 씻기 위해 짐승을 놓아주는 의식인 방생은 나무감로왕보살(南無甘露王菩薩)을 거찬(擧讚)한 후 신묘장구대다라니를 게송한다. 불법승에 귀의하고(三歸依), 자기의 업을 제대로 바라본 후(懺悔偈), 칠불여래멸죄진언(七佛如來滅罪眞言), 참회하는 진언(懺悔眞言)을 게송한 후 부처님 전에 네 가지 발원을 한다(發四弘誓願). 업장을 소멸하고 왕생극락을 기원하는 진언(佛說往生淨土眞言), 귀의를 표명하는 회향게(回向偈), 물고기를 물에 풀어놓을 때 게송하는 결정왕생정토진언(決定往生淨土眞言), 상품의 존재로 태어나기를 염원하는 상품상생진언(上品上生眞言), 아미타불본심미묘진언(阿彌陀佛本心微妙眞言) 등이 이어진다. 방생 의식이 진행되는 동안 법주는 버드나무 가지를 가지고 방생물을 담은 그릇을 세 번 두드린다. 특히 다기(茶器)의 청수(淸水)를 버드나무 가지에 묻혀 물고기에 뿌리기도 한다.

---

30) 익명의 심사자는 진관사 수륙재는 수륙연기편의 개건대회소와 설회인유편의 수설수륙대회소라는 두 개의 소로 수륙재 설행의 당위성을 거듭 강조하는 것이 특징이라고 지적했다. 글쓴이는 이 부분에 대한 공부가 부족하여 우선 심사자의 의견을 수용하면서 이 생각이 글쓴이의 생각이 아니라 심사자의 지적과 조언임을 거듭 밝힌다.

삼화사 수륙재에서 이처럼 <방생>의식을 거행하는 것은 죽어가는 생명을 통합하는 의미를 드러내기 위해서라고 하는데[31], 이는 진관사나 백운사보다 생명을 관장하는 의미를 두드러지게 표현한 것으로 보인다.

이처럼 각 지역 수륙재의 특징이 나타나는 것은 해당 지역의 문화적 특성과도 관련이 있다. 불교의례를 탐구하는 방법에는 여러 가지가 있을 터인데 불교와 무속의 상관성은 오래전부터 논구되어 왔다. 영산재를 감당하는 범패승들이 서울의 진오기굿판에 와서 재받이를 해주는 것, 사십구재에 굿판의 악사들이 동원되어 음악을 감당하는 것 등에서 이러한 양상이 확인된다.

서울의 무당굿은 엄정함을 내세운다. 서사무가 <바리공주>를 구송할 때에도 반복되는 사설이라도 빼놓지 않고 구송한다. 그들은 제의성을 가장 중요한 굿판의 원칙으로 내세운다. 따라서 동일한 서울 지역을 배경으로 하는 진관사 수륙재에서 <수륙연기>를 통해 수륙재 설행의 정당성을 강조한다. 재의 목적과 정당성을 확보하는 것이 우선적이었다.

동해안 무속에는 <심청굿>이 있어 해양과의 긴밀한 관련성을 드러낸다. 동해안과 인접한 삼화사에 <방생>이 있다는 것은 이러한 해양 문화와의 관련성 때문이다. 굳이 백운사나 진관사에서 거행하지 않는 <방생>을 거행하는 것은 수륙재의 생명 통합의 의미를 내세우는 점과 함께 해안에서 다채롭게 행하고 있는 방생의식을 의례에 수용한 것으로 볼 수 있다.

백운사 수륙재는 흔히 불모산제 범패를 바탕으로 한다고 한다. 영남 지방에는 통범소리(통도사와 범어사 범패), 통고소리(통영 고성 범패), 팔공

---

31) 미등, 『국행수륙대재』, 조계종출판사, 2010, 182쪽.

산제(경북 남부 범패)와 함께 불모산제를 인정한다[32]. 불모산제가 전승되는 백운사는 태고종으로, 통범소리나 통고소리와는 전승 종파가 다르다. 물론 현재 불모산 범패를 이끌고 있는 석봉 스님은 통고소리, 바라무, 학춤, 법고춤 등 다양한 불교 예능에 능하다. 특히 좀 더 상세하게 면담 조사를 행해야 확실해지겠지만, 영남의 모든 소리패, 놀이패의 내력을 소상하게 알고 있다. 이러한 과정에서 수륙재의 가장 중요한 목적으로 고혼, 영가의 천도에 주목하여 <외대령>에 28고혼청을 강조하고 있다. 아울러 경상도 내륙과 연결되는 해안 지역은 서울의 진오기굿, 동해안의 오구굿, 호남의 씻김굿에 버금갈 망자천도굿이 확인되지 않고 있다. 그렇다면 경상도 내륙의 수륙재에서 망자천도의 의미를 강조하였을 가능성이 높고, 그러한 배경으로 인하여 28고혼청이 수륙재의 첫머리에 자리잡고 있다.

Ⅳ. 진관사 수륙재를 바라보는 또 하나의 시각
- 서울 민속의 의미 탐구[33)]

서울의 무속의례로 대표적인 것에 진오기굿이 있다. 수륙재와 진오기굿은 그 구성방식이 일치한다. 이를 바탕으로 서울 민속의 주요한 두 축이 되어 앞으로 서울 민속의 구심점 역할을 할 수 있을 것으로 기대한다.

---

32) 윤소희, 『신라의 소리 영남범패』, 정우서적, 2010 참조
33) 이 부분은 홍태한, 「진오기굿과 수륙재의 비교」, 『서울굿의 다층성과 다양성』, 민속원, 2013의 글을 일부 가져왔다.

진오기굿과 수륙재의 개별 재차의 구성방식도 일치하는 모습이 보인다. 진오기굿 개별재차는 굿거리에 따라 양상이 조금씩 다르지만 일반적으로 청신－오신－공수－송신의 과정을 반복적으로 보여준다. 청신의 재차는 음악 장단에 맞춰 뛰며 청하는 방식과 노랫가락으로 청하는 방식으로 나뉜다. 이승굿이 주로 앞의 방식으로 신령을 청한다면, 저승굿은 뒤의 방식으로 신령을 청한다. 이 부분은 또한 오신의 의미를 함께 가진다. 장단에 맞춰 신령을 청한 후 연이어 몸에 실은 신령을 놀리기 때문이다. 그리고 망자의 천도에 대한 신령의 공수가 이어진다. 이 부분이 진오기굿의 목적이 표면에 드러나는 부분이다. 다음으로 공수를 준 신령을 보내는 과정으로 진행된다. 따라서 진오기굿의 개별 재차는 굿거리의 개별 특성과 무관하게 이러한 흐름을 공통되게 가지고 있다.

수륙재의 개별 재차도 이러한 일반적인 흐름을 보여준다. 상단의식의 흐름을 가져와 본다. 상단은 소청상위편(거불－상위소－진령게－청제여래진언－청제보살진언－청제성현진언－봉영거로진언－불부소청진언－연화부소청진언－금강부소청진언－유치－향화청－가영)－헌좌안위편(헌좌게－헌좌진언－다게)－보례삼보편(사무량게－사자게－삼정례－오자게－변식진언－시감로수진언－일자수륜관진언－유해진언－오공양－보공양진언－보회향진언－불설소재길상다라니－원성취진언－보궐진언－화청) 순으로 진행된다. 각각의 세부재차는 다음과 같다.

1) 소청상위편召請上位篇 : 비로자나불과 노사나불, 석가모니불을 모시는 거불擧佛, 상단의식을 올리는 이유를 밝히는 상위소上位疏, 요령을 울려 시방세계의 성현을 청하는 진령게振鈴偈를 거행한 후, 여래[請諸如來眞言], 보살[請諸菩薩眞言], 성현[請諸賢聖眞言]을 청하는 진언을 올린다.

이때 봉영차로진언奉迎車輅眞言, 불부소청진언佛部召請眞言, 연화부소청진언蓮花部召請眞言, 금강부소청진언金剛部召請眞言을 설행한다. 봉영차로진언奉迎車輅眞言은 수레를 맞이하는 의미가 있다. 유치由致는 여러 부처를 불러모시게 된 사유를 고하는 것이고, 향화청香花請은 향과 꽃으로 부처님을 청하는 것이다. 부처님을 찬양하는 것이 가영歌詠이다.

2) 헌좌안위편獻座安位篇 : 맞아들인 부처님을 편안한 자리에 앉도록 하는 의식이다. 자리를 내어서 편안하게 모시는 헌좌게獻座偈, 헌좌진언獻座眞言 후 차를 올린다[茶偈].

3) 보례삼보편普禮三寶篇 : 삼보에 두루 예의를 갖추어 받는 의식이다. 삼보님게 예의를 갖춤을 말씀드리고, 대자대비大慈大悲와 대희대사大喜大捨하는 사무량게四無量偈를 설행한다. 높은 덕을 찬양하고[四字偈], 삼정례三頂禮와 오자게五字偈로 예를 올리는데 이때 나비춤과 바라춤으로 기쁨과 즐거움을 나타낸다. 사다라니진언(變食眞言, 施甘露水眞言, 一字水輪觀眞言, 乳海眞言)으로 공양을 풍성하게 올리고, 향, 등, 다, 과, 미 다섯 종류의 공양을 올리는 오공양五供養이 이어진다. 공양을 올리는 진언[普供養眞言]과 공양이 모든 중생에게 회향하기를 바라는 진언[普回向眞言]을 한 후 부처님의 말씀으로 모든 재앙이 소멸하기를 바라는 불설소재길상타라니佛說消災吉祥陀羅尼를 염하고 소원한 바가 원만히 이루어지기를 바라는 원성취진언願成就眞言, 부족한 것을 채우는 진언[補闕眞言]이 뒤따른다. 설행하는 스님의 화청으로 상단 의식이 마무리된다.

소청상위편은 진오기굿의 청신에 해당하는 부분으로 여러 불보살을 수륙재에 청하는 부분이다. 향과 꽃으로 부처님을 청하는 향화청 의식에 이어 행해지는 가영(歌詠)은 진오기굿의 노랫가락과 성격이 일치한다. 헌좌안위편은 오신에 해당하는 부분으로 자리에 좌정하게 하고 차를 올리는 의식이 있다. 특히 차를 올리는 다게(茶偈)는 수륙재의 모든 재차에 공통으로 나타나는 의식으로, 좌정한 여러 성중께 인간의 정성을 바치는 의미가 있다. 보례삼보편도 오신의 의미를 가지면서, 수륙재의 설행목적이 이루어지기를 바라는 점에서 공수 부분과 상통한다. 진오기굿에서는 무당이 직접 신령을 몸에 실어 말씀을 내리지만, 수륙재에서는 부처님이 승려들을 통해 현현(顯現)할 수 없어 여러 진언으로 수륙재의 목적이 이루어지기를 바란다. 수륙재의 종결부분에 나오는 화청은 송신의식이다.

따라서 수륙재에서 부처님과 여러 성중을 맞아들이고, 부처님에게 차와 오공양을 올린 후, 재앙이 소멸하고 소원한 바가 이루어지기를 바라는 진언을 염한 후 화청으로 마무리하는 구성방식은, 진오기굿의 청신, 오신, 공수, 송신의 과정과 일치한다. 이것은 진오기굿 개별 재차의 구성방식이 무속만의 고유한 특성이 아니라는 의미이다. 다른 종교를 더 정밀하게 살펴보아야 하겠지만, 신령을 맞아들여 원하는 것에 대한 이야기를 듣고 신령을 보내는 의식이 보편적인 종교의례의 흐름일 수도 있다는 의미이다.

수륙재의 세부 재차를 면밀하게 살펴보게 되면 진오기굿과 수륙재의 상관성이 더 드러날 것으로 보이는데, 모든 재차의 의미를 살피는 것은 실상 글쓴이에게는 역부족이다[34]. 수륙재의 모든 내용이 게송과 다라니

---

34) 익명의 심사자는 '괘불이운+영산작법+법문'의 구성이 굿과 매우 밀접하다고 생각된다면서 각각 청신, 오신, 공수로 해석될 수 있다고 했다. 공부가 얕은 글쓴이에게 매우 의미 있는 조언이라고 생각한다. 이 글에는 이러한 특징을 명료하게 부각시키

진언으로 이루어져 있어 의미 파악이 어렵기 때문이다. 하지만 한 두 세부 재차의 의미 분석은 가능하다고 보여진다. 먼저 주목하는 것이 앞에서 언급한 바 있는 가영이다. 가영은 태징과 목탁에 맞춰 독창을 하는 방식으로 진행된다. 이러한 가창방식은 수륙재에서 자주 보이는 일반적인 연행방식이다. 문제는 가영에서 부르는 게송이다. 상단의 가영은 "佛身普遍十方衆 三世如來一切同 廣大願雲恒不盡 汪洋覺海渺難窮 故我一心歸命頂禮"로 되어 있다. 내용은 부처님의 넓은 덕을 찬양하면서 한 마음으로 귀명정례歸命頂禮한다는 것이다. 다른 게송들이 대부분 지금 하는 의식이 가지고 있는 의미와 행동에 대한 지침을 전달하는 것에 비해 가영은 부처님의 덕을 찬양하는 노래이다. 이러한 가영은 진오기굿이 노랫가락과 상통한다. 노랫가락은 장구를 치는 무당과 선굿을 하는 무당이 함께 부르는 노래로, 과거에는 장구를 맡은 기대잡이가 전담했다 할 정도로 신령에게 바치는 인간의 정성이 담긴 노래이다. <별상거리>에서 사실을 세울 때에도 별상노랫가락을 부르기도 하고, <불사거리>에서 산을 줄 때에도 불사노랫가락을 부르기도 한다. 즉 노랫가락은 굿의 흐름에서 조금은 벗어난 내용으로 그때 들어온 신령에게 인간이 바치는 정성이다. 이런 점에서 수륙재의 구체적인 행동이나 의미를 지시하지 않고, 부처님께 바치는 정서인 가영은 노랫가락과 의미가 상통한다. 물론 무당굿의 노랫가락과 수륙재의 가영은 가창 방식이나 의미가 다르지만, 의례에서 차지하는 위상은 같다고 본 것이다.

그동안 서울민속의 정체성에 대해서는 본격적으로 논의되지 않았다. 현재 남아있는 민속의례로는 무당굿이 중심이 되었기 때문이다. 진관사

지 못했지만, 앞으로 불교의례와 무속의례의 비교 연구에는 이러한 조언을 활용할 것이다.

수륙재가 전승 기반을 확보함으로써 다양한 민속의례를 바탕으로 서울 민속의 의미와 가치를 탐색할 수 있게 된 것이다.

V. 맺음말

이상에서 진관사 수륙재의 설행양상 및 특징을 살펴보았다. 과연 조선시대에 설행되었던 수륙재의 모습이 그대로 계승되었는지는 명확하게 밝히기 어렵다. 하지만 21세기 불교문화의 흐름과 의미가 그대로 투영된 것은 분명하다. 따라서 전통의 계승 여부를 떠나 당대의 불교문화가 어떤 모습을 보이고 있는지를 알려주는 점에서 진관사 수륙재의 의미가 있다.

특히 칠칠 사십구재의 형식으로 진행되는 진관사 수륙재는 현대인들에게 매우 익숙한 사십구재의 형식을 보여줌으로써 수륙재가 가지고 있는 의미를 좀 더 명확하게 나타낸다. 2012년에는 은평구가 주최한 어가 거둥행렬과 연계하여 수륙재를 설행함으로써 현대의 축제로서도 수륙재가 자리잡을 수 있을 보여주었다.

하지만 아직 장엄 부분이 해마다 보완되고 있다는 점, 의식집에 세부 재차가 수정되고 있다는 점, 각 단에 올라가는 공양의 의미가 좀 더 명확하게 설정되어야 한다는 점은 앞으로의 과제가 되겠다. 특히 수륙재를 설행하는 주체가 진관사이지만, 의례에 참가하는 진관사 내적 구성원의 역할 증대는 앞으로 반드시 보완되어야 할 과제이다. 다행이 진관사에서는 수륙재학교를 개설하여 범패, 지화, 장엄, 의례 연구 등을 교육하고 있으므로 앞으로 이러한 문제가 상당 부분 해결될 것으로 기대한다[35].

진관사 수륙재보존회는 지난 2014년 9월 22일 중요무형문화재 지정이후 처음으로 학술대회를 열었다[36]. 앞으로도 학술적인 성과를 계속쌓아갈 계획이라고 한다. 공연문화학회 불교민속학회 등과 연계하여 다각도로 수륙재의 의미망을 살피면서, 수륙재의 위상을 높일 뿐아니라, 수륙재가 가지고 있는 한국문화적 위상도 규명할 것이라고 한다. 대한민국의 수도에 수륙재가 있다는 그 자체가 커다란 강점이 될 수 있을 것으로 기대한다.

---

35) 이 부분은 진관사와 삼화사 모두가 고민해야 할 부분이다. 백운사는 아랫녘수륙재보존회원들이 대부분의 의례를 맡아 진행하고 있지만, 진관사와 삼화사는 아직 내적인 역량이 만족할 만한 수준은 아니다. 진관사와 삼화사 수륙재가 재현내지는 복원에 그친 감이 있다는 비판은 일부 타당성이 인정된다. 세 사찰이 수륙재를 설행하게 된 동기와 과정이 정리된다면 앞으로 수륙재의 설행 방향을 잡을 수 있을 것으로 기대한다. 다른 글에서 보충하기로 한다.
36) 진관사국행수륙재보존회, 『진관사 수륙재의 한국문화적 위상과 가치』, 진관사, 2014.

참고
문헌

국립문화재연구소, 「진관사 수륙재」, 『불교의례와 음식』, 국립문화재연구소, 2007.

김영렬, 『영산재의 문화콘텐츠 만들기』, 운주사, 2009.

문화재청, 『2010년 불교무형문화유산 일제조사 한국의 수륙재』, 대한불교조계종 총무원
　　　　문화재청, 2010.

미등, 『국행수륙대재』, 조계종출판사, 2010.

법현, 『영산재 연구』, 운주사, 1997.

삼화사수륙재보존회, 『두타산 삼화사 국생수륙대재의 역사성과 현장』, 2013.

심상연, 『중요무형문화재 제50호 영산재』, 국립문화재연구소, 2003.

심효섭, 『조선 전기 영산재 연구』, 동국대학교 박사학위논문, 2004.

윤소희, 『신라의 소리 영남범패』, 정우서적, 2010.

이애경, 『영산재 작법무』, 푸른세상, 2008.

진관사수륙재보존회, 『진관사 국행수륙대제 보고서』, 진관사, 2011.

진관사수륙재보존회, 『진관사 수륙재 학술논총』, 진관사, 2009.

진관사수륙재보존회, 『진관사 국행 수륙대재의 조명』, 진관사, 2010.

진관사수륙재보존회, 『진관수 수륙재의 민속적 의미』, 민속원, 2013.

진관사수륙재보존회, 『진관사 수륙재』, 진관사, 2011.

채혜련, 『영산재와 범패』, 국학자료원, 2011.

한국공연문화학회, 『영산재의 공연문화적 성격』, 박이정, 2006.

문정각, 『한국의 불교의례』, 운주사, 2001.

한국미술사연구소, 『진관사 수륙재』, 진관사, 2009.

허용호, 「삼화사 수륙재의 특성과 가치」, 『삼화사 국행수륙대재의 전승 양상과 발전 방향
　　　　학술세미나 자료집』, 삼화사, 2014.

혜일명조, 『수륙재』, 도서출판 일성, 2013.

혜일명조, 『보정 생전예수재』, 에세이퍼블리싱, 2011.

혜일명조, 『예수재』, 에세이퍼블리싱, 2011.

홍윤식, 『불교의식』, 문화재관리국, 1989.

홍윤식, 『영산재』, 대원사, 1991.

홍태한, 「진관사 수륙재와 무속의례의 비교」, 『진관사 수륙재의 민속적 의미』, 민속원, 2013.

홍태한, 「수륙재 전승의 지역적 다양성과 의미」, 『실천민속학23』, 실천민속학회, 2013.

홍태한, 「수륙재의 연행과 구성」, 『공연문화연구23』, 공연문화학회, 2011.

삼화사수륙재의 특징과 가치 재고

허
용
호

I. 수륙재 문화재 지정의 의미와 논의 방향

2013년과 2014년에 걸쳐 수륙재가 중요무형문화재로 지정되었다. 2013년 12월 31일에 삼화사수륙재가 제125호로, 진관사수륙재가 제126호 지정되었다. 이어서 2014년 3월 18일 아랫녘수륙재가 제127호로 지정되었다. 수륙재의 중요무형문화재 지정은 "불교의 무형문화재의 보전 가치를 인정받은 쾌거"[1]라는 점에서 주목할 만하다. 특정 불교의식에 치우친 관심과 조명이 교정되는 계기가 되었다는 점 역시 인정할 만하다. 불교의식문화의 경우 그 관심과 조명의 중심에 주로 영산재가 자리하고 있었기 때문이다. 수륙재의 중요무형문화재 지정에 대해 대부분의 불교무형문화유산 관련자들은 환영했다. 하지만 그저 환영하는 데에만 그쳐서는 안 된다. 그 지정 과정에서 유념해야 할 것들이 있기 때문이다. 수륙재의 중요무형문화재 지정 과정을 지켜보면서 필자는 유념

---

1) 박봉영, 「삼화사·진관사 수륙재 국가무형문화재 지정」, 『불교 포커스』, 2013년 03월 08일.

해야 할 사항 두 가지를 포착했다. 그 하나는 '수륙재 관련 논의의 공론화'이며, 다른 하나는 '역사적 무형문화재의 인정'이라는 점이다.

필자가 '수륙재 관련 논의의 공론화'라 명명한 것은, 현행 수륙재의 가시성을 높이거나 가치 선양에 치우친 논의는 물론이고 그 반대 방향의 논의 역시 활발하게 진행될 것이라는 점을 함축하고 있다. 근래 불교계는 물론이고 여러 무형문화유산 관련 학회에서 수륙재 관련 논의가 성황을 이루고 있다.[2] 그것을 근거로 이미 수륙재가 공론의 장에 진입했다고 말할 수도 있다. 그런데 그 대부분의 논의는 수륙재의 가치를 적극적으로 드러내려는 의도가 강했다. 특히 수륙재 관련 사찰에서 주최한 학술대회의 경우 해당 사찰의 수륙재를 '선양'하려는 목적을 굳이 감추지 않는다. 필자가 명명한 '수륙재 관련 논의의 공론화'의 범주 안에는 수륙재의 가시성 고양이나 가치 선양의 논의가 당연히 포함된다. 동시에 그 범주 안에는 현행 수륙재의 이면에 대한 논의 곧, 현행 수륙재의 감추고 싶은 혹은 다소 불편한 점에 대한 논의까지 포함된다. 필자는 후자의 다소 불편한 지적과 논의들이 때로는 정중하게, 때로는 아주 신랄하게 이루어질 것이라 예상하고 있다.[3] 수륙재가 중요무형문화

---

2) 2014년에 이루어진 학술대회만 하더라도 5개인데, 정리해 보면 다음과 같다. '아랫녘 수륙재의 어제, 오늘 그리고 내일'(아랫녘수륙재보존회 · 영남불교의식음악연구회, 2014. 6. 22), '백제문화제 수륙재 60년의 가치'(부여군불교사암연합회 · 부여군불교사암연합회, 2014. 9. 19), '진관사 국행수륙재의 한국문화적 위상'(진관사국행수륙재보존회 · 진관사, 2014. 9. 23), '삼화사 국행수륙대재의 전승양상과 발전 방향'(삼화사국행수륙대재보존회 · 한국불교민속학회, 2014. 10. 16), '수륙재와 공연문화'(한국공연문화학회, 2014. 10. 31).

3) 현행 수륙재에 대한 비판적인 견해를 피력하는 대표적인 연구자로 혜일명조와 진철승이 있다. 2014년에 피력된 이들의 견해는 다음의 글에 나와 있다. 혜일명조, 「아랫녘 수륙재의 어제, 오늘 그리고 내일」, 『제5회 불교의식음악 학술대회 겸 아랫녘 수륙재 중요무형문화재 지정 축하 심포지엄: 아랫녘 수륙재의 어제, 오늘 그리고 내일』, 아랫녘수륙재보존회 · (사)영남불교의식음악연구회, 2014, 79~85면. 혜일명조, 「수륙재의

재로 지정되었다는 것은 이제 무비판의 성역으로 들어선 것이 아니라, 오히려 그 반대로 광활한 들판 한 가운데에 서 있게 되었다는 의미가 강하다. 현행 수륙재의 거의 모든 것이 섬세하게 따져지고 검토될 수 있다. 연구 대상으로서 수륙재는 인큐베이터 혹은 온실에서 이제 바람 찬 들판으로 나온 것이다. 이것이 필자가 수륙재 중요무형문화재 지정에서 포착한 첫 번째 의미이다.

수륙재의 중요무형문화재 지정에서 필자가 주목하는 또 다른 의미는 '역사적 무형문화재의 인정'이다. '역사적 무형문화재'라는 개념은, '사실상 단절이 되었지만, 문헌 기록이나 기타 자료들을 통해 복원을 한 무형문화유산을 지칭하는 것'이다.[4] 필자는 수륙재의 지정 과정을 지켜보면서, 정부 혹은 문화재위원회에서 '전승의 지속성'을 사실상 포기했다는 점에 주목한다. 장기간의 단절에 대해 눈을 감고, 문헌에 의거한 복원을 암묵적으로 인정한 것으로 판단한 것이다. 물론 그 문제에 대해 냉소적인 입장으로 반응할 수도 있다. '그동안 무형문화재로 지정된 많은 종목들이 사실 다 복원된 것이 아닌가', '중요무형문화재로 지정된 대부분의 종목이 다 그런 것들이 아닌가', '그러한 상황에서 왜 수륙재 지정이 뭐 대단한 일이라고 유독 유난을 떠는가' 등의 반응이 나올 수

발전적 계승을 위한 제언」,『삼화사 국행수륙대재의 전승양상과 발전 방향』, (사)삼화사국행수륙대재보존회·한국불교민속학회, 2014, 59~96면. 진철승, 「'진관사 국행수륙재의 특징과 의미'에 부쳐」,『2014년 한국공연문화학회 추계학술대회-수륙재와 공연문화-』, 한국공연문화학회, 2014, 255~256면.

4) '역사적 무형문화재'라는 용어는 필자가 만든 임시적인 것이다. 필자는 이병옥의 '역사민속예술'이라는 용어에서 착상을 얻었다. 하지만 이 용어는 아직 확정된 것이 아니다. 여러 이견들을 참조하여 보다 적절한 용어로 수정할 계획이다. 이병옥, 「한국민속예술축제 제도의 운영상의 제 문제와 개선방안」,『한국민속예술축제 50주년 기념학술대회』, 2009, 85~86면.

도 있다. 하지만 필자가 느끼는 체감도는 좀 다르다. 그 동안의 경우 어떤 식으로든 해당 무형문화유산이 지속되었음을 강조해 왔다. 그 전승 계보를 드러내려 애썼고, 단절의 기간 역시 그리 길지 않았음을 드러내 왔다. 잠깐 동안의 '일시적인 단절'이었음을 은근히 드러내왔다. 하지만 수륙재의 경우는 좀 다르다. 조선 전기(前期) 이후 수백 년간의 단절을 크게 문제 삼지 않은 것이다. 그것은 문헌 기록에 의거한 복원의 정당성을 사실상 인정한 것으로 필자는 판단한다. '역사적 무형문화재'의 인정으로 볼 수 있는 것이다. 만약 그렇다면 애써 그 지속성을 강조할 필요가 없다. 이른바 '만들어진 전통(invented traditions)'류에서 보이는 "과거와의 연속성을 인위적으로 내세울"[5] 필요가 없는 것이다.

본 논의는 이상에서 정리한 수륙재의 중요무형문화재 지정에서 포착한 두 가지 의미를 염두에 두고 이루어진다. 그 방향을 좀 더 구체적으로 정리해 본다면, '수륙재 관련 논의의 공론화'와 '역사적 무형문화재의 인정'이라는 주목 사항을 중심으로, 그동안 삼화사수륙재의 특성과 가치라고 주장된 것들에 대한 검토를 하게 될 것이다. 2008년에서 2014년에 걸쳐 논문을 통해 발표된 것들[6]과 수륙재 설행에서 배포된 리플렛 내용들[7]이 주된 검토 대상이다. 삼화사수륙재의 특성과 가치에

---

5) Eric Hobsbaum, 'Introduction: Inventing Traditions', in Eric Hobsbaum and Terence Ranger (eds.), *The Invention of Tradition*, Cambridge University Press, 1983, p.2.

6) 대표적인 글들을 정리해 본다면 다음과 같다. 송일기, 「동해시 두타산 삼화사의 불교 전적」, 『삼화사 국행수륙대재 논문집』, 2008. 차장섭, 「동해 삼화사 국행수륙재의 배경과 전개」, 『조선사연구』 제17집, 조선사연구회, 2008. 홍태한, 「수륙재 전승의 지역적 다양성과 의미」, 『실천민속학연구』 제22호, 실천민속학회, 2013. 이용애, 「진관사·삼화사 국행수륙재 비교」, 『선문화연구』 16권, 한국불교선리연구원, 2014.

7) 삼화사국행수륙대재보존회, 「佛紀 2556年 頭陀山三和寺國行水陸大齋」(리플렛), 2012. 10. 19~21. 사단법인두타산삼화사국행수륙대재보존회, 「佛紀 2558年 頭陀山三和寺國行水陸大齋」(리플렛), 2014. 10. 17~19.

대한 필자의 메타적 검토는 그동안 이른바 '가치 논의'에서 자주 언급된 '의례문의 문학적 가치'8), '각단을 장식하는 탱화와 불화'9), '설단과 장엄의 서예 공예'10), '범패 작법의 음악과 무용'11), '의례절차에 따른 의식'12), '용상방(龍象榜)에 따른 배역'13) 등의 논의를 반복하지 않는다는 것을 의미한다. 그 가치를 나열하고 높이 평가하는 식의 주장을 본 논의에서는 하지 않는다. 동시에 본 논의에서는 삼화사수륙재의 특성과 가치를 새롭게 주장하지도 않는다. 기존에 제시된 삼화사수륙재의 특성과 가치를 재검토하는 데 치중하는 것이 본 논의의 방향이다. 그래서 본 논의는 낯설게 보일 수 있다. 어쩌면 불편할 수도 있다. 하지만 폐쇄적인 성역에 자리한 것이 아니라, 개방적인 들판에 이미 들어 선 수륙재를 위해서도 본 논의는 필요하리라 생각한다.

---

8) 이는 삼화사수륙재 의례문이 "게(偈), 송(頌), 소문(疏文), 다라니(陀羅尼) 등의 형식이 서사적으로 구성되어 있어 전체적으로 문학의 종합성을 보여주고 있다"는 견해이다. 김경남, 「삼화사 국행수륙재의 문화재 지정 이후의 과제」, 『삼화사 국행수륙대재의 전승 양상과 발전 방향』, (사)삼화사 국행수륙대재보존회·한국불교민속학회, 2014, 106면. 사단법인두타산삼화사국행수륙대재보존회, 앞의 리플렛, 21면.

9) '불화의 미술적 예술성'이라 말하기도 한다. "상단의 비로자나불탱화, 중단의 삼단탱화, 하단의 감로탱화 등에서 미술적 예술성이 드러난다"는 것이다. 사단법인두타산삼화사국행수륙대재보존회, 앞의 리플렛, 21면. 김경남, 앞의 글, 106면.

10) "설단 장엄을 위해 각단의 번(幡)과 방문(榜文), 소문(疏文) 등을 한지에 먹을 사용하여 서예하며 각단을 장엄하는 작약, 목단, 다리화, 국화, 싸리꽃, 연꽃 등의 지화와 반야용선, 금·은전 등에서 공예 예술이" 나타난다고 한다. 사단법인두타산삼화사국행수륙대재보존회, 앞의 리플렛, 21면.

11) "범패의 짓소리와 홀소리, 안채비와 바깥채비 등의 소리와 각종 악기를 다루는 음악, 작법의 바라무와 나비무, 법고무 등 무용예술을 보여주고 있다"고 한다. 같은 리플렛, 같은 면.

12) "의례에 따른 수인(手印), 행렬, 관욕, 향공양과 차공양을 비롯한 오공양 등 각종 의식이 정확성과 예술성을 보여 준다"고 평가한다. 같은 리플렛, 같은 면.

13) "준비, 설행, 회향의 각 세분화별 소임이 정해지며 소임에 대한 충실성과 소임자간의 긴밀한 소통성을 이루게 된다"고 말한다. 김경남, 앞의 글, 106면.

Ⅱ. 삼화사수륙재의 특징과 가치 재검토

삼화사수륙재의 시작은 1395년(태조 4년)부터라고 주장된다. 그것은 "임금은 수륙재를 관음굴, 견암사, 삼화사에 베풀고 매년 봄과 가을에 항상 하였다. 고려 왕씨를 위한 것이었다"[14]는 문헌 기록을 근거로 한다. 그 수륙재와 관련된 보다 상세한 기록이 권근의 『양촌집(陽村集)』에 다음과 같이 전한다.

갑술년 봄에 감히 모반을 논의하는 자가 있으매, 뭇 신하들이 처벌하여 후환을 제거하기를 간청하므로 전하께서는 마지못하여 따르셨으나, 측은히 여기고 슬퍼하는 생각이 항상 마음에 간절하여, 명자(冥資)를 펴내어 혼백을 위로하고자 이 해 가을에 금물로『묘법연화경(妙法蓮華經)』3부를 써서 특별히 내전에 친히 납시어 전독(轉讀)하였습니다. 또『수륙의문(水陸儀文)』37본을 간행하고는 무차평등대회(無遮平等大會)를 세 곳에서 베풀게 하고, 각각『연화경(蓮華經)』1본과『의문(儀文)』7본씩을 비치하되, 영구히 그곳에 보관하여 두고서 거행하게 하였는데, 하나는 천마산의 관음굴에 있으니 이는 강화도에 있는 왕씨의 천제(薦祭)를 위함이요, 하나는 아무 고을 아무 산에 있으니, 이는 삼척에 있는 왕씨의 천제를 위함이요, 하나는 아무 고을에 있으니, 이는 거제에 있는 왕씨의 천제를 위한 것입니다.[15]

인용한 대목과 앞서 언급한『태조실록』기록을 겹쳐서 보면, 분명 삼화사에서 태조가 주도한 '국행수륙재'가 벌어졌음을 확인할 수 있다. 태

---

14) 『태조실록』7권, 태조 4년 2월 24일 무자.
15) 권근, 『양촌집』22권, 「수륙의문발(水陸儀文跋)」; 차장섭, 「동해 삼화사 국행수륙재의 배경과 전개」,『조선사연구』제17집, 조선사연구회, 2008, 42면에서 재인용.

조 3년 갑술년(1394) 공양왕이 삼척에서 교살된 해 가을에 수륙재를 설행하고, 그 다음해 2월부터 매년 봄과 가을에 국행수륙재를 지낸 것을 확인할 수 있는 것이다. 이후 19년 동안 삼화사에서는 38회나 국행수륙재가 계속되었다.16) 하지만 삼화사 국행수륙재와 관련된 기록은 태조 이후에는 보이지 않는다. 왕실이 주도하는 국행수륙재는1413년(태종 14년)부터 삼화사에서 설행되지 않았다. 태종 이후 왕실에서 주도하는 국행수륙재는 그 목적과 성격이 변하였기 때문이다. 이후 국행수륙재의 성격은 천재(天災)를 없애거나, 태종의 경우 가장 아꼈던 성령대군(誠寧大君)을 위한 것으로 바꾸었다.17) 만약 이후 삼화사에서 수륙재가 벌어졌다면 그것은 왕실 주도의 수륙재가 아닌 수륙재였을 가능성이 높다.

태조 이후의 삼화사국행수륙재에 대한 직접적 기록은 현재로서는 없다. 다만 삼화사에서 발견된 수륙재 의식문『천지명양수륙재의찬요(天地冥陽水陸齋義纂要)』의 존재를 통하여 미루어 짐작할 뿐이다. 『천지명양수륙재의찬요』는 수륙재의 기원과 그 절차를 집성한 불교 의식서인데, 중종 이후 16~17세기 동안에 전국의 사찰에서 간행·유포되는 양상을 보인다. 그러한 사실로 보아 조선 초기에는 왕실이 중심이 되어 수륙재를 설행하였으나, 중종 이후에는 전국의 주요 사찰에서 수륙재를 주관한 것으로 추론할 수 있다.18) 그런데 2000년 삼화사에서의 『천지명양수륙재의찬요』 발견은, 삼화사에서 16세기 이후에 사찰 중심의 수륙재가 설행되었음을 추론할 수 있게 만들었다. 조선 초기 왕실 중심의 국

16) 차장섭, 위의 글, 43면 참조.
17) 심요섭, 「조선전기 수륙재의 설행과 의례」,『동국사학』40집, 219~220면; 차장섭, 앞의 글, 43면에서 재인용.
18) 같은 글, 45면.

행수륙재가 거행되었던 삼화사에서 16세기 이후부터는 사찰 중심의 수륙재가 벌어진 것으로 추정되는 것이다.[19]

『태조실록』과 『양촌집』 등의 문헌 기록을 바탕으로 하고, 『천지명양수륙재의찬요』의 발견을 배경적 근거로 삼아 조선 시대 전 시기를 통하여 삼화사에서 수륙재가 전승되었다고 추정할 수 있다. 그러한 추정은 그야말로 추론에 추론을 거듭한 결과이다. 하지만 조선 시대 수륙재 전승의 추론은 조선 시대 이후와 비교해 볼 때 그나마 나은 편이다. 조선 시대 이후 삼화사수륙재 관련 근거 자료는 거의 없다고 할 수 있기 때문이다. 사실상 2000년대까지 삼화사수륙재와 관련된 자료나 흔적을 찾아볼 수 없다. 길게 보자면 6백 년 동안, 짧게 보자면 1백년 이상 동안 삼화사수륙재의 전승은 단절되었다고 할 수 있다. 국행수륙재의 경우 태조 이후 관련 기록이 보이지 않고 있기에 그 단절 기간은 6백년 가까이 된다. 조선 시대 전 기간 동안 삼화사에서 수륙재가 거행되었다고 인정해도, 그 단절 기간은 백년 이 넘는다. 그러한 사정은 다음의 '연혁'에서 그대로 나타나고 있다.

연 혁

태조4년 고려국 마지막 왕과 왕족들의 극락왕생을 기원하고 우주공간의 모든 갈등구조를 소통시켜 국태민안과 사회적 통합을 이루기 위하여 삼화사에서 매년 봄과 가을에 국행수륙대재를 설행

2000년 국행수륙대제 의례절차 및 작법 등을 서술한 『천지명양수륙재의찬요』 발견

2001년 삼화사국행수륙대재 보존회 결성

---

19) 같은 글, 같은 면.

2004년 10월 14일(음 9월 초하루) 1일간 수륙재 설행

2005년 10월 28일~10월 30일까지 3일간 삼화사국행수륙대재 설행

2006년 10월 20일~10월 22일까지 3일간 삼화사국행수륙대재 설행

2007년 08월 삼화사 소장 『천지명양수륙재의찬요』 번역 사업(동해시
　　　　후원)

　　　10월 19일~10월 21일까지 3일간 삼화사국행수륙대재 설행

2008년 10월 24일~25일까지 2일간 삼화사국행수륙대재 학술대회 개
　　　　최

　　　10월 26일~10월 28일까지 3일간 삼화사국행수륙대재 설행

　　　12월 「국가 무형문화재 지정 추진을 위한 삼화사국행 수륙대
　　　제 검토」 발간(조계종 총무원 문화부 후원)

　　　　　　　　　…(하략)…20)

　인용한 '연혁'을 보면 '태조 4년' 다음에 '2000년'으로 뛰어넘고 있
다.21) 6백년 넘게 단절된 연혁이 이어진 계기는 『천지명양수륙재의찬
요』의 발견이다. 결국 삼화사수륙재는 그 설행 배경과 시작 관련 자료
가 있을 뿐이고, 그 이후의 설행 관련 기록이나 자료는 거의 없다고 할
수 있다. 『태조실록』과 『양촌집』의 기록을 배경으로 삼고, 2000년에 발

---

20) 삼화사국행수륙대재보존회, 앞의 리플렛, 3면.

21) 흥미롭게도 2014년 공개발표 리플렛에서는 조선 시대 연혁이 덧붙여져 있다. '태조
　　4년'과 '2001년' 사이에 '조선 중기 이후'와 '조선 후기' 항목이 추가되고, '2000년
　　국행수륙대제 의례절차 및 작법 등을 서술한 『천지명양수륙재의찬요』 발견' 항목이
　　삭제되었다. 추가된 항목을 정리해 보면 '조선 중기 이후' 항목에 "『덕주사본 천지명
　　양수륙재의찬요』, 『갑사본 천지명양수륙재의찬요』를 기본 의례문으로 하여 수륙재
　　설행"이라 언급되고 있다. 또 '조선 후기' 항목에 "임진왜란·의병운동·6.25전쟁 때
　　두타산성과 무릉계곡에서 희생된 사람들을 위한 재(齋)를 삼화사에서 설행. 광복 이
　　후 매년 가을 중구일에 유주 고혼들과 함께 전쟁 중에 사망한 무주고혼들을 위한 재
　　를 지냄(느티나무 가지에 지화를 맨 부채난 등 제작하여 장엄)"이라 기술되어 있다.
　　사단법인두타산삼화사국행수륙대재보존회, 앞의 리플렛, 3면.

견된 『천지명양수륙재의찬요』를 근간으로 해서 '복원'한 것이 현재의 삼화사수륙재이다.

〈그림1〉 삼화사수륙재(2014. 10. 17)

그렇게 짧게는 백년, 길게는 6백년을 뛰어넘는 복원의 시도에 대해 비판적 견해가 없는 것은 아니다. '문헌 기록의 복원에 불과한 것을 제대로 전승이라 할 수 있는가'라는 문제의식이 그것이다. 이와 관련하여 '문헌 근거가 발견되었으니 무조건 받아들여라'는 식의 수륙재 복원 방법은 설득력을 가질 수 없다는 견해[22]가 주목된다. 또한 다음과 같은 견해 역시 주목할 만하다.

600년 전엔 틀림없이 왕실, 국가주도로 수륙재가 설행되었음은 의심할 여지없는 사실이지만 그때 설행했다는 국행수륙재가 최근까지 온전히 전승되지 않았음은 이미 많은 증언 자료를 통해 확인가능하다. 그리고 의식의 절차와 외형적 장엄구 또한 과거 범패승이 이해하는 수륙재와 현재 복원하고 있는 국행수륙재는 상당한 문화적 차이를 보이고 있다. 그러므로 누구나 공감할 수 있는, 지난 수백 년 동안 전승해온 수륙재의 전승과정을 설명하지 못하면 수륙재의 전통성을 주장하는데 한계가 있을 것으로 판단한다.

22) 같은 글, 118면.

600년은 고사하고 200년, 100년 전에 행하던, 심지어 지난 수십 년 전에 행했던 수륙재의 모습조차 설명하지 못하면서 어떻게 서기 970년, 1395년에 행하던 수륙재를 2013년, 지금에 와서 논할 수 있을까?[23]

그러한 비판의 여지에도 불구하고 수륙재는 중요무형문화재로 지정되었다. 이는 결국 '역사적 무형문화재의 공식적 인정'이라는 새로운 장이 열렸음을 말하는 것이다. 상황이 그렇다면 삼화사수륙재의 특징과 가치 역시 재검토되어야 한다. 역사적 무형문화재로서의 삼화사수륙재를 염두에 두고, 그 특성과 가치를 따져 보아야 하는 것이다.

삼화사수륙재의 특성과 가치에 대한 논의는, 그동안 삼화사수륙재의 가시성 고양과 가치 선양의 지향을 갖는 일련의 글에서 정리된 바 있다.[24] 그 논의들은 대략 '정통적 수륙재 의식문의 엄정한 구현', '국행수륙재 전통의 계승', '지역문화전통과의 긴밀한 연관' 등으로 재정리할 수 있다. 이하 논의에서는 이러한 기존의 평가들이 적절한 것인가에 대해 하나하나 검토해 보기로 한다. 삼화사수륙재의 특징과 가치에 대한 재검토를 하려는 것이다.

1. 정통 수륙재 의식문의 엄정한 구현

홍태한은 상단, 중단, 하단에서 반복되는 관욕이 "삼화사수륙재의 백

23) 혜일명조, 『수륙재』, 도서출판 일성, 2013, 15면
24) 앞의 각주 5)를 통해 언급을 했지만, 이후 자주 인용해야 할 논의들이기에 다시 정리해 보기로 한다. 송일기, 「동해시 두타산 삼화사의 불교전적」, 『삼화사 국행수륙대재 논문집』, 2008. 차장섭, 「동해 삼화사 국행수륙재의 배경과 전개」, 『조선사연구』 제17집, 조선사연구회, 2008. 홍태한, 「수륙재 전승의 지역적 다양성과 의미」, 『실천민속학연구』 제22호, 실천민속학회, 2013. 이용애, 「진관사・삼화사 국행수륙재 비교」, 『선문화연구』 16권, 한국불교선리연구원, 2014.

미"25)라고 말한다. 관욕은 "삼화사수륙재의 가장 큰 의미이자 고유성"26)이라는 견해도 있다. 실제로 삼화사수륙재에서는 각 단 의식에서 관욕을 반복적으로 행한다. 관욕소를 상단·중단·하단에 각각 차려 놓고, 상단의식의 소청상위편(召請上位篇)부터 찬탄관욕편(讚歎灌浴篇)까지,27) 중단의식의 소청중위편(召請中位篇)부터 출욕참성편(出浴參聖篇)까지,28) 하단의식의 소청하위편(召請下位篇)부터 출욕참성편(出浴參聖篇)까지29) 관욕의식을 하고 있다. 그러한 삼화사수륙재의 관욕은, "장엄한 수륙재의 여법함과 성현들과 영가들의 위격이 다름을 여법하게 실행하는 것으로 높이 평가"30)되고 있다. 나아가 "상단과 중단의 관욕소가 장엄하게 설치되어 그 위격과 절차에 차이가 있고, 하단은 별도로 불단 아래의 관욕소에서 행해지는 것은 극도로 위축된 현행 수륙재에서 한발 나아간"31) 것이라 평가하기도 한다.

〈그림 2〉 상단 관욕의식　　　〈그림 3〉 중단 관욕의식　　　〈그림 4〉 하단 관욕소
　　(2014. 10. 18)　　　　　　　(2014. 10. 18)　　　　　　　(2014. 10. 19)

---

25) 홍태한, 앞의 글, 154면.
26) 윤소희, 「삼화사 국행 수륙재 참관」, 현장 메모(미간행), 2012. 10.18~21, 13면.
27) 미등, 앞의 책, 134~156면 참조.
28) 같은 책, 158~181면 참조.
29) 같은 책, 192~213면 참조.
30) 윤소희, 앞의 글, 13면.
31) 같은 글, 14면.

그런데 '백미', '고유한 것' 등으로 평가되는 삼화사수륙재의 관욕의
식은, 삼화사수륙재가 근거하고 있는 의식서인 『천지명양수륙재의찬요』
에 기초한 결과이다. 주지하다시피 삼화사수륙재는 『천지명양수륙재의
찬요』란 의식서에 근거를 두고 있다.[32] 『천지명양수륙재의찬요』는 수
륙재의 기원과 의식 절차를 집성한 불교의식서이다. 『천지명양수륙재의
찬요』의 특징은 수륙재 의식을 비교적 구체적으로 기술하고 있다는 점
이다.[33] 이 의식문은 '중례문(中禮文)'이라 불리기도 하는데, "많은 어산
승이 수륙재를 설행하고자 할 때면 '당연히 『중례문』을 바탕으로 해야
한다'고 인식할 만큼 수륙재의 기본서로 인정받고 있다."[34] 『중례문』으
로 알려진 『천지명양수륙재의찬요』는 현재까지 전승하는 가장 대표적
인 수륙재 의식집으로 확인된다.[35] 수륙재의 기본서이자 현장 의식집으
로 평가받고 있는 것이 『천지명양수륙재의찬요』인 것이다.

  삼화사수륙재는 『천지명양수륙재의찬요』를 근간으로 해서 복원한 것
이다. 이를 염두에 둘 때, '관욕의식의 고유함' 혹은 '차별성'이라는 삼
화사수륙재의 특징은 곧, 『천지명양수륙재의찬요』라는 '정통 의식문의
엄정한 구현'이라는 측면에서 주목할 수 있다. 『천지명양수륙재의찬요』
의 엄정한 구현의 대표적인 결과가 '고유하고 차별적인 관욕의식 실행'

---

32) 2012년 삼화사수륙재에서 배포된 리플렛을 보면, "삼화사국행수륙대재의 設行 目的'
   이라는 제목 아래 "삼화사국행수륙대재는 『천지명양수륙재의찬요(天地冥陽水陸齋義纂
   要)』란 의례서에 근거를 두고 있다"고 언급하고 있다. 2014년 삼화사수륙재에서 배
   포된 리플렛에도 "『천지명양수륙재의찬요(天地冥陽水陸齋義纂要)』란 의례서에 근거하
   여 설행된다"고 언급하고 있다. 삼화사국행수륙대재는 삼화사국행수륙대재보존회,
   앞의 리플렛, 10면. (사)두타산삼화사국행수륙대재보존회, 앞의 리플렛, 10면.
33) 미등(연제영), 『국행수륙대재: 삼화사 수륙재를 중심으로』, 조계종 출판사, 2010, 32면.
34) 혜일명조, 「수륙재의 복원에 관한 소고 -『결수문』, 『수륙무차평등재의촬요』를 중심으
   로」, 『한국음악문화연구』 제3집, 한국음악문화학회, 2011, 103면.
35) 위의 글, 위의 면.

으로 나타나는 것이다. 달리 말한다면, '장엄한 관욕의식의 실행'이라는 특징은 '정통 의식문의 엄정한 구현'라는 가치를 함축하고 있다고 할 수 있다.

2. 국행수륙재 전통의 계승

삼화사수륙재의 공식 명칭은 '삼화사국행수륙대재'이며, 수륙재를 전승하는 주체의 명칭은 '삼화사국행수륙대재보존회'이다. 종목과 전승주체의 명칭에서 '국행'임이 강조된다. 삼화사수륙재가 중요무형문화재로 지정된 이유에도 "조선 전기 국행수륙재의 전통을 계승"36)한다는 점이 주목되었다.

〈그림 5〉	〈그림 6〉	〈그림 7〉
'삼화사국행수륙대재'라고 쓰인 현수막 (2014. 10. 16)	'國行水陸大齋保存會'라고 쓰인 번을 들고 가는 거사 (2014. 10. 17)	'國行水陸大齋保存會'라고 쓰인 보존회 번 (2014. 10. 17)

'국행수륙재의 강조'는 앞서 살폈듯이 『태종실록』의 기록을 바탕으로 한다. 1394년에 처음 시작되어 19년 동안 38회나 삼화사에서 거행된 국행수륙재의 전통을 강조하는 것이다. 종목과 전승주체의 명칭, 관련

36) 문화재청, 「'수륙재' 중요무형문화재 신규종목 지정 예고 - 삼화사국행수륙대재보존회, 진관사국행수륙재보존회, 백운사아랫녘수륙재보존회 보유단체 인정 예고-」, 문화재청 보도자료, 2013.11.13.

기록 등을 앞세우며 이루어지는 '국행의 강조'는 '국행수륙재 전통의 계승'이라는 가치를 함축한다. 삼화사, 나아가 동해시가 왕실이 주도하는 국가적 행사를 수행할 정도로 중요한 곳이었다는 자부심이 그 속에 담겨있는 것으로 보이기도 한다.

그런데 '국행수륙재 전통의 계승'이라는 가치 지향은 앞서 1에서 살펴보았던 '정통 의식문의 엄정한 구현'이라는 지향과 충돌을 일으키고 있어 조심스럽다. 삼화사수륙재가 근간으로 삼고 있는『천지명양수륙재의찬요』는 조선 초기 왕실 중심의 국행수륙재에서 전국 주요 사찰 주도의 수륙재로 변화가 일어나고 있음을 드러내는 주요한 자료이다. 16세기 이후부터는 삼화사에서 국행수륙재가 아닌 사찰 중심의 수륙재가 벌어졌음을 추정케 하는 자료인 것이다.[37] 결국 국행수륙재를 강조하고 그 전통을 계승한다고 하면서, 사찰 중심의 수륙재로 변화를 드러내는 의식문을 중심으로 복원을 하는 모순이 나타난다. '정통 수륙재 의식문의 엄정한 구현'이라는 가치와 '국행수륙재 전통의 계승'이라는 가치가 충돌을 일으키고 있는 것이다.

3. 지역문화전통과의 긴밀한 연관

방생의식은 삼화사수륙재를 특징짓는 독특한 절차로 주목받고 있다. 삼화사수륙재에서 방생의식은, 중단의식과 하단의식 사이에 큰 비중을 갖고 설행된다. 방생의식은 "죽어가는 생명까지 통합하는"[38]하고자 하는 의도를 드러내는 의식이다. 그 의식은 "수륙재의 본래 목적을 잘 드

---

37) 차장섭, 앞의 글, 45면.
38) 미등, 앞의 책, 182면.

러내는 재차"39)로 평가받는다. "수륙재의 취지가 육도 중생을 모두 초청하여 법식을 베푸는 것이므로 무차수륙도량이라 한다. 이러한 점에서 삼화사의 방생절차는 수륙 정신의 실천으로써 그 정신을 높이 살만"한 것이다.40)

〈그림 8〉 방생의식(2014. 10. 19)

삼화사수륙재의 방생의식은 '고려 광종 19년에 귀법사 무차수륙회에서의 방생소 설치'나 '1432년(세종 143) 2월 효령대군의 한강수륙재' 등의 역사 기록을 그 근거로 삼는다.41) 그 밖에도 1914년 5월 봉은사수륙재, 1916년 진관사 포교당이 마포에서 개설한 수륙재, 1930년 제주도불교협회 봉려관 주최의 산지항 해상조난자 추도식, 1936년 11월 강릉포

39) 홍태한, 앞의 글, 157면.
40) 윤소희, 앞의 글, 15면.
41) 미등, 앞의 책, 182면. 이용애, 앞의 글, 548면.

교당 수륙재 등의 근대 기록을 그 근거로 삼을 수 있다.[42]

이러한 방생의식에 존재에 대해, 삼화사가 자리한 인문적 지리적 환경과 상황에서 기인한 것으로 추정하는 시각이 있다. 삼화사가 자리한 동해는 군사적으로 매우 중요한 요충지로 다른 지역에 비해 전쟁과 충돌이 많아 이들 전쟁에서 희생당한 무주고혼을 천도하는 역할을 방생의식이 담당했을 것이라 추정하는 것이다.[43] 여기서 좀 더 나아가, "동해안과 인접한 삼화사에 <방생>이 있다는 것은 이러한 해양문화와의 관련성 때문"[44]이며, "해안에서 다채롭게 행하고 있는 방생의식을 의례에 수용한 것"[45]이라는 견해도 제시되었다. 이상의 견해들을 바탕으로 한다면, '방생의식의 존재'라는 삼화사수륙재의 특징은 '지역문화전통과의 긴밀한 연관'이라는 가치를 함축하고 있다고 할 수 있다. 수륙재 본령의 생명 통합의 정신을 내세우면서 지역문화전통과 긴밀한 연관성을 두드러지게 강조하고 있는 것이다.

지역과의 긴밀한 연관성이 삼화사수륙재에서 방생의식을 하게끔 했다는 추정 이면에는 민간수륙재 혹은 무속적 용신굿의 영향 가능성이 자리한다. 방생의식이 삼화사수륙재 본연의 것이라는 견해가 아니라, 외부 영향의 가능성을 염두에 두는 것이다. 그런데 이러한 입장을 1990년대까지도 "수륙재를 방생법회 정도로 인식"[46]했다는 견해와 겹쳐본다면, 상황이 좀 심각해진다. '수륙재가 쇠락한 형태로서의 방생 중심의

---

42) 한상길, 「수륙재의 역사와 백제문화제 수상 수륙재」, 『백제문화제 수륙재 60년의 가치』(백제문화제 60회 기념 학술세미나 자료집), 부여군불교사암연합회 · 부여불교통합신도회, 2014, 76~77면.
43) 이용애, 앞의 글, 548면.
44) 홍태한, 앞의 글, 163면.
45) 같은 글, 같은 면.
46) 혜일명조, 앞의 글, 105면.

의식'이 삼화사수륙재에 영향을 끼쳤다는 논리가 만들어질 수 있는 것이다. 그러한 논리는 1918년 경기도 고양군 미타사에서 설행한 수륙재 기록에서 다음과 같은 언급을 바탕으로 한 것이다.

> 其 儀式을 聞ㅎ·ㄴ즉 當日 道俗男女가 群集ㅎ·야 漢江中流에 大法船을 放ㅎ·고 諸法師가 經을 讀ㅎ·야 法을 作ㅎ·고 終末에는 施食卽(어부심)을 行ㅎ·얏다 ㅎ·더라. 大槪 此ㄴ·ㄴ 近日 朝鮮에서 慣行ㅎ·는 水陸齋의 법식이라. 疑컨ㄷ·ㅣ 露梁巫女의 龍神賽와 如ㅎ·ㄴ 法이 轉輾變化되고 또ㄴ·ㄴ 水陸이라ㄴ·ㄴ 水字의 意義를 取ㅎ·야 佛家에서도 水陸齋를 江上에셔 設行케 됨은 아닌가 ㅎ·노라.[47]

또한 안진호 스님의 다음과 같은 언급에서도 그러한 상황을 미루어 볼 수 있다.

> 근대(近代) 수륙(水陸)은 강상(江上)이 아니면 해상(海上)으로 나아가며 …(중략)… 오늘날까지 강상(江上) 우(又)는 해상(海上)에 나아가 결선시행(結船施行)들을 하니 무슨 이유(理由)인가 무타(無他)라 그 수륙(水陸)이라는 수자(水字)만 중대시(重大視)하고 정말 고혼(孤魂)을 위로(慰勞)하는 륙자(陸字)는 등한시(等閑視)하엿시며 또 어포식(魚布食)하는 방생재일종(放生齋一種)을 남용(濫用)한 것이라 하노라 …(하략)…[48]

방생의식이 어쩌면 수륙재의 쇠락한 모습일 수도 있다고 한다면, 이

---

47) 원문을 바탕으로 띄어쓰기를 하고 구두점을 표기했다. 尙玄居士, 「水陸齋儀式에 就ㅎ·야」, 『조선불교총보』 제11호, 삼십본산연합사무소, 1918, 8면.
48) 안진호 편, 『석문의범(상)』, 卍商會, 소화 10년(1935), 239면; 혜일명조, 앞의 책, 13면에서 재인용.

는 앞서 2에서 살펴본 삼화사수륙재의 가치인 '국행수륙재 전통의 계승'과 어긋나게 된다. 조선 초기 국행수륙재의 전통을 계승한다고 하면서 이후의 쇠락한 모습이 함축되어 있는 방생의식의 영향을 설정한다는 것은 논란의 소지가 있다. 그 문맥에서 "국행수륙재가 온전한 형태로 전승되었다면 불교계에서 굳이 강가나 바닷가에 나가 수륙재를 행하지는 않았을 것 아닌가?"[49]라는 의문은 시사하는 바가 많다.

　방생의식의 존재는 앞서 1에서 논의한 '정통 수륙재 의식문의 엄정한 구현'이라는 가치 지향과도 충돌한다. 방생은 삼화사수륙재가 근간으로 삼는 『천지명양수륙재의찬요』에는 존재하지 않는 의식이기 때문이다. 『천지명양수륙재의찬요』와는 다른 의식이라는 점에서 현행 삼화사수륙재의 '소청(召請)과 권공(勸供)의 비분리' 역시 주목된다. 소청과 권공의 비분리 역시 앞서 1에서 논의한 '정통 수륙재 의식문의 엄정한 구현'이라는 가치 지향과는 다른 양상을 보이기 때문이다. 현행 삼화사수륙재에서는 상단에서 소청을 하고 권공을 한 후, 중단에서 소청과 권공을 하고, 다시 하단에서 소청과 권공을 한다. 각단에서 각각 소청을 한 후 공양의식을 진행하는 것이다. 그런데 이는 『천지명양수륙재의찬요』의 절차와는 다른 것이다. 『천지명양수륙재의찬요』에서는 대상이 되는 모든 이들을 먼저 청하여 한 자리에 하게 한 후, 그 다음에 공양의식을 설행한다.[50] 이러한 차이점을 의식 진행의 맞다/틀리다 차원에서 논의할 능력은 필자에게는 없다. 다만 여기서 필자가 지적하고 싶은 것은, 그

---

49) 혜일명조, 앞의 책, 14면.
50) 이렇게 소청과 권공이 분리되는 양상은 아랫녘수륙재에서 나타난다. 아랫녘수륙재에서의 소청과 권공의 분리에 대한 논의는 다음을 참조. 허용호, 「'아랫녘수륙재'에서 주목해야 할 몇 가지」, 『실천민속학연구』 제24호, 실천민속학회, 2014, 49면.

설행의 근간으로 삼는『천지명양수륙재의찬요』와 실제 수륙재 설행이
다르다는 점이다.

Ⅲ. 삼화사수륙재 가치 지향의 모순과 충돌의 의미

수륙재가 중요무형문화재로 지정되었다는 것은, 보다 섬세하고도 비
판적인 논의를 할 수 있는 공론의 장에 수륙재가 진입했음을 의미한다.
동시에 그 전승의 단절에도 불구하고 수륙재가 중요무형문화재로 지정
되었다는 점에서, 과거 문헌 자료를 토대로 복원을 한 역사적 무형문화
재의 인정이라는 새로운 국면이 벌어지고 있음을 말하는 것이기도 하다.
필자는 그렇게 수륙재 문화재 지정에서 포착된 두 가지 의미를 바탕
으로, 삼화사수륙재의 특성과 가치에 대한 기존의 논의를 재검토했다.
논의는 우선 삼화사수륙재가 과거 특정 시기의 문헌 자료를 바탕으로
복원한 것임을 드러내는 것으로 시작되었다. 다시 말해서 삼화사수륙재
가 역사적 무형문화재라는 점을 밝힌 것이다.

그런데 삼화사수륙재를 역사적 무형문화재로 바라보게 된다면, 삼화
사수륙재의 특징과 가치에 대한 기존 논의가 새롭게 조정되어야 할 필
요가 있다. 이에 필자는 그동안 이루어진 삼화사수륙재의 특징과 가치
에 대한 논의를 재검토해 보았다. 기존 논의에서 언급된 삼화사수륙재
의 특징과 가치는 '정통적 수륙재 의식문의 엄정한 구현', '국행수륙재
전통의 계승', '지역문화전통과의 긴밀한 연관' 등으로 정리할 수 있다.

'정통적 수륙재 의식문의 엄정한 구현'은 삼화사수륙재가『천지명양

수륙재의찬요』를 근간으로 복원한 것이라는 점에서 설정된 가치이다. 그리고 그 가치는 '고유하고 차별적인 관욕의식의 실행'이라는 특징으로 현상화된다. '국행수륙재 전통의 계승'은 삼화사수륙재의 종목 과 전승주체의 공식 명칭에서 나타난다. 문헌 기록을 근거로 '국행수륙재'라는 가치가 설정되었고, 그것은 중요무형문화재 지정에서도 중요한 이유가 되었다. '지역문화전통과의 긴밀한 연관'은 방생의식의 존재라는 특징이 함축한 가치이다. 수륙재 본령의 생명 통합의 정신을 내세우면서 인문적 지리적 환경과 긴밀한 연관성을 갖고 있는 것이 방생의식이라는 점을 강조하고 있다.

그런데 위에서 정리한 삼화사수륙재의 특징과 가치들이 서로 충돌하거나 모순적으로 존재하고 있어 흥미롭다. 앞서 살폈듯이 삼화사수륙재는 '정통적 수륙재 의식문의 엄정한 구현'이라는 가치를 드러내고 있다. 하지만 이 가치는 '국행수륙재 전통의 계승'이라는 가치 지향과는 서로 어긋나는 것이다. 삼화사수륙재가 근간으로 삼고 있는 『천지명양수륙재의찬요』는, 16세기 이후부터 삼화사에서 국행수륙재가 아닌 사찰 중심의 수륙재가 벌어졌음을 추정케 하는 자료이다. 여기서 국행수륙재를 강조하고 그 전통을 계승한다고 하면서, 사찰 중심의 수륙재로 변화한 근거 자료가 되는 의식문을 중심으로 복원하는 모순이 나타나고 있다. '정통 수륙재 의식문의 엄정한 구현'이라는 가치와 '국행수륙재 전통의 계승'이라는 가치가 충돌을 일으키고 있는 것이다.

'정통적 수륙재 의식문의 엄정한 구현'이라는 가치는 '지역문화전통과의 긴밀한 연관'이라는 가치 지향과도 충돌을 일으킨다. '지역문화전통과의 긴밀한 연관'이라는 가치를 함축한 방생의식의 존재라는 특징은, 삼화사수륙재가 근간으로 삼는 『천지명양수륙재의찬요』에는 존재하지 않는 의식이기 때문이다. '지역문화전통과의 긴밀한 연관'을 내세우면서 '정통적 수륙재 의식문의 엄정한 구현'이라는 가치가 손상되는 양상이 벌어지고 있다.

'지역문화전통과의 긴밀한 연관'이라는 가치와 '국행수륙재 전통의 계승'이라는 가치 사이에도 삐걱거림이 존재한다. 방생의식의 경우 지역문화전통과의 긴밀한 연관이라는 가치를 함축한 특징이다. 그런데 여기에는 삼화사수륙재가 민간수륙재 혹은 무속적 용신굿의 영향을 받았음이 전제되고 있다. 더욱이 방생 중심의 의식이 수륙재가 쇠락한 형태라는 견해를 여기에 겹쳐본다면, 이는 '국행수륙재 전통의 계승'이라는 가치 지향과 어긋나게 된다. 조선 초기 국행수륙재의 전통을 계승한다고 하면서 이후의 쇠락한 모습이 함축되어 있는 방생의식의 영향을 전제한다는 것은 논란의 소지가 있는 것이다.

이렇게 삼화사수륙재의 특징과 가치들은 서로 어긋나고 모순되며 충돌을 일으킨다. 그러한 모순과 충돌의 양상은, 그동안 삼화사수륙재의 특징과 가치라 말해왔던 것들에 것들에 대해 다시 보게 만든다. 삼화사수륙재의 특징과 가치라고 그동안 주장되어 왔던 것들은, 과거에서 현재까지의 삼화사수륙재 연행과 전승의 산물이 아니다. 그것은 2000년 이후 삼화사수륙재를 복원, 좀 더 정확하게 표현한다면 '구성'하는 과정에서 피력된 주체들의 지향을 말하는 것이다. 그 지향은 현재로서는 일원화되어 있지 않고 있으며, 엄정한 일관성을 갖고 있지도 않다. 삼화사수륙재의 특징과 가치라 일컬어져 왔던 것들은 과거에서 현재로 이어지는 연행과 전승의 결과물이 아니라, 현재에서 미래로 향하는 지향들로

보는 것이 적절하다. 그것은 삼화사수륙재 구성의 주체들의 욕망으로
볼 수도 있다. 그 욕망 혹은 지향들이 현재로서는 삐걱거리고 충돌을
일으키는 형국으로 현재 나타나고 있는 것이다. 가치와 특징의 모순과
충돌은 삼화사수륙재의 구성 과정에서 나타나는 지향의 차이에서 기인
한다. 결국 삼화사수륙재의 가치와 특징에서 나타나는 모순과 충돌은
삼화사수륙재가 구성 과정 중에 있음을 말하는 것이다.51)

　필자는 삼화사수륙재의 특징과 가치가 현재에서 미래를 향하는 과정
에 있다는 점에서 역동적인 양상을 보이고 있다고 생각한다. 그 양상
속에서 필자는 삼화사수륙재에 참여하는 또 다른 주체 혹은 공동체에
주목하고 싶다. 수륙재가 벌어지기 몇 개월 전부터 지화를 만들고 필요
한 단(壇)과 소(所)를 설치하는 신도들, 수륙재를 단순히 보기만 하는 것
이 아니라 그 전 과정에 적극적으로 참여하여 하나의 신앙 행위화하는
사람들의 모습에 주목하려는 것이다. 그들에게 삼화사수륙재는 어떤 의

---

51) 필자의 논의는 여기서 멈춘다. 수륙재의 중요무형문화재 지정에서 포착된 두 가지
　　의미를 바탕으로, 삼화사수륙재의 특성과 가치에 대한 기존 논의를 재검토하는 소기
　　의 목적을 이루었기 때문이다. 그 목적은 기존 논의에서 피력된 삼화사수륙재의 특
　　성과 가치를 재검토하는 것이었으며, 이를 통해 특성과 가치들에 내재해 있는 모순
　　과 충돌 양상이 드러났다. 필자는 여기에 덧붙여 삼화사수륙재의 가치와 특징들이
　　모순적이고 충돌을 일으키고 있는 이유에 대한 견해를 피력하는 선에서 본 논의를
　　마무리한다. 그러한 본 논의의 마무리에 대해 "삼화사수륙재의 보완 시행에 대한 어
　　떤 제안이나 해결점을 연구자의 입장에서 제시해 주어야할 필요가 있다"는 논문 심
　　사위원의 지적이 있었다. 이 지적에 대해 필자는 '삼화사수륙재의 현 양상에 대한
　　어떤 제안이나 해결점 제시는 본 논의의 본령이 아니다'는 것으로 답한다. 본고에서
　　필자는 삼화사수륙재의 현 양상에 대한 담담한 제시 이상의 관여를 가능한 한 하지
　　않으려하기 때문이다. 또 다른 심사위원이 지적한 '왜 국행, 정통적 수륙재 의식문,
　　지역문화전통 등을 키워드로 하는 정당화를 시도하는 지 그 자체에 대한 분석의 필
　　요성'에 대해서는 필자 역시 절감하고 있다. 그 문제에 대해서는 이후 다른 논문을
　　통해서 논의하려 한다. 그 논의에서는 비단 삼화사수륙재뿐만이 아니라, 진관사수륙
　　재나 아랫녘수륙재까지 포함한 수륙재 전반을 대상으로 논의를 하게 될 것이다.

미로 다가가는지, 무형문화재 또는 국행수륙재라는 속성은 어떤 작용을 하는지 필자는 살펴보고 싶다. 그것들은 어쩌면 지금까지 삼화사수륙재의 특징과 가치 논의와는 또 다른 양상을 함축하고 있으며, 필자로서는 그것 또한 의미 있는 것으로 생각하기 때문이다.52)

〈그림 9〉 승려 14명과 신도 99명의 금강경 독송 장면 (2014. 10. 19)

52) 본고는 2014년 10월 16일 동해시 삼화사에서 개최된 '삼화사 국행수륙대재의 전승 양상과 발전 방향'이라는 주제의 한국불교민속학회 학술대회와, 2014년 10월 31일 한국불교역사문화기념관 국제회의실에서 개최된 '수륙재와 공연문화'라는 주제의 한국공연문화학회 학술대회에서 발표된 내용을 바탕으로 한 것이다. 학술대회에서 토론을 맡아주신 이수자 선생님과 태경스님, 그리고 많은 조언을 해주신 미등스님께 감사드린다.

김경남, 「삼화사 국행수륙재의 문화재 지정 이후의 과제」, 『삼화사 국행수륙대재의 전승
        양상과 발전 방향』, (사)삼화사 국행수륙대재보존회·한국불교민속학회, 2014.

박봉영, 「삼화사·진관사 수륙재 국가무형문화재 지정」, 『불교 포커스』, 2013년 03월 08
        일.

문화재청, 「'수륙재' 중요무형문화재 신규종목 지정 예고 - 삼화사국행수륙대재보존회, 진
        관사국행수륙재보존회, 백운사아랫녘수륙재보존회 보유단체 인정 예고-」, 문화재
        청 보도자료, 2013.11.13.

미등(연제영), 『국행수륙대재: 삼화사 수륙재를 중심으로』, 조계종 출판사, 2010.

사단법인두타산삼화사국행수륙대재보존회, 「佛紀 2558年 頭陀山三和寺國行水陸大齋」(리
        플렛), 2014.10.17~19.

삼화사국행수륙대재보존회, 「佛紀 2556年 頭陀山三和寺國行水陸大齋」(리플렛), 2012.10.
        19~21.

尙玄居士, 「水陸齋儀式에 就ㅎ·야」, 『조선불교총보』 제11호, 삼십본산연합사무소, 1918.

송일기, 「동해시 두타산 삼화사의 불교전적」, 『삼화사 국행수륙대재 논문집』, 2008.

이창식·안상경, 「백제문화제 수륙재의 전통, 전승, 발전방향」, 『백제문화제 수륙재 60년
        의 가치』(백제문화제 60회 기념 학술세미나 자료집), 부여군불교사암연합회·부
        여불교통합신도회, 2014.

윤소희, 「삼화사 국행 수륙재 참관」, 현장 메모(미간행), 2012.10.18~21.

이병옥, 「한국민속예술축제 제도의 운영상의 제 문제와 개선방안」, 『한국민속예술축제 50
        주년 기념학술대회』, 2009.

이용애, 「진관사·삼화사 국행수륙재 비교」, 『선문화연구』 16권, 한국불교선리연구원,
        2014.

진철승, 「'진관사 국행수륙재의 특징과 의미'에 부쳐」, 『2014년 한국공연문화학회 추계학
        술대회 - 수륙재와 공연문화-』, 한국공연문화학회, 2014.

차장섭, 「동해 삼화사 국행수륙재의 배경과 전개」, 『조선사연구』 제17집, 조선사연구회,

2008.

한상길, 「수륙재의 역사와 백제문화제 수상 수륙재」, 『백제문화제 수륙재 60년의 가치』 (백제문화제 60회 기념 학술세미나 자료집), 부여군불교사암연합회 · 부여불교통합신도회, 2014.

허용호, 「'아랫녘수륙재'에서 주목해야 할 몇 가지」, 『실천민속학 연구』 제24호, 실천민속학회, 2014.

혜일명조, 「수륙재의 복원에 관한 소고-『결수문』, 『수륙무차평등재의촬요』를 중심으로-」, 『한국음악문화연구』 제3집, 한국음악문화학회, 2011.

_____, 「아랫녘 수륙재의 어제, 오늘 그리고 내일」, 『제5회 불교의식음악 학술대회 겸 아랫녘 수륙재 중요무형문화재 지정 축하 심포지엄: 아랫녘 수륙재의 어제, 오늘 그리고 내일』, 아랫녘수륙재보존회 · (사)영남불교의식음악연구회, 2014.

_____, 「수륙재의 발전적 계승을 위한 제언」, 『삼화사 국행수륙대재의 전승양상과 발전 방향』, (사)삼화사국행수륙대재보존회 · 한국불교민속학회, 2014.

홍태한, 「수륙재 전승의 지역적 다양성과 의미」, 『실천민속학연구』 제22호, 실천민속학회, 2013.

Hobsbaum, Eric, 'Introdiction: Inventing Traditions', in Eric Hobsbaum and Terence Ranger (eds.), The Invention of Tradition, Cambridge University Press, 1983.

제3부
수륙재의 현대적 계승과 공연콘텐츠적 활용

수륙재의 원형 문제와 문화콘텐츠 전략화

이
창
식

1. 머리말

수륙재(水陸齋)는 공동체 불교의례이다. 최근에 '소통'과 '통합'이라는 차원으로, 고혼위로와 죽음의례의 축제 국면이 강조되고 있다. 국가무형유산 등재(2013. 12. 31) 이후 더욱 그렇다. 문헌복원과 전승맥락의 한계에도 불구하고 역사적 가치와 정신적 가치를 주목하고 있다. 철저한 고증과 특정 단체의 관심으로 영산재와 차별화는 물론 불교의례의 제한을 넘어서서 대사회화 경향을 보이고 있다. 지화와 번 조성, 설단과 장엄 설치, 의례와 작법 연행 등을 설행하여 평등, 소통, 화합의 의미를 표현하고 있다. 더구나 세 군데 사찰이 지정됨에 따라 종합적 불교문화유산으로서 다양성을 보일 것이라고 전망된다.

수륙재의 본질적 가치는 죽음의례를 통한 해원과 화합의 상징성을 지닌다. 설행 주체의 목적을 살려 부처님의 가르침과 배려의 실천을 표현한다. 화해와 회향은 열린 의미망이다. 청정도량의 승화로써 구원의 욕망을 씻고 종교의례의 구체적 행위구현을 드러낸다. 수륙재의 문화원형을 잘 유지하면서 사부대중, 불교권을 넘어서서 대중들에게 접근하는 길을 모색할 시기가 되었다. 문화원형의 정신적 가치에다가 조심스럽게 경제적 가치를 집중해야 한다. 불교적 범주를 초월하여 문화콘텐츠로 개발함으로써 문화재적 가치와 민족예술적 가치도 동시에 살려 나가는 열린 논의의 담론이 필요하다.

수륙재는 2013년 국가중요무형문화재가 되었기에 적어도 지정 당시 검토된 주요양상을 유지해야 한다. 문제는 복원 설행과 수용 설행의 단체 지정이었기에 개별항목 기량기준을 마련하지 못했다. 더구나 종합적 의례연행이라는 차원에서 전승국면의 기준 – 적어도 차별적 원형 요소 – 을 정하지 못했다. 비단 수륙재만의 문제가 아니다. 이 글에서는 이 점을 고려하여 수륙재를 대상으로 설행 등 원형과 전승 목적 및 문제점을 살펴 본래적 가치와 창조적 가치를 동시에 검토한다. 국가무형문화재 지정 이후 수륙재의 전승 방향을 고려하여 보존과 활성화 국면 – 복원 성향의 창출문화유산의 경우 – 을 제시해 보고자 한다.

2. 수륙재의 전승 문제점과 공연문화

수륙재는 복원 논의1)와 관계없이 불교의례의 상징성과 대중성으로 공익적인 측면이 주목된다. 불교의례와 공연 관련이 있는 것으로 국가

---

1) 혜일명조, 「수륙재의 복원에 관한 소고」, 『한국음악문화연구』제3집, 한국음악문화학회, 2011.

와 각 시도 무형문화재로 여러 종목이 지정되었다. 세계무형유산으로 인정된 영산재[2]를 비롯해 부산광역시 무형문화재 제1호 범음범패, 제9호 부산영산재, 인천광역시 무형문화재 제10호 범패와 작법무(바라춤, 나비춤), 충청남도 무형문화재 제40호 내포영산대재, 전라북도 무형문화재 제18호 영산작법, 인천광역시 무형문화재 제15호 대한불교 삼계종 연화사 수륙재, 충청북도 무형문화재 제25호 구인사 삼회향놀이[3] 등이다. 이렇게 각 지역별로 특징적인 불교의례가 전승되고 있다.

수륙재가 전승되는 사찰 여럿이 알려져 있다. 최근에는 무형문화재 제도에 대한 관심이 높아지고 있는 추세이다.[4] 새롭게 수륙재를 설행하려는 사찰이 증가하고 있어 수륙재와 연관된 사찰은 더 늘 것으로 전망된다.[5] 수륙재는 온 천지와 수륙에 존재하는 모든 고혼(孤魂)의 천도를 위하여 지내는 의례로 개인 천도의 성격을 띤 영산재에 비해 공익성과 포교성이 두드러지는 불교의례유산이다. 더구나 국가중요문화재로서 창조적 브랜드는 더욱 확대될 것인데 다음 내용이 주목된다.

문화재청은 2013년 12월 19일 무형문화재분과위원회 회의를 열고 수륙재를 중요무형문화재로 지정할 것을 확정하고, 삼화사국행수륙대재보존회, 진관사국행수륙재보존회, 백운사아랫녘수륙재보존회를 보유 단체로 최종 인정했다. 중요무형문화재 신규종목으로 지정 예고된 수륙재는 유주무주의 고혼의 천도를 위해 지내는 의례로 개인 천도의 성

2) 한국공연문화학회, 『영산재의 공연문화적 성격』, 박이정, 2006.
3) 이창식, 「충북 구인사 삼회향놀이의 전승과 보존」, 『충북학』제14집, 충북학연구소, 2012, 73~103면.
4) 문화재청과 대한불교 조계종에서 2010년 불교무형유산 일제조사 사업 참고
5) 이성운, 「현행 수륙재의 몇 가지 문제」, 『정토학연구』제18집, 한국정토학회, 2012, 167~195면.

격을 띤 영산재에 비해 공익성이 두드러진 의례다. 조선초기부터 국행 수륙재로서 대규모로 설행(設行)돼 왔던 사실이 조선왕조실록을 비롯한 문헌에 나타나 그 역사성이 인정됐다. 동해 삼화사는 조선전기 국행수륙재의 전통을 계승하는 동시에 지역사회 통합을 위한 고혼 천도의 수륙재 전통을 가진 사찰이며, 의식과 범패, 장엄 등을 아울러 전승하고 있다. 서울 진관사는 조선시대에 왕실 주도의 대규모 수륙재를 주로 담당했던 중심 사찰로 의식, 설단, 장엄 등 수륙재의 여러 분야에 대한 전승이 이뤄지고 있다. 창원 백운사 수륙재는 경남 일대에서 전승되던 범패의 맥을 이어 의례와 음악적 측면에서 경남 지방의 지역성을 내포하고 있는 불교의례다.

이 같은 수륙재에는 만물평등과 생명존중의 가치가 담겨 있을 뿐 아니라 불교계가 오랜 세월 고통 속에 신음하는 중생을 끌어안는 중요한 방편이었다는 점에서 수륙재는 향후 우리 사회 곳곳의 문제들을 해소하고 치유하는데도 큰 기여를 할 것으로 보인다. 또 수륙재를 구성하고 있는 범패와 작법 등은 불교예술의 진수를 보여주고 있어 일반인들이 쉽게 불교를 접할 수 있는 계기도 될 수 있을 것으로 기대된다. 수륙재 무형문화재 지정에 앞장서온 홍윤식(동국대 명예교수) 한국불교민속학 회장은 수륙재는 가장 오래된 불교의례의 하나로 좁게는 개인과 나라의 안녕을, 넓게는 전 인류의 평안을 기원하는 평등대재이자 무차대회라며 수륙재에 수많은 콘텐츠가 담겨 있는 만큼 이를 우리 현실에 활용하려는 노력이 더욱 활발하게 이뤄져야 할 것이라고 말했다.

(『법보신문』, 2013.)

지정 전후에 많은 확대논리의 담론이 나왔다. 조선초기부터 국행수륙재로서 대규모로 설행되어 왔던 사실이 『조선왕조실록』을 비롯한 문헌에 나타나 그 역사성이 인정되었다. 수륙재의 의례적 원형에 대한 지속과 변화는 기존 논의에서 보듯 다면적이다. 사찰마다 의례문의 차이에

도 불구하고, 수륙재의 핵심 공통 재차는 대령, 관욕, 신중작법, 괘불이
운, 법문, 사자단, 오로단, 상단, 중단, 하단, 회향봉송이다. 이것 역시
전승주체에 따라 넘나듦이 보인다.

1) 중요무형문화재로서 수륙재의 양면성: 백운사, 진관사, 삼화사

경남 창원시 마산합포구의 백운사 수륙재는 불모산 영산재[6]에서 바
꾸어 2013년 삼화사 및 진관사와 함께 국가중요무형문화재가 되었다.
경남 창원시 마산합포구 삼학산에 있는 백운사는 태고종 사찰이다. 주
지하다시피 백운사 수륙재는 2013년 중요무형문화재 제127호로 지정되
었다.[7] 낙동강 경남일대의 '아랫녘 수륙재'라고 하여 수륙재의 전승 특
성상 차별성을 두고 있다. 본래 경상남도 무형문화재 제22호로 지정된
영산재[8]가 전승되는 곳인데, 이를 해제하고 국가급 수륙재로 거듭 부각
되었다.[9] 이렇게 됨으로써 영남지역에서 의례공동체의 대표성을 지니
게 되었다.

일반적으로 수륙재는 땅과 바다를 헤매는 일체 고혼을 위로하기 위
해 불법을 강설하고 음식을 베푸는 불교의식이다. 수륙재 의례구성의
핵심은 성현과 육도사성을 초청하여 찬탄·참회·공양·목욕하고 수
회·회향·발원하여 그 공덕을 얻으려는 데 목적이 있다. 이를 시행하
는 백운사 수륙재의 주요 재차[10]는 다음과 같다.

---

6) 최헌, 『불모산 영산재』, 경상남도 무형문화재 제22호 불모산영산재 보존회, 2008.
7) 백운사아랫녘수륙재보존회 보유단체.
8) 불모산영산재, 불모산영산재보존회, 사이트 참조
9) 영산재와 수륙재의 구분이 문제가 된다.
10) 백운사 수륙재는 백운사에서 배포한 자료(수륙재 지정 현지실사와 영상촬영 자료,
　　2013.)를 대상으로 정리한 것이다. 2012년 당시 백운사 수륙재(태고종 영남불교의식

① 외대령(外對靈): 일주문 밖에 마련한 외대령단에 가서 영가를 모셔오는 의식이다. 이때 고혼청(孤魂請)을 부른다. 시련의 의미 국면을 내포한다.

② 괘불이운(掛佛移運): 수륙도량에 모실 괘불을 이운하는 의식이다.

③ 신중작법(神衆作法): 신중을 모셔 도량을 정화하는 의식이다.

④ 상단권공(上壇勸供): 상단에 모신 여러 성중께 차를 올리고 찬탄하는 의식이다.

⑤ 관욕(灌浴): 영가를 깨끗하게 씻겨 부처님을 뵙게 하는 의식이다.

⑥ 영반(靈飯): 영가에게 음식을 대접하는 의식이다.

⑦ 영산작법(靈山作法): 부처님의 덕을 찬양하고 마음을 다해 의식을 거행하겠다는 다짐이다.

⑧ 소청사자(召請使者): 사자를 불러 모시는 의식이다.

⑨ 소청오로단(召請五路壇): 오방 오제를 불러 모시는 의식이다.

⑩ 소청상위(召請上位): 상단의 여러 성중을 모시는 의식이다.

⑪ 소청중위(召請中位): 지장보살을 모시는 의식이다.

⑫ 상단권공(上壇勸供): 상단의 여러 성중께 공양을 올리고 찬탄하는 의식이다.

⑬ 지장권공(中壇勸供): 지장보살께 공양을 올리고 찬탄하는 의식이다.

⑭ 오로단권공(五路壇勸供): 오방 오제께 공양을 올리고 찬탄하는 의식이다.

⑮ 신중단권공(神衆壇勸供): 신중들에게 공양을 올리고 찬탄하는 의식이다.

⑯ 상축(上祝): 여러 소망을 불보살께 발원하는 의식이다.

⑰ 설주이운(說主移運): 설법을 행할 증명스님을 모셔오는 의식이다.

음악보존회)는 무속신앙의 요소가 많이 포함되어 있는 등 원형복원이 미흡해 지정이 보류됐다고 했다. 2013년에는 영남불교의식음악보존회를 중심으로 지속적인 원형복원을 위한 노력을 기울여 오고, 무속신앙의 요소가 포함되어 독특한 형태로 전승된 점이 주요한 지정사유로 꼽혔다고 했다.

⑱ 거량(擧量): 증명스님을 단에 모셔 설법을 듣는 의식이다.

⑲ 조전점안(造錢點眼): 저승에 사용할 여러 돈을 운반하여 덕을 쌓는 의식이다.

⑳ 시식(施食): 영가와 고혼들에게 시식을 베푸는 의식이다.

㉑ 배송(拜送): 하단에 설치된 여러 위패를 뜯어 반야용선에 싣고 이동하는 의식이다.

㉒ 삼회향(三回向): 모든 의식이 끝나고 사부대중이 함께 즐거워하면서 회향하는 의식이다.

위에서 보인 바와 같이, 다른 사찰보다 의식 단위가 많다. 백운사 수륙재는 재차 구성이 상당히 융・복합적이다. 각단 소청과 각단 권공이 별도로 독립되어 있고 음식을 대접하는 영반이 따로 있다. 첫머리가 외대령인데 여기에 고혼청이 등장하는 것이 다른 사찰의 수륙재와 다른 일면이다. 상단권공이 두 차례에 걸쳐 있고 괘불이운 이후에 신중작법 – 문서에는 영산작법 또는 영산각배 – 이 나오는 것도 특징적이다.

이는 석봉스님과 관련이 깊다. 백운사 수륙재를 담당한 석봉스님은 일찍부터 영남의 여러 소리판과 공연판을 다니며 다양한 연희와 의례, 놀이를 체득한 보유자이다. 석봉스님은 영남 불교문화와 민속문화를 두루 알고 있는 연행자이다. 석봉스님의 경험담은 백운사 수륙재의 연원과 계보상 매우 중요하다. 주지하다시피 불교문화가 민중의 생활 속에서 다양한 양상을 보이면서 전승되었다.

석봉스님의 개인기량이 설행에 크게 영향을 미쳤다. 수륙재가 이틀 또는 사흘 동안 설행되는 동안 모든 의례문을 통째로 외우고 있어서 의례집을 보지 않고 설행했다. 백운사는 의례집을 제작해 수륙재 설행에 활용하기에 참고자료가 되었고, 실제 진행의 영상자료도 도움이 되었다.

의례든 노래든 전승주체가 완벽하게 소화하여 연행하는 것은 매우 의미 있다.

백운사 수륙재에서 외대령이 주목되는 이유는 그것이 전체 절차에 작용하기 때문이다. 다른 사찰의 수륙재에서 시련으로 시작하는 것과 달리 외대령이라는 독특한 재차로 백운사 수륙재가 시작된다. 석봉스님의 전승계보 및 사제관계와 연관된다. 외대령의 세부 재차는 다음과 같다.

외대령의 진행은 나무극락도사아미타불(南無極樂導師阿彌陀佛), 나무관세음세지양대보살(南無觀音勢至兩大菩薩), 나무대성인로왕보살(南無大聖引路王菩薩)을 청하는 거불(擧佛), 외대령 의식을 거행하게 된 연유를 고하는 소청하위소(召請下位所)로 시작된다. 지옥문이 열려 여러 중생을 청하는 지옥게(地獄偈), 설판재자와 동참재자가 열위열명영가(列位列名靈駕)를 청하는 입영(入靈), 요령을 울려 명도와 귀계를 청하는 진령게(振鈴偈), 지옥문을 부수는 파지옥진언(破地獄眞言), 악업의 원인이 되는 악취를 없애는 멸악취진언(滅惡臭眞言), 아귀를 부르는 소아귀진언(召餓鬼眞言), 고혼을 부르는 보소청진언(普召請眞言)이 이어지고, 이렇게 여럿을 불러 모신 연유를 밝히는 유치(證明由致)가 이어지고, 향과 꽃을 올리는 향화청(香花請)이 이어진 후 외대령의 백미인 28고혼청(孤魂請)이 나온다.

이처럼 백운사 수륙재는 시련이 없이 외대령으로 시작된다. 외대령의 세부 내용에는 시련의 의미를 가지고 있음이 보인다. 백운사 수륙재는 민간화한 수륙재라 볼 수 있다. 영반과 상축이 있는 것도 이러한 내용과 관련이 있다. 영가에게 음식을 대접하는 영반은 대단위 남해 굿 등에 보이는 지역민속의 측면이 있다. 영가에게 음식을 대접하는 것은 실상 여러 불교의례에서 찾을 수 있다. 하지만 백운사는 이를 강조하여 설행하고 있으며, 이는 곧 어산스님으로서 석봉스님의 이력과 긴밀하게 연결되어 있다.

백운사 수륙재의 재차는 사부대중에게 친근감을 보여 준다. 세련된 불교의례적 성격을 보여주기보다는 대중들에게 수륙재의 설행 과정을 다양하게 보여주고, 그 목적을 달성하는 데 초점을 맞추는 면이 짙기 때문이 아닌가 한다. 백운사의 관욕 절차가 있어 깨끗하게 씻긴 후 부처님을 뵙게 한다는 의미를 드러낸다.

진관사의 수륙연기와 삼화사의 방생[11]과 구분된다. 이와 달리 백운사의 외대령은 독특하다. 주체가 다양한 민속문화를 수용하고 이러한 경험을 강조하고 있다. 고혼청의 절차로 미루어 수륙재의 목적은 망자의 추천, 재앙 소멸, 기신의 제사의례, 무주유주고혼 천도에 있음을 드러낸다. 이 점에서 연원을 더 살필 필요가 있다.

백운사 수륙재 외대령에서 28고혼청이 나온 다음에 이어지는 내용에도 다소 특이한 점이 보인다. 이 절차에는 마음을 일깨워주는 이행게, 부처님을 만나는 것을 찬탄하는 정중게(定中揭), 도량에 머물 것을 권하는 개문게(開門偈), 부처님을 만나기 전에 다시 한 번 마음을 가다듬은 후 축하를 받는 가지예성(加持禮聖) 등이 있다. 이어서 이러한 예가 부처님에게 잘 전달되기를 바라는 보례삼보(普禮三寶), 영가가 화엄의 경지에 이를 수 있기를 바라는 법성게, 자리를 권하는 진언축원 등이 이어지고 차를 올리는 게송이 이어져 의식공양의 절정을 보인다.

이러한 국면은 매우 형식적인데 관욕의 출욕참성편(出浴參聖篇)과 가지

---

11) 미등, 『국행수륙대재』, 조계종출판사, 2010, 182면.

예성편(加持禮聖篇)에 나오는 예문들에서 비롯되었다. 백운사 수륙재는 외대령의 구성이 상당히 특이하다. 다른 사찰의 하단과 관욕을 결합한 의례문으로 구성되어 있기 때문이다. 이를 통해 백운사 수륙재가 고혼을 불러 천도하는 데 목적이 있음을 드러낸다. 영산재의 개인 천도재 성격과 일정 부분 맥을 같이하기에 가능하지 않았을까 한다.

이처럼 수륙재의 특징에는 경남지역의 문화적 특성과 관련이 있다. 백운사 수륙재는 흔히 불모산제의 범패와 작법을 바탕으로 한다. 경남지방에는 통범소리(통도사와 범어사 범패), 통고소리(통영 고성 범패), 팔공산제(경북 남부 범패)와 함께 불모산제를 인정한다.[12] 불모산재가 전승되는 백운사는 태고종으로 통범소리나 통고소리와 전승 종파가 다르다. 현재 불모산 범패를 이끌고 있는 석봉스님은 통고소리, 바라무, 학춤, 법고춤 등 다양한 불교예능에 능하다. 영남의 모든 소리패, 놀이패의 내력을 소상하게 알고 있을 정도로 다양하게 섭렵했다.

이러한 과정에서 수륙재의 가장 중요한 목적으로 고혼, 영가의 천도에 핵심이 있다. 외대령에 28고혼청을 강조하고 있고 이에 부합하는 절차 규범이 마련되어 왔던 것이다. 진행에서 28고혼청이 수륙재의 첫머리에 자리 잡고 있는 것은 석봉스님이 속한 문도, 계보와 그의 이력과 관련이 있을 성 싶다. 보는 관점에 따라 비불교적인 점으로 비판할 수 있다. 원형론에서 한계점으로 지적[13]된 바 있다.

기존 백운사 영산재의 연장선에서 살펴야겠지만, 백운사 수륙재의 작법과 연행 항목 절차는 석봉스님의 공양의례관[14]과 깊이 관련된다. 석

---

12) 윤소희, 『신라의 소리 영남범패』, 정우서적, 2010, 참조
13) 2012년 1차 심사에서도 논란이 되었다. 실제로 2013년 2차 심사에서도 언급되었다.
14) 석봉스님, 본명 김차식(남, 1955년생) 증언, 2007. 8. 20. 면담자료, 진관사 2013. 10.

봉스님이 천수바라만 잘 해도 된다고 할 정도로 승려의 행위보다 예술적 행위를 강조하고 있다. 곧 수행의례보다 공양의례에 있다. 공양의례는 관행관법 위주로 승려의 행위보다 춤, 소리, 공예 등의 규범을 따른 예술적 행위를 우선시한다는 뜻이다. 이 점이 백운사 수륙재에서 작법, 소리 등 공연문화가 풍부하고 화려하게 – 서울 봉원사와 달리 – 전승되는 맥락과 맞물린다. 재의식의 작법 역할, 범패 연행의 특징, 영산재와의 차별성 등은 지속적으로 관찰되어야 한다.

이처럼 백운사 수륙재의 특징은 세 가지로 요약된다. 재차에서 다른 사찰보다 항목이 많으며 민간화 측면을 많이 수용하여 복합적인 국면이 드러난다. 향연 자체가 지방의 민속문화 맥락과 짙게 연관되어 수행의례보다 공양의례가 돋보인다는 점이다. 더구나 석봉 스님의 개인 기량 – 이미 영산재 기능보유자 역량 – 이 뛰어나 불교의례의 민속화 양상을 잘 드러낸다. 다만 이 점이 대동의 수륙재 연행 목적과 특성상 한계점이기도 하다.

서울시 은평구 진관동에 위치한 진관사는 일찍이 조선 태조 때 수륙사를 창건하여 수륙재를 설행할 정도로 수륙재와 인연이 깊은 사찰이다. 일제강점기에도 수륙재를 설행했다고 하는데, 광복 이후 복원 시도와 최근 보강 설행된 후 이제는 국가문화재로 전승되고 있다. 진관사 수륙재의 재차 구성은 다음과 같다. <수륙무차평등재의촬요>의 의례문을 바탕으로 한다.

① 시련(侍輦): 시련의식은 일주문 밖에 나가 성중(聖衆)을 받들어 모셔

공양시 면담, 2014. 5 기념학술회의장 증언 등 참조

좌정하게 한 후 차를 올려 대접하고 삼보가 자리한 본당으로 인도하는 의식이다. 수륙재가 진행되는 동안 성중은 도량에 있으면서 유주 무주고혼을 천도하게 될 것이다.

② 대령(對靈): 영가들에게 법문을 하고 차와 국수를 올린 후 재가 열릴 도량으로 청하는 의식이다.

③ 관욕(灌浴): 영가를 깨끗하게 씻긴 후 옷을 단정하게 입고 부처님을 뵙게 하는 의식이다. 목욕이 가지고 있는 상징의미를 그대로 의식화한 것으로 영가는 몸을 정히 하여 도량에 참석하게 되었다.

④ 신중작법(神衆作法): 법회를 설행하기 앞서 신중들을 청하여 삿된 기운을 몰아내고 도량을 정화하는 의식이다. 법회가 무사히 성중의 공덕으로 이루어질 수 있기를 기원하는 의미가 있다.

⑤ 괘불이운(掛佛移運): 정해진 절차에 따라 대웅전의 괘불을 모셔오고, 그 과정에 부처님의 자비로움을 다시 한 번 되새긴다. 부처님께 자리를 권하고 차를 올리는 의식이다.

⑥ 영산작법(靈山作法): 부처님의 덕을 찬양하고 온 마음으로 법회를 진실되게 열겠다는 의지를 나타내는 의식이다. 도량 전체가 영산회를 이루는 의식이다.

⑦ 법문(法門): 영산법회에서 고승대덕 스님의 법문을 듣는 의식이다.

⑧ 수륙연기(水陸緣起): 수륙재를 개설하게 된 연유를 밝힌 후 사방의 도량을 정화하고 삼보에 귀의하는 마음을 세상에 향을 채워 보여주고, 법계를 통합하는 결계를 나타내는 의식이다.

⑨ 사자단(使者壇): 사자를 불러 모셔 대접하고 보내는 의식이다. 사자는 한국의 무속에서도 확인이 가능한데 망자를 저승으로 인도하는 역할을 한다고 믿고 있다.

⑩ 오로단(五路壇): 오방오제를 불러 공양을 올린 후 모든 소원하는 바라 이루어지기를 기원하는 의식이다.

⑪ 상단(上壇): 모든 성인을 맞아들여 편안하게 공양을 올리고 찬탄하

고 예배드리는 의식이다.

⑫ 중단(中壇): 여러 보살을 맞아들여 예의를 갖추어 공양을 올리고 편안하게 모시는 의식이다.

⑬ 하단(下壇): 고혼들을 모셔 업장을 소멸시키고, 바른 길을 택하여 육도 수행에 힘써 해탈의 길을 가게 해주는 의식이다.

⑭ 회향봉송(回向奉送): 모든 재를 끝마무리하고 경건하게 전송하고 널리 회향하는 의식이다[15].

진관사 수륙재는 모두 이틀간 설행된다. 전반부의 낮재와 후반부의 밤재로 구성된 수륙재의 백미는 상단 중단 하단이다. 특히 하단에서는 여러 영가와 고혼들을 불러들여 천도시키는 의미가 있어 민간신앙의 죽음의례와 상통하는 바가 있다.[16] 진관사 수륙재에서 눈에 띄는 재차는 <수륙연기>이다[17].

수륙재를 개설하게 된 연유를 밝히는 재차 중 아난과 아귀의 수륙연기에서 수륙재가 시작되었다고 수륙재의 설행 근거를 명확하게 제시하는 데 의미가 있다. 이는 진관사 수륙재가 국행으로 설행되었던 사실과 관련이 있다. 성리학을 사상적 토대로 내세운 당대의 사대부들에게 수륙재 설행 근거를 밝히는 것은 매우 중요한 것이다.

강원도 동해시에 있는 삼화사는 조선시대 태조 4년에 동요하는 민심을 잡고 억울하게 죽어간 고려왕실의 왕족 천도를 위해 수륙재를 설행

---

15) 진관사에서 준비한 수륙재 홍보 팸플릿 및 연구 성과를 바탕으로 정리한 것이다.

16) 홍태한의 「수륙재 하단에 보이는 죽음 형상의 보편성」(『남도민속연구』제24집, 남도민속학회, 2012)에서 이미 한 차례 다룬 바 있다.

17) 다른 사찰의 수륙재에는 <설회인유편(設會因由篇)>에서 수륙재의 연유를 밝힌다. 그러므로 수륙재의 연유를 밝히는 것은 모든 수륙재의 공통적인 내용이 될 수 있지만 진관사는 <수륙연기>를 통해 밝히고 있어 특징적인 재차로 정리한 것이다.

했다는 기록을 바탕으로 오래전부터 수륙재를 설행했던 사찰이라고 한다. 수륙재와 관련된 보다 상세한 기록인 권근의『양촌집(陽村集)』과『태조실록』기록을 겹쳐서 보면, 분명 삼화사에서 태조가 주도한 '국행수륙재'가 벌어졌음을 확인할 수 있다. 태조 3년 갑술년(1394) 공양왕이 삼척에서 교살된 해 가을에 수륙재를 설행하고, 그 다음해 2월부터 매년 봄과 가을에 국행수륙재를 지낸 것을 확인할 수 있는 것이다. 이후 19년 동안 삼화사에서는 38회나 국행수륙재가 계속되었다. 하지만 삼화사 국행수륙재와 관련된 기록은 태조 이후에는 보이지 않는다. 왕실이 주도하는 국행수륙재는 1413년(태종 14)부터 삼화사에서 설행되지 않았다. 태종 이후 왕실에서 주도하는 국행수륙재는 그 목적과 성격이 변했기 때문이다. 이후 국행수륙재의 성격은 천재(天災)를 없애거나, 태종의 경우 가장 아꼈던 성녕대군(誠寧大君)을 위한 것으로 바꾸었다. 만약 이후 삼화사에서 수륙재가 벌어졌다면, 그것은 왕실 주도의 수륙재가 아닌 수륙재였을 가능성이 높다.

태조 이후의 삼화사국행수륙재에 대한 직접적 기록은 현재로서는 없다. 다만 화사에서 발견된 수륙재 의식문인 <천지명양수륙재의찬요(天地冥陽水陸齋義纂要)>의 존재를 통하여 미루어 짐작할 뿐이다. 천지명양수륙재의찬요는 수륙재의 기원과 그 절차를 집성한 불교의식서인데, 중종 이후 16~17세기 동안에 전국의 사찰에서 간행 유포되는 양상을 보인다. 그러한 사실로 보아 조선초기에는 왕실이 중심이 되어 수륙재를 설행했으나, 중종 이후에는 전국의 주요 사찰에서 수륙재를 주관한 것으로 추론할 수 있다. 2000년 삼화사에서의 천지명양수륙재의찬요 발견은 삼화사에서 16세기 이후에 사찰 중심의 수륙재가 설행되었음을 추론할 수 있게 만들었다. 조선초기 왕실 중심의 국행수륙재가 거행되었던 삼화사에서 16세기 이후부터는 사찰 중심의 수륙재가 벌어진 것으로 추정하는 것이다.

『태조실록』과 『양촌집』 등의 문헌 기록을 바탕으로 하고, <천지명양수륙재의찬요>의 발견을 배경적 근거로 삼아 조선시대 전 시기를 통하여 삼화사에서 수륙재가 전승되었다고 추정해 볼 수는 있다. 그러한 추정은 그야말로 추론에 추론을 거듭한 결과이지만, 그나마 나은 편이다. 조선시대 이후 삼화사 수륙재의 관련 근거자료는 거의 없다고 할 수 있다. 사실상 2000년대까지 삼화사 수륙재와 관련된 자료나 흔적을 찾아볼 수 없는 것이다. 길게 보자면 600년 동안, 짧게 보자면 100년 이상 동안 삼화사 수륙재의 전승은 단절되었다고 할 수 있다. 국행수륙재의 경우 태조 이후 관련 기록이 보이지 않고 있기에 그 단절 기간은 600년 가까이 된다. 조선대 전 기간 동안 삼화사에서 수륙재가 거행되었다고 인정해도, 그 단절 기간은 100년이 넘는다.

2001년 삼화사 육화료를 수리 보수하던 중 1547년에 판각된 <천지명양수륙재의찬요>가 발견됨으로써 본격적으로 수륙재를 설행하게 되었다. 3일간 수륙재의 설행을 보면 다음과 같다.

① 시련(侍輦) : 일주문 밖으로 나가 수륙법회를 증명할 불보살님을 비롯하여 수륙도량을 호위할 신중을 모셔오는 의식이다.
② 대령(對靈) : 고혼들에게 간단한 음식을 대접하면서 기다리게 하는 의식이다.
③ 조전점안(造錢點眼) : 명부에서 사용 가능한 돈을 만들어 이승에서 진 빚을 갚는 의식이다.

④ 신중작법(神衆作法) : 신중을 모셔 나쁜 기운을 몰아내고 법단을 정화하는 의식이다.

⑤ 괘불이운(掛佛移運) : 수륙도량에 모실 괘불을 이운하는 의식이다.

⑥ 쇄수결계(灑水結界) : 의식도량에 법수를 뿌려 깨끗하게 하고 일정한 경계를 정하는 의식이다.

⑦ 사자단(使者壇) : 심부름을 관장하는 사자를 불러 수륙도량이 열렸음을 수계와 육계에 알린다.

⑧ 오로단(五路壇) : 다섯 방위의 땅을 관장하는 신주(神主)와 다섯 분의 신기(神祇)에게 방편의 문을 활짝 여는 의식이다.

⑨ 상단(上壇) : 모든 부처님과 보살, 그리고 모든 성문(聲聞)과 연각(緣覺) 등 사성을 소청하여 상단에 모시고 공양을 올리는 의식이다.

⑩ 설법(說法) : 덕있는 스님을 단에 모셔 귀한 말씀의 인연을 맺는 의식이다.

⑪ 중단(中壇) : 천신 천룡 등 천계중(天界中)과 땅 허공에 있는 지계중(地界中), 염마계(閻魔界)의 명군(冥君) 등을 청하여 공양을 올리는 의식이다.

⑫ 방생(放生) : 수륙재는 성인과 범부, 죽은 자와 산자는 물론 미물까지 통합하는 의미를 지닌다. 죽어가는 생명을 통합하는 의식이다.

⑬ 하단(下壇) : 아귀와 지옥중생, 고혼과 원혼 등 육도 윤회 중생을 대상으로 법식을 베푸는 의식이다.

⑭ 봉송회향(奉送回向) : 모든 재를 끝내고 전송하고 널리 회향하는 의식이다.[18]

삼화사 수륙재의 백미는 상단 중단 하단에서 반복되는 관욕의식이다.

---

18) 삼화사 수륙재 각 재차에 대한 설명은 삼화사에서 간행한 여러 자료를 바탕으로 간략하게 정리한 것이다. 그러나 <신중작법>과 <쇄수결계>는 자료에 없어서 당일 설행 현장에서 관찰한 자료를 바탕으로 정리했다.

진관사 수륙재에는 관욕이 별도의 재차로 존재하여 한 번만 관욕이 이루어지지만, 삼화사 수륙재에는 관욕 의식이 별도로 있지 않고 각 단에서 반복되어 행해진다. 셋째 날 첫 순서로 열리는 방생이 있는 것도 특징적이다. 삼화사가 위치한 무릉계곡에서 방생 의식을 설행한 후 물고기를 방생하여 수륙재의 의미를 나름대로 되살린다.

　삼화사 수륙재는 관욕 재차가 독립되지 않았다. 진관사와 백운사가 별개의 관욕 절차가 있어 깨끗하게 씻긴 후 부처님을 뵙게 한다는 의미를 드러내지만, 삼화사는 각 단 권공에서 관욕을 시행한다. 진관사와 백운사가 한 차례 관욕을 설행함으로써 모든 존재가 깨끗해졌다고 여기는 반면 삼화사는 각 단에서 관욕을 실시함으로써 각 단의 의미를 강조했다. 아울러 이것은 삼화사가 바탕으로 한 의례문의 특징인데, 이 특징이 곧 삼화사 수륙재의 특징으로 연장된 것으로 본다.

　삼화사 수륙재는 방생의식이 특징적이다. 살생으로 짓는 악업을 씻기 위해 짐승을 놓아주는 의식인 방생은 나무감로왕보살(南無甘露王菩薩)을 거찬(擧讚)한 후 신묘장구대다라니를 게송한다. 불법승에 귀의하고(三歸依), 자기의 업을 제대로 바라본 후(懺悔偈), 칠불여래멸죄진언(七佛如來滅罪眞言), 참회하는 진언(懺悔眞言)을 게송한 후 부처님 전에 네 가지 발원을 한다(發四弘誓願). 업장을 소멸하고 왕생극락을 기원하는 진언(佛說往生淨土眞言), 귀의를 표명하는 회향게(回向偈), 물고기를 물에 풀어놓을 때 게송하는 결정왕생정토진언(決定往生淨土眞言), 상품의 존재로 태어나기를 염원하는 상품상생진언(上品上生眞言), 아미타불본심미묘진언(阿彌陀佛本心微妙眞言) 등이 이어진다. 방생 의식이 진행되는 동안 법주는 버드나무 가지를 가지고 방생물을 담은 그릇을 세 번 두드린다. 특히 다기(茶器)의 청수(淸水)를 버드나무 가지에 묻혀 물고기에 뿌리기도 한다.

삼화사 수륙재에서 이처럼 방생의식을 거행하는 것은 죽어가는 생명을 통합하는 의미를 드러내기 위해서라고 하는데,[19] 이는 진관사나 백운사보다 생명을 관장하는 의미를 두드러지게 표현한 것으로 보인다. 삼화사 수륙재는 방생의 상징성이 있어 특징적이다. 죽어가는 생물을 포용하는 이 의식은 수륙재의 본래 목적을 잘 드러내는 재차이다. 삼화사는 수륙재가 가지고 있는 '천지 명양 수륙'의 모든 생명을 대상으로 하고 있다는 의미이다. 그러나 삼화사는 실제로 사찰 앞의 계곡에 별도의 단을 마련하고 설행하는 점에서 차별성이 있다. 무차평등대회(無遮平等大會)라고 했듯이 방생을 통하여 순환적 소통의 장을 마련하는 셈이다.

이처럼 지정 수륙재는 전승의 길을 마련했다. 문제는 '문화원형의 가이드라인이 없어 지정 당시 전승양상이 유지 발전할 것인가' 하는 의문이다. 그럼에도 불구하고 관련 보존회는 활기와 열정을 보이고 있다. 보존의 지원책으로 안도하면서 신앙의례 공동체로서 전승주체가 자발적으로 유지할 것인가에 대해 긍정적이라고 말할 수 없다. 삼화사와 진관사는 국행을 내세워 지자체 연계성을 고려할 수 있고 백운사는 어장스님의 주석연고를 살려 다양하게 프로그램화할 수 있다. 본질적 가치를 지속하면서 사찰마다 특성을 살려 복합공연적 가치를 활성화해야 한다.

2) 지정 밖 수륙재의 당위성: 백제문화재 수륙재 등

수륙재는 백운사 일부 국면처럼 민간의례 전승 측면이 있다. 물론 시기적으로 복원 – 단절 – 계승 측면을 반복했다. 백제문화제 수륙재, 법성

---

19) 미등, 『국행수륙대재』, 조계종출판사, 2010, 182면.

포단오제 수륙재 등에서 재현 전승의 현상을 읽을 수 있다.

백제문화제 수륙재는 1955년에 부여불교신도연합회 회원들이 백제대제(百濟大祭)를 통해 삼천궁녀의 넋을 달래는 '삼천궁녀 위령제'로부터 비롯되었다. 당시는 별다른 문화행사가 없었던 시기라, 보기 드문 의식에 사람들의 관심이 모아졌다. 인근 지역민은 물론 전국 각지에서 관광객이 찾아 왔다. 숙박업소는 만원을 이루었고, 이마저 구하지 못한 관광객은 민박을 구해 관람에 나설 정도였다. 그리고 1966년부터 '백제문화제선양위원회'를 조직하고, 명칭을 '백제문화제'로 바꾸어 공주와 부여에서 동시에 개최했다. 1975년부터 2006년까지 홀수 년도에는 공주에서, 짝수 년도에는 부여에서 대제(大祭)와 소제(小祭)의 형식으로 번갈아 개최했다. 이후 민선 4기로 접어들면서부터, 충청남도는 백제문화제를 세계적인 축제로 육성함과 동시에 서남부권 문화관광의 균형 발전을 목적으로 공주시와 부여군에서 격년제로 개최하던 백제문화제를 대단위로 통합했다. 2010년에는 9월 18일부터 10월 17일까지 30일 간 정부 공인 국제행사로서 '제56회 백제문화제: 2010세계대백제전'을 치렀다.

백제문화제 수륙재의 진행 양상은 '전반부의 상단불공을 포함한 법요식'과 '후반부의 수륙재를 중심으로 한 천도재'로 분류할 수 있다. 그런데 백제문화제 수륙재에서 영가를 천도한다거나, 유등을 통해 발원을 한다거나, 물고기에게 분식(分食)한다거나 하는 것들은 무속신앙과 관련이 있다. 또한 백제문화제 수륙재가 수상(水上) 수륙재라는 점에서도, 즉 용선(龍船)에 단(壇)을 설치하고 일부 의례를 설행한다는 점에서도 민간신앙의 용왕신앙과 관련이 있다. 그런데 근간에 이르러 재장이 정림사지에서 구드래 광장으로 바뀌면서, 주최 단체가 바뀌고 신도들의 신심이 약화되면서, 관의 지원이 축소되면서 그 법식이 변화하고 있다. 특히 백제문화제 수륙재의 주관 단체는 관으로부터 1,500만 원의 지원밖에 받지 못하고 있는 실정이며,[20] 백제문화제의 여느 프로그램을 고려하여 수륙재의 무대 사용 시간도 2~3시간으로 제한되어 있다. 실연(實演)으로서 수륙재가 아니라, 시연(示演)으로서 수륙재를 행할 수밖에 없는 현실이라고 할 수 있다.

백제문화제가 백제의 문화제다운 지역축제로서 생명력을 발휘하기 위해서는 수륙재가 백제문화제의 중심 축 역할을 담당해야 한다. 비록 다양한 프로그램들이 개별적으로 의의를 갖고 있더라도, 자칫 백제문화제라는 지역축제의 정체성을 흩뜨릴 수 있기 때문이다. 따라서 백제문화제의 프로그램으로서 수륙재는 그것대로 정제하여 시연의 형태로써 계승시키는 동시에 '백제의 위로'[21]를 설행 목적으로 한 본질적 의미의 수륙재는 실연의 형태로써 독자적으로 계승시키는 방안을 강구할 필요가 있다.[22] 즉 백제문화제와 수륙재를 분리·변별하자는 것이다. 그리고 백제문화제 수륙재의 구심점을 찾을 필요가 있다. 수륙재의 주체가 어떤 사찰이 되었든, 어떤 단체가 되었든 그 구심점을 중심으로 설행의 정형화를 기해야 한다. 이때 지역의 실정에 맞는 의례문, 즉 백제의 패

---

20) 서울 은평구의 진관사(津寬寺)나 강원도 동해시 삼화사(三和寺)의 수륙재 예산과 비교하여 0.15%에 해당하는 수준이다.

21) 백제문화제 수륙재의 설행 목적을 굳이 삼천궁녀의 넋을 달래고 천도하는 것으로 축소시킬 필요는 없다. 삼천이라는 숫자가 품고 있는 상징적 의미, 백제문화제 수륙재의 본질적 의미 등을 토대로 백제문화제 수륙재의 설행 목적을 널리 '백제의 위로'로 조정할 필요가 있다.

22) 더불어 "백제문화제 수륙재"라는 명칭의 조정이 필요하다. 그런데 명칭은 수륙재의 목적, 설행 주체, 정체성과 직결된다고 할 수 있다. 따라서 조정을 가한다면 각계의 다양한 의견을 수용하여 매우 조심스럽게 조율해야 할 것이다.

망과 함께 목숨을 잃은 사람들의 넋을 달래고 천도하는 의례문의 정형화가 절실하다. 또한 수륙재의 구성 방식과 직결되는 문제로서 범패승의 정형화도 필요하고, 재장의 정형화도 필요하다. 이러한 작업을 독려하면서 나아가 보존회를 설립하고, 충남 무형문화재 지정을 준비, 추진해야 한다. 60년간의 수륙재를 정리하는 동시에 앞으로 백제만의 고유한 수륙재로 가꾸어나간다면, 백제의 역사와 정서를 대표하는 수륙재로서 보편성과 특수성을 확보할 수 있을 것이다.[23]

한편 법성포단오제는 매년 단오절 시기에 맞춰 법성포단오보존회의 주관으로 닷새 동안 개최되고 있다. 단오제 행사가 있기 한 달 전부터 법성포단오보존회의 제전위원회, 단오보존회 부녀회, 법성포 로타리클럽, 법성포 청년회 등의 회원들이 함께 모여 법성포단오제 행사를 준비한다. 제물은 단오보존회의 부녀회원들이 마련하며, 법성포단오제 때 행해지는 제의는 법성포단오보존회의 제전위원장의 관리 아래 제전위원회에서 담당한다. 법성포단오제에서는 제의, 민속놀이, 각종 행사 등이 다양하게 펼쳐진다. 제의로는 산신제(인의제), 당산제, 무속수륙재, 용왕제 등이 진행된다. 민속놀이는 선유놀이, 길놀이(오방돌기), 전국국악경연대회, 연등행진, 그네뛰기대회, 씨름대회, 영광우도농악공연 등이다. 이 밖에도 법성포굴비의 홍보 및 판촉을 위한 행사뿐만 아니라 각종 이벤트가 접목되고 있다.

이 중 무속수륙재는 2008년에 세습무 전금순에 의해 복원된 무당굿에 해당된다. 2008년까지만 해도 법성포단오제에서는 액막이 목적으로 잡신을 대접하는 유교식 '한제'를 새롭게 추가하여 지내왔으나, 한제의

---

23) 이창식·안상경, 「백제문화제 수륙재의 전통, 전승, 발전방향」, 『백제문화제 수륙재 60년의 가치』, 부여군불교사암연합회, 2014, 105~126면.

정통성 문제로 논란이 일자 법성포단오보존회가 유교식 한제 대신 무속 수륙재를 새롭게 복원했다. 무속수륙재는 억울하게 죽은 잡신들의 한을 풀어 주어 액을 막는 의식이다. 이 굿의 핵심인 '중천멕이놀이' 과정에 서는 무당이 여러 잡신의 역할을 도맡아 악사와 재담을 나누며 잡신의 한을 연극적으로 풀어 준다. 전금순은 전북 정읍 무계 출신이지만 영광 법성포 지역의 세습무들과 친척관계로 연결되어 있고, 전금순의 무계 집안 출신들이 법성포단오제 때 무속수륙재를 연행하기도 했다. 이러한 사실과 전금순의 공연을 토대로 복원된 무속수륙재는 세습무계인 이장 단·박영태 부부가 전수하여 2009년 단오제 때부터 연행되고 있다.[24]

3. 수륙재 문화콘텐츠의 전략화 방안

1) 수륙재 공연콘텐츠의 활성화

앞서 살핀 대로 수륙재는 소리와 춤, 장엄공예, 불화, 음식, 재담 등이 어우러진 종합공연예술의 성격을 지닌다. 곧 고혼들을 대접한 후 신중 을 모셔 법단을 정화하고, 부처님을 모신 후 고승대덕의 말씀을 듣고, 각 단에서 여러 성중께 공양하고 찬탄한 후 마무리를 짓는 의례[25]라는

---

24) 이영금, 「법성포 단오제의 수륙재 수용 가능성: 정읍 전씨 무계의 수륙재를 중심으로」, 『한국무속학』제17집, 한국무속학회, 2008, 348~354면.
25) 중국 양나라 무제(武帝)가 505년에 시행했던 것이 시초이다. 무제의 꿈에 한 스님이 나타나 6도 4생의 중생들이 고통을 받고 있으므로 수륙재를 베풀어 그들을 제도하 는 것이 으뜸가는 공덕이라고 말했다는 데서 유래한다. 고려 광종 때에 수륙재가 열 린 바 있었는데, 970년(광종 21) 갈양사(葛陽寺)에서 개설된 수륙도량이 그 최초의 예 이다. 그 후 일연(一然) 스님의 제자 혼구(混丘)스님이 <신편수륙의문(新編水陸儀文)>

뜻이다. 하단에서 고혼청을 통해 영가들의 구원천도를 기원한다는 것도 여러 사찰이 동일하다. 탱화에서 보이는 다양한 전통연희를 사찰 특유의 문맥으로 복원해야 한다.

수륙재는 대체로 ≪석문의범≫의 <수륙무차평등재>의 취지에 따라 재차가 전승되어 온 듯하다. 수륙재 의례는 모든 영혼을 평등하게 천도받게 한다는 취지가 있다. 그래서 만물평등과 생명존중의 가치가 있다. 1차로 재차에서 취지 알리기, 불보살 설법, 분향, 명부사자 초청 등을 문 밖에서 하고, 재의도량에서 오방신 공양, 청정 공양, 팔부신장과 용왕 불단 모시기, 영혼 조욕의식으로 진행한다. 이후 불보살의 가호로 구제된 영혼에게 법식 대접, 참회 서원, 예술적 승화 등을 행하여 거듭 천도받게 한다. 고정된 의식문에는 범패의 불교예능이 따른다. 태징, 요령, 목탁, 북이 반주악기로 따르고, 중요한 대목마다 의례무용이 연행된다.

설단에는 불보살을 비롯하여 여러 대상이 초청된다. 다신교적 밀교 요소인데 불보살 믿음으로 포용된다. 고혼청이 백운사에서는 첫머리인 외대령에 나타나는 것처럼 사찰마다 차이를 보인다. 이는 수륙재가 천도의 대상을 모셔온 후 부처님을 모셔 말씀을 듣고 각단 권공을 통해 목적을 달성하고 회향한다는 것이다. 수륙재에 초청되는 대상은 수륙의 고혼만이 아니라 우주공간의 모든 성범이며 이들에게 공양하고 참회 찬탄하여 이들 성범이 화합하고 융합함으로써 갈등구조를 해소할 수 있다고 믿는 보도(普度)의 정신에 그 설행목적이 있다.

백운사는 태고종 사찰로 일찍부터 독자적인 불교의례를 수행했을 뿐 아니라, 해당 의례의 중심인물인 석봉스님이 다양한 민속문화를 경험함

을 찬술함으로써 널리 설행되었다.

으로써 독특한 수륙재 재차를 형성했을 국면을 보인다. 경남 일대에서 전승되던 범패의 맥을 이어 의례와 음악적 측면에서 경남지방의 지역성과 대중성을 내포하고 있는 불교의례이다. 작법과 범패는 독립성이 없다. 다만 재의식 사이사이에 각 춤의 성격과 역할이 다를 뿐이다.

백운사 수륙재는 영산재와 맥을 같이하여 성주사, 장유암 등 불모산 일대의 사찰을 중심으로 행해지는 불교의식으로서 경상남도(고성, 통영, 마산)를 중심으로 한 아랫녘소리로 이루어진 범패와 그 범패에 맞추어 행해지는 작법춤 – 바라춤, 법고춤, 학춤 등과 일반 작법춤 – 으로 구성된 측면이 있다. 특히 지역적 불교의례의 다양한 수용에서 오는 친연성이 있다. 백운사의 관행(觀行)은 종합적인 수행의례보다 개인 또는 가족 수행의례 측면이 강하다. 이를 오히려 음식과 음악의 공양의례로 확장해 왔다.

수륙재의 대동적 향연은 인근 지역에서 전승해온 다양한 연행예술을 끌어들인 결과이다. 공양시식, 의식작법으로 육도 일체 고혼을 소청하고 갈등 해소로 화합의 상징성을 부여하고 있다. 실제로 백운사 수륙재가 시간 단위의 맞춤형 진행으로 이루어진다는 것에서도 엿볼 수 있다. 철저히 사찰의 주요 행사에 부합하여 범위를 정하고, 신도나 재 주제자가 요구하면 대상 중생이 정토에 왕생할 수 있도록 법음 중심의 공양의례에 집중한다.

포교의 목적에 부합하는 수륙재의 전승이지만 민간의 천도굿, 용왕굿처럼 공연적 연행적 행위를 통해 치유성, 화합성을 고려한 전승이 아닌가 한다. 행위에는 신음하는 중생을 끌어안는 치유의 방편이 있다. 백운사 수륙재의 시아귀회(施餓鬼會)는 불교민속적이다. 작법과 법식을 위로

하는 방식이다. 삼회향 등 대동놀이의 일면도 있다.[26] 결국 위아래 성범의 차이는 인정하나 차별하지 않고 남녀, 빈부 차이 없이 서로 다른 존재까지 하나로 소통하는 대동적 공양의례로 모아진다. 이러한 국면을 감안하면 종합예술로서 수륙재의 공연문화에 대한 소통화와 계승화 문제로 관심이 모아진다. 아울러 특색을 지속하기 위해 지역문화행사로서 수륙재의 공연콘텐츠 활용 문제로 귀결된다.

수륙재는 대상 고혼들을 대접한 후 신중을 모셔 법단을 정화하고, 부처님을 모신 후 고승대덕의 말씀을 듣고, 각 단에서 여러 성중께 공양하고 찬탄한 후 마무리를 짓는 의례이다. 이러한 복잡한 절차를 진행하기가 쉽지 않다. 의식집에 따라 행한다 해도 작법 연행과 설단 배치, 법식 차림 등 일정한 숙련성이 요구된다. 전체적으로 청정성과 장엄성을 유지해야 한다. 기량의 원숙성과 지도력의 원만함 없이는 불가능하다. 석봉스님은 이를 시종일관 주도하고 모든 항목의 견기이작(見機而作)을 보인다. 석봉스님의 의례 보유기능에 대한 자세한 민속지가 확보되지 못해 구체적으로 기술할 수 없지만, 이 방면의 실천적 인간문화재인 셈이다. 어장스님의 견기이작은 백운사 수륙재의 장점이다. 기량은 숙련된 이력과 함께 지속되어야 할 것이다.

삼화사, 진관사의 작법과 음악은 영산재와 차별화하여 사찰문화로 정착되어야 한다. 범패 작법의 공연 항목에 대한 정밀한 전승 계보 위에 예술적 국면을 현대공연화의 길을 모색해야 한다. 범패와 작법 등은 불

---

26) 회향함을 알리는 의식으로 사부대중들이 소대의식이 끝나고 절 마당 한가운데에 법고를 가져와서 법고무를 추는데, 이때 요잡바라무, 요잡작법무를 함께 추기도 한다. 삼회향은 법회에 참석했던 사부대중은 물론 빈부귀천을 막론하고 모든 대중들이 함께 어우러져 법회에 사용되었던 모든 악기를 가지고 나와 회향공덕을 함께 나누며 어울림 한마당의 성격을 지닌다.

교예술의 진수를 보존하고 이를 현대화, 세계화의 길을 확보해야 한다. 지정 밖의 수륙재는 무속적 친연성과 관계 없이 불교예술의 지역화 국면을 살려 공연의 세련성과 재미성을 부각시켜야 한다.

2) 수륙재 축제콘텐츠의 과제

불교축제에 소통성을 강화하기 위한 교육형, 참여형, 체험형의 축제 속성들을 고려해야 한다. 이곳에서는 수륙의례가 방해받지 않으면서도 수륙재 기간이나 당일의 의례만을 볼 수 있는 것을 넘어서 수륙재의 의미와 기능, 역할 및 구성 콘텐츠를 이해하고 활용하고 체험할 수 있도록, 나아가 정보와 교육, 오락, 체험 등 다양한 축제콘텐츠가 펼쳐질 수 있도록 공간을 만들어야 한다. 이것들은 감동, 재미, 환희 등의 의미로 다각화하여 구성해야 한다.

일반인들을 위한 수륙재의 개관, 수륙재의 설행 순서 해설, 수륙재의 각종 불구, 지화 등 장엄 및 흔히 불화라고 일컫는 화불(畵佛)의 이해, 수륙재 작법(음악과 무용)의 이해를 바탕으로 직접 불교무용인 착복무나 불화 그리기, 지화 만들기 체험 등의 공간을 만들어야 한다. 또한 대한불교조계종 어산작법학교나 한국불교전통의례전승원 또는 각 승가대학의 학인들이 참여하여 불교음악을 시연하고 설명하고 체험하는 프로그램을 운영하는 것이다. 이러한 축제공간을 구획화하여 관람객들의 동선을 고려하고 특성에 맞게 정보존, 교육존, 체험존, 전시존, 공연존 등으로 구획해야 한다.

축제의 시각에서 수륙재 연행 재배치도 시도해야 한다. 죽음의례로서 다크유산의 한계도 극복해야 한다. 문화체육관광부에서 제시하고 있는 항목에다 수륙재가 지니는 특성을 고려한 요소들을 설계한다. 전승공동체와 관람객의 다양한 층위만이 아니라 수륙재 관계자, 전문가 등에 대한 피칭워크숍도 이루어져야 한다는 것이다. 수륙재에 맞으면서도 일반축제의 장점을 접목해야 한다. 수륙재에 대한 지역이미지, 지역문화 및 지역경제 활성화에 미치는 영향, 축제 준비와 현장에서의 지역주민 참여도 및 삶의 질에 미치는 영향, 지역민과 외지인의 참가비율 등을 고려하여 추진해야 한다. 불교의례로서 수륙재는 '딱딱하고 일반인들에게 설명하기 쉽지 않고 다가가기 어렵다'[27]고 생각한다.

불교의례 축제가 활성화될 수 있는 전략은 세 가지에 집중해야 한다. 첫째, 장엄과 작법의 창조성을 살려야 한다. 전통성과 종교성을 강조하면서 스스로 즐길 수 있는 수륙재 축제 지향을 하기 쉽지 않다. 수륙재의 볼거리로 보아 충분히 성장과 대중화의 가능성을 내포하고 있다. 전승주체에 의해 지속적으로 질 높은 수준의 공연이 이루어진다면 충분히 가능성이 있다. 둘째, 수륙재 항목의 열린 마인드가 반영되어야 한다. 수륙재는 불교의례이기 때문에 기독교인들이 반대적 정서 등의 이유로 대중화되지 않는 것을 위안 삼아서는 안 된다. 억불숭유의 조선시대에도 한강변 등지에 인파가 몰려들어 구경하고 즐긴 것이 수륙재이다. 축제문화를 즐기고자 하는 이들이 늘어가고 있는 오늘날에 흥행하지 않을 이유가 없는 것이다. 다만 그들이 올 수 있는 감성콘텐츠의 유인책을 소홀히 한 것이다. 셋째, 홍보와 이해 프로그램도 필요하다. 고려시대와 조선시대에 국행으로 설행되었던 수륙재 축제를 21세기형 명품축제로 만들 수 있다는 주체의 자신감이 중요하다.

---

27) 진주남강등축제, 팔공산승시축제, 무안백련축제, 합천대장경축제 등은 불교 테두리의 제한을 극복하려는 시도가 보인다.

[표 1] 축제 지향 불교행사

사찰	축제	행사 내용	비고
조계사, 봉은사, 청계천 일대	전통등전시회	일몰시간에 맞춰 연꽃 등 불교문화를 상징하는 50여 점의 등불에 불을 밝힌다.	
봉원사	영산재	한국전통불교의식인 영산재의 보존과 계승 및 발전을 위해 시연한다.	봉원사 영산재보존회만이 영산재를 봉행하고 있다.
태고사	태고문화축제	다례재와 서예작품이 전시되고, 소원지를 붙이는 행사를 한다.	전통문화와 현대음악이 함께하여 화합과 소통을 지향한다.
월정사	오대산 문화축전	불교체험과 명상	
월정사	탑돌이	탑을 돌며 개인과 가정의 평안을 기원한다.	월정사 탑돌이의 무형문화재 등재를 타진하고 있다.
광화문 광장	봉축점등식	부처님오신날을 봉축하고 가정에 안녕을 기원한다.	점등식 후에는 참석자들이 연등을 들고 탑 주위를 돌며 한반도의 평화와 가족의 안녕을 기원하는 탑돌이를 진행했다.
조계사	공연마당, 연등놀이	천 년 백희잡기의 전통을 잇는다.	화려한 등과 행렬
구인사	삼회향놀이	각종 놀이	환희심 강조, 충북 무형문화재
조계사 및 전국 사찰	초파일법요식	불교의 진리를 다시 일깨우고 기도한다.	

[표 1]에서 보인 것처럼 다양한 행사가 있다. 백운사 수륙재의 축제문화콘텐츠는 비교적 풍부하다. 수륙재를 구성하고 있는 범패와 작법 등은 불교예술의 진수를 보여주고 있어 일반인들이 쉽게 불교를 접할 수

있는 계기가 된다. 백운사 수륙재의 정체성을 살린 대동적 향연의 유산으로 가꾸어야 한다. 이미 경남 일대에서 전승되던 범패의 맥을 이어 의례와 음악적 측면에서 낙동강 하류의 지역성을 내포하고 있는 불교의 례답게 불교축제화로 자리매김해야 한다. 진관사는 서울 대도시 수륙재라는 장점 위에 웰빙형 수륙재문화 체험프로그램을 집중 개발해야 한다. 사찰음식 접목이 그것이다. 삼화사는 이미 무릉제 지역축제와 연계되었다. 향후 상생 발전할 수 있는 대안이 필요하다. '이승휴 – 수륙재 – 소통잔치' 문화코드를 살리는 것이 그것이다.

3) 수륙재 킬러콘텐츠의 전망

수륙재는 가장 오래된 불교의례의 하나로 좁게는 개인과 나라의 안녕을, 넓게는 전 인류의 평안을 기원하는 평등대재이자 무차대회이다. 수륙재에 수많은 원형콘텐츠가 담겨 있는 만큼 이를 활용하려는 전략이 필요하다. 지정 이후 타 종목처럼 전수관이 들어설 것이다.

융합박물관 건립이 요구된다. 전수관, 교육관, 전시관 등 융복합관(불교문화예술창조관, 가칭) 건립 – 의식과 범패, 장엄, 설단 등 포함 – 이 필요하다. 서양 기독교의 종교유산인 '그레고리오 성가'가 보존이 잘 되어 있고, 그 음반이 대중적으로도 히트를 치는 경우와 비교해 볼 때, 범패는 뛰어난 음악성을 가진 동양 최고의 종교음악유산이 지정에 머물러 있다.

개인 천도의 성격을 띤 영산재[28])에 비해 공익성이 두드러진 의례로

---

28) 불모산영산재는 영산재 도량에 불, 보살, 오호신중, 영가를 봉청해 모시는 시련(侍輦), 부처님이 그려져 있는 영산회상도를 거령해 모시는 괘불이운(掛佛移運), 영산재의 핵심으로 육법공양과 음성공양으로 권공하고 천수바라춤을 추며 불보살의 가피력을

서 수륙재의 가치창조에 대한 축제콘텐츠의 개발에 집중해야 한다. 무속적, 도교적 요소 등도 새롭게 정리하여 습합양상개념으로 동참 재자와 일반 참여자들에게 이해하도록 설명 체계가 필요하다. 아울러 기존 불교의례와 놀이에 대한 편견도 극복해야 한다.29)

재차 마지막의 삼회향－중생회향, 보리회향, 실제회향－을 활성화해야 한다. 삼회향은 수륙재 재차와 작법, 범패, 설단, 장엄의 상징성에 집중했던 구성원들과 사부대중을 환희심으로 이끈 장이다.30) 재담 연행과 뒤풀이 신명이 어우러져 대동놀이의 성격을 보여준다. 백운사 수륙재 특유의 경남지역 민속예능 항목들을 살려내야 한다.

백운사, 삼화사, 진관사 수륙재는 그 밖에 사찰의 그것과 공통점을 유지하되 독자성을 창조적으로 계승해야 할 소명감이 있다. 영산재와 긴밀히 맥락화된 공연 요소의 장점을 살려 한국불교예술의 진수와 가치를 보여주는 전통문화유산의 세계화를 시도해야 한다. 수륙재에 대한 관심이 매우 높다. 지정 이후 수륙재유산의 학술성도 부각해야겠지만, 미래성을 주목해야 할 것이다.

수륙재는 고혼들을 대접한 후 신중을 모셔 법단을 정화하고, 부처님을 모신 후 고승대덕의 말씀을 듣고, 각 단에서 여러 성중께 공양하고 찬탄한 후 마무리를 짓는 의례이다. 백운사 수륙재의 특징은 재차에서 다른 사찰보다 항목이 많으며 민간화된 측면을 많이 수용하여 복합적인

발원하는 영산작법(靈山作法), 소리와 나비무로 찬탄하며 공양하는 상단권공(上壇勸供), 국태민안을 발원하고 극락왕생을 축원하는 상축(上祝), 봉청해 모신 불, 보살, 소호신, 영혼 등을 돌려보내는 시식·배송(施食·陪送)으로 구성되어 있다.

29) 일제강점기 사찰에서의 각종 의식과 범패 및 작법무를 금지했던 사실도 있고, 과거 사찰에서도 선승과 교법승에 비해 의식승(儀式僧)을 경시하는 풍조가 있었다.

30) 이창식, 「충북 구인사 삼회향놀이의 전승과 보존」, 『충북학』제14집, 충북학연구소, 2012, 83～97면. 고려시대 백희잡기, 조선시대 감로탱화 참고

국면이 드러난다. 향연 자체가 지방의 민속문화와 짙게 연관되어 수행 의례보다 공양의례가 돋보인다는 점이다. 석봉 스님의 개인 기량이 뛰어나 불교의례의 민속화 양상을 잘 드러낸다. 개인 기량 주도로 대동의 수륙재 특성상 한계점은 앞으로의 전승 문제가 노출되고 있다.

백운사 수륙재는 감동적 국면을 창조적으로 계승해야 할 것이다. 경남 일대에서 전승되던 범패의 맥을 이어 의례와 음악적 측면에서 경남지방의 지역성을 내포하고 있는 불교의례이다. 백운사에서는 수륙재를 아래녘 수륙무차평등대재라고 했다. 수륙재는 수륙무차평등대재의 줄임말로 남녀노소나 빈부귀천을 막론하고 모두가 평등하게 법공양을 나누는 재의식이다. 분명 어장 스님의 견기이작은 백운사 수륙재의 장점이다. 기량은 숙련된 이력과 함께 지속되어야 할 것이다.[31] 진관사, 삼화사의 설행에서 강점을 수륙재 기간 이외에도 보여줘야 한다.

불교문화유산의 킬러콘텐츠 확보는 절실하다. 수륙재의 킬러콘텐츠 만들기는 세 단계로 전개되어야 성공한다. 첫째, 사찰과 연고 지역의 특색을 살리되 무차평등의 가치 창조를 1차로 발굴해야 한다. 삼화사의 방생 환원성, 진관사의 복락 기원성, 백운사의 견기 연희성 등 형상화를 시도해야 한다. 둘째, 초감동의 융복합프로그램으로 승부해야 한다. 전수관이 박물관이면서 다목적 문화관광 장소성을 획득해야 한다. 셋째, 감동, 장엄, 소통을 살려 K-퍼포먼스 홀로그램[32] 등을 구축해야 한다. 수륙재의 인문학적 발상과 법음의 종합적 연출력을 최고 최상 최선의 경지로 끌어올려야 한다.

---

31) 지정 신청 자료와 지정 후 설행의 모니터링 자료 비교 논의가 이루어지는 피칭워크숍이 필요하다.
32) 박봉원, 『실감미디어콘텐츠의 강원도 활용방안』, 강원발전연구원, 2013, 4~11면.

4. 맺음말

앞서 수륙재 문화콘텐츠 방향의 세 영역을 제시한 대로 수륙재의 정체성 위에 활성화 비전을 제시했다. 불교예술의 원류성과 심오성을 온전히 유지하면서 발전적 모색 담론을 논의했다. 수륙재는 공연의 재창조화와 불교축제화로 지속되리라 예상되고 오늘날 공익성을 통해 더욱 활성화되리라 본다. 인문학의 가치 원형으로서 수륙재는 진행형이다. 전통 수륙재도 창조성 국면으로 미래도 새로운 문화에 대응할 것이다. 수행의례보다 범패의 노래, 작법의 춤, 장엄물의 공예, 공양의식의 음식 등 예술의례를 융합하여 새로운 K-퍼포먼스 킬러콘텐츠를 기대한다. 한국 수륙재의 미래 키워드는 예술의례의 소통화, 대중화, 세계화일 것이다.

[표 2] 수륙재 킬러콘텐츠 전략화

항목	진관사	삼화사	백운사	비고
절차	·왕실의례	·방생의례	·민속공연의례	문화원형
축제	· 국행수륙재 · 석가탄신일 '연등축제' · 은평누리축제(삼각산 달오름 음악회) · 2014 서울시 전통 사찰 week	· 국행수륙재 · 범일국사 문화축제 (불교의 전통 다도 체험)	· 아랫녘수륙재	
상품	· 템플스테이 – 한국 불교문화체험(사찰음식, 연화등 만들기 등) · 진관사 템플 푸드 관광 상품화 예정	· 템플스테이 – 한국 불교문화체험(108 산사 순례열차: 52번째 순례지로 선정) · 와인&시네마 관광 열차 운행(삼화사 둘러보기)	· 템플스테이 – 한국 불교문화체험	

브 랜 드	· 역사한옥박물관(천 년고찰, 절밥을 응 용한 한식 등 지역 '한(韓) 상표'도 결 합)	· 템플스테이 패밀리 브랜드 '아생여당' (위로, 건강, 비움, 꿈 등 네 가지 테마 로 '아아我我' '생 생生生' '여여如 如' '당당堂堂'으 로 구성)	· 창원시 연계 행사 준비	보편성과 특수성의 조화
콘 텐 츠	· 외국인 대상 사찰 음식 체험행사 · 콘텐츠 개발 영역 · 연등회 유네스코 인 류무형문화유산 등 재 추진 · 불교무형문화유산 에 대한 현장조사 및 기록화 사업 · 불교수륙재융합체 험박물관 건립	· 콘텐츠 개발 영역 · 평창동계올림픽 문 화프로그램화 · 불교음악, 무용, 불 교미술 전용 공연 장 및 전시장-동해 시 · 관·산·학·종 (官·産·學· 宗)의 콘텐츠 개발 시스템 구축 · 강원도 연고대학을 중심으로 문화콘텐 츠와 스토리텔링의 개발과 소통을 위 한 연구와 교육 인 프라 마련	· 공연콘텐츠 항목 집 중 개발 · 불교음악, 무용, 불 교미술 전용 융합 공연박물관-창원 시	

수륙재 전통지식에 대해 정밀한 전승 계보 위에 예술적 국면을 현대 공연화의 길을 모색해야 한다.[33] 관련 전공 교육에서 이 양면성을 동시에 진행해야 한다. 의례로서 수륙재 축제 지향 역시 관계 그룹의 지혜를 모으는 피칭워크숍으로 자발적 추진위의 신행공동체 조직이 필요하다. 수륙재의 킬러콘텐츠는 보존과 미래 전승의 우려까지 해결할 수 있

---

33) 이번 한국공연문화학회의 학술 토론이 의례성과 공연성의 양상을 동시에 검토하는 자리가 되기를 바란다.

는 대안이다. 기록화의 아카이브 구축에서부터 이념을 넘어 누구나 소통하고 화합할 수 있는 수륙재 관광상품을 만드는 전략이다. 이른바 한류형 초절정의 종합적 공연상품을 세계적으로 선보이자는 것이다.

참고문헌

문화재청, 『불교무형유산 일제조사 보고서』, 2010.

미등, 『국행수륙대재』, 조계종출판사, 2010.

박봉원, 『실감미디어콘텐츠의 강원도 활용방안』, 강원발전연구원, 2013.

백운사, "수륙재 지정 현지실사와 영상촬영 자료", 2013.

석봉스님(남, 1955년생, 본명: 김차식), "면담 자료", 2007. 8. / 2013. 10. / 2014. 5.

윤소희, 『신라의 소리 영남범패』, 정우서적, 2010.

이영금, 「법성포 단오제의 수륙재 수용 가능성: 정읍 전씨 무계의 수륙재를 중심으로」, 『한국무속학』제17집, 한국무속학회, 2008.

이성운, 「현행 수륙재의 몇 가지 문제」, 『정토학연구』제18집, 한국정토학회, 2012.

이창식, 「충북 구인사 삼회향놀이의 전승과 보존」, 『충북학』제14집, 충북학연구소, 2012.

이창식, 「백운사 수륙재의 특징과 공연콘텐츠」, 『아랫녘 수륙재의 어제, 오늘 그리고 내일』, 아랫녘수륙재보존회, 2014.

이창식 · 안상경, 「백제문화제 수륙재의 전통, 전승, 발전방향」, 『백제문화제 수륙재 60년의 가치』, 부여군불교사암연합회, 2014.

진관사, "수륙재 홍보 팸플릿", 2014.

최헌, 『불모산 영산재』, 경상남도 무형문화재 제22호 불모산영산재 보존회, 2008.

한국공연문화학회, 『영산재의 공연문화적 성격』, 박이정, 2006.

혜일명조, 「수륙재의 복원에 관한 소고」, 『한국음악문화연구』제3집, 한국음악문화학회, 2011.

홍태한, 「수륙재 하단에 보이는 죽음 형상의 보편성」, 『남도민속연구』제24집, 남도민속학회, 2012.

수륙재의 발전적 계승을 위한 제언

혜
일
명
조

Ⅰ. 서론

2014년 3월, 문화재청은 삼화사(동해)·진관사(서울)·백운사(마산)에서 전승하는 수륙재(水陸齋)를 중요무형문화재 제125·126·127호로 지정하여 국가적인 보호 속에 전승할 수 있는 계기를 마련했다.

다양한 불교의식(儀式)의 전승과 발전을 염원하는 연구자의 입장에선 이와 같은 소식이 반가울 수밖에 없다. 이유는 지금까지 전승해온 크고 작은 대부분의 재(齋) 의식·의례(儀禮)가 소수의 개인과 단체의 주도로 설행되다보니 전승자의 부족은 물론, 의식 설행을 위한 장소 및 비용마련에서 많은 어려움을 겪고 있었기에 명맥을 유지하는데 한계가 있어왔다. 다행히 이번 지정을 계기로 조금이나마 어려움을 해소할 수 있을 것 같아, 앞으로 진행될 각 보존회의 행보에 기대를 갖게 한다.

하지만 지금까지 진행되어온 불교의식과 관련된 무형문화재 지정 사례, 그리고 불교계에서 받아들이는 중요무형문화재의 영향력과 그 여파

(餘波)를 고려해 볼 때 금번의 지정을 무조건 환영할 수만은 없을 듯하다.

한 예로 수륙재가 중요무형문화재로 지정되기 전까지 불교의식과 관련된 관심과 조명은 오직, 권위(權威) 있는 중요무형문화재, 유네스코(UNESCO: 세계무형문화유산)에 등재된 영산재(靈山齋)에만 쏠려있었다. 물론 영산재가 중요무형문화재에 등재된 이후 불교의식의 문화적 가치가 재고(再考)되어 사회 전반에 위상을 높인 것은 충분히 환영받을 만하다.

하지만 이를 계기로 마치 전통 불교의식의 시작과 끝이 영산재인 것처럼 인식하게 되었고 불교계에서 조차 영산재 외, 다른 설행 목적을 갖고 진행하는 의식·의례의 전승과 발전엔 관심을 두지 않았던 것이 사실이다. 1987년 이후 현재까지 말이다.[1] 마치, 중요무형문화재로 영산재가 지정됐으니 지방에서 무형문화재를 지정받을 땐 억지로라도 "영산재"란 명칭을 붙이는 것이 여러 가지 면에서 유리했을 것이란 생각이 들 정도다.

영산재의 그늘에서 나름 불교의식을 설행해온 학자와 범패승은 금번, 수륙재의 국가지정을 시기(猜忌)라도 하듯이 수륙재를 영산재의 일부라

---

1) 영산재가 1973년 중요무형문화재 제50호 무대종목, 범패(梵唄)로 박송암·장벽응·김운공 스님이 지정된 이후 다시 1987년 범패·작법·장엄 등을 포함한 마당종목으로 발전하면서 수많은 범패승을 배출하였고 이후 이들은 영산재의 의식 절차를 기준삼아 전국 각지에서 크고 작은 불교의식을 주도적으로 봉행하며 현재에 이르고 있다. 현재, 한국 불교의식과 관련된 무형문화재의 명칭만 살펴봐도 국가중요무형문화재 제50호 "영산재"를 비롯해 전라북도 무형문화재 제18호 "영산작법", 경상남도 무형문화재 제22호 "불모산 영산재", 제주 무형문화재 제15호 "제주불교의식"(보유자: 영산재 이수자 석천스님), 충남도지정 무형문화재 제140호 "내포영산대재" (보유자: 영산재 이수자 보명스님), 부산시 무형문화재 제9호 "부산영산재" 등이 있으며 최근, 2014년 7월엔 전라남도 광주광역시에서도 시 문화재 제23호로 "광주영산재"를 지정하였다. 그리고 인천·밀양(작약산 영산재)·대구(팔공산) 등 각 지역을 대표하는 "영산재"가 각기 다른 의식 절차와 구성으로 전해지고 있다는 보고가 있다.

고 주장하고 있다. "수륙영산재"(水陸靈山齋)란 신조어(新造語)를 탄생시키면서까지 말이다. 영산재보존회(2013년 현재, 회장 마일운)는 지난 2013년 4월, 국행수륙재가 국가 중요무형문화재에 등재 예고된다는 소식[2]을 접한 후 한 신문에 "삼화사 진관사의 수륙재 국가지정무형문화재 지정 예고는 부당하다"는 성명서를 발표했는데 크게 네 가지 이유를 들어 수륙재의 문화재 지정에 심각한 문제가 있으니 이를 심사숙고하여 결정하여 줄 것을 문화재청에 요구하는 내용[3]을 공고(公告)했다.

영산재보존회 측의 주장을 '이렇다 저렇다' 따질 것은 아니지만 이와 같은 사례를 보면 국가의 무형문화재 지정이 사회적으로 어떤 영향력을 주고 있었는지, 한번 자리한 고정관념(固定觀念)이 얼마나 두텁게 쌓여가는지 그리고 이를 뛰어넘어 새로운 재 의식을 정립한다는 것이 얼마나 어려운 것인지 알게 한다. 그리고 이와 같은 문화재 지정의 과정을 지켜보면서 새롭게 지정된, 수륙재에 몸담고 있는 학자와 범패승 그리

---

2) 2014년 수륙재가 국가지정 무형문화재로 확정되기 이전인 2013년 초엔 마산 백운사를 제외한 삼화사와 진관사 두 곳의 국행수륙재가 지정 예고된 바 있다.

3) 영산재보존회 측이 제시한 내용을 살펴보면 첫째, 수륙재의 지정 예고는 한국불교의식의 질서를 파괴하고 전통적인 역사성을 부정하는 중대한 과오가 아닐 수 없다. 둘째, 영산재는 수륙재, 예수재, 각배, 영산작법을 아우르는 통칭이다. 이 중 수륙재를 위시한 예수재와 각배는 명부를 대상으로 거행하는 의식으로 모두 야간에 행하는 밤 재이다. 『오종범음집』에 나타난 바와 같이 사시(巳時)에는 영산작법을 중심으로 행하여야 하며 비로소 일몰 후에야 수륙재나 예수재 혹은 각배 등을 거행한다. 따라서 수륙재는 영산재의 일부 의식에 해당되는 것이지 따로 독립적으로 분리되어 행하는 불교의식이 아니다. 셋째, 그러므로 수륙재가 포함된 영산재가 지정되어 있는 마당에 다시 수륙재를 지정한다는 것은 한국불교의 오랜 역사와 전통의식을 제대로 이해하지 못한 결과이며, 전통불교의식의 질서를 파괴하는 심각한 사건이 아닐 수 없다. 넷째, 수륙재는 영산재와 분리될 수 없는 불교의 전통의식이고, 이를 행함에 있어 중요한 위치를 갖고 있는 홍 가사와 장삼 등, 정통복식을 갖추기 않고 전승 보존한다는 것은 실로 중대하고 현저한 객관적인 하자가 있다. 등으로 정리할 수 있다. 한국불교신문, 불기2557년 서기 2013년 5월 4일, 제604호 제2면.

고 사부대중 모두가 앞으로 어떤 자세로 학문적 발전과 의식의 전승을 위해 노력해야 할지 그 해답 또한 찾을 수 있을 것으로 본다.

본서는 말 그대로 수륙재 발전 방향을 고민하고자하는 지극히 개인적인 제언(提言)[4]을 중심으로 하고 있다.[5]

개인적으론 수륙재가 중요무형문화재로 지정되었다 해서 당장 불교재 의식이 재편될 것으로 기대하지 않는다. 설사, 영산재에서 수륙재로 무게의 중심이 이동한다 해도 단지 겉모양만 바뀐 것에 불과하다면 결코 반갑지 않다. 왜냐하면 전통의 수륙재를 계승, 발전시켜야 하는 중차대한 과제는 말할 것 없거니와 이를 현 시대에 맞게 어떻게 재현해 나갈 것인지 그리고 사부대중의 자발적인 참여를 어떻게 유도할지에 관한 숙제를 안고 있기 때문이다.

필자는 다종교사회 구성원 모두가 자발적으로 참여하고픈 수륙재가 자리하길 꿈꾼다. 기존 재 의식과 같이, 전통이라는 명분하에 틀에 박힌 절차와 소리·무용만을 고집하고 아무런 의미와 목적도 모른 채 그저 스님들이 하라는 대로 참여하는 동참자가 전부라면, 앞으로 5년 뒤엔 참여대중의 반은 사진작가로 그 반은 전수생으로 그리고 의식을 회향하는 시간대에 남아있는 대중은 고작 10% 미만으로 전락하는 수륙재가 될 공산(公算)이 크다. 만약 중요무형문화재 수륙재가 이와 같은 모습으로 전승된다면 무슨 이유로 박수를 보낼 것인가? 반드시 극복해야 할 문제점을 찾아 해답을 얻기 위해 노력해야 할 것이다.

이에 연구와 실기 그리고 포교의 세 분야로 나눠 현 시대에 필요한,

---

4) 생각이나 의견을 내놓음, 또는 그 생각이나 의견.
5) 당연히 접하는 이에 따라서는 견해를 달리할 수도 있기에 본서의 내용을 너무 심각하게 받아들이지 않았으면 한다.

수륙재 발전을 위한 방향에 대해 논(論)하도록 하겠다.

II. 본론

1. 연구 분야의 보완

수륙재를 올바르게 보존, 전승하기 위해서는 수륙재와 관련된 제반사항을 충족할 수 있도록 다양한 분야의 연구자가 참여하여 수준 높은 성과물을 지속적으로 보급해야 한다.

특히 수륙재의 경우, 학자들이 말하는 것처럼 "단지 수륙재를 자주 설행하지 않았을 뿐, 의식의 진행과 구성절차는 면면히 계승되어왔다"는 식으로 여기기엔 많은 헛점에 노출되어 있고 "수륙재가 온전히 전승되지 않았을 것"으로 추측하는 의견도 상당하기에 장기간에 걸친 재현사업을 수립, 실천해 가는 것이 마땅해 보인다. 그리고 오류가 들어나면 열린 마음으로 수정·보완하는 자세를 보여야 한다. 필자는 수정하고 보완하여 재정립하는 일련의 과정이 곧 불교의식의 올바른 발전방향이라 확신한다.

영산재를 예로 들면, 영산재가 중요무형문화재에 등재된 이후 지난 30여 년간 문화적 가치를 증명하고 재 의식의 위상을 높이는 수많은 성과물이 발표되었지만 관점을 달리하는 일부 학자들 사이에선 전통성과 의식절차에 의문을 제기하는 의견도 적잖게 존재하고 있다.

가령 첫째, 영산작법을 현행 영산재에 포함된 하나의 절차로 인식하는 현재의 상황6)을 고려할 때 『조선왕조실록』을 포함한 각종 의식집(儀

式集) 등의 문헌자료에 영산재란 명칭이 들어나지 않고 있음7)에도 어떻게 조선을 넘어 고려시대에서부터 영가천도(靈駕薦度)를 위해 영산재가 성행8)하여 현재에 이르게 되었는지 의문이다.

혹시, 『오종범음집』(五種梵音集)9)에서 말하듯, 수일 동안 밤에만 행하

---

6) 이성운의 주장(「전통문화 수륙재 복원을 위한 고찰」, 『·수륙재의 향연 학술세미나』(서울: 대한불교조계종 봉은사, 2013), 118~120쪽)과 같이 재(齋)란 반승(飯僧)을 의미하고 조선 전시대에 걸쳐 '점심'의 의미로 전해졌다는데 동의한다. 특히, 『천지명양수륙재의범음산보집』에 영산작법 이후 기술되어진 재후작법절차(齋後作法節次)에서의 재(齋)가 영산재를 의미하는 것이 아닌 "점심"이라는 견해를 깊이 공감한다. 그리고 19세기 후반에 들어 현재와 같이 영산재, 수륙재, 예수재 등의 명칭으로 변했을 것이란 의견도 긍정적으로 받아들인다. 하지만 현재, 연구자에 따라서는 재와 작법을 분리하여 인식하는 경우도 있고 명칭을 달리 한 동일한 것으로 받아들이기도 한다. 필자는 현행 영산재가 다양한 의식, 예를 들어 시련·대령·관욕·괘불이운·영산작법·식당작법·운수상단·대례왕공 등의 "작법"을 모두 포함해 하나의 "재"로 완성하고 있다는 견해를 갖고 있어 영산작법을 영산재의 의식의 일부로 인식하고 있다. 만약 누군가가 작법과 재를 동일하게 여겨 영산작법과 영산재가 같은 말이라 한다면 현행 영산재에선 영산작법만을 설행해야 한다. 이외 다른 절차는 행하지 않고 말이다.

7) 물론 과거의 저본엔 분명 영산작법이 존재하고 있다. 하지만 이를 "영산재"라고 명칭했던 근거는 확인하지 못했다. 현재에 이르러 일부 학자들이 「재후작법절차」를 "영산재 후 작법하는 절차"로 해석하고 있는 점은『천지명양수륙재의범음산보집』, 「재후작법절차」 앞에 「영산작법」이 자리하고 있어 마치 「재후작법절차」의 "재"를 "영산작법" 혹은 "영산재"로 이해한 것이 아닐까 한다. 하지만 여기서의 "재"는 "점심"을 의미하는 것으로 "영산작법을 마치고 점심 이후에 작법하는 절차"로 받아들이는 것이 합당할 것으로 본다.

8) 지금까지 발표된 수많은 학위논문과 불교의식 관련 서적엔 영산재가 영혼천도를 위한 의식 중 하나로 정의하고 있다. 심지어 인터넷에 유포된 자료에서도 "영산재는 49재(사람이 죽은지 49일째 되는 날에 지내는 제사)의 한 형태로, 영혼이 불교를 믿고 의지함으로써 극락왕생하게 하는 의식이다"라고 밝히고 있다. 출처: 인터넷 다음, 검색어: 영산재.

9) 지선(智禪)이 불가(佛家)의 의례집(儀禮集)이 보편적이지 못하고 산란(散亂)함을 탁식하여 고금(古今)의 여러 의례집에서 채록보완(採錄補完)하고 벽암각성(碧岩覺性)이 서문(序文)을 쓰고 교정(校正)을 하여 1661년(현종(顯宗) 2·순치(順治) 18 신축(辛丑) 무주(茂朱) 적상산(赤裳山) 호국사(護國寺)에서 개판(開板)한 목판본(木版本)이다. 내용은 권상에 영산작법절차(靈山作法節次·중례작법시련위의규식(中禮作法侍輦威儀規式)·결수작법(結手作法)·예수작법(預修作法)·지반십이단삼주야배치차제규식(志磐十二壇三晝夜排置次第規式) 등 범음집(梵音集)을 오종(五種)으로 나누어 수록하고 권하에 운수단작법(雲水壇作

던 수륙재를 보완하여 낮 시간대인 사시(巳時)에 맞춰 부처님께 공양 올리며 육바라밀을 찬탄하고 실현하려는 연경법회(蓮經法會: 법화경・묘법연화경)의 중요성을 재차 강조하고자 새롭게 추가, 정립한 "영산작법"을 지금에 와서 하나의 영가 천도재로 인식하여 받아들이는 것은 아닐까?

만약 당시, 영가를 천도(薦度)하기 위한 수륙재에 영산작법을 추가한 것이라면 의식 설행의 중심은 영가천도를 위한 수륙재이고 부가적으로 추가된 것이 영산작법이지 않은가? 틀림없이 『오종범음집』엔 "동파(東坡: 소동파)가 대장경을 살펴 수륙재의식(水陸齋儀式)을 지었는데 이 글은 밤에 행하는 규범이어서 낮에 행하는 연화경 법회의식을 필요로 했고 그런 연유로 동파의 누이가 영산작법절차를 지었다"(此靈山作法乃東坡之作或云東坡之妹氏之作云云 何以知之 博覽者云 東坡廣尋藏經 撰水陸齋式 其文當於夜設之規 闕書演蓮經法會 故其妹氏 乃作靈山作法節次云云)[10]고 전한다.

당시 수륙재에 영산작법을 포함할 수밖에 없었던 배경은 현재에 이르러 사시(巳時)에 불공(佛供)을 올리는 법식[11]과 무관하지 않은 것으로 본다.[12] 이미 불교가 이 땅에 전래되기 이전부터 행해왔던 불가의 법식

法과 부록으로 사명일영혼시식문(四名日迎魂施食文)・성도재작법(成道齋作法)・설선작법절차(說禪作法節次)・혼시분수작법(昏時焚修作法)・불상이운작법규식(佛像移運作法規式) 등을 수록하고 있다. 朴世敏, 『韓國佛教儀禮資料叢書』(서울: 保景文化社, 1993), 권2, 180쪽.

10) 朴世敏, 『韓國佛教儀禮資料叢書』권2, 182쪽.

11) 부처님께서는 평소 하루에 딱 한번 오전에만 식사를 하셨기 때문에 오후불식(午後不食) 이라 하였고 훗날 제자들도 그 뜻을 받들어 오전 중 사시(巳時오전 9시~11시)를 택하여 공양을 올리게 되었다. 사시에 부처님께 올리는 공양을 "마지 올린다"고 하는데 이 말은 산스크리트어로 한국불교에서만 쓰이는 말이다. 한자를 풀이하면 摩指・摩旨・磨旨라 하여 '손으로 만들어 올린다'혹은 '정성스럽게 만든 공양을 올리오니 제 뜻을 감읍하여 주시옵소서'라는 의미를 담고 있다. 출처: 인터넷 다음, 검색어: 사시마지.

12) 쉽게 이해해 보자. 가령, 사찰에 천도재가 들었다고 가정하고 오후 3시경 봉행한다면 당일 오전에 행하는 사시불공(巳時佛供)은 안하는 것이 옳은가? 아니다. 승가에선 천

을 따르는 것이 사시불공이라 생각하면 의문점은 쉽게 해소될 수 있다. 더욱이 실내에서 행하는 천도재를 확대하여 야외에서 행하는 수륙재로 이해하고 일반적인 사시불공을 확대하여 영산작법으로 받아들인다면 더욱 쉬워진다.

조선시대엔 망자의 천도를 위해 하루 밤낮(오전 6시부터 다음날, 오전 6시까지) 거행할 수 있는 중례작법·결수작법·운수단작법·대례왕공 등을 행했던 것으로 전해지고 이 모두를 수륙재의 소례 의식으로 보고 있다. 하지만 영가를 천도한다는 동일한 목적성을 갖고 있다 해도 각기 다른 작법의 명칭을 부여했던 것은 청하는 성현과 영가를 상대로 한 천도의 방편이 모두 달랐기 때문이다.13) 그러나 사정에 따라 저본(底本)을 선택하여 수륙재를 행하더라도 사시엔 분명 영산작법을 행하도록 했다.14) 또 다른 수륙재, 『지반문』을 저본으로 한 삼일수륙재와 『자기문』의 칠일수륙재도 의식을 전개하는 동안 사시에 이르면 반드시 영산작법을 행했던 것으로 들어난다.15)

도재와 무관하게 사시에 불공을 꼭 모시는 것이 오랜 예법(禮法)이다. 하지만 이때 행하는 사시불공을 누구도 천도재의 일부라 여기지 않는다. 왜냐하면 사시불공은 천도재와 무관하게 매일, 당연히 사시에 맞춰 공양 올리는 것으로 알고 있기 때문이다. 그런데 누군가가 오후 3시에 천도재가 있으니 금일 행하는 사시불공도 천도재의 일부라고 주장한다면 어떻게 받아들일 것인가?

13) 요점만 정리하면 중례작법은 상단 증명단과 중단, 천장·지지·지장보살을 위시한 일체 성현을 청해 공양 올리고 하단, 24류의 영가 모두가 삼보에 귀의해 전생의 악업을 참회하고 내생을 위해 오계를 수지토록 하여 천도시킨다. 결수작법은 법사스님의 수인(手印)의식을 통해 부처님과 성현의 가르침을 직접 전하도록 했으며 운수단은 천신·선신·신중의 무리를 청해 공양 올리는데 중점을 두고 있다. 대례왕공은 명부시왕과 일체권속을 청해 공양 올려 영가의 천도를 실현한다. 모두 수륙재의 한 부류로 알려져 있지만 청하는 대상과 천도의 방편은 각기 다르다.

14) 엄밀히 말하면 오전 중에 행하는, 대령의(對靈儀)부터 사시의 영산작법까지는 저본과 무관하게 설행할 수 있도록 했고 점심 이후에 진행하는 망자 천도를 위한 소례 의식은 사정에 따라 저본을 선택해 행할 수 있도록 했다.

사시에 불공을 올리는 것은 불가의 변함없는 법식이었기에 야외에서 설행할 수밖에 없는 재 의식이라도 예외가 있을 수 없었을 것이다. 그리고 이때 설행했던 영산작법은 삼보를 찬탄하고 가르침을 수지하며 서원하려 했던 사시불공(巳時佛供) 혹은 사시예불(巳時禮佛)의 확대적인 의식으로 받아들이는 것이 마땅하다.16) 당연히 영산작법은 수륙재·예수재·대례왕공 등의 설행목적과 성격이 전혀 다른 독립된 의식으로 볼 수 있다.17)

그러므로 영산재보존회 측의 주장과 같이 현행 수륙재의 절차 속에,

15) 『천지명양수륙재의범음산보집』엔 다양한 수륙재 의식 절차를 소개하고 있는데 그중 수륙재 저본 중 하나인 『지반문』으로 행하는 삼주야 작법절차를 살펴보면 첫째 날, 12단을 설치하여 권공하고 이어 대령과 시왕재를 지낸다. 다음 둘째 날 법사이운과 영산작법으로 마지(사시불공) 올리고 오후에 예수재나 조사례를 행한다. 마지막 셋째 날엔 지반문을 행하도록 하고 있다. 수륙재의 또 다른 저본인 『자기문』에 기초한 7주야 의식 절차를 살펴보면, 풍백우사 등의 성현에게 권공한 후 영가를 모시고 다음날 오전 영산작법 오후엔 3단 공양 또 다음날 오전엔 영산작법 오후엔 6단 공양 또 다음날 오전엔 영산작법 오후엔 2단 공양 다음날 오전엔 영산작법 오후엔 비로단을 비롯한 33단 공양, 다음날 오전엔 영산작법 오후엔 나한·개종·제산단 공양 다음날 오전엔 영산작법 오후엔 제천·제신·시왕단 공양 마지막 일곱째 날 오전엔 영산작법 오후엔 종실단, 왕사단, 법계단, 상중하 고혼 3단 10위를 청해 공양 올리고 회향하는 것으로 되어있다. 즉, 밤에 수륙재를 행하더라도 오전엔 영산작법으로 마지를 올렸던 것으로 들어난다. 하지만 이 모든 의식을 옛 부터 "수륙재"라 했지 현재와 같이 "영산재"라 말하지 않았다.

16) 한국의 모든 사찰에선 새벽·사시·저녁에 예불을 모신다. 당연히 축원문엔 생축(生祝)과 망축(亡祝)이 함께 한다. 설사, 예불을 모실 때 망자를 위한 축원(亡祝)을 한다고 해서 예불을 영가를 위한 천도재라 생각하지 않는다. 만약 예불을 영가를 위한 천도재라 주장한다면 굳이 영가천도를 위한 중례작법·결수작법·운수단·대례왕공 등이 성행했을 이유가 없다. 예불만 잘 모시면 영가가 천도되는데 굳이 수륙재를 뭐하러 행했겠는가? 영산작법에도 분명 창혼(唱魂)이 존재한다. 예불에서의 망축처럼 말이다. 많은 저본에서 강조했듯이 사시에 설행하도록 한 영산작법은 엄연히 불공에 해당한다. 그런데 창혼이 포함되어 있다는 이유로 영산작법을 천도재라 생각하다면 사찰에서 행하는 모든 예불과 불공도 모두 "영가만을 위한 천도재"라 해야 할 것이다.

17) 『천지명양수륙재의범음산보집』에서 조차 "대개 수륙재를 베푸는 가운데 영산(靈山)은 별도의 작법"(盖水陸設辦之中 靈山乃是別作法也)이라 소개하고 있다.

예를 들어 대령⇨분수작법⇨각종이운⇨**영산작법**⇨저본에 따른 수륙재 ⇨시식⇨봉송으로 이어지는 전체적인 틀에 영산작법이 포함되었다는 이유를 들어 마치 수륙재, 예수재, 대례왕공 등을 아우르는 재의 통칭이 영산재란 주장은 설득력이 없어 보인다.18) 한국불교 재 의식이 언제부 터 통칭을 필요로 했나? 엄연히 "예불"과 "불공" 그리고 반승과 점심을 상징하는 "재"란 고유의 명칭이 존재하고 있다.

둘째, 영산재를 처음 지은이가 누구인가? 최근 영산재보존회 측은 영 산재가 고려 대각국사(大覺國師) 의천(義天)에 의해 완성되어 전해지고 보 급된 것처럼 설명하려 드는데 정말 의천이 영산재를 지었거나 이 땅에 보급시킨 것이 사실인가? 아니면 그렇게 믿고 싶다는 것인가?19) 일말의 가능성이 있다손 치더라도 뚜렷하고 명확한 근거자료가 확보되지 않은 상태에서 11세기, '당시 의천의 행적이라면 충분히 그럴 수도 있었을 것'이란 추측을 정론(定論)으로 승화시키려는 시도는 신중히 고려해야

---

18) 이유는 간단하다. 예를 들면, 우리가 흔히 먹을 수 있는 미역국·감자국·콩나물국· 무국 등은 국이라는 큰 틀에선 동일해 보일 수 있어도 맛과 향은 전혀 다르다. 하지 만 국을 아무리 잘 끓였다 해도 간을 보지 않으면 맛있게 먹을 수 없다. 만약 누군 가가 간장으로 간을 봤다면 그래서 정말 맛있는 국이 완성됐다면 간장은 국을 맛있 게 하는 중요한 요소 일 수 있다. 하지만 맛을 내는데 중요한 간장을 넣었다 해서 미역국을 간장국이라 명칭할 수 없다. 그건 감자국과 콩나물국, 무국도 마찬가지다. 만약 간장 맛 밖에 나지 않는 국이라면 그건 누가 봐도 국을 잘못 끓인 것이 분명하 다. 하지만 알맞게 간을 본 국이라면 누구도 모든 국에 간장이 넣었다고 해서 국의 통칭을 간장국이라 하지 않을 것이다. 미역국·감자국·콩나물국·무국 등은 모두 국(수륙재)의 한 종류이며 맛을 내기 위해 빠지지 않고 들어간 것이 간장(영산작법) 이라 대답할 것이다.

19) 현행 영산재의 학문적 이론을 정립시키는데 기여한 심상현은 학위논문, 「靈山齋 成立 과 作法儀禮에 關한 硏究」(경주: 위덕대학교 대학원, 2011), 36~41쪽에서 영산재가 소동파의 누이와 의천의 작(作)으로 보는 견해를 밝히고 이중 의천은 "천태종·법화경 -대각국사·영산재"로 연결되는 관계 중심에 있었을 것이라 추측하여 마치 한반도, 영산재 정착에 크게 기여한 것처럼 묘사하고 있다. 하지만 이를 정설로 받아드리려 면 영산작법을 의천이 지어 보급했다는 정확한 문헌적 근거자료를 제시해야 한다.

할 사안이다.20) 『오종범음집』엔 분명 소동파와 누이가 "수륙재식과 영산작법절차를 지었다"는 문헌적 사실 근거를 전하고 하고 있다.21)

셋째, 영산재란 명칭이 옳은 것인가? 아니면 영산작법이 옳은 것인가? 영산재보존회 측의 설명대로 "영산재란 명칭은 이미 오래전부터 사용되어왔다. 명칭의 전통성엔 의심할 여지가 없다."라고 주장하더라도 제시한 근거 자료가 『석문의범』(1935년) 목차에 쓰여 있는 "영산재"가 전부라면 그리고 아쉽게도 『석문의범』 본문엔 "영산재"가 아닌 「영산작법」으로 소개되어 있다면 영산재의 명칭이 20세기에 접어들면서 정착됐을 가능성도 있지 않을까? 만약 지금이라도 명칭을 수정할 수만 있다면 영산재가 아닌 영산작법이 타당할 것이다. 하지만 현행 영산재의 모든 절차를 고려해보면 영산작법이라 칭하는 것도 안 될 말이다.

현재 설행하는 영산재엔 운수상단(운수단의 상단 의식문)과 대례왕공(영가의 왕생극락을 위해 명부 시왕(十王)에게 예를 올리는 의식)이 포함되어 있다. 영가 천도의 관점으로 접근했을 때 운수상단과 대례왕공 그리고 이어지는 하단시식은 영가 천도를 위한 중요한 절차에 해당한다. 그렇다면 관점을 달리해 『오종범음집』의 예처럼, 대례왕공이 주(主)를 이뤄 하루 밤낮, 야외에서 행한다고 가정하면 오전, 사시에 이르러는 부처님께 마지를 올려야 하지 않을까? 이른 아침에 의식을 시작했더라도 오전 9~11시에 이르면 당연히 사시마지를 올려야 한다. 그리고 마지를 올리기 위

---

20) 누군가에 의해 시작된 추측성 발언이 무분별하게 강조되어지다 보면 어느 순간 "그럴 것이다"가 "그렇다"로 바뀔 수 있고 이후엔 "그렇지 않다"란 말조차 꺼낼 수 없는 지경에 이르게 된다.

21) 더군다나 『오종범음집』은 17세기, 이 땅에서 활동하던 지선스님이 편찬한 의식집이다. 만약 고려의 의천대사가 영산작법을 지었거나 보급했다면 왜 지선스님이 그 사실을 언급하지 않았을까? 아무래도 지선스님은 의천대사를 잘 몰랐나 보다.

해선 이에 걸맞은 의식을 행해야 하고 이때 영산작법은 목적에 부합하는 최적의 의식일 수 있다. 그러므로 접근 방법과 시각을 달리하여 대례왕공의 의식 절차 위에 영산작법을 추가한다면 지금의 영산재와 비슷한 의식절차이지 않을까? 즉, 전승해 오던 대례왕공, 시왕각배재가 근대에 들어 영산재란 명칭으로 탈바꿈 된 것일 수도 있다는 말이다. 어쩌면 현행 영산재의 원래 명칭은 수륙재의 한 축을 이루던 "대례왕공재"일 수 있다.

넷째, 보존회 측은 『오종범음집』의 내용을 근거로 영산작법을 사시, 오전 9~11시에 맞춰 진행해야 한다고 주장[22]한다. 『천지명양수륙재의 범음산보집』(1723), 「영산작법론」(靈山作法論)에도 사시에 영산작법을 행하는 것은 불가의 변함없는 법도이니 반드시 지킬 것을 강조하고 있다. 같은 책, 「주시련론」(晝侍輦論)에서 조차 영산작법을 과장해 보이려 하다가는 사시에 맞춰 여러 부처님께 공양 올리지 못할 수 있음을 우려하는 내용도 전하고 있다. 그만큼 과거로부터 영산작법은 사시에 맞춰 공양 올리는, 설행의 시점을 중요시 여겼다. 「영산작법론」의 내용을 보자.

> 살펴보건대, 여러 지방의 영산진공작법(靈山進供作法)에는 각기 다고례가 있다. **사시(巳時)에 공양을 드리고 오시(午時)에 대중에게 공양하는 것은 불씨(佛氏)의 법이다.** 이 가운데 유식한 어산(魚山)이나 범음(梵音)에게 진공(進供)하는 작법 규범은 옛날 성인의 규범을 한 결 같이 좇는데 대체로 아름답다. 오늘날 연소한 어산, 범패들은 재인과 음악의 즐거움만 알고 날짜와 시간의 완급(緩急)을 모르므로 진공을 혹 오시의 끝에 하기도 하고 혹 미시(未時)의 처음에 하기도 하여 **옛 성인의 규범**

22) 앞서 소개한 각주 3), 두 번째 이유를 참조.

을 어기니, 어찌 한심한 일이 아니겠는가? 뒷사람들은 충분히 상세히 고찰하라.[23]

그럼 현행 영산재에선 사시에 영산작법을 행하고 있는가? 옛 스님들은 이를 행하지 않으면 "한심하다"라고까지 표현하고 있는데 지금은 어떻게 행하고 있을까?

2014년 6월 6일, 봉원사에서 시연한 영산재의 절차를 소개하면 제1부(오전 10시~오후 2시)에서 시련·대령·관욕·괘불이운·**식당작법**을 행하고 제2부(오후 2시~오후 4시)에선 **영산작법**을 그리고 제3부(오후 4시~오후 6시)에선 운수상단·소청중위·시식으로 이어가고 있다.[24] 현재에 와서는 삼보를 찬탄하고 여러 부처님께 공양 올리는 영산작법보다 참여한 스님들이 점심하는 식당작법을 더 중요시 여기는 것 같다.

다섯째, 영산재도 분명 대례왕공을 포함하고 있어 시왕각배재를 행하는데 보존회 측의 설명대로 각배재는 명부세계와 연관 있기에 밤에 행해야 하는 의식이라면 현행 영산재에 포함되어 있는 운수상단과 대례왕공도 밤에 행하는 것이 옳지 않을까?

여섯째, 무슨 연유로 시련의식을 제일 먼저 설행하게 된 것일까? 그리고 시련의식을 행하는 목적이 범왕·재석·사천왕 등의 중단, 신중의 무리를 청하는 것이라면 괘불이운에서도 의식을 시작하면서 중단의 성현을 청(옹호게)하고 있는데 이땐 무슨 목적으로 중단 성현을 청한다는

---

23) 觀夫諸方靈山進供作法之事 自有古例 巳時進供 午時衆供 乃佛氏之法也 於中有識魚梵 進供作法之規 一遵古聖之規 盖可美也 今時 年少魚梵 徒知㥘樂歡娛 而未知日時之緩急 故或進供於午時之末或時之初 乃違古聖之規 豈不寒心者哉 後來十分詳察焉. 智還 原著, 金純美 譯, 『국역 천지명양수륙재의범음산보집』(서울: 도서출판 양재사, 2011), 12~13쪽.
24) 제26회 영산재 홍보자료.

것인가? 그럼 괘불이운도 중단 성현을 청해 모시는 의식인가?

일곱째, 영산재에서도 하단 영가의 관욕을 행할 때 법사스님의 수인 의식을 행한다. 그럼 왜 관욕의식을 행할 때에만 수인(手印) 의식을 행하는가? 혹시 『석문의범』에 나와 있는 수인이 하단 관욕의식에만 소개되어 있기 때문에 그런 것인가?

여덟째, 영산재에서 가장 중요한 부분은 당연히 영산작법일 텐데 영산작법에서 행하는 "육법공양"이라 명시된 게송25)은 혹시 향공양을 찬탄하는 게송, 찬향(讚香)을 말하는 것 아닌가? 그럼 나머지 다섯 가지 공양물, 등(燈)·화(花)·과(果)·다(茶)·미(味)26)에 대한 찬탄 게송은 왜 전해지지 않았을까?27) 영산작법이 고려시대부터 현재까지 지속적으로 행하여 왔다면 당연히 각 공양물의 찬탄게송을 온전히 보존하여 의식문(儀式文)의 가사(歌詞)는 물론 실기적인 소리 또한 전승했어야 한다.28)

---

25) 증축만년천자수(曾祝萬年天子壽) 훈성오분법왕신(熏成五分法王身) 전단림리점도괴(栴檀林裡占都魁) 난사총중거상품(蘭麝叢中居上品), 일찍이 천자의 만세 누리기를 축원하였나니 다시 다섯 가지 덕 갖춘 법왕신이 되시고 전단향 숲 속에서 의뜸을 차지하고 난향·사향 등이 모인 가운데서도 상석에 자리하소서. 해동사문 지환. 김두재옮김, 『천지명양수륙재의범음산보집』(서울: 동국대학교 출판부, 2012), 105쪽.

26) 일부 학자들이 미(味) 공양의 한자(漢字)를 쌀을 뜻하는 미(米)로 표기하여 이해하는 것으로 확인되는데 전해지는 저본엔 맛을 뜻하는 미(味)로 기술되어 있다.

27) 당대 최고의 범패승으로 추앙받는 송암스님이 친필로 남기신 의식집, 『송암스님 요집』 육법공양 부분에도 각 공양물의 찬탄게송은 쓰여 있지 않다.

28) 『석문의범』은 물론 1721년에 간행된 『천지명양수륙재의범음산보집』, 「영산작법」에도 각 공양물에 대한 찬탄게송은 보이지 않는다. 그러나 이보다 약 100년 전에 간행된 흔히, 「영산대회작법절차」(1634년)로 알려진 『공양문』엔 여섯 가지 공양물에 관한 찬탄게송이 기술되어 있다. 참고로 옮겨보면 등공양(燈供養)의 찬탄게송은 일점팔풍취부동(一點八風吹不動) 촌심만겁진장명(寸心萬劫鎭長明) 서천불조변상전(西天佛祖遍相傳) 대지중생소흑암(大地衆生消黑闇), 화공양(花供養) 찬탄게송은 칠보지중정국색(七寶池中呈國色) 일기월리점천향(一技月裏占天香) 세존염기시제인(世尊拈起示諸人) 달마전래개오엽(達摩傳來開五葉), 과공양(果供養)의 찬탄게송은 복지재시금기숙(福地栽時今己熟) 심화결처자연성(心花結處自然成) 취중상점어원춘(就中常占御園春) 직하공원보살과(直下共圓菩薩果), 다공양(茶供養)의 찬탄게송은 벽옥병중은낭용(碧玉瓶中銀浪湧) 황금

마지막으로 영산재에도 영가천도의 방편으로 금은전(金銀錢)을 괘불단에 거는데 그저 보여주기 위한 것인가? 단지 보여주기 위한 것이 아닌, 금은전을 설치한 분명한 목적이 있다면 조전의식이나 금은전이운 의식을 행해는 것이 옳지 않을까? 꼭 예수재가 아니더라도 말이다.29)

이처럼 영산재만 놓고 보더라도 전통성에 의문을 제기하는 수많은 의견들이 생성되고 있다. 물론 열거한 내용의 상당부분은 수륙재에서 해답을 찾을 수 있다지만 그래도 지난 수십 년을 영산재에 몸담았던 이들은 이를 애써 부정하거나 외면하길 반복하고 오히려 이 같은 의견 제시에 대해 "뭘 몰라서, 그런 쓸데없는 질문을 하는 것"으로 치부하려 든다.

그러나 아무리 하찮은 질문이라도 30여 년 이상의 전통을 자랑하는 중요무형문화재 보존회라면 작은 의견도 귀담아 들을 줄 알아야 하고 만약 잘못 이해하고 있는 부분이 있다면 이에 관한 올바른 반론을 제시하여 불교 재 의식 연구를 위해 매진하는 후학들의 혜안(慧眼)을 넓혀줄 필요가 있다. 국가에서 중요무형문화재를 지정한 이유는 소수의 보존회 회원만을 위한 것도 아니고 권위를 유지시키기 위한 것도 아닐 것이며 이왕, 중요무형문화재와 세계문화유산에 등재된 것이니 묻지도 따지지

년반설화비(黃金碾畔雪花飛) 요천비공시문향(撩天鼻孔始聞香) 구안설두방요미(具眼舌頭方了味), 미공양(味供養)의 찬탄게송은 해사중생개포만(解使衆生皆飽滿) 능령만겁면기허(能令萬劫免飢虛) 소타미미헌제천(酥陁美味獻諸天) 향적상방정아불(香積上方呈我佛)이다. 현행 영산재가 조선을 넘어 고려시대부터 성행했다면 당연히 여섯 공양물에 대한 찬탄 게송이 현재까지 전해졌어야 한다.

29) 『예수천왕통의』(預修薦王通儀)에선 영가를 위해 금은전을 헌공하기 위해서는 반드시 조전의식을 통해 완성해야 함을 강조한다. 또한 금은전을 옮기거나 특정한 장소에 설치하기 위해서는 이운의식을 행해는 것이 당연함에도 현행 영산재 절차에선 이와 같은 의식의 절차는 찾아 볼 수 없다.

도 말고 무조건 받아들여야 한다는 식의 획일적인 자세를 고집하라 한 것은 더더욱 아닐 것이다. 편중된 고정관념이 오히려 발전을 저해시킬 수도 있음을 간과(看過)해선 안 된다.

그럼, 새롭게 지정된 국행수륙재엔 아무런 하자와 오류가 없을까? 필자는 지금까지 들어난 수륙재야말로 수많은 문제점이 난무하는 대표적인 사례라 여긴다. 역사와 전통성은 말할 것 없거니와 의식의 구성과 절차에서 많은 의구심(疑懼心)을 갖게 한다. 그런 연유로 수년에 걸쳐 수륙재의 전승과정에 의문을 제기하고 누구나 납득할 수 있도록 해당보존회 연구자들이 해결해 주길 청하고 있다.

지난 10여 년 동안 전국에서 활동하는 범패승을 대상으로 현장 조사한 증언 내용을 바탕으로 완성한 졸고(拙稿), 『수륙재』(도서출판 일성, 2013)에서도 이와 같은 주장30)을 거듭 밝힌 적이 있는데 일부 내용을 옮겨31)보면 다음과 같다.

2000년대 들어서면서 불교계는 "국행수륙재"란 이름으로 과거 600년 전32) 왕실이 직접 설판에 참여하여 설행했던 수륙재 재현을 위해 노력하고 있다. 특히, 진관사와 삼화사의 주도로 복원되어진 수륙재는 현재의 범패승은 물론 대부분의 사찰에서 조차 감히 흉내 낼 수 없을 만큼 완성도 높은 외형적 모습을 갖추고 있어 불교의식의 가치를 한층

---

30) 졸고, 『수륙재』, 14~16쪽.
31) 이해를 돕기 위해 예문 『수륙재』, 내용에 포함된 각주의 설명도 함께 옮긴다.
32) 한반도에 유입된 수륙재는 고려 광종 21년, 970년에 갈양사(葛陽寺)에서 개설된 것이 가장 오래된 설행 근거로 밝혀져 있다. 다만, 필자는 현행 국행수륙재를 조선 초 태조 이성계가 개국과정에서 죽음을 당한 왕씨 왕족들의 원혼을 달래기 위해 설행한 문헌자료(『태조실록』권7, 태조4년(1395) 2월 24일)를 근거로 600년 전, 정확히 말하면 619년 전 행하던 국행수륙재로 보고 있다.

높이고 있다.

그러나 지난 시간, 불교의식 연구에 몸담고 있던 필자가 현재에 이르러 처음 접하는 수륙재 관련 장엄구(莊嚴具)를 보고 있노라면 '왜 이처럼 훌륭한 장엄구를 과거엔 미처 본적이 없었을까' 라거나 '왜 현재의 범패승들은 이런 장엄스러운 불교의식을 사부대중에게 진작부터 펼치지 못했을까' 하는 느낌을 들게 한다. 더군다나 '왜 스승님은 이런 훌륭한 의식이 있었음에도 제자에게 설행 사실조차 제대로 전해주지 않았을까' 하는 아쉬움을 남기기도 한다. 그러나 그 이유는 아주 간단하고 명료하게 결론지을 수 있는데 바로, 스승은 물론 당대를 대표하는 범패승들조차 왕실이 주도해온 국행수륙재와 이와 관련된 장엄구를 직접 본 경험이 없고 국행수륙재란 명칭조차 생소해 그저 막연한 추측이 전부였기 때문이다.

그러는 와중에도 그들은 한 결 같이 국가(왕실)가 아닌 일반 사찰에서 신도들이 설판하는, 바다와 강가에서 행하는 방생법회와 천도재 그리고 용왕재(龍王齋)를 수륙재로 이해하고 있었고 또 그렇게 설행해 왔다고 주장했다.[33] 물론 당시 학계에서도 수륙재를 방생법회나 용왕재의 한 부류로 인식하고 있었음[34]은 이를 잘 대변한다.

사실, 불교계가 수륙재를 물가에서 행하는 천도재 혹은 방생법회로

---

[33] 중요무형문화재 영산재 보유자 구해스님과 자료 수집을 위해 면담했던 현성스님(옥천범음대교수), 석정스님(영산작법보유자) 등을 비롯한 대부분의 범패승의 대답은 지금에 와서야 "국행수륙재"를 들어봤지 과거엔 들어보지도 행한 적도 없다고 한다. 그러나 강가나 바닷가에서 방생법회를 주도하거나 망자를 위한 천도재를 봉행한 예는 무수히 많고 이를 수륙재로 알고 있었다 한다.

[34] 한국불교 음악을 세상에 알리는데 크게 일조한 것으로 평가받고 있는 한만영은 저서 『佛敎音樂硏究』(서울: 서울大學校出版部, 1981), 2쪽에서 다음과 같이 수륙재를 설명하고 있는데 "수중고혼(水中孤魂)을 위한 재(齋)라 하며 무속(巫俗)의 용왕(龍王) 굿과 비교된다. 그러나 수륙재(水陸齋)의 원래 의미는 반드시 수중고혼만을 위한 것만은 아니었다. 요즈음의 수륙재는 강이나 바다에 나가서 배를 띄워 놓고 행하는 것이 상례(常例)이다. 그러나 규모가 큰 수륙재는 처음에 절에서 행하고 나중에 강이나 바다로 나가 방생재(放生齋)를 행한다."고 적고 있다.

이해해 설행해온 사실은 비단, 어제 오늘의 이야기가 아니다. 1935년, 안진호스님이 편찬한 『석문의범』(釋門儀範) 상권에 실린 「수륙재의체기서언」(水陸齋儀締起序言)[35]엔 다음과 같은 내용이 실려 있어 당시의 상황을 알게 한다.

고려광종(高麗光宗)도 귀법사(歸法寺)에서 조선태조(朝鮮太祖)도 진관사(津寬寺)에서 행(行) 하엿거늘 근대(近代) **수륙(水陸)은 강상(江上)이 아니면 해상(海上)으로 나아가며** 수륙의문(水陸儀文)은 행(行)치안코 상주권공(常住勸供) 등(等)으로 대용(代用)한다 전문(傳聞)되니 억하고견(抑何高見)인고? 혹(或)이 말하기를 그르하다면 오늘날까지 **강상우(江上又)는 해상(海上)에 나아가 결선시행(結船施行)들을 하니 무슨 이유(理由)인가** 무타(無他)라 그 수륙(水陸)이라는 수자(水字)만 중대시(重大視)하고 정말 고혼(孤魂)을 위로(慰勞)하는 륙자(陸字)는 등한시(等閑視) 하엿시며 **또 어포식(魚布食)하는 방생재일종(放生齋一種)을 남용(濫用)한** 것이라하노라 그르면 정작 불타(佛陀)의 명가(冥加)를 획몽(獲蒙)한 의문(儀文)은 무엇인가 청간하기제편(請看下記諸篇)이어다

위 글을 있는 그대로 받아들이면, 원래 수륙재는 옛 부터 왕실을 중심으로 사찰에서 행하던 것인데도 불구하고 『석문의범』을 편찬하던 즈음, 1930년대에는 흔히 수륙재를 방생재의 일종으로 인식, 강가와 바다에서, 수륙재 의식문이 아닌 상주권공[36] 등, 사찰에서 행하는 일반적인 권공 의식문으로 행하고 있었음을 전한다. 그리고 그 주체는 평범한 스님과 불자들이었음을 밝히고 있다.

그럼 당시 스님과 불자들은 왜, 수륙재를 강가나 바닷가에서 행했던

---

35) 安震湖 編, 『釋門儀範(上)』(京城 卍商會, 昭和10), 239쪽.
36) 각 지방마다 상주권공 의식에 대해 이해하는 관점이 서로 다르다. 예를 들어 서울·경기 지역의 경우 일반 권공의식으로 이해하지만 아랫녘, 영남의 경우엔 이를 49재나 천도재로 이해하고 있다.

것일까? 그리고『석문의범』이 간행된 이후, 1990년대에 이르기까지 불교계는 왜 굳이 물가에서 방생법회나 용왕재와 연계해 망자를 위한 천도재를 행하면서 그 명칭을 수륙재라 했을까?[37] 그리고 2005년 즈음 진관사와 삼화사가 주도하는 국행수륙재의 설행 이전, 불교계에 만연되어 있던 수륙재에 관한 보편적인 상식이 왜 바다와 물가에서 행하는 천도 의식 정도에 머물러 있었을까? 만약, 국행수륙재가 온전한 형태로 전승되었다면 불교계에서 굳이 강가나 바닷가에 나가 수륙재를 행하지는 않았을 것 아닌가?[38]

600년 전엔 틀림없이 왕실, 국가주도로 수륙재가 설행되었음은 의심할 여지없는 사실이지만 그때 설행했다는 국행수륙재가 최근까지 온전히 전승되지 않았음은 이미 많은 증언 자료를 통해 확인가능하다.[39] 그리고 의식의 절차와 외형적 장엄구 또한 과거 범패승이 이해하는 수륙재와 현재 복원하고 있는 국행수륙재가 상당한 문화적 차이를 보이

---

37) 현성스님(옥천범음대교수)의 증언에 따르면 1980년대부터 한국불교태고종에선 총무원 주관으로 10년에 걸쳐 전국의 강가와 바닷가에서 방생법회와 용왕재를 설행했고 그 명칭은 장소에 따라 수륙재와 영산재를 번갈아 사용했다 한다. 물론 종단을 초월해 크고 작은 일반 사찰에서도 수륙재라는 명칭으로 의식을 주관한 예는 어렵지 않게 찾아 볼 수 있다.

38) 필자는 수륙재에 관한 본격적인 연구가 2000년에 들어서면서 시작된 것으로 보고 있다. 그리고 문헌자료 수집 또한 박세민스님이 1993년 편찬한『韓國佛敎儀禮資料叢書』가 큰 영향을 미쳤을 것으로 판단한다. 그 이전엔 분명, 범패승들조차 수륙재를 낯설어 했던 경험이 지금도 생생하다. 최근에 들어서야『석문의범』에 실려 있는「수륙무차평등재의」(水陸無遮平等齋儀)가 수인(手印)을 바탕으로 한『결수문』(結手文)이고 근래 송암스님이 전한 의식문이『중례문』(中禮文)인 것으로 확인될 만큼 수륙재 복원 사업은 이제 시작하는 단계에 있다.

39) 필자가 면담한 스님들은 대부분 범패승이다. 현재의 범패승은 주로 전통의식을 필요로 하는 주최 측의 요구에 따라 언제 어디서든 49재와 천도재·영산재·수륙재·예수재 등을 설행할 수 있는 실기 능력을 갖추고 있다. 실력이 출중한 범패승의 경우 한 달에 25~28회 이상, 평범한 실력의 범패승이라도 한 달에 5~10회 정도는 기본적으로 의식에 참여한다. 특히, 수륙재와 관련해 면담한 범패승은 최소 25년에서 40년 이상의 경험을 갖고 있는 자로서 어림잡아도 1000에서 3000여 회 이상, 직간접적으로 재 의식에 참여한 경험이 있으니 이들의 증언은 곧 근대 불교의식의 흐름을 가늠할 수 있는 진설(珍說)이 아닐 수 없다.

고 있다. 그러므로 누구나 공감할 수 있는, 지난 수백 년 동안 전승해 온 과정을 설명하지 못하면 수륙재의 전통성을 주장하는데 한계가 있을 것으로 판단한다. 600년은 고사하고[40] 200년, 100년 전에 행하던, 심지어 지난 수십 년 전에 행했던 수륙재의 모습조차 설명하지 못하면서 어떻게 서기 970년, 1395년에 행하던 수륙재를 지금에 와서 논할 수 있을까?

이와 같은 문제를 제기한 후 다음과 같은 의견을 제시함으로써 연구의 폭을 넓히고 특정 단체의 목적성이 아닌 수륙재의 학문적 발전을 위해 객관적인 이론을 확립해야 함을 강조했다.

　　필자는 조선 중·후기, 수륙재의 전승과정을 불교와 민속신앙, 불교와 무교의 습합 과정을 통해 찾아보고자 한다. 이유는,
　　첫째, 수륙재 설행을 위한 독립된 저본으로 알려진 『중례문』(中禮文) 즉, 『천지명양수륙재의찬요』(天地冥陽水陸齋儀纂要)[41]의 판본 간행 시기가 1513년 대광사본부터 1694년 해인사본에 이르기까지 모두 16~17세기에 집중[42]하고 있고 『결수문』(結手文)으로 알려진 『수륙무차평등재의촬요』(水陸無遮平等齋儀撮要) 역시, 1469년 시작으로 1694년, 해인사본에 이르기까지 모두 15~17세기에 집중되어 있다.[43] 『지반문』(志盤

---

40) 우리가 쉽게 600년 전을 말하지만, 사실, 600년이란 시간은 어림잡아도 20세대를 뛰어넘는 오래전 이야기다. 임진왜란도 조선이 건국하고 200년 뒤인 1592년에 발발한 것이니 지금으로부터 422년 전 사건이다. 하지만 우리는 국행수륙재를 마치 얼마 전 설행한 것처럼 너무 쉽게 이해하려 드는 것 같다.

41) 고려 후기 죽암(竹菴)이 편찬한 것으로 근대, 송암스님이 행했던 수륙재의 대표적인 의식집으로 알려져 있다. 삼화사 국행수륙재의 저본 역시 『중례문』으로 확인되었다. 참고로 진관사와 마산 백운사의 저본은 『결수문』으로 알려진 『수륙무차평등재의촬요』다.

42) 한지희, 「竹菴 編纂 『天地冥陽水陸齋儀纂要』의 書誌的 硏究」,(석사학위논문, 中央大學校 大學院, 2009), 59~60쪽.

文)으로 알려져 있는『법계성범수륙승회수재의궤』(法界聖凡水陸勝會修齋儀軌)도 16세기인 1573년, 공림사(空林寺)에서 간행되어 전하고 있음을 감안하면 수륙재 설행을 위한 독립된 의식문은 대부분 15~17세기의 범주를 넘지 못하는 것으로 확인 된다. 그리고 이는 국행수륙재의 설행이 조선 초기부터 명종(明宗)대까지, 150여 년 정도[44]인 점과 일치하고 있어 18세기 이후부터 현재에 이르는 수륙재의 전통성을 주장하기엔 한계가 있다.

그러나 둘째, 17세기인 1664년 청(淸)의 서하(西河)가 편집(編集)했다고 전해오는『자기산보집』(仔夔刪補集)[45]엔「풍백우사청좌의문」(風白雨師請坐儀文)・「성황진재청좌의문」(城隍眞宰請坐儀文)・「당산산주천왕대재청좌의문」(當山山主天王大宰請坐儀文)・「당산용왕급제용군청좌의문」(當山龍王及諸龍君請坐儀文)・「제산단청좌의문」(諸山壇請坐儀文) 등 민족 고유의 신앙적 요소를 담은 의식문을 전하고 있고 18세기 이후 세 번에 걸쳐 간행[46]된『천지명양수륙재의범음산보집』(天地冥陽水陸齋儀梵音刪補集)에도 「풍백우사단」(風伯雨師壇)・「가람단」(伽藍壇)・「당산천왕단」(當山天王壇)・「당산용왕단」(當山龍王壇)・「성황단」(城隍壇) 등의 명칭으로 이를 수용하고 있어 18세기에 접어들면서『중례문』・『결수문』・『지반문』・『자기문』 등의 독립된 수륙재 의식문과 더불어 민속 신앙적 요소가 깃든 다양한 의식이 함께했을 가능성이 크다. 특히,「자기문」으로 알려진『수륙재의문』은 1724년 해인사에서 수정, 보충해『자기문절차조열』(仔夔文節次條列)[47]로 간행할 만큼 당시, 수륙재

---

43) 이용운,「朝鮮後期 三藏菩薩圖와 水陸齋儀式集」,『美術資料』(서울: 美術資料, 2005), 제72호, 105쪽.

44) 한지희,「竹菴 編纂『天地冥陽水陸齋儀纂要』의 書誌的 硏究」, 16~17쪽.

45) 10권. 1150(남송 소흥 때) 금나라 자기(仔夔)가 양나라 무제가 정한 수륙재의문(水陸齋儀文)에 의해 제정한 책으로 알려져 있으며 박세민스님이 1993년 편찬한『韓國佛教儀禮資料叢書』권2에 실려 있다. 그러나 이 책은 청나라에서 개간한 것으로 추정 될 뿐 정확한 간행연대와 장소를 알 수 없다.

46) 1709년 도림사, 1721년 중흥사, 1739년 도림사. 이용운,「朝鮮後期 三藏菩薩圖와 水陸齋儀式集」, 105쪽.

설행에 적지 않은 영향을 줬을 것으로 판단하는데 이는 수륙재가 불교 본연의 목적과 더불어 민속 신앙을 대거 수용한 형태로 전승했을 가능성을 제시하고 있다.

물론, 필자는 수륙재가 지난 수백 년간 불교와 무속신앙의 습합으로 전승되었을 가능성을 제시하였다. 인용문의 내용처럼, 수륙재가 크게 성행했던 시기가 지금으로부터 수백 년 전의 상황이라면 수륙재가 어떤 경로를 통해 현재까지 면면히 전승해 왔는지 명확하게 설명할 수 있도록 이론적인 근거를 마련하는 것이 옳다. 단순히, "600년 전에 이렇게 행했다는 근거가 발견됐으니 무조건 받아 들려라"는 식으로 수륙재의 동참을 유도한다면 의식의 대중화엔 분명 한계가 있을 것이다.

불과 수 년 전만 하더라도 수륙재는 방생법회 정도로 치부해 왔었으며 강가나 바닷가에서 행하던 천도의식으로 인식해 왔다. 그렇다면 동시대를 살아온 사람들이 왜 그렇게 인식할 수밖에 없었는지 이유를 밝힐 필요가 있지 않을까?[48] 설사 물가에 나가 방생법회나 천도재를 수륙재란 이름으로 설행했더라도 포교의 일환으로 행한 거라면 또 이를 통해 누군가가 위로와 안식을 얻었다면 오히려 올바른 의식 절차를 완성해 보급함으로써 장려하는 것도 나쁘지 않을 것으로 본다. 마치 '무식해서 수륙재를 잘못 이해하고 있다'는 식으로 몰아가기엔 흘러간 세월이 너무 길다.

---

47) 1724년 해인사에서 계파성능(桂坡聖能)에 의해 편찬하는 것으로 수륙재를 설행하기위한 절차를 소개하고 있다. 내용은 세민스님이 1993년 편찬한 『韓國佛教儀體資料叢書』 권2에서 확인할 수 있다.

48) 가령, 한만영의 『佛教音樂研究』에서 수륙재를 무속(巫俗)의 용왕(龍王)굿과 비교하여 강이나 바다에 나가서 배를 띄워 놓고 행하는 방생의식으로 정의한 것은 당시 불교계에서 인식하는 보편적으로 내용을 그대로 옮겨 기술한 것으로 볼 수 있다.

의식 절차의 보완도 선행되어야 한다.

가령, 현행 수륙재도 영산재에서처럼 시련의식을 가장 먼저 설행하는데 그 이유가 무엇인가?『천지명양수륙재의범음산보집』엔 분명 상단과 중단 그리고 하단으로 구분하여 시련을 행했던 것으로 확인되는데 왜 수륙재에서 현행 영산재의 시련의식을 그대로 따르고 있는지, 정말 상단과 중단 그리고 하단의 시련의 복원과 설행 시점을 올바르게 재현하는 것이 불가능한 것인지 묻고 싶다.

지금까지의 조사결과 현행 영산재,「시련절차」의 설행근거는 이운의식의 한 종류인「시주이운」(施主移運) 외엔 발견할 수 없다. 하지만 시주자(施主者)를 모셔 이동시키려는 목적으로 설행하던「시주이운」이 어떻게 지금에 와선 중단 성현을 모셔온다거나 영가를 모셔온다는「시련절차」로 받아들이게 됐는지, 아니면 언제부터「시련절차」의 의식문을「시주이운」과 동일하게 사용하게 된 것인지 의문이다. 다만, 1931년 안진호스님이 편찬에 참여한『불자필람』(佛子必覽)과 1935년 편찬한『석문의범』엔 분명「시련절차」가 실려 있고『석문의범』엔「시주이운」도 실려 있어 20세기에 접어들면서「시주이운」과 시련의식이 동일한 의식문을 사용하면서 공존했을 것으로 본다. 그리고 이후「시주이운」의식은 점차 사라지고 시련의식만 남게 된 것은 아닐까하고 추측해 본다.

「시련절차」의 설행시점도 현재처럼 재 의식을 시작하면서 설행하는 것이 합당한지도 의문이다.『불자필람』과『석문의범』에 기술된「시련절차」는 동일한 내용이지만 설행 시점엔 차이를 보이고 있다. 가령『불자필람』의 경우엔 신중단작법⇨삼십구위⇨일백사위⇨**시련절차**⇨대령식⇨재대령으로 연결하고 있어 신중작법 다음에 시련의식을 행한 것으로 들어나고 『석문의범』의 경우엔 사명일대령⇨시련절차⇨재대령⇨관욕 이어가고 있어 사명일대령 다음 시련의식을 행한 뒤 영가를 청했던 것으로 확인된다. 특히 『석문의범』의 경우 「시련절차」를 부록(附錄)으로 다루고 있어 『석문의범』의 간행 당시 「재대령」에 앞서 시련의식을 설행했다고 장담할 수도 없다.49)

하지만 어찌된 영문인지 현재에 이르러는 「시주이운」 자체가 자취를 감췄다. 그리고 시련의식 앞에 어떤 의식도 행하지 않는다. 영산재를 비롯한 모든 재 의식은 의식을 시작하면서 무조건 시련을 가장 먼저 행하고 대령으로 이어가는 것이 정석처럼 자리 잡았다. 물론 의식에 참여하는 대부분의 사람들도 이와 같은 구성을 당연하게 여긴다. 그럼 이와 같은 의식절차와 차서(次序)가 합당한 것인지 묻지 않을 수 없다. 『불자필람』과 『석문의범』에서 조차 「시련절차」 앞에 다양한 의식을 진행했던 것으로 들어나고 설행시점도 불분명한데 어떤 연유로 현재에 이르러는 재 의식을 시작하면서 시련을 행하게 된 것인지, 조선시대에 간행된 수많은 의식집에 "반드시 시련을 행하고 대령으로 이어가라"는 문헌적 근거가 있다거나 "시련을 행할 적엔 시주이운을 참고하라"는 설명이 존재하는지, 그래서 현행 수륙재에서 영산재의 것을 그대로 따르고 있는지 그 이유를 묻고 싶다.

불분명한 현행 영산재의 「시련절차」를 따르고 있으면서, 『천지명양수륙재의범음산보집』에서 전하는 상・중・하단 시련의 설행시점조차

---

49) 『불자필람』과 『석문의범』의 차서를 보고 많은 이들은 「시련절차」과 대령이 공통적으로 들어나고 있어 이를 한데 묶어 이해하려 든다. 하지만 관점을 달리해 『불자필람』의 신중작법 이후 「시련절차」 그리고 『석문의범』의 사명일대령 다음 「시련절차」로 이해해보면 신중을 청하고 시련한 것으로도 볼 수 있고 사명일대령에서 청한 영가를 시련한 것으로도 볼 수 있다.

복원하지 못하면서, 어떻게 영산재와의 차별성을 주장할 수 있을까? 분명한 근거자료가 확보되었다면 실천하는 것이 마땅하다. 의식의 절차가 영산재의 것과 별반 차이가 없다면 영산재보존회 측의 주장처럼 "수륙재는 영산재의 아류작"으로 전락할 수 있다.

그럼 시련을 언제, 어디서, 어떻게 설행해야 할지 고민해 보자.

수륙재가 기존 영산재와 예수재 그리고 시왕각배재와 차별되는 이유는, 의식의 절차는 물론 공양 올리는 대상과 공양을 베푸는 대상 그리고 천도의 방편 등, 여러 가지가 있겠지만 그중 오로단(五路壇)의 설치와 설행 목적만큼은 분명 수륙재만이 지닌, 다른 재 의식과의 두드러진 차별성을 보이는 것이다. 오로단은 수륙재에 상단과 중단의 모든 성현을 초청하기위한 편지를 사자(使者)편에 보낸 다음 진행하는 의식으로 흔히 개벽오방편(開闢五方篇)으로 알려져 있다. 그리고 이를 위해 설치한 단을 흔히 "오로단"이라 칭한다.[50]

개벽오방편을 행하는 이유는 수륙재에 모시는 성현 중엔 인천(人天)과 지옥(地獄), 귀축(鬼畜)과 아수라 등이 포함되어 있고 이들은 아직 깨달음을 얻지 못한 중생이기에 수륙재를 설판하는 도량까지 오는 과정에서 많은 유혹으로 인해 장애와 어긋남이 있을 수 있다. 그런 이유로 동·서·남·북·중앙을 관장하는 오방오제오위신기등중(五方五帝五位神祇等衆)과 일체권속을 청해 방편의 문을 활짝 열어 초대받은 모든 중생이 아무 걸림 없이 도착할 수 있도록 한다.

그럼 상식적으로 사자편에 성현을 청한다는 편지를 보내고(봉송사자편) 그들이 원만하게 도착할 수 있는 길을 닦아야(개벽오방편) 비로소 모

---

50) 영산재에서 괘불을 중심으로 길게 오방의 천을 드리우는 이유도 수륙재의 오로단 설치와 무관치 않은 것으로 본다.

든 불·보살과 일체의 성현이 도량에 강림할 수 있지 않을까? 만약 연락도 취하지 않고 도로도 정비하지 않았다면 누군들 원만히 올 수 있을까? 당연히, 개벽오방편이 끝나고 나서 성현을 모시러 나가거나, 모셔 오는 것이 맞을 것이다.

그렇다면 개벽오방편 이후 구체적으로 언제 시련하는 것이 맞을까? 필자는 상단의 경우 성현을 청하는 영청(迎請)과 관욕(灌浴)을 행한 후 법당으로 향해 갈 때 성현을 연(輦)에 모셔 이동하는 것이 옳다고 본다. 물론 중단의 시련도 이와 같은 차서를 따라야 할 것이다. 물론 수륙재의 시작 맨 처음, 하단 영가를 맞이해 이동시키는 시련도 대령의식을 통해 진행하는 것이 마땅하다고 본다. 이유는 다름 아닌 『천지명양수륙재의범음산보집』에서 그렇게 행하라고 전하고 있고 또 그렇게 하는 것이 이치에도 맞아 보이기 때문이다.

권상, 「영산작법절차」 다음에 기술되어진 「재(점심을 의미함)후작법절차」(齋後作法節次)엔 사자단과 오로단을 행한 다음 「지영청소」(至迎請所)라고 기술하고 있어 의식 설행을 위해 장소를 옮기도록 했다. 이는 성현을 청해 맞이하는 특정한 곳, 영청단(迎請壇)으로 대중 모두가 이동했음을 의미하는데 바로 이곳에서 거불과 법보가영·승보가영을 행하고 부처님의 불패(佛牌)를 모셔 상단 관욕을 이어간 것으로 들어난다. 관욕을 마치면 **「"꽃을 흩뿌립니다.(散花落)"를 세 번 하고 바라를 울리고 뇌고(雷鼓)를 3도(度) 친 다음 거령산(擧靈山)을 부드러운 소리로 길게 늘여 창하면서 요잡의식을 거행하다가 연(輦)이 법당에 이르면 음악을 그치고 부처님을 앉으시게 하는 게송(坐佛偈)을 한다.」**[51]고 협주에 밝히고 있어 이

---

51) 散花落三 動鈸雷鼓三度後 擧靈山 引聲 繞匝 輦至法堂 止樂 坐佛偈云. 해동사문 지환. 김두재옮김, 『천지명양수륙재의범음산보집』, 139쪽.

때 성현을 연에 모셔 법당으로 이동했던 것으로 볼 수 있다. 중단의 경우도 영청단에서 성현을 맞이하여 모셔온 것으로 확인되는데 「**영청당(迎請堂)을 정문에 시설하였으면 연을 모시는 예는 하지 않아도 된다. 다만 빈 연으로 위패를 모시고 거행하면 된다.** 영청소(迎請所)가 매우 먼 곳에 있어서 부득이 연으로 모셔야 할 경우라면 모든 위의(威儀)를 갖추어 나열해 서서 범음(梵音)이 "꽃을 흩뿌립니다.(散花落)"를 세 번 창(唱)하고 바라를 울린 다음 혹은 목단찬을 읊기도 하고 혹은 삼귀의(三歸依)을 읊기도 하며 혹은 천수주(千手呪)를 독송하기도 한다. **인성(引聲)으로 요잡의식을 진행하여 정중(庭中)에 이르면** 음악을 멈추고 천선이 성현에게 참례하는 편(天仙禮聖篇)을 한 뒤에 아래 게송을 읊는다.」52)라고 설명하고 있어 연으로 중단 성현을 모시고 법당에 이르러 먼저 자리한 상단 불·보살에게 예를 갖추려 했던 것이 확실하다.

특히, 상대적으로 거리가 가까운 곳, 예를 들어 도량의 정문에 영청당(迎請堂)을 설치한 경우 빈 연으로 위패를 모시고 의식을 진행했던 점은 특별한 위의를 갖추지 않고서도 시련을 행했던 것으로 보여 지는 대목이라 시사(時事)하는 크다. 이렇듯 시련은 도량 밖에 설치한 영청단에서 성현을 청해 관욕을 행한 다음 진행하는, 영청단에서 재 의식을 거행하는 본 도량까지 연을 이용해 성현을 모시는 것으로 정의할 수 있다.

다만 한 가지, 개벽오방편 이후 상단과 중단의 시련을 행해야 한다는 의견에 공감한다 해도 의식을 집전하는 범패승의 입장에선 '그럼 시련

---

52) 迎請堂 設正門 則不用侍輦之禮 但以虛盖 俠牌侍行 爲可 迎請所 甚遠處 强爲侍輦 則諸威儀 列立 梵音 唱散花落三 動鈸後 或咏牡丹讚 或咏三歸依 或唱千手 引聲 繞匝 止庭中 止樂 天仙禮聖篇後 下偈. 해동사문 지환. 김두재옮김, 『천지명양수륙재의범음산보집』, 148쪽.

의식을 행할 때 사용할 의식문은 무엇으로 해야 하나'라는 생각을 하게 될 것이다. 특히, 『석문의범』에 "옹호게"로 시작하는 「시련절차」를 접해본 자라면 당연히 수륙재에 상단과 중단 그리고 하단 시련을 위한 의식문 등이 따로 존재할 것으로 여겨 의식문을 새롭게 개작하려는 시도를 감행할 수도 있다. 더군다나 『천지명양수륙재의범음산보집』, 「주시련론」(晝侍輦論)엔 영산작법을 행함에 있어 낮에 행하던 시련의 의식절차를 자세히 설명하고 「주시련작법」(晝侍輦作法)을 통해 이를 전하고 있으니[53] 당연히 이에 합당한 의식문을 찾기 위해 고민할 수 있다.

하지만, 「주시련론」의 내용을 자세히 살펴 이해해 보면 수륙재, 각단 시련을 위한 의식문은 애초에 따로 존재하지도 않았고 존재할 필요도 없다는 결론에 이를 수 있다. 오히려 「주시련작법」에서 전하는, 낮에 시련하는 절차는 특정한 누군가의 개인적인 욕심에서 비롯된, 재 의식을 보다 화려하고 웅장하게 과시하려(欲誇齋儀)는 목적으로 개작한 것으로 볼 수 있다. 김순미가 역(譯)한 「주시련론」의 내용[54]을 살펴보자.

대개 **수륙재**를 베푸는 가운데 영산(靈山)은 별도의 작법(作法)이다. 그 가운데 **별도의 예로 낮에 시련**(侍輦)하는 것은 왜냐? 이 규범은 불가(不可)하다. 그러나 당일에 **집사자**(執事者)가 재의 의식을 과장하고자 억지로 낮에 시련하는 계획을 세워서, 먼저 해탈문 밖에 삼보단(三寶壇)을 설치하고 천수를 하고 종을 치고, 삼보단에 가서 사방찬(四方讚)과 엄정게(嚴淨偈) 끝에 바라를 울리고 대회소(大會疏)를 읽는다. 혹은 대루(大樓)에서 하게 되면 엄정게를 하면서 종을 치고 삼보단을 향

---

53) 「주시련작법」은 「주시련론」의 절차내용을 의식문으로 옮겨 논 것으로 『천지명양수륙재의범음산보집』 권 중에 소개되어 있다.
54) 金純美 譯 『국역 천지명양수륙재의범음산보집』, 14쪽.

해 돌아서서 바라를 울리고 대회소를 읽고, 다음 영산과 대세지(大勢至)를 거불(擧佛)하고, 끝에 바라를 울리고 삼보소를 읽는다. 다음 **부처와 영산을 청하고, 지심(志心)과 가영(歌詠)을 하고 다음 삼례청(三禮請)을 하고, 삼계(三界) 사부(四部) 등 대중을 아울러 영청(迎請)하고 시련(侍輦)하는 것이 옳다.** 그런데 혹 다른 작법집에 본다면 **다만 상주영산(常住靈山)에 영청, 목욕, 시련하는 규범만 있으니 의심이 없지 않다. 그러나 낮에 시련하는 규범은 비록 볼만 하지만 그날 형편이 늦어지면, 반드시 사시(巳時)에 여러 부처님께 헌공하는 의식55)을 잃어버리게 될 것이니 어찌 개탄스럽지 않은가?** 바라건데 모름지기 유식한 집사는 목욕과 시련하는 규범을 깊이 상세히 관찰해서 써야 한다.56)

내용엔 먼저, 영산은 수륙재와 별개로 별도의 작법이긴 하지만 낮에 시련하는 것은 마땅치 않다는 견해를 밝히고 있다. 왜냐하면 낮에 시련하는 이유가 다름 아닌, 의식을 행하는 집사자의 개인적인 생각, 즉 재의식을 자랑하려는 욕심에 과장해 보이려고 억지로 시도한 것이기 때문이란다. 그리고 시련을 행할 땐 반드시 대상을 청하고 목욕한 이후에 행하는 것이 옳고 혹 과장된 시련의식을 잘못 행하려들면 오히려 사시에 부처님께 공양 올리는 헌공을 제대로 이행하지 못할 것 같다는 우려의 목소리도 전하고 있다. 마지막에 다시 한 번 목욕과 시련하는 규범

---

55) 영산작법을 사시에 여러 부처님께 헌공하는 의식이라 말하고 있다. 그리고 그 중요성을 재차 강조한다.

56) 盖水陸設辦之中 靈山乃是別作法也 其中別例 畵侍輦何也 此規不可 然當日執事者 欲誇齋儀 强爲畵侍輦之計 先設三寶壇於解脫門外 而千手擊之 下去三寶壇 四方讚 嚴淨偈末 鳴鈸讀大會疏 或設大樓 則嚴淨偈擊之 回立向三寶壇 鳴鈸讀大會疏 次靈山擧佛勢至 末鳴鈸讀三寶疏 次大請佛及靈山志心歌咏 次三禮請與三界四部等衆 並爲迎請侍輦可也 而或見他集 則但以常住 靈山 迎請 沐浴 侍輦之規 不無疑焉 然畵侍輦之規 雖爲可觀 日勢遲緩 則必失史時獻供諸佛之儀軌 豈不慨然也 望須有識執事 沐浴侍輦之規 深可詳察用之, 金純美 譯, 『국역 천지명양수륙재의범음산보집』, 13∼14쪽.

을 상세히 살펴 시련 의식을 행할 것을 당부한다.

그러므로 「주시련론」의 내용을 종합해 보면 모든 시련은 영청과 관욕 이후 행하는 것이 올바른 법식이라 판단한다. 특히, 하나의 의식(儀式)이라기보다는 수륙재의 원만한 진행을 위해 이동하는 과정(過程)에 가깝다. 『천지명양수륙재의범음산보집』에는 재 의식을 설행하는 본 도량 밖에서 성현을 처음으로 맞이하는 법식을 적어 놓은 영청단배치제(迎請壇排置制)와 성현을 목욕시키는 법식을 적은 관욕당배치제(灌浴堂排置制)를 따로 분류해 전하고 있어 영청과 관욕 그리고 시련의 연관성을 재차 강조한다. 그러므로 어떤 저본으로 재 의식을 행하더라도 반드시 대상을 영청(請詞·歌詠)하고 목욕(灌浴)하는 의식을 행한 후 시련으로 옮기는 것이 옳다고 여기며 설사, 목욕의식을 행하지 않더라도 영청 이후 시련을 모시는 것이 규범에 어긋나지 않아 보인다. 대상을 청하지도 않았는데 시련을 행하는 것이야 말로 의식 전체를 거꾸로 이해하는 것이 아닐까? 현재 설행하는 시련의식처럼 말이다.

이미 언급했듯이 각종 저본엔 상단과 중단의 성현을 청하는 청사(請詞)와 성현을 맞이하는 가영(歌詠) 등이 수록되어 있고 또 관욕(灌浴)을 위한 의식문도 자세히 전하고 있다. 그러므로 필자는 수륙재를 위한 시련 의식을 다음과 같이 이해하도록 주문한다.[57]

"어렵게 생각하지 말자. 각 단 시련은 기존 「시련절차」처럼 '봉청~'으로 시작하는 특별한 의식문을 필요로 하지 않는다. 야외에 마련한 영청단에서 유치와 청사, 혹은 고혼청 등을 염송한 후 관욕을 행한 다음 도량으로 향하면서 요잡하고 음악을 연주한다면, 더불어 '거령산'과 '인

---

57) 소개하는 시련의식에 관한 견해는 수륙재는 물론 전해지는 각종 재 의식에도 얼마든지 적용할 수 있을 것으로 본다.

성이' 그리고 '법성게' 등을 소리하여 이동한다면 온전한 시련으로서 무리가 없다. 상단·중단·하단의 시련은 대상을 이동하는 과정일 뿐이다. 재차 강조하지만 시련을 행하려면 반드시 도량 밖, 야외 어딘가에 대상을 맞이하는 장소, 영청단을 꼭 설치해야 한다."고 말이다.

하단 영가를 위한 시련도 예외가 아니다. 그리고 하단 시련만큼은 수륙재는 물론 크고 작은 각종 재에서도 얼마든지 쉽게 적용할 수 있다. 의식을 주관해 본 범패승이라면 대령·관욕 이후 등장하는 지단진언(指壇眞言)을 알고 있으리라. 지단진언이란 말 그대로, 영가에게 부처님이 계신 단으로 향할 것을 일러주는 진언이다. 지단진언이 끝나면 "법신변만백억계(法身遍滿百億界) 운운"하는 염화게(拈花偈)를 이어가고 이어 "나무대성인로왕보살"(南無大聖引路王菩薩)을 쓸어 소리58)한다. 그리고 『석문의범』에 기술되어 있는 정중게(庭中偈: 법당 앞 뜰 중앙에 자리하는 게송)와 개문게(開門偈: 문을 여는 게송)를 생략하고 바로 가지예성편(加持禮聖篇)을 이어갈 것이다. 그럼 물어보자. 왜 정중게와 개문게를 생략하는가? 대답은 이렇게 돌아온다. "실내에서 대령과 관욕을 행했기에 정중게와 개문게는 생략하는 것이 옳다"고 말이다. 맞다. 현행 49재나 천도재는 대개법당 안에서 대령과 관욕을 행한다. 이동 거리가 짧기 때문에 "나무대성인로왕보살"도 그냥 쓸어간다.

하지만 야외, 예를 들어 지금의 시련터처럼 거리가 있는 곳에 영청단과 관욕당을 설치하고 대령과 관욕을 행한다고 가정하면 여러분은 영가를 청해(대령) 목욕(관욕)시킨 다음 지단진언과 법신변만백억계 운운하고 "나무대성인로왕보살"을 그냥 쓸어갈 것인가? 실내에서 하는 것처럼 소

---

58) "쓸어간다"는 것은 범패승 사이에서 소리를 '길게 지어가지 않고 읽어 내려간다.'는 의미다.

리를 쓸어가는 것이 맞을까? 아니다. 경험 있는 범패승이라면 당연히 이동거리와 시간을 고려해 범패성(梵唄聲)으로 소리를 지어 노래할 것이다. 흔히 알고 있는 짓소리, "인성"을 소리하며 이동할 것이다. 당연히 개문게와 정중게를 생략할 이유가 없으니 소리할 것이고 자연스럽게 가지예성편으로 넘어갈 것이다.

그럼 관욕 이후 "나무대성인로왕보살"을 소리하며 이동하는 것을 어떻게 설명할 것인가? 과연 이와 같이 이동하는 것을 무엇이라 해야 하나? 이것이 바로 시련이다. 야외에서 영가를 청하는 대령과 목욕시키는 관욕을 행한 후 이들을 증명하고 인도할 미타관음세지(彌陀觀音勢至)·인로왕보살(引路王菩薩)·면연대사(面燃大士)를 삼연(三輦)에 모신다음 영가의 위패가 뒤를 따르며 법당 앞까지 오는 일련의 과정이 곧 수륙재에서의 하단 시련이다. 설사 관욕을 행하지 않더라도 영가를 청한 후 지단진언으로 넘어갈 수 있으니 시련은 의식을 집전하는 사람의 의지에 따라 얼마든지 복원할 수 있다.[59] 『천지명양수륙재의범음산보집』에 소개되어 있는 『하단시련위의지도』(下壇侍輦威儀之圖) 또한 이와 같은 상황을 충분히 대변하고 있다.

시련을 위한 별도의 의식문인 것처럼 포장된 「시련절차」는 더 이상 필요하지 않다. 오히려 올바른 격식을 갖춘 위의(威儀)만을 필요로 한다. 그리고 이 또한 『천지명양수륙재의범음산보집』에 각단 시련 위의지도(威儀之圖)가 자세히 전하고 있으니 복원하고 설행하는데 아무런 걸림이 없을 듯하다.

지금까지 수륙재의 발전을 위해 연구 분야의 보완을 크게 전승과정

---

59) 아쉽게도 필자가 불교의식을 연구하는 동안 누구도 이를 하단 시련이라 설명한 적 없다

과 의식절차로 구분하여 지적하였다. 단순히 두 가지 분야로 한정지었지만 사실 이 외에도 불교의식에 몸담고 있는 많은 연구자들은 할 말이 참 많을 듯싶다. 하지만 연구자가 지적하는 크고 작은 내용을 참작해 점차적으로 해당 보존회에서 근거자료와 함께 이론화하여 정착시킨다면 분명, 한국불교를 대표할 수 있는 수륙재가 완성될 것으로 기대한다.

2. 실기 분야의 보완

수륙재에 관한 이론적인 연구 성과물이 지속적으로 보급된다 하더라도 수륙재의 설행이 완벽할 수는 없다. 더욱이 수륙재의 완벽한 재현을 위해서는 이론적인 연구 뿐 만 아니라 의식을 실현하는 범패승의 자질 향상도 절실하게 요구된다.

현재, 설행되는 보편적인 재 의식의 모습은 어떨까?

다음 내용은 재 의식 현장에서 접할 수 있는 몇몇 범패승의 모습과 상황을 정리한 것이다.

① 상주권공재·시왕각배재·영산재·수륙재·예수재를 비롯해 의식에 필요한 소리와 무용 그리고 절차를 누구나 다 인정하는 **스승에게서 온전하게 전수받은 적이 없음에도 불구하고** 대다수의 범패승은 해당 재 의식에서 필요로 하는 전통적인 의식의 절차를 무시한 채 크고 작은 천도재를 통해 **반복적으로 진행해오던 시련·대령·관욕·신중작법·천수바라·사다라니·회심곡만으로** 설판목적과 무관한 재 의식을 진행하기도 한다. ② 그러다보니 때론 규모가 큰 사찰이나 시주자에 의해 봉행되는 영산재와 수륙재도 사실, **명칭은 영산재(靈山齋)나 수륙재(水陸齋)라 칭하고 있지만 그 내용은 천도재 수준을 벗어나지 못하**

는 경우가 많다. ③ 때론 해당 사찰에서 시간이 없다는 이유로 의식을 축소하거나 신도들이 좋아할 만한 의식만을 중심으로 진행해 달라고 직접 요구하기도 한다. ④ 시간이 촉박하다보니 중요한 의식을 축소하는 경우도 있는데 수륙재의 경우 그 천도 대상이 하단에 있음에도 불구하고 상단과 중단 권공에 모든 인력과 노력을 행하고 하단은 소리 한번 제대로 지어보지 못하고 쓸어가거나 아예 생략하는 경우를 흔히 볼 수 있다.

윗글, ①·②·③은 현재 활동하는 범패승이라면 지역과 승랍(僧臘)을 초월하여 누구나 한 번쯤 경험한 사실일 것이고 스승에게서 직접 법맥을 전수한 범패승이라면 이와 같은 문제가 현장에서 얼마나 만연하고 있는지 실감할 것이다.

그저 누구나 다 입학하고 졸업할 수 있는 염불, 교육기관에서 교양대학 수준의 교과과정을 2~3년 정도 마치고 이제 막 활동을 시작하는 범패승들 중엔 본인의 실기(소리·무용)적인 실력만을 믿곤 마치 전통의식 전부를 전수받은 것처럼 의식을 주관하는 예가 심심치 않게 들려온다. 당연히, 그들이 진행할 수 있는 의식은 시련·대령·관욕·신중작법 등과 상단 공양의식이 전부일 텐데 이와 같은 상황을 전혀 모르는 사찰 소임과 신도들은 그저 쉽게 접해볼 수 없는 전통 의식을 진행하고 있으니 당연히 영산재라 하면 영산재로 알고, 수륙재라 하면 수륙재로 알며 예수재라 하면 예수재로 알 수밖에 없다.

때론, 경험 많은 범패승이라도 의식을 설행하는 목적과 내용을 충분히 인지하지 못한 경우엔 온전한 재 의식을 집전하기가 사실상 불가능함에도 그들 나름대로 틀에 박힌 의식의 절차를 반복함으로서 겉으론 아무 문제될 것이 없는 듯 의식을 마무리하곤 한다. 이와 같이 검증 안 된 소수의 범패승들이 행하는 재 의식의 형태는 그것이 비록 영산재나 수륙재 심지어 예수재라도 다음과 같은 큰 틀을 기준삼아 설행하는 것으로 확인[60]된다.

> 오전 10시부터 시련의식을 시작으로 대령, 관욕을 모시고 신중작법 후 법문을 설하고 오전 재 의식을 마무리 한다. 점심공양 후 다시 상단, 권공의식을 시작으로 바라무와 나비무 그리고 회심곡을 행하고 영가에게 시식을 올리고 난 뒤 봉송으로 이어가 오후 5시쯤 의식을 마친다.

그러니 어느 순간부터 의식을 위한 저본이 무엇이며, 어떤 대상에게 공양을 올려야 하는지, 어떤 방편으로 천도를 행하는지에 관해서는 누구도 관심 갖지 않고 또 알려주는 이도 찾아볼 수 없다.

더욱 큰 문제는 일부에서 단지 지루하고 시간이 없다는 이유를 들어 의식의 간소화를 요구하는 것에 있다. 그도 그럴 것이 한역으로 이뤄진 재의 내용을 제대로 알 수 없고 또 알려고도 하지 않으니 그 만큼 의식을 지루하게 여기고 때론 설판하는 자, 동참하는 자, 집전하는 자 모두가 시간 때우기에 급급한 모양새가 여실히 들어나기도 해 설행의 목적을 망각한 의식으로 전락하기도 한다.

그러므로 수륙재가 올바르게 전승하기 위해서는 수륙재의 중요 부분을 체계적으로 보완하여 상황에 맞는 의식 절차를 완성할 필요가 있다. 수륙재에서 가장 중요한 부분이 무엇인지 가령, 성현을 모셔 공양 올리는데 중점을 둘 것인지 아니면 영가를 청한 후 삼보(三寶)에 귀의(歸依)하

---

60) 지난 시간, 수많은 재 의식에 참여하면서 내린 결론이다.

게 하고 전생의 죄업을 참회(懺悔)시켜 오계(五戒)를 수지(受持)하는데 중점을 둘 것인지 아니면 단순히 영가를 청해 모셔 공양만을 베푸는 데 중점을 둘 것인지 등, 의식 재현 현장 상황에 따라 이에 걸맞은 다양한 절차를 완성해야 목적에서 벗어나지 않는 수륙재를 보급할 수 있을 것으로 전망한다.

한편, 장소와 인력 그리고 설단의 규모를 다양하게 하여 오전 3시간 정도에 시연할 수 있는 의식 절차와 오전과 오후 6~8시간에 시연할 수 있는 절차, 그리고 국행수륙재와 같은 대규모로 2~7일에 걸쳐 시연하는 의식 절차를 정립해 보존회에서 공인, 보급한다면 수륙재의 전승과 보존 그리고 대중화에 기여할 수 있을 것으로 본다.

추가로 수륙재를 원만하게 봉행할 수 있는 인재양성을 위한 교육여건을 마련하는 것도 시급한 사안이다. 그리고 모든 교육과정을 이수한 자가 활동할 수 있도록 다양한 재 의식 현장을 마련하여 언제든 점검하고 점검받을 수 있는 기회를 제공해야한다. 그저 2~3년의 짧은 시간을 통해 완성하기 보단 장기적인 안목으로 체계적인 교과목을 신설거나 정기적인 시연회를 개최하는 것이 바람직하다. 다만, 특정한 몇몇 사람만이, 그것도 윗사람에게 잘 보여서 재 의식에 참여하거나 집전해 가는 일은 더 이상 발생하지 않도록 보존회 측에서 객관적인 평가 기준을 마련하고 이를 이행하도록 노력해야 한다.61)

---

61) 불교의식과 관련 된 무형문화재보존회의 운영 사례를 보면 객관적인 심사평가 없이, 보존회 회장이라는 특권을 이용해 자신이 아끼는 제자만을 전수자나 이수자로 등록시키거나 심지어 자질이 없는 자를 교수사로 임명해 실력행사를 하는 등, 마치 무형문화재가 한 개인, 예를 들어 보존 단체 회장을 위한 것으로 착각, 차마 입에 담지 못할 파행을 저지르고 있는 것으로 들어난다. 또한 전수자, 이수자, 전수조교, 보유자 등의 명예를 꿈꾸며 회장 혹은 기존 보유자에게 아부하려는 자도 부지기수다. 분명, 타락(墮落)한 승려의 전형적인 모습을 보여주고 있지만 정작, 그들만은 자신들이

수륙재를 전승하려는 노력은 안정된 교육기관의 운영으로 결실을 기대할 수 있다. 실기적인 능력을 배양시키는 것은 물론 수륙재가 무엇인지, 왜 행하여야 하는지 그리고 어떤 마음가짐으로 재 의식에 임해야 하는지 등에 관한 이론과 확고한 종교적 신념을 갖춰 갈 수 있도록 교육시켜야 한다. 잊지 말아야 할 것은 과거의 방식처럼 그저 스승의 소리만 따라하는 식을 고집한다면 전수생을 모집하는 것 자체가 어려운 현실임을 간과해선 안 된다. 때론 시대의 흐름을 따르는 것이 현명하다.

3. 포교 분야의 보완

21세기를 살아가는 현대인들이 생각하는 종교란 과연 무엇일까?

우리가 인식하는 종교로서의 불교는 궁극적으로 깨달음을 성취하는데 그 목적으로 두며 깨달음을 성취하기 위한 방법으로 다양한 종교적 신앙체계와 수행법을 제시하고 있다. 지금도 참선(參禪)과 염불(念佛), 사경(寫經) 등을 통해 수많은 불자들은 전생의 업장을 소멸하고 정각을 이루기 위해 끊임없이 정진하고 있다. 그러나 다른 한편으론 자식의 대학 입학과 학업성취를 위해, 병고(病苦)를 치유하기위해, 사업성취는 물론 부귀영화(富貴榮華)를 누릴 목적으로 기도에 참여하거나 천도재를 설판하기도 하며 심지어 집안의 대소사(大小事)를 앞두고는 사주(四柱)를 보거나 부적(符籍)을 써서 몸에 지니기도 한다.

이처럼 한국불교는 수행(修行)과 기복(祈福)이라는 양면성을 두루 갖추고 있다. 불교를 믿고 따르는 자의 근기(根機)에 따라 수행과 염불을 통해 성불(成佛)을 이루길 서원(誓願)하면서도 다른 한편에선 본인이 이루

타락한 줄 모른다.

고자하는 크고 작은 속세의 소원을 성취하고자 하는 것 말이다.

중국을 통해 유입된 수륙재도 예외는 아니다. 특히 우리가 알고 있는 수륙재는 중국에서보다 한반도에 유입된 이후 더욱 광범위한 의식절차를 포함함으로서 한국 고유의 모습으로 재탄생, 정립되어 전승된 흔적이 보인다.62) 즉, 한국의 수륙재는 그 탄생이 비록 중국이었다 하더라도 한반도 유입이후에는 민중 속에 깊게 뿌리내려진 민속적 신앙을 대거 수용함으로서 불교 고유의 사상과 융합을 이뤄 대중화시킨 것이 분명하다.63) 그러나 민속적 신앙을 수용한다는 것은 불교 본연의, 성불을 위한 수행의 방편이라기 보단 민중의 심성에 깊게 자리한 소원을 성취하기 위한 목적이었음을 상기할 필요가 있다.64)

하지만 현재에 이르러는 민중의 심성에 깊게 자리한 소원을 성취하고자 하는 종교적 믿음도 점차 사라지고 있는 듯하다. 어느 순간부터 종교계가 사회구성원을 걱정하는 것이 아닌 사회구성원이 종교계를 걱정하는 세상이 되어 버렸다. 앞서 언급했듯이 불교의식과 관련된 무형문화재 시연 현장을 찾아가 보면 진정, 신앙심을 바탕으로 의식에 참여하는 자를 찾아보기 힘들다. 종교적 믿음은 사라지고 무형문화재 시연

---

62) 고려시대에 유입되어 설행된 흔적을 보이는 예수재, 그리고 대례왕공문에 등장하는 명부시왕사상은 이미 졸고, 『예수재』(서울: 에세이퍼블리싱, 2011)에서 충분히 논한 바 있고 수륙재의 경우도 상단 축원에서 "주상(主上)·왕비(王妃)·세자(世子)의 수명은 늘어 만세, 천추를 누리며 참여한 모든 이가 재앙과 해로움을 만나지 않게 해 재앙의 싹은 눈처럼 흩어지고 복은 구름이 일어나듯 모이게 해 주소서"라는 발원문을 남기고 있다. 물론 현재 불교의식의 축원문도 이와 크게 다르지 않다.

63) 이는 『천지명양수륙재의범음산보집』에 수록된 의식 절차를 통해서도 충분히 가늠할 수 있는데 내용엔 당산단(當山壇), 성황단(城隍壇), 종실단(宗室壇), 제산단(諸山壇)은 물론 풍백우사(風伯雨師), 당산용왕(當山龍王), 당산천왕(當山天王) 등 민속 고유의 신앙적 요소가 대거 포함되어 있다.

64) 졸고, 『수륙재』, 9~10쪽.

만이 존재하는 것 같다. 어떻게 무형문화재를 지정받을 수 있었는지, 문화적 가치조차 의심하게 만들 정도다.

종교란 믿음과 실천이 사라지는 순간 무의미한 공론(空論)으로 전락한다. 하물며 종교 의식에 동참하는데 있어 믿음이 없다면 동참자의 머릿속엔 온갖 망상만이 자리할게 뻔하다. '왜 이렇게 기도비가 비싼지', '차라리 어디 가서 사주나 보고 부적이나 지닐 걸', 심지어 '알아듣지도 못하는 데 하염없이 이렇게 앉아 있으면 소원이 성취될까', '정말 수륙재를 치러야 영가가 극락세계에 날까' 등 끝없는 의구심을 갖게 될 것이다. 그리곤 혹시라도 본인의 이루고자 했던 소원이 성취되지 않으면 "쓸데없이 돈만 썼다"는 푸념을 늘어놓을 것이다.

하루 종일 아무런 의미도 모른 채, 그저 동참하면 소원 성취할 것이란 스님의 말에 의지하여 의식을 행하는 자가 있다면 그리고 그 자신이 불교의식에 대한 기본적인 상식조차 접해본 경험이 없다면 과연 얼마나 신심(信心)을 내어 기도에 임할 수 있을까? 이번엔 동참했다 해도 다음에 또 동참할지는 두고 볼 일이다.

필자는 수륙재의 대중화를 실현하기 위해서는 반드시 불교 본연이 지닌 종교적 가치를 견고히 하여 대중에게 알릴 필요가 있음을 강조하고 싶다. 왜 오계를 지켜야 하는지, 왜 선행을 해야 하는지, 정토 세상이 어떤 곳인지, 극락세계가 어떤 곳인지, 왜 윤회를 거듭할 수밖에 없는지, 죄를 지으면 반드시 지옥에 난다든지, 지옥세계와 축생세계와 아귀세계 그리고 천상의 세계가 존재하는지, 간절히 서원하면 소원이 성취되는지 등 우리가 잊고 지내왔던 불교의 기본 사상과 기도의 가피를 끊임없이 알릴 필요가 있고 또 강조할 필요가 있다. 그리고 이 모든 내

용을 동참자가 보다 쉽게 접하고 공감할 수 있도록 하는데 많은 노력을 경주(傾注) 했으면 한다.65)

불교 사상에 관한 믿음이 견고해져야 비로소 발원을 할 수 있고 또 수행으로 이어갈 수 있다. 믿음이 없는데 어떻게 발원을 할 것이며 또 수행할 것인가? 수륙재의 대중화를 위해서는 수륙재가 무엇인지를 알리는 것 보다 불교의 근본적인 종교적 믿음을 견고히 하는데 힘써야 한다. 사바세계를 살아가는 중생의 마음을 헤아리고 그들의 아픔을 감싸는 보살행의 실천이 곧 수륙재의 실현이다.

여유만 된다면 각 의식 절차의 문화적 가치를 시대 흐름에 따라 다양하게 표현해 마치 TV 드라마를 보듯이 누구나 쉽게 접할 수 있도록 하고 싶다. 수륙재와 관련된 내용을 연극·영화·소설·뮤지컬 등으로 제작해 삶과 죽음이 둘이 아님을, 헤어짐은 또 다른 만남으로 이어짐을, 원인이 있기에 결과가 있음을, 살아있기에 언젠가는 죽음을 맞이할 수밖에 없음을 그리고 이후의 삶은 자신의 공덕에 의해 정해질 수밖에 없음을, 너무나 당연한 이치를 동참자 모두 깊이 고민할 수 있도록 인도하고 싶다.

앞서 제2장 "실기 분야의 보완"에서 검증되지 않은 몇몇 범패승이 행하는 예문의 내용처럼 현재의 불교의식이 무분별하게 축소되고 생략되는 이유가 무엇일까? 바로, 종교적 믿음이 확고해야할 스님들조차 가르침을 믿고 따르려는 마음이 약해진 것일 수 있다. 마치 초심을 잃어

---

65) 필자는 칩거하는 사찰에 재가 들 적마다 동참자에게 의식의 절차를 자세히 설명하는데 보다 긴 시간을 투자하고 있다. 지금 행하려고 하는 의식이 무엇인지 인지시키고 동참자 모두가 이를 충분히 이해할 수 있도록 유도한다. 무엇인가 새로운 것을 개발하여 보급하기보단 지금 현재 설행하는 의식의 중요성을 인식시키는데 더 많은 노력을 기울인다. 그리고 수시로 필요한 내용을 작성해 신도에게 보급한다.

버린 느낌이랄까? 만약 의식을 주최하는 자와 의식을 집전하는 자에게 종교적 믿음이 없다면 감히, 동참하는 신도들의 종교적 믿음이 충만해지길 바랄 수 있을까? 하물며 눈에 보이지 않는 불보살과 일체의 성현 그리고 영가를 대상으로 하는 수륙재에서 말이다.

수륙재를 대중화시키기 위해서는 부처님께 의지하여 가르침을 따르고 스스로 선행의 공덕이 무엇인지 경험하는 것부터 출발해야 한다. 염불(念佛)에서 말하는 삼자량(三資糧), 믿음과 발원과 수행을 실천할 수 있도록 끝없이 정진해야 한다.

Ⅲ. 결론

이미 많은 학자들이 밝혔듯이 수륙재는 조선시대, 왕실의 주도로 설행됐던 대표적인 불교의식이다. 그러나 18세기 이후 더욱 강화된 불교계의 탄압과 환경 변화에 의해 점차 용왕재나 천도재 심지어 방생 법회 정도의 의식으로 전락하며 그 명맥을 어렵게 유지해 왔다. 현재 활동하는 범패승 사이에서도 온전히 전수받은 이를 찾기 힘들 정도로 재 의식 보급에 어려움을 겪던 수륙재가 비로소 21세기를 맞이한 지금에 이르러 중요무형문화재로 지정되는 쾌거를 이루었다.

그러나 현재와 같이 유형적인 가치, 예를 들어 "600년 전에 이렇게 행했다는 근거가 발견됐으니 무조건 받아 들려라"는 식이거나 의식집의 근거를 들어 "예전엔 이렇게 행했었다"는 식의 접근법만으로 대중화를 꾀할 수만은 없다.

수륙재를 온전히 재현하기 위해서는 현행 재 의식을 점검하고 수정·보완하는 작업부터 시작해야 한다. 당연히, 범패승이 행하는 소리·무용·의식의 절차는 물론 이론 등을 다시 살펴야 한다. 의식절차가 이치에 벗어나 있지 않은지, 스승이 전수한 소리의 원형을 무리 없이 소화하는지, 현행 영산재의 것을 아무런 의심 없이 그대로 수용하고 있는 것은 아닌지, 추가로 복원해야할 소리와 무용은 없는지, 저본에 충실한 구조로 진행하는지, 그저 내가 알고 있는 실기 능력만으로 의식을 행하려 드는 건 아닌지 등 스스로 해결하지 못한 문제점을 찾아 수정하고 보완해서 재현할 수 있도록 노력해야 한다.

더불어 연구자들은 수륙재를 『중례문』·『결수문』·『지반문』·『자기문』 등으로 세분하고 저본에 따른 차이점과 특징은 물론 의식 절차와 구성 및 실기적 요소가 무엇인지 세심한 분석을 통해 정리하고 이를 검증받아야 한다. 그리고 각 저본을 기초로 오전과 오후 그리고 삼일과 칠일에 걸쳐 설행할 수 있는 다양한 수륙재의 절차를 완성해 보급해야 한다.

또 한편에선 지난 수세기 동안 민속신앙과의 습합으로 정착된 수륙재의 모습도 있는 그대로 이론화해야 한다. 수륙재가 아무리 겉으로 화려하고 심오한 불교의 사상을 담고 있다 해도 민중의 마음에 뿌리내려진 민속적 신앙을 무조건 외면한다면 수륙재의 대중화를 이룰 수 없을 것으로 판단한다. 비록, 수륙재의 시작이 고려와 조선시대 왕실의 주도로 시작되었다 해도 이젠 왕실은 사라지고 민중만이 남아있음을 상기할 필요가 있다. 사부대중이 보다 쉽게 다가갈 수 있도록 모든 권위를 버리고 그들의 눈높이에 맞게 의식의 절차를 정립해 나갈 필요가 있다는 말이다.

필자는 겉으로 들어난 국행수륙재의 엄청난 규모에 소수의 스님과 신도들이 설행해 왔던, 흔히 물가에서 "수륙재"로 통하던 방생법회와 천도재가 위축되지 않을까 우려한다. 그때 행하던 수륙재야 말로 지난 세월, 불교 포교의 방편으로 많은 이에게 위로와 안식을 전했던, 불교와 민중을 잇던 가교였음을 잊지 않았으면 한다.

작은 원(願)이 있다. 소수의 스님과 신도의 참여만으로 설행할 수 있는, 국행(國行)이 아닌 민중(民衆)의 수륙재를 완성하는 것 말이다. 그저 어느 곳에서든 행할 수 있는, 큰 비용과 장소와 인력이 필요치 않은 수륙재의 의식 절차를 정립하여 보급시켰으면 한다. 그래야 대중화를 이룰 수 있지 않을까?

짧은 시간을 통해 정리, 제시한 내용은 모든 면에서 상당히 부족할 수 있다. 그저 온전한 불교의식·의례 정착에 기여하고픈 연구자의 어설픈 푸념 정도로 받아주셨으면 한다. 거듭 수륙재의 중요무형문화재 등재를 환영하며 한국불교 재 의식이 민중을 위한 수륙재로 거듭나 참여하는 모든 이가 한없는 공덕을 지을 수 있길 간절히 서원한다.

참고문헌

1. 원전자료

『朝鮮王朝實錄』 ⇨ 國史編纂委員會.

『勸供諸般文』, 影印本, 東國大學校 中央圖書館 所藏.

白坡亘璇, 『作法龜鑑』, 木版本, 全羅道 長城 白羊山 雲門庵, 1827(純祖 27).

西河 編, 『仔夒刪補文』, 木版本, 서울大學校 奎章閣 所藏本.

聖能 編, 『仔夒文節次條列』, 木版本, 서울大學校 奎章閣 所藏本.

竹庵 編, 『天地冥陽水陸雜文』, 影印本, 東國大學校 中央圖書館 所藏.

志磐 編, 『法界聖凡水陸勝會修齋儀軌』, 影印本, 서울大學校 奎章閣 所藏.

智禪 編, 『五種梵音集』, 木版本, 東國大學校 中央圖書館 所藏.

智還 編, 『天地冥陽水陸齋儀梵音刪補集』, 道林寺, 1739.

智還 編, 『天地冥陽水陸齋儀梵音刪補集』, 간행자미상, 1782.

智禪 編, 『五種梵音集』, 影印本, 東國大學校 中央圖書館 所藏.

『供養文』, 木版本, 국립중앙도서관 所藏本.

『刪補梵音集』, 木版本, 東國大學校 中央圖書館 所藏.

『水陸無遮平等齋儀撮要』, 影印本, 東國大學校 中央圖書館 所藏.

2. 단행본

『佛敎大辭典 上・下』, 서울: 홍법원, 1998.

姜在默・李錫後, 『水陸儀文』, 서울: 創造企劃, 1993.

_____, 『靈山儀文』, 서울: 創造企劃, 1993.

金純美 譯, 『국역 천지명양수륙재의 범음산보집』, 서울: 도서출판 양사재, 2011.

노명열(慧日明照), 『불교, 화청의식(和請儀式) 복원에 관한 연구』, 서울: 북랩, 2013.

대한불교조계종 봉은사, 『수륙재의 향연 학술세미나』, 서울: 대한불교조계종 포교원,

2013.

대한불교조계종 총무원, 『한국의 수륙재』, 서울: 대한불교조계종 총무원 문화부, 2010.

문명대 편, 『진관사 수륙재』, 서울: 한국미술사연구소, 2009.

彌燈(연제영), 『국행수륙대재』, 서울: 조계종출판사, 2010.

朴世敏, 『韓國佛敎儀禮資料叢書』, 서울: 保景文化社, 1993.

백파 긍선. 김두재 옮김, 『작법귀감』, 서울: 동국대학교출판부, 2010.

石峰 編, 『水陸齋梵音集』, 마산: 白雲寺, 2008.

_____, 『水陸無遮儀禮集 上・下』, 마산: 白雲寺, 2013.

安震湖, 『佛子必覽』, 京城: 蓮邦舍, 1931(昭和6年).

_____, 『釋門儀範』, 京城: 卍商會, 1935(昭和10年).

_____, 『釋門儀範』, 서울: 法輪社, 2000.

진관사수륙재보존회, 『진관사 국행수륙대재』, 서울: 진관사, 2011.

_____, 『진관사 수륙재의 민속적의미』, 서울: 민속원, 2012.

_____, 『진관 국행수륙대재의 조명』, 서울: 진관사 2010.

韓萬榮, 『佛敎音樂硏究』, 서울: 서울大學校出版部, 1982.

해동사문 지환. 김두재 옮김, 『천지명양수륙재의범음산보집』, 서울: 동국대학교출판부, 2012.

慧日明照, 『예수재 -見機而作形 齋 儀式 節次를 중심으로-』, 서울: 에세이퍼블리싱, 2011.

3. 논문

具美來, 「"사십구재"의 의례체계와 의례주체들의 죽음 인식」, 박사학위논문, 안동대학교 대학원, 2005.

김순미, 「朝鮮朝 佛敎儀禮의 詩歌 硏究: 梵音刪補集을 중심으로」, 박사학위논문, 경성대학교 대학원, 2005.

金應起, 「靈山齋의 構成과 그 信仰的 意義에 관한 硏究」, 석사학위논문, 동국대학교 불교대학원, 1994.

金熙俊, 「朝鮮前期 水陸齋의 設行」, 『湖西史學』 제30집, 서울: 湖西史學會, 2001, 27~75쪽.

南希叔, 「16~18세기 佛敎儀式集의 간행과 佛敎大衆化」, 『韓國文化』 제34집, 서울: 서울

大學校韓國文化研究所, 2004, 97~165쪽.

노명열, 「현행 생전예수재와 조선시대 생전예수재 비교 고찰」, 博士學位論文, 中央大學校 大學院, 2010.

박종민, 「한국불교의례집의 간행과 분류: 『韓國佛教儀禮資料叢書』와 『釋門儀範』을 중심 으로」, 『역사민속학』 제12호, 서울: 한국역사민속학회, 2001, 109~24쪽.

沈祥鉉, 「靈山齋 成立과 作法儀禮에 關한 研究」, 박사학위논문, 위덕대학교 대학원, 2011.

沈曉燮, 「佛教前期 水陸齋 設行과 儀禮」, 『東國史學』 제40집, 서울: 東國史學會, 2004, 219~46쪽.

_____, 「조선전기 靈山齋의 성립과 그 양상」, 『菩照思想』 제24집, 서울: 佛日出版社, 2005, 247~82쪽.

梁智淪, 「朝鮮後期 水陸齋 研究」, 석사학위논문, 동국대학교 대학원, 2002.

吳成美, 「水陸齋研究」, 석사학위논문, 淸州大學校 大學院, 1992.

이용운, 「朝鮮後期 三藏菩薩圖와 水陸齋儀式集」, 『美術資料』, 서울: 國立中央博物館, 2005, 91~122쪽.

한지희, 「竹菴 編纂 『天地冥陽水陸齋儀纂要』의 書誌的 研究」, 석사학위논문, 中央大學校 大學院, 2009,

慧日明照, 「수륙재의 복원에 관한 소고 -『결수문』, 『수륙무차평등재의촬요』를 중심으로-」, 『한국음악문화연구』 제3집, 부산: 한국음악문화학회, 101~123쪽.

4. 시청각 자료

『韓國佛教傳統儀禮傳承院 水陸齋』, 서울: 韓國佛教儀禮傳承院 儀禮研究所, 2012.

『天地冥陽水陸大齋』, 서울: 佛讚梵音研究所, 2012.

『佛教儀式・儀禮資料』, 서울: 佛讚梵音研究所, 2012.

『생전예수재』, 서울: 청룡사, 2009.

「식당작법・상단」, 『봉원사 영산재』, 서울: 홍원사, 2003.

『진관사 생전예수재』, 서울: 청룡사, 2009.

『천지명양수륙무차평등대재』, 창원: 보은사, 1993.

『2011년 아랫녘 천지명양수륙대재』, 마산: 아랫녘수륙재보존회, 2011.

『수륙무차평등대재』, 마산: 아랫녘수륙재보존회, 2012.

불교축제로서 수륙재의 활성화 방안 연구[*]

고
상
현

Ⅰ. 들어가며

축제는 특정한 그 어떤 것을 향한 끝없는 미완성의 진화라고 한다. '특정한 그 어떤 것'이 의미하는 바는 자연과의 합일일 수도, 신과의 하나됨 또는 신과의 교합일 수도, 일상에서의 벗어남(일탈) 또는 그와는 정반대로 일상생활의 순응일 수도, 진정한 자아를 찾고자 하는 길일 수도 있다. 왜냐하면 축제의 진화는 어떤 것을 향하는 동시대인들의 삶의 방식이자 문화의 반영이며, 더 나은 삶을 위한 방편이며, 과거로부터 현재에 이르는 통시적인 삶이 연기적으로 지속되면서도 변화 발전하고 있기 때문이다. 축제는 무형문화이므로 큰 흐름에서 보면 일정한 것 같으면서도 시대와 상황에 따라 변화를 거듭해 오고 있다. 이런 점에서 축제의 매력은 바로 끊임없이 변화하는 미완의 역동성에 있다고 할 수 있다. 이러한 역동성은 개인에게도 그대로 투영된다. 축제는 참가자들로 하여

---

* 본고는 『정토학연구』 제22집 (한국정토학회, 2014)에 게재된 것으로 문맥의 일부만을 수정하였다.

금 새롭게 태어나게 한다고 할 정도로 의미가 각별하다. 또한 축제가 가장 인간다운 삶의 목표를 제시하고 있다는 점에서 그러하다.[1] 이러한 관점을 충실하게 반영하고 있는 축제는 불교축제라 할 수 있다.

축제는 의례성(儀禮性)을 담지하고 있다. 그럼에도 현대 사회에서의 축제는 의례적이고 의식적인 요소는 점점 줄어들고 있다. 반면에 이벤트성이 강화되고 경제적·산업적 가치를 주요 목표로 하여 사회문화적 가치 등을 추고하고자 하는 경향이 강화되고 있다. 마을이나 집단의 공동체적인 축제에서도 관광객을 위한 축제의 기능이 강화되고 확대되고 있다. 이것은 종교(의례)적이고 사회공동체적 기능으로서의 축제가 오락적이고 경제적인 기능으로 확대되고 변화되면서 가져온 기능이다.

이처럼 축제의 진화성은 전통사회와는 다른 모습으로 변화를 꾀하고 있으면서도 두 요소가 공존해가고 있다. 지역성과 고유성, 특성을 살리는 지역축제로의 발돋움을 위한 전통문화, 전통 예술공연 등을 보존하고 축제의 콘텐츠로 활용하여 알리는 기능을 하는 축제들도 적지 않다는 것이다. 최근에는 한동안 도외시되었던 마을 공동체적이고 제의적 축제인 동제(洞祭)를 비롯하여 불교의례나 불교문화를 축제에 활용하는 곳들이 늘어가고 있음이 이를 반증하고 있다. 이런 흐름에 수륙재와 연등 같은 불교의례축제나 불교문화가 자리하고 있다. 그럼에도 수륙재 등을 축제와 연관하여 직접적으로 다룬 논문은 거의 없는 실정이다.[2]

따라서 본고에서는 불교의례축제로서 수륙재를 자리매김하고자 하기

---

1) 장정룡, 「축제와 세시」, 『한국축제의 이론과 현장』 (서울: 월인, 2000) p.259.
2) 수륙재를 축제문화콘텐츠로 다룬 연구로는 고상현의 「종교 페스티벌의 문화콘텐츠화 방안 연구: 수륙재를 중심으로」, 『영상문화콘텐츠연구』 제2집 (서울: 동국대학교 출판부, 2009)를 들 수 있다.

위해 2장에서는 오늘날 설행되는 수륙재의 존재 형태를 축제적 관점에서 불교의례축제와 불교문화축제로 나누어 살펴보았다.3) 3장에서는 수륙재의 축제적 속성을, 4장에서는 축제로서 수륙재의 활성화를 위한 모티브를 제공하고자 하였다.

II. 수륙재의 축제별 분류

불교는 우리 민족과 2천여 년이 넘는 세월 동안의 각종 문화와 사상, 경제와 복지 등 전반적인 사회문화형성에 기틀을 마련하여 오늘에 이르고 있다. 그 가운데 수륙재는 고려 광종 19년(968)에 설행되었다는 『고려사』의 기록에 따르자면4) 조선시대와 근대, 현대까지 1,000여 년이 넘는 세월을 함께 했다. 그럼에도 2012년까지 국가 중요무형문화재 중 놀이와 의식분야에서는 1973년 11월 중요무형문화재 제50호로 지정된 영산재와 2012년 4월에서야 중요무형문화재 제122호로 지정된 연등회 등

---

3) 본인은 「불교 축제의 현황과 발전 방안」(『불교학보』 제70호, 서울: 동국대학교 불교문화연구원, 2015)이라는 주제의 논문에서 불교 축제를 불교의례축제와 불교문화축제로 나누어 제시한 바 있다. 불교의례축제는 의례가 중심이기는 하나 역사적으로도 수많은 사람들이 참여하여 전국 곳곳의 사찰에서 주기적으로 동시에 또는 개별 사찰에서 벌이는 의례를 말한다. 예를 들면 연등회(불탄일 포함), 수륙재, 영산재, 윤달의 생전예수재 등이다. 불교문화축제는 불교적 성격을 띠거나 불교문화와 관련된 모티브를 활용한 불교문화와 관계된 축제를 의미한다. 예를 들면 무안의 연꽃축제, 영평사의 구절초축제, 합천의 대장경세계문화축전, 대구 팔공산 승시축제 등이다. 엄밀하게 따지자면 불교의례도 불교문화에 포함될 수 있다. 하지만 여기서는 의례를 특화하여 규정하고자 하였다.

4) 고상현, 「고려시대 수륙재 연구」, 『선문화연구』 제10집 (서울: 한국불교선리연구원, 2011) p.21.

두 종목밖에 없었다. 이런 환경에서 수륙재도 또한 주목을 받지 못하고 있었다. 그것은 국가적 정책에서만의 문제는 아니었다. 불교계 내부적으로도 현대사에서 불교의 사회적 자리매김을 위해 선을 우선시하고 의례를 천시한 영향도 무시할 수 없다. 특히 대한불교조계종에서 이러한 경향은 더욱 심했다. 전문 의례를 하는 어산을 '재받이'라 하여 격하한 데서도 알 수 있다. 그렇다고 하여 수륙재가 전혀 봉행되지 않았다는 것은 아니다. 근현대사에서 전국의 사찰에서 유사한 명칭으로 다양하게 봉행되었음은 주지의 사실이다.

그럼에도 불교의 주요 의례로 주목받기 시작한 것은 불과 10년이 채 되지 않았다. 그것은 삼화사와 진관사, 백운사 등에서 2005년부터 본격적으로 매년 설행되기 시작하면서부터 연구와 더불어 관심이 고조되었다. 그러다가 2013년 12월 31일에 '삼화사 수륙재', '진관사 수륙재'가, 2014년 3월 18일에 '아랫녘 수륙재'(백운사)가 각각 제125호, 제126호, 127호로 순차적으로 지정되었다.

하지만 불교계에서 설행되고 있는 수륙재의 전체적인 현황에 대한 연구는 거의 없었다. 그나마 지난 2009년 7월 1일에 대한불교조계종 총무원 문화부의 의뢰로 전국 413개의 사찰 주지 등을 대상으로 설문조사가 진행되었다. 그 결과는 『수륙재 현황 조사 보고서』(대한불교조계종 총무원 문화부, 2010.1, 이하 보고서)를 통해 정리되었다. 이 보고서에는 설문조사에 대한 결과와 2009년 설행된 수륙재 설행 사례 중 여수 진남제 수륙재와 법성포 단오 수륙재, 삼화사 수륙재를 수록하고 있으며, 수륙 의례집 해제 및 목록도 싣고 있다. 이 보고서를 바탕으로 오대산 불교문화축전 수륙재와 서울 진관사 수륙재를 포함하여 5군데에서 설행된 수륙재에 대한 심도 있는 기술을 한『한국의 수륙재 : 2010년 불교 무형문화유산 일제조사』(이하, 일제조사)가 같은 해 12월에 발간되었다. 하지만 여기에는 사찰에서 설행되는 수륙재의 현황을 부록에서 도표로만 처리하고 있어 전반적인 면모에 대한 분석을 제외한 점과 수륙재 관련 문헌조사목록 및 해제에는 선행된 보고서에서 전체적인 문헌조사목록에 대한 개요만을 그대로 옮기고 목록에서도 일부를 생략함으로 오는 오류를 그대로 드러내 앞뒤가 맞지 않는 결과를 보이고 있다.

보고서에 게재된 2009년 수륙재 설행 현황을 간략하게 정리해 보면, 413개 사찰 중 111개 사찰에서 정기적 혹은 부정기적으로 수륙재를 설행하고 있음을 알 수 있다. 또한 설행시기로는 윤달이 64%로 가장 높게 나타났으며, 매년 1월, 3월, 5월, 10월 등 특정한 날을 정해 설행하는 경우도 21%로 나타났다.[5] 설행장소는 사찰 법당이 38%, 사찰 경내가 19%, 강이 28%, 그 외가 15%로 나타났으며, 설행기간은 1일이 14%, 3일이 15%, 7일이 14%, 49일이 32%, 그 외가 21%였다. 설행목적은 무주고혼천도가 69%로 가장 높게 나타났으며, 사찰불사회향이 8%, 사찰창건이 4%, 사찰 특별기금 마련이 3% 등으로 나타났다. 이 조사는 현장의 표본조사 없이 설문으로 한 것이기는 하지만 참고할 만한 유의미한 결과를 보여주고 있다.

부정기적인 것을 제외하고 매년 혹은 정기적으로 베풀어지는 수륙재를 살펴보면 다음과 같다. 여기에는 두 가지로 나누어 볼 수 있다. 하나는 불교의례축제로 사찰에서 설행되는 수륙재와 다른 하나는 불교 문화

---

5) 그런데 일제조사에서는 6곳만 시행한 것으로 보고되어 있어, 매년 시행하는 21%의 사찰에 대한 신뢰성에 의문이 들기도 한다. 이것은 향후 전수조사를 통해 재검토되어야 하므로 과제로 두기로 하겠다.

적 축제로 사찰이 아닌 축제에 마련된 장소에서 이루어지는 것이다. 불교문화라는 의미에는 의례까지 포함할 수 있으나, 여기서는 전자를 제외한 것으로 불교문화축제라 하겠다. 이는 사찰 중심으로 독립적인 형태로 설행되는 것과 축제의 주요 프로그램 중 하나로 설행되는 것으로 나누어진다. 이들의 개략적인 내용을 살펴보면 다음과 같다.

1. 불교의례축제

불교의례축제는 2013년 12월 31일 중요무형문화재 제125호로 지정된 강원도 삼척의 삼화사 수륙재(삼화사 국행수륙대재 보존회)와 제126호로 지정된 서울의 진관사 수륙재(진관사 국행수륙재 보존회), 그리고 2014년 3월 24일 지정된 경남 마산 백운사의 아랫녘 수륙재(아랫녘 수륙재 보존회), 2004년 4월 6일 인천시 무형문화재 제15호로 지정된 만월산 약사사에서 설행하는 인천 수륙재, 서울의 홍원사 수륙재(3년마다 윤달에 설행) 등을 들 수 있다. 삼화사는 1달여 전의 행향사(行香使)를 시작으로 10월 셋째 주에 2박3일, 진관사는 7·7재 형식으로 막재의 1박2일, 백운사도 1박2일로 사찰마다 설행일과 형식이 다르다. 이들 축제는 개별 사찰에서 보존회가 구성되어 이루어지고 있다.

불교의례축제로서의 수륙재의 절차는 큰 틀에서 유사하다. 공통적인 절차는 시련, 대령, 괘불이운, 오로단, 상단, 설법의식, 중단, 하단, 봉송회향 등이다. 이러한 재차로 이루어지고 있으며 세세한 절차의 순서와 내용은 사찰에 따라 다른 특징이 있으나 본고에서는 다루지 않고 개괄적인 소개와 특징만 언급하고 다음으로 수륙 의례집에 나타난 축제의 대중 참여적인 내용 등을 짚어보고자 한다.

삼화사는 조선 건국이후 한양으로 천도하기 전인 태조4년(1395)에 국행수륙재로 가장 먼저 설행된 세 곳 중 하나이다. 이후 태종 14년(1414)에 오대산 상원사로 수륙재가 옮겨가기까지 국행으로 설행되었다. 2001년에 『천지명양수륙재의찬요(天地冥陽水陸齋儀纂要)』(1547년 공주 갑사 판각본)가 발견되고 그해 '국행수륙대재보존회'가 결성된 후(2009년 사단법인화) 2005년부터 매해 10월에 2박3일에 걸쳐 수륙재를 설행하고 있다. 의식승들은 겉채비로서 대한불교조계종 어산작법학교의 인묵스님을 중심으로 한 스님들이다. 안채비로서 주지스님 등이 참여하고 있다. 전문어산 외에 지화·번 제작과 장엄, 설단, 의례절차에 따른 역할 등은 전수교육이 매년 4월부터 3개월에 걸쳐 진행되고 있다.

현행 삼화사 수륙재는 100일 전 기도 입재와 함께 각종 장엄물을 제작하는 것을 시작으로 볼 수 있다. 또한 최근 조선시대에 국행으로 설행된 의식을 복원하고자 본 재가 이루어지기 1달 여전에 동해시장이 필요한 물목을 전달하는 행향사 의식도 2박3일의 과정 못지않게 중요하다. 이 행향사로부터 본격적인 서막이 열린다. 2박 3일 일정에는 관욕을 상단·중단·하단에 걸쳐 각단 권공에서 따로 설행하며, 오로단을 중정에 설치하고 천왕문 앞 개천에 방생소를 설치하여 방생을 한다. 수륙재에서 방생소로서 연못을 설치하는 것은 고려시대부터의 전통이었다. 오늘날은 방생소를 따로 설치하기보다는 수륙재를 바다나 천변에서 지냄으로써 자연스럽게 해소하기도 하고 진관사나 백운사처럼 설행하지 않기도 한다. 이런 점들이 현대 다른 사찰에서 설행하는 것과는 차별화되고 있다.

진관사는 수도를 한양으로 천도한 직후인 태조5년(1396)에 수륙사(水

陸社)를 건립하여 매년 설행하였다. 최근에는 2002년에는 진관사수륙재 보존회를 창립(2010년 사단법인화)하였으며, 2005년부터 매년 10월에 설행하고 있다. 수륙재의 보존과 전승을 위해 수륙재학교를 개설하여 범패와 작법, 지화, 장엄, 설단 등을 교육하고 있다. 교육생들은 범패와 작법에는 스님들이, 그 외의 영역에는 스님들이 있기는 하나 주로 사찰의 신도들로 구성되어 있다. 또한 삼각산 문화축제와 함께 설행함으로써 지역문화축제로서도 자리매김하면서 서울특별시와 은평구청 등에서 관심을 가지고 지원하고 있다. 의식승들은 겉채비로서 최근에는 동희스님을 어장으로 한 의식승들이 설행하고 있다. 안채비로서는 수륙재학교를 통해 육성하고 있다. 진관사 수륙재의 특징은 2009년에도 설행한 바 있으나 2012년부터 49재 형식을 본격적으로 도입하여 49일전부터 매7일씩 진행하며 49재의 마지막 1박2일에 걸쳐 밤재와 낮재의 형식으로 수륙재를 설행하고 있다.

2. 불교문화축제

불교문화축제는 여수 거북선 축제와 백제문화제, 법성포 단오제 등을 들 수 있다. 대체적으로 축제기간 중 하루를 택해 2~3시간에 걸쳐 이루어진다. 백제문화제에서는 올해(2014)부터 2시간에서 1일로 조정되기도 한 것으로 보아 상황에 따라 변동이 될 수 있음을 알 수 있다. 또한 지역의 불교연합회에서 주도하는 경우가 주류를 이룬다.

전남 여수의 여수 거북선 축제는 "임진왜란 당시 단 한 번도 패배하지 않았던 오관오포(五官五浦) 영민들의 넋을 위로하며 그들의 애국애족 정신을 기리고, 향토의식을 함양하며 향토예술을 발전시키기 위하여"

1967년 5월 5일 여수진남제로 출발하였다. 임란시 영민의 넋을 위로하는 행사는 수륙재였음을 상기해 보면 이 축제의 시원도 수륙재라는 사실을 알 수 있다. 2003년까지 진남제로, 이후 진남제 거북선 축제, 여수 거북선 대축제 등의 명칭으로 불리다가 현재의 이름으로 불리게 되었다. 2014년 제48회의 전통을 가진 축제로 성장했으며, 매년 5월 초순 4일간에 걸쳐 펼쳐진다.6) 여수 거북선 축제의 주요 프로그램은 개막행사, 거리퍼레이드인 통제영길놀이(의승수군), 승리평화의 길놀이, 세계불꽃축제, 한중서예교류전(2012), 난중일기 전국서예대전, 거북선가요제, 용줄달리기, 수륙고혼천도대재 등이다. 수륙고혼천도대제는 대개 마지막 날에 2시간여에 걸쳐 설행된다. 여수지역의 수륙재는 1599년 선조가 임진왜란으로 죽어간 전사자를 위해 쌀 600섬을 하사하면서 베푼 것이 유래가 되었다고 한다. 수륙재는 신중작법 – 상단의식 – 중단의식 – 하단의식 – 봉송의식으로 이루어진다. 재가 끝날 무렵의 회향에는 회심곡, 북춤 등의 대중적인 공연이 펼쳐져 참가자들과 어우러지는 행사를 벌인다. 이 축제에서 공연되지 않았지만 2012년 6월 14~15일 세계불교도우의회(WFB, World Fellowship of Buddhists Korea Conference)에서는 수륙재를 모티브로 한 창작 뮤지컬 '카르마의 노래'(Song from the Karma)가 공연되기도 하였다. 이런 창작 공연이 축제 메인 프로그램에서 연행

6) 여수 거북선 축제는 1967년 여수 진남제로 출발하여 2003년까지 이어졌으며, 2004년 제38회 진남제 거북선 축제로, 2005년 제39회 여수 거북선축제, 2007년 여수 거북선 대축제 등의 다양한 명칭으로 불렀다. 2011년부터 다시 여수 거북선 축제로 불리고 있으며, 이때부터 여수 거북선 축제 추진위원회가 지금까지 주관을 해오고 있다. 설행 시기는 1966년에 충무공 이순신의 탄신일인 4월 28일부터 5월 3일까지 6일간 걸쳐 펼쳐졌으며 그 후 주로 5월 5일을 전후로 3~4일간 개최되고 있다.
http://geobukseonfestival.yeosu.go.kr/geobukseonfestival/introduce/history.html
(검색일 2014년 9월 13일)

될 수 있다면 전통과 현대가 어우러지면서도 수륙재에 대한 새로운 이미지를 심어줄 축제콘텐츠로서도 매우 의미있게 자리매김할 수 있을 것이다.

백제문화제는 1955년 부여 유지들을 중심으로 백제말 3충신인 성충, 흥수, 계백을 제향하고 낙화암에서 백마강에 몸을 던진 백제 여인들의 넋을 위로하는 수륙재를 거행할 목적으로 시작되었다.[7] 수륙재는 제1회 때에는 '삼천궁녀위령제'라는 이름으로 거행되었다. 이후에는 삼천궁녀제, 수륙재, 수륙무차대법회 등으로 불리다가 최근에는 수륙대재로 불리게 되었다. 수륙재는 백제문화제의 처음부터 주요 핵심 프로그램이었다. 이 축제에서 수륙재는 법요식, 제등행렬과 유등띄우기, 어보시(魚布施) 등이 이루어진다.[8] 여기서 한 가지 주목할 점은 법요식과 수륙재 설행 장소가 분리되어 있다는 점이다. 법요식 이후 정림사지에서 구드래 선착장까지 약1시간 30분의 제등 행렬이 이어진다는 점이다. 수륙재의 세부적인 의례 절차나 어산들에 대해 자세하게 알려진 바가 없다.[9] 그럼에도 백제문화제에서의 수륙재 전의 제등 행렬과 후의 유등띄우기 등은 지역적 특성을 고려하여 주민들이 직접 참여할 수 있는 프로그램을 운용할 수 있어 주목된다. 백제문화제의 본래 취지였던 궁녀와 백제 유민의 위무와 오늘날의 백제인들을 위한 수륙재가 되기 위해 이 전체를 하나의 수륙재로 구성하는 방안을 고려해 본다면 좋을 것이다. 왜냐하면 삼화사나 진관사에서의 수륙재는 일주문 밖에서 시련 의식을 한

---

7) 백제문화제 홈페이지
   http://www.baekje.org/html/kr/festival/festival_04.html(검색일 2014년 9월 13일)
8) 부여문화원, 『백제문화제 반세기 발자취: 본문: 1955-2008』(부여: 부여문화원, 2009)
9) 홍태한, 「지역주민과 함께 한 60년 역사의 백제문화제 수륙재」, 『백제문화제 수륙재 60년의 가치』 (부여: 부여군불교사암연합회·부여불교통합신도회, 2014), pp.86-87.

후 수륙단이 배설된 곳으로 이운을 한다. 그 과정에서 수륙재에 참여하는 모든 중생들과 함령들이 함께 행렬을 벌이게 된다. 하지만 그 거리가 길지 않아 삼현육각의 악대들을 따라 하얀 광목을 이어 잡고 따라가는 경우가 많다. 행렬은 축제의 꽃이라고 한다. 이러한 점을 고려하여 구성한다면 보다 생동감 있는 충청권의 수륙재가 될 수 있을 것이다.

전남 영광의 법성포 단오제는 매년 음력 5월 5일 단오절을 맞아 3일간에 걸쳐서 펼쳐지는 전통 민속축제이다. 2012년 7월 23일 중요무형문화재 제123호되었다. 오늘날과 유사한 축제는 1989년 5월에 처음 시작하였으며 산신제(인의제), 용왕제(칠산풍어제), 당산제, 선유놀이, 수륙재 등이 진행된다. 한동안은 무속수륙제가 설행되기도 하였으며, 현재는 불갑사에서 주관하여 1일 동안에 걸쳐 이루어진다. 오전에는 상단과 중단 의식이, 오후에는 하단의식과 방생의식, 영가풍등 띄우기가 진행된다. 오전과 점심 등 수륙재의 설행 전후에는 영광 우도농악단의 지신밟기나 남사당놀이패의 남사당 놀이공연 등이 있어 수륙재와 민속이 어우러져 불교의식의 엄숙함과 장엄함을 민속으로 풀어주는 형식으로 구성되었음을 알 수 있다.

이 외에도 불교수륙재의 명칭을 차용한 무속 수륙제(재)[10]가 설행되고 있음을 간과해서는 안 된다. 이들 또한 조선시대의 벽불정책하에서 수륙재의 공식적 폐지나 분화에 따른 것으로 이해된다. 따라서 수륙재의 전 사회적인 축제로서의 면모와 발전되고 분화된 양상을 살피기 위해서 이에 대한 연구도 이루어져야 한다.[11]

---

10) 제(祭)와 재(齋)는 유교적 제사와 불교적 재계로 차이가 있으나, 불교의 재 개념에는 제의 의미까지 포괄하는 개념으로 쓰이기도 한다. 무속에서는 주로 제사의 개념으로 사용하여 수륙제라고 하기도 하고 불교에서와 마찬가지로 수륙재로 쓰기도 한다.

이상에서 살펴본 바를 정리해 보면, 수륙재는 사찰에서 전통적으로 설행하였던 불교의례축제와 일반 전통문화예술축제에서 설행된 불교문화적 축제로 나누어 볼 수 있다. 전자는 불교의례인 수륙재를 중심으로 참여대중들도 불교신도가 중심을 이루는 특징이 있으며, 후자는 축제프로그램의 하나로 수륙재가 설행되며, 비의례적인 내용들이 결합되어 있다. 이는 참석대중이 불자만이 아니라 비불자인 일반인들이 많이 참여하고 있기 때문일 것이다. 무엇보다도 백제문화제와 여수거북선축제는 시원적으로 수륙재에서 파생되었다는 점에서 불교계의 더욱 더 깊은 관심과 적극적인 참여가 요구된다.

3. 수륙재의 축제적 속성

축제의 속성은 다양하게 제시되고 있다. 표인주는 축제의 본질로 오신성, 의례성, 오인성, 생산성, 전도성, 통합성을 들고 있다.[12] 류정아는 축제의 의미를 인간의 유희적 본성과 놀이, 생의 역설적 찬미와 비일상적 전도, 초월적 에너지 획득으로 보았으며, 현대사회에서의 축제는 유사종교성과 성속의 상징적 구분, 지역성과 문화적 정체성의 표현, 관광과 여가 향유의 대상, 축제의 스펙터클(spectacle)화를 들고 있다.[13] 김혜림은 신성성, 일탈성, 유희성, 집단성, 장소성 으로 분류하였다.[14] 조현

---

11) 무속수륙재의 전승에 대해서는 이경엽, 이영금 등의 연구를 들 수 있다. 이경엽, 「서해안 무속수륙재의 성격과 연행양상」, 『한국민속학』 제51권 (서울: 한국민속학회, 2010); 이영금, 「전북지역 무속 수륙재 고찰: 정읍 전씨 무계의 수륙재를 중심으로」, 『경산문화연구』 제12집 (대구: 대구한의대학교 경산문화연구소, 2009)
12) 표인주, 『축제민속학』 (서울: 태학사, 2007) pp.60-69.
13) 류정아, 「축제, 그 현대적 의미와 표상-축제성(festivité)의 변신과 재적응-」, 『축제와 문화』 (서울: 연세대학교 출판부, 2003)
14) 김혜림, 『지역대표축제 발굴을 통한 지역브랜드가치 창출 전략 연구』 (울산: 울산발

호는 축제의 기능을 내재적 감정의 표현, 인간의 고귀함과 역사의 영속성 인식, 인간적 삶의 추구, 공동체의식의 강화, 문화교류의 가교역할 등으로 구분하였다.15) 인간의 고귀함이나 인간적 삶의 추구, 내재적 감정의 표현은 인간적 삶을 추구하는 환본(還本)적 속성으로 분류할 수 있다.

이들을 수륙재의 속성에 배대하여 크게 분류해보면 첫째, 불교의례의 종교적 신성성을 지닌 의례성과 제의성을 포괄하는 재의성(齋儀性), 둘째, 정치·사회적 기능, 통합성·연대의식·대동성 등을 아우르는 소통성(疏通性), 셋째, 비일상적 전도 등의 일탈성, 오신성·오인성·유희적 본성과 놀이·놀이적 속성 등의 유희성(遊戲性), 넷째, 지역성과 문화적 정체성·문화교류의 가교역할 등의 문화성(文化性) 그리고 다섯째, 결국 무아의 근원적인 장으로 회귀하는 환본성(還本性)으로 분류해 볼 수 있다.

첫째, 수륙재의 종교적 재의성은 널리 알려져 있듯이, 불보살 등 신앙의 대상을 모시고 예경하며 천지와 명양, 수륙 등 삼계의 모든 존재들을 차별 없이 어우러져 화합과 평안을 기원하는 재의를 올리는 것을 말한다.

둘째, 소통성이다. 수륙재는 불보살 등을 비롯한 보이지 않는 것과의 소통을 의미하는 수직적 소통(vertical communication)과 현존하는 동시대의 보이는 존재들과의 소통을 의미하는 수평적 소통(lateral communication)을 들 수 있다.16) 수륙재는 개벽오방편에서 밝히고 있듯이, 천지 사방

전연구원, 2007) pp.5-6.
15) 조현호, 『문화이벤트기획론』 (서울: 대왕사, 2004) p.128.
16) 고상현, 『연등회의 축제문화 연구』 (서울: 동국대학교 박사학위논문, 2013) p.104.

의 육합(六合)과 4방의 간방인 사유(四維)와 상하의 오방(五方)에 오로를 열어 위로는 불보살과의 수직적이면서도 육도의 모든 중생들이 수평적인 소통의 장을 열게 된다. 그렇기 때문에 설회인유편에서 막힘이 없어지고 중생들은 귀의할 곳이 생겨, 원수와 친한 이가 평등하게 은혜를 입고, 범부와 성인이 모두 서로 통하는 장이라고 하고 있다.17) 이처럼 수륙재는 모든 유무형의 존재들이 참여할 수 있는 참여의 장이 된다.

다음으로 정치·사회성이다. 이는 조선시대의 수륙재에서 보다 뚜렷하게 살필 수 있다. 수륙재의 정치·사회적 기능은 재의를 통해 나라의 안녕과 질서를 유지하고 사회적 일체감과 문화적 정체성을 길러주어 공동체의식을 강화시키는 것을 말한다. 전왕조인 고려 왕씨를 위해 관음굴, 견암사, 삼화사 세 곳에서 베푼 수륙재18)와 흥천사 사리전 낙성식에서 선왕·선비(先妣)와 현비(顯妣), 그리고 여러 죽은 아들과 사위, 고려의 왕씨(王氏)를 위해 베푼 수륙재19) 등을 비롯하여 역부로서 죽은 자의 혼령을 위무하는 수륙재20)를 들 수 있다. 조선시대 국행수륙재가 이런 사회정치적인 이유로 활성화되었지만, 이후는 사찰이나 지역별 공동체적인 의례축제로 변모하게 되어 오늘에 이르고 있다. 현행 수륙재도 사찰을 중심으로 한 많은 이들이 재의 설행을 위해 신도조직이 구성되어 이전과는 다른 공동체성을 높여가고 있다. 또한 지역사회와의 관계성도 점차 확대되고 있다.

이러한 점은 사찰의 수륙재보다는 불교문화축제에서 설행되는 수륙

---

17) 임종욱 역주, 『천지명양수륙재의찬요』 (동해: 동해시, 2007) pp.27-28.
18) 『태조실록』 4년, 을해(1395), 2월24일(무자)
19) 『정종실록』 1년 기묘(1399), 10월19일(을묘)
20) 『태조실록』 5년 병자(1396), 2월27일(을묘)

재에 더 많은 대중들이 참여하고 있음을 주의깊게 살펴야 한다. 이것은 볼거리적인 측면과 유등띄우기 등 직접 참여할 수 있는 콘텐츠와 장소성 등의 영향 때문이다.

참여도를 높일 방안 가운데 의례에 근거한 예를 들어보면, 『천지명양수륙재의범음산보집』에 나타나고 있는 시주이운(施主移運)을 들 수 있다. 현재 시주이운을 설행하는 경우는 거의 찾아볼 수 없다. 시주이운은 시주를 한 집에서 떡과 국수 등 제물을 가지고 오면 현성(賢聖) 대중을 청하여 의식을 한다.21) 이처럼 재를 위해 준비하는 정성과 그 정성을 재 이후에 재자나 동참자, 이웃들에게 나누어 주는 의미가 담겨있다. 오늘날에는 음식을 직접 가지고 오는 것이 아니라 이와 같은 정신을 잇는 형식으로 시주들이 시주가 가능한 것을 보시하고 재를 마친 후 필요로 한 이들이나 어려운 이들에게 나눌 수 있는 직접적인 참여와 나눔 문화의 정신을 이어받으면 될 것이다. 현재의 시련의식으로 일주문 밖에서 일주문을 거쳐 대령이 이루어질 공간(수륙도량)까지의 행렬에 시주이운을 결합하는 등 참가자들이 적극적으로 참여할 수 있는 방안을 의식집에 근거하여 복원하여야 한다.

셋째, 유희성 중 일탈성이다. 일반적으로 축제에서의 일탈이란 일상의 구조적 상태를 뒤엎고 상하·우열·대립의 장벽을 무너뜨림으로써 모두 평등하고 자유로운 상태에 이르는 무규범 또는 무정부 상황의 커뮤니타스(communitas)를 조성하는 것을 의미한다.22) 수륙도량이 개설되

---

21) 지환 저, 김두재 옮김, 『천지명양수륙재의범음산보집』 (서울: 동국대학교 출판부, 2012) p.70.
22) 허용호, 「'축제적 감성'의 발현 양상과 사회적 작용: 영광농악 잡색놀이를 중심으로」, 『호남문화연구』 49권 (광주: 전남대학교 호남학연구원, 2011) p.250.

면 결계의식과 금란방(禁亂榜) 등을 통해 청정한 구역임을 대내외에 알리게 된다. 이로써 수륙재의 공간은 신성하고 초월적이며 새로운 차원의 공간으로 전환된다. 또한 일상적인 공간을 위계를 달리하여 축제의 공간으로 활용함으로써 세속의 공간은 성스러운 공간으로 전환되며 우주의 중심적 의미를 지니게 된다. 이러한 절차를 통해 수륙재의 시간과 공간은 주기적인 반복성과 우주적인 상징성을 더해감으로써 참여자들의 삶에 새로운 의미와 창조성을 부여해준다.23) 이로써 공간적인 일탈은 이루어졌으나 수륙재를 즐기기 위해 오는 참배객이나 관람객들은 속세에서의 일상적 삶에서 벗어나 종교적 가피나 깨달음을 비롯한 색다르고 별난 것을 체험하고 싶어한다.

전통사회에서의 수륙재에서는 구조적 상태를 파괴하는 예들을 찾아볼 수 있다. 조선 세종 14년(1432), 2월 14일에 효령대군 이보가 한강에서 개설한 7일 수륙재가 그것이다. 서울의 남녀들은 귀천(貴賤)의 구별 없이 다투어 과일과 음식을 가지고 모여들었다.24) 남녀와 반상을 구분하였던 시대에 이들이 함께 어우러져 재를 개설하였다는 사실은 성리학자들에겐 전복적이고 무정부적 상황을 야기할 수 있었던 것으로 받아들여졌다.

오늘날에도 수륙재는 4월 16일 발생한 세월호 참사와 같은 사회적인 아픔을 위무하거나 한반도 평화를 기원하는25) 등 한국 사회를 얽어매고 있는 것들에서 구조적으로 벗어나고자 하는 기원을 담고 있다. 또한

---

23) 한국문화예술진흥원, 『한국의 축제』 (서울: 한국문화예술진흥원, 1987) p.10.
24) 『세종실록』 14년(1432), 2월 14일(癸卯).
25) 2014년 11월 29일 전남 진도군 팽목항에서 '세월호 희생자 영가를 위한 수륙재(水陸齋)'와 2013년 3월 26일 부산 범어사에서 한국전쟁 정전 60주년을 맞아 개최한 "한반도 평화 기원 수륙재"가 대표적이다.

상하나 우열 등 계급적 질서보다는 수륙재를 통해 가피와 깨달음을 얻어 자유로운 상태를 구가하고자 하기도 한다.

넷째, 문화성이다. 수륙재는 1000년 넘는 세월 동안 사회적 소통과 민인들의 아픔을 위무하는 전통문화적 정체성을 형성해 왔다. 현재까지 존속하고 있는 삼화사나 진관사, 백운사, 홍원사, 약사사 등은 불교의례로서의 보편성을 지니면서도 각 지역이나 설행 사찰에 따라 독특한 역사문화적 전통을 이어오고 있다.

다섯째, 환본성이다. 수륙재는 수륙도량의 모든 존재, 지옥중생, 방생(傍生), 어산작법을 하는 연행자와 출재가의 참배객, 관람객 등 유무형의 모든 존재들이 차별 없이 적멸의 근원을 알고, 본래 자기의 모습인 무아의 근원적인 장으로 회귀하고자 한다. 이것이 환본성이다. 범부와 성인 모두 기쁜 마음으로 함께 무위의 교화를 즐기는 것으로 널리 회향(普伸回向)을 하게 된다.

이러한 축제의 속성은 일상적이고 통속적인 역사적인 시간과 지리적이고 물리적인 공간을 거부한다. 수륙재의 시간도 그렇기 때문에 상대적으로 새롭고 선택적이며 신성하고 초역사적인 시간이 된다. 일회적인 역사적 시간을 거부하고 성스러운 일을 재현함으로써 근원적인 시간을 기념하고 재현시킨다. 이러한 시간을 통해 참여자들은 어떤 궁극적인 실재와 만나게 된다.[26] 이를 통해 일상적 삶을 연기적으로 지속하면서도 변화 발전시켜 나가게 된다.

---

26) 한국문화예술진흥원, 앞의 책, p.10.

4. 축제로서의 수륙재의 활성화 방안

수륙재는 불교 교리나 불교가 형성해 온 문화의 재현을 통해 궁극적인 의미를 체득시키며, 개인과 사회와 우주와의 관련성을 새롭게 확인시키는 한편, 문화를 유지 전승하게 하는 기능을 가진다. 여기서 말하는 불교가 형성해 온 문화란 순수한 불교의식에서 비롯된 문화만이 아니라 그 사회가 지닌 역사적인 문화나 그를 신행하는 사람들이 지닌 사회적 문화도 포함된다. 그러므로 오늘날 수륙재를 현대 지역축제의 사회문화적인 트렌드인 전통문화, 전통불교문화에 대한 정보와 교육적 가치는 물론 지역의 경제적 부가가치를 창출할 수 있도록 축제의 기능을 확대해야 한다. 이러한 점을 염두에 두면서 축제로서의 수륙재의 활성화 방안을 몇 가지 제시하고자 한다.

먼저, 수륙재의 축제로서의 활성화를 위해서는 원천요소를 제대로 복원해야 한다. 최근 연구에서 현행 수륙재에 대한 문제제기가 있어 왔다.27) 여기서는 그 구체적인 내용을 살필 장이 아니므로 생략하겠지만, 원천적인 모습의 복원에 대한 노력이 경주되어야 함을 보여주는 사례라 할 수 있다. 현재 삼화사 수륙재의 역사적 위상이자 자부심은 조선시대 최초로 설행된 국행수륙대재라는 것이다. 그렇다면 오늘날 복원되어 설행되고 있는 것이 어느 시점의 것인가 하는 문제이다. 전해지는 판본에 따른 것이라면 명종 2년(1547)의 것이다. 하지만 태조 4년(1395)에 처음으로 관음굴과 견암사, 삼화사에서 국행수륙재를 개설한 것으로 전하고

---

27) 이성운, 「현행 수륙재의 몇 가지 문제」, 『정토학연구』 제18호 (서울: 한국정토학회, 2012); 이성운, 「현행 한국수륙재에 대한 검토」, 『한국선학』 제36호 (서울: 한국선학회, 2013); 혜일명조, 「수륙재의 복원에 관한 소고: 『결수문』, 『수륙무차평등재의촬요』를 중심으로」, 『한국음악문화연구』 제3집 (서울: 한국음악문화학회, 2011)

있는 것과는 약 150년의 시차를 두고 있다. 그렇다면 현재 설행하고 있는 것과 판본으로 전하는 것과 국행으로 처음 설행된 수륙재 사이의 상관관계에 대한 연구가 보다 심도 있게 진행되어야 한다. 이것은 비단 삼화사만의 문제가 아니라 우리나라에서 설행되고 있는 수륙재의 전반적인 문제이기도 하다. 현재 설행하고 있는 의례가 어느 시점의 것인지에 대한 논의는 이루어지지 않았다. 다만 어산을 하는 스님들에 의해 복원되고 설행되는 것을 그대로 받아들이고 있는 실정이다. 이 점은 수륙재뿐만 아니라 불교의례 전반에 대해서도 마찬가지이다. 무형문화유산은 끊임없이 변화를 거듭한다는 점은 주지의 사실이다. 그렇다면 현재의 전승은 어느 시점을 기점으로 하는 것인지에 대해서는 밝혀야 할 필요성이 있다.

둘째, 원천요소를 복원하기 위해서는 현행 수륙재에 대한 전수조사가 이루어져야 한다. 현재 일부 어산들에 의해 설행되는 의례만을 중심으로 놓고 본다면 다양하게 설행되는 수륙재는 도외시되거나 수륙재 원천을 복원하기 위해 부분적으로 살아있는 의례마저도 사라질 수 있기 때문이다. 또한 오늘날 수륙재를 비롯한 각종 의례에는 조계종, 태고종 등 전문 어산들이 종단과 지역에 관계없이 설행하여 왔음은 주지의 사실이다. 이러한 까닭으로 전수조사가 하루 속히 불교계를 중심으로 문화재청의 지원으로 진행되어야 한다.

셋째, 수륙재를 유지하는 핵심 인력의 문제이다. 삼화사와 진관사에서는 수륙재의 가장 핵심 인력은 의례를 하는 겉채비이다. 삼화사는 어장 인묵 스님은 전북과 서울의 어산을 전승하고 있기는 하지만 대부분이 서울과 경기를 기반으로 한 스님들이다. 또한 삼현육각의 악기를 연주하는 이들도 마찬가지다. 진관사의 동희 스님도 경제를 중심으로 하고 있다. 수륙재의 핵심인 의례를 하는 이들을 어떻게 할 것인가는 장기적인 관점에서 매우 중요한 문제가 아닐 수 없다. 어산 전문 인력 양성을 위한 대책은 매우 긴요하고 불요불급한 문제가 아닐 수 없다. 그나마 다행인 것은 삼화사는 2001년 설립된 삼화사국행수륙대재보존회를 통해 의례를 제외한 장엄, 설단 등은 보존회원들이 삼화사불교대학에서 전승하고 있으며, 진관사나 백운사도 각각 수륙재보존회를 설립하여 운영하고 있다는 점이다.

넷째, 소통성의 강화를 위한 축제 공간의 분리이다. 이것은 수륙도량을 내적인 성(聖)의 공간이자 의례의 공간과 외적인 속(俗)의 공간이자 놀이 등 비의례의 공간으로 이원화하자는 것이다. 삼화사의 경우, 내적 공간은 결계(結界)가 형성되어 수륙재가 펼쳐지는 경내(시련을 하는 일주문과 방생을 하는 시내 등을 포함)를 말하며, 외적 공간은 결계의 바깥인 경내를 벗어나서 수륙재가 이루어지지 않는 곳을 말한다. 하지만 경외라고 하여 결계가 쳐진 모든 곳을 의미하지 않는다. 삼화사의 입구 상가쪽만을 의미하는 것이 아니라 의례가 펼쳐지는 사찰 중정을 벗어난 해탈교 앞의 공터 등도 포함될 수 있다. 진관사의 경우는 일주문에서 홍제루까지로 직접적으로 의례가 이루어지지 않는 곳을 말한다. 이것은 서로 분리된 듯 하지만 수륙재의 스토리텔링을 통한 축제콘텐츠의 기획과 구성을 통해 결국 내적인 공간인 성과 외적인 공간인 속이 서로 상생과 소통의 공간으로 변이될 수 있다. 즉 수륙재가 이루어지는 공간으로 일반인들을 유도함은 물론이고 수륙재가 연행되는 내단에 머무는 시간을 연장시킴으로써 내단의 활성화에도 기여할 수 있을 것이다.

또한 내적인 공간인 수륙도량에 들어가는 장치를 마련하는 것이다. 물론 재를 하기 전 도량결계가 이루어지고 도량에는 장엄이나 영역의 표시가 이루어진다. 하지만 실제 재가 설행되는 사찰의 중정으로 들어설 때 여과없이 진입이 이루어진다. 성의 영역에 대한 인지가 이루어지지 않기 때문에 재가 베풀어지는 것에 대한 경외감은 있을 수가 없다. 대부분의 축제장은 개방된 듯 하지만 중심적인 영역과 외부의 영역은 구분이 이루어진다. 입장료 등의 경제적인 이유로서도 그렇지만, 중심 영역과의 구분을 통해 축제의 집중도와 몰입감을 높일 수 있기 때문이기도 하다. 그 구분은 입구에 안내부스 등이 마련되어 들어오는 이들에게 최소한의 편의를 제공함으로써 그 영역을 인지하도록 해야 한다. 이처럼 공간의 분리는 사찰을 들어섰을 때 일주문과 사천왕문을 들어서면서 마음가짐이나 태도를 다시 돌이켜보게 되듯이, 참배자나 관람객들에게 새로운 영역으로의 진입을 주지시킴으로써 재의에 보다 몰입할 수 있는 마음가짐을 갖도록 할 것이다.

공간의 구분에는 이원화된 영역에 담을 각각의 콘텐츠를 어떻게 기획하고 구성할 것인가의 문제가 중요하게 대두된다. 결계를 구성한 수륙도량은 굳이 언급하지 않더라도 현재 설행되는 수륙재를 설행하면 될 것이다. 그럼에도 소통성의 차원에서 몇 가지를 지적하고자 한다. 첫째는 동참 대중들이 의미도 모른 채 지루하게 앉아 있지 않도록 지금보다 풍부하고 이해도를 높이기 위한 해설과 영상을 통한 안내 등 다양한 기재가 추가되어야 한다. 둘째는 대중들이 참여할 수 있는 의례를 확대해야 한다. 삼화사나 진관사 수륙재에서 대중이 참여하는 부분을 보면, 시련(대중 참배 및 행렬), 대령(대중 참배), 괘불이운(대중 참배), 상단·중단·

하단(대중 참배), 봉송회향(대중 참배, 행렬, 뒤풀이) 등의 참배나 행렬이 대부분이다. 하지만 『천지명양수륙재의찬요』에는 "대중들은 합창한다[衆和]"는 대목들을 소청상위편, 헌좌안위편의 게송, 찬례삼보, 천선예성 등 곳곳에서 볼 수 있다. 이는 의례 중간 중간에 대중들이 함께 함을 알수 있다. 여기서 말하는 대중이란 어산 대중들을 의미하고 있지만, 오늘날 보다 확대하여 참례대중들까지 포함하는 것이 필요하지 않을까 한다. 셋째는 삼화사에서는 마지막 날 하단의식과 봉송회향 사이에 진행되는 금강경 독송은 일체무아, 공의 이치를 일깨우게 하는 경전으로 새롭게 마련하여 진행하고 있어 대중들이 함께할 수 있는 의례로서 의미를 갖는다. 이를 수륙 의례집에 근거하자면 각 단별로 의례를 진행하고 대중들이 독송할 수 있도록 해야 한다. 삼화사의 경우 현재 각 단은 적광전의 비로단, 극락전의 미타단, 약사전의 약사단 등 전각별로 마련되어 있으나, 실제로 각 단에서 대중적인 독송이나 참법 등의 의례가 이루어지지 못하고 있는 실정이다.

삼화사 수륙재는 100일 기도와 1달 여전의 행향사 등을 거쳐 2박3일 전체 일정을 참여하도록 하기 위해서는 의무감이나 비자발적인 참여만으로는 불가능하다. 설혹 그럴 수 있다고 하더라도 만족도는 현저하게 낮을 수밖에 없으며, 이런 상황이 지속된다면 소수의 보존회 회원인 진성신도를 제외하고는 참여 형태는 달라질 수밖에 없을 것이다. 참여형태의 변화란 직접적 참여에서 동참금(재비)를 내는 것으로 대신할 가능성이 높아진다는 것이다. 그러므로 내적 공간에서의 의례에 대한 해설과 영상의 확대 설치를 통해 대중들이 함께 할 수 있는 의례와 이해도를 높여야 하며 각 단의 활용 등을 안내하고 같이 할 수 있도록 해야 한다. 이처럼 내적인 영역은 수륙재를 설행하면서 소통과 직접적 참여의 기회를 의례집에 근거하여 확대할 수 있도록 해야 한다.

다음으로 외적인 공간을 어떻게 구성할 것인가는 축제적 기획이 필요하다. 여기에는 앞서 살펴본 축제적 요소인 소통성, 즐길 수 있는 유희성, 문화성, 환본성 등 놀이, 교육, 일상 탈출(일탈), 가족친화, 휴식, 힐링 등의 다양한 가치가 창출되도록 유도해야 한다. 첫째로는 축제의 생명은 관람객인 참여자들과의 상호작용성에 있다. 이를 구축하기 위해 스토리텔링 장치를 전략적으로 배치해야 하며, 다양한 가치를 창출하기 위해서는 축제를 구성하는 문화콘텐츠를 개발하고 개발된 콘텐츠를 전략적으로 배치해야 한다. 가족친화형에 소통성을 강화하기 위한 교육형, 참여형, 체험형의 축제 속성들을 고려해야 한다. 이곳에서는 수륙의례가 방해받지 않으면서도 수륙재에 참가한 이들이 2박3일간이나 당일의 의례만을 볼 수 있는 것을 넘어서 수륙재의 의미와 기능, 역할 및 구성 콘텐츠를 이해하고 활용하고 체험할 수 있도록 정보(Information)와 교육(Education), 오락(Entertainment), 체험(Experience) 등 다양한 축제콘텐츠가 펼쳐질 수 있도록 공간을 기획하여야 한다. 특히 중요무형문화재인 수륙재의 경우 즐거움과 흥미로움이 내재하는 가치를 창출하기 위해 인포테인먼트(Infotainment), 에듀테인먼트(Edutainment) 등으로 다각화는 전략적 접근이 필요하다.[28] 예를 들면 일반인들을 위한 수륙재의 개관, 수륙재의 설행 순서 해설, 수륙재의 각종 불구, 지화 등 장엄 및 흔히 불화라고 일컫는 화불(畵佛)의 이해, 수륙재 작법(음악과 무용)의 이해를 바탕으로 직접 불교무용인 착복무나 화불그리기, 지화 만들기 체험 등의

---

28) 백승국, 「축제기획을 위한 문화기호학」, 『축제와 문화콘텐츠』(서울: 다할미디어, 2006) pp.77-78.

공간을 만들어야 한다. 또한 대한불교조계종 어산작법학교나 한국불교
전통의례전승원 또는 각 승가대학의 학인들이 참여하여 불교음악을 시
연하고 설명하고 체험하는 프로그램을 운영하는 것이다. 이처럼 외적
공간을 구획화하여 관람객들의 동선을 고려하고 특성에 맞게 인포테인
먼트를 중심으로 한 정보존(zone)과 전시존, 에듀테인먼트적인 교육존과
체험존, 공연존 등으로 구획해야 한다.

셋째, 일반 축제들이 축제의 공간을 구성하는 축제의 장이 산재해 있
다. 이에 비해 삼화사나 진관사, 백운사 등 중요무형문화재로 지정된 사
찰에서 설행하는 수륙재는 사찰의 도량 전체가 축제의 공간으로 구성되
고 활용된다. 사찰 전체가 축제의 장이기 때문에 사찰의 문화인 의례,
음식 등의 무형문화만이 아니라 사찰의 구조나 건축, 탑 등 유형문화
또한 수륙재를 통해 널리 알려지게 된다. 즉 축제를 통해 불자나 일반
관람객들은 사찰의 가치를 재인식하는 계기가 된다. 그럼으로 사찰의
문화유산에 대한 보존의 필요성이나 전승의 당위성을 비롯하여 활용성
에 대한 관심을 높이는 효과를 가져 오게 된다. 이를 더욱 배가하기 위
해서는 수륙재가 베풀어지는 중간의 휴식시간이나 점심, 오후 등을 활
용하여 '수륙도량 문화체험' 또는 '문화기행' 시간 등을 마련하는 것도
유의미할 것이다.

넷째, 수륙재의 개최기간 변경도 고려해야 한다. 수륙재는 1일에서
최근 2박3일, 길게는 7·7재(49일)로 확대되었다. 역사상으로는 7일 수
륙이 등장하고 있다. 현재로는 의례를 설행하는 데만 초점이 맞춰져 있
다. 이것은 수륙재의 복원기로서 매우 의미 있는 기간이었다. 이를 삼화
사 국행수륙대재를 비롯한 우리나라 수륙재의 복원기로 볼 수 있다. 이

제는 아직도 복원되지 못한 의례의 복원과 연구는 지속되어야 하지만 그 다음 단계를 준비해야 할 시기다. 즉 수륙재를 불교의례로만 머물게 할 것인지, 아니면 대중들의 인지도를 높이고 동참도를 높이는 의례축제로 확대할 것인지에 대한 판단이 따라야 할 것이다. 수륙재의 역사를 통해서도 알 수 있듯이, 언제든지 사라졌다가 설행되기를 반복하는 것이 무형문화이다. 그나마 지속되는 시기는 대중들의 관심과 참여가 높아진 시기였다. 불교의례라고 하여 불교가 전래된 이래 지속적으로 오늘에 까지 이어져 왔듯이 존속되리라는 보장은 없다. 특히나 전문적인 의례는 더더욱 그러하다. 하지만 대중들의 관심과 참여도가 높은 의례는 규모의 대소는 있지만 어떤 형태로든 유지 전승된다. 이러한 점을 감안한다면 개최기간을 고려하여 수륙재 설행과 수륙재를 이해하고 즐길 수 있는 기간을 별도로 두는 방안도 적극적으로 검토될 필요가 있다. 아직 복원되지 못한 7일 수륙재를 염두에 둔다면 더더욱 고려해야 할 점이다. 우리나라의 지역축제는 대체적으로 2~5일 정도이나 횟수가 오래되고 지명도가 높은 축제는 4~5일 많게는 10일, 15일간 진행되고 있음을 참고해야 한다.

다섯째, 수륙재의 커뮤니케이션(communication)의 문제이다. 아무리 역사성과 전통성을 지니고 국가 중요무형문화재로 지정된 특색 있는 수륙재라고 하더라도 저절로 홍보가 되고 관람객이나 동참자가 찾아오지 않는다는 것은 자명한 사실이다. 커뮤니케이션 수단은 TV·라디오·신문·잡지 등의 전파매체 및 인쇄매체 광고, 각 매체별 언론 보도자료, 현수막·배너 등의 옥외광고물 및 포스터·전단 등의 옥외 인쇄매체, 홈페이지·게시판홍보 및 배너광고 등의 인터넷광고, 구전 홍보 등 여러 가지를 들 수 있다. 최근 많은 축제에서 가장 활발하게 활용하는 커뮤니케이션 수단은 인터넷이다. 인터넷의 활용이 모바일기기와 연동되면서 그 중요성을 날이 갈수록 증대되고 있다. 또한 적은 비용으로 국내뿐만 아니라 전 세계에 홍보할 수 있는 중요한 수단이다. 최근에는 페이스북, 트위트, 블로그 등 SNS를 이용한 홍보가 다른 많은 축제에서 즐겨 사용하고 있다. 현재 수륙재의 경우 불교계 언론에는 비교적 소개되는 편이지만 그 외에는 찾아보기가 쉽지 않다. 삼화사의 홈페이지를 보면, 기본적인 내용들은 있으나 올해의 수륙재에 대한 자세한 안내는 별도로 이루어지지 않고 있다.

여섯째, 문화성으로 지역사회와의 문화교류와 문화적 정체성을 부여하기 위해 연계성을 높여야 한다. 현재 수륙재보존위원회에 참석하는 핵심인력들과 지역 풍물단, 마을 무용단, 인근 군부대 장병 등 다양한 이들이 자원봉사 등을 하고 있다. 이것을 넘어서 지역주민들이 반드시 찾는 수륙재 축제이자 동해시를 찾는 관광객이 들러야 하는 축제로 인지될 수 있도록 하여야 한다. 여기에는 문화재로서의 장점은 살리되 지역의 문화를 돋보이게 할 수 있는 구성으로 재구성되어야 한다. 또한 오는 2008년 평창 동계올림픽 등 도내 주요 행사에서 수륙재 공연과 수륙재의 상징적인 요소들을 활용한 콘텐츠로의 활용이 이루어져야 한다.

다음으로 공교육에 수륙재 등 무형문화유산의 교육을 강화해야 한다. 지역 내 학교에서 방과후 활동이나 특활활동에 배울 수 있도록 교육청이나 학교 당국과의 협의를 이루어내야 한다. 이것은 수륙재의 지속가능성만이 아니라 자라나는 세대들에게 수륙재 등 무형문화유산에 대한 안목을 키워줄 수 있다. 최근에 참여한 경험으로 보았을 때 어린이 청소년들을 찾아볼 수 없다는 점은 매우 아쉬운 점이었다. 부모들과 함께 소수의 아이들이나마 큰 관심을 기울일 수 있는 배려와 프로그램이 필요하다. 하지만 이것은 임시방편일 뿐이다. 핵심은 공교육에서의 무형문화유산 교육을 활성화를 위해 적극적인 노력을 경주해야 한다.

일곱째, 축제로서의 수륙재에 대한 요구분석(needs analysis)과 평가가 이루어져야 한다. 이것을 위해서는 참가자들을 대상으로 한 관람객들의 요구가 무엇인지를 분석하는 것을 우선적으로 시행해야 할 것이다. 참가 그룹별 니즈를 파악한 프로그램을 기획할 수 있도록 해야 한다. 수륙재에 참가하는 그룹을 분류해 보면 첫째는 전문가 그룹, 둘째는 준전문가 그룹, 셋째는 불자(일반 스님과 재가불자), 넷째는 자발적 관람객, 다섯째는 과객형 관람객 등이다. 이들 그룹 간에 공통점이 없지는 않겠지만 이렇게 그룹화를 통해 그들이 수륙재에 참여하는 이유들을 대략적으로 나누어볼 수 있을 것이다. 이것을 통해 수륙재에서 무엇을 프로그램으로 기획할 것인가를 추출해 낼 수 있을 것이다.[29]

평가방법은 현재 문화체육관광부에서 제시하고 있는 항목에다 수륙재가 지니는 특성을 고려한 요소들을 설계하고 설문조사나 심층면접 등 다양한 그룹에 대한 조사가 되어야 한다. 관람객의 다양한 층위만이 아니라 수륙재 관계자, 전문가 등에 대한 평가조사도 이루어져야 한다는 것이다. 일반적인 설문항목들을 제시해보면 다음과 같다. 문화체육관광부에서 제시하는 항목을 30가지로 만족도가 18개, 소비지출 6개, 인구통계 6개 항목으로 구성되어 있다. 이중 만족도의 18개 항목은 접근,

---

29) 류정아, 『한국 축제와 지역문화 콘텐츠』(서울: 커뮤니케이션북스, 2012) p.142-149.

홍보, 안내, 재미, 다양, 체험, 문화, 상품, 음식, 연계, 시설 등 11개 항목으로 대분류되며, 이를 세분화한 것이 18개 항목이다. 18개 항목을 구체적으로 보면 접근성, 홍보(사전홍보), 안내(행사장내 안내시설, 팸플릿, 안내요원 서비스), 행사내용(재미, 다양성, 체험프로그램 만족도, 지역문화 이해도), 축제상품(관광기념품의 종류와 품질, 가격의 적정성), 음식(종류의 다양성, 가격의 적정성), 주변 관광지 이용, 편의시설(주차, 휴식, 화장실) 등이며, 소비지출 6개 항목은 숙박비, 식음료, 유흥비, 쇼핑비, 입장료, 기타 등이다. 이것을 토대로 수륙재에 맞는 설문영역을 개발하거나 축제에 대한 지역 이미지, 지역문화 및 지역경제 활성화에 미치는 영향, 축제 준비와 현장에서의 지역주민 참여도 및 삶의 질에 미치는 영향, 지역민과 외지인의 참가비율 등에 대한 평가도 이루어질 수 있어야 한다.[30) 또한 최근에 사회적 관심사로 부각하고 있는 관람객의 안전관리 체계 확립, 위험관리 능력 등도 포함되어야 한다.

여덟째, 수륙재는 불교의례이기 때문에 일반적으로 불자들도 이해하기 어려운데 일반인들에게 쉽게 다가가기 어렵다고 생각한다. 즉 불교의례축제가 활성화될 수 있을까라는 의문을 제기하는 이들이 많다. 그

---

30) 문화체육관광부에서 축제를 평가하는 준거틀은 4차례 정도의 변화를 거쳐 왔다. 1999년 초기의 평가체계는 설문조사, 유치실적, 전문가평가 합산하여 최종 종합평가 하였으며, 2007년의 평가체계는 설문조사, 유치실적, 전문가평가체계 기존대로 유지하되 공통항목과 선택평가항목 분류 평가하였다. 2008년~2009년은 전문가평가지표가 변화하여 축제발전성, 프로그램완성도, 운영적절성, 성과 등으로 구분하였고 이중 프로그램 완성도 및 운영 적절성에 비중을 높게 평가하였다. 2010년은 기존평가방식에서 벗어나 축제 콘텐츠, 운영적절성, 발전성, 성과 등으로 구분하였고 이중 콘텐츠 비중을 70%로 상대적으로 높게 책정하여 평가해 왔다.(오훈성, 『문화관광축제 평가체계 연구』, (서울: 한국문화관광연구원, 2011) 이 평가는 문화관광축제에 맞춰진 것으로 수륙재와 같은 전통문화예술축제나 민속축제 등에서도 그대로 적용할 필요는 없으나 참고로 삼을 만한 자료라 할 수 있다.

렇기 때문에 전통성과 종교성을 강조하면서 소수의 불자들의 재의축제로 스스로 위안을 하기 쉽다는 것이다. 하지만 성공한 몇몇 축제사례를 살펴보면 이것은 자기만족적이거나 기우임을 확인할 수 있다. 일부 매니아들을 제외하고는 대중적이지 않았던 재즈를 우리나라의 대표적인 축제인 가평의 재즈페스티벌로 자리한 사례이다. 함평나비축제도 마찬가지 사례이다. 전남 함평은 지역적 접근성이나 알려진 관광지도 거의 없는 인지도도 낮고 물적 토대가 빈약했던 지역이었다. 이 두 사례에서 인지도도 낮고 대중성도 희박한 장르나 주제, 지역에서 우리나라의 대표적인 축제로 성장을 하였듯이, 수륙재도 또한 충분히 대중화의 가능성을 내포하고 있다. 전문적인 기획연출가에 의해 지속적으로 질 높은 수준의 의례와 프로그램으로 다양하게 구성된다면 가능성은 충분하다. 일부 타종교인들의 반대적 정서 등을 이유로 대중화 되지 않는 것을 위안 삼아서는 안된다. 벽불(闢佛)의 조선시대에도 한강변에 구름처럼 몰려들어 구경하고 즐긴 것이 수륙재이다. 축제문화를 즐기고자 하는 이들이 늘어가고 있는 오늘날에 흥행하지 않을 이유가 없는 것이다. 다만 그들이 접근할 수 있는 콘텐츠가 부족한 것은 아닌지를 돌이켜볼 일이다. 고려시대와 조선시대에 국행으로 설행되었던 불교의례축제인 수륙재를 오늘날에 21세기에 맞는 축제로 만들 수 있다는 자신감이야말로 가장 절실한 것이다.

마지막으로 종단차원에서 해마다 다양한 곳에서 펼쳐지고 있는 수륙재를 소개하는 달력(calendar)같은 홍보물을 만들어 온오프라인을 통해 배포해야 한다. 조금 더 확대하면 불교축제달력을 제작·보급해야 한다. 불교의례축제 및 불교문화축제달력 또는 불교문화행사달력 등 1년 동안의 불교의 축제나 행사가 어디서 어떻게 이루어지는지를 알 수 있도록 하여 불교문화에 관심이 있는 이들이 쉽게 찾을 수 있도록 해야 한다. 이것은 불교문화의 활성화와 대중화를 위해서도 선행되어 할 과제가 아닌가 한다.

V. 나가며

수륙재는 불교계의 노력과 지방자치제의 활성화 일환으로 전국적으로 우후죽순격으로 생겨난 축제의 확산으로 인해 최근 10여 년에 걸쳐 매우 활발하게 설행되고 확산되고 있으며 그에 따른 연구도 활발하게 진행되었다. 그럼에도 축제적 관점에서 이를 바라보고 논의를 전개한 것은 소수에 불과하다. 그래서 본고에서는 현대에 설행되는 수륙재의 형태를 사찰에서 설행하는 불교의례축제와 일반 축제의 주요 프로그램으로 설행되고 있는 불교문화축제로 나누어 대표적인 사례들을 간략하게 살펴보았다. 다음으로 수륙재의 축제적 속성을 종교적 신성성을 지닌 재의성과 소통성, 유희성, 문화성 그리고 환본성으로 분류해 보았다. 마지막으로 축제로서의 수륙재의 활성화 방안을 제시하였다.

수륙재는 현재도 복원이 진행되고 있는 의례이자 축제이다. 삼화사, 진관사, 백운사 3곳의 수륙재가 국가 중요무형문화재로 지정되었으므로 이제는 불교계와 정부가 수륙재에 대한 원천요소의 발굴을 위해 수륙의 례집에 대한 조사와 판본별 비교, 한글화가 이루어져야 한다. 이를 통해 각 판본별 의례의 복원이 하루 빨리 이루어져야 한다. 현행 수륙재의 전국적인 설행 형태에 대한 조사도 이루어져야 한다. 이를 통해 다양한 지역에서 설행되었던 여러 형태의 수륙재를 발굴해 내는 것이 중요하다. 왜냐하면 이러한 노력은 곧 새로운 축제문화콘텐츠를 발굴하는 일이며, 축제로서의 수륙재를 더욱 풍부하게 하고 그들의 지역에 맞는 정체성과 지역적 특성을 지닌 축제로 향유할 수 있도록 하기 때문이다.

『태조실록』

『정종실록』

『세조실록』

고상현, 「종교 페스티벌의 문화콘텐츠화 방안 연구: 수륙재를 중심으로」, 『영상문화콘텐츠연구』 제2집, 서울: 동국대학교 출판부, 2009.

김혜림, 『지역대표축제 발굴을 통한 지역브랜드가치 창출 전략 연구』, 울산: 울산발전연구원, 2007.

대한불교조계종 총무원 문화부, 『수륙재 현황 조사 보고서』, 서울: 대한 불교조계종 총무원 문화부, 2010.

대한불교조계종 총무원 문화부, 『한국의 수륙재』, 서울: 대한불교조계종 총무원 문화부, 2010.

류정아, 『한국 축제와 지역문화 콘텐츠』, 서울: 커뮤니케이션북스, 2012.

류정아, 「축제, 그 현대적 의미와 표상-축제성(festivité)의 변신과 재적응」, 『축제와 문화』, 서울: 연세대학교 출판부, 2003.

백승국, 「축제기획을 위한 문화기호학」, 『축제와 문화콘텐츠』, 서울: 다할 미디어, 2006.

부여문화원, 『백제문화제 반세기 발자취: 본문: 1955-2008』, 부여: 부여문 화원 2009.

오훈성, 『문화관광축제 평가체계 연구』, 서울: 한국문화관광연구원, 2011.

이경엽, 「서해안 무속수륙재의 성격과 연행양상」, 『한국민속학』 제51권, 서울: 한국민속학회, 2010.

이성운, 「현행 한국수륙재에 대한 검토」, 『한국선학』 제36호, 서울: 한국 선학회, 2013.

_____, 「현행 수륙재의 몇 가지 문제」, 『정토학연구』 제18호, 서울: 한국 정토학회, 2012.

이영금, 「전북지역 무속 수륙재 고찰: 정읍 전씨 무계의 수륙재를 중심으로」, 『경산문화연구』 제12집, 대구: 대구한의대학교 경산문화연구소, 2009.

임종욱 역주, 『천지명양수륙재의찬요』, 동해: 동해시, 2007.

장정룡, 「축제와 세시」, 『한국축제의 이론과 현장』, 서울: 월인, 2000.

조현호, 『문화이벤트기획론』, 서울: 대왕사, 2004.

표인주, 『축제민속학』, 서울: 태학사, 2007.

한국문화예술진흥원, 『한국의 축제』, 서울: 한국문화예술진흥원, 1987.

혜일명조, 「수륙재의 복원에 관한 소고: 『결수문』, 『수륙무차평등재의촬요』를 중심으로」, 『한국음악문화연구』 제3집, 서울: 한국음악문화학회, 2011.

홍태한, 「지역주민과 함께 한 60년 역사의 백제문화제 수륙재」, 『백제문 화제 수륙재 60년의 가치』, 부여: 부여군불교사암연합회·부여불교통합신도회, 2014.

<인터넷>

여수거북선축제 홈페이지

http://geobukseonfestival.yeosu.go.kr/geobukseonfestival/introduce/history.html

백제문화제 홈페이지

http://www.baekje.org/html/kr/festival/festival_04.html

스토리텔링을 통한 수륙재의 공연예술 마케팅 방안 연구

- 중요무형문화재 제125호 삼화사 수륙재를 중심으로 -

김
미
경

I. 서론

수륙재(水陸齋)는 불교에서 행해지는 대표적인 천도의식이다. 글자 그대로 해석하면 물(水)에 빠져 죽거나 육지(陸)에서 비명횡사한 자들을 위무(慰撫)하는 재(齋)이다. 이런 의미에서 볼 때 수륙재는 불교에서 행해지고 있는 다른 어떤 죽음에 대한 의례보다 폭넓은 포용성을 지니고 있다고 할 수 있다.

예를 들어 생전예수재(生前預修齋)는 자신이 죽기 전에 살아가면서 유야무야 자신도 모르고 지은 죄를 미리 속죄하는 재이고, 영산재(靈山齋)는 특정 개인이 죽은 후에 죽은 자를 위해 산자들이 치루는 재이다. 그러나 수륙재는 특정한 개인이 아니라 이 세상에 살다간 온 세상의 무주유주고혼(無主有主孤魂)들을 위해 산자들이 마음을 모아 치루는 의식이다.

수륙재의 이런 인류애적인 보편성은 고려시대부터 조선시대까지 누 대에 걸쳐 국가는 물론 민간에서까지 그 의례가 널리 성행할 수 있는 이유를 제공했다. 흔히 조선이 나라를 창건할 당시의 통치 방식을 '숭 유억불정책(崇儒抑佛政策)'이라고 논해 왔음을 감안할 때 수륙재가 조선 시대에도 그 명맥을 이을 수 있었던 것은 아마도 이런 인류애적인 보편 타당한 성격을 지니고 있었기 때문에 가능했다고 여겨진다. 수륙재는 이런 성격 때문에 국가에서 정기적으로 봉행하는 국행수륙재가 있었고, 그 대표적인 사찰이 오늘날 강원도 동해시에 속해 있는 두타산 자락에 자리 잡은 삼화사(三和寺)이다.

삼화사는 고려의 마지막 왕 - 공양왕과 그의 일가족들이 최후를 맞이 했다고 전해지는 현재 강원도 삼척시 근덕면 궁촌리의 지척에 있는 사 찰이다. 동해시와 삼척시는 서로 맞닿아 있는데 조선을 건국한 이성계 의 명으로 고려의 마지막 왕 - 공양왕은 이곳 강원도 구석의 궁벽한 땅 에서 비참하게 살해되고 만다. 이성계는 조선 건국의 정당성을 확보하 기 위해 '숭유억불정책(崇儒抑佛政策)'을 대내외적으로 내세웠지만, 그도 불교국가였던 고려 때 백성들의 정서를 안정시키고 포용해야 하는 필요 성을 느꼈을 것이다. 그래서 억울한 죽음을 맞이한 공양왕을 위무한다 는 취지에서 의도적으로 강원도 골짜기에 있는 삼화사를 선정하여 국행 수륙재를 성대하게 봉행한 것이다.

삼화사 수륙재가 국가지정 중요무형문화재 제125호로 지정된 것은 2013년 12월 31일자이다. 필자는 국가지정 중요무형문화재가 갖는 의 미로 두 가지를 중요하게 생각한다. 하나는 우리 민족만이 가지고 있는 문화원형의 전통성을 올바르게 계승하는 원형 보존의 가치를 꼽는다.

이는 지금까지 문화재청이 문화재 지정의 중요성을 강조한 제일 대표적인 덕목이기도 하다. 또 하나는 문화원형을 활용한 문화콘텐츠 산업을 성공시키고, 대한민국 대표 브랜드로서의 가치를 세계적으로 널리 알릴 수 있는 스토리텔링 마케팅에 주력해야 한다는 점이다. 이것은 아직 문화재청이 문화재 지정에서 그리 지향점을 두는 덕목은 아니다.

그러나 필자는 앞으로 문화재청은 이 두 가지 사안의 중요성을 균형 있게 발전시켜 나가야 국가지정 중요무형문화재들의 가치가 더욱 상승효과를 거둘 수 있다고 믿는다.

이에 본고는 국가지정 중요문화재 제125호 지정된 삼화사 수륙재의 의례 절차 과정에서 특징적 면모를 찾아내서 어떻게 공연예술 스토리텔링을 통해 마케팅에 성공할 수 있을지 그 방안 연구에 주력할 것이다. 특히 필자가 중국에서 본 중국 소수민족들이 펼치는 공연예술과 축제 등을 살펴보고 그 대안을 찾아보려고 노력할 것이다. 그래서 어떻게 하면 수륙재가 공연예술로서의 참신한 스토리텔링으로 거듭나서 스토리텔링 마케팅에 성공할 수 있는지 그 방안을 모색해 보고자 한다.

II. 스토리텔링을 통한 삼화사 수륙재의 공연예술 마케팅 방안 연구

1. 삼화사 수륙재의 역사문화자원(문화원형)을 활용한 스토리텔링 마케팅 방안 연구

1) 삼화사 수륙재의 조선 태조 이성계의 역사문화자원(문화원형) 자료 검토

삼화사 수륙재는 조선의 건국과 무관하지 않다. 소위 고려 말에 신진 사대부라고 불렸던 개혁 세력은 함경도 출신의 이성계를 내세워 1392년 7월에 고려를 멸망시키고 새로운 나라 – 조선을 건국한다. 이 과정에서 이성계는 조선 건국을 반대하는 많은 사람들을 무자비하게 살생하는 참극을 저지르기는 주인공이 된다. 이에 1394년(태조 3년), 삼화사에 국행으로 수륙재를 봉행할 것을 명한다. 이런 삼화사 국행 수륙재를 명한 이성계에 대한 기록은 권근(權近)의 『양촌선생문집(陽村先生文集)』의 「수륙의문발(水陸儀文跋)」에서 자세히 살펴볼 수 있다.

예로부터 왕이라는 자가 일어날 때는 필히 인후한 은택이 있어 깊이 인심을 결합하고, 죽음을 수습한 후에야 하늘이 돕고 백성이 돌아와 큰 명이 모아지게 됩니다. 전조(고려) 말년에 다스림이 잔혹하고, 형벌이 사나웠으므로 지금 우리 주상전하(조선 태조)께서는 그동안 관대하고, 큰 도량을 베푸는 것을 주선하여 무고한 백성 백성들을 불쌍히 여겨 구제한 바가 많았고, 죽은 자를 반드시 사실을 밝혀서 그 원통함을 풀어주셨습니다. 이것은 이른바 인후한 은택으로 인심을 결집시키고, 죽은 자들을 흡족히 함에 지극하셨다는 것입니다. 조정과 민간의 인심이 모두 추대하여 임금으로 모시기를 원했는데 왕위에 오르자 우선, 관대하게 교지를 내려 한 사람도 형벌하지 않으셔서 또 조야가 안정되었습니다. 그 왕씨 종족에 대해서는 반드시 보존시키고자 외방에 나누어서 보내면서 편안한 안식처를 얻게 하고, 현명한 자는 발탁하여 조정에 벼슬을 주어 장차 영세토록 국가와 같이 경사와 복을 누릴 수 있도록 하였습니다. 그러나 왕씨가 하늘의 버림을 받아 스스로 멸망하고 말았습니다. 그때부터 3년이 지나 갑술년(태조 3년: 1394년) 봄에 감히 모반을 논하는 자가 있어 군신들이 후환을 제거하기 위해 죄를 묻기를 청하므로 전하께서는 어찌하지 못하여 따르셨습니다. 이에 언제나 그 일로 고통스러운 마음이 가슴에 남아 있고, 죽은 자를 위해 자료를 펴내 혼백을 위로하고자 했습니다. 이번 가을에 금서로 「묘법연화경」 3부를 펴내 특별히 내전에 친히 임하셔서 전독하셨습니다. 또 "수륙의문" 37본을 간행하셔서 '무차평등대회'를 세 곳에서 베풀게 하여 각각 「연화경」 1본, 「의문」 7본을 배치하도록 하셨습니다. 영원히 그곳에 보관해 두고 거행하도록 하신 것인데 하나는 천마산의 관음굴에 있으니 이는 강화에 있는 왕씨의 천제를 위한 것입니다. 또 하나는 모 고을에 모 산에 있으니 이는 삼척에 있는 왕씨의 천제를 위한 것입니다. 마지막 하나는 모 고을에 있으니 이것은 거제에 있는 왕씨의 천제를 위한 것입니다.[1]

아무리 조선시대 건국이념으로 유교 사상을 정치에 끌어들인 이성계이지만, 사람이기 때문에 살생에 대한 죄의식이 강했던 것으로 보여 진다. 이런 이성계의 죄의식의 발현으로 삼화사 국행 수륙재는 시작된 것이다. 이런 연고로 삼화사 수륙재는 여타 어느 수륙재보다도 그 의미가

[1] 權近, 『陽村先生文集』, 卷之二十二, 「水陸儀文跋」, 奉 敎撰, 自古王者之興必有仁厚之澤深結人心以洽幽明然後天佑民歸而大命集焉前朝之季政殘刑暴今我主上殿下以寬仁大度周旋其間愁(恕)念無辜多所救活其有死者必加昭雪以釋其究(冤)所謂仁厚之澤結人心而洽幽明者至矣是以中外人心咸願推戴以爲君及正位號首下寬旨不刑一人朝野又安其於王氏宗族必欲保全分遣于外俾獲安宅至拔其賢者以致于朝將期永世與國咸休而王氏爲天所廢自就覆亡越三年申戌春有敢議以謀變者群臣請罪以除後患殿下不獲己從之隱痛之念常切于懷欲修冥資以慰魂魄其秋金書妙法蓮華經三部特於內殿親臨轉讀又印水陸儀文三七本命設無遮平等大會于三所各置蓮經一本儀文七本永藏其地俾以擧行其一則在天磨山之觀音窟爲薦王氏之處江華者也其一則在某州某山爲處三陟其一則在某州某處巨濟者也(서울대중앙도서관 소장본: 발행인 권윤식, 『陽村文集(坤)』, 二十三쪽, 1969년 原文 참조→괄호 속에 한문은 "민족문화추진회, 『陽村集(Ⅲ)』, 1978년"에 간행된 책에서 발췌한 것이다. 원래 원문은 필자가 확인하지 못했으나 한문 문장으로 볼 때 1978년 수정된 부분이 더 문맥의 의미에 합당한 것이라고 사료되어 병기해 둔다.)

강하고 정통성이 확보된다고 할 수 있다. 어느 시대 어떤 지위를 가진 사람도 소위 양심이라는 것이 있다면 억울하게 죽은 자들에 대한 경외심과 측은함이 함께 작용할 수 있다. 이것이 삼화사 수륙재가 가지고 있는 스토리텔링 마케팅의 장점 중의 하나이다.

2) 삼화사 수륙재의 조선 태조 이성계의 역사문화자원을 활용한 스토리텔링 마케팅 방안 연구

조선 건국의 주역이자 살생의 주체자인 이성계라는 조선 태조를 하나의 인물콘텐츠로 개발하여 스토리텔링을 쓰면 그냥 수륙재를 재현할 때보다 몇 배의 시너지 효과를 볼 수 있을 것이라고 사료된다. 물론, 공연예술로 승화시켜 이성계를 중심으로 하는 삼화사 수륙재에 대한 스토리텔링을 쓰면 세계인들도 관심을 가질 수 있는 유명한 공연예술도 탄생될 수 있는 소지가 다분하다. 예를 들어 2014년 1월 4일부터 2014년 6월 29일까지 KBS 1TV에서 방송된 ≪정도전(鄭道傳)≫은 조선 건국의 이야기를 정도전을 중심으로 그려내어 인기리에 방영된 대하드라마이다. 이 사극(史劇) 드라마는 지금까지 왕조 중심으로 쓰여 진 다른 사극 드라마의 방송 스토리텔링과는 완전히 다른 시각으로 인간 정도전을 재조명했다.

이 드라마에서 조선 태조 이성계와 고려의 마지막 왕 – 공양왕에 대해서도 구체적으로 다루었는데 그들의 등장인물에 대해 KBS ≪정도전(鄭道傳)≫ 사이트(site)[2]에는 이렇게 소개되어 있다.

---

2) http://www.kbs.co.kr/drama/jeongdojeon

이성계(40~64세)/cast. 유동근

최정예 사병집단, 가별초를 거느린 고려의 맹장이자 변방, 동북면의 군벌. 훗날 조선의 태조 한평생 고려인으로서의 정체성을 고민했던 서글픈 경계인

공양왕(恭讓王)/cast. 남성진/고려의 마지막 왕

왕족으로 태어나 호의호식하며 팔자 좋은 한량으로 살았다. 우왕 말년부터 자신을 왕으로 옹립하려는 움직임이 나타났다. 그는 왕위 논쟁에 휘말리지 않기 위해 무진 애를 썼다. 하지만 운명에 이끌리듯 '본의 아니게' 왕좌에 오르게 된다. 가늘고 길게 목숨 보존이나 잘하면 그만이라고 생각했는데, 자리가 사람을 만든다는 말이 허언은 아니었다. 혁명파에 대한 민심이반이 가속화되는 가운데 그는 마침내 정몽주에게 힘을 실어주며 역습에 나선다.

정도전(33~57세)/cast. 조재현(아역_강이석)

고려가 버린 아웃사이더이다. 세상 가장 낮은 곳에서 혁명가로 다시 태어난 사나이. 백성을 중시하는 나라를 만들고자 했으나 자신이 꿈꾸던 성리학적 이상세계의 실현을 보지 못하고 끝내는 정적의 칼에 단죄됐다가 조선왕조의 끝자락에 가서야 겨우 신원되는 극단적인 삶을 산 인물이다.

위에서 인용한 세 인물은 고려에서 조선으로 넘어가는 격동기의 중요한 인물들이다. 이 세 인물들의 치열한 권력 암투 속에 결국 고려는 멸망하고 조선은 건국된다. 그리고 고려의 비운의 마지막 왕 - 공양왕은 죽음을 맞이하게 된다. 그런 선상 위에서 삼화사 수륙재에 대한 존재가치를 논해야 다른 어느 수륙재가 가지고 있는 의미보다 삼화사 수륙재가 가지고 있는 의미에 대한 더욱 확실한 변별력을 비로소 확보할 수 있다고 생각한다. 조선 건국 후 멸망한 고려의 마지막 왕 - 공양왕을 천

도하는 의식이 삼화사 수륙재라는 견지에서 삼화사 수륙재는 그 스토리텔링 마케팅 효과를 극대화시킬 수 있는 것이다. 그런 의미에서 삼화사 수륙재는 고려의 공양왕과 조선 태조를 이야기하지 않고 그 존재의 의미를 논할 수 없다고 해도 과언이 아니다. 위에서 인용한 KBS ≪정도전(鄭道傳)≫ 사극 드라마 40회에서 공양왕은 자신의 죽음을 막기 위해 이성계를 찾아가 동맹을 맺고자 하나 끝내 이성계는 만나주지 않는다.

이런 고려 말과 조선 초의 역사적인 사실이 근거가 되어 만들어진 KBS ≪정도전(鄭道傳)≫이라는 드라마는 종영 후에도 DVD로 만들어져 그 경제적 이익 창출이 계속 이어지고 있다. 이는 역사적인 스토리를 개발하여 그것을 스토리텔링의 핵심인 드라마로 만들어 광고 수입으로 스토리텔링 마케팅에 성공 한 후도 계속 경제적인 부가가치를 끌어내기 위해 노력한 결과이다.

3)

---

3) 제작:KBS미디어/제목:정도전/출연:조재현(정도전), 유동근(이성계), 남성근(공양왕) 등/디스크:9 Discs (Dual Layer)/본편 27부/언어:한국어 자막: 영어 오디오: 돌비 디지털 2.0/화면비:16:9 아나모픽와이드스크린 지역코드:1,3,4,5,6/출시일:2014년 6월 20일/가격: 99,000원

KBS ≪정도전(鄭道傳)≫ 사극 드라마가 성공한 가장 큰 요인은 바로 과거의 사실을 통해 오늘날을 돌아보고자 하는 시대정신에 있다고 본다. 이 드라마는 과거의 역사를 가지고 오늘날의 현실적 언어로 재해석하는 데 성공했기 때문에 많은 팬들을 확보할 수 있었다고 본다. 인간의 삶이란 어느 시대이건 부조리한 일을 겪기 마련이다. 그런 부조리한 현실을 살고 있다고 생각하는 많은 시청자들은 이 드라마를 통해 위안을 얻고 자신의 삶을 반추했을 것이다. 삼화사 수륙재도 이런 우리의 현실을 감안하여 모든 사람들이 공감할 수 있는 공연예술을 만드는데 주력해야 할 것이다.

이성계가 직접 명해서 봉행한 삼화사 수륙재는 그 역사적 의미를 오늘에 되살려야 하는 역사적인 사명의식을 가져야 한다. 삼화사 수륙재의 의례 과정 절차도 중요하지만 오늘날에 어떤 의미로 삼화사 수륙재를 재현해야 하는지 그 주안점을 찾는 것도 매우 중요하다. 그렇기 때문에 이성계를 중심으로 하는 공연예술 스토리텔링 개발도 삼화사 수륙재 프로그램을 다양화시키고 세계인들의 시선을 끌 수 있는 좋은 대안 중의 하나라고 생각한다.

삼화사 수륙재가 봉행되는 두타산은 무릉계곡과 함께 세계적인 명소로 부각될 수 있는 아름다운 자연을 가지고 있다. 더군다나 삼화사 수륙재가 봉행되는 10월에는 가을 정취가 물씬 풍겨 그 아름다움이 극치를 다하는 시기이다. 이때 삼화사 수륙재를 봉행하는 삼화사 근처에 경치 좋은 곳을 세트로 해서 자연을 경관으로 대형 무대를 설치하고 정기적인 공연을 펼친다면 위에서 살펴본 KBS ≪정도전(鄭道傳)≫이라는 사

(부가세포함).

극 드라마 못지않게 큰 반향을 일으킬 수 있으리라 기대한다.

이처럼 삼화사 수륙재를 봉행할 때도 인간 이성계에 대한 공연예술 스토리텔링을 써서 무대 위에 올린다면 삼화사 수륙재만이 가지고 있는 특유의 수륙재로서의 자리 매김을 하는데 크게 기여할 수 있으리라 생각된다.

지금처럼 의례 절차에 집중하는 것도 중요하지만 다양한 스토리텔링 개발로 폭넓은 프로그램 개발이 삼화사 수륙재를 널리 알리는 기폭제 역할을 할 수 있다.

앞서 살펴본 권근의 『양촌선생문집(陽村先生文集)』의 「수륙의문발(水陸儀文跋)」에 나타난 것처럼 이성계는 조선 건국을 위해 실제로 많은 살생을 할 수밖에 없는 상황이었지만, 인간적으로는 몹시 고뇌하였던 것으로 보여 진다. 이런 인간 이성계의 정신세계를 조명하는 공연예술 스토리텔링을 잘만 구상한다면 삼화사 수륙재가 종교적인 차원을 뛰어 넘어 '무차평등대회(無遮平等大會)'라는 인류애적인 큰 뜻을 실현하는 디딤돌이 되어 줄 것이다.

뿐만 아니라 연극 하나로 온 세계인들이 모이는 중국 운남성(雲南省:윈난성) 여강(麗江:리장) 옥룡설산(玉龍雪山)의 공연4)처럼 대한민국 동해시 두

---

4) 중국 윈난성 리장에서 펼치는 공연명은 "리장의 추억"으로 필자는 2012년 4월 11일에 직접 관람했다. 사실, 필자는 이 공연에 대해 "2008년 8월 8일, 개막된 베이징 올림픽의 개막식 총연출을 맡았던 세계적인 영화감독 장예모(張藝謀)는 오지 마을을 연극 한 편으로 세계인들이 찾아오는 뛰어난 문화관광 도시로 탈바꿈시키는 데 성공했다. 그 것은 일명 "인상(印象) 프로젝트"로 불리는데, 중국 운남성 남부에 위치한 리장(麗江)의 옥룡설산(玉龍雪山)에다 거대한 야외극장을 꾸며 치밀하게 잘 짜여진 스토리텔링을 가지고 500여 명의 연기인들을 동원해 강한 훈련을 시켜 연극 『인상리장(印象麗江)』을 탄생시킨 것이다. 『인상리장(印象麗江)』은 "山水를 세트로, 농어민을 배우로, 전설을 스토리로" 만들어 ①차마고도(고도마방 : 古道馬帮), ②대주설산(對酒雪山), ③천상인간(天上人間), ④타도조가(打跳組歌), ⑤고무제천(鼓舞祭天), ⑥기복의식(祈福儀式)" 등의 6개

타산과 무릉계곡이 있는 삼화사도 세계적인 수륙재 도량으로 거듭 태어
날 수 있을 것이다.

〈중국 운남성 여강 옥룡설산에서 공연한 "리장의 추억"의 주요 장면들(2012년 4월 11일, 필자 촬영)〉

2. 삼화사 수륙재의 "관욕"(문화원형)이라는 특징적 면모를 활용한
   스토리텔링 마케팅 방안 연구

부문으로 나시족, 이족, 푸미족, 장족, 묘족 등 그동안 중국 중앙 정부로부터 소외되어
온 10여 개의 소수민족들이 배우로 캐스팅되어, 예전에 말(馬)을 타고 차(茶)를 나르던
차마고도(茶馬古道)의 영화(榮華)와 자부심을 그대로 표현하기 위해 최선을 다하고 있
다. 이것은 바로 아름다운 자연과 소수민족들이 지니고 있는 민속문화를 장예모라는
안목 높은 예술가가 아무 것도 꾸미지 않는 천연 그대로의 상태로 예술화한 결과이다.
대부분 농어민으로 가난과 싸우던 소수민족 출신의 배우들은 혼신의 힘을 다하여 자
신이 맡은 바 연기에 몰두한다. 그런 500여 명의 배우들이 하얀 설산(雪山)을 배경으로
혼연일체가 되어 우렁차게 두들기는 북소리는 정말 190위엔(₩27,550원)이라는 비싼
관람료가 아깝지 않을 정도로 장관이다. 이렇게 스토리텔링만 잘 짜서 좋은 볼거리를
제공한다면, 관광객들은 하늘을 가르고 산을 넘고 바다를 건너서라도 반드시 진도로
찾아오고 말 것이다. 진도 축제식 상장례도 좋은 극본을 쓸 수 있는 작가와 기발한 아
이디어와 카리스마 넘치는 연출력을 가진 연출가가 힘을 합쳐 더욱 발전된 스토리텔
링을 만들어 낸다면, 반드시 자연과 민속문화와 예술의식이 합치된 훌륭한 공연을 성
사시켜 큰 감동을 빚어낼 수 있을 것이라고 기대한다.(『진도 축제식 상장례 민속의 연
희성과 스토리텔링』, 고려대 대학원, 박사학위 논문, 2008. pp.209~210)"라고 서술한
바 있다.

1) 삼화사 수륙재의 "관욕"(문화원형)이라는 특징적 면모에 대한 자료 검토

삼화사 수륙재는 의례문에 의거한 모든 의례 절차를 그대로 모범적으로 따르는 우리나라 대표적인 국행수륙재이다. 그런 의미에서 삼화사 수륙재는 그 문화원형의 보존을 위해 적극적인 기록과 장치들을 해놓아야 한다. 그렇지만, 그와 동시에 문화콘텐츠 산업으로서의 삼화사 수륙재의 공연예술 스토리텔링 개발에도 창의력을 모아야 한다.

여러 연구자들5)이 삼화사 수륙재에 대한 특징적 면모로 "관욕(灌浴)"을 꼽는 것을 보면서 흡사 씻김굿에서의 "씻김"의 의미와 일맥상통하는 것이 아닌가 하는 생각이 들었다. 억울하게 죽은 자를 물로 깨끗하게 씻긴다는 의미는 불교 의식에서나 무속 의식에서나 같은 의미로 작용한 것으로 보여 진다. 씻김굿에 대해서 스토리텔링 연구6)를 해 온 필자로서는 삼화사 수륙재의 문화재 지정과 공연예술로서의 가능성을 가늠할 수 있는 "관욕"에 관한 삼화사 수륙재의 콘텐츠가 여간 반가운 일이 아닐 수 없다.

---

5) 홍태한, 「수륙재 전승의 지역적 다양성과 의미」, 『실천민속학연구』 제22호, 실천민속학회, 2013. 154쪽에서 홍태한이 "상단, 중단, 하단에서 반복되는 관욕이 삼화사 수륙재의 백미"라고 말한 바 있고, 윤소희, 「삼화사 국행 수륙재 참관」, 현장 메모, 2012. 10.18.~21, 13쪽에서 윤소희가 "관욕은 삼화사수륙재의 가장 큰 의미이자 고유성"이라고 밝힌 바 있다.(허용호, 「삼화사 수륙재의 가치와 의미 재검토」, 한국공연문화학회 추계학술대회 발표집–수륙재와 공연문화–, 2014. 10. 31. 72쪽. 발췌 재인용)

6) 김미경, 「진도씻김굿의 공연예술로서의 가능성 검토」, 『구비문학연구』 23집, 한국구비문학회, 2006.
_____, 「진도 장례의 무대 공연예술로서의 스토리텔링의 실제」, 『공연문화연구』 17집, 한국공연문화학회, 2008.
_____, 「무언극 <빈손>을 통해 본 진도씻김굿의 연극화 가능성」, 『공연문화연구』 18집, 한국공연문화학회, 2009.
_____, 『진도 축제식 상장례 민속의 연희성과 스토리텔링』, 민속원, 2013.

문화는 서로 영향을 주고받으며 생성 발전된다. 씻김굿도 불교와의 연관성이 매우 높은데 예를 들어 씻김굿의 제석거리에서 주무(主巫)가 마치 스님들이 입는 가사에 빨간 띠를 두른 것처럼 무복을 입고 나오면서 "나무아미타불 관세음보살"을 반복적으로 외는 것은 보면 서로 문화적인 소통이 이루어져 온 것으로 보여 진다.

"관욕(灌浴)"도 "씻는다"는 의미의 "씻김"과 같은 의미로 모든 원한을 맺힌 중생들의 죽음을 부처님의 온몸을 씻겨 부처님의 자비로 모두 극락왕생(極樂往生)을 꿈꾸는 의식이라고 여겨진다. 씻김굿에서도 마찬가지이다. 씻김굿은 쑥물, 향물, 청계수로 죽은 영혼을 씻겨서 이승에서 맺혔던 모든 고(苦)를 깨끗하게 정화(淨化)시켜 극락왕생하라는 의미를 담고 있다.

이 부분을 씻김굿에서는 "씻김" 또는 "이슬털기"라고 하는데 이 부분이야말로 진정으로 씻김굿의 백미라고 일컬을 수 있다. 이런 씻김굿의 백미인 "씻김"은 국가지정 중요무형문화재 제72호로 지정된 진도씻김굿에서 공연예술 스토리텔링을 가미해 더욱 그 성과를 거두고 있다. 예를 들어 진도씻김굿은 미국, 유럽 등 전 세계를 순회하며 우리나라 전통문화의 진수를 보여주며 공연예술을 펼치기 때문에 대한민국 대표 브랜드로서의 역할을 성실히 수행하고 있다고 볼 수 있다.

그런 의미에서 삼화사 수륙재도 다른 수륙재와 변별력을 가지고 삼화사 수륙재가 가지고 있는 독특한 공연예술 스토리텔링을 창조해 내려면 앞으로 "관욕"에 중점을 두고서 좀 더 획기적인 스토리텔링 창작에 열과 성을 다해야 할 것이다.

모든 의례에는 그 절차에 따라 반드시 행해야 하는 순서가 있다. 그런데 그 순서가 모두 밋밋하게 절차만 수행하고 극적 요소가 가미되지 않는다면 의례를 행하는 사람들과 그 의례를 보는 사람들 - 모두에게 어떤 흥미를 유발하기 힘들 것이다. 바로 극적 요소라는 것이 공연예술이 가지고 있어야 하는 필연적인 조건이다. "발단-전개-위기-절정-결말"이라는 전체적인 극적 요소를 가지고 삼화사 수륙재를 진행할 때 더 많은 사람들이 참여하게 될 것이다.

이런 측면에서 삼화사 수륙재를 직접 주관하는 의식스님으로 법주를 맡고 있는 인묵스님을 만나 삼화사 의례 절차와 의례문에 관한 전반적인 이야기를 들어 보았다. 그는 삼화사 수륙재의 책임을 맡고 있는 법주이다. 원래 인묵스님은 경기도 광릉 근처에 자리 잡고 있는 봉선사에 머물고 있고 그곳에서 그는 <불교의례전수관>을 열고 불교의례 전반에 관한 교육에 열과 성을 다하고 있다. 한편, 그는 조계종 어산작법 교육이 펼쳐지고 있는 서울 안암동 보타사 대원암에서 어산작법학교의 초대 교장직을 맡아 15년간 260명의 후학을 양성해 왔었다.

필자는 2014년 10월 31일, 조계사 한국불교역사문화기념관 국제회의실에서 열린 한국공연문화학회 추계학술대회에 참여해서 인묵스님(조계종 의례위원회 위원장)의 「수륙재의 불교의례'적' 실행 양상」이라는 발표를 듣고, 2014년 11월 20일(목) 오후 3시에 봉선사로 인묵스님을 찾아가 삼화사 수륙재에 대해 직접 듣는 시간을 가졌다. 인묵스님은 삼화사 수륙재에 대해 순서별로 내용을 설명하였는데 삼화사 수륙재의 시작 부분에 해당하는 시련의식에 대해 다음과 같이 설명했다.

삼화사 수륙재의 첫 번째 순서는 모심과 해후입니다. 음악적 하모니 (harmony)가 무엇보다 중요해요. 처음 펼쳐지는 시련의식에서는 상단에 부처님, 중단에 지장보살님, 하단에 죽은 영혼을 구체적으로 부릅니다. 원래 수륙재의 의미가 불쌍하게 죽은 영혼 즉 망자를 달래는 의식으로 인간의 죽은 혼령들 뿐 아니라 법계 안에 있는 모든 생명(生命)을 아우르는 것입니다. 24부류로 부릅니다. 생명의 모든 경우(case)를 구체적인 사례를 들어 이름을 불러가면서 불러요. 생명을 구체화 시키는 것이죠. 예를 들어 전란(戰亂)에는 칼, 말, 불 바닷물, 승려, 무녀 등등 구체적인 사례를 들어 이름을 불러가면서 의식을 행하죠. 이렇게 뭇 생명들과 이름을 관련해 불러내어 부처님의 법(法)을 일러 주는 것이죠. 법시, 찬시 (음식), 무외시(두려워서 긴장해 헤매는 영혼을 달래는 것으로 어디로 가야 할지 모르는 영혼을 구제) 등으로 시식 의례를 금강경(대의) 사구계, 법화경 사구계를 일러줍니다. 12 연기법에 생명의 윤회를 무명(無明), 행(行), 식(識) 등 12 연기법으로 윤회를 하는데 죽은 생명(生命)에게는 법(法)이 더 절실하다고 봅니다. 그래서 음식 보시, 부처님 명호를 부르는 의식을 행하는 것입니다.

위의 인용문에서 알 수 있듯이 인묵스님은 삼화사 수륙재에 대해 오랜 기간을 연구해 왔기 때문에 삼화사 수륙재의 국행수륙재로서의 위상을 살리기 위해 철저한 검증을 해 온 바 있다. 그런 그도 삼화사 수륙재의 특징으로 관욕을 꼽는다.

(삼화사 수륙재에서는) "관욕"은 꼭 해요. 부처님 오신날을 제외하고 "관욕"을 특정적으로 행하는 것을 볼 수 있는 것은 삼화사 수륙재일 것입니다. 삼화사 수륙재에서 상단의식이나 중단의식이나 하단의식에서 "관욕"에 대한 의례 절차는 꼭 다합니다.

위의 인묵스님의 증언과도 같이 삼화사 수륙재에서 "관욕"이라는 부분은 마치 연극의 "발단-전개-위기-절정-결말"이라는 전체적인 극적 요소 중에서 하이라이트인 "절정"으로 잘 각색하면 삼화사 수륙재의 백미로 잘 활용될 수 있다고 생각된다.

인묵스님은 필자에게 "삼화사 수륙재 의례문" 원문과 <소통으로 하나되는 삼화사 국행수륙대재>라는 사진으로 보는 수륙재 책자와 2010년 10월 22일부터 24일까지 펼쳐졌던 삼화사 수륙재 영상물 그리고 미등스님의『국행수륙대재』책과 대한불교조계종 포교원 포교연구실에서 나온「신편 수륙의문(新編水陸儀文) 편찬 보고서」등의 자료를 주었다. 필자는 앞으로 이런 자료들을 더욱 상세히 검토하여 삼화사 수륙재의 공연예술 스토리텔링 개발에 더욱 주력할 계획이다.

어찌 되었든 필자는 인묵스님이 준 자료를 토대로 삼화사 수륙재의 특징적 면모가 "관욕"이라는 점을 착안해서 삼화사 수륙재의 스토리텔링 마케팅에 방안을 모색하고자 한다. 그러기 위해서 먼저, 삼화사 수륙재에서 행해지고 있는 "관욕"에 관련한 문헌 기록을 살펴보고자 삼화사 수륙재 의례문7) 중에서 "관욕"8) 부분을 검토해 보았다.

7) 삼화사 수륙재 의례문은 지금까지 전해진 우리나라 수륙재의 의례문 중에서『천지명양수륙재의찬요(天地冥陽水陸齋儀纂要)』를 기본 text로 삼고 있다. 이에 대해서는 "강원도 동해시 두타산 삼화사에 전해지고 있는 수륙위례문은『천지명양수륙재의찬요』이다."라고 미등스님(연제영,『국행수륙대재-삼화사 수륙재를 중심으로-』, 조계종 출판사, 42쪽)이 밝힌 바 있고, "동해시 삼화사에 소장되어 있는 수륙재와 관련한 의례문은『천지명양수륙재의찬요』와『천지명양수륙재의촬요』로 두 종류의 판본이 전해지고 있다. 하나는 1579년 월악산 덕주사에서 간행한 목판본이며, 다른 하나는 1607년 충청도 계룡산 갑사에서 간행한 목판본이다.(44쪽) ...중략... 오늘날까지 삼화사에서 실행되고 있는 국행수륙대제는 1547년 공주 계룡산에서 개판한『천지명양수륙재의찬요』를 모본으로 하고 있다.(46쪽)"라고 대한불교조계종총무원과 문화재청이 공동으로 펴낸『한국의 수륙재-2010년 불교무형문화유산 일제조사-』(2010. 12. 조계종출판사)에서도 밝힌 바 있다. 왜, 같은 책에서『천지명양수륙재의찬요』에 대해 44쪽에는 "1607년 충청도 계룡산 갑사에서 간행한 목판본"이라고 하고, 46쪽에는 "1547년 공주 계룡산에서 개판한『천지명양수륙재의찬요』"라고 하였는데 검토해 볼 사안이지만, 일단 삼화사 수륙

上壇儀式(상단의식): 灌浴眞言(관욕진언)

我今灌浴聖賢衆 淨智功德莊嚴聚 願諸五濁衆生類 當證如來淨法身

(제가 이제 성현들을 관욕하였습니다. 깨끗한 지혜의 공덕으로 장엄함이 모아졌습니다. 나쁜 세상에서의 5가지 더러움을 가진 모든 중생들이 부처님의 청정한 법신을 증득하기를 기원합니다.) 「옴 디사디사 싱가 사바하」(3편) (관욕쇠바라)

中壇儀式(중단의식): 灌浴偈(관욕게)

我今以此香湯水 灌沐一切天仙神 身心洗滌令淸淨 證入眞空常樂鄕

(제가 이제 향을 탄 탕수로써 일체의 천신과 선신들을 관욕하였습니다. 심신을 깨끗하게 하여 청정해져서 본래의 공세계를 증득해 항상 즐거움이 같이하는 내 마음의 고향으로 들어가소서!) 灌浴眞言「옴 디사디사 승가 사바하」(3편) (관욕쇠바라)

下壇儀式(하단의식): 灌浴偈(관욕게)

我今以此香湯水 灌浴孤魂及有情 身心洗滌令淸淨 證入眞空常樂鄕

(제가 이제 향을 탄 탕수로써 외로운 영혼에서부터 유정에 이르기까지 모두를 관욕하였습니다. 심신을 깨끗하게 하여 청정해져서 본래의

재의 기본 text는 『천지명양수륙재의찬요』라는 것은 확실하다.

8) "관욕"에 관련해서 인묵스님이 준 『三和寺(삼화사) 國行(국행) 水陸大齋(수륙대재) 儀禮文(의례문)』의 「水陸本編(수륙본편)」을 살펴보면, "上壇儀式(상단의식)"에서는 '奉迎赴浴(灌浴上位)', '淨路眞言', '入室偈', '讚歎灌浴', '九龍讚', '灌浴眞言', '歎浴偈', '讚請出浴', '獻水偈', '引聖歸位', '拈華偈' 등 다양한 의례 절차를 거친다. "中壇儀式(중단의식)"에서는 '奉迎赴浴'에서 괄호 안에 '(중단 위목을 관욕단으로 이운)'이라고 설명하여 중단의식이라는 것을 밝힌다. 그리고 '淨路眞言', '入室偈', '灌浴偈', '灌浴眞言', '歎浴', '獻水偈', '歎浴偈', '出浴參聖', '拈華偈' 등의 의례절차로 진행된다. "下壇儀式(하단의식)"에서는 '引詣香浴', '淨路眞言', '入室偈', '加持澡浴', '灌浴偈', '沐浴眞言', '嚼楊枝眞言', '漱口眞言', '洗手面眞言', '加持化衣', '治衣諸眞言', '授衣服飾', '着衣眞言', '出浴參聖', '指壇眞言', '行步偈' 등의 순서로 의례 절차가 진행된다. 필자는 이 중에서 삼화사 수륙재의 "관욕"에 주목하여 상단의식에서 '歎浴眞言(관욕진언)'과 중단의식에서의 '歎浴偈(관욕게)' 그리고 하단의식에서의 '歎浴偈(관욕게)'의 내용만 살펴 볼 것이다. 원문(原文)을 부처님의 큰 세계를 모르는 필자이지만, 미력하나마 직역(直譯)하여 앞으로 스토리텔링 자료로 활용하는 초석(礎石)을 쌓고자 한다.

공세계를 증득해 항상 즐거움이 같이하는 내 마음의 고향으로 들어가
소서!) 沐浴眞言「옴 디사디사 승가 사바하」(3편) (관욕쇠바라)

이런 차원에서 앞서 열거했듯이 삼화사 수륙재의 특징적 면모가 바로 "관욕"이라면 "관욕" 부분을 어떻게 스토리텔링을 가미시켜 참여자들에게 스토리를 어필해야 좋을지 고민해 보아야 한다. 사실, 삼화사 수륙재는 그야말로 죽은 자들과 산 자들 – 모두를 위무하는 신명나는 축제이어야 한다. 특히 문화원형을 활용하여 스토리텔링으로 거듭나서 문화콘텐츠 산업으로 성공시키기 위해서는 의례 절차에 대한 오락적인 요소도 반드시 가미되어야 함은 물론이다.

그런 의미에서 진도씻김굿이 축제를 방불케 하는 재미난 요소가 많다는 것에 대해 다시금 숙지할 필요가 있다. 물론, 삼화사 수륙재를 봉행하는 과정에서 종교적인 절차의 엄숙함을 유지해야 하는 부분도 반드시 존재해야 한다. 그러나 삼화사 수륙재의 모든 전 과정을 그런 방식으로 진행한다면 종교적인 측면만 강조되고, 그 문화예술적인 측면은 무시되는 결과를 초래할 수 있다. 이렇게 되면 삼화사 수륙재가 대한민국의 국가지정 중요무형문화재 제125호로 지정된 것이 자칫 무의미해져 버릴 수도 있다.

2) 삼화사 수륙재의 "관욕"(문화원형)이라는 특징적 면모를 활용한 스토리텔링 마케팅 방안 연구

필자가 2012년 2월부터 2013년 1월까지 중국 소수민족 축제와 공연예술에 대한 스토리텔링을 연구하기 위해 1년 동안 중국에서 열리는 여러 축제들을 현장 답사한 적이 있다. 이때 불교 국가인 태국에 그 바탕

을 둔 중국의 소수민족 중 태족(傣族:따이족)들이 펼치는 발수절(潑水節:포수이지에)를 본 적이 있다. 그러면서 지금 삼화사 수륙재의 순서 중 백미라고 일컫는 "관욕"과 관련한 더욱 흥미로운 "관욕" 스토리텔링 개발의 가능성을 고민해 본다.

<**중국 소수민족 중 태족의 축제 및 공연예술 현장 조사**>
조사자 : 김미경(중국 북경 중앙민족대학 방문학자 – 조사 당시 시점)
조사장소 : 중국(中國) 원난성(雲南省) 시솽반나(西雙版納) 징훙(景洪)
　　　　　포수지에(潑水節) 및 공작새 공연 현장
조사일 : 2012년 4월13일~15일

〈시솽반나 총불사 발수절 거리 행진 및 관욕 현장 모습(2012년 4월 14일, 필자 촬영)〉

위의 사진에서 알 수 있듯이 시솽반나 징훙의 큰 절에서는 발수절을 기념하여 스님들과 신도들이 총동원되어 거리 행진을 펼친다. 총불사에서는 부처님의 머리를 씻는 관욕도 실시하는데 금색 파이프로 연결되어 이쪽에서 물을 부으면 부처님의 머리까지 전달되는 형식으로 꾸며져 있다. 관욕을 할 물에는 꽃잎을 띄워 놓았다. 이런 점을 감안하여 삼화사 수륙재에서도 시련의식을 행할 때 동해시 거리 행진을 생각해 볼 것을 제안한다. 삼화사 수륙재의 시련의식이 두타산 일주문 밖에서 시작되는 지금의 상황은 스님들과 신도들의 참여로만 국한되는 한계를 지니고 있다. 대한민국을 대표하는 삼화사 수륙재에 세계인들이 오도록 하려면 좀 더 적극적인 축제적인 요소와 공연예술적인 요소를 가미시켜 흥미를 유발해야 한다. 특히 삼화사 수륙재가 가지고 있는 특징적인 면모 중의 하나가 "관욕"이라면 이를 더욱 문화콘텐츠 산업으로 발전시키기 위해 불교 축제와 관련한 중국의 태족이 펼치고 있는 행사 프로그램과 그 태족만이 가지고 있는 공연예술을 보면서 우리도 삼화사 수륙재가 가지고 있는 고려 마지막 왕인 공양왕과 조선을 건국한 태조 이성계와의 스토리를 잘 텔링하여 스토리텔링으로 잘 엮어서 공연예술화 하는 방안을 모색하여야 한다. 그러면 비단 삼화사 수륙재가 두타산에서 이루어지는 불교 의례 행사에서 더욱 확대되어 동해시가 세계적인 불교 축제 도시로 거듭날 수 있고, 우수한 공연예술이 펼쳐지는 지역으로 발돋움할 수 있을 것이다. 그런 의미에서 중국 시솽반나 징홍에서 매년 4월 13일에서 4월15일경에 펼쳐지는 발수절 축제에 대해 알아보면 다음과 같다.

　　욕불절(태족 언어로는 전란) 또는 발수절이라고 한다. 원래 근원은 고인도의 바라교에서의 일종의 의식이다. 불교에 흡수된 이후 약 12세기말에서 13세기 초에 이르러 불교가 태족 지구에 전해져 들어오면서 따르게 되었다. 불교와 밀착되어 불교를 따르게 된 태족 지구에서는 더욱 불교의 영향이 깊어졌다. 욕불절은 태족의 일종의 습속이 되어 전통으로 이어져 내려오면서 지금에 이르렀는데 이미 수 백 년이나 되었다. 욕불절은 일반적으로 태족 달력으로 6월에 봉행하는데 우리의 달력으로 4월 중순에 해당된다. 욕불절에서 가장 중요한 하루의 일과는 맑은 물로 부처님의 머리부터 씻기는 것이다. 그런 후에야 서로 물을 내뿜는 기쁨의 연희를 즐길 수 있다. 서로 축원해 주면서 발전했는데 이후에는 분(세숫대야 크기의 용기)도 사용되고 통(큰 물통에 해당되는 용기)도 사용하면서 계속 발전해 왔다. 물을 내뿜으면서 노래도 부른다. 물을 더욱 많이 뿌릴수록 더욱 열렬해 진다. 북소리, 징소리, 물 뿜어내는 소리, 환호성이 곳곳에서 터져 나온다. 시쌍반나 지구에서 욕불제는 정부가 선언해서 전하기를 "발수절"이라고 한다. 매년마다 용선 달리기 대회를 봉행하고, 폭죽을 터트리고, 등을 날리는 등 전통 오락 활동과 각종 가무로 저녁 연회를 거행한다. 이로 인해서 중국을 비롯하여 세계 각국의 관광객들을 끌어 들인다.9)

위의 인용문에서 알 수 있듯이 발수절은 고인도의 바라교에서 유래 되어 불교에 흡수된 것이고, 수 백 년의 전통을 가지고 있다. 그리고 삼화사 수륙재의 "관욕"처럼 부처님을 맑은 물로 머리부터 씻기는 절차를 밟고 난 후에야 사람들이 축제를 즐길 수 있다. 서로 물을 뿌리며 노래도 부르고, 즐거운 유희를 한껏 즐긴다. 시쌍반나 란창강(瀾滄江)에서는 용선(龍船) 달리기 대회도 실시하고, 폭죽도 터트리며 각종 오락 활동과 가무를 즐긴다. 이 중에서 발수절의 백미 중의 하나는 태족들이 펼치는 공작새를 주제로 하는 공연예술이다. 필자는 2012년 4월 14일, 시쌍반나 만팅(曼聽) 공원에서 공작새를 주제로 사랑이야기를 펼친 태족들의

---

9) 浴佛節(傣語"桂蘭"), 又名"潑水節", 源于古印度婆羅門教的一种儀式, 后爲佛教所吸收, 約在公元12世紀末至13世紀初隨佛教傳入傣族地區。隨着佛教在傣族地區影響的加深, 浴佛節成爲傣族的一种習俗流傳下來, 至今已數百年。浴佛節一般在大傣歷六月擧行, 相当于公歷四月中旬。浴佛節這一天要用清水爲佛洗塵, 然后彼此潑水嬉戱, 相互祝愿, 后來逐步發展到用盆和桶, 邊潑邊歌, 越潑越敷烈, 鼓聲、鑼聲、潑水聲、歡呼聲響成一片。在西双版納地區, 浴佛節被政府宣傳爲"潑水節", 每年都擧行賽龍船、放高升、放飛灯等傳統娛樂活動和各种歌舞晚會, 吸引了來自中國及世界各地的游客。
百度百科引用日期2014-01-05], http://baike.baidu.com/view/4093.htm(검색어:傣族 [dǎi zú]: 필자 해석)

공연예술의 전개를 보면서 이들의 독특한 스토리텔링이 전 세계인들을
감동시킬 수 있음을 확인했다.

〈만팅공원 공연장에서 펼쳐진 "공작새"를 주제로 한 태족의 공연 현장(2012년 4월 14일, 필자 촬영)〉

중국 소수민족 중에서 태족은 특히 공작새를 좋아한다. 이들에게 공
작새의 의미는 "길상, 행복, 아름다움, 선량함"[10] 등의 상징이다. 그러
니까 중국 시쌍반나 징홍에서 해마다 열리는 불교 행사인 발수절은 단
순히 불교 의례 절차로만 끝나는 것이 아니라 다양한 프로그램으로 도
시 전체가 축제 행사로 북적이게 만드는 장점을 가지고 있다. 여기서는
모두가 주인공이다. 각자 태족들의 특유의 의상을 입고 온 도시를 다니
며 축제를 즐긴다. 필자는 2012년 4월 15일, 포수지에 광장에서 열리는

---

10) 孔雀舞: 傣族傳統孔雀舞傣語叫"戛洛涌"、"煩洛涌"或"戛楠洛"。這是傣族最爲喜聞樂見的舞
蹈，流傳于傣族聚居地。富饒美麗的傣鄉，素有"孔雀之鄉"的美称，過去每当晨曦微明或夕
陽斜照時，常見姿態旖旎[yǐ nǐ]的孔雀翩翩起舞，因此，孔雀在傣族心中是吉祥、幸福、美
麗、善良的象征。每逢佳節，傣族民衆都要云集一堂，觀看由民間藝人表演的根据民間故
事、神話傳說，以及佛經故事等編成的孔雀舞及表現孔雀習性的舞蹈。如根据神話故事《魔
鬼与孔雀》而編演的孔雀舞至今在民間广爲流傳。舞蹈表現了魔鬼欲霸占孔雀爲妻，人面鳥身
的孔雀，奮力抖動自己美麗的羽毛，那絢麗、燦爛的光芒使魔鬼兄弟双目失明，孔雀取得了
胜利。百度百科[引用日期2014-01-05]，http://baike.baidu.com/view/4093.htm(검색어:傣族
[dǎi zú]: 해석 필자)

메인 행사를 비행기 시간 때문에 못 보는 아쉬움을 하루 전날인 4월 14일, 밤–전야제 행사로 포수지에 광장에서 아름다운 불빛과 함께 행복하게 내뿜어주는 부처님의 자비를 공작새 옷을 입고는 즐겁게 맞았다. 사실, 필자가 공작새가 새겨진 가방과 윗도리와 치마를 샀다는 것에도 주목해야 한다. 태족들이 좋아하는 공작새가 공연예술로 스토리텔링 될 수 있으며 문화상품으로 확대될 수 있음을 보여주고 있다. 공작새를 상징으로 하는 공작호가 징홍 한복판에서 분수로 발수절의 의미를 되새기게 한다는 점에서 스토리텔링 마케팅의 중요성을 다시금 되새기게 한다.

〈공작새 옷을 입고, 포수지에 광장에서 내뿜는 성스러운 "물"을 맞고 있는 필자, 공작호(필자 촬영)〉

이렇게 태족은 불교문화가 가지고 있는 "물"을 "뿌린다"라는 "관욕"이라는 스토리를 더욱 확장시켜 매년 축제로 스토리텔링하고, 공연예술로 스토리텔링하여 자신들을 비롯한 세계 각국의 방문객들과 흥겨운 시간을 보내고 있음을 알 수 있다.

이에 필자는 삼화사 수륙재가 가지고 있는 "관욕" 스토리텔링에 대한 적극적인 스토리텔링 마케팅 개발이 필요하다는 것을 강조하며 삼화사 수륙재에서 펼쳐지고 있는 수륙재의 의례 절차를 상세히 살펴보고

그것을 현대 감각에 맞게 어떻게 스토리텔링하여 공연예술로 발전시킬
수 있을지 살펴보아야 한다고 생각한다. 앞에서 언급한 공양왕과 조선
태조 공연 예술과는 별개의 것으로 오직 수륙재 의례 절차에 쓰이는 의
례문을 가지고 어떻게 스토리텔링 할 수 있을지 그 실례를 들어 스토리
텔링 개발에 심혈을 기울여야 한다. 그래야 더욱 더 많은 국내외 방문
객들에게 삼화사 수륙재를 와서 우리나라만이 가지고 있는 독특한 문화
유산을 즐길 수 있도록 스토리텔링 마케팅에 방향성을 제시할 수 있을
것이다.

Ⅲ. 맺음말

지금까지 삼화사 수륙재를 중심으로 불교에서 행해지고 있는 죽음에
대한 의례를 살펴보았다. 글자 그대로 물(水)에 빠져 죽거나 육지(陸)에
서 비명횡사한 자들을 위무(慰撫)하는 재(齋)인데 삼화사 수륙재는 국행
수륙재이었기 때문에 의례 절차가 복잡하고, 까다로운데다가 국가지정
중요무형문화재 제125호로 지정된 지 1여년 남짓 밖에 되지 않았기 때
문에 문화원형 보존에 주력하고 있는 것이 지금의 현실이다.

이에 진도씻김굿(국가지정 중요무형문화재 제72호)과 진도다시래기(국가지
정 중요무형문화재 제81호) 그리고 진도만가(전라남도 도지정문화재 제19호)
등 무속에서 행해지고 있는 죽음에 대한 의례를 어떻게 스토리텔링 마
케팅으로 세계무대에서 공연예술로 성공할 수 있을지 연구해 온 필자가
삼화사 수륙재에 대해 "스토리텔링을 통한 수륙재의 공연예술 마케팅

방안"을 살펴보았다. 특히 필자가 중국에서 본 중국 소수민족들이 펼치는 공연예술과 축제 등을 살펴보고 그 대안을 찾아보려고 노력했다. 이는 삼화사 수륙재를 어떻게 공연예술로 스토리텔링하여야만 세계인들이 대한민국 삼화사 수륙재를 보러 올 수 있게 하느냐에 그 연구의 핵심을 둔 것이다.

위에서도 언급했지만 삼화사 수륙재는 조선 건국을 한 조선 태조 이성계가 자신이 죽이라고 명령한 고려 마지막 왕 - 공양왕을 위해 봉행한 국행수륙재이다. 이런 역사적인 소용돌이 속에서 탄생한 삼화사 수륙재는 그 의례문의 기본 text가 『천지명양수륙재의찬요(天地冥陽水陸齋儀纂要)』이다. 그런데 삼화사 수륙재의 의례문만을 따르다 보니 의식이 엄숙하고 장엄하기 때문에 공연예술로써 보편타당한 공감대를 얻어내어 세계인들이 모여서 관람하기가 좀 딱딱한 것이 사실이다.

이에 본고는 불교 의례 절차는 의례 절차대로 봉행하되 좀 더 폭넓은 스토리텔링 개발로 많은 국내외 관광객들이 찾아오게 하는 공연예술 스토리텔링 마케팅이 필요하다는 생각을 가지게 되었다. 우리나라에서 빼어난 산수를 지닌 강원도 동해시 두타산 삼화사를 널리 알리고, 우리의 소중한 무형문화유산인 삼화사 수륙재를 알리기 위해서는 공연예술을 비롯한 축제화 방안이 필요하다고 생각한 것이다.

2014년 11월 29일, 필자는 현재 불교에서 행해지고 있는 다른 어떤 죽음에 대한 의례보다 폭넓은 포용성을 지니고 있다고 할 수 있는 수륙재를 직접 보기 위해 진도 팽목항으로 향했다. 지난 2014년 4월 16일, 진도 병풍도 앞바다 맹골수도(孟骨水道) 부근에서 일어난 세월호 침몰 희생자들을 위한 수륙재를 행한다는 소식을 듣고 평소 알고 지내던 진도

향적사 주지 법일스님(조계종긴급재난구호봉사단 호남본부장)을 만나기 위해서다. 법일스님은 "호남 6개 본사(백양사, 화엄사, 송광사, 대흥사, 금산사, 선운사)에서 220일 동안 봉사해 온 세월호 침몰 사고에 대한 구호활동을 공식적으로는 오늘 회향한다는 의미에서 수륙재를 열었습니다. 수륙재는 특히 바다에서 돌아가신 분들을 더 위주로 합니다."라고 말한다.

〈진도 "세월호 희생자 영가를 위한 수륙재"에서 진행된 추모 공연과 수륙재 그리고 풍등띄우기:필자 촬영〉

그의 말에서 본래 수륙재가 가지고 있는 의미를 다시금 되새겨 보게 했다. 수륙재는 바다에서나 육지에서 돌아가신 무주유주고혼(無主有主孤魂)이라는 모든 영혼들을 두루 천도한다는 의미에서 폭넓은 포용성을 지니고 있다. 수륙재의 이런 인류애적인 보편성은 누구나 수륙재를 관람할 수 있게 하고 공연예술로 더 많은 스토리텔링 마케팅에 주력한다면 그 문화원형을 활용한 문화콘텐츠 산업을 성공시킬 수 있을 것이라는 생각이 들었다. 필자는 진도에서 열린 "세월호 희생자 영가를 위한 수륙재"에서 삼화사 수륙재의 공연예술 스토리텔링 개발과 마케팅의 가능성을 발견했다. 세월호 침몰로 2014년 11월 1일 현재, 사망자 295명, 실종 9명이라는 막대한 인명적인 손실을 끼친 사건임에도 진도 세월호 수륙재는 공연예술로 그 서막을 장식했다. 춤과 노래 그리고 시낭송 등으로 추모 공연을 하고나서 수륙재 의식을 봉행하고, 유가족과 대중들이 함께 풍등을 띄움으로써 진정으로 진도 세월호 영가들이 극락왕생(極樂往生)하라는 축원의 마음을 모았다.

필자는 삼화사 수륙재가 국가지정 중요무형문화재로써 대한민국 대표 브랜드로서의 가치를 세계적으로 널리 알릴 수 있는 스토리텔링 마케팅에 주력하려면 진도 세월호 수륙재처럼 공연예술의 스토리텔링 마케팅에 더욱 힘써야 한다고 생각한다.

그러기 위해서는 필자가 앞에서 제시한 "삼화사 수륙재의 조선 태조 이성계의 역사문화자원을 활용한 대형 공연 예술 스토리텔링 마케팅"이라든가 "삼화사 수륙재의 '관욕'이라는 특징적 면모를 활용한 축제화와 공연예술 스토리텔링 마케팅" 방안을 여러 분야에서 다양하게 논의되고 지속적으로 연구되어야 한다고 생각한다.

기본 text: 『三和寺 國行 水陸大齋 儀禮文』(『天地冥陽水陸齋儀纂要』, 1547/1607)

권윤식, 『陽村文集(坤)』, 남산인쇄소, 1969.

김미경, 『진도 축제식 상장례 민속의 연희성과 스토리텔링』, 고려대 대학원, 박사학위 논
　　　문, 2008.

＿＿＿, 『진도 축제식 상장례 민속의 연희성과 스토리텔링』, 민속원, 2013.

대한불교조계종총무원·문화재청, 『한국의 수륙재-2010년 불교무형문화유산 일제조사-』,
　　　조계종출판사, 2010.

미등(연제영), 『국행수륙대제-삼화사 수륙재를 중심으로-』, 조계종출판사, 2010.

민족문화추진회, 『陽村集(Ⅲ)』, 고려서적, 1978.

한국공연문화학회 추계학술대회 발표집, 『추계학술대회 발표집-수륙재와 공연문화-』(허용
　　　호, 「삼화사 수륙재의 가치와 의미 재검토」), 한국공연문화학회. 2014. 10. 31

홍태한, 「수륙재 전승의 지역적 다양성과 의미」, 『실천민속학연구』 제22호, 실천민속학회,
　　　2013.

http://www.kbs.co.kr/drama/jeongdojeon

百度百科引用日期2014-01-05, http://baike.baidu.com/view/4093.htm(검색어:傣族[dǎi zú])

삼화사 국행수륙대재의
문화콘텐츠 활용방안*

이
재
수

Ⅰ. 머리말

삼화사 국행수륙대재는 수륙재가 가진 불교적인 가치를 넘어서 시간과 공간을 초월하여 우리에 수많은 감동과 메시지를 준다. 그것은 특정한 형상으로 표현되는 유형을 넘어선 무형의 역동적 자산이다. 과거의 소중한 문화유산의 가치를 발견하고 보존하는 일은 현재의 우리에게는 매우 중요한 일이다. 미래에도 이러한 유산의 가치가 전승되고 확장될 수 있도록 하는 것이 활용의 기본 목표이며, 새로운 가치를 재발견하는 일이다. 그것은 삼화사라는 공간을 넘어 강원도, 나아가 한국이라는 지리적 테두리를 뛰어넘어 인류의 보편적인 위대한 문화유산으로서의 가치를 획득하는 것이다. 이를 위해 문화콘텐츠로 개발하여 다양하게 활

* 본 논문은 2014년 10월 16일 (사)삼화사국행수륙대재보존회·한국불교민속학회 주최의
  "삼화사 국행수륙대재의 전승양상과 발전 방향" 학술세미나 발표논문을 수정·보완하
  여 『淨土學硏究』 제22집(한국정토학회, 2014.12)에 게재한 것이다.

용하는 것은 매우 시급하고 중요한 일이 아닐 수 없다.

종교의례로서 삼화사 국행수륙대재는 대립과 갈등의 세계에서 수많은 중생들의 욕망을 발원으로 승화하여 설행자의 신·구·의 삼업이 삼밀가지라는 붓다의 가르침의 실천과 회향이라는 프리즘을 통해 모든 시간, 공간과 생명을 모아 화해와 소통하게 하여 청정한 세계로 나아가게 하는 열린 법석이다.

본 논의는 삼화사 국행수륙대재를 불교문화콘텐츠로 개발하고 이를 다양한 분야에서 활용할 수 있는 가능성을 타진하고자 한다. 이러한 논의는 일반적인 문화콘텐츠 개발과 활용에 대한 것으로 수륙재의 현상적인 이해에 그칠 수도 있다. 본 논의는 향후 삼화사 국행수륙대재에 대한 다양한 가치를 다른 차원에서 발견해내는 단초를 제공하고자 한다. 아울러 복합적인 활용을 염두에 두고 문화콘텐츠로 개발하고 적극 활용하는데 이바지하고자 한다. 삼화사 국행수륙대재가 가지는 사회 통합적 기능을 중요하게 본 것이다.

각박한 오늘날을 힘들게 살아가는 대중들에게 붓다의 자비와 그들의 원하는 바를 공양해주고, 그들의 원을 풀어서 붓다의 가르침으로 이끌어 새로운 세계로 나아가게 하는 수륙재의 설행의 가치는 우리에게 무한한 감동과 감화를 안겨준다.

본 논의를 통해 삼화사 국행수륙대재를 문화콘텐츠로 개발하고, 나아가 2018 겨울올림픽에 적극적으로 활용하며, 겨울올림픽의 대표 브랜드로 이끌어 갈 수 있는 전망을 세우는 데 이바지하고자 한다.

II. 삼화사 국행수륙대재의 문화콘텐츠적 가치와 역할

한국불교문화는 이 땅에 전래된 이후 한국의 전통문화의 주류를 형성해왔다. 나아가 과거 전통의 계승에만 관심을 쏟는 과거지향성에서 벗어나 현재와 미래의 다양한 종교적, 사회적 환경의 변화에 적응하고 대중에게 답하는 불교 본연의 목소리를 찾기 위한 끝없는 자기 부정과 재창조의 과정이었다. 불교문화의 본질은 지난날의 문화형태를 그대로 전승하는 것을 뛰어넘어 다양한 문화요소를 융합, 조절하여 창조적 발전을 이룩하는데 있다.[1]

1. 불교문화콘텐츠와 삼화사 국행수륙대재

불교문화원형은 불교의 종교적 특징을 나타내며, 종교적 활동을 통해 역사적으로 축적된 고유한 유·무형의 문화적 산물이며, 역사, 사회, 문화적 전통으로 재창조된 문화요소라고 정의할 수 있다.[2] 불교는 한국의 고유한 문화와 전통과 만나면서 토착화되어 창조적 문화적 행위를 통해 다시 만들어진 문화적 소재이므로 불교문화원형은 전통의 보존과 이해를 통해 정립되며, 새로운 가치를 창출할 수 있는 불교문화콘텐츠의 기본이 된다.

한국문화콘텐츠진흥원(KOCCA)에서는 문화콘텐츠를 창의력, 상상력을 원천으로 '문화적 요소'가 체화되어 경제적 가치를 창출하는 문화상품

---

1) 홍윤식, 「한국불교와 전통문화」, 『불교학보』 제28집 (서울: 동국대학교 불교문화연구원, 2001) p.136.
2) 이재수, 「불교문화원형, 어떻게 발굴할 것인가」, 『대각사상』 제11집 (대각사상연구원, 2009)

(Cultural Commodity)을 의미한다고 하였다. 여기에서 중요한 창작 원천인 '문화적 요소'에는 생활양식, 전통문화, 예술, 이야기, 대중문화, 신화, 개인의 경험, 역사기록 등 다양한 인문학적 요소들이 포함되어 있다. 이는 문화의 바탕에서 창의력 및 상상력으로 재창출된 2차적 생산물이다. 나아가 인터넷과 다양한 플랫폼에 탑재돼 소비자에게 광범위하게 유통됨으로써 고부가가치를 생산할 수 있는 문화상품을 말한다.

문화콘텐츠는 문화의 원형(原形; Original form, 原型; Archetype)과 문화적 요소를 발굴하고 그 속에 담긴 의미와 가치(원형성, 잠재성, 활용성)를 드러내 매체(on·off line)에 결합하는 새로운 문화 창조의 과정이다.3)

불교문화콘텐츠는 '불교철학의 입장에 서서 불교적 가치를 지향하며, 불교 문화유산·불교적 생활양식, 이와 관련된 사회적 제반 현상 등을 소재로 하여 창의적인 방법으로 제작된 문화콘텐츠'4)라고 할 수 있다. 여기에 불교가 지향하는 종교적 가치와 철학적 입장이 담겨야 하고, 역사와 사회와 함께 하면서 대중들의 삶의 모습을 담아내야만 한다. 이를 통해 공감과 감동을 주며, 대중적으로 유통되며 정보의 지식화를 추구해 다양한 콘텐츠를 재배치하여5) 새로운 가치를 창출한다. 문화콘텐츠는 문화상품으로써 경제적인 가치를 창출하며, 지식기반사회를 선도해야하는 문화의 공공재로서 시대적인 사명을 담고 있다.

불교문화콘텐츠는 불교문화원형이 지닌 인간 내면의 가치를 콘텐츠

3) 심승구, 「한국 술 문화의 원형과 콘텐츠화-술 문화의 글로벌콘텐츠를 위한 담론체계 탐색」, 『2005 인문콘텐츠학회 학술 심포지움 발표 자료집』(서울: 인문콘텐츠학회, 2005. 6) p.55.
4) 이재수, 『유비쿼터스 시대의 불교문화콘텐츠 연구』(동국대 불교학과 박사학위논문, 2007. 2) p.118.
5) 신광철, 「문화콘텐츠와 종교학」, 『종교연구』 제44집 (서울: 한국종교학회, 2006) p.16.

로 형상화하는 것이다. 즉 우리민족과 함께 해온 문화의 정체성을 표출해 내는 것이다. 불교문화콘텐츠는 활용가치가 매우 높기 때문에 대중화, 사회화, 산업화를 통해 많은 사람들이 향유할 수 있다. 나아가 다양한 원천자료를 다양한 방면에서 활용하는 것(Multi Source Multi Use)이 가능하다.

삼화사 국행수륙대재는 중요무형문화재로 종교적 의례, 무용, 음악, 미술, 공예기술, 의식 등으로 오랜 역사 속에 전승되어 온 예술성과 정신이 담긴 전통문화의 결정체이다. 현재 한국의 무형문화재와 관련된 정책은 철저한 원형보존주의에 입각해 전통의 보존에만 힘이 실려 있고, 이를 널리 알리고 활용하며 창조적인 발전은 더디고 어려워만 보인다.

삼화사 국행수륙대재는 무형문화재로서 소중한 원형성이 보존되어야 하고, 이를 계승하고 발전하는 입장에서 문화콘텐츠를 활용하여 생명력을 불어넣고, 다양한 쓰임으로 확산되어야 할 것이다.

2. 삼화사 국행수륙대재의 문화적 가치

수륙대재는 '수륙무차평등법회(水陸無遮平等法會)'라고도 한다. 삼화사가 소장하고 있는 1547년(명종 2) 간행된 『천지명양수륙재의찬요』에서는 "처지로 따지면 나와 남의 차별이 있겠지만, 마음은 미워하고 친근히 여기는 차이가 끊어지니, 원수든 친한 이든 모두 평등하고 범부와 성인이 원만하게 융화하는 수륙무차법회"[6]라고 하였다. 즉 모든 대립적

---

6) 임종욱 역주, 『天地冥陽水陸齋儀纂要』(동해시, 2007) p.28, "境有自他之殊 心絶寃親之異 乃号曰 寃親平等凡聖圓融 水陸無遮法會耳"

인 생명을 화해하는 법회라는 것이다. 또한 국행수륙재는 좁은 의미에서 보면 태조의 고려 왕족에 대한 참회의 행위였지만, 수륙재의 설행은 신왕조 개창초기의 민족화합과 사회적 결속을 강화하는데 이바지 하였던 것이다.[7]

수륙재의 자신을 정화하고 주변 환경을 정화하는 것으로써, 대우주관에 의한 구성요소가 서로 소통하고 융합하게 하여 죽은 자만이 아니라 살아있는 자에게도 큰 공덕이 되어 큰일을 하는 인연을 맺게 해주는[8] 종교적 기능과 역할을 다하고 있다.

이처럼 수륙재는 모든 중생에게 평등하게 자비를 베풀어 막힘이 없는 소통의 길을 열고, 우주공간의 성현과 범부중생을 모두 의식도량에 초청하여 보리심을 일으켜 평등하게 됨을 발원하고 기원하게 되며, 소통의 길을 열어나가는 데 장애가 되는 모든 요소를 제거하는 의례이다. 아울러 이러한 수륙재의 소통과 화합의 축제적인 성격으로 인해 최근에는 특색 있는 축제문화콘텐츠로 활발하게 개발되고 있다.[9]

삼화사 국행수륙재는 전통의 보존과 전승이라는 관점에서 3일간 설행되며,[10] 2012년에는 모두 2박 3일간 수륙재가 설행되었다. 수륙재의 재차의 구조를 보면 크게 소청(召請), 공양(供養), 봉송회향(奉送回向) 등 세 가지로 나눌 수 있는데, 도입부분에 해당하는 소청은 시련에서 괘불이운까지 법석을 열어 초청하는 과정이다. 본의식에 해당하는 공양의식은

7) 한상길, 「조선전기 수륙재 설행의 사회적 의미」, 『한국선학』 25 (서울: 한국선학회, 2009. 8) p.685.
8) 홍윤식, 「수륙재의 구성과 의미」, 『삼화사와 국행수륙대재』 (동해: 삼화사국행수륙대재 보존회·동해시, 2009)
9) 고상현, 「고려시대 수륙재 연구」, 『선문화연구』 10 (서울: 한국불교선리연구원, 2011) p.3.
10) 미등, 『국행수륙대재』 (조계종출판사, 2010) p.48.

상·중·하단의식으로 쇄수결계에서 하단의식까지 다양한 세계의 불·보살과 모든 존재들에게 찬탄과 공양을 올리는 것이며, 마지막 봉송회향은 수륙재를 마무리하고 영가들의 왕생극락과 수륙재를 올린 공덕을 회향하는 것이다. 그 내용을 간단히 정리해 보면 다음과 같다.

(1) 시련(侍輦) : 일주문 밖으로 나가 수륙법회를 증명할 불보살님을 비롯하여 수륙도량을 호위할 신중을 모셔오는 의식이다.

(2) 대령(對靈) : 고혼들에게 간단한 음식을 대접하면서 기다리게 하는 의식이다.

(3) 조전점안(造錢點眼) : 명부에서 사용 가능한 돈을 만들어 이승에서 진 빚을 갚는 의식이다.

(4) 신중작법(神衆作法) : 신중을 모셔 나쁜 기운을 몰아내고 법단을 정화하는 의식이다.

(5) 괘불이운(掛佛移運) : 수륙도량에 모실 괘불을 이운하는 의식이다.

(6) 쇄수결계(灑水結界) : 의식도량에 법수를 뿌려 깨끗하게 하고 일정한 경계를 정하는 의식이다.

(7) 사자단(使者壇) : 심부름을 관장하는 사자를 불러 수륙도량이 열렸음을 수계와 육계에 알린다.

(8) 오로단(五路壇) : 다섯 방위의 땅을 관장하는 신주(神主)와 다섯 분의 신기(神祇)에게 방편의 문을 활짝 여는 의식이다.

(9) 상단(上壇) : 모든 부처님과 보살, 그리고 모든 성문(聲聞)과 연각(緣覺) 등 사성(四聖)을 소청하여 상단에 모시고 공양을 올리는 의식이다.

(10) 설법(說法) : 덕 있는 스님을 단에 모셔 귀한 말씀의 인연을 맺는 의식이다.

(11) 중단(中壇) : 천신 천룡 등 천계중(天界中)과 땅 허공에 있는 지계중(地界中), 염마계(閻魔界)의 명군(冥君) 등을 청하여 공양을 올리

는 의식이다.

(12) 방생(放生) : 수륙재는 성인과 범부, 죽은 자와 산자는 물론 미물까지 통합하는 의미를 지닌다. 죽어가는 생명을 통합하는 의식이다.

(13) 하단(下壇) : 아귀와 지옥중생, 고혼과 원혼 등 육도 윤회 중생을 대상으로 법식을 베푸는 의식이다.

(14) 봉송회향(奉送回向) : 모든 재를 끝내고 전송하고 널리 회향하는 의식이다.[11]

〈그림 1〉 괘불이운의식
((사)두타산 삼화사 국행수륙대재 보존회)

〈그림 2〉 상단의식
((사)두타산 삼화사 국행수륙대재 보존회)

〈그림 3〉 오로단의식
((사)두타산 삼화사 국행수륙대재 보존회)

〈그림 4〉 방생의식
((사)두타산 삼화사 국행수륙대재 보존회)

---

11) 홍태한, 「수륙재 전승의 지역적 다양성과 의미」, 『실천민속학연구』 제22호 (2013) pp. 153-4.

삼화사 국행수륙대재의 차별적인 특징은 셋째 날 첫 순서로 열리는 방생이 있다는 것이다. 삼화사가 위치한 무릉계곡에서 방생 의식을 설행한 후 물고기를 방생하여 수륙재의 의미를 되살린다.[12] 즉 <방생> 절차가 있어 이를 사찰 앞의 계곡에 별도의 단을 마련하고 설행하는 점에서 차별성이 있다. <방생>의식을 거행하는 것은 죽어가는 생명을 통합하는 의미를[13] 드러내기 위한 것이다. 이를 통해 수륙대재가 설행되는 지역적 특징과 지향점을 이끌어 낼 수 있다.

Ⅲ. 삼화사 국행수륙대재의 문화콘텐츠 개발 방향

종교가 가장 중요한 문화 요소 가운데 하나이므로 스토리텔링, 이미지투르기, 프로그래밍 기법에 입각한 종교문화원형 콘텐츠 개발을 통한 이야기(창작소재) 제공과 이야기가 살아 있는 이미지의 창출은 문화콘텐츠산업 및 문화관광 분야에서 다양한 내용의 콘텐츠를 채우는 지름길이 될 수 있다.[14]

기본적으로 삼화사 국행수륙대재를 불교문화 원형적 관점에서 원형에 충실한 관련기반을 연구하여 원천자료를 채취하고, 이를 디지털복원을 통한 콘텐츠를 개발하며, 이를 다양한 플랫폼으로 활용하는 과정을 통해 에스컬레이션 시스템을 통해 개발해야 할 것이다.

---

12) 홍태한, 위의 논문, 2013, pp.157-8.
13) 미등, 위의 책, 2010, p.182.
14) 한국종교문화연구소, 『종교문화원형 활용 콘텐츠 성공사례 조사 연구 결과보고서』 (서울: 문화체육관광부, 2010. 7) p.145.

삼화사 국행수륙대재 콘텐츠 개발의 단계적 방법과 범위를 살펴보자.

1. 삼화사 국행수륙대재 원천자료의 채취

1차로 원천 자료를 채취하는 데 있어서는 다양한 활용을 위한 개발을 목적으로 하는 원천자료의 채취가 이루어 져야한다. 단순한 디지털화를 목적으로 하는 것이 아니라 복합적인 정보를 구축하기 위한 아카이빙을 염두에 두고 원천자료를 채취해야 한다.

첫째, 먼저 삼화사 국행수륙대재 관련 역사를 발굴하고, 문화사적 의의를 정립한다. 불교적인 관점에서 수륙재가 지니는 의례문화의 핵심요소인 의례집 『천지명양수륙재의찬요(天地冥陽水陸齋儀纂要)』에 대한 연구와 이를 누구나 이해할 수 있도록 번역하여 보급하는 것이 중요하다.

〈그림 5〉 삼화사 소장 덕주사본 　　　　　〈그림 6〉 삼화사 소장 갑사본
『천지명양수륙재의찬요』 권수제 　　　　　　　『천지명양수륙재의찬요』

특히 수륙재의 연기(緣起), 수많은 방문(榜文), 소문(疏文), 첩문(牒文), 윤단도(輪壇圖), 배설도(排設圖), 수인(手印) 등의 이미지와 이에 대한 해설, 범자 다라니의 구조와 의미 등이 상징에서 해설로 이어져야 대중이 이해하고, 감동할 수 있게 된다. 이를 통해서 의례문은 수륙재라는 의식의 암호를 풀 수 있는 상징체계이자, 수륙재의 숲길을 지나갈 수 있는 지도로서의 역할을 할 수 있다.

또한 수륙재 관련 수많은 문화적 요소(지물, 설행의 설단 및 장엄구 등)의 상징적 체계와 이에 대한 해설이 필요하다. 아울러 수륙재의 문화 역사적인 의의, 수륙재 원형과 설행 등 학술적 연구 등이 함께 도입되어야 한다.

〈그림 7〉 삼화사 국행수륙대재 준비 　　　　〈그림 8〉 삼화사 국행수륙대재 설단

둘째, 스토리텔링 기법을 통해 수륙재 관련 인물의 이야기 구술 녹취와 관련 스토리를 발굴한다. 일차적으로 수륙재 관련 경전, 의식문, 설화 등의 채취와 현재 수륙재보존위원회를 비롯한 수륙재의 원형을 보존하고 이를 설행하고 있는 다양한 인물들에 대한 스토리의 발굴이 필요하다.

무형문화재는 유형문화재와는 달리 사회문화적 환경에 따라 변화한다. 이러한 특성으로 인해 '엄격한 고증작업에 의한 무형문화재의 재현과 복원의 기록', '과거와 현재에 이르는 변화양상의 기록'이 서로 맞물려 기록되어야 한다. 무형문화재의 역사적 변화양상과 지정된 무형문화재의 현재까지 변화추이 등을 주기적으로 기록하는 것은 무형문화재의 보존과 전승을 위한 다양한 학술연구의 기초자료가 된다.[15]

셋째, 삼화사 국행수륙대재 설행 및 등장인물, 복식, 도구 등 관련 물품 사진촬영, 음향·음원 채취, 동영상 촬영 등의 과정이 필요하다.

먼저 수륙재와 관련된 경전인『불설구발염구아귀다라니경』,『불설구면연아귀다라니신주경』 등과 수륙재 관련 설화, 불화, 감로탱 등의 텍스트 자료 및 이미지 자료를 구축해야 한다. 이는 2단계 캐릭터 구축의 필수적인 요소이다. 아울러 삼화사 국행수륙대재의 준비, 설행, 회향 등 전 과정에 대한 사진, 동영상 촬영 및 음원 음향 채취가 핵심이다.

넷째, 삼화사 국행수륙대재 아카이브 구축이라는 목적으로 기존의 관련 자료 일체를 수집하고 아카이브화 한다.

이러한 일련의 과정은 향후 3차 응용콘텐츠 개발의 기본적인 자료로 활용될 것이다. 아울러 1차 채취된 모든 자료들도 아카이브로 구축한다.

변화되는 온라인 미디어 환경에 부합되도록 최신 기록매체에 의한 디지털 콘텐츠를 제작·서비스 한다. 무형문화재의 기록·보존은 전승자의 전승 교육자료 뿐만 아니라 전통문화에 대한 문화산업적 수요를 충족하고 다양하게 활용될 수 있는 고품격 콘텐츠를 제공하여야 한다. 따라서 무형문화재의 기록물은 공중파 방송 및 인터넷 포털 서비스 등 온라인화·디지털화로 진화하는 미디어 환경에 부합하도록 최신 기록매체로 제작되어야 하며, 문화콘텐츠와 방송다큐멘터리 제작의 원천 소

---

15) 국립문화재연구소,『무형문화재 기록화 가이드북』2010, p.12.

스로 다양한 활용이 가능하도록 상세하고 풍부한 기록이 진행되어야 한다.[16)

2. 삼화사 국행수륙대재 2차 콘텐츠 개발 방안

2차 콘텐츠 개발에서는 1차 채취한 원천자료를 가공하여 이를 보다 업그레이드된 공정을 거쳐 스토리텔링과 이미지트루기를 결합해 개발한다.

첫째, 삼화사 국행수륙대재 설행 의궤가 디지털로 구현되어야 한다. 수륙재의 구조, 등장인물, 의례문, 설단, 지물, 공양물, 등의 디지털화 작업이 필요하다. 이는 수륙재의 디지털 작업을 통해 개발하는 것이 원형의 전승이라는 관점에서 필수 불가결한 요소이다.

둘째, 동영상, 사진, 음향, 음원 등을 이용하여, 만화, 2D, 3D 애니메이션, 2D, 3D 캐릭터의 개발이 되어야 한다.

특히 수륙재를 대표할 수 있는 핵심 캐릭터의 개발이 중요하다. 예컨대 아귀와 같은 캐릭터는 그 존재감만으로도 무한한 활용이 가능하다. 수륙재에 등장하는 복합적인 존재인 법계의 다양한 부처, 보살, 천신, 천후, 용신 등 밝은 세계의 존재와 사바세계와 관련하여 등장하는 중위 성중인 천관(天官), 성군(星君), 하늘 땅 물의 신령, 장군, 신 등은 과거 전통과 종교적 영역이라면, 하단 또는 하위의 무리들인 법계의 과거 현재의 다양한 인물들, 나아가 지금 이 시대 고통 받고 있는 유주 무주의 수많은 사바세계 중생들에 대한 관심 기울임도 필요하다. 멀리는 일제시대 끌려가 억울하게 죽은 징용노동자, 꽃다운 청춘이 짓밟힌 위안부, 독

---

16) 국립문화재연구소, 위의 책, 2010, p.12.

립운동 열사, 가까이는 625, 419, 518 희생영령, 무분별한 도시개발 과정에서 희생된 철거민, 분신노동자 농민, 세월호 희생자, 하루에 40여명씩 세상을 떠나는 자살자[17] 등 우리가 위로하고 감싸 안아야할 사람들, 우리 인간들에게 희생당하는 억울한 생명, 유정 무정 모든 생명의 성격을 해석해 내는 캐릭터 개발은 향후 파생콘텐츠의 핵심적인 활용요인이 될 것이다.

셋째, 수륙재와 관련된 공간적 요소의 이해와 해설을 통한 개발이 필요하다. 불교적인 세계관 33천에 대한 성격의 부여와 오방세계, 오로단 등에 대한 이해와 공간의 구현은 수륙재의 핵심적인 배경콘텐츠가 될 것이다. 삼화사와 관련한 공간은 물론 국행 수륙재라는 공간적 확장이 필요하다. 삼화사와 두타산의 사계와 관련한 다양한 이미지의 개발이 필요하다. 이들은 삼화사 국행수륙대재 콘텐츠의 디지털 배경으로 활용할 수 있다.

넷째, 삼화사 국행수륙대재의 2D, 3D 애니메이션의 개발이 필요하다. 이는 수륙재 설행의 준비의식, 본의식, 회향의식의 3단계를 통해 진행되는 의식들에 대한 다양한 플랫폼을 염두에 둔 플래시 및 애니메이션 개발이 진행되어야 한다.

3. 삼화사 국행수륙대재 3차 콘텐츠 활용 방향

3차 콘텐츠 활용 방안에서는 1, 2차에 걸쳐 개발된 콘텐츠를 토대로 복합적인 활용을 이끌어 내는 중요한 단계이다.

첫째, 삼화사 국행수륙대재를 소재로 한 복합 공연 콘텐츠 기획안 개

---

17) 이선아 기자, <하루 자살 40명… OECD 국가중 1위>, 『데일리한국』 2014. 9. 23.

발을 제안하고자 한다. 현재 전통의 보존 차원에서 설행되는 3일 수륙재에부터 시간, 공간에 다양하게 접근할 수 있는 장소, 시간 맞춤형 다양한 복합 공연형 수륙재가 개발되어야 한다. 예컨대, 2018년 평창 겨울올림픽의 개막식 또는 국내외 순회공연, 기타 행사에 따른 다양한 기획안이 개발되어야 한다.

둘째, 향후 삼화사 국행수륙대재 공연콘텐츠 개발의 배경이 될 수 있는 디지털 무대배경으로서의 관련 공간 등의 디지털 이미지를 이용한 무대배경 개발이 필요하다.

셋째, 삼화사 국행수륙대재 관련 다양한 콘텐츠를 스마트폰 등 스마트미디어를 통해 체험할 수 있는 어플리케이션 개발이 필요하다.

넷째, 향후 삼화사 국행수륙대재 콘텐츠를 활용할 수 있는 가이드라인이 개발되어야 할 것이다.

IV. 삼화사 국행수륙대재 콘텐츠 활용 방안

삼화사 국행수륙대재를 어떻게 콘텐츠화 하고 또한 어떻게 활용할 것인가? 수륙재 콘텐츠를 관광콘텐츠, 교육용콘텐츠로 활용하고, 수륙재 관련 캐릭터를 게임으로 활용할 수 있다. 관련 지물 예컨대 지화, 공양음식, 상차림, 의례문 등을 문화상품으로 개발하여 활용할 수 있다. 나아가 템플스테이의 핵심적인 요소로 활용이 가능하다는 등의 무차별적이고 지엽적인 차원보다 보다 본질적인 차원에 활용이 논의되어야 한다.

삼화사 국행수륙대재의 디지털 콘텐츠화는 수륙재라는 하나의 소재

(One Sourse)이지만, 그 내용을 살펴보면 수륙재와 관련된 복합적인 소재 (Multi Sourse)의 개발이다. 그래서 흔히 말하는 OSMU가 아닌 MSMU 전략을 수립해야 할 것이다. 그것은 지금까지 다양한 장르의 디지털 산업의 활용만을 이야기 하는 것이 아닌 온라인과 오프라인을 넘나드는 새로운 형태의 복합적인 활용방안을 고민해야 한다.

삼화사 국행수륙대재의 문화콘텐츠화는 삼화사의 브랜드를 뛰어 넘어서 지역발전의 핵심적인 토대가 될 것이다. 그러므로 반드시 복합적인 소재의 중층적 활용을 염두에 두고 개발해야 할 것이다. 아울러 각 분야별 특성과 매체에 따른 변형의 다양한 방안을 모색해야 할 것이다. Baekdal의 미디어 진화 그래프를 통해서 보면 급격하게 웹은 소셜 네트워크와 소셜 미디어로 진화하고 있다.18) 인터넷의 등장과 함께 기존의 올드 미디어는 급격하게 퇴화하고 있고, 모든 것이 소셜로 진화하고 있다. 지난 10년간 언론수용자의 미디어 이용 행태를 보면, 인터넷의 영향력은 지속적으로 증대되었고, PC 중심의 고정형에서 스마트폰 중심의 이동형으로 급격하게 변화하고 있다. 19) 이를 통해 볼 때 콘텐츠 전략 또한 스마트미디어 기반으로 바뀌어져야 한다.

1. 수륙재 콘텐츠의 복합적 활용 전략

수륙재를 MSMU로 활용하기 위해서 다양한 전략과 과제가 있다. 이를 간략히 살펴보고자 한다.

첫째, 현 시대 트렌드에 맞는 보존과 활용전략을 수립해야 한다. 이

18) Thomas Baekdal, "Where is Everyone?", April 27, 2009.
   http://www.baekdal.com/analysis/market-of-information
19) 한국언론진흥재단, 『2013 언론수용자 의식조사』(한국언론진흥재단, 2013. 12.) p.25.

는 전문가 집단 네트워크를 통해 준비해야 한다. 논자는 <불교문화콘텐츠 진흥전략과 과제>를 수행한 연구책임자로 불교문화콘텐츠를 진흥하기 위한 구체적인 실행 전략의 첫 번째로 불교문화콘텐츠 진흥을 위한 중장기적인 종책을 수립할 것을 요구한 바 있다.[20] 아울러 핵심적인 실천의 방안으로 문화콘텐츠 네트워크 구축을 제안하였는데, 이는 조직 네트워크(정부기관, 지방자치단체, 종단), 인적 네트워크(학계, 산업계), 인프라 네트워크(산업계, 불교계)로 구분할 수 있다. 즉 기존의 다양한 전문가 그룹의 지혜를 모아서 '삼화사 국행수륙대재 콘텐츠 개발 전략'을 수립하고 중장기 발전 계획을 수립해야 한다.

둘째, MSMU를 지향하는 다매체 플랫폼 기반의 국행수륙대재 콘텐츠를 개발해야 한다. 이는 반드시 일회성에 성과 중심주의로 그쳐서는 안 된다.

1단계 단기적으로는 삼화사 국행수륙대재의 홍보를 위한 스마트미디어형 콘텐츠를 개발하여 스마트폰에서 활용이 가능한 어플리케이션형 콘텐츠개발이 필요하다. 2단계 중기적으로는 2018년 겨울올림픽을 준비하는 것을 목표로 하고, 3단계 장기적으로는 삼화사 국행수륙대재의 보존과 활용을 위한 '무형유산 아카이브'를 구축하는 것이 되어야 한다.

1단계에서 2단계는 정부-지자체 중심의 지원을 중심으로 편재하지만, 3단계는 대중이 참여하는 열린 아카이브로 콘텐츠 프로슈머 참여를 지향해야 한다. 콘텐츠의 생산 즉(卽) 소비가 상즉상입이 되는 '다양성'과 '상호관계성'을 통해 콘텐츠는 끝없이 재창조되고 확산될 수 있도록 해야 한다. 스마트미디어시대에는 융복합 현상이 더욱 가속화 되고 있

---

20) 이재수 외, 『불교문화콘텐츠 진흥전략과 과제』 (서울: 대한불교조계종 문화부, 2011)

다. 문화콘텐츠 생태계 구조는 계층(hierarchy)의 관점이 아닌 연결망
(network)의 관점으로 보아야 한다. 복잡계 관점에서 자기조직화(self
organizing)가 가능한 열린 생태계 지향의 아카이브가 되어야 한다. 아울
러 아카이브에 탑재될 모든 콘텐츠는 공유 개방 소통을 지향하는 오픈
퍼블리싱 플랫폼 지향이 되어야 할 것이다.

셋째, 삼화사 국행수륙대재 콘텐츠는 체험 기반의 새로운 문화창조의
문화상품으로 활용되어야 한다. 먼저 대중의 참여를 이끌어내기 위해서
는 수륙대재를 이해할 수 있도록 한글로 번역하고, 친절한 윤문과 윤색
을 통한 자세한 해설이 필요하다. 그러한 의식문 가운데 다양한 사연을
뽑아서 2차 파생콘텐츠가 개발될 수 있다. 우리시대 문화양식으로 재해
석할 수도 있다. 수륙재 콘텐츠 가운데, 대중적인 요소는 문화상품으로
개발할 수 있도록 콘텐츠 소스를 개방하고, 라이센싱을 통해 삼화사, 강
원도, 겨울올림픽의 문화상품으로 도약할 수 있도록 다양한 지원을 아
끼지 말아야 한다.

2. 2018 겨울올림픽의 브랜드로 활용

삼화사 국행수륙대재 콘텐츠는 공간적인 기반에서 특히 2018년 겨울
올림픽의 핵심적인 브랜드로 구축할 수 있다. 올림픽은 전 세계에서 가
장 영향력이 큰 행사 가운데 하나이며, 올림픽을 개최하는 나라는 문화
행사를 통해 국가브랜드를 적극적으로 전파하는 장으로 활용하고 있다.
아울러 국제 스포츠 행사의 의미를 넘어 정치적 사회적 측면에서 국가
정체성을 구현하는 장이다.

삼화사 국행수륙대재는 일반적인 유주 무주 고혼에 대한 천도를 중

심으로 하는 수륙재와는 달리 고려의 마지막 왕인 공양왕의 죽음을 안타까워한 조선 태조 이성계가 고려 왕족의 극락왕생을 기원한 수륙재에서 출발한다. 갈등에서 화합을 이루고 또한 조선건국의 과정에서 갈라지고 흩어진 민심을 수습하는 사회적 통합적 기능을 지니고 있으므로 종교성을 뛰어넘어 지역정체성을 공고히 할 수 있는 훌륭한 브랜드로서 가치를 가지고 있다.

지난 2008년 북경올림픽의 올림픽 개막식 공연은 캐릭터, 배경이미지, 음향 등 시청각 기호뿐 아니라, 개막식 전체구성, 모티브 등의 스토리의 조합으로 만들어진 문화콘텐츠이다. 베이징올림픽 개막식 공연에서의 서사구조는 찬란한 역사를 지닌 중국이 어떻게 발전해 '하나의 세계, 하나의 꿈(同一個世界, 同一個夢想)'의 중심에 섰는가를 보여 주었다. 장이모우는 중국이 세계문화의 중심이었던 당나라 시절의 문화를 호출했다.[21]

〈그림 9〉 북경올림픽 개막식 장면:
(공자의 3천 제자를 상징)

〈그림 10〉 북경올림픽 개막식 : 하나된 세계

---

21) 고재열, 김동인, <우리가 놓친 올림픽의 이면-❷ 우파 베이징 vs 좌파 런던>, 『시사 IN Live』 256호, 2012. 8. 13.
http://www.sisainlive.com/news/articleView.html?idxno=13927

올림픽 개막식 공연의 공간배경은 만리장성, 지구본, 우주 등 확대되고 있는데, 중국, 세계, 우주라는 공간의 확장을 통해 중국의 영향력이 점점 확대되는 것을 표현한 것이라고 본다. 아울러 그 핵심에는 중국이 지향하는 세계와 우주를 중화(中華)의 큰 틀 안으로 포용하겠다는 뜻이었다.[22]

런던 올림픽은 세익스피어, 산업혁명, 노동자의 인권, 국가무상의료, 피터팬, 메리 포핀스, 조앤 롤링 그리고 비틀즈 등 영국의 자존심과 자부심을 마음껏 보여준 이벤트다. 인류의 보편가치인 인권과 민주주의, 자유과 개인존중의 가치를 영국의 문화로 보여주고자 했다.[23]

올림픽의 개최는 관광산업에 직간접적으로 매우 큰 영향을 미친다. 2004 아테네 올림픽에서는 인바운드 관광객 수가 약 10% 증가하였고, 2012 런던 올림픽 경기 개막식 폐막식까지 3주 동안 약 6억 6,210만 파운드(약 1조 1,900억원)의 소비 지출이 발생할 것으로 분석하였다.[24]

〈그림 11〉 런던올림픽 개막식 : 산업혁명

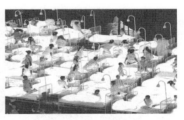

〈그림 12〉 런던올림픽 개막식: 국가무상의료

22) 안영은, 「베이징 올림픽과 중국 문화코드」, 『글로벌문화콘텐츠』 11호 (글로벌문화콘텐츠학회, 2013) pp.39-40.
23) 박진호, 「삼화사 국행 수륙대재 활용방안-실감미디어 기술을 활용한 평창 올림픽 삼화사 국행 수륙대재 활용을 중심으로」, 『국행수륙대재, 겨울올림픽 콘텐츠화 방안』 (강원발전연구원, 2014. 3. 31) p.58.
24) 박경열, 「2012 런던올림픽으로 본 2018 평창동계올림픽의 과제」, 『KCTI 가치와 전망』 3 (한국문화관광연구원, 2012. 07. 06) p.3.

2014 소치겨울올림픽 개막식의 주제는 '러시아의 꿈'으로 총 18개의 씬으로 구성되어 3시간 동안 차르 제국의 거룩한 역사 다큐멘터리형식으로 러시아의 방대한 문화적 콘텐츠를 효율적으로 활용한 모범사례가 될 만하다.[25]

〈그림 13〉 소치 겨울올림픽개막식 : 전쟁과 평화　　　　〈그림 13〉 소치 겨울올림픽 개막식

2018 겨울올림픽을 통하여 세계의 다양한 문화권의 사람들이 강원도 고유의 지역적 문화와 만남으로써 세계화와 지역화가 서로 상호작용을 통해 새로운 문화를 창출하고 할 수 있을 것이다. 문화산업 발전 전략으로서의 글로컬리티의 구현은 핵심적인 문화요소를 어떻게 잡아내고 이를 구체화하는 가가 관건이다. 한편으로는 무형의 긍정적 유산으로 활용하고 확산될 수 있는 매개체는 한류이며, 강원도 지역의 고유성과 한국의 대표적인 한류 콘텐츠를 매개로 하여 긍정적 유산으로 증진시키려는 노력이 필요하다.

이러한 핵심적인 노력의 요인은 한국의 전통문화에 대한 재발견으로 이어져야 한다. 2018 겨울올림픽의 메가 이벤트는 삼화사국행수륙대제

---

25) 유경숙, 「2014 소치 동계올림픽의 문화프로그램 분석 및 특징」, 『인문콘텐츠』 33 (인문콘텐츠학회, 2014. 6.) p.197.

가 그 중심이 되어야 한다. 오대양 육대주의 모든 국가가 올림픽 정신으로 하나됨을 나타내는 오륜기의 상징적 브랜드는 삼화사 국행수륙대재의 오로단 의식과 맞닿아 있다.

수륙재가 지향하는 빈부귀천, 명계양계, 성인범부에 얽매이지 않고 무차평등한 법석을 펼치기 위해서는 공간을 활짝 여는 것이 핵심이다.[26] 즉 수륙재 설행의 목적 가운데 대표적인 핵심인 소통과 통합의 기능을 수행하는 장치로 오로단을 설치한다는 것이다, 오로단에 단상에 줄을 늘이고 청, 홍, 백, 녹, 황 등 오방번기로 장엄한다,

문화콘텐츠발굴 차원에서 강원도에 뿌리를 둔 다양한 콘텐츠를 소설, 애니, 게임, 뮤지컬, 오페라, 3D와 홀로그램 등 실감미디어의 영상으로 재해석할 필요가 있으며 국행수륙대재가 좋은 계기가 될 수 있을 것이다.

3. 실감미디어 콘텐츠 기반의 수륙재박물관

삼화사 국행수륙대재는 무형문화유산으로 특정한 형식에 가두어 둘 수 없으며, 국행수륙대재의 원형의 보존과 체험을 위해서는 문화콘텐츠 개발을 통한 실감미디어 기반의 '(가)삼화사국행수륙대재박물관' 구축이 필요하다.

조선의 태종은 국행수륙대재를 설행하기 위한 핵심적 동력으로서 수륙사(水陸社)를 세웠다. 21세기 스마트미디어시대 국행수륙대재를 계승하고 전 세계에 알려서 누구나 참여 가능한 실감미디어 콘텐츠 기반의 수륙재박물관이 준비되어야 한다.

---

26) 미등, 위의 책, 2010, p.266.

이는 수륙재의 성격상 의례의 설행자와 참여자의 상호작용을 통해 수륙대재가 완성되는 것과 같이 직접 체험이 가능한 쌍방향 전시기술을 활용함으로써 관람객들의 몰입을 이끌어 낼 수 있다. 이러한 구조는 체험을 통한 전통 무형문화유산에 대한 이해와 교육적 효과를 극대화 할 수 있다.

삼화사 국행수륙대재의 원형 보존을 위한 공간이 설행의 시간 공간의 중심점인 삼화사에 구심점을 두고 모든 공간적 배치와 가치를 구심력으로 작용하도록 하는 구조를 만들어야 한다. 이와 반대로 국행수륙재는 수륙재의 보편성과 탈역사성을 확대하는 차원으로 다양화하여 대중과 만날 수 있는 수륙대재 가치의 확장이라는 원심력의 출발점이 될 것이다. 아울러 수륙대재 홀로그램 공연제작 및 공연장과 연계하여 지역적 구심점과 문화 허브로서의 역할을 이끌어 낼 수 있다. 미래창조과학부는 2014년 8월28일 <홀로그램 산업발전 전략>을 발표하였는데, 홀로그램 R&D(연구개발)와 표준화, 기반 조성 등의 사업에 2020년까지 약 2400억원을 투자한다. 또 홀로그램 특허출원을 현 세계 4위에서 두 단계 올라선 2위까지 끌어올려 글로벌 표준화를 이끈다는 계획이다. 이같은 추진전략을 통해 정부는 생산유발 1조 7,000억 원, 8,000명 이상의 고용창출을 목표로 하고 있다. 더욱이 평창 동계올림픽에서 기가급 무선 통신(5G) 환경에서 양방향 실감 상호작용이 가능한 홀로그램 시범 서비스 추진(2018년)하고 또한 홀로그램 분야의 전문 인력을 양성하며, 국내 기업지원을 위한 인프라를 조성한다고 밝혔다.27)

---

27) 지난 7월 말 기준 서울 동대문 롯데피트(9층)에 위치한 K팝 홀로그램 공연장 클라이브(Klive)는 7개월간 약 3만 명의 관람객이 다녀갔으며, 에버랜드는 1년간 75만 6000 명의 관람객이 방문했다. 류준영, <정부, 홀로그램 산업에 2400억 투자>, 『머니투

실감미디어(Realistic Media, Immersive Media)란 시간과 공간의 제약을 극복하면서 실재감(presence)과 몰입감(immersion)을 극대화 할 수 있도록 모든 감각의 정보를 전달할 수 있는 미디어로 정의할 수 있다. 기존의 미디어는 기술적인 제약으로 소리와 영상의 전달에 중점을 두었지만, 실감미디어는 기술의 발달로 인간의 오감을 자극하면서 생생한 현장감을 전달 할 수 있다.[28] 실감미디어를 통한 서비스는 시각, 청각, 촉감(Haptics)을 포함하는 다차원 실감미디어의 생성, 처리, 저장, 전송, 재현 등에 의해 구현된다. 다차원 실감미디어는 공간과 시간의 제약을 극복하는 다양한 형태의 요소 정보로 오감을 통해서 보고 듣고 느낄 수 있는 정보를 말하며, 고성능 네트워크를 통한 실시간 상호 작용으로 실재감과 몰입감이 극대화 될 수 있다.

〈그림 15〉 클라이브의 홀로그램 가상콘서트   〈그림 16〉 클라이브(Klive) 메인홈페이지

이러한 사례로 세계 최초의 홀로그램 전용 상설 공연장인 클라이브 (Klive)[29]를 들 수 있다. 클라이브의 홀로그램 공연장은 약 500평 규모에

데이』 2014. 8. 27.
http://www.mt.co.kr/view/mtview.php?type=1&no=2014082701551526222&outlink=1
28) 박봉원, 『실감미디어콘텐츠의 강원도 활용방안』(강원발전연구원, 2013) p.5.

300여 명을 수용한다. K-POP에 관심 있는 외국인 관광객들에게 한류 명소로 자리매김하고 있다. 현재 빅뱅, 싸이, 2NE1이 등장해 인기곡을 홀로그램 라이브로 선보이고 있다. 이곳에서는 가상현실(VR)과 증강현실(AR) 등의 디지털 기술을 적용해 다양한 쌍방향 체험을 즐길 수 있다. 공연 관람 전 관객이 자신의 얼굴 사진을 촬영하면 공연 화면에 관객의 얼굴이 나타나고, 다이나믹 월을 통해 퍼포먼스가 실제 무대에 등장했다가 홀로그램으로 다시 변환되는 디지털 컨버전스 퍼포먼스를 통해 관객과의 소통을 이끌어낸다. AR 엘리베이터, 라이브 포토체험 등이 가능하다.

특히 빌보드 기사에서30) 쇼핑의 메카 동대문에 싸이, 2NE1, 빅뱅의 콘서트를 관람할 수 있도록 개관한 '클라이브(Klive)'은 (해외)관광객을 겨냥하고 있다는 점에 주목하였다.31)

클라이브는 단순히 한류를 확산시키는 장소를 넘어서 유망 디지털 기술로 경제 효과를 창출하는 실험장이라는 의미가 있다. 홀로그램은 지난해 10월 미래부가 정보통신기술(ICT) 분야 중장기 R&D(연구·개발) 전략을 발표하면서 10대 핵심 기술 중 하나로 꼽았던 분야다. 미래부는 오는 2020년 홀로그램 시장이 40억 달러(약 4조2528억 원)까지 커질 것으로 보고 관련 기술을 중점 지원할 계획이다.

욕망과 소비의 구조로 문화콘텐츠가 문화상품으로 작용하는 측면을

---

29) 클라이브 http://www.klive.co.kr/renewal/main.php

30) Jeff Benjamin, "2NE1 Sets New U.S. Record for Highest-Charting, Best-Selling K-Pop Album With 'Crush'", Billboard, New York, 2014.3.5.
http://www.billboard.com/articles/columns/k-town/5923212/2ne1-sets-new-us-record-for-highest-charting-best-selling-k-pop

31) 한국문화산업교류재단, 「Global Hallyu Issue」 2014 56회(한국문화산업교류재단, 2014) p.10.

여태껏 강조했다면, 국행수륙대재가 지니는 종교의례의 본연의 가치를 구현하여 모든 세계, 모든 생명과 소통과 나눔의 감동을 안겨주고 불교적 세계관으로 감화를 이끌어 낼 수 있다.

V. 맺는말

국행수륙대재는 삼화사, 강원도, 불교계라는 하나의 테두리를 넘어선 시방법계의 깨달은 세계의 평온한 성인과 미혹한 고통스러운 땅의 범부, 나눔의 성스러움과 갈무리의 속됨, 진제의 밝은 세계와 속제의 어둔 세계, 죽은자와 산자, 즐거워 웃는 자와 괴로워 우는 자 등 모든 상대적인 차별을 벗어버리고 평등하게 한자리에 모여 불교적 세계를 신구의 삼업이 과거 미래 현재가 뒤섞여 풀어지는 열린 법회이다.

삼화사 국행수륙대재는 '사람'을 통해 전승되고 재창조된다. 삼화사 국행수륙대재가 계승되고 전승될 수 있는 안정적인 구조를 갖추는 것이 시급하다. 즉, 삼화사 국행수륙대재 보존위원회를 중심으로 다양한 역량을 결집하여 구심력으로 응축되어 원형의 보존에 힘을 기울이고 핵심 역량을 기울여야 한다. 이를 위한 브랜드 구축 전략이 필요하다.

또한 삼화사 국행수륙대재의 가치를 다양한 방면으로 활용하여 확산시키는 원심력을 키워서 그 외연이 무한하게 확장되어야 한다. 이는 우리시대를 앞서가는 메가트렌드와 부합하여 문화콘텐츠를 개발하고, 이를 다양한 플랫폼에서 복합적으로 활용할 수 있는 가이드라인을 수립해야한다.

삼화사 국행수륙대재는 삼화사에서 출발하였지만, 삼화사를 벗어나야 한다. 아니 공간, 시간, 사람 등 세 가지[三]를 뛰어넘어 펼치고 하나를 묶어내어 화합하는[和] 열린 도량[寺]인 삼화사가 되어야 한다.

공간을 화합하여 삼화사, 강원도, 대한민국, 전 세계를 화합하도록 해야 한다. 시간을 화합하여 국행수륙대재가 설행되었던 조선 초, 억불의 시대 민중들의 아픔을 함께했던 조선시대, 질곡과 아픔의 근대, 역동의 현대, 희망의 미래 등 시간을 화합하여 시간의 제약을 뛰어넘어야 한다. 사람을 화합하여 삼화사국행수륙대재보존위원회, 수륙재의 용상방에 이름을 올리는 스님들, 발원자, 시주자, 참여자, 감동을 주는자, 감동을 받는자, 모든 사람이 함께 화합할 수 있어야 한다.

삼화사 국행수륙대재 콘텐츠를 다변화한다면 다양한 활용이 가능하다. 이를 위해서는 우리시대에 맞는 변주와 다변화 전략으로 다양한 계층, 다양한 상황에 맞는 창조적인 수륙재가 필요하다. 그것은 수륙재가 가지는 다양한 문화자원이 수행과 생활, 성과 속, 부처와 중생이 오가며 만나는 플랫폼이다. 때로는 부처의 진실한 음성[眞言]을 전통 그대로 전하면서 우리를 인도하는 깃발이 되고, 때로는 중생의 발원을 담은 게송으로 함축되어 곡조와 가락으로 마음을 풀기도하고 다양한 의미를 함축한 작법을 통해 맺어가는 것이다.

본 논의에서 삼화사 국행수륙대재를 문화콘텐츠로 개발하여 환용할 수 있는 기본적인 전략을 논의하였다. 중요무형문화재의 보존과 활용을 위한 디지털콘텐츠 제작은 국행수륙대재 디지털 아카이브뿐만 아니라 실감미디어 지향의 홀로그램 공연콘텐츠를 지향할 것을 제안한다. 2018년 겨울올림픽 개막 및 폐막식의 핵심적인 영역이 될 것이다. 아울러 공연장과 연계한 수륙대재 박물관은 겨울올림픽 공간에서 한국의 전통문화의 가치를 한 차원 높게 격상시킬 수 있는 중요한 역할을 담당할 것이다.

삼화사 국행수륙대재는 준비의식을 치루면서 다양한 존재들의 희구와 갈망을 수렴하는 블랙홀이자 본 의식을 통해 부처님의 가르침의 지혜와 자비의 광명이 무한히 확산하는 화이트홀이다. 그러한 길에 문화 콘텐츠 개발과 활용은 징검다리를 놓는 일이다. 그래서 삼화사 국행수륙대재를 전 국민이 준비하는 2018년 겨울올림픽의 브랜드로 자리 잡을 수 있도록 발전시켜야 할 것이다.

미등, 『국행수륙대재』, 조계종출판사, 2010.

임종욱 역주, 『天地冥陽水陸齋儀纂要』, 동해시, 2007.

고상현, 「고려시대 수륙재 연구」, 『선문화연구』 10, 서울: 한국불교선리연구원, 2011.

박경열, 「2012 런던올림픽으로 본 2018 평창동계올림픽의 과제」, 『KCTI 가치와 전망』 3, 한국문화관광연구원, 2012.

박진호, 「삼화사 국행 수륙대재 활용방안―실감미디어 기술을 활용한 평창 올림픽 삼화사 국행 수륙대재 활용을 중심으로」, 『국행수륙대재, 겨울올림픽 콘텐츠화 방안』, 강원발전연구원, 2014.

신광철, 「문화콘텐츠와 종교학」, 『종교연구』 제44집, 한국종교학회, 2006.

심승구, 「한국 술 문화의 원형과 콘텐츠화―술 문화의 글로벌콘텐츠를 위한 담론체계 탐색」, 『2005 인문콘텐츠학회 학술 심포지움 발표자료집』, 인문콘텐츠학회, 2005.

안영은, 「베이징 올림픽과 중국 문화코드」, 『글로벌문화콘텐츠』 11호, 글로벌문화콘텐츠학회, 2013.

유경숙, 「2014 소치 동계올림픽의 문화프로그램 분석 및 특징」, 『인문콘텐츠』 33, 인문콘텐츠학회, 2014.

이재수, 「불교문화원형, 어떻게 발굴할 것인가」, 『대각사상』 제11집, 대각사상연구원, 2009.

이재수, 『유비쿼터스 시대의 불교문화콘텐츠 연구』, 동국대 불교학과 박사학위논문, 2007.

한국문화산업교류재단, 「Global Hallyu Issue」 2014 56호, 한국문화산업교류재단, 2014.

한상길, 「조선전기 수륙재 설행의 사회적 의미」, 『한국선학』 25, 서울: 한국선학회, 2009.

홍윤식, 「수륙재의 구성과 의미」, 『삼화사와 국행수륙대재』, 동해: 삼화사국행수륙대재보존회·동해시, 2009.

홍윤식, 「한국불교와 전통문화」, 『불교학보』 제28집, 동국대학교 불교문화연구원, 2001.

홍태한, 「수륙재 전승의 지역적 다양성과 의미」, 『실천민속학연구』 제22호, 실천민속학회, 2013.

국립문화재연구소, 『무형문화재 기록화 가이드북』, 문화재청, 2010.

박봉원, 『실감미디어콘텐츠의 강원도 활용방안』, 강원발전연구원, 2013.

이재수 외, 『불교문화콘텐츠 진흥전략과 과제』, 서울: 대한불교조계종 문화부, 2011.

한국언론진흥재단, 『2013 언론수용자 의식조사』, 한국언론진흥재단, 2013.

한국종교문화연구소, 『종교문화원형 활용 콘텐츠 성공사례 조사 연구 결과보고서』, 서울: 문화체육관광부, 2010.

Jeff Benjamin, "2NE1 Sets New U.S. Record for Highest-Charting, Best-Selling K-Pop Album With 'Crush'", Billboard, New York, 2014.

Thomas Baekdal, "Where is Everyone?", April 27, 2009.

고재열, 김동인, <우리가 놓친 올림픽의 이면 - ❷ 우파 베이징 vs 좌파 런던>, 『시사IN Live』 256호, 2012.

류준영, <정부, 홀로그램 산업에 2400억 투자>, 『머니투데이』, 2014. 8. 27.

이선아 기자, <하루 자살 40명… OECD 국가중 1위10년 전 비교했을 때 6.0명 늘어>, 『인터넷한국일보』, 2014. 9. 23.

클라이브 http://www.klive.co.kr/renewal/main.php

진관사 감로왕도의 복원적 고찰

김
창
균

Ⅰ. 머리말

진관사는 神穴寺가 전신으로 고려시대 穆宗代(997-1009)부터 조선시대에 이르기까지 왕실과 깊은 인연을 맺었던 사찰이다. 이러한 진관사는 조선 개국 초 태조 때부터 왕이 직접 순행하여 1397년 진관사에서 국가 차원의 國行水陸齋를 거행케 하고, 水陸社를 건립한 이후 水陸道場으로 지정되면서 본격적인 대찰로 자리매김하게 되었다고 하겠다[1].

진관사는 靈駕遷度 목적의 수륙재로 인하여 명찰로 자리를 잡게 된 만큼 掛佛圖와 甘露王圖가 조성·봉안되었음은 자명할 것이다. 그러나 현재의 진관사에는 당시의 괘불도와 감로왕도가 전해오지 않아 무슨 내용의 괘불도이었으며[2], 어떠한 구성의 감로왕도이었는지에 대해서는

명확하게는 파악하기 어렵다. 그러나 감로왕도에 대해서는『草堂集』'勸善文'3) 및『韓國民俗考』'社堂考'편의 내용과 19세기 서울·경기지역 중심의 감로왕도를 바탕으로 조성시기와 도상에 대해 어느 정도 추정해 볼 수 있을 것이다.

II. 국행수륙대재와 진관사

수륙재는 수중과 육지에서 목숨을 잃은 뒤 천도되지 못한 채 주인 없이 떠도는 외로운 영혼과 餓鬼들을 위로하기 위해 佛法을 강설하고 음식을 베풀어줌으로써 고뇌를 제거해주고 극락왕생하게 한다는 법회의식으로, 중국 양나라 무제가 505년에 시행한 것이 시초이다. 우리나라에서는 970년 수원 龍珠寺의 전신인 葛陽寺에서 처음 시행된4) 이후 조

류재와 영산회괘불화」인·숙종기 영산회괘불화를 중심으로,『진관사 수륙재』학술논총, (한국미술사연구소, 2009), pp.59-72 참조. 김창균, 「조선시대 17-8세기 영산회괘불도 연구」,『강좌미술사』33, (한국미술사연구소/한국불교미술사학회, 2009. 12)
3)『草堂集』'勸善文' 全文은 다음과 같다.
　　津寬寺 七星神衆甘露幀 勸善文
　　儒之仁義 老之道德 釋之施戒云者 歸於善之一字 而惟能仁氏之一法 廣大無量 最爲方便 設三車於火宅 導窮子於寶所 張三網於迷津 濟人天於覺岸 然則參禪也 念佛也 語頭也 看經也 供佛齋僧也 建寺造塔也 皆莫非苦海慈航也 至於刻佛塑像 則塡王始事 漢帝尾踵 在天爲日月星辰也 在地爲神祇靈宰也 在幽爲毘趣陰司也 亦皆有塑雕繪刻焉 旣有形影之好 可無靈驗之著 是故 梁帝捨身於同泰 卽成菩薩阿難施 食於恒河 遂免死厄 無乃佛氏 所以三千界內 四部洲中 化衆生一大事 勝因緣耶 三敎聖賢之設敎也 孰越 乎此者哉 今玆津寬寺七星神衆甘露三幀畫 出年深色相黃渝 檀那之所嗟歎 況爲沙門者乎 矢心發信 方欲改繪眞相 而事山力蚊 隻手難成 故普告于積善行仁之門 無恡一朝塵財 以結萬劫之良緣 勸善文 易曰 積善之家 必有餘慶 書曰 惟善以寶 三敎聖人之設敎也 都來善之一字 則覆載之間戴立者 孰不爲善者哉 惟玆長因寺 古之有道僧 曇實之所創開 而梵宮與兜率樓 建立年深 風磨雨洗 覆瓦渾成 沙礫蒼
4) 이에 대해서는『高麗史』「世家」卷2 太祖 23年 12月條 참조

선으로 이어지는데, 目連尊者가 지옥에 빠져 고통 받고 있던 어머니를 구제하기 위해 시행했다고 하는 于蘭盆會와도 관련이 있다.

이와 관련하여

'한량이 없고 가없는 것은 부처님의 크신 자비이며, 흥함이 있고 망함이 있는 것은 天道의 떳떳한 것이라. 이에 죽은 혼령들을 불쌍히 여기는 마음을 내서 부처님 加持의 힘을 빌고자 합니다. 생각하오니 王氏가 전에 고려를 세워서 5백 년 동안 존귀하고 영화로움을 누리다가 … 종묘의 사직이 위태로웠습니다. 내가 덕이 없지만 전 왕조의 후속들을 보호하고자 하였으나 … 이미 그들을 보전하지 못했으니 오직 천도하여 주기에 부지런히 한다, 일찍이 金字 『法華經』을 이룩하였고, 또 매해 수륙재의 의식을 베풉니다. … 엎드려 원하나니 부처님의 방편을 써서 원한과 죄를 길이 벗어나서 고뇌의 세상에서 떠나 참되고 자재롭게 놀고 청량한 세계에 뛰어들어 부처가 되어지이다'[5]

'모든 부처께서 여러 중생들을 불쌍히 여겨 자비를 베푸시니 제도되지 않는 것이 없사오며, 임금을 위하여 일을 하다 목숨을 바친 백성들은 더욱 구제해야 하겠습니다. 성심을 다하여 죽은 혼령들이 해탈하기를 비나이다. 돌아보건대 덕이 박한 몸으로 국가의 기초를 시작하여 … 그 때문에 희생이 연달아 납니다. … 비록 태평 세상에 오래 살지는 못했으나 극락세계에 왕생하여 천도하지 아니하랴. 이에 수륙재의 법회를 열어서 가는 길을 열도록 합니다. 엎드려 비나이다. 부처님의 방편을 힘입어 길이 원한을 씻어 버리고 甘露로 목구멍을 적시고 法羞의 음식을 배불리 먹으며, 눈과 귀로 자비한 광명을 접하여 모두 부처될 인연을 이루어지이다'[6]

---

5) 민족문화추진회, 『東文選』Ⅷ 국역총서 32, (민족문화문고간행회, 1986), p.544의 「水陸齋疏」 번역문과 pp.845-846 원문참조
6) 민족문화추진회, 앞의 책, pp.547-548의 「水陸齋疏」 번역문과 p.847 원문 참조

라는 두 가지 「水陸齋疏」의 내용에서도 살펴볼 수 있듯이 태조는 철저하게 불법에 의존하여 수륙재를 행함으로써 본인의 부덕함을 부끄러워하고 고려 왕조 후속들에 대한 용서를 빌고 있음이 파악된다.

또한 배가 고파 허덕이는 기아상태의 아귀들에게 음식을 베푼다는 뜻에서 일종의 餓鬼會 또는 施餓鬼會와도 같은 취지의 수륙재는 조선시대에 들어와 성행한 불교식 천도의례 중의 하나로, 태조 4년(1395년) 2월에 '태조께서 觀音窟과 見巖寺, 三和寺에 수륙재를 설하여 상례로서 매년 봄과 가을에 거행토록 명하였는데, 이는 전(고려) 왕조의 王氏를 위함이다'[7]라고 하여 조선 건국과 더불어 억울한 죽임을 당한 고려 왕족과 전쟁으로 희생당한 귀족 및 군인들의 영혼을 달래기 위해 시행되었음이 파악된다.

이 중 특히 관음굴은 權近이 지은 「觀音窟落成慶讚華嚴經疏」[8]의

'부처님께서 화엄경의 법문을 연설하시어 三界를 두루 이익되게 하셨다. 나의 조그마한 몸으로 조선의 강토를 차지하였으니 만세의 태평 열기를 원하여 성심을 다하여 은혜롭게 도움을 비나이다. 관음굴은 … … 돌로 쌓아서 터를 넓히고 들보와 기둥을 세워서 집을 새롭게 하였더니 부처님의 가피를 입어 신하와 백성들의 추대를 받아 임금의 자리에 올랐습니다. 덕이 없음이 부끄러우매 늘 조심스럽고 혹 잘못됨이나 없을까 두려워하나이다. … 절의 낙성을 경찬하고 국가의 큰 규모를 든든하게 하려는 것입니다. … 엎드려 원하나니 더욱 일어나고 번창하여서 箕疇의 五福을 누리고 길이 편안하셔서 周曆의 만년을 지나소서.

7) 『太祖實錄』7卷 太祖 4年 2月 24日(戊子) 기사 '上命設水陸齋於觀音窟, 見巖寺, 三和寺 每春秋以爲常. 爲前王朝王氏也' 참조.
8) 민족문화추진회, 앞의 책, p.542의 「觀音窟落成慶讚華嚴經疏」번역문과 pp.844-845 원문 참조.

국경에는 兵亂이 끊어지고 閭閻에는 농사와 누에치는 것이 잘 되어지
이다'

라는 내용과, 「觀音窟行水陸齋疏」9)의

　　'… 중생을 제도하여 이롭게 하는 것은 오직 부처님의 거리낌 없는
　　자비를 힘입어야하므로 이에 정성을 다하여 덮어주심을 바라나이다.
　　돌아보건대 천박한 자질로 높은 지위에 처하였습니다. … 사세가 급박
　　하여 前朝의 왕족들을 보전하지 못한 것입니다. … 고려 왕족들과 함
　　께 살 수는 없었지만 극락세계로 잘 가도록 천도하려 하여 金字로『法
　　華經』을 썼으며, 매년 孟冬에는 또 수륙재를 베풉니다. … 왕씨의 여러
　　영혼이 모두 원한을 풀고 환희심을 내어 길이 輪廻의 길을 벗어나고
　　有漏의 인연을 벗어나 극락세계로 왕생하여 無生忍을 깨달아 지이다'

라는 내용으로 미루어 보아 고려 왕족을 위한 수륙재를 지내고 더불어
백성들의 안녕을 기원하기 위해 관음굴을 낙성하였음이 파악된다. 이후
태조는 1396년(태조 5) 漢陽으로 수도를 옮긴 뒤 1397년 1월부터 9월에
이르기까지 진관사에 水陸社를 세우게 되는데 59칸이나 되는 대규모로
서10), 이를 통해 태조의 불교를 향하는 마음과 왕도정치를 하기 위해서
는 불교에 의지해야만 한다는 생각을 읽어 볼 수 있지 않을까 한다.
　　이와 같은 태조의 생각은 「津寬寺水陸社造成記」11)의

9) 민족문화추진회, 앞의 책, p.548 「觀音窟行水陸齋疏」번역문과 p.847의 원문 참조.
10) 진관사의 수륙사 창건과 건축특성에 대해서는 이강근, 「진관사의 수륙사」, 『진관사
　　수륙재』학술논총, (한국미술사연구소 / 진관사, 2010), pp.19-34 참조.
11) 민족문화추진회, 『동문선』Ⅵ-국역총서 30, pp.478-480의 「津寬寺水陸社造成記」번역문
　　과 pp.739-740 원문 참조.

'근본에 보답하고 먼 조상을 추모하는 것은 왕도정치의 먼저 할 바이오 물건을 이롭게 하고 생명을 구제하는 것은 불교에서 중히 여기는 바이니 … … 佛氏의 설에 말하기를 사람이 죽어도 없어지지 않고 그가 지은 선하고 악함에 따라 윤회하여 태어나는데 부처님이 자비를 베풀어 고통을 없애고 기쁨을 주며 물에 빠져 들어감을 건져주시니 산 사람이 부처님을 섬기고 스님을 밥 먹여서 이로운 데로 인도한다면 죽은 이의 神이 주리다가도 배부를 수 있고 괴롭다가도 낙을 얻을 수 있으며, 나아가서는 부처가 되어 윤회의 응보를 면하고 산 사람도 역시 부유와 이익을 얻을 수 있다고 한다. … 洪武 丁丑年 正月 乙卯日에 주상이 內臣 李得芬과 沙門 祖禪 등에게 명하기를 내가 국가를 맡아 하게 된 것은 오직 朝宗의 積慶에서 온 것이므로 조상의 덕을 보답하기 위하여 힘쓰지 않는 것이 없다. 신하와 백성들이 혹은 國事에 죽고 혹은 스스로 운명하였는데 주관하여 제사드릴 이가 없어 저승길에서 굶주리고, 엎어져도 구원하지 못하니 내가 매우 근심한다. 옛 절에도 水陸道場을 마련하고 해마다 齋會를 개설하여서 조종의 명복을 추후로 빌고 또 중생을 이롭게 하려하니 너희들은 가서 합당한 자리를 찾아보게 하라 하였다. … 여러 절 가운데 진관사만큼 좋은 절이 없다고 하니 여기에 도량을 설치케 하였다. … 9월에 이르러 공사가 끝났는데 모두 59칸으로 사치하지도 않고 누추하지도 않아 그 제도에 맞았다. … … 우리 주상전하께서는 … 하늘에 配享하는 제사를 이미 극진히 하고 부처에 귀의하는 마음이 또한 간절하여 우리 조종의 하늘에 계신 영혼으로 친히 부처의 복을 받고, 묘한 因果를 증험하게 할 수 있게 하며 주인 없는 귀신까지도 모두 이로운 은택을 입게 하시니 誠孝의 감동하는 바가 지극하고 다한 것이었다. …'

라는 내용을 통해 잘 파악된다. 이후 수륙재는 太宗과 世宗代를 이어 文宗代와 中宗代로 이어지면서 왕실의 보호받게 되며, 진관사는 마침내

나라에서 행하는 國行水陸齋의 중심사찰로 우뚝 서게 되며 사세가 날로
확장되기에 이른다.

Ⅲ. 『초당집』과 진관사 감로왕도 도상

진관사 감로왕도에 대한 관련기록은 『초당집』(도 1, 도 1-1~3) 과 『한
국민속고』의 언급이 전부이다. 1842년 간행으로 추정하고 있는 『초당
집』의 기록은[12] '津寬寺七星神衆甘露幀勸善文' 중에 보이는 "진관사 칠
성신중감로 삼탱의 그림이 해가 오래되어 색과 모습이 흐려져 불제자들
이 탄식하였으니, 하물며 사문들에 있어서랴. 마음을 곧게 하고 믿음을
내어 眞相을 고쳐 그리려는데 일은 산더미 같고 힘은 모기 같아 한 손
으로는 이루기 힘들더라. 그러므로 선을 쌓고 인을 행하는 가문에 널리
알리니 하루아침에 티끌 같은 재산을 아끼지 않고 만겁의 좋은 인연을
맺었다'라는 내용으로서[13] 진관사의 「칠성도」와 「신중도」, 「감로왕도」
는 그림을 그린지가 오래되어 색상이 많이 상했다는 언급 정도이다.

『한국민속고』의 기록 또한 '사당고'편에 보이는 내용이 전부로서 이
곳에서는 진관사 「감로왕도」가 咸豊 6년인 1856년에 그려진 것만을 언
급하고 있다[14]. 위 두 가지 내용으로 미루어 보아 진관사 「감로왕도」는

---

12) 본문 맨 끝부분의 첫머리에 간지가 보이는데 첫 부분이 훼손되어 명확하지는 않으나
'壬寅'으로 보아 1842년으로 추정하고 있지만, 만약 이를 '庚寅'으로 본다면 1830년
또는 1890년으로 추정할 수 있을 것이다.

13) 今玆津寬寺七星神衆甘露三幀畫 出年深 色相褪渝 檀那之所嗟歎 況爲沙門者乎 矢心發信 方
欲改繪眞相 而事山力蚊 隻手難成 故普告于積善行仁之門 無悋一朝塵財 以結萬劫之良緣

14) 여기에서 송석하는 감로왕도에 社堂이 그려진 예들로 서산 개심사 감로왕도(1764년),

1856년에 그린 것으로 색상이 많이 상해 있었음을 짐작할 수 있으나, 화면의 구성과 색상에 대해서는 구체적으로 밝힐 수가 없다.

〈도1〉 초당집, 동국대학교 중앙도서관

〈도1-1~3〉 초당집 권선문, 동국대학교 중앙도서관

고양 진관사 감로왕도(1856년), 서울 청련사 감로왕도(1880년), 양주 보광사 감로왕도(1898년), 여주 신륵사 감로왕도(1900년) 등만을 한정하여 제시하고 있으나 [송석하, 『한국민속고』, (일신사, 1960). p.110 참조] , 이렇듯 사당이 등장하는 경우는 19세기 감로왕도 거의 대부분에서 찾아볼 수 있다.

『초당집』의 '진관사칠성신중감로탱권선문'으로 보아서는 「칠성도」와 「신중도」, 「감로왕도」 세 폭이 모두 거의 동일한 시기에 조성되었을 것으로 여겨진다. 그러나 기록상의 「감로왕도」는 1856년 조성이며, 오늘날까지 진관사에 봉안되어 전해오고 있는 그림은 1844년 조성의 「석가모니불도」, 1910년에 그린 「칠성도」와 「신중도」로서 「감로왕도」와 「칠성도」, 「신중도」의 조성시기가 서로 다를 뿐만 아니라, 조성 화원들 또한 '竺衍'과 '震徹'로 서로 달라 권선문상의 내용과는 많은 차이가 있음이 파악된다. 현재 진관사에는 1844년에 진철이 그린 「영산회상도」 1점과 진철·축연이 같은 해에 조성한 「신중도」 두 폭, 그리고 應釋[15]이 그린 「독성도」 1점 및 1910년에 春潭이 조성한 「칠성도」 1점 등 19-20세기 불화 5점이 전해올 뿐 1850년대에 봉안한 불화는 남아 있지 않다.

또한 전국적으로도 1850년대의 '감로왕도'는 거의 보이지 않고, 1700년대와 1880년대 이후 작품들이 대부분을 이루고 있어 진관사 「감로왕도」의 도상을 추측하기가 결코 쉽지만은 않다. 그러나 비록 관련 기록들과는 시간적인 차이가 있으나, 19세기 후반 조성의 서울·경기지역 '감로왕도' 화면 구성과 채색 및 내용을 살펴봄으로써 1856년 조성으로 알려진 진관사 「감로왕도」에 대해 어느 정도 추정이 가능하지 않을까 한다.

조선시대 19세기 후반 불화의 전반적인 경향은 채도가 낮은 적색과 코발트 계통의 청색을 많이 사용하는 것이 일반적인데, 19세기 서울·경기지역 '감로왕도'의 경우 푸른 계통의 청색을 사용하는 빈도가 매우

---

15) 응석은 19세기 서울·경기지역을 대표하는 화승으로 남양주 흥국사를 중심무대로 활동하였으며, 1850년대부터 1912년에 이르기까지 약 34점에 달하는 불화자료들을 남기고 있다. 김창균, 「19·20세기 서울지역 불화 화승 유파 연구」, 『서울의 사찰불화』II, (서울역사박물관, 2008), p.278 및 pp.288-298 표1-5 참조.

높음을 볼 수 있다. 이러한 경향은 19세기에 들어 불화 주제와 관계없이 전국적으로 일반화하고 있는 점으로 미루어 보아 진관사 「감로왕도」역시 동일한 흐름을 보이지 않았을까 추측해 볼 수 있겠다.

'감로왕도'의 경우 지금까지 조사된 자료로는 일본 나라국립박물관 소장의 1589년 작 약선사 「감로왕도」(도 2)로부터 20세기에 이르기까지 약 66점이 국내·외에 전해오고 있는데[16] 진관사 「감로왕도」와 관련지어 볼 수 있는 작품으로는 경기도 망월사 소장의 1801년 작 백천사 운대암 「감로왕도」(도 3)를 비롯한 1800년대 그림 13점과, 1907년 조성의 수국사 「감로왕도」(도 4) 등 1900년대 작품 5점을 포함하여 18점 정도가 된다. 이들 가운데 1880년대 조성의 '감로왕도'는 도설 내용은 서로 유사하지만 화면 구성에 있어서는 크게 네 가지 유형으로 분류해볼 수 있다.

첫 번째 유형은 의정부 망월사 소장 백천사 운대암 「감로왕도」와 같이 상·중·하 3단 중 하단 圖說部를 강조하고, 상단의 불보살은 별도로 마련한 원형 공간 속에 배치하는 구성법을 보이는데 1792년 조성의 은해사 백흥암 「감로왕도」(도 5)로부터 영향을 받은 것으로 추정된다.

두 번째 유형은 프랑스 파리 기메박물관 소장의 만월산 수국사 「감로왕도」(도 6, 1832년)에서 볼 수 있듯이 상단에 七佛을 일렬로 배치한 뒤 중단 우측(向左) 作法僧들의 배경을 병풍으로 처리하고 있는 것이 특징적인데, 등장인물의 수에서는 차이가 있으나 1893년에 그린 호국지장사 「감로왕도」(도 7)에서도 동일한 구성을 보여 영향관계가 짐작된다.

---

16) 국내·외에 전해오는 조선시대 감로왕도에 대해서는 김승희, 「어디서 무엇이 되어 다시 만나랴」, 『甘露』朝鮮時代 甘露幀 (下), (통도사성보박물관, 2005), pp.58-59 朝鮮時代 甘露幀 目錄 참조

〈도 2〉 약선사 감로왕도, 1589년,
158×169㎝, 일본 나라국립박물관 소장

〈도 3〉 백천사 운대암 감로왕도, 1801년,
196×159㎝, 경기도 의정부 망월사 소장

〈도 4〉 수국사 감로왕도, 1907년, 157.5×261㎝, 서울 수국사 소장

제 3부 수륙재의 현대적 계승과 공연콘텐츠적 활용 721

〈도 6〉 만월산 수국사 감로왕도, 1832년,
　　　 192×194.2㎝, 프랑스 파리 기메박물관 소장

〈도 5〉 은해사 백흥암 감로왕도, 1792년,
　　　 196.5×196㎝, 경북 영천 은해사 백흥암 소장

〈도 7〉 호국지장사 감로왕도, 1893년,
　　　 150×195.7㎝, 서울 호국지장사 소장

〈도 8〉 홍국사 감로왕도, 1868년, 173×191.5㎝,
　　　 경기도 남양주 홍국사 소장

〈도 9〉 개운사 감로왕도, 1883년, 175×269.3cm, 서울 개운사 소장

〈도 10〉 경국사 감로왕도, 1887년, 166.8×174.8cm, 서울 경국사 소장

〈도 11〉 미타사 감로왕도, 1887년, 155×220.8cm, 서울 미타사 소장

〈도 12〉 지장암 감로왕도, 1889년,
183.5×231cm, 서울 지장암 소장

〈도 13〉 불암사 감로왕도, 1890년,
160.5×195cm, 경기도 남양주 불암사 소장

〈도 14〉 봉은사 감로왕도, 1892년, 200×316.5㎝, 서울 봉은사 소장

〈도 15〉 청룡사 감로왕도, 1898년,
161×192㎝, 서울 청룡사 소장

〈도 16〉 보광사 감로왕도, 1898년,
187.7×252.8㎝, 경기도 파주 보광사 소장

〈도17〉 백련사 감로왕도, 1899년, 176×249cm, 서울 백련사 소장

〈도18〉 동화사 감로왕도, 1896년,
184.5×186.5cm, 대구 동화사 소장

〈도19〉 통도사 감로왕도, 1900년,
199.5×203cm, 경남 양산 통도사성보박물관 소장

다음으로 세 번째 유형은 화면 상단에 칠불을 배치한 다음 飯僧臺 위쪽으로 '南無淸淨法身毘盧佛' '南無圓滿報身盧舍那佛' '南無百億化身釋迦佛' 등 三身佛 幡을 달아 놓고, 그 좌우로 강림하는 아미타삼존불과 함께 인로왕보살 및 지장보살을 배치한 유형이다. 중단에는 햇빛가리개용 천막 속의 讀誦僧과 梵唄 作法僧 무리를 그려놓았으며, 아귀왕을 중심으로 좌우측과 하단에는 각종 풍속장면과 위난장면, 지옥장면 등을 표현하고 있다. 이와 동일한 화면 구성은 남양주 흥국사 「감로왕도」(도 8, 1868년)를 시작으로 서울 개운사 「감로왕도」(도 9, 1883년)·서울 경국사 「감로왕도」(도 10, 1887년)·서울 미타사 「감로왕도」(도 11, 1887년)·서울 지장암 「감로왕도」(도 12, 1889년)·남양주 불암사 「감로왕도」(도 13, 1890년)·서울 봉은사 「감로왕도」(도 14, 1892년)·서울 삼각산 청룡사 「감로왕도」(도15, 1898년)·파주 보광사 「감로왕도」(도 16, 1898년)·서울 백련사 「감로왕도」(도 17, 1899년)·여주 신륵사 「감로왕도」(1900년)·양산 통도사 「감로왕도」(도 19, 1900년)·해남 대흥사 「감로왕도」(1901년)·강화 원통암 「감로왕도」(1907년) 등 19-20세기 서울·경기지역 대부분의 '감로왕도'에서 거의 일관되게 나타나고 있음을 볼 수 있다.

그리고 네 번째 유형은 상·중·하단의 뚜렷한 구분 없이 상단 칠여래를 중심으로 장면들을 자유롭게 배치한 특수한 유형으로 동화사 「감로왕도」(도 18, 1896년)를 통해 볼 수 있다.

이상의 네 가지 분류 중 진관사 「감로왕도」 도상을 추정케 해주는 유형은 1856년이라는 조성시기와 연관지어 볼 경우 시기적으로 가장 근접하는 만월산 수국사 「감로왕도」(도 6)로 대표되는 두 번째 유형이라고 할 수 있을 것이다. 그러나 「영산회상도」(1844년)와 「신중도 1·2」

(1844년), 「칠성도」(1901년), 「독성도」(1907년) 등을 조성함으로써 19-20세기 진관사 繪事를 주도하고 있는 대표 화승 震徹, 竺衍, 梵天, 應釋 가운데 '진철'이 통도사 「감로왕도」(도 19)를, '축연'이 경국사 「감로왕도」(도 10)와 봉은사 「감로왕도」(도 14), '응석'이 1898년에 보광사 「감로왕도」(도 16)를 그리는 등 19세기 중반 이후 서울·경기지역에서 크게 유행한 세 번째 유형으로 일관하고 있는 점이 파악된다.

따라서 1856년 조성되었을 것으로 여겨지는 진관사 「감로왕도」는 1868년 조성의 남양주 흥국사 「감로왕도」(도 8)를 시작으로 하는 세 번째 유형의 가능성 또한 충분하다고 하겠다[17].

IV. 맺음말

지금껏 미흡하나마 『초당집』 「진관사칠성신중감로탱권선문」 및 『한국민속고』 「사당고」편의 관련기록과 19-20세기 서울·경기지역 '감로왕도'를 바탕으로 1856년에 조성했다고 하는 진관사 「감로왕도」의 유형에 대하여 복원적 차원에서 분석을 시도해 보았다. 사진자료 등 관련 정보가 전혀 없어 정확한 분석을 한다는 것은 다소 무리가 있겠으나 다행히도 「진관사칠성신중감로탱권선문」이 실려 있는 『초당집』이 1842년 쓰여진 것으로 알려져 있고, 『한국민속고』 「사당고」편에서 진관사 「감로왕도」의 조성시기를 1856년이라고 제시하고 있어 진관사 「감로왕

---

17) 김창균, 「19세기 경기지역 수화승 금곡당 영환·한봉당 창엽 연구」, 『강좌미술사』34, (한국미술사연구소/한국불교미술사학회, 2010, 6)

도」의 유형 추정은 어느 정도 유추해 볼 수 있지 않을까 생각된다. 비록 1850년대 조성의 '감로왕도'가 거의 남아 있지 않은 실정이기는 하나 1801년 이후 1900년대 초반 조성의 '감로왕도' 유형을 분류하고, 진관사 繪事를 담당했던 진철, 축연, 응석 등이 주도적으로 조성한 각 「감로왕도」의 도상비교를 통해 추정해 본 결과 진관사 감로왕도의 유형은 두 가지로 그 가능성을 도출해 볼 수 있었다.

첫째로 1832년 조성의 만월산 수국사 「감로왕도」(도 6)가 주도하는 두 번째 유형일 가능성을 제시하였으며,

둘째로는 19-20세기 진관사 회사를 이끌어 온 화승 진철, 축연, 응석 등이 그린 「감로왕도」 유형으로 미루어 보았을 때 세 번째 유형일 가능성 또한 제시해 보았다.

비록 충분하지 못한 자료로 인해 여러 면에서 미흡한 점이 많이 있겠으나 장차 보다 분명한 자료가 발굴되고, 유형 분류를 바탕으로 한 연구를 지속적으로 진행한다면 진관사 「감로왕도」의 유형 복원은 가능할 수 있으리라 기대해 본다.

『高麗史』「世家」卷2 太祖 23年 12月條
『太祖實錄』7卷 太祖 4年 2月 24日(戊子)
『東文選』Ⅵ-국역총서 30, (민족문화문고간행회, 1986)
『東文選』Ⅷ-국역총서 32, (민족문화문고간행회, 1986)

김승희, 「어디서 무엇이 되어 다시 만나랴」, 『甘露』朝鮮時代 甘露幀 (下), (통도사성보박
　　물관, 2005).
김창균, 「19·20세기 서울지역 불화 화승 유파 연구」, 『서울의 사찰불화』Ⅱ, (서울역사박
　　물관, 2008).
_____, 「수륙재와 영산회괘불화」인·숙종기 영산회괘불화를 중심으로, 『진관사 수륙재』
　　학술논총, (한국미술사연구소, 2009).
_____, 「조선시대 17-8세기 영산회괘불도 연구」, 『강좌미술사』33, (한국미술사연구소/한
　　국불교미술사학회, 2009. 12).
_____, 「19세기 경기지역 수화승 금곡당 영환·한봉당 창엽 연구」, 『강좌미술사』 34,
　　(한국미술사연구소/한국불교미술사학회, 2010, 6).
김희준, 「조선 전기 수륙재의 설행」, 『호서사학』3, (호서사학회, 2001).
문명대, 「진관사 수륙재의 역사와 성격」, 『진관사 수륙재』학술논총, (한국미술사연구소 /
　　진관사, 2010.
송석하, 『한국민속고』, (일신사, 1960).
윤은희, 「감로왕도 도상의 형성문제와 16·7세기 감로왕도 연구」, 동국대학교 대학원 미
　　술사학과 석사학위논문, 2003.
이강근, 「진관사의 수륙사」, 『진관사 수륙재』학술논총, (한국미술사연구소/진관사, 2010).
한상길, 「조선전기 수륙재 설행의 사회적 의미」, 『한국선학』23, (한국선학회, 2009).

백제문화제 수륙재의 전개와 발전 방향성 연구

안
상
경

1. 머리말

수륙재(水陸齋)는 물[水]과 뭍[陸]을 헤매는 무주고혼(無主孤魂)과 아귀(餓鬼)를 법식으로써 널리 베풀어 천도하는 불교의식이다. 6세기 경 양나라의 무제(武帝)가 공덕을 쌓기 위해 처음 설행한 것으로 달리 '수륙도량(水陸道場)', '비재회(悲齋會)', '시아귀식(施餓鬼食)'이라고도 한다. 우리나라에서는 970년(광종 21)에 화성의 갈양사(葛陽寺: 경기도 화성 용주사의 전신)에서 수륙도량으로써 수륙재를 처음 설행했다. 1093년(선종 10)에는 태사국사(太史局事) 최사겸(崔士謙)이 수륙재의 의례 절차를 기록한 『수륙의문(水陸儀文)』을 송나라에서 들여왔다. 그리고 개성의 보제사(普濟寺)에 수륙당(水陸堂)을 새로이 건립하고, 의문을 좇아 수륙재를 성대하게 설행했다. 또한 일연(一然)의 제자 혼구(混丘)가 고려불교의 독자적인 의식을 덧붙여 『신편수륙의문(新編水陸儀文)』을 찬술하기도 했다.[1]

---

[1] 홍윤식, 「수륙재」, 『한국민족문화대백과사전』, 한국학중앙연구원, 2010.

조선시대에는 사전(祀典)에 등재되지 않은 일체의 의식을 음사(淫祀)로 규정하여 금단했다. 그러나 국가 차원의 수륙재는 국왕이 나서서 철저히 숭앙했다.[2] 촌부(村夫)마저 개별적인 차원에서 수륙재를 거행했다.[3] 그러면서 수륙재가, 영혼 천도는 물론 수명 장수, 질병 치유, 해운 안전, 후손 발복, 천재 퇴치 등 인간의 삶에서 기본적으로 요구되는 바람들을 수용하기 시작했다. 이에 따라 수륙재가 더욱 광범위하게 성행하게 되었고, 오늘날에 이르기까지 다양한 형태로써 전승되고 있다. 이러한 수륙재를 두고, 2013년에 문화재청은 '범패와 작법은 불교예술의 진수를 보여줄 뿐만 아니라, 그 의미는 우리 사회가 안고 있는 문제를 해소하고 치유하는 데 기여할 것'이라고 진단했다.[4] 그리고 '삼화사(三和寺)의 국행수륙재', '진관사(津寬寺)의 국행수륙대재', '백운사(白雲寺)의 아랫녘 수륙재'를 중요무형문화재로 지정했다.

그런데 이들 수륙재의 연원과 가치 못지않게 백제문화권의 범패와 넋건지기의 진수를 보여주는 '백제문화제 수륙재'가 전승되고 있다. 백제문화제 수륙재는 1955년에 부여불교신도연합회 회원들이 백제대제(百濟大祭)를 통해 삼천궁녀의 넋을 달래는 '삼천궁녀 위령제'로부터 출발했다. 그리고 백제의 애정과 연민을 바탕으로, 지역민의 자발적인 참여

---

2) 『世宗實錄』, 世宗 十四年 二月 癸卯. "孝寧大君補大設水陸于漢江七日 上降香 築三壇 飯僧千餘 皆給布施 以至行路之人 無不饋之 日沈米數石于江中 以施魚鼈 幡蓋跨江 鍾鼓喧天 京都士女雲集 兩班婦女 亦或備珍饌以供 僧俗男女 混雜無別."

3) 『世宗實錄』, 世宗 二年 九月 己丑 "朴訔卞季良獻議云 在前法席 誦閱 法華 華嚴 三昧懺 楞嚴 彌陀 圓覺懺經 等佛書 今革法席 請自今於國行水陸 以上項諸經 分屬七七日 各於其日誦閱 且大夫士追薦水陸 毋過定制 其家貧者 稱家有無 柳廷顯 李原 許稠議曰 國行法席 今已革之 若將法席所誦諸經 分屬七七日 其經卷數多 一日內不能畢讀 必聚僧百餘 連日作法乃罷 則無異法席 弊復如前 請依曾降宣旨 只行水陸."

4) 이재형, 「문화재청, 수륙재 무형문화재 지정 확정: 삼화사·진관사·백운사 보유단체 인정」, 『법보신문』, 2013. 12. 19.

에 의해 60년 간 그 생명을 잇고 있다. 그러나 오늘날에 이르러서는 오히려 수륙재가 백제문화제를 구성하는 한 프로그램으로 전락해버렸다. 백제문화제의 주객이 전도된 현상으로 볼 수 있다. 이러한 문제의식을 바탕으로, 본고에서 백제문화제 수륙재의 기원과 전개를 추적하여 그 특수성을 추출하는 동시에 발전 방향성을 제시하고자 한다. 60년간의 수륙재를 정리하면서 앞으로 백제만의 고유한 수륙재로 가꾸어나간다면, '천여 년 간 한민족의 삶을 수용한 불교문화로서 수륙재의 보편성'과 '백제의 역사와 정서를 대표하는 불교문화로서 수륙재의 특수성'을 확보할 수 있을 것이라는 신념으로부터 출발한 것이다.

2. 백제문화제 수륙재의 기원과 전개

1) 기원

〈그림1〉 제1회 백제대제 축하 행렬(1955. 04. 18)

〈그림2〉 제1회 백제대제 삼천궁녀 위령제(1955. 04. 22)

삼천궁녀는 백제의 패망과 함께 나라를 잃었고, 목숨을 잃었다. 그리고 오인(誤認)의 역사로 인해 1,400년 간 백마강(白馬江)의 고혼으로 떠돌아야 했다. 그녀들의 넋을 달래줄 그 누가 없었기 때문에 인근의 승려나 무당들이 개별적인 차원에서 넋건지기를 했을지도 모른다. 또 뜻 있는 지방관이 제례를 올려주었을지도 모른다.[5] 그러나 삼천궁녀는 '삼천 명의 꽃다운 여인들'이 아니라 백제멸망의 비운을 상징하는 사람들이다. 그렇기에 그들의 넋도 범국가, 범종교 차원에서 달래주어야 한다. 이러한 취지에서, 부여불교신도연합회 회원들이 1955년에 백제대제(百濟大祭)를 통해 삼천궁녀의 넋을 달래는 '삼천궁녀 위령제'를 처음 시행했다.

백제대제의 개최는 백제의 삼충신(三忠臣)인 성충(成忠), 흥수(興首), 계백(階伯)의 위패를 독립적으로 봉안할 삼충사(三忠祠)의 창건 계획으로부터 비롯되었다. 당시 삼충신의 위패는 의열사(義烈祠: 부여읍 용정리 망월산 기슭에 위치)에 봉안되어 있었다. 의열사는 1575년(선조 8)에 부여 현감 홍가신(洪可臣: 1541~1615)이 건립한 사당으로, 삼충신 및 고려 후기의 충신 석탄(石灘) 이존오(李存吾: 1341~1371)를 함께 배향했다. 1695년(숙종 21)에는 화강(花岡) 정택뢰(鄭澤雷: 1585~1619)를, 1770년(영조 46)에는 지소(芝所) 황일호(黃一皓: 1588~1641)를 추배했다. 1866년(고종 4)에 서원철폐정책에 의해 훼철되었다가, 1924년에 지역의 유림들이 옛 터에 단을 설치하고 위패를 다시 봉안하여 향사했다.

---

5) 『英祖實錄』, 英祖 34年 10月 4日 丁巳 "有落花巖 其時宮人死節 故名以落花 而土民建祠者也 亦當致祭." 이 기록을 통해, 영조 연간에 낙화암에서 타사한 궁녀를 치제하기 위한 사당이 존재했던 것으로 짐작할 수 있다.

〈그림 3〉 1960년대 백제문화제 삼천궁녀 수륙재

한국전쟁이 끝나갈 무렵, 신맹선(부여 출신 서화가, 부여관광협회장 역임) 등이 '권내 10리 밖에 있는 의열사에서 삼충신의 위패를 모셔와 그들만을 위한 사당을 부소산에 건립하자'고 발의했다. 이에 관광객의 참배도 권할 겸 사당 건립과 함께 백제대제 개최 방안을 수립했다. 그리고 1954년 12월에 이석태(초대 백제대제집행위원장 역임), 김규태(2대 백제대제 집행위원장 역임) 등 6인이 삼충사 건립 및 제1회 백제대제를 본격적으로 추진했다. 제1회 백제대제는 1955년 4월 18일에 삼충사 향사로부터 시작했다. 19일에는 백제대제집행위원을 비롯한 헌관, 부여 고등학생 등 수백여 명이 의열사에서 삼충신의 위패를 모셔와 부소산 남록광장에 봉안했다. 20일에는 전국 농악대회 및 궁술대회가 열렸고, 21일에는 그네 대회가 열렸다. 22일은 백마강에 용선을 띄우고 삼천궁녀 위령제를 거행했다.6)

1950년대의 백제대제는 전적으로 민간 주도로 이루어졌다. 관 주도로 여러 행사가 풍미했던 당시로서는 획기적인 개최 방식이었다. 그런

6) 이석호, 「민간 주도로 탄생한 백제문화제」, 『백제문화제 반세기의 발자취』, 부여문화원, 2009. http://blog.naver.com/sungyeoll. (2014. 08. 25).

데 1960년대 들어서면서부터 백제대제가 관 주도로 변모했다. 1965년 제11회 행사에 박정희 대통령이 참관한 결과라고 할 수 있다. 이때부터 충남도지사가 백제문화제집행위원장을, 부여군수가 사무국장을 맡았다. 예산의 대부분도 충청남도와 부여군이 맡았다. 이후 개막식, 가장행렬, 종합예술발표회 등을 아울러 백제대제는 국내 최고 수준의 향토축제로 발전했다.[7]

〈그림 4〉 제11회 백제문화제 제1회 백제공주선발대회

이렇게 백제문화제는 1955년에 '백제대제(百濟大祭)'라는 이름으로 출발했다. 부여의 유지들이 자발적으로 성금을 모아 집행위원회를 구성하고 부소산에 제단을 만들었다. 백제대제는 큰 인기를 끌었다. 별다른 문화행사가 없었던 시기라 보기 드문 의식에 사람들의 관심이 모아졌다.

---

7) 이석호, 「관 주도로 발전한 60년대 백제문화제」, 『백제문화제 반세기의 발자취』, 부여 문화원, 2009. http://blog.naver.com/sungyeoll. (2014. 08. 25).

인근 지역민은 물론 전국 각지에서 관광객이 찾아 왔다. 숙박업소는 만원을 이루었고, 이마저 구하지 못한 관광객은 민박을 구해 관람에 나설 정도였다. 그리고 1966년부터 백제문화제선양위원회를 조직하고, 명칭을 '백제문화제'로 바꾸어 공주와 부여에서 동시에 개최했다. 이후 1975년부터 2006년까지 홀수 년도에는 공주에서, 짝수 년도에는 부여에서 대제(大祭)와 소제(小祭)의 형식으로 번갈아 개최했다.

2) 전개

〈그림 5〉 수륙재 법요식 　　〈그림 6〉 수륙재 용선 　　〈그림 7〉 수륙재 유등
(제59회 2013년) 　　　　　(제57회 2011년) 　　　　　(제57회 2011년)

민선 4기로 접어들면서, 충청남도는 백제문화제를 세계적인 축제로 육성함과 동시에 서남부권 문화관광의 균형 발전을 목적으로 공주시와 부여군에서 격년제로 개최하던 백제문화제를 대단위로 통합했다. 2009년에는 '2010년 세계대백제전'의 사전행사로서 '프레 2010대백제전'을 슬로건으로 제55회 백제문화제를 치렀다. 2010년에는 9월 18일부터 10월 17일까지 30일 간 정부 공인 국제행사로서 '제56회 백제문화제 : 2010세계대백제전'을 치렀다. 이때 369만 명이 관람했고, 2,499억 원의 경제적 파급 효과를 거뒀다. 전국에서 가장 성공한 축제로 꼽혔으며, 수

상공연, 황산벌전투 재현, 세계역사도시전 등 92개 프로그램은 백제문화제가 글로벌 축제로 도약할 수 있는 가능성을 보여줬다.8)

[표 1] 제54회 백제문화제 불전행사 수륙대재법회 (2008년)

	명칭	시간	장소	내용
1	식전 행사	14 : 00 15 : 00	구드래광장	① 불자 가수 공연 ② 회심곡 ③ 불교합창단 ④ 농악놀이
2	법요식 (1부)	15 : 00 16 : 30	구드래광장	① 상단불공 ② 지장청 ③ 신중청 ④ 축원 ⑤ 분향 및 헌화 ⑥ 바라춤 승무
3	법요식 (2부)	16 : 30 18 : 00	구드래광장	① 개식사 ② 삼귀의 ③ 찬불가 ④ 반야심경 ⑤ 집행위원장 등 축사 ⑥ 고유문 ⑦ 분향 헌화 ⑧ 청법가 ⑨ 법어 ⑩ 사홍서원
4	제등 행렬	18 : 00 18 : 30	구드래광장 선착장	연등 1,500여 개 행렬
5	수륙재	18 : 30 20 : 00	선착장	영가 천도
6	유등 띄우기	20 : 00 21 : 00	백마강	유람선에서 유등 축원
7	어보시	20 : 30 21 : 00	백마강	어류 중생 보시

---

8) "백제문화제 역사", 백제문화제 홈페이지 http://www.baekje.org/html/kr. (2014. 08. 26).

[표 1]을 통해 제54회 백제문화제 수륙재의 설행 양상을 확인할 수 있다. 당시 부여불교연합신도회가 주최했으며, 부여군사암연합회 등이 후원했다. 참여 인원은 약 500여 명이었다. 본격적인 법요식에 앞서서는 불자 가수 및 불교합창단 공연 등을 통해 축제 분위기를 고조시켰다. 법요식에 이어서는 1,500여 개 연등이 구드래광장에서 선착장까지 늘어섰다. 수륙재를 마친 후에는 백마강에 소형 용선을 마련하여 유등을 띄웠다. 그리고 수륙재의 원형적 의미를 더하기 위해 어보시(魚報施)를 곁들였다.

[표 2] 제34회 백제충의열사 영가천도 수륙대재 (1988년)

	명칭	시간	장소	내용
1	법요식 (1부)	12：30 14：00	정림사지	① 보레진언 ② 천수경 ③ 상단불공 ④ 신중청 ⑤ 지장청 ⑥ 산신청 ⑦ 용왕청 ⑧ 고유문 ⑨ 축문 ⑩ 헌화향 및 참배 ⑪ 반야심경
2	법요식 (2부)	14：00 15：00	정림사지	① 삼귀의례 ② 심경 ③ 집행위원장 등 축사 ④ 법어 ⑤ 사홍서원
3	유등 행렬	15：00 16：30	정림사지 구드래광장	유등 500여 개 행렬
4	수륙재	16：30 18：30	구드래광장	영가 천도

5	유등 띄우기	18 : 30 19 : 00	백마강	유등 축원
6	어보시	18 : 30 19 : 00	백마강	어류 중생 보시
7	회향 행렬	18 : 30 19 : 30	구드래광장 정림사지	신도 행렬
8	탑돌이	19 : 30 20 : 30	정림사지	신도 탑돌이

그런데 [표 2]를 통해 제34회 백제문화제 수륙재의 설행 양상을 살펴보면, 근간의 수륙재와 차이가 있음을 확인할 수 있다. 당시 대한불교조계종전국신도회부여군지회가 주최했으며, 부여불교연합회 및 불교신문사가 후원했다. 참여 인원은 약 800여 명이었다. 식전행사 없이 바로 법요식을 행했으며, 이어 참여자들이 정림사지로부터 구드래광장까지 1시간 30분간 행렬했다. 이때 기(旗: 37명의 신도), 화분(花盆: 4명의 신도), 등(燈: 4명의 신도), 승려(僧侶: 15명, 연(蓮: 44명의 남학생)), 위패(位牌: 3명의 여학생)를 따라 500여 개의 유등이 뒤를 이었다.[9] 수륙재를 마친 후에는 백마강에 유등을 띄웠는데, 바가지에 콩기름을 넣어 기름심지를 붙인 형태였다. 그리고 다시 정림사지로 회향(回向)하여 1시간 여 간 탑돌이를 했다.

백제문화제 수륙재의 진행 양상은 '전반부의 상단불공을 포함한 법요식'과 '후반부의 수륙재를 중심으로 한 천도재'로 분류할 수 있다. 수륙재가 물과 뭍을 헤매는 무주고혼과 아귀를 달래기 위해 법식을 베푸는 불교의식이라고 하지만, 백제문화제 수륙재에서 영가를 천도한다거나,

---

9) 조주희(남, 65세, 부여불교연합회 회장 역임) 보관, "제34회 백제충의열사 영가천도 수륙대재 행렬 순위 약도" 참조

유등을 통해 발원한다거나, 물고기에게 분식(分食)한다거나 하는 것들은 무속신앙과 관련이 있다. 또한 백제문화제 수륙재가 수상(水上) 수륙재라는 점에서도,10) 즉 용선에 단을 설치하고 일부 의례를 설행한다는 점에서도 민간신앙의 용왕신앙과 관련이 있다. 이와 관련하여 1918년 기도 고양군 미타사(彌陀寺)에서 설행한 수륙재의 기록을 주목할 만하다.

大正7年 陰七月 十日에 경기도 고양군 荳毛浦 彌陀寺에셔는 水陸齋를 設行ᄒ얏ᄂᆞᆫᄃᆡ 其儀式을 聞ᄒᆞᆫ즉 道俗男女가 群集ᄒᆞ야 漢江中流에 大法船을 放ᄒ고 諸法師가 經을 讀ᄒᆞ야 法을 作ᄒ고 終末에는 施食卽을 行ᄒ얏다 ᄒ더라 大槪 此ᄂᆞᆫ 近日朝鮮에서 慣行ᄒᆞᄂᆞᆫ 水陸齋의 法式이라 疑컨ᄃᆡ 露梁巫女의 龍神賽와 如ᄒᆞᆫ 法이 輾轉變化되고 또ᄂᆞᆫ 水陸이라ᄂᆞᆫ 水字의 의의를 취ᄒᆞ야 佛家에셔도 水陸齋를 江上에서 設行케 됨은 아닌가 ᄒ노라.11)

상현거사는 '남녀가 모여 한강 중류에 대법선(大法船)을 띄우고 법사들이 경(經)을 읽고 법(法)을 작(作)하고 시식(施食)하는 것'을 두고, '미타사의 수륙재는 노량진 무녀의 용왕굿 같은 의례로부터 영향을 받았다'고 말하고 있다.12) 또 원래 의미와 달리, 수륙의 "水"를 빌미로 불가에

---

10) 수륙재는 물과 뭍의 영혼을 천도한다는 의미이므로 물과 불가분의 관계가 있다. 조선 초기 태조가 고려 왕족의 영혼을 위해 수륙재를 시작한 것도 이들을 수장시켰던 배경에서 유래한다. 즉 물에서 죽은 영혼을 수륙재로 위무했다. 이러한 맥락에서 백마강에 투신한 궁녀의 위령제를 수륙재로 봉행하고 그것도 바로 수상에서 개설하는 것은 수륙재의 본질적 의미에 가장 근접한 것이라는 생각이다. 한상길, 「수륙재의 역사와 백제문화제 수상 수륙재」, 『백제문화제 수륙재 60년의 가치』, 백제문화제 60회 기념 학술세미나, 2014, 82면.
11) 상현거사, 「水陸齋儀式에 就ᄒᆞ야」, 『조선불교총보』제11호, 삼십본산연합사무소, 1918, 8~10면.
12) 이경엽, 「서해안 무속수륙재의 성격과 연행 양상」, 『한국민속학』제51집, 한국민속학

서도 축재를 강상(江上)에서 행하는 것이 아닌지 추정하고 있다. 고려 전형적인 불교식 수륙재가 후대로 전승되면서 무속신앙이나 민 앙의 용왕신앙과 교섭하여 그 법식이 독자적으로 변화했을 것이라 추정하고 있는 것이다. 백제문화제 수륙재의 경우에도 삼천궁녀를 비롯한 백제의 무주고혼을 달래고 그들의 넋을 천도시키기 위해 개별적인 차원에서 행하던 천도재 또는 천도제를 대단위 축제 형태의 수륙재로 발전시킨 것이기 때문에 불교와 무속신앙 또는 불교와 민간신앙의 용왕신앙이 습합된 형태를 취하고 있다.

그런데 재장이 정림사지에서 구드래광장으로 바뀌면서, 주최 단체가 바뀌고 신도들의 신심이 약화되면서, 관의 지원이 축소되면서 그 법식이 변화하고 있다. 임병고(전 부여문화원장)의 제보에 의하면, 1960년대에는 수륙재를 설행하기 1주일 전부터 인근 목욕탕이 불야성을 이루었다고 한다.[13] 참여자들이 목욕재계를 통해 몸과 마음을 정화시키고자 했던 것인데, 그만큼 수륙재에 대한 신심이 컸다고 할 수 있다. 또한 백제문화제 수륙재의 주최 단체는 관으로부터 1,500만 원의 지원을 받는다. 헌데 중요무형문화재로 지정된 삼화사(三和寺)의 국행수륙재나 진관사(津寬寺)의 국행수륙대재는 그 예산이 10억에 이른다. 백제문화제 수륙재의 예산은 삼화사나 진관사의 수륙재 예산과 비교하여 0.15%에 해당하는 수준이다. 게다가 백제문화제의 여느 프로그램을 고려하여, 수륙재의 무대 사용 시간도 2~3시간으로 제한하고 있다. 실연(實演)으로서 수륙재가 아니라, 시연(示演)으로서 수륙재를 행할 수밖에 없는 현실이라

회, 2010, 260면.
13) 또한 임병고(전 부여문화원장)의 제보에 의하면, 1960년대 부여군 일대의 인구가 20만 명이었는데, 이 중 약 5만 명이 수륙재에 참여했다고 한다.

고 할 수 있다.

백제문화제 수륙재가 처한 현실에 당혹감을 감출 수 없는 것 사실
이다. 하지만 백제의 애정과 연민을 바탕으로, 지역민의 자발적인 여
에 의해 60년 간 그 생명을 잇고 있다는 것만으로도 백제문화제 수
의 의미를 절대 절하시킬 수는 없다.

3. 백제문화제 수륙재의 발전 방향성

1) 설행 목적과 정체성의 재확립

누대에 걸쳐 삼천궁녀 애사가 전승되어 왔다. 별다른 가공을 하지 않
더라도, 우리나라 사람이라면 누구나 그 이야기를 알고 있다. 그러나 의
자왕을 비롯하여 삼천궁녀에 대한 일반적인 이미지는 부정적이다.[14] 패
망한 왕국이라는 측면에서 백제역사와 백제문화를 의도적으로 축소시
켰기 때문이다. 또 백제멸망을 두고 비참하게 망한 사정이나 망할 수밖
에 없었던 원인을 의도적으로 왜곡시켰기 때문이다. 반면 동아시아를
넘어선 해상교류의 강국이었다는 사실, 황룡사구층탑이나 석가탑에 백
제의 예술혼이 깃들었다는 사실, 백제부흥운동이 줄기차게 전개되었다
는 사실 등은 묻어 두었다.

---

14) "뽕잎사랑 샤브샤브!! 흐규흐규 마시쩡~ 뽕잎사랑 샤브샤브집 의자왕 삼천궁녀처럼
   챠르륵 챠르륵 줄지어 육수에 퐁당퐁당~ 야채가 뽀르르르 끓기 시작하면 꼬기를
   또 퐁당퐁당~ 음~~ 마시쩡 마시쩡!!!" http://blog.naver.com/PostView.nhn?blogId. (2014.
   09. 21)

(가) 백제고기에는 부여성 북우(北隅)에 큰 바위가 있어 아래로 강물에 임하였는데, 전하기를 의자왕과 모든 후궁이 함께 화를 면치 못할 줄 알고 서로 말하되 차라리 자살할지언정 남의 손에 죽지 않겠다 하고 서로 이끌고 와서 강에 투신하여 죽었다 한다. 그래서 속(俗)에서 타사암(墮死巖)이라고 하나 이것은 속설이 잘못된 것이다. 다만 궁인이 그곳에서 떨어져 죽었다. 의자왕이 당(唐)에서 죽었다는 것은 당사(唐史)에 명문(明文)이 있다.[15]

(나) 우리나라의 일을 가지고 말한다면, 옛날 신라가 포석정(鮑石亭)에서 패(敗)하고, 백제가 낙화암(落花巖)에서 멸망한 것이 술 때문이 아닌 것이 없다. 고려 말기에는 상하가 서로 이끌고 술에 빠져 제멋대로 방자하게 굴다가 마침내 멸망하기에 이르렀으니, 이것도 또한 가까운 은감(殷鑑)이 되는 것이니 경계하지 않을 수 있겠는가.[16]

삼천궁녀 애사는 일반인의 뇌리에 가장 뚜렷하게 남아 있는 백제 멸망사라고 할 수 있다. 그런데 (가), (나)와 같이 삼천궁녀를 의자왕의 황음무도(荒淫無道)를 증명하는 것으로 여기는 시각에서는 삼천궁녀가 부정적인 존재일 수밖에 없다. 이러한 시각에서 삼천궁녀는 주연과 향락에 찌든 여인들로 추락한다. 그러나 삼천이라는 숫자는 상징에 불과하다. 불가에서는 고대 인도인의 세계관을 수용하여 전우주(全宇宙)를 삼천대천세계(三千大天世界)로 상정했다. 곧 삼천(三千)은 "온갖 것을 다 망라한다."라는 뜻이다. 또 천태종에서는 만유(萬有)를 통틀어 "삼천"이라고

---

15) 『三國遺事』卷1, 奇異 第1. "百濟古記云 扶餘城北角有大岩 不臨江水 相傳云 義慈王與諸後宮知其未免 相謂曰 寧自盡 不死於他人手 相率至此 投江而死 故俗云墮死岩 斯乃俚諺之訛也 但宮人之墮死 義慈卒於唐 唐史有明文"

16) 『世宗實錄』, 世宗 15年 10月 28日 丁丑 "且以我國之事言之 昔新羅之敗於鮑石亭 百濟之滅於落花巖 靡不由此 而高麗之季 上下相師 沈湎自恣 竟底於亡 此亦殷鑑之不遠也 可不戒哉"

일컫는다.17) 그렇다면 삼천궁녀를 '고국의 멸망 앞에서 몸과 욕을 욕
되게 하지 않으려고 결연히 죽음을 택한 백제 사람들 전체를 키는
것'으로 이해해야 한다. 백제의 흥성과 멸망이라는 기반 위에서 궁
녀를 주목할 때, 삼천궁녀는 백제의 상징이자 백제의 정서를 대표
인물군(人物群)이라고 할 수 있다.

그렇다면, 백제문화제 수륙재가 애초 '삼천궁녀 위령제'로 출발한
이 사실이지만, 그 명칭에만 한정하여 수륙재의 설행 목적을 굳이 '삼
천궁녀의 넋을 달래고 천도하는 것'으로 축소시킬 필요는 없다. 실제로
도 1950~60년대의 수륙재 현장에는 백제의 왕과 왕비, 선녀 복색을
갖춘 이들이 함께 참가했다고 한다.18) 백제의 왕과 왕비 복색을 갖춘
참가자가 있었다는 것을 통해, 백제문화제 수륙재가 비단 삼천궁녀뿐만
아니라 백제의 왕실을 포함하여 백제의 멸망과 함께 목숨을 잃은 사람
들의 넋을 달래고 천도하는 것이 목적이었음을 짐작할 수 있다. 또한
백제문화제 수륙재가 백제의 애정과 연민을 바탕으로 지역민의 자발적
인 참여에 의해 출발했다는 사실을 통해서도, 수륙재의 설행 목적을 다
만 삼천궁녀의 넋을 달래고 천도하는 것으로 한정하지 않았을 것으로
추정할 수 있다. 따라서 삼천이라는 숫자가 품고 있는 상징적 의미, 백
제문화제 수륙재의 본질적 의미 등을 토대로 백제문화제 수륙재의 설행
목적을 널리 '백제의 위로'로 조정할 필요가 있다.

또한 백제문화제 수륙재의 구심점을 찾을 필요가 있다. 수륙재의 주

---

17) 조흥윤, 「한국의 넋건기지: 삼천궁녀제와 관련하여」, 『삼천궁녀제 연구』, 문덕사,
   2000, 40~41면.
18) 홍태한, 「지역민과 함께 한 60년 역사의 백제문화제 수륙재」, 『백제문화제 수륙재 60
   년의 가치』, 백제문화제 60회 기념 학술세미나, 2014, 96면.

체가 된 사찰이 되었든, 어떤 단체가 되었든 그 구심점을 중심으로 설정 정형화를 기해야 한다. 이때 지역의 실정에 맞는 의례문, 즉 백 패망과 함께 목숨을 잃은 사람들의 넋을 달래고 천도하는 의례문 정형화가 절실하다. 700년의 흥망과 성쇠를 균형감 있게 바라보는 시각에서 백제의 역사·문화적 가치를 추출하고, 이를 바탕으로 백제만 의 의례문을 정형화시킨다면 백제문화제 수륙재의 정체성이 더욱 뚜렷 이 부각될 수 있을 것이다. 나아가 범패승의 정형화도 필요하고, 재장의 정형화도 필요하다. 수륙재의 구성 방식과 직결되는 문제이기 때문이다. 이러한 문제의식을 전제로, 60년간의 수륙재를 정리하면서 앞으로 백제 만의 고유한 수륙재로 가꾸어나간다면, '천여 년 간 한민족의 삶을 수 용한 불교문화로서 수륙재의 보편성'과 '백제의 역사와 정서를 대표하 는 불교문화로서 수륙재의 특수성'을 확보할 수 있을 것이다.

2) 백제문화제와 분리·변별

부연하건대 백제문화제는 '삼천궁녀 위령제'로부터 출발했다. 관의 주도에 의한 축제가 아니라, 지역민의 자발적인 발의에 의해 형성, 발전 시킨 백제의 위령제라고 할 수 있다. 그런데 오늘날에는 삼천궁녀 수륙 재가 오히려 백제문화제를 구성하는 한 프로그램으로 전락해버렸다.

[표 3] 제60회 백제문화제 "백제! 세계를 만나다" 팸플릿 중에서

퍼레이드 대백제	사신단의 '백제왕 알현'을 재현한 야간 퍼레이드
삼국문화 교류전	백제와 주변국 문화재 복원 전시 및 체험

한·중·일 문화 교류전	중국, 일본 등 교류국의 문화재 전시 및 체험
백제의 혼 미디어아트	빛의 왕국 백제, 복합 영상 미디어 쇼(3D 맵핑)
대표역사문화 이벤트	역사문화행렬, 웅진성퍼레이드, 계백장군 출정식
제례·불전	삼충제, 수륙재, 백제4대왕추모제, 영산대제 등
체험 프로그램	백제복식, 놀이체험, 부교건너기, 매사냥 시연 등
전통민속공연	은산별신제, 봉현리상여소리, 의당집터다지기 등

백제문화제의 발자취와 의의

백제문화제는 1955년 부여 유지를 중심으로 구성된 '백제대제집행위원회'가 주민들의 성금을 모아 '백제대제'라는 명칭으로 백제말 3충신(成忠, 興首, 階伯)을 추모하는 삼충제와 백제여인의 넋을 위로하는 수륙재를 개최하면서 시작됐다. 1966년 공주시가 참여하고, 1975~1978년 당시 도청 소재지였던 대전시가 참여해 3개 지역에서 동시 개최해오다 1979년부터 부여군과 공주시에서 격년제로 개최하였다. 백제문화의 세계화 전략에 의해 2007년부터 충청남도 주관하에 (재)백제문화제추진위원회가 설립되어, 축제는 부여군과 공주시 통합 개최로 전환되었고, 2010세계대백제전의 성공적 개최 등으로 국내 최고의 역사문화축제 및 세계명품축제로 거듭나고 있다.

백제문화제의 프로그램들은 백제의 가치와 진면목을 관광객에게 전달함으로써 700년 백제의 역사·문화적 가치를 일깨운다는 목표와 상응하고 있다. 백제문화유산의 글로컬적 잠재력을 최대한 활용한 프로그램들이라고 평가할 수 있다. 그러나 백제문화제의 발자취를 통해 볼 때, 수륙재의 전락은 백제문화제의 주객이 전도된 현상으로 볼 수 있다. 예컨대 2012년의 『58회 백제문화제 백서』를 살펴보면,[19] 백제문화제의 여느 프로그램들에 대한 실상은 매우 구체적으로 기록되어 있는 반면, 유독 수륙재에 대한 실상은 한 면에 그치고 있다. 수륙재의 설행 순서, 설행의 주체로서 어산(魚山) 스님들에 대한 정보는 아예 누락되어 있다. 특히나 수륙재의 설행 시간이 1시간(17:00 ~ 18:00)으로 처리되어 있다. 1시간 만에 수륙재를 설행했을 리 만무하다.[20] 설령 그렇다고 한다면, 어찌 그것을 수륙재라고 할 수 있겠는지 의문을 품지 않을 수 없다.

백제문화제가 백제의 문화제다운 지역축제로서 생명력을 발휘하기 위해서는 수륙재가 백제문화제의 중심 축 역할을 담당해야 한다. 비록 다양한 프로그램들이 개별적으로 의의를 갖고 있더라도, 자칫 백제문화제라는 지역축제의 정체성을 흩뜨릴 수 있기 때문이다. 따라서 백제문화제의 프로그램으로서 수륙재는 그것대로 정제하여 시연의 형태로써 계승시키는 동시에 '백제의 위로'를 설행 목적으로 한 본질적 의미의 수륙재는 실연의 형태로써 독자적으로 계승시키는 방안을 강구할 필요가 있다.[21] 즉 백제문화제와 수륙재를 분리·변별하자는 것이다. 실례로, 중요무형문화재 지정에 따른 결과이겠지만, 은산별신제(恩山別神祭: 중요무형문화재 제9호)는 백제문화제의 프로그램으로서 시연하는가 하면, 자체적으로도 백제부흥운동을 일으켰다가 전몰한 장졸들의 위령제로서 별신제를 거행하고 있다.

이미 단절되었거나 잊혀져버린 지역의 문화유산을 발굴하여 보존하

---

19) 백제문화제추진위원회, 『제58회 백제문화제 백서』, 충청남도, 2012, 45면.
20) 홍태한, 앞의 논문, 90면.
21) 더불어 "백제문화제 수륙재"라는 명칭의 조정이 필요하다. 그런데 명칭은 수륙재의 목적, 설행 주체, 정체성 등과 직결되는 문제라고 할 수 있다. 따라서 조정을 가한다면 각계의 다양한 의견을 수용하여 매우 조심스럽게 조율해야 할 것이다.

는 것은 이제 큰 의미를 갖지 못 한다. 그러나 백제문화제 수륙재는 설행의 외부 환경이나 여건에 따라 그 형태가 변형 또는 변화된 것이지 단절되었거나 잊혀져버린 옛 문화유산이 아니다. 게다가 그 본질적 의미는 오늘날과 같이 어떤 위로나 배려가 전사회적으로 요구되고 있는 상황에서 더한 매력을 발할 수 있다. 문제는, 본질적 의미의 수륙재를 실연의 형태로써 독자적으로 계승할 때 소요될 예산이라고 할 수 있다. 수륙재의 설행이 1박 2일이 될 것이든 2박 3일이 될 것이든 만만찮은 예산이 소요될 것은 분명하다. 그러나 예산의 확보 방안이나 가능성 여부는 차치하고, 우선 불교계는 물론이거니와 백제인의 후손으로서 지역민들이 수륙재의 실연 의지를 공고히 다져야 할 것이다. 그리고 관은 백제의 상징이자 백제의 정서를 대표하는 백제의 무형문화유산으로서 수륙재의 가치를 보다 정확히 인식해야 할 것이다.

3) 백제무형유산 연계와 외연의 확장

전절에서 "백제문화제의 프로그램으로서 수륙재는 그것대로 정제하여 시연의 형태로써 계승시키는 동시에 '백제의 위로'를 설행 목적으로 한 본질적 의미의 수륙재는 실연의 형태로써 독자적으로 계승시키는 방안을 강구할 필요가 있다."라고 주장했다. 그런데 '백제의 위로'를 목적으로 한 지역의 또 다른 무형유산으로 '유왕산 추모제'와 '삼천궁녀 진혼제'가 존재하고 있다. 하여 이들 무형유산과 연계를 고려할 수 있다. 무엇보다 삼자의 목적이 동일한 바, 그 연계를 통해 실연으로서 수륙재의 외연을 확장한다면, 범종교 차원에서 '백제의 위로'라는 설행 목적을 더욱 광범위하게 실현할 수 있을 것이다.

〈그림 8〉 유왕산 추모제　　　[그림 9] 유왕산 추모제　　　[그림 10] 유왕산 추모제
백제 유민 재현(2013년)　　　　풍물놀이(2013년)　　　　　추모제의(2013년)

　　소정방(蘇定方)은 660년에 사비성을 함락시키고, 그 해 9월 3일에 의
자왕, 태자와 왕자, 대신 등 88명과 백제 유민 12,807명을 당으로 끌고
갔다. 그런데 전설에 의하면, 백제의 도성이 마지막으로 바라다 보이는
유왕산 인근에서, 소정방이 의자왕 일행 및 백제 유민들을 일주일 간
머물도록 했다고 한다. "유왕산(留王山)"이라는 지명도 이 전설로부터 기
인했다. 그리고 유왕산은 60여 년 전까지만 해도 부녀자들이 반보기 -
길과 관련한 민속행위 - 를 행하던 공간이었다. 인근의 부녀자들이 매년
음력 8월 17일을 기해 이곳에서 친정 식구들을 만나 반나절 간 회포를
풀었다. 유왕산 추모제는 백제의 멸망이라는 역사적 배경과 반보기라는
세시풍속을 근간으로, 1997년부터 부여군 양화면 암수리 유왕산에서
행하는 지역축제이다. 지역민들이 상여를 둘러매고 이산(離散)의 아픔을
노래와 통곡으로 재현한 후 유교식 제의로써 의자왕 일행 및 백제 유민
의 넋을 위로한다.22) 이때 백제가요로 널리 알려진 '산유화가(山有花歌)'
를 부른다.

---

22) 정형호, 「유왕산 추모제」, 『한국세시풍속사전』, 국립민속박물관, 2006.

〈그림 11〉 삼천궁녀진혼제　　　〈그림 12〉 삼천궁녀진혼제　　　〈그림 13〉 삼천궁녀진혼제
　　　궁녀사제 (2009년)　　　　　　　천도굿 (2009년)　　　　　　　넋건지기 (2009년)

한편 전통민속문화보존회[23)]는 부여의 법사와 보살들에 의해 개별적으로 전승되어 왔던 삼천궁녀의 넋건지기를 보다 체계적으로 보전·계승하기 위해 1998년부터 삼천궁녀 진혼제(2008년까지 '삼천궁녀제')를 거행하고 있다. 부소산 궁녀사(宮女祠)에서 진혼제를 올린 후 구드래광장 선착장에서 천도굿을 벌인다. 이어 백마강에 용선을 띄우고 넋건지기를 대대적으로 행한다. 각 지역마다 무당굿으로서 넋건지기가 다양한 형태로 전승되고 있다. 충청도에서는 용왕이 망자의 넋을 내주도록 먼저 용왕제를 올린다. 쌀을 가득 담은 주발을 질베로 감싸 물속에 넣었다가 그것을 꺼내 주발에 담긴 이물질이나 쌀의 변화 등으로 망자의 넋이 건져졌음을 확인한다. 그리고 그것을 재가집으로 모셔와 제물을 진설하고 해원경류(解冤經類)를 구송한다. 이후 고를 풀고 망자의 넋을 천도시킨다. 이러한 충청도 넋건지기의 고형태를 삼천궁녀 진혼제로부터 확인할 수 있다.[24)]

백제문화권의 불교를 중심으로 한 백제문화제 수륙재, 백제문화권의

---

23) 전통민속문화보존회는 대전에 본부를 두고, 공주와 부여를 비롯하여 충청남도 각 지역에 지부를 갖춘 사단법인체로서 회원들은 대부분 무당이다.

24) 안상경, 「'2010 세계대백제전'과 삼천궁녀진혼제의 관광자원화 가능성」, 『공연문화연구』제21집, 한국공연문화학회, 2010, 313면.

유교를 중심으로 한 유왕산 추모제, 백제문화권의 무속을 중심으로 한 삼천궁녀 진혼제는 결국 백제라는 역사성과 백제의 땅이라는 지역성을 토대로 형성, 전승되고 있는 백제의 추모의식이라고 할 수 있다. 그리고 그 진정성은 '용서'나 '화해' 또는 '구제'가 아니라 '위로'로부터 찾을 수 있다. 패망한 국가에 대한 진실과 오해 여부를 떠나, 오로지 의자왕과 왕족들, 삼천궁녀를 비롯한 숱한 무주고혼을 위로하는 것으로 일관하고 있기 때문이다. 특정 집단의 위로를 넘어 백제 전체의 위로라고 할 수 있다. 따라서 삼자의 연계를 통해 수륙재의 외연을 확장한다면, 백제에 대한 지역민의 애정과 연민, 그것의 다양한 표출 방식을 확인하는 공간을 마련할 수 있을 것이다. 범종교 차원에서도, 1960년대 부여군의 인구 20만 명 중에서 5만 명이 수륙재에 참여하던 상황으로 돌아갈 수는 없지만, 보다 너른 참여를 이끌어낼 수 있을 것이다. 나아가 "다른 프로그램에 비해 수륙재가 너무 지루하다."[25]라는 일각의 평가를 불식시킬 수 있을 것이다.

4) 공연예술문화의 창출

백제문화유산은, 비교하건대 신라문화유산보다 그 수량이 절대적으로 부족하다. 백제역사와 백제문화에 대한 일반인의 이해도 부족하다. 지자체는 문화유적의 발굴조사와 복원정비에 여념이 없었을 뿐, 무형문화유산의 개발과 보전에 소홀했다.[26] 따라서 백제문화권의 관광조차 공주의 무령왕릉, 공산성, 부여의 부소산성, 정림사탑, 능산리, 익산의 미

---

25) 백제문화제추진위원회, 앞의 책, 46면.
26) 이해준, 「백제역사재현단지와 문화유산의 연계방안」, 『백제문화』제38집, 공주대학교 백제문화연구소, 2008, 135~138면.

륵사지, 서산의 마애삼존불 등 매우 제한된 고고미술사적 유물과 유적을 중심으로 명맥을 유지해 왔다. 관광객은 일부 백제문화유산 또는 전시관 및 박물관을 둘러보고 돌아갈 수밖에 없었다. 그런데 과거 관광의 요체가 유형의 문화유산을 관람하는 것이었다면, 이제는 여행지의 역사·문화 전반을 체험하고, 그 과정에서 획득하는 자기화의 역사·문화를 중시하는 방향으로 바뀌고 있다.27)

〈그림 14〉
신라밀레니엄파크
'여왕의 눈물'

〈그림 15〉
문무대왕 예술제
북춤 (2014년)

〈그림 16〉
문무대왕 예술제
승무 (2014년)

실질적으로 무형의 문화유산을 관광객이 체득할 수 있도록 하는 진전한 형태의 체험 프로그램이 속속 등장하고 있다. 예컨대 신라밀레니엄파크의 '천궤의 비밀', '여왕의 눈물', '화랑의 도', '호낭자의 사랑', '석탈해', '천마의 꿈' 등 신라의 공연예술과 애니메이션 프로그램을 꼽을 수 있다. 근간에는 경주시에 한정하고 있는 문화관광을 동해월성문화권역으로 확대한다는 목표에서, 특히 양북면 일대가 이미 1,300년 전에 용신신앙과 호국의지로써 조성한 '통일신라의 테마파크'였다는 점을 주목하고, '문무왕 테마파크' 조성을 구상하는가 하면 무형문화재 지정

---

27) 임영상, 「글로컬시대 백제문화와 백제문화산업콘텐츠 개발」, 『매경충남발전포럼 자료집』, 2009, 12면.

을 염두에 두고 '호국통일 문무대왕 추모 예술제'를 확대시키고 있다.[28)]
백제역사와 백제문화의 의도적인 왜곡에 이어 자칫 삼국의 무형문화재
마저 신라문화권에 선편을 빼앗길 처지에 놓여 있다고 할 수 있다.

> 문화재청은 지난 12월 19일 무형문화재 분과위원회 회의를 열고 수
> 륙재를 중요무형문화재로 지정할 것을 확정하고, 삼화사 국행수륙대재
> 보존회, 진관사 국행수륙재보존회, 백운사 아랫녘수륙재보존회를 보유
> 단체로 최종 인정했다. 중요무형문화재 신규종목으로 지정 예고된 수
> 륙재는 유주무주의 고혼의 천도를 위해 지내는 의례로 개인 천도의 성
> 격을 띤 영산재에 비해 공익성이 두드러진 의례이다. … 수륙재에는
> 만물 평등과 생명 존중의 가치가 담겨 있을 뿐 아니라 불교계가 오랜
> 세월 고통 속에 신음하는 중생을 끌어안는 중요한 방편이었다는 점에
> 서 향후 우리 사회 곳곳의 문제들을 해소하고 치유하는 데도 큰 기여
> 를 할 것으로 보인다. 또 수륙재를 구성하고 있는 범패와 작법 등은 불
> 교예술의 진수를 보여주고 있어 일반인들이 쉽게 불교를 접할 수 있는
> 계기도 될 수 있을 것으로 기대된다.[29)]

그런데 2013년에, 문화재청이 '수륙재의 범패와 작법은 불교예술의
진수를 보여줄 뿐만 아니라, 그 의미는 우리 사회가 안고 있는 문제를
해소하고 치유하는 데 기여할 것'이라고 진단했다.[30)] 그러면서 동시에
삼화사(三和寺)의 국행수륙재, 진관사(津寬寺)의 국행수륙대재, 백운사(白雲

---

28) 안상경, 「문무왕 테마파크 조성 시론」, 『신라문화』제42집, 동국대학교 신라문화연구
  소, 2013, 381면.
29) 이재형, 「문화재청, 수륙재 무형문화재 지정 확정: 삼화사·진관사·백운사 보유단체
  인정」, 『법보신문』, 2013. 12. 19.
30) 이창식, 「백운사 수륙재의 특징과 공연콘텐츠」, 『백운사 수륙재 세미나 자료집』, 백
  운사수륙재보존회, 2014.

寺)의 아랫녘수륙재를 중요무형문화재로 지정했다. 이들 수륙재의 재차를 살펴보면, 공통의 재차가 있는가 하면 독자적인 재차가 있어 고유한 특성을 드러내고 있다. 구체적으로 삼화사의 수륙재는 '방생'을, 진관사의 수륙재는 '수륙연기'를, 백운사의 수륙재는 '독자적인 불교의례'를 강조하고 있다. 그리고 그것은 해당 지역의 역사·문화적 특성과 긴밀한 관련이 있다.31)

이러한 맥락에서 볼 때, 백제문화제 수륙재는 일찍이 백제문화권의 불교의례로써 전개되었을 뿐만 아니라, 백제의 위로를 목적으로 고유한 재차를 구성하고 있다. 백제문화권에서 전승되고 있는 범패의 맥과 넋건지기의 맥도 잇고 있다. 신음했던 백제의 중생, 신음하고 있는 지역의 중생을 모두 끌어안아 보듬고 있다. 백제문화제 수륙재만의 화합성, 치유성을 쉽게 포착할 수 있다. 다만 전장에서 지적했던 했듯이, 백제문화제 수륙재의 구심점을 찾아 설행의 정형화를 기할 필요는 있다. 이러한 작업을 독려하면서 나아가 보존회를 설립하고, 백제문화제 수륙재의 체계적인 계승을 위해 충남 무형문화재 지정을 차근차근 준비해야 할 것이다.

또한 무형문화재 지정을 염두에 둔 고형(oldest form)의 계승을 넘어 현대인의 감각과 문화 정서를 충족시킬 수 있는 변용 차원에서 백제문화제 수륙재의 공연예술을 창출할 필요가 있다.32) 이때 중국의 장예모 감

---

31) 홍태한, 앞의 논문, 100면.
32) 예컨대 2008년부터 2010년까지 삼천궁녀 수륙재를 관장한 조주희(남, 65세, 부여불교연합회 회장 역임)는 "이것저것 해봐야 뭐해요? 죄다 가수들 공연하는 데 가 있는데. 낙화암에서 공연하기가 얼마나 좋아요 그곳에서 3,000개의 꽃을 떨어뜨려 삼천궁녀를 눈으로 보여주는 공연 같은 것을 왜 못 만들어요 그래야 사람들이 모이고, 수륙재가 발전을 할 것 아니에요."라고 역설하기도 한다.

독이 연출한 공연예술로서 '차마고도', '인상유삼저'는 백제문화제 수륙재가 나가야 할 또 다른 형태의 지향점을 잘 보여주고 있다. '차마고도', '인상유삼저'는 그 지역의 원형적인 역사·문화를 바탕으로 창출한 공연예술이라고 할 수 있다. 그런데 이에 견줄 때라도 백제문화제 수륙재는 백제의 이야기를 바탕으로 백제만의 공연예술을 창출하기에 충분한 매력과 조건을 갖추고 있다.[33] 이러한 공연예술화를 통해 백제에 대한 일반인의 이해를 높일 수 있을 것이며, 백제에 대한 일반인의 공감을 더욱 이끌어낼 수 있을 것이다.

<그림 17> 차마고도 공연 (장예모)

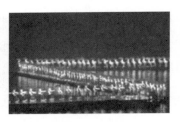

<그림 18> 인상유삼저 공연 (장예모)

4. 맺음말

백제문화제 수륙재는 1955년에 백제대제(百濟大祭)를 통해 삼천궁녀의

---

33) 백제문화제 수륙재는 백제문화권으로 관광객을 유인할 수 있는 다양한 매력[매력물]을 지니고 있다. 부소산, 구드래광장, 백마강, 낙화암 등 수려한 자연경관을 바탕으로, 삼천궁녀 애사라는 문화적 매력 요소를 지니고 있다. 이미 인근에 백제역사재현단지를 조성했고, '2010 세계대백제전'을 계기로 숙박시설, 관광상품, 쇼핑시설, 향토음식, 교통 등 인프라도 구축했다.

넋을 달래는 '삼천궁녀 위령제'로부터 출발했다. 그런데 삼천궁녀는 '삼천 명의 꽃다운 여인들'이 아니라 백제멸망의 비운을 상징하는 인물군(人物群)이라고 할 수 있다. 한 개인의 넋을 달래고 천도하는 데는 그 집안의 기도와 정성이 필요하다. 그러나 '백제의 넋'이라고 할 만한 삼천궁녀의 넋을 달래고 천도하는 데는 국가의 기도와 정성이 필요하다. 국가가 저들의 고귀한 충절을 높이 기리고, 우리의 정신문화로서 받아들일 때 진정한 천도가 이루어질 수 있다. 국가는 이 일을 위해 행정적, 재정적 지원에 적극 나서야 한다. 그러나 현재, 백제문화제 수륙재는 백제문화제를 구성하는 한 프로그램으로 전락해버렸으며, 그것조차 실연(實演)이 아니라 시연(示演)의 형태로서 전승되고 있다. 이러한 문제점을 직시하고, 본고를 통해 백제문화제 수륙재의 기원과 전개를 추적하여 그 특수성을 추출한 동시에 발전 방향성을 제시했다. 지금까지 논의를 정리하면 다음과 같다.

백제문화제 수륙재의 진행 양상은 '전반부의 상단불공을 포함한 법요식'과 '후반부의 수륙재를 중심으로 한 천도재'로 분류할 수 있다. 그런데 백제문화제 수륙재는 삼천궁녀를 비롯한 백제의 무주고혼을 달래고 그들의 넋을 천도시키기 위해 개별적인 차원에서 행하던 천도재 또는 천도제를 대단위 축제 형태의 수륙재로 발전시킨 것이기 때문에 불교와 무속신앙 또는 불교와 민간신앙의 용왕신앙이 습합된 형태를 취하고 있다. 백제문화제 수륙재가 백제문화권의 대표적인 무형유산으로 발전하기 위해서는 우선 삼천의 상징적 의미, 백제문화제 수륙재의 본질적 의미 등을 토대로 설행 목적을 널리 '백제의 위로'로 조정할 필요가 있다. 이와 함께 백제문화제 수륙재의 구심점을 찾아 설행의 정형화, 범패승의 정형화, 재장의 정형화를 기할 필요가 있다. 그리고 백제문화제의 프로그램으로서 수륙재는 그것대로 정제하여 시연의 형태로써 계승시키는 동시에 '백제의 위로'를 설행 목적으로 한 본질적 의미의 수륙재는 실연의 형태로써 독자적으로 계승시키는 방안을 강구할 필요가 있다. 즉 백제문화제와 수륙재를 분리・변별하자는 것이다. 그러면서 '백제의 위로'를 목적으로 한 지역의 또 다른 무형유산으로 '유왕산 추모제'와 '삼천궁녀 진혼제'와 연계할 필요가 있다. 범종교 차원에서 '백제의 위로'라는 목적을 더욱 광범위하게 실현할 수 있을 것이며, 백제에 대한 지역민의 애정과 연민, 그것의 다양한 표출 방식을 확인하는 공간을 마련할 수 있을 것이다. 마지막으로 백제문화권에서 전승되고 있는 범패와 넋건지기의 맥을 잇고 있다는 사실, 고유한 화합성과 치유성이 부각된다는 사실을 인식하고 체계적인 계승을 기할 필요가 있다. 현대인의 감각과 문화 정서를 충족시킬 수 있는 변용 차원에서 백제문화제 수륙재의 공연예술을 창출할 필요도 있다.

700년 백제의 역사・문화적 가치를 새로이 일깨움에 있어, 그리고 왜곡된 백제의 역사・문화적 정체성을 새로이 재구함에 있어, 백제문화제 수륙재의 새로운 정립은 반드시 해결해야 할 과제이다. 민, 관, 학이 한마음으로 60년 간의 수륙재를 정리하면서 앞으로 백제만의 고유한 수륙재로 가꾸어나간다면, '천여 년 간 한민족의 삶을 수용한 불교문화로서 수륙재의 보편성'과 '백제의 역사와 정서를 대표하는 불교문화로서 수륙재의 특수성'을 확보할 수 있을 것이다. 우리 사회가 종교적 편견을 뛰어 넘어, 성탄절을 맞아서는 예수의 탄생을 기꺼이 축하하고, 석가탄신일을 맞아서는 부처의 탄생을 기꺼이 축하하고, 수륙재 행사를

맞아서는 모든 사람들이 서로의 상처를 기꺼이 위로하는 날이 오기를
바란다.

참고문헌

1. 고서

『三國史記』.
『三國遺事』.
『新編水陸儀文』.
『朝鮮王朝實錄』.

2. 논저

강종원, 「충남지역 백제 문화자원의 관리현황과 활용」, 『충청학과 충청문화』제4집, 충청
　　　남도역사문화원, 2005.
강종원 외, 「충남 문화산업의 활성화를 위한 백제역사·문화자원의 개발 및 활용방안 모
　　　색」, 『인문콘텐츠』제7집, 인문콘텐츠학회, 2006.
김기흥, 「백제의 정체성에 관한 일 연구」, 『역사와 현실』제54집, 한국역사연구회, 2004.
백제문화제추진위원회, 『제58회 백제문화제 백서』, 충청남도, 2012.
서정석, 『백제문화의 특성과 현대적 활용방안』, 충남발전연구원, 2005.
안상경, 「2010 세계대백제전과 삼천궁녀진혼제의 관광자원화 가능성」, 『공연문화연구』제
　　　21집, 한국공연문화학회, 2010.
안상경, 「문무왕 테마파크 조성 시론」, 『신라문화』제42집, 동국대학교 신라문화연구소,
　　　2013.
이경엽, 「서해안 무속수륙재의 성격과 연행 양상」, 『한국민속학』제51집, 한국민속학회,
　　　2010.
이석호, 『백제문화제 반세기의 발자취』, 부여문화원, 2009.
이창식, 「백운사 수륙재의 특징과 공연콘텐츠」, 『백운사 수륙재 세미나 자료집』, 백운사
　　　수륙재보존회, 2014.

이해준, 「백제역사재현단지와 문화유산의 연계방안」, 『백제문화』제38집, 공주대학교 백제
　　　문화연구소, 2008.

임영상, 「글로컬시대 백제문화와 백제문화산업콘텐츠 개발」, 『매경충남발전포럼 자료집』,
　　　2009.

정형호, 「유왕산 추모제」, 『한국세시풍속사전』, 국립민속박물관, 2006.

조흥윤, 「한국의 넋건기지: 삼천궁녀제와 관련하여」, 『삼천궁녀제 연구』, 문덕사, 2000.

한상길, 「수륙재의 역사와 백제문화제 수상 수륙재」, 『백제문화제 수륙재 60년의 가치』,
　　　백제문화제 60회 기념 학술세미나, 2014.

홍윤식, 「수륙재」, 『한국민족문화대백과사전』, 한국학중앙연구원, 2010.

홍태한, 「지역민과 함께 한 60년 역사의 백제문화제 수륙재」, 『백제문화제 수륙재 60년의
　　　가치』, 백제문화제 60회 기념 학술세미나, 2014.

3. 신문 및 인터넷

상현거사, 「水陸齋儀式에 就ᄒ야」, 『조선불교총보』제11호, 삼십본산연합사무소, 1918.

이재형, 「문화재청, 수륙재 무형문화재 지정 확정: 삼화사・진관사・백운사 보유단체 인
　　　정」, 『법보신문』, 2013. 12. 19.

"관 주도로 발전한 60년대 백제문화제", http://blog.naver.com/sungyeoll (2014. 08. 25).

"민간주도로 탄생한 백제문화제", http://blog.naver.com/sungyeoll0. (2014. 08. 25).

"백제문화제 역사", 백제문화제 홈페이지, http://www.baekje.org/html/kr. (2014. 08. 26).

1부 수륙재의 역사적 복원과 공연문화적 가치

고상현 / 대한불교조계종 교육원·중앙승가대 외래교수

박정원 / 동국대학교 대학원 미술사학과 박사 수료

한상길 / 동국대학교 불교학술원

박진태 / 대구대학교 명예교수

윤소희 / 부산대학교 강사

나경수 / 전남대학교 교수

윤광봉 / 히로시마대학교 명예교수

2부 수륙재의 예술적 실행과 불교공연적 성격

사재동 / 충남대학교 명예교수

양영진 / 국립국악원 학예연구사

이용식 / 전남대학교 교수

최 헌 / 부산대학교 교수

홍태한 / 중앙대학교 강사

허용호 / 고려대학교 강사

3부 수륙재의 현대적 계승과 공연콘텐츠적 활용

이창식 / 세명대학교 교수

혜일명조 / 불찬범음연구소장·불찬범음의례교육원장

고상현 / 대한불교조계종 교육원·중앙승가대 외래교수

김미경 / 전주대학교 연구교수

이재수 / 동국대학교 교수

김창균 / 동국대학교 교수

안상경 / 충북대학교 초빙교수

한국 수륙재와 공연문화

초판1쇄 발행 2015년 8월 18일

지 은 이 한국공연문화학회
펴 낸 이 최종숙

책임편집 이태곤
편   집 문선희 박지인 권분옥 이소희 오정대
디 자 인 안혜진 이홍주
마 케 팅 박태훈 안현진

펴 낸 곳 글누림출판사/ 서울시 서초구 동광로46길 6-6(반포4동 577-25) 문창빌딩 2층
전   화 02-3409-2055 FAX 02-3409-2059
이 메 일 nurim3888@hanmail.net
홈페이지 http://www.geulnurim.co.kr
등   록 2005년 10월 5일 제303-2005-000038호

I S B N 978-89-6327-308-2 93380

정가 58,000원